구문문법 연구 [이론편]

构式语法研究[理论思索]

구문문법 연구

构式语法研究 [理论思索]

[이론편]

왕인(王寅) 지음
박원기·전기정·김영민 옮김

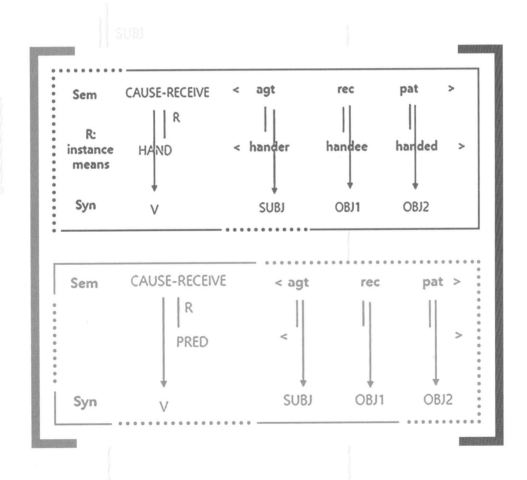

역락

먼저 한국의 역락출판사와 박원기, 전기정, 김영민 선생께서 『구문문법 연구(제1권)』을 한국어로 번역하여 주신 데 대해 깊은 감사의 말씀을 전한다. 세 분의 역자가 번역 후에 필자에게 서문을 의뢰하였기에 기쁜 마음으로 응하여 다음과 같은 서문을 적는다.

1990년대부터 서양의 인지언어학을 접하면서 필자는 『认知语言学』이란 교재를 집필한 바 있다. 이를 대학원 수업에서 교재로 사용하면서 여러 교수님들의 고견과 학생들의 건의를 반영하여 독학하거나 수업하기에 적합하게 수정·보완하였다. 2002년 국가 사회과학기금 프로젝트에 선정되어 이 책을 추가적으로 수정하여, 2007년 上海外语教育出版社에서 정식으로 출판하게 되었으며, 매년 한 차례씩 인쇄하여 2018년까지 총 11쇄까지 출판되었다. 필자가 이 책의 집필을 마친 후에도 인지구문문법 이론은 여전히 전세계적으로 계속 유행하고 있으며, 필자 역시 지금도 이 분야에 대한 연구에 전념하고 있다.

구문문법(Construction Grammar, CxG로 약칭)은 Chomsky 등의 변형생성문법(TG) 이론에 대한 반론을 제기하면서 1980~90년대 인지언어학 이론에 기초하여 제안된 새로운 문법이론이다. CxG은 Chomsky가 주장한 모듈론을 부정하면서 통사, 의미, 화용의 측면에서 언어를 종합적으로 연구해야 한다고 주장하였다(이는 통사, 의미, 화용의 측면에서 언어의 특수구문과 일반 구문을 분석하는 CxG 논문 저술의 기본적인 방법론이기도 하다). 이 이론은 점차 많은 학자들에 의해 인정을 받으면서 계속해서 심화·확장되어 새로운 이론 모형으로 발전하였다. 그리하여 많은 학자들이 이를 '구문언어학(Construction Linguistics)'라고도 한다.

'구문문법(CxG)'은 매우 포괄적인 용어로, 여기에는 여러 학파가 포함되어 있다. 각 학파는 서로 관련이 있으면서도 나름의 특징을 갖는다. CxG는 아래와 같이 몇 개의 하위 분야로 구분할 수 있다.

① Fillmore: 영어의 관용어에 대한 분석을 통해 최초로 CxG 수립의 아이디어 제시

② Langacker: 그를 대표로 하여 구축된 인지문법(CG) 역시 CxG의 일종

③ Goldberg 등: 인지구문문법(Cognitive CxG) 수립

④ Croft: CxG를 발전시켜 급진적 구문문법이론(Radical CxG) 제안

⑤ Bergen&Chang: 체험적 구문문법(Embodied CxG) 공동 수립

⑥ Boas&Sag: 기호-기반 구문문법(Sign-based CxG) 수립

⑦ Steels 등: 언어 동태이론에 기초한 가변적 구문문법(Fluid CxG) 수립

⑧ Traugott&Barðdal: 통시적 구문문법(Diachronic CxG) 공동 제안

⑨ Du Bios: 대화 통사이론에 기초한 대화 구문문법(Dialogical CxG) 제안

이상은 모두 구문문법 연구(Constructional Approach)의 시대적 흐름을 집대성한 것으로, 인지언어학을 대표하는 이론이다.

이상의 이론들은 구체적인 내용 면에서는 차이가 있지만, 근본적으로 Langacker의 아래와 같은 주장을 계승하고 있다.

'상징단위(형식과 의미의 결합쌍, 통사와 의미의 상호작용 연구를 심화시킴)'와 '구문(≧상징단위)'을 기본단위로 하여 언어를 연구하여 새로운 문법 체계를 구축하고 그 배후에 있는 인지기제를 해석한다. 구문은 언어지식이 정신 속에 존재하기 위한 기본적인 상징단위라 할 수 있다. 그리고 언어지식은 각종 구문으로 이루어진 '대창고'라 할 수 있다.

요컨대, 이상의 9개 CxG이론은 모두 Chomsky의 기본 가설인 생득론, 보편론, 자립론, 모듈론, 형식론 및 동사중심론, 통사변형론, 의미합성성 등에 반론을 제기하고, 인지언어학 이론 틀 안에서 새로운 문법이론을 구축하였다. 이들에 따르면, CxG이론은 아래와 같이 언어에 대해 TG와는 전혀 다른 관점을 가진다.

① 언어는 생득적이지 않으며 체험적이다.

② 언어는 보편적이지 않고 특수하다.

③ 언어는 자립적이지 않으며, 인간의 경험이나 인지방식과 밀접한 관련이 있다.

④ 언어는 모듈로 분할할 수 없으며, 형식과 의미를 결합하여 연구해야 한다.

⑤ 문법은 단순히 과학주의와 형식화의 방법으로 기술하고 해석할 수 없다.

⑥ 동사중심론은 문법 가운데 일부 현상만을 해석할 수 있으며 전면적이지 못하다.

⑦ 언어의 표층구조는 심층구조로부터 변형되어 나온 것이 아니며, 이것은 가상일뿐이다.

⑧ 합성성으로는 언어의 일부 현상만을 해석할 수 있다. 언어는 '1+1>2'라고 하는 통합성을 갖는다.

TG를 비판한 이상의 8개 항목이 바로 '언어의 구문성'인데, CxG이론은 '언어의 구문성'이야말로 언어의 본질이며, 언어는 '구문'을 활용해야 비로소 통일적이고 전면적으로 해석할 수 있다고 주장한다. Taylor(2002:22)는 "이야말로 진정한 '최소주의(minimalist program)' 언어이론이다. 문법의 인지적 연구는 최종적으로 '구문'으로 귀결되어야 한다. 구문들 간의 차이는 길고 짧음, 추상성과 복잡성의 차이에 지나지 않는다."라고 하였다.

인지구문문법 학자들은 '구문'이란 언어현상을 규범화(또는 일반화, 고정화)하여 이루어진 형식과 의미의 결합쌍으로, 언어가 정신 속에 존재하기 위한 표현형식이라고 여긴다. 아울러 구문네트워크는 인간의 내재적인 언어지식 체계라고 생각한다. 구문은 상호작용적 체험성과 언어 사용을 통해 형성되며 단어의 의미와는 구분되는 의미를 가진다. 또한 단층적이고 일반적이며 도식적이어서 문장성분의 의미의 합 이상의 의미를 나타낼 수 있다. 이것이 바로 CxG이론이 '통합성(Blending Theory)'으로 '합성성(Compositionality Theory)'을 대체하자고 주장하는 이유이다.

이들은 또한 구문이 게슈탈트적이기 때문에 표현식의 '전체'로부터 출발하여 연구해야 한다고 주장한다. 또한 CxG이론은 핵심문법뿐 아니라 언어의 주변적 현상까지 해석할 수 있는 타당성을 갖추고 있기 때문에 인간의 일반적인 인지능력과 심리 표상으로서의 언어에 대한 이해를 심화시켰다고 본다. 아울러 '구문'이라는 기본단위를 중심으로 하여 아래의 5가지 관계를 운용하여 새로운 문법체계가 수립되었다(본서 제5장 제3절, 제9장 제8절 참조).

① 구문은 횡적으로 보면 '부분-전체'의 조합관계이다.

② 구문은 종적으로 보면 '도식-예시'의 집합관계이다.

③ 동일한 구문은 '원형-변이'의 관계이다.

④ 서로 공기하는 구문 간에는 '연결-통합'의 조정관계가 있다.

⑤ 구문이 결합할 때는 '자립-의존'의 조합관계를 고려해야 한다.

바로 이렇게 CxG이론은 '구문'이란 단위를 이용하여 문법(사실상 '언어')의 여러 현상을 해석한다. 구문문법 학자들의 이러한 지혜에 탄복하며 그들의 노고를 치하하지 않을 수가 없다.

구문문법은 지난 30여 년간 발전의 역사를 써 내려오며, 구미 지역에서 전 세계 각지로 전파되었다. 많은 학자들이 구문문법에 활력을 불어 넣으며 새로운 견해와 방법론이 추가되어, 구문문법은 이론과 적용의 두 측면에서 모두 발전을 구가하고 있다. 뿐만 아니라 여러 학자들이 제안한 '구문의미, 문법화, 구문화, 주관성(화), 구문강요, 수사적구문, 은환유, 화용구문, 대화구문, 구문습득' 등은 이미 CxG이론의 핵심적 의제로 주목받고 있으며, 공시와 통시 두 방면에서 전면적인 연구가 이루어져 '통시CxG', '공시CxG', '대화CxG', '수사적CxG' 등의 이론이 제안되었다. 연구 방법론 측면을 살펴보면, '코퍼스', '구문결합분석', '다요소분석', '신경실험', '심리실험', '구문프로그램분석' 등의 다차원적인 실증적 방법론을 적용하여 이론연구가 괄목할만한 성과를 거두었다. 이 모든 성과는 전 세계 언어학계의 관심이 집중될 만한 매우 의미 있는 것이다.

필자는 『认知语言学』을 집필하면서 CxG이론에 주목하여 관련 자료를 해외에서 수집하고 정리했다. 또한 『认知语言学』을 탈고한 후에 CxG 관련 자료를 상세히 연구하였다. Langacker(1987)과 Langacker(1991)를 공부하고, 이를 기반으로 Goldberg(1995, 2006)와 Croft(2001), John Benjamins Publishing Company의 "Constructional Approaches to Language"시리즈 총서를 공부하고, 이 분야의 해외 연구 논문을 3권으로 엮어 정독하였다. 이렇게 6년의 시간을 들여 마침내 『构式语法研究』를 집필하게 되었고, 2011년 上海外语教育出版社에서 정식으로 출판하였다.

『构式语法研究』에서는 관련 저서와 논문을 정리하여 소개한 내용을 바탕으로, 기존 이론을 수용하거나 창의적으로 응용하여 본인의 견해를 밝히고 보충방안을 제안하기도 하였다. 동시에 이론을 실제에 적용하여 개별 언어현상을 연구하기도 하였다.

제1권의 제1장과 제2장에서는 '상징단위, 구문, 구문문법'에 대한 명명으로부터 출발하여 CxG이론의 발전사를 정리하고, 제3장에서는 CxG이론의 관점에서 TG이론을 비판하였다.

제4장에서는 CxG이론을 최초로 제안한 Fillmore의 이론을 소개하였다. 특히 제4장 제2절에서는 '격문법(Case Grammar)'으로부터 '틀 의미론(Frame Semantics)', '구문문법(CxG)'에 이르는 Fillmore의 이론 변천 과정에 대한 명료한 소개와 각 이론의 장단점 및 계승 관계 분석에 많은 공을 들였다. 이를 통해 Fillmore와 그의 동료들이 관용어 분석을 통해 TG이론을 어떻게 비판하고 또 CxG이론을 수립했는지 이해할 수 있을 것이다.

필자는 Goldberg(1995, 2006)를 소개하면서 '구문단계 분석도'를 이용하여 서명을 중심으로 관련된 주요 관점을 각 용어의 아래에 대응시켜 나열하여 Goldberg의 주요 관점을 유기적으로 연결하였다.(제6장 제2절과 제3절 참조) 이에 대해 많은 선생님들과 학생들이 매우 좋은 방법이라고 호응해 주었다. 필자는 제2권에서도 이러한 '구문단계 분석도'를 활용하여 한 구문의 주요 특징과 용법을 각 용어 아래에 대응시켜 나열하였다. 이처럼 과학적이고 수학적인 방법을 활용하여 구문의 특징을 일목요연하게 정리할 수 있었다.

제11장 '구문강요' 부분에서 필자는 '어휘강요, 관성강요, 선택현저성강요, 다중강요, 모방강요, 상상구문의 강요' 등을 제시하였다. 제13장에서는 '전경-배경'의 관계를 표를 통해 설명하고, 이 표의 순서에 근거하여 해당 용어로 언어의 각 측면과 각종 현상을 상세히 기술하였다. 한편, 제14장에서 필자는 아리스토텔레스의 '고전범주 이론'과 비트겐슈타인의 '원형범주론'에 기초하여 '도식범주론'을 제시하였는데, 이는 철학계의 범주 이론 연구에 대한 작은 공헌이라고 할 수 있다.

독자들이 CxG에 대해 보다 전면적으로 인식할 수 있도록 제12장에서는 CxG이론의 장점과 단점을 분석하였다. 본서의 제2권은 모두 16장으로 주로 이론을 응용하여 개별 언어 현상을 분석하였다. 특히 영어와 중국어에 보이는 유사 구문에 대해 공통점과 차이점을 비교하는 데 주안점을 두었는데, 이것은 또한 한국의 독자들이 언어간 대조연구를 진행하는 데 있어서 중요한 기초를 제공할 수 있을 것이다. 따라서 만약 가능하다면 제1권의 역자들이 계속해서 제2권도 번역해주기를 희망한다.

본서에는 여전히 미진한 부분이 있는데, 앞서 소개한 9가지 CxG 가운데 단지 4가지만을 소개하고 나머지 5가지는 미처 다 소개하지 못한 점이 그것이다. 이뿐 아니라 본서가 십여 년 전에 집필되어 새롭게 보충하고 수정해야 할 부분도 있다. 필자는 한국의 동료들이 이 책의 문제점을 보완하는 한편, CxG이론의 발전을 위해 더 큰 기여를 할 수 있기를 진심으로 기원한다. 또한 우리가 함께 21세기 인지언어학과 CxG이론의 발전을 위해 열심히 노력하기를 희망한다.

王 寅

2021년 3월 28일

 인간은 도대체 어떻게 언어를 습득하고 이를 사용하는 것일까? 이 문제와 관련하여 지금까지 수많은 사람들이 고민에 고민을 거듭하여 왔다. "인간의 뇌 속에 생득적인 언어능력이 자리하고 있어서 이를 통해 변형생성의 규칙으로 문장을 만들어서 사용하게 되는 것"이라는 Chomsky의 변형생성문법과 달리 인지언어학에서는 언어능력도 결국은 인간의 일반 인지능력 범위의 일부분이라는 생각에서 출발하여 언어 사실의 본질적인 특징을 직관적으로 기술하고 해석한다.

 이 두 이론의 이러한 근본적인 차이는 궁극적으로 인간이 언어를 어떻게 습득하고 어떻게 사용하는가의 문제와 직결되고 있다. Chomsky의 이론(주로 초창기 이론)에서는 '규칙'을 중심으로 문법을 설명하고 변형생성의 과정을 통해 인간이 언어를 생성하여 사용한다고 주장한다. 그러나 과연 인간이 그 '규칙'을 어느 정도까지 인식하고 언어생활을 하는 것일까? 역자는 인간이 생득적인 '규칙'을 운용하는 것이 아니라 단어, 구, 문장 등을 '습득'한다고 보고 있으며, 이것이 바로 '구문'의 실재성을 의미한다.

 어린 아이가 모국어를 습득하는 과정을 보면 규칙이 전혀 개입되어 있지 않으며, 오히려 모종의 패턴을 습득하는 것을 관찰할 수 있다. 그 패턴은 단어일 수도 있고, 문장일 수도 있다. 아이는 언어 규칙을 배우는 것이 아니라 여러 예시에 노출되어 그 패턴을 파악하고 시행착오 끝에 모종의 추상적인 도식을 습득하는 과정을 거친다. 역자의 아이가 3살 때, "발가 아파!"라고 한 적이 있다. 주격조사로 '가'가 있는 문장에만 노출되다 보니 자기 나름대로 이것을 패턴화해서 유추한 결과이다. 이러한 일련의 과정을 보건대, 인간은 규칙보다는 실제 예시에 대한 노출과 그에 대한 패턴화 과정이 언어의 습득과 사용을 좌우한다고 볼 수 있다. 바로 이 과정에서 언급된 각각의 단어, 구, 문장, 심지어 패턴화된 추상적 실체, 이 모든 것이 '구문'이다. 구문은 이렇듯 다양한 형식을 취하고 있으며, 형식과 의미가 한 덩어리로 되어 있어서 그 내부에 많은 정보를 지니고 있다. 사람이 언어를 습득하고 사용할 때, 바로 이 구문을 기본단위로 하여 습득하고 사용하게 되며, 그 자체에 많은 정보가 있어서 이것을 그때그때 담화상에서 운용하기만 하면 되는 것이다. 물론, 구문은 구체적인 것부터 추상적인 것까지 층위가 다양하다. 좀 전에 말했던 '이/가' 문제는 형식주의 이론에서는 규칙이라고 칭하지만, 구문론자들은 이를 일종의 '추상적 또는 도식적 구문'이라고 칭한다. 이 역시 구문인 것이다.

역자가 얼마 전 우연히 『어록총람(語錄總覽)』이란 책을 접한 적이 있다. 이것은 조선시대에 선비들이 중국어(백화)로 된 작품을 읽기 위한 일종의 공구서로 당시 중국어 단어, 구, 문장들이 기록되어 있고, 그 뜻이 언문으로 풀이되어 있다. 처음 이 책을 봤을 때와 달리, '구문문법'을 접한 이후 이 책이 새롭게 보이기 시작했다. 이 책에서는 표제어를 1음절짜리, 2음절짜리, 3음절짜리, 4음절짜리……. 등으로 따로 분류하여 소개하고 있고 맨 뒤에는 긴 문장들이 나온다. 표제어 각각은 단순한 단어나 구 차원만이 아니라 바로 다름 아닌 구문이었던 것이다. 과거 문인들도 외국어를 학습할 때, 구문을 중심으로 학습하였던 것이다. 물론 그 당시에는 문법에 대한 인식과 이해가 일천하여 이것이 '구문'을 통한 학습이라는 생각을 하지는 못했겠지만, 우리 조상들은 일찍부터 이 개념을 나름 인식하여 외국어 습득에 활용했던 것이다.

본서는 지금까지 소개한 '구문'이라는 개념으로 언어를 기술하고 언어현상을 해석하기 위해 관련 이론을 집대성하여 소개하고 있다. 여기서 저자는 방대한 관련 논문과 저술을 섭렵하여 그 복잡한 이론체계를 일목요연하고 명쾌하게 정리하여 소개하고 있다. 역자들은 3년 전 이 책을 처음 접한 후 '구문문법'을 공부해 중국어 연구에 응용하기 위해 그룹스터디를 시작했다. 처음엔 학자들마다 서로 다른 용어와 이론, 그리고 복잡한 도식으로 인해 이해하는 데 애를 먹었다. 그러나 구문문법이 갖는 '직관성'이란 최대의 특징은 이 이론의 학습에도 그대로 적용되어 점차 적응하게 되었고 현재는 어렴풋이나마 저자의 의도와 전체 구문문법 체계의 윤곽을 이해할 수 있게 되었다.

그 동안 이 책을 탐독하면서 이론 자체가 갖는 논리적 완정성에도 감탄하게 되었지만 무엇보다도 저자를 비롯한 본 이론의 관련 학자들의 언어에 대한 관찰과 고민에 대해서도 경탄을 금하지 못하였다. 특히 저자는 여러 학자들의 이론을 분류하고 소개하면서 동시에 그들의 문제점을 찾아 자신만의 독특한 체계를 이룩하기까지 하였다. 이로써 구문문법

이론은 보다 더 완벽하게 되었고 보다 더 해석력을 갖춘 이론이 되었다.

구문문법 이론을 중국어 연구에도 활용하고자 하는 연구자로서 역자들은 저자의 노력에 다시 한 번 경의를 표하는 바이며, 모쪼록 역자들의 노력으로 본 이론이 인간의 언어를 기술하고 해석하는 데 큰 도움이 될 수 있기를 바라마지 않는다.

최근 우리나라는 대학이 큰 위기에 봉착해있다. 이것은 다름 아닌 상아탑의 세계에도 위기가 닥치고 있다는 얘기이다. 이렇게 어려운 시기에 흔쾌히 본서의 번역본을 출판해주시기로 한 역락출판사 사장님과 직원 여러분께 한국의 언어학자들을 대표하여 다시 한 번 감사의 말씀을 전한다. 한국의 구문문법이론이라고 하는 거대한 건축물을 올리는 과정에서 본서의 출판이 벽돌 한 장의 역할이라도 할 수 있다면 본서의 역자로서 더 없는 영광이 아닐 수 없을 것이다.

2021년 12월
역자 일동

차례

서론

(I)

필자(2004, 2007a)는 협의의 인지언어학(Cognitive Linguistics)을 다음과 같이 정의한 바 있다.

체험주의 철학관을 고수하며, 신체적 경험과 인지를 출발점으로 하고, 개념구조와 의미
연구를 중심으로 하여 언어 사실 배후의 인지방식을 찾는 데 힘쓰며, 인지방식과 지식구조
등을 통해 언어에 대해 통일된 해석을 하는, 영역을 초월한 새로운 학문

Lakoff와 Talmy 등이 선도한 인지언어학은 이러한 기본 원리에 입각하여, 상호작용적
체험과 인지적 가공에 기반을 두고 '인지방식, 개념구조, 의미체계'라는 의미 분석틀을
만듦으로써 이를 통해 어구 의미의 형성과 이해, 심리적 표상 등을 상세히 논의했다.

Langacker의 인지언어학도 이러한 인식을 바탕으로 이상의 분석틀을 기반으로 하여 통
사는 의미에 의해 작동되며, 의미를 중심으로 하여 문법을 논의하고 개념구조에서 시작하
여 문법구조를 분석하며, 상향식의 방식으로 문법체계의 심리적 표상을 분석해야 한다고
주장했다.

구문문법도 이러한 이론적 틀을 받아들였다. 언어 연구는 언어 사실 이면의 인지적 기제
를 발견하는 데 초점을 두어야 하며 그 문법이론은 발화자와 수신자의 관련 문법 구조의
심적 표상을 연구하는 데 초점을 맞추어야 한다고 주장했다. 그러므로 모든 언어단위를

상징단위와 구문으로 보았는데, 양자는 바로 언어체계(혹은 문법체계)의 심적 표상 형식으로 통사, 의미, 화용 등 요소를 긴밀히 결합하여 이에 대해 체계적인 분석을 하면, '구문'을 기본단위로 하여 모든 언어체계에 대해 전면적이면서도 체계적인 서술을 할 수 있다고 주장했다. 한마디로 말해 언어는 구문성(Constructionality)을 가지고 있는데, 이러한 입장을 구문주의(Constructionism)이라고 한다.

Chomsky는 17세기 프랑스의 일반이성문법과 데카르트의 합리론[1]을 계승했고, 1950년대에 구조주의 언어학의 여러 가지 단점에 대한 반성을 기반으로 하여 심적인 각도로 언어를 연구할 것을 처음으로 주장했는데, 기존의 언어 사실에 대한 묘사에 그치지 않고 언어가 어디에서 기원하는 것인지에 대한 해석에 중점을 두었다. 그리하여 언어 연구의 인지 시대를 열었다. 그는 심리와 언어 간의 관계로부터 언어의 사용 기제를 해석했고, 언어 표현 이면의 인지 기제를 발굴하기 위해 노력하였으며, 인류가 왜 유한한 기호로 무한한 생각을 표현할 수 있는지를 해석하여 언어학 영역의 Chomsky 혁명을 불러왔고, 언어 연구의 인지적 전환을 실현했다. Chomsky의 이러한 연구 방식은 다음과 같이 나타낼 수 있다.

인지 — 언어

즉 언어는 인지에서 비롯되며, 언어는 마음의 창이다.

그는 당시에 이미 유행했던 '형식주의' 연구 방법을 언어학에 운용할 것을 적극 주장함으로써 언어학을 '과학주의'의 연구 궤도로 올려놓았다. Chomsky는 의미는 비교적 복잡하고, 화용은 더 변화가 많아 형식화하기가 어렵다는 것을 명확하게 인식하고 있었기 때문

---

1) Arnauld(1612-1694)와 Lancelot(1615-1695)는 1660년에 언어 사용의 근본 기제는 '이성'에서만 발견될 수 있으며, 이성은 유일한 중요 원인이고, 문법도 이성적이야 하며 일반적인 특징을 가진다는 『일반이성문법』이라는 책을 출판했다. 이것이 바로 이 책의 서명이 가진 함의이다. 또한 그들은 프랑스 베르사유 부근의 포르루아얄(Port-Rayal) 수도원에서 변론학을 강의했고, 여기에서 이 책을 주로 집필했다. 따라서 이 책을 『포르루아얄문법』이라고도 부른다. 프랑스의 데카르트(1596-1650)는 이성적 연역법으로 중세의 스콜라철학을 대체해야 한다고 적극 주장했다(베이컨은 경험적 귀납법으로 스콜라철학을 대체할 것을 주장). 또한 유명한 '나는 생각한다. 고로 나는 존재한다.'는 철학 명제를 제시하였으며, 이성만이 믿을 수 있고, 태생적으로 있는 것이라고 하였다. Chomsky는 이 관점을 언어 연구에 응용했다(Chomsky, 1966).

에 언어의 형식화라는 꿈을 실현하기 위해 모듈론을 신봉했다. 또한 의미와 화용은 배제하고 연구대상을 통사에만 국한시킴으로써 수학적 공식으로 그 배후의 유한한 형식 체계를 표상하고자 했다. 그는 또한 통사를 언어의 본질로 여겼기 때문에 언어를 추상화된 기호 체계로 보았으며, 이러한 형식화된 통사적 연산 능력은 선천적으로 갖는 것이라고 주장했다. Chomsky는 이러한 주장을 뒷받침하기 위해 생득설, 보편설, 자율설, 모듈설 등의 언어에 대한 몇 가지 기본 인식을 제시했다. 따라서 그의 연구 방법을 다음과 같이 개괄할 수 있다.

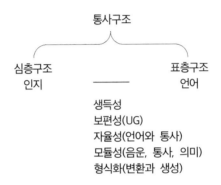

Lakoff, Langacker, Taylor, Talmy, Dirven 등이 창시한 인지언어학은 심리적인 각도로 언어를 연구하는 방법을 수용했지만 Chomsky의 상술한 언어관에 대해서는 극렬하게 반대했다. 그들은 다년간의 반성과 비판을 통해 점차 인지언어학을 형성하여 '체험성, 비보편성, 비자율성, 비모듈성, 비형식화'와 같은 연구 방법을 제안했고, 체험철학(Embodied Philosophy)을 인지언어학의 철학적 기반으로 하여 Chomsky의 생득설을 비판했다. 이를 위해 상술한 Chomsky의 연구 방법을 다음과 같이 수정할 것이다.

현실 ― 인지 ― 언어

즉, 인지의 왼쪽에 현실을 넣었는데, 이는 인간의 인지가 외부 세계의 경험에서 비롯되기 때문에 인간의 체험이라는 각도에서 언어를 인식하고 해석해야 한다는 것이다. 이는 우리에게 익숙한 '실천론', '인본성' 등을 인지언어학에 도입하도록 했다. 위의 연구방법은 언어가 사람들이 현실세계에 대한 '상호작용적 체험성'과 '인지적 가공'을 진행하는 기반 위에 형성된 것이라고 해석할 수 있다. 이는 바로 인지언어학에 대한 정의 중 첫 두 절의 함의이며, 이는 Chomsky의 입장과 구별된다. 중국내 일부 학자들 중에는 지금까지도 인지언어학의 기본 입장과 Chomsky의 언어 인지관을 서로 혼동하는 경우가 있다. 인지언어학에서 말하는 일반화 언명(王寅, 2007:30)을 Chomsky의 보편문법으로 잘못 알고, 인지언어학을 '언어의 보편 원칙'과 '인지 규칙' 간의 관계를 연구하는 것으로 정립하기도 하는데, 이는 완전히 잘못된 생각이다.

인지언어학은 인지의미론과 인지문법을 포함한다. 인지의미론은 개념체계와 의미, 추론을 주로 연구하고(Lakoff&Johnson, 1999:497), 인지문법은 문법을 개념화로 귀결하여 의미의 각도에서 문법의 형식기제를 논의한다. 그러므로 정의 중 세 번째 절은 이 두 가지 핵심적인 분과의 주요 내용을 가리킨 것이다. 만일 개념구조와 의미연구를 중심으로 하지 않는다면 인지언어학이 아닌 것이나 다름없다.

Lakoff(1990:40)는 다음과 같이 말했다.

> 나에게 있어 인지언어학은 일반화 언명과 인지적 언명이라는 두 가지 주요 언명으로 정의되어진다. 일반화 언명은 인간 언어의 모든 면을 통제하는 일반적인 원칙들을 특징화하는 언명이다. 나는 언어학을 과학적 연구 사업으로 삼기 위한 언명으로 이것을 본다. 인지적 언명은 인간 언어에 대한 설명이 우리 자신의 분야뿐만 아니라 다른 분야로부터 얻은 마음과 두뇌에 관해 일반적으로 알려진 것과 일치하도록 만드는 언명이다.[2]

인지언어학의 기본 진로는 일반화 언명(the generalization commitment)과 인지적 언명(the cognition commitment)을 지키는 것이다.

---

[2] For me, cognitive linguistics is defined by two primary commitments, what I will call the Generalization Commitment and the Cognitive Commitment. The generalization commitment is a commitment to characterizing the general principles governing all aspects of human language. I see this as the commitment to undertake linguistics as a scientific endeavor. The cognitive commitment is a commitment to make one's account of human language accord with what is generally known about the mind and the brain, from other disciplines as well as our own.

여기에서의 일반화는 주로 사실적 귀납(사용기반 모형), 경험적 결론(체험성)을 가리키며, 언어 각 층위의 공통된 인지적 규칙(정의에서의 '통일된 해석'이지 통사적 층위만은 아님)을 추상화하는 것이다. 언어 속의 규칙성과 비규칙성(예를 들면 관용어)의 용법 특징을 '개괄'하기 위해서는 '일반화'가 '생성성'에 우선해야 한다. 여기서의 생성성은 Chomsky의 언어 생성설, 보편문법설, 모듈설, 형식설 등에 기반을 두고 언어 생성의 기제를 해석하는 것을 가리킨다.

또한 위에서의 '인지적'이라는 말은 언어능력에는 자율성이 없어서 이것은 사람의 다른 인지능력과 분리할 수 없다는 것을 나타낸다. 언어는 사람들의 상호작용적 체험과 인지방식, 개념구조를 기반으로 하여 만들어지는 것으로, 언어는 인지의 결과이며, 언어는 인지를 참조한 후에야 비교적 좋은 해석을 해낼 수가 있다. 이에 근거하여 언어는 Chomsky가 말한 것처럼 선천적으로 타고난 것이 아니라 후천적으로 구축되는 것으로 우리는 언어 사실로부터 그 내재적인 인지방식을 찾아내야 한다.

언어가 어느 정도의 보편성을 가지는 이유는 사람들이 직면하고 있는 세계가 같거나 유사한 규칙을 가지고 있고, 인류가 공통의 신체구조와 기관기능을 가지고 있기 때문이며, 이를 기반으로 하여 일부 공통적인 인지방식을 형성하여 전 세계의 서로 다른 언어들이 부분적 보편성을 가지게 된 것이다. 세계의 각 언어에 차이점이 있는 이유는 사람들의 주관적인 능동성에서 차이가 있고, 세계를 이해하는 방식에서 차이가 있기 때문이다. 최근 들어 우리는 인지적 체험성과 언어적 체험성에 관해 주로 증명하고, '신체화된 보편설', '신체화된 인본설', '신체화된 개념화'를 제안했는데, 바로 이를 기반으로 한 연구들이다.

우리는 제한적인 인지방식으로 언어의 각 층위를 논의함으로써 언어 연구의 통일된 분석방안을 수립하고자 했다. 이것이 바로 정의 중 '통일된 해석'의 함의이다. 이것 역시 많은 관점과 번잡한 서술을 하나의 이론적 틀로 통일하여 연구를 진행하는 기반이 될 수 있다. 2007년에 출판한 졸저 『认知语言学』가 바로 이러한 생각에 기초하여 작성된 것이다.

인지언어학은 과거의 언어이론 특히 Chomsky의 TG이론에 대한 반성을 기반으로 하여 형성되어 이미 현대 언어학 이론에서 주류가 되었으며, 현대 언어학의 신흥대표주자 중의 하나가 되었다. 인지언어학을 깊이 있고 전면적으로 이해하기 위해서는 서양 철학, 특히 포스트모더니즘을 이해해야 할 뿐만 아니라 심리학, 특히 인지심리학과 관련된 연구 성과를 이해해야 하므로 인지언어학이 학제 간 연구의 성격을 띠고 있다고 할 수 있다. 인지언어학은 학제 간 연구의 특징을 가진 새로운 학문이기에 도전적이어서 많은 학자들의 관심을 불러일으키고 있으며, 언어의 진면목을 전반적으로 인식하기 위한 새로운 좋은 연구방향을 제공하고 있다.

(Ⅱ)

구문문법 이론은 1980-90년대에 학자들이 인지언어학의 틀로 TG이론에 대해 되돌아보는 과정에서 점진적으로 형성된 새로운 문법이론체계로서 지금은 갈수록 많은 학자들에 의해 받아 들여져 확장되고 있으며, 이미 강력한 대세를 형성했다. 그리하여 최근 십 여 년 동안 인지언어학자들이 문법이론 연구를 점차 '구문문법' 현상으로 귀결시키고 있다 (Croft&Cruse). 많은 학자들이 이미 구문문법을 인지언어학의 통사이론 연구라는 집합명사로 인식하고 있다. Östman&Fried(2004:6)는 다음과 같이 말한 바 있다.

구문문법은 문법의 보편이론이 될 수 있다.3)

Goldberg(2006:3)는 구문을 언어의 본질로 끌어올려 사람들의 머릿속 언어 지식의 표상 형식이라고 했다.

특수한 언어 구문에 대한 관찰은 우리의 특정 언어 및 언어 본질에 대한 이해를 형성했다.4)

상술한 바와 같이 인지언어학과 TG이론이라는 두 학파는 부분적으로 비슷한 부분도 있다. 즉, 언어는 모두 정신에 기반을 두고 있어서 인류의 정신 내부와 인지적 체계라는

---

3) Construction Grammar can (or could) be a universal theory of grammar.
4) Observations about particular linguistic constructions have shaped our understanding of both particular languages and the nature of language itself.

각도에서 언어를 연구해야만 한다(Goldberg, 2006:3; 王寅, 2007:28). 언어학자의 주요 임무는 언어 사실 이면의 인지적 방식과 언어의 심리적 표상을 묘사해야 한다는 것이다. 그러나 정신의 근원, 인지적 묘사, 표상의 방법, 연구의 방법, 관심 대상, 도출한 결론 등 일련의 근본적인 원리와 기본적인 주장에 있어서 두 학파 간에는 중대한 이견이 있다. 구문문법도 TG이론의 5대 기본가설(생득설, 보편설, 자율설, 모듈설, 형식설)을 신랄하게 비판하고, 핵심 문법(Core Grammar)과 협의의 동의 관계 위에 건립된 변형규칙 등의 해석 방법이 설득력이 떨어지며, 동사의 결합가 이론과 논항분석법에 많은 문제가 있으며, 통사 구조 자체가 동사의 의미와는 관계가 없을 수도 있다는 점을 인식했다. 뿐만 아니라 구문 의미 또한 동사의 의미를 바꿀 수도 있으므로 틀의미론의 기반 위에 동사가 나타나는 통사 환경 등을 상세하게 분석함으로써 점차 구문문법이 인지언어학의 통사 연구에서 핵심 내용으로 발전하게 되었다.

구문문법에서 자주 사용되는 용어인 Produce/Production/Productivity를 생산성으로 번역해야 하는데, 일부 국내학자들이 아무 생각 없이 '생성(生成)'으로 번역하고는 한다. 그러나 이는 TG이론에서 말하는 생성(Generate/Generation)과 그 함의가 다르기 때문에 주의해야 한다. Chomsky가 말하는 '생성'은 주로 언어 표현이 기초부분(구표지와 어휘부)과 심층구조에서 생성되기 때문에 위에서 말한 일반성이 생성성보다 우선한다. 생성성은 바로 Chomsky의 생득설, 보편문법 등을 기반으로 하여 언어의 생성 기제를 해석한 것이다. 그러나 구문문법은 동일한 도상성 구문을 기반으로 하여 다르거나 구체적인 예시적인 표현들을 '생산해 내거나' '인가(Licence/Sanction)'한다. 구문문법의 분석은 '실제표현 분석', '사용기반 모형' 등 원칙에 주로 기반을 두고 있다. 본서에서는 TG이론의 '생성'과 구분하기 위해 구문문법 중의 Produce를 '생산'으로 번역할 것이다.

구문문법의 핵심관점은 체험주의 철학을 기반으로 하여 상징단위(고정된 형식과 의미의 결합쌍)와 구문(두 개 혹은 두 개 이상의 상징단위로 구성)을 사용하여 구조와 의미, 기능 간의 가장 훌륭하면서도 가장 간단한 심리적 표상 방안을 건립함으로써 언어에 대해 통일되면서도 전면적인 해석을 할 수 있기를 바란다. 이에 따라 언어는 '상징단위와 구문의 저장소'라고 정의할 수 있다. 문법은 양자를 통해 심도 있고 상세하게 묘사될 수 있다. 구문의 각도로 언어를 연구하는 의의는 언어이론의 중심과 주변부의 형상을 모두 아우르는 타당성과 문법의 인지 연구를 구문으로 귀결시키는 통일성을 실현하며, 형식과 의미의 결합쌍을 기반으로 통사와 의미를 결합한 연구를 심화함으로써 언어생득설, 보편문법설, 자율성, 모듈설, 형식설 등을 더 비판하고, 인류의 일반적인 인지능력과 언어의 심리적 표상에 대한 이해를 확대시키고자 한다.

이 새로운 이론의 출현은 인지언어학계뿐만 아니라 이 학계 이외의 많은 학자들로부터 큰 관심과 흥미를 끌었다. 대표적으로 버클리의 인지 과학 프로젝트에 속한 Chafe, Ohala 등의 언어학자, Grice, Searle, Johnson 등의 철학자, Slobin, Ervin-Tripp 등의 심리학자, Wilensky, Minsky 등의 인공지능학자, Cook-Gumperz, Gumperz 등의 인류학자들이 있다. 그들이 지난 30년 간 출판한 많은 논문과 저서들은 구문문법에 공헌을 했는데, 이 또한 이 이론의 끊임없는 발전과 성장을 촉진하여 현대 언어학 이론에서 저명한 학설이 되도록 했다. Lakoff(1987:467)는 다음과 같은 결론을 내렸다.

문법 구문이 없는 문법 이론은 단순히 어떤 언어의 문법적 사실의 전체 범위에 접근하는 어떤 것도 설명하지 않는다.[5]

구문문법은 Fillmore 등(1988) 학자들의 관용어(Idiom)에 대한 연구에 기원하며 Chomsky 등이 외연적 성분으로 여기고 소홀히 한 비정상적인 표현 현상에 대한 해석을 시도함으로써 언어 현상을 합리적으로 해석하고자 했다. 모든 언어에는 일정한 수량 혹은 비교적 많은 수량의 관용어나 성어가 존재한다. 언어학자들은 이에 대해 관심을 가져야 한다. 많은 학자들이 이러한 사고에 근거하여 언어 중의 비교적 특수한 표현형식을 분석하기 시작했으며 Chomsky처럼 관용어와 특수 표현형식을 무시하거나 어휘부에서 간단하게 하나의 어휘항으로 처리해서는 안 된다고 여겼다. 그들은 연구를 통해 이러한 관용어와 특수 표현형식을 '형식-의미'의 고정되거나 상대적으로 고정된 결합쌍으로 처리할 수 있으며, 약속에 따라 정해져 있기 때문에 언어학자들이 그것에 대해 합리적인 해석을 해서 사람들의 문법지식 체계에서 적합한 위치를 확정해 주어야지 그렇지 않으면 이론적인 '타당성'조차

---

5) Theories of grammar without grammatical constructions simply do not account for anything approaching the full range of grammatical facts of any language.

논하기 어렵다는 것을 알게 되었다.

구문문법은 언어의 특수한 현상에 관심을 가지는 동시에 보편적인 현상에도 관심을 가져야 한다는 것이 기본 입장이다. 핵심적 표현과 외연적 표현은 언어 연구에 있어 모두 가치를 가지고 있으며 관심을 가져야만 한다. 국내외 많은 학자들이 관용어와 특수구문에서 시작하여 먼저 특수하고 복잡한 언어 현상을 해결한 후에 이를 기반으로 하여 개괄적이고 규칙적이며 간단한 핵심적인 현상을 반추하고 해석한다. 동시에 어떤 특수한 구문이 적합하게 운용될 수 있는 조건을 기술함으로써 일반성을 갖춘 화자의 언어능력을 사실적으로 묘사한다. 이는 핵심문법(Core Grammar)과 보편문법(Universal Grammar)의 이론만 연구한 변형생성학자의 이론적 취향을 이론으로나 실천에서 부정하고, 변형분석법을 포기함으로써 연구의 범위를 중심에서 비중심으로 확장했다. 이를 통해 언어 중의 모든 현상에 대한 해석을 시도했다. 이는 TG이론 보다 훨씬 더 해석력을 가진다. Wierzbicka(1987), Fillmore, Kay&O'Connor(1988), Jackendoff(1997a), Kay&Fillmore(1999), Goldberg(1995, 1996, 2006) 등의 서양학자들과 陆俭明(2002), 沈家煊(2006a), 王寅(2007c/d, 2009), 严辰松(2008), 江蓝生(2008) 등의 중국 국내 학자들은 영어 혹은 중국어의 특수구문에 대한 상세한 분석을 시도했다.

구문문법과 TG이론의 근본적인 차이는 바로 형식과 의미의 분리냐 아니면 결합이냐에 있다. TG이론은 통사형식은 선천적이며 스스로 만들어내는 것으로 의미, 기능과는 독립적이기 때문에 형식화의 방법을 통해 단독으로 연구를 할 수 있다고 주장했다. 사람들은 소량의 언어 인풋만 있어도 선천적인 능력을 통해 자체적인 통사규칙을 추론할 수 있기 때문에 언어를 사용할 수 있다. 그들은 이러한 생각에 기반을 두어 '모듈론'으로 나아갔는데, 언어를 음운부, 통사부, 의미부라는 세 가지로 나누고, 이 세 가지는 어휘부(Lexicon)를 통해 연결된다고 하여 '구문'의 지위를 취소할 수 있다.

Chomsky가 이끈 언어 생성이론은 언어의 핵심부분에만 집중하고, 관용어, 성어, 숙어 등과 같은 반규칙적 혹은 비규칙적인 언어 표현은 외연성분으로 보거나 간단하게 어휘부에 놓고 관심을 두지 않았다. TG이론의 연구 목표는 관찰 타당성(Observatory Adequacy)의 기반 위에 묘사적 타당성(Descriptive Adequacy)과 해석적 타당성(Explanatory Adequacy)을 현대 언어학 이론의 기준으로 삼았다. 그러나 그는 언어 이론의 3대 기준을 설정하는 한편 자신의 분석 대상을 의미를 고려하지 않거나 경시하는 핵심문법에 두었는데, 이는 자신의 3대 기준과 거리가 멀어 오히려 '타당성'을 평가절하 시키는 '촘스키의 역설(Chomskyan Paradox)'을 낳았다.

구문문법은 형식과 의미는 떼려야 뗄 수 없으며 긴밀하게 하나의 '상징단위'로 결합되어 있다. 이는 사람들의 어감과 완전히 부합되어 사람들이 어떤 어구의 소리를 들으면 그 의미를 알고 그 쓰임새를 알 수 있다. 두 개 혹은 두 개 이상의 상징단위는 하나의 구문(숙어, 성어, 관용어 등 포함)으로 통합될 수 있으며 이것들은 '형식과 의미의 결합쌍'이다. 언어는 이러한 상징단위와 구문의 저장소(inventory)이고, 언어연구는 사람들의 일반적인 인지능력이나 인지방식을 빌려야지 이것을 정확하게 해석할 수 있다. 언어학자들이 이러한 구문을 연구하는 데 힘을 쏟아야지만 진정한 최소주의라고 할 수 있다(Taylor, 2002:22).

사실 사람들은 구문의 의미는 어휘의미와 구조의미가 공동으로 결정하는 것이라는 점을 인식했으나(王寅, 2001:234), 20세기 중엽 TG이론이 등장한 이후 이 전통적인 관점은 냉대를 받았다. 즉, Chomsky 등의 학자들은 '모률론'에 근거하여 어휘만이 의미를 가지며, 통사는 어휘를 조합하는 규칙을 제공할 뿐 자체적으로 의미를 가지지 않는다는 결론을 내렸다. 이것은 통사가 순수하게 형식화된 연산만 한다는 관점과 서로 맞아떨어진다. 어휘의미는 '투사원리(the Projection Principle)'를 통해 그 의미와 논항구조를 구와 절에 투사한다'는 결론을 내렸다.

그런데 20여 년 전 많은 학자들이 이 이론의 중대한 결함을 인식하게 되었다. 그들은 게슈탈트 심리학과 총체주의(Holism)[6]의 각도로 언어를 해석하는 데 주력하여, 여러 예증을 통해 구조의미의 존재를 설명했고 연구의 초점을 구문에 두고, 형식과 의미, 구조와 기능을 긴밀하게 결합해야 한다고 주장했다. 그들은 구문을 나눌 수 없는 형식과 의미의 결합쌍(상징단위 혹은 구문)으로 보고, 이것이야말로 언어 연구의 주요 대상이라고 주장했다. 따라서 구문 의미에 대한 인식은 다음과 같이 순환하게 되었다.

---

6) [역주] 어떤 주어진 체계의 특질을 그 체계를 구성하는 부분들만으로는 전부 규정할 수 없다는 생각을 나타내는 용어로, 하나의 총체로서의 체계는 부분들이 어떻게 기능하는지를 규정한다고 주장한다(두산백과).

어휘의미
구조의미
TG: 어휘만 의미 있음
CxG: 어휘와 구문이 모두 의미 있음

인류의 인식은 나선형의 방식으로 전진해가지만 이러한 전진이 이전의 기점으로 다시 돌아가는 것이 아니라 다른 높이로 올라가는 것이다. 구문문법의 형성과 발전은 이러한 현상을 잘 설명해준다.

구문문법은 형태와 통사가 하나의 스펙트럼을 형성하는 형식과 의미의 결합쌍으로, 양자는 인류가 일반적인 인지능력을 통해 획득한 것이다. 다시 말해 언어에서 '구문(Construction)'과 '구문실례(Construct)'는 모두 사람들이 세계를 인식하는 기반 위에 문법화를 진행한 결과이고, 이것들은 상대적으로 안정적인 틀과 요소로서 사람들의 현실 세계에 대한 상호 체험과 인지 가공의 결과를 반영할 뿐만 아니라 사람들이 현실 세계를 표현하는 기본 틀이 된다. 이는 또한 언어가 체험성을 갖는다는 사고와 완전히 부합한다. 그러므로 만일 이러한 각도에서 말하면 구문은 구조의 형식문제도 아니고 형식문제일 수도 없다. 이는 어떤 개괄적인 의미를 반영한다.

이러한 관점에서 출발하여 구문문법 학자들은 다음과 같은 결론을 얻었다. 즉, 우리의 문법지식은 모두 상징단위와 구문(혹은 양자를 구문으로 귀결하기도 함)으로 조직된 것으로 형식과 의미, 구조와 기능 사이에서 심리적으로 가장 적합하고 간단한 표상 방안을 추구하여 건립해야 한다. 이렇게 해야 '구문'을 사용하여 언어의 각 층위에 통일되면서도 전면적인 해석을 할 수 있고, 이는 언어에 대해 통일되면서도 간단하게 해석을 할 수 있는 연구 방법을 찾아야 한다는 인지언어학의 목표와 완전히 일치한다.

구문문법은 문법이론일 뿐만 아니라 자체적으로 내용이 풍부하고 시각이 독특하며, 방법이 새롭고, 해석력이 강한 언어학 이론으로, 일반언어학의 각 분과인 음운론, 형태론, 어휘론, 통사론, 유형학, 의미론, 화용론, 운율론(Prosody, 운율 특징에 기반을 두고 표음단위 혹은 정보단위를 연구) 등을 거의 다 융합한다. 이로 인해 일부 학자들은 구문문법을 '구문언어학(Construction Linguistics)'이라고도 한다.

Goldberg(2003, 2004, 2005, 2006)는 자신이 1995, 1996, 1997년도에 제시한 구문문법을 Lakoff, Goldberg, Bencini 등으로 대표되는 '인지구문문법'으로 수정했다(Goldberg, 2006:

214). 이는 Fillmore et al.(1988), Langacker(1987, 1991a, b), Croft(2001) 등의 구문문법이론과 구별된다. Goldberg는 언어의 모든 기본단위를 '구문'(단독으로 사용할 수 없는 형태소 포함)으로 불러야 한다고 주장했다. 이렇게 해야 문법 지식이 모두 구문으로 조직되며, 언어 연구를 구문으로 귀결할 수 있다. 구문은 언어의 일반성을 반영하고 있으며, 인지구문문법은 구문을 기본단위와 핵심 내용으로 본다. 이러한 사고에 기반을 둔 언어 이론이야말로 진정한 일반성을 갖추고 있다고 볼 수 있다.

우리는 '인지구문문법'을 협의의 인지언어학을 기본 이론 틀로 하는 모든 구문 연구로 확장시키고자 한다. Croft&Cruse(2004)와 Goldberg(2006)의 관점에 근거하면, Fillmore는 협의의 인지언어학 틀 내에서 구문문법을 연구한다고 보기는 어렵고(그러나 구문문법의 창시자로서의 공은 무시할 수 없음), Langacker와 Croft 등 학자의 연구는 인지구문문법으로 볼 수 있다. 그러므로 인지구문문법은 Goldberg(2006)의 관점에만 국한된 것이 아니라 좀 더 광범위하다.

(Ⅲ)

최근 들어 외국의 많은 인지언어학자들이 구문문법에 대해 관심을 가지고 깊이 있는 연구를 진행하여 구문문법이론을 제안하고, 관련 저서와 논문도 많이 펴냈다. 예를 들면 Langacker(1987, 1991a/b, 2003), Goldberg(1995, 2006), Shibatani(1996), Croft(2001), Croft& Cruse(2004), Taylor(1996, 2002, 2004a/b), Fried&Boas(2005) 등이 있다(Goldberg, 2006:17-18). 특히 네덜란드의 John Benjamins 출판사에서 2004년도부터 『Construction Approaches to Language』(언어의 구문문법 연구총서)를 출판하기 시작하여 구문문법이론의 전파와 발전에 크게 기여했다.

제1권 2004년 출판, Susumu Kuno와 Ken-ichi Takami 공저, 『Functional Constraints in Grammar: On the Unergative-Unaccusative Distinction』

제2권 2004년 출판, Mirjam Fried와 Jan-Ola Östman 공편, 『Construction Grammar in a Cross-Language Perspective』

제3권 2005년 출판, Jan-Ola Östman과 Fried 공편, 『Construction Grammar: Cognitive Grounding and Theoretical Extensions』

제4권 2005년 출판, Mirjam Fried와 Hans Boas 공편, 『Grammatical Constructions: Back to the Roots』

제5권 2008년 출판, Jaakko Leino 주편, 『Constructional Reorganization』

Mouton de Gruyter가 2008년에 출판한 시리즈 총서 『Trends in Linguistics: Studies and Monographs』 제194권의 서명은 『Constructions and Language Change』로 이는 Bergs, A.&G. Diewald가 주편했다.

그밖에 Mouton de Gruyter의 또 다른 총서인 『Topics in Linguistics』의 2008년 제57권의 서명은 『Constructional Approaches to English Grammar』로 Trousdale, G.&N. Gisborne이 주편했다.

이들 저서와 논문의 출판은 인지언어학에서 구문문법 연구를 크게 촉진시켰다. 많은 학자들이 논저에서 제시한 여러 가지 관점은 몇 십여 년 동안 갈수록 많은 언어학자들의 관심을 불러 일으켜 인지언어학자들이 문법을 연구하는 초점이 되었으며, 구문문법이 현대 언어학의 선도 분야가 되는 데 기여했다.

국제구문문법학회(International Conference on Construction Grammar)는 2001년부터 지금까지 이미 5차례 개최되었다.

제1차는 2001년 4월 미국 캘리포니아주 Berkeley에서 개최되었는데 Fried&Boas가 2005년 주편하여 출판한 『Grammatical Constructions: Back to the Roots』가 바로 이 학회의 논문집이다.

제2차는 2002년 9월 핀란드 헬싱키에서 개최되었다.

제3차는 2004년 7월 프랑스 마르세유에서 개최되었다.

제4차는 2006년 9월 일본 도쿄에서 개최되었다.

제5차는 2008년 9월 미국 텍사스주 오스틴에서 개최되었다.

구문문법은 국내 학자들의 많은 흥미와 관심을 불러 일으켰다. 최근에는 외국어 간행물에 많은 글을 발표하는 등 중국어 관련 학자들도 이에 대해 큰 흥미를 나타내고 있다. 이 글들 중에는 구문문법을 소개하거나 종합적인 평론을 하기도 하고 이 이론을 빌려 중국어 문법 구문을 분석하는 연구도 있다. 또한 외국어학계에서는 2006년 4월 21일에서 24일까지 허난대학(河南大学)에서 제1차 구문문법 고급포럼을, 2007년 3월 30일에서 4월 1일까지 충칭대학(重庆大学)에서 제2차 구문문법 심포지엄을 개최한 바 있다.

필자는 2001년『外国语』제4기에「Lakoff&Johnson笔下的认知语言学」이라는 글을 기고하여 문법구문의 특징에 대해 언급한 바 있다. 또 2006년과 2007년에 출판한『认知语法概论』과『认知语言学』에서는 구문문법의 관련 내용에 대해 초보적인 평가를 하기도 했다. 그러나 이 이론이 포함하고 있는 내용이 많고, 관련된 분야가 광범위하여 간단하게 소개하거나 요약하는 데 그쳤다. 인지언어학의 틀 안에서 구문문법 이론이 이처럼 맹렬한 속도로 발전하고 있으므로 이를 따라잡기 위해 본서는 외국의 관련 이론을 일관되게 다듬고 이들 논저의 견해에 대해 설명하여 부족한 부분에 대해서는 수정방안을 제시하는 한편, 구문문법 이론에 근거하여 소소한 연구와 개별적인 분석을 진행함으로써 일종의 소회를 밝혔다. 이에 독자 여러분의 아낌없는 지도편달을 바란다.

(IV)

본서는 총 2권으로 구성된다. 1권은 주로 이론에 관한 설명으로 총 15장으로 되어 있고, 2권은 개별 분석으로 총 16장으로 되어 있다. 1권의 주요 내용은 다음과 같다.

제1장은 구문문법에 대한 입문으로 Langacker가 주장한 문법 최소주의를 기반으로 하여 상징단위와 구문이라는 2가지 용어의 중국어 번역과 정의에 관해 논의했고, 왜 구문을 构式라는 용어로 번역하게 되었는지에 관해 중점적으로 설명했다. 또한 학자들의 구문에 대한 논의를 분석하고, 우리의 해석에 관해 중점적으로 논의했다.

제2장은 제1장의 기반 위에 구문문법을 도입하여 인지문법의 기초인 상징단위와 핵심인 구문에 관해 논의했다. 또한 구문문법과 어휘중심론, 절중심론의 연구 대상에 있어서의

차이점에 관해 지적하고, 구문문법과 TG문법의 차이점에 관해 논의했다.

제3장에서는 구문문법의 TG문법에 대한 비판을 체계적으로 정리했다. TG문법의 기본가설인 생득설, 보편설, 자율설, 모듈설, 형식설 등을 돌아보고, 구문문법이 이러한 기본가설에 대해 하나하나 반성하고 비판하여 완전히 상반된 관점을 제안했음을 밝혔다. 3장에서는 자율론에 대한 Langacker의 견해를 소개한 후 4가지 자율론으로 종합했다.

제4장에서 제7장까지는 구문문법의 발전사와 주요 유파에 관해 중점적으로 정리했다. 제4장에서는 Fillmore의 3가지 기념비적인 언어학 이론을 기반으로 하여 틀의미론과 관용어 연구에서 그가 어떻게 구문문법의 길을 걷게 되었는지 소개했다. 제5장에서는 Langacker가 선도한 인지문법을 소개하고, 그가 구문문법의 건립과 발전, 전파를 위해 매우 중요한 공헌을 했음을 밝혔다. 제6장에서는 주로 Goldberg의 논항구조에 대한 구문문법 분석법 중 특히 동사와 구문 간 상호작용 관계에 관한 새로운 관점 및 구문과 구문 간 상속 관계에 관한 새로운 견해에 관해 논의했다. 제7장에서는 Croft의 급진적 구문문법에 대해 논의하고 급진적 구문문법의 급진적인 부분에 관해 비교적 상세히 설명했다. 제4장에서 제7장은 이들 이론의 공통점과 차이점을 상세히 논의할 제8장을 위한 사전 포석이다.

제8장에서는 통사 범주, 통사 관계, 구문 관계, 정보저장 및 상속 등 4가지 방면에서 현재 유행하고 있는 4종의 구문문법이론인 (1) Fillmore의 구문문법, (2) Langacker의 인지문법(역시 구문문법의 일종), (3) Lakoff와 Goldberg의 구문문법, (4) Croft의 급진적 구문문법에 관해 분석하고 비교했다.

제9장에서는 구문의 10가지 특징을 (1) 신체화와 추상성, (2) 기초성과 진화성, (3) 일반성과 특이성, (4) 중적성과 통합성, (5) 독립성과 상호작용성, (6) 정태성과 동태성, (7) 원형성과 다의성, (8) 분류성과 층위성, (9) 상속성과 제약성, (10) 동기성과 도상성으로 귀납했다.

제10장에서는 '吃/eat+명사/N' 구문과 소유격구문을 예로 들어 9장에서 나열한 구문의 특징을 증명했다.

제11장에서는 현재 국내외 인지언어학의 연구 이슈인 '구문강요'에 관해 논의하고, 그 발전사와 주요 내용을 소개했다. 또한 이를 기반으로 하여 '상 강요' 현상에 관해 중점적으로 논의하고, 어휘강요, 관성강요, 선택현저성강요, 모방강요, 다중강요, 정보절강요 등 새

로운 관점을 제안했다.

제12장에서는 주로 구문문법이론의 장점과 단점에 대해 분석하고, 이를 기반으로 하여 현재 구문문법 연구의 문제점에 대해 반성하고 본인의 견해를 제시했다.

제13장에서는 전경-배경 관계와 구문조직에 대해 논의했다. Talmy는 1970년대에 처음으로 덴마크 심리학자인 Rubbin과 게슈탈트 심리학자가 건립한 '전경-배경'의 관점을 인지언어학 연구에 도입하여 언어 분석에 새로운 시각을 제공했다. 이 장에서는 '전경-배경'의 특징을 체계적으로 정리하고, 체험주의 철학의 각도에서 이 특징들이 구문에 미친 결정적인 역할을 묘사했다.

제14장에서는 도식범주 이론과 구문네트워크에 대해 논의했다. '원형표본범주'와 '도식범주' 사이의 공통점과 차이점을 논의한 후 중국어에서 자주 보이는 '유개념+종차' 조어법을 통해 도식범주 관점을 뒷받침하고자 했다. 이 장은 도식범주 이론에 기반을 두고 상징단위 간의 관계와 구문 간의 관계에 대해 논의했다. 도식범주 이론은 구문네트워크를 해석하는 데 도움이 된다.

제15장은 주로 구문문법에서 자주 사용하는 '상자도식 분석법'에 대해 묘사하고 종합했다. 상자도식은 TG학파가 자주 사용하는 수형도와는 다르다. 보기에 복잡해 보이고, 그리는 데도 시간이 걸리지만 조금만 더 생각만 해보면 사실은 어렵지 않고 오히려 직관적이고 형상적이어서 포함할 수 있는 정보량도 훨씬 더 많다. 상자도식에는 상자 중적도, 특징구조도, 공변 지수도, 상자도식 수형도와 같은 4가지 유형이 있다. 제15장의 뒷부분에서는 상자도식 분석법의 장점과 단점에 대해 간단하게 논의했다.

각 장에서 논의하는 내용의 상대적인 독립성을 보장하기 위해 일부 중복되는 부분이 있을 수밖에 없었다. 따라서 본서에서는 동일한 내용은 되도록 한 장절에서 중점적으로 논의하고, 따로 설명할 필요가 있는 부분에서는 되도록 간단하게 기술하고 참고해야 할 장절을 따로 표기했다.

(V)

언어는 신기하다. 사람을 미혹시키기도 하고 우리가 죽을 때까지 글을 쓰고 노력하게 만든다. 언어 연구는 또한 험난한 영역이기도 하다. 짙은 안개가 낀 가시밭길이다. 우리는 여기에 맡은 바 임무가 막중함을 느낀다. 만일 언어의 신비를 밝히고, 언어의 미궁을 벗어나기 위해 더 노력을 경주한다면 무궁무진한 즐거움을 누릴 수 있을 것이다. 갈 길은 멀기만 하니 여러 방면에서 방법을 모색하기 위해 우리 모두 같이 노력해야 한다.

내가 미국과 뉴질랜드를 방문하는 기간 동안 G. Lakoff, R. Langacker, J. Taylor, J. Haiman 등 외국의 저명한 인지언어학자들이 지도해 주었다. 최신 논저를 선물했을 뿐만 아니라 이후에도 계속 나에게 자료를 부쳐 주었고, 내 질문에도 성심성의껏 답변해 주었다. 그들의 이러한 지원 덕분에 내가 구문문법을 포함한 인지언어학이라는 영역에서 발전할 수 있었다.

본서의 1권은 2007년 쓰촨외국어대학(四川外语学院)의 지원을 받았고, 2008년 충칭시 철학사회과학기획프로젝트(2008-YY10)의 성과에 포함되었다. 집필 과정 중에 나는 국내 유명학자인 胡壮麟, 钱冠连, 许余龙 선생님의 따뜻한 격려와 큰 지지를 받았다. 나의 제자인 刘玉梅, 赵永峰, 郭霞, 沈艳萍, 明月, 宋雅志, 梁亮, 金睿, 崔文灿은 내가 예문을 수집하고 원고를 교정하는 것을 도와주었으며 많은 유익한 건의를 해주었다. 또한 上海外语教育出版社는 나에게 줄곧 큰 힘이 되어 주었다. 이 자리를 빌어 그분들의 격려와 노고에 깊은 감사의 말씀을 전하는 바이다.

공자는 『논어·옹야편』에서 "아는 것은 좋아하는 것보다 못하고, 좋아하는 것은 즐기는 것보다 못하다."고 했다. 나는 독서하고 가르치고 책 쓰는 것에 무한한 즐거움을 느낀다. 지식인들이 차가운 의자에 앉아 여유로움을 즐기는 인생의 격언을 신봉하고, 이백의 '將進酒'의 시 구절인 '예로부터 성현들은 다 잊혔으나 오직 술고래만은 이름을 남겼다네.'를 '예로부터 학자들은 다 책을 사랑했으나 오직 글만은 진심을 남겼다네.'로 바꾸고 싶다.

많은 친구와 학생들이 나에게 쉬라고 하면서 토요일과 일요일도 없이, 여름방학과 겨울방학도 없이 살지 말고 삶의 여유와 인생의 즐거움을 누리며 살 것을 조언한다. 나는 그들의 관심에 매우 감사해 하면서도 내가 좋아하는 인생과 즐거움인 서재를 집으로 삼고,

종이를 친구로 삼아 외부의 일은 적게 듣고 본업에만 충실한 그런 삶을 누리고 있다고 말하곤 한다. 나는 그들에게 더 많은 약속을 할 수가 없다. 단지 변함없이 내 인생의 목표대로 솔직하게 사람을 대하고 성실하게 문제를 해결하며 착실하게 일을 해나갈 것이다. 동시에 아내와 친구들이 나에게 보내준 관심과 지지에 보답하기 위해서라도 나는 건강에 주의하겠노라 약속할 것이다.

우리가 선배들의 발자취를 따라 끊임없이 언어이론을 발전시켜 어느 정도 성과를 거두었다. 앞으로 후배들이 우리의 어깨를 밟고 올라가 우리를 앞지르기를 바라 마지않는다.

2008년 大川 水岸과 靑城山에서

저자 王寅 씀

제1장

상징단위와 구문

본 장은 구문문법에 관한 입문으로, Langacker가 창시한 인지문법 분석을 기초로 하여 'Symbolic Unit'과 'Construction'이라는 두 용어의 정의에 대해 논의할 것이다. 필자는 'construction'을 '구문'으로, 'construct'를 '구문실례'로 번역하며, 이 둘의 차이를 밝힐 것이다. 또한 구문이 포함하고 있는 것이 너무 광범위하다는 의구심에 대한 대안을 제시할 것이다. 제3절에서는 여러 학자들의 '구문'에 대한 논의를 수집하여 이에 대한 해석을 할 것이다. 특히 '구문'은 사람들의 마음속에 있는 표상 단위라는 것을 강조할 것이다. 이렇게 해야 비로소 왜 인지적인 각도에서 구문을 연구해야 하는지를 이해할 수 있다. 아울러 구문을 연구하는 과정에서 '단일형태소어'와 '예측 가능성' 등의 문제를 논의할 것이다.

제1절 Langacker의 문법 분석의 최소주의

협의의 인지언어학의 핵심 원리는 다음과 같다.

현실 — 인지 — 언어

언어는 인류가 객관적인 외부 세계에 대해 '상호작용적 체험성'과 '인지적 처리'를 진행하는 기반 위에 형성되는 것이다.[1] 이는 인지언어학이 주로 언어 사실 배후의 인지기제를 발견하고, 상호작용적 체험성, 범주화, 인지모형(CM,[2] ICM,[3] ECM,[4] 정신공간[5] 포함), 영상도식, 은유와 환유, 해석 등을 포함한 유한한 인지방식을 운용하여 언어 각 층위에 대한 통일된 해석을 시도하는 데 초점을 맞추고 있음을 의미한다(王寅, 2007).

Lakoff와 Talmy 등이 창시한 인지언어학은 이러한 기본적인 원리에 근거하여 상호작용적 신체화와 인지적 처리에 기반을 두고, '인지방식, 개념구조, 의미체계'라는 의미 분석틀을 건립함으로써 어구 의미의 형성, 이해, 심리 표상 등을 상세히 논의했다.

Langacker(1987:57, 2008:14) 등이 창시한 인지문법도 이러한 연구 방식에 근거하여 언어 체계와 심리표상을 묘사하는 간단한 방안을 공식적으로 제안했는데, 이는 단지 '상징단위'와 '구문'이라는 두 개념만을 통해 체계적이면서도 통일된 해석을 할 수 있다는 것이다. 그는 문법 연구에서 세 개의 기본단위를 만들기만 하면 사람들의 마음속 표상을 대체적으로 묘사할 수 있다고 주장했다. 뿐만 아니라 이후의 논저에서도 이러한 관점을 반복적으로 주장했다. 이것이 바로 구문문법 학자들이 지지하고 있는 '언어는 구문성을 가지고 있다'는 구문주의적 입장이다.

인지문법의 세 가지 기본단위는 다음과 같다.

(1) **음운단위**[Phonological Unit, Phonological Pole(음운극), Phonological Structure(음운구조)

---

1) 중국어로는 '体认'으로 '상호작용적 체험성'과 '인지적 처리'를 나타낼 수 있다.
2) [역주] CM은 Cognitive Model(인지모형)의 약자이다. 인지모형은 의식되는 모형이 아니라 무의식적이고, 자동적이고 쉽게 사용될 수 있으며, 어떤 인지모형은 매우 추상적이다. 우리는 인지모형을 직접적 경험과 문화를 통해 습득할 수 있다(Lakoff&Turner, 1987:65-67).
3) [역주] ICM은 Idealized Cognitive Model(이상적 인지모형)의 약자이다. 이상적 인지모형은 정신공간을 구조화하며, 우리가 세계를 이해하고 세계에 관한 이론을 정립하는 데 사용된다. 그것들은 서로 상충하기도 하고, 우리가 가진 지식과 맞지 않을 수도 있다. 이상적 인지모형은 우리가 전제란 어떠한 것인가를 이해하도록 할 뿐만 아니라 분석적 진실이라는 개념이 왜 잘못되었는가를 이해하도록 돕는다(Lakoff, 1987:134-135).
4) [역주] ECM은 Event-domain Cognitive Model(사건역 인지모형)의 약자이다. 사람들은 사건역을 단위로 하여 세계를 체험하고 인식하며, 사건역을 지식 덩어리로 삼아 대뇌에 저장하는데 이 역시 사람들의 일반적인 인지 규칙에도 부합한다. 사람들은 많은 구체적인 사건을 체험하고 인식한 기반 위에 사건의 추상적인 개념구조를 점차 개괄하고, 이를 기초로 언어의 여러 표현 현상을 형성한다. 기본적인 사건역에는 행위(Actin)와 실재(Being)라는 두 가지 핵심 요소가 포함된다(王寅, 2005:18).
5) [역주] 정신공간 이론을 처음으로 정립한 사람은 인지언어학자 Gilles Fauconnier이다. 정신공간은 사람들이 언어를 통해 생각하고 말할 때 머릿속에 구성되는 임시적 개념영역으로, 정신공간 이론은 기본적으로 담화 내에서 정신공간이 끊임없이 생성되고 상호작용함으로써 의미가 생성되고 전달된다고 가정한다.

Phonological Representation(음운표상), Phonological Category(음운범주), Phonological Constituent(음운성분)이라고도 함]: 언어에서 음운과 밀접한 관련이 있어서 추상적인 음운지식을 포함하면서도 언어에서 감지할 수 있는 물질성의 일면을 포함한다. 이는 '음향 이미지'를 심리적인 실체로 본 Saussure의 견해를 완전히 수정했다. Saussure는 음향 이미지와 개념은 완전히 심리적인 것으로 사람들이 알기 어렵다고 주장했다.

(2) **의미단위**[Semantic Unit, Semantic Pole(의미극), Semantic Structure(의미구조), Semantic Representation(의미표상), Semantic Category(의미범주)라고도 함]: 명제 내용, 해석, 기능, 화용 요소 등을 포함한다. 의미에 대한 이해는 반드시 백과사전식 지식에 의존해야만 한다.

(3) **상징단위**[Symbolic Unit, Symbolic Structure(상징구조), Symbolic Constituent(상징성분)이라고도 함]: 상징은 일정한 형식이 관습적으로 특정한 의미를 대표하는 것을 가리킨다. 상징단위는 바로 음운단위와 의미단위가 직접 연결된 결합쌍으로6) 양자는 분리할 수 없다.

이러한 관점은 아래의 그림과 같이 나타낼 수 있다.

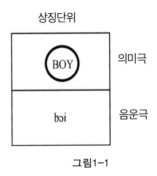

그림1-1

상징단위는 양극성(bipolar)을 가진다. 양극성은 하나의 음운극(형식)과 하나의 의미극(의미)이 결합된 결합쌍으로, 의미극과 음운극은 모두 고도로 도식화되어 있다. Goldberg(1995: 4)의 관점에 따르면, 구문은 다음과 같이 간단하게 표현할 수 있다.

---

6) the conventionalized and direct association of a phonological unit with a semantic unit; a semantic unit paired with a phonological unit

[1] C(f, m)

위의 식에서 m은 의미와 용법의 조건을 가리키고, f는 음운 형식의 조건을 가리킨다. 본서는 의미의 중요성을 부각시키기 위해 먼저 의미극을 앞에 놓고, 음운극을 뒤에 놓는 순서로 바꾸고자 한다. 그렇게 되면 Goldberg의 표현식은 다음과 같이 수정된다.

[2] C(m, f)

Langacker는 사선을 사용하여 의미와 음운 간의 상징관계를 표시한다. 의미극은 대문자로 표시하고, 음운극은 국제음성기호(IPA)로 나타냈다. 예를 들면 'boy'의 상징단위는 다음과 같이 표기할 수 있다.

[3] [[BOY]/[bɔɪ]]

Langacker(2008:161)는 Σ로 상징단위를, S로 의미단위를, P로 음운단위를 표시했다. 따라서 상징단위는 다음과 같이 표기할 수 있다.

[4] $[[S]/[P]]_\Sigma$

하나의 음운과 의미의 결합쌍은 하나의 '상징단위'이고, 두 개 혹은 두 개 이상의 상징단위는 다음과 같이 하나의 '구문'으로 통합된다.

[5] $[\Sigma_1]+[\Sigma_2] \rightarrow [\Sigma_3]$

이 식은 등호를 사용하지 않고 우향의 화살표를 사용하여 Σ_3이 각 성분을 간단하게 합성하여 만들어진 것이 아님을 나타내고 있는 데 주의해야 한다.

형태소, 단어, 구, 문장 나아가 단락(담화)을 포함한 모든 언어 표현식은 상징단위 혹은 구문이다. 인지문법의 주요 임무는 바로 언어가 어떻게 상징단위 혹은 구문을 통해 묘사되는 것인지를 서술하는 것이다. Langacker는 '언어는 바로 상징단위와 구문의 저장소이다.'라는 관점을 제시했다. 문법(심지어 언어)을 이 두 단위 혹은 하나의 단위인 '구문'을 사용하여 간결하면서도 정확하게 해석할 수 있기 때문에 많은 학자들이 Chomsky의 최소주의(Minimalist Program, MP)보다 더 간결하다고 여긴다.

Langacker는 '상징단위'와 '구문'으로 언어의 각 층위를 분석할 것을 제안했는데, 한편으로 인지언어학의 목표인 언어의 각 층위를 통일성 있게 해석하기 위해 확실하고 실행 가능한 방법을 제안했다는 점에서, 다른 한편으로는 통사를 하나의 독립적인 층위로 처리하는 방법을 철저히 부정했다는 점에서 그가 언어 연구에 있어 중요한 공헌을 한 점을 부인할 수 없다. 음운단위와 의미단위는 직접적으로 관련이 있어서 양자 간에는 다른 조직의 층위가 없다. 이는 통사를 중심으로 하면서도 한편으로는 '통사-의미'의 측면에서 의미를 해석하고, 다른 한편으로는 '통사-음운'의 측면에서 음운을 실현하는 TG문법과는 다르다.

이것은 인지문법이 완전히 통사의 존재를 부정한다고 말하는 것이 아니라 전통적으로 형태론과 통사로 인식되던 내용을 '상징단위'와 '구문'으로 보고 통일된 처리를 강조했다는 데 의의가 있다. 하나의 형태소는 하나의 상징단위이고, 두 개 혹은 여러 개의 형태소가 병치된 후에는 통합적인 처리를 거쳐 하나의 통사가 상대적으로 복잡한 표현을 형성하게 되는데, 이것을 구문(혹은 복합표현식, 상징복합체라고도 함)이라고 부른다. 이것 역시 상징단위이면서 또한 음운 연쇄 혹은 의미 연쇄라는 이 두 가지 층위에서 동시에 통합되어 운용된 결과이다. 이렇게 상징단위와 구문은 언어의 각 층위에 분포되기 때문에 형태와 통사를 분석하는 방법을 통일시킬 수 있다. 그러므로 어휘의미를 분석하는 인지방식은 마찬가지로 각종 구문 즉, 단어, 절, 문장, 나아가 담화까지 포함한 구문을 분석하는 데 적용된다. 언어 소통 혹은 언어 분석의 최소 필요조건은 바로 음운, 의미, 그리고 양자 간의 연결이며, 문법분석을 상징단위와 구문으로 귀결한 것은 바로 이 최소 필요조건을 보여주는 것이다.

상징단위와 상징단위의 통합 즉, 구문에 대한 연구를 통해 언어에 대해 비교적 상세한 심리 인지 묘사와 인지적 해석을 해낼 수 있다. Croft&Cruse(2004:225, 254)는 '사람들의 모든 문법지식은 기본적으로 구문의 형식으로 표현된 것이기 때문에 '구문'은 사람들의 전체적인 문법지식을 개괄할 수 있다. 이는 우리가 언어를 연구하는 데 완전히 새로운 지평을 열었다.'고 했으며, Taylor(2002:22)는 '상징단위 이론이야말로 진정한 최소주의 언어 이론이다(a truly minimalist theory of language).'라고 했다.

제2절 Symbolic Unit에 대한 중국어 번역과 정의

Unit을 '단위'로 번역하는 데 학계에서 이견이 없다. 소위 '단위'는 바로 사람들이 반복 사용하다보니 자동적으로, 통용되면서, 무의식적으로 고착화(Entrenched)되고, 관례화(Routinized)된 최소 요소이다. 사람들은 '단위'를 사용하는 과정 중에 그 내부 성분과 구조 층위를 고려할 필요가 없는데, 이는 인지심리학에서 말하는 지식표상 단위인 '말덩어리(Chunk)'와 비슷하다. Langacker(1987)는 그것을 '신경인지적 관례(Neurocognitive Routines)'로 묘사할 것을 주장했다.

이 용어 번역의 이견은 주로 'symbolic'에서 나타난다. 『The Concise Oxford Dictionary』에는 symbol에 두 가지 해석이 있다.

(1) 일반적인 동의에 의해 유사한 특성을 소유하거나 사실 또는 생각의 연관성에 의해 어떤 것(특히, 생각이나 특성)을 자연스럽게 유형화하거나 대표하거나 회상하는 것으로 간주되는 것(예: 흰색은 순수의 상징이다. 사자는 용기의 상징이다.)

(2) 어떤 대상이나 아이디어 또는 과정의 관습적인 표시로 간주되는 표식이나 문자[7]

첫 번째는 중국어의 '象征(상징)'에 해당하고, 두 번째 의미는 '符号(기호)'에 해당한다. 『现代汉语词典』에서 '象征'은 두 가지 의미가 있다.

---

7) (1) things regarded by general consent as naturally typifying or representing or recalling something(esp. an idea or quality)by possession of analogous quality or by association in fact or thought(e. g. White is a symbol of purity. The lion is a symbol of courage.)

(2) mark or character taken as the conventional sign of some object or idea or process

(1) 구체적인 사물로 모종의 특수한 의미를 나타냄

(2) 모종의 특별한 의미를 상징하는 데 사용되는 구체적인 사물[8]

중국어 '符号'에도 두 가지 의미가 있다.

(1) 기호, 표기

(2) 몸에 패용하는 직급, 신분 등을 나타내는 표식

자세히 해석하면 중국어 '象征'은 기본적으로 영어 'symbol'의 첫 번째 의미에 해당하고, 중국어 '符号'의 첫 번째 의미는 'symbol'의 두 번째 의미에 해당한다. 'symbol' 혹은 'symbolic'을 '象征'이라고 번역할지 아니면 '符号'라고 번역할지는 언어학 이론의 각도에서 말하면 여전히 많은 이견이 존재하는데, 이는 번역자의 인지문법의 기본 관점에 대한 이해를 반영한다.

장기간 Saussure 기호학 이론의 영양을 받았기 때문에 '기호'가 자의성을 가진다는 관점이 거의 의심할 필요가 없는 사실처럼 여겨졌다. 그러나 상징은 이와 반대로 어떤 형상(象)을 취하여 증명(征)할 것인가라는 문제가 있다. 즉 '상징물'과 '피상징물' 사이의 관계는 자의적인 것이 아니라 일정한 혹은 비교적 높은 동기성, 즉 도상성을 가지고 있다. 영어 사전에서 설명한 '자연스럽게 유형화하거나 대표하는 것, 유사한 특성 또는 연관성'[9]을 통해 '상징'이 가지는 확실한 함의를 쉽게 알 수 있다. 그런데 Langacker가 사용한 '상징단위(Symbolic Unit)'는 후자의 의미를 취했으며, 이는 Langacker(1987:12)의 『Foundations of Cognitive Grammar』 제1권의 첫 문단에서 쓴 글을 통해 알 수 있다.

Saussure는 언어 기호의 자의성을 지나치게 강조했다. 그러나 여러 형태소로 구성된 언어 기호는 비자의성의 예증으로, 그 동기관계를 분석할 수 있다. 단일한 형태소의 자의성 자체도

---

8) (1) 用具体的事物表示某种特殊的意义;
   (2) 用来象征某种特别意义的具体事物。

9) naturally typifying or representing, analogous quality or by association

크게 제약을 받는다. 의성사와 같은 쉽게 파악할 수 있는 현상은 제쳐두더라도 언어에는 유추와 언어 상징과 같은 현상들이 보편적으로 존재하는데, 이것은 어휘의 진화 과정 속에서 동기화가 끊임없이 이루어진 것이다. 형태소가 결합되어 더 크고 복잡한 구문을 만드는 문법 자체도 상징성을 가지고 있기 때문에 문법과 의미가 서로 분리되어 있고 통사가 자치성을 가진다고 판단하는 것은 의미가 없다.

Jameson(1972)(钱佼汝, 1995:27)는 『The Prison-House of Language』에서 다음과 같이 주장했다.

확실히 '상징'이라는 단어 자체는 단어와 사물 간의 관계가 근본적으로 자의적이지 않다는 것을 의미한다. 최초로 그것들을 연계했을 때 기본적인 대응관계가 있었던 것이다.

또 Croft&Cruse(2004:257)의 다음과 같은 말에서 근거를 찾을 수 있다.

구문문법 이론 중의 문법구문은 다른 통사 이론의 어휘부와 마찬가지로 형식과 의미의 결합쌍을 포함하고 있어서 그들 간의 관계는 부분적 자의성만을 가진다.

필자는 확실한 이해를 위해서 Langacker에게 이메일을 보내 가르침을 청했다. Langacker는 2005년 3월 8일 필자에게 이메일로 회신을 하여 아래와 같이 이야기했다.

자의성은 상징단위의 정의에 포함되어 있지 않다. 대부분의 상징관계는 완전히 자의적이지는 않다.[10]

1994년 沈家煊은 오랜 고심 끝에 'Symbolic Unit'을 '象征單位(상징단위)'라고 번역했다. 이 번역방법이야말로 Langacker가 사용한 용어가 가진 정확한 함의를 가장 잘 반영하고

---

10) Arbitrariness is not part of the definition. Most symbolic relationships are less than fully arbitrary.

있으며, 인지문법의 기본적인 관점을 구현한 것이라 할 수 있다.

이상을 기반으로 하여 Langacker의 『Foundations of Cognitive Grammar』의 기본 관점을 다시 읽으면 이해하기가 훨씬 더 수월해질 것이다. Langacker(1987:11)는 다음과 같이 말했다.

Language is symbolic in nature.

본서에서는 이것을 '언어는 본질적으로 상징성을 가지고 있다.'라고 번역할 것이다. 이는 그의 일관된 사상과 완전히 부합한다. 언어는 한편으로는 우리가 세계를 인식하는 과정과 방식인 개념화의 결과이고, 다른 한편으로는 개념화에 대한 표현(즉, 어휘화와 문법화)으로 동기성을 가진다. 만일 그것을 '언어는 본질적으로 기호성을 가지고 있다'고 번역한다면 마치 어떤 실질적인 내용을 다 전달하지 못한 것 같다. 왜냐하면 오랫동안 언어는 줄곧 인류 의사소통의 주요한 기호체계의 일종으로 인식되어 왔으므로 이를 기본적인 원칙으로 강조할 필요가 없기 때문이다. 이밖에 이러한 번역법은 Saussure의 기호학, 자의성 등의 문제와 얽힐 수 있다. 그러므로 본서는 沈家煊이 'Symbolic Unit'을 '象征单位(상징단위)'라고 번역한 데 동의한다. 이는 고정화된 형식과 의미의 결합쌍을 가리키며, 형식과 의미 사이에는 자의적인 것이 아니라 관습적인 동기관계가 있다. 이렇게 하면 Langacker의 인지문법의 기본적인 관점을 더 잘 이해하는 데 도움이 될 것이다.

이를 근거로 하여 본서에서는 상징성이 다음과 같은 함의를 가진다고 주장하는 바이다.

(1) 형식과 의미는 쌍으로 존재하며 양자는 분리되지 않는다.
(2) 모든 언어 단위는 상징성을 가지고, 그것들은 모두 상징단위이다.
(3) 언어는 상징단위의 저장소이다.
(4) 상징성은 도상성과 훨씬 더 가깝다.
(5) 형식과 의미 사이에는 자의성과는 다른 관습성과 도상성이 있다.

제3절 'Construction'의 중국어 번역과 정의

1. Construction과 Construct의 중국어 번역

이론언어학, 특히 인지언어학의 여러 논저 가운데 '구문(Construction)'에 관한 연구는 상당히 많다. 인지언어학자들의 견해에 따르면, 모든 문법연구는 '구문'으로 귀결될 수 있으며, 구문문법은 향후 문법을 연구하는 보편적인 방법이 될 수 있다(Fried&Östman, 2004:6). 여기서 말하는 '보편'은 보편적이고 효과적인 연구방법을 가리키는 것이지 TG학파들이 추구하는 보편원리나 이론을 가리키는 것은 아니다.

구문에 대한 학자들의 견해는 조금씩 다르다. 일부 학자들은 그것을 성분(Constituent), 구조(Structure), 연어(Collocation), 기호연쇄(String), 통사적 문맥(Syntactic Context), 통합적 문맥(Syntagmatic Context)과 동일시하기도 하고, 또 일부 학자들은 구(Phrase), 관용어(Idiom), 상투어(Formulaic Phrase)로 간주하기도 하며, 다른 학자들은 패턴(Pattern)이나 구조유형(Configuration)으로 여기기도 한다. 따라서 본 장에서는 우선적으로 구문에 대해 구체적으로 기술하고 정확한 정의를 내리고자 한다.

'구문'은 중국에서 '构式, 构造, 句式, 型式, 构块, 构件, 构块式, 结构式, 语法结构式, 构架, 框架' 등 여러 가지로 번역되고 있다(纪云霞 · 林书武, 2002). 필자는 '구문'은 '构式'로 번역하고, '문법구조(Grammatical Structure)'는 '语法结构'로 번역할 것을 주장한다. 이러한 번역은 아래의 두 가지를 고려한 것이다.

(1) 조어법의 각도에서 보면, 'construction'은 동사 'construct'에서 파생된 것이다. 아울러 이것은 'con-'에 'struct(ure)'가 덧붙여져서 만들어진 것으로 볼 수도 있다. 여기에는 '建构(구축하다)'[11]나 '制造(제조하다)'의 의미나 이보다 훨씬 더 추상적인 의미를 포함하고

---

11) '建构'는 사람이라는 요소와 관련되어 있다. 이는 '사람'이 참여한 결과로 생기는 것이다. 이것은 인지언어학의 기본 관점이기도 한데, 언어는 사람들이 객관세계에 대해 느끼고 체험하는 것을 기초로 하여 인지적 처리를 통해 점진적으로 형성된 것이다. 따라서 언어에는 '사람'이라는 요소가 포함되어 있으며 문법 역시 마찬가지이다. 이러한 취지에 근거하여 '构'라는 글자를 선택하였다. 위의 여러 중국어 번역 용어 가운데 '句式'만 '构'자를 포함하고 있지 않기 때문에 이것은 삭제하는 것이 좋겠다. 게다가 이

있기 때문에 한때 '构造(구조, 짓다)'라고 번역하여 그것의 '구축 과정'을 강조한 적도 있다. 그러나 대부분의 중국내 학자들이 이미 '构式(구문)'이라는 용어를 받아들이고 있기 때문에 우리도 이를 따르기로 한다.

(2) 영어에서 'construction'과 'construct'는 모두 명사로 쓰일 수 있지만, 구문문법 이론에서는 서로 다른 기능을 한다. 많은 학자들이 'construction'이 추상성을 더 가지고 있다고 여겨, 주로 심리적인 '도식구조(Schematic Structure)' 혹은 '추상적인 청사진(Abstract Blueprint)'을 가리킨다고 보기도 하고, 일부 학자들은 그것을 '추상적인 문법성분(Abstract Elements of Grammar)'라고 칭하기도 하며, 또 다른 학자들은 그것을 문법구문(Grammatical Construction)이라고도 명명한다. 그것은 '구문실례(语式)'를 기초로 개괄하여 형성된 것(generalization over constructs)이다. 'construct(구문실례)'는 'construction'이 구체화된 것으로, 주로 'construction'이 인가하여 형성된 표현방식이다. Fried(2008:52)는 그것을 '구문의 구체적인 실현(actual physical realization of constructions)'이라고 보았고, Cappelle(2006)은 '구문변이(Allostruction)', Bergs&Diewald(2008:6)은 '구체적인 파생물'(Concrete Descendant)이라고 지칭하였다.[12]

이 두 용어의 구분은 언어학에서 자주 사용되는 유형(Type)과 예증(Token)의 구분에 상응하여, 구문은 유형에 해당되고, 구문실례는 예증에 해당된다. Traugott(2008:36)는 이것을 'construction-type'과 'construct-token'으로 직접 대응시키기도 했다. 이러한 구분은 Saussure가 랑그(langue)와 파롤(parole)로, Chomsky가 '언어능력'과 '언어수행'으로 구분한

용어는 마치 '구문'이 '문장' 층위에서의 '형식'인 것처럼 오도할 수 있는 심각한 문제를 안고 있다. 그러나 이 분야에 대한 기초지식이 있는 학자들이라면 '구문'은 '문장' 층위뿐 아니라 단어나 구 층위와도 관련되어 있다는 것을 알 것이다. 왜냐하면 Langacker(1981, 1991a)의 관점에 따르면, '구문'은 둘 혹은 둘 이상의 상징단위로 구성된 것이기 때문이다. Langacker는 '상징단위'와 '구문'이라는 이 두 용어를 설정하였는데, 이는 어휘, 조어, 통사 사이의 경계를 넘나드는 연구 방법을 모색하여 문법을 분석하는 데 있어 통일된 분석 틀을 제공하고자 하는데 목적이 있다. 만약 구문문법의 이러한 기본 원리와 목적을 이해한다면 '句式'라고 번역하는 것은 적절치 않음을 알 수 있다.

12) 본서에서는 'Construction Grammar'를 '构造语法'로, 'Construct'를 '构式'으로 번역하여 구분했었다. 그러나 중국의 대다수 학자들이 '构式语法'라는 용어로 번역한 반면, 'Construct'에 대응되는 적절한 번역 용어가 없다. 따라서 필자는 한동안 원래의 번역 용어를 사용했었다. 그러나 오랜 고심 끝에 'Construct'에 대한 번역 용어를 '语式(具体语言表达式의 줄임말)'로 하여 여러 학자들의 대중을 따라야 한다는 건의에 부응하게 되었다. 본서 역시 '构式(구문)'과 '语式(구문실례)'이라는 용어를 사용한다. '语式'은 '构式'의 하위범주 용어로 '构式'로부터 의미, 화용, 통사 등의 자질을 상속받은 더욱 구체적인 표현식이라고 본다(a construction licensing constructs, or construct licensed by a construction) (Key&Fillmore 1999:7, 10). 이에 근거하여 'Constructionality'는 '构式性'(구문성)으로 번역할 수 있다.

기본적인 입장과도 긴밀한 관계가 있다. Kay&Fillmore는 이들의 입장을 따라 '구문'은 언어의 문법 부분에 속하고, '구문실례'는 단어, 구 혹은 문장과 같은 언어의 발화 유형[13]에 속한다는 입장을 제시하였다. Kay&Fillmore(1999:2-3)는 아래와 같이 지적하였다.

> 구문(예컨대 주어-조동사 도치구문)은 언어에서 실제적인 구문실례들(예컨대 영어의 각종 도치구문 등)을 인가하는 조건들의 집합이다.[14]

Fried&Östman(2004:18-19)는 아래와 같이 지적하였다.

> 구문은 잘 구성된 언어 표현을 인가하기 위한 일반적인 청사진을 제공하는 언어구조의 추상적이고, 표현적인 실체이자, 관습적인 유형이다. 대조적으로, 문장이나 구와 같은 실제로 발생하는 언어 표현은 구문이 아니라 구문실례이다.[15]

Michaelis(근간)도 아래와 같이 언급하였다.

> 구문은 구문실례에 대한 묘사로, 하나의 모교점과 하나 혹은 다수의 딸교점을 구성한다.[16]

> 문법구문은 화자가 특정한 의사소통 목표를 달성하기 위해 사용하는 어휘 조합을 위한 방법이다.…… 구문은 단어의 선형 순서를 결정한다.[17]

---

13) utterance-type of the language: words, phrases or sentences

14) A construction(e. g. the subject-auxiliary inversion construction)is a set of conditions licensing a class of actual constructs of a language(e. g. the class of English inverted clauses …….)

15) A construction is an abstract, representational entity, a conventional pattern of linguistic structure that provides a general blueprint for licensing well-formed linguistic expressions. In contrast, the actually occurring linguistic expressions, such as sentences and phrases, are not constructions, but CONSTRUCTS.

16) ……a construction is a description of construct, a combination of a mother node and one or more daughter nodes.

17) Grammatical constructions are recipes for word combination that speakers use to achieve specific communicative goals, ……Constructions determine the linear order of the words.

Bergs&Diewald(2008:5)는 아래와 같이 지적하였다.

> 구문은 잘 형성된 언어적 표현을 인가하는 보다 추상적인 청사진으로 간주되는 반면, 구문 실례 혹은 구문변이는 실제로 발생하는 표현이나 표현 유형과 같은 구문의 보다 구체적인 실현 형식이다.[18]

문법학자들의 구문에 대한 기술이 모두 같지는 않지만, 기본적인 관점은 동일하다. 즉, 'Construction'은 사람의 마음속에 저장된 추상적인 도식 혹은 주형틀을 가리키고, 실제 어구를 구축하는 기능을 가지고 있으며, 문법 부분에 속한다는 특징을 가진다. 반면 'Construct'는 추상적인 구문에서 기본 통사와 의미적 특징(대체로 필요에 따라 변화를 함)을 상속(Inherit) 받아, 일상적인 의사소통에서의 발화와 같은 구체적인 발화표현형식으로 구현된다.

구문문법 이론에서는 '상속'(Inheritance), '상속 네트워크'(Inheritance Network), '상속층위'(Inheritance Hierarchies 혹은 Hierarchies of Inheritance) 등의 용어로 방사성 범주 자질을 가지고 있는 구문 간에 부분적으로 겹치는 표현(Partially Overlapping Representations) 관계를 나타내며, 이를 통해 언어의 일반성을 기술한다(Goldberg 1996:67, Michaelis&Lambrecht 1996:217, Michaelis 2006:81 등). '상속성' 역시 '추상적인 구문'과 '구체적인 구문실례' 간의 연결 관계를 기술하고 해석하는 데 자주 쓰이며, 이것 역시 '도식-예시' 간 실현관계의 일종으로 간주할 수 있고, 범주화 인지방식의 제약을 받는다. Fried&Östman 및 다른 많은 언어학자들의 관점에 근거하면, 구체적인 'Constuct'는 추상적인 'Constuction'으로부터 기본 자질을 상속받는다.

그밖에 일부 학자들의 논저에서 'Constuction'이 'Constuct'를 포함하고 있다고 한 점에 주목하여 구체성과 추상성의 각도에서 구문을 다음과 같이 나눌 수 있다.

---

18) Constructions are seen as the more abstract blueprints which license well-formed linguistic expressions, while constructs or allostructions are the more concrete realizations of constructions, i. e. actually occurring expressions or types of expressions.

(1) 구체적인 표현식

(2) 추상적인 도식

현재 유행하는 관점에 근거하면 (1)의 구체적인 표현식은 'Construct', 즉 구문실례이고, (2) 추상적인 도식은 'Construction', 즉 구문이다.

2. 인지언어학자들의 '구문'에 대한 논의

'Construction'은 결코 새로운 용어가 아니며, 언어학 논저에서 이미 논의된 바 있다. Goldberg(2006:3)는 고대 스토어학파가 활동하던 시기(B.C. 336~A.D. 264)에 '형태와 의미의 결합쌍인 Construction'으로 문법을 연구했다고 언급하였다. Harris&Taylor(1997) 역시 고대로부터 많은 학자들이 구조를 의미가 있는 형식으로 보아, 이를 언어 연구의 주요 대상으로 삼았다고 지적하였다. 이 용어는 중세 시기 양태론자들의[19] 저서에서 발견되기도 했다 (Goldberg&Casenhiser 2006, Bergs&Diewald 2008:1). 19세기 중엽 'Construction'은 정형화되고 고착화된 배열(Formulaic, Fixed Sequences)로 여겨졌다.

현대 언어학의 아버지인 Saussure가 1916년에 출판한 『Course in General Linguistics』에서도 이 용어가 사용되었고, Bloomfield(1933)의 『Language』에서도 이것을 언급한 바 있다. Leech(1974)의 저서 『Semantics: the Study of Meaning』에서는 이 용어를 더 많은 부분에서 언급하였다. 그러나 그 용법에 있어서는 차이가 있다. Saussure의 이론 체계 가운데 'Construction'이라는 단어는 주로 '단어의 통사 상에서의 통합적인 연결'을 가리키고, 나머지 두 학자의 저서 가운데에서는 주로 '주술목구문(SVO Construction), 피동구문(Passive Construction), 분열구문(Cleft Construction), 긍정구문(Positive Construction), 부정구문(Negative Construction), 병렬구문(Coordination Construction)' 등과 같은 '절 유형(Clause Type)'과 '통사구조(Syntactic Construction)'를 가리킨다.

---

19) [역주] 1270년경 이후에 '의미의 양태'란 개념을 활용해 사변적 문법학을 발전시킨 학자들을 말한다. 양태론자라는 명칭은 '의미작용의 양태에 관한 논문'이라고 불리는 작품제목에서 나왔다. 그들은 의미작용의 양태를 통해 실재의 본질에 이르게 되는 것이 문장에 대한 연구의 목표가 되어야 한다고 주장했다.

TG 이론은 통사의 기본단위와 생성 규칙에 흥미를 가지기 때문에, Construction을 본원적인 단위가 아니라고 여기고, 이것을 단지 기본단위에서 생성된, 문법구조의 유형 중 하나로 여겨 주요 연구 범위에 포함시키지 않았다(Taylor, 2002:567). 따라서 Construction을 중요하지 않게 여긴 Chomsky(1991:417)는 그것을 부수현상(Epiphenomena)으로 보고, 문법 연구에서는 이러한 전체적인 큰 단위가 필요치 않다고 여겼으며, '어휘'와 '규칙'을 통해 생성되거나 예측해 낼 수 있다고 판단했다.

현재 구문문법 이론에서 쓰이는 'Construction'은 상술한 바와 같이 문형이나 구조유형으로 보는 전통적인 용법과는 전혀 다른 것으로, 그 함의와 범위 등에 있어 근본적인 차이가 있다.

1) Langacker의 관점

Langacker(1987:57-63)는 구문을 '관습적인 상징단위(conventional Symbolic unit)'라고 보았다. 여기서 관습(Convention)은 '언중들 사이에서 일반적으로 사용된다(generally used in the speech community)'이라는 뜻으로(Croft, 2005:274), 중국어로는 '约定俗成'이라고 번역할 수 있다. 전통적 구조주의 언어학자들은 이것이 자의성과 같다고 보는 오류를 범했다. 그러나 자의성은 어떠한 규칙도 없이 완전히 임의대로 한다는 것이고, '约定俗成'은 어떻게 약속을 해서 어떻게 관습화되었는가와 관련된 것이므로 완전히 다르다(许国璋, 1988).

Langacker(1987:82)는 『Foundations of Cognitive Grammar』의 제1장에서 '구문'에 대해 아래와 같이 기술하였다.

> 문법은 형태소와 더 큰 표현의 통합적 조합을 포함하여 점진적으로 더 정교한 상징구조를 형성한다. 이러한 구조를 문법구문이라고 한다. 따라서 구문은 두 개 이상의 상징적 구조를 구성성분으로 포함한다는 의미에서 상징적으로 복잡하다.[20]

---

20) Grammar involves the syntagmatic combination of morphemes and larger expressions to form progressively more elaborate symbolic structures. These structures are called grammatical constructions. Constructions are therefore symbolically complex, in the sense of containing two or more symbolic structures as components.

Langacker는 구문을 '여러 개의 형태소들(morphemes)'의 '결합' 혹은 더 큰 표현식의 '결합'이라고 보았다. 이것은 그가 구문에 대해 둘 혹은 둘 이상의 상징단위 혹은 음운과 의미의 결합쌍으로 구성되었다는 견해를 가지고 있음을 보여주는 것이다. Langacker(2008:161)는 2008년도에 출판된 『Cognitive Grammar: A Basic Introduction』에서 이러한 관점을 재차 밝혔다.

> 구문은 상징적인 집합체이다. 문법 분석의 목적은 이러한 집합체를 분명하면서도 정확하게 묘사하는 것이다.[21]

Langacker가 말한 '상징단위' 혹은 '상징성'은 주로 음성과 음소에 해당하는 형식과 의미의 결합체를 가리키는 것으로, 다른 학자들은 종종 아래와 같이 다르게 묘사하곤 한다.

(1) form-meaning pair

(2) form-meaning pairing

(3) form-meaning correspondence

(4) form-meaning constellation

(5) conventional association between form and meaning/content

(6) form-meaning-function complex

(7) form and semantic correspondence

Langacker가 이 문제에 있어 비교적 융통성이 있는 태도를 취하고 있어, 때로는 Goldberg 등의 학자들이 주장하는 관점을 받아들여 형태소(morpheme)도 구문에 포함시켰음에 주목할 필요가 있다. Langacker(2007:94)에서 아래와 같이 주장하였다.

> 나는 구문이라는 용어를 매우 폭넓게 사용한다. 구문은 형태소, 단어, 구, 절, 문장이 될

---

21) Constructions are symbolic assemblies. The objective of grammatical analysis is to describe such assemblies in clear and precise detail.

수 있는 모든 크기의 표현식이다. 그것들은 모두 표현식이다. 또는 발생된 표현식으로부터 추상화된 스키마는 구문 또는 그러한 요소들의 가족이라고도 할 수 있다.[22]

이와 같은 최근의 주장을 통해 Langacker 역시 '형태소'를 구문으로 보았음을 알 수 있다. 사실 Langacker(1987:82)는 구문은 둘 혹은 둘 이상의 상징단위라고 말한 뒤에 이어서 다음과 같이 보충 설명했다.

형태론적 구문과 통사론적 구문 사이에는 근본적인 차이가 없으며, 직접적으로 관련된 모든 측면에서 완전히 평행하다.[23]

위의 말을 통해서 Langacker가 '개별 형태소'를 형태소구문(Morphological Construction)으로 보았지만, 그가 말하는 문법구문(Grammatical Construction)은 주로 통사 구문(Syntactic Construction)을 가리키며, 이러한 문법구문을 '구문'이라고 약칭했음을 알 수 있다. 그는 관련 기술 가운데 주로 둘 혹은 둘 이상의 상징단위로 구성된 문법구문에 대해 논의했다. Langacker(2007:107)는 또 아래와 같이 기술하였다.

smart women 같은 것은 최소 구문이다.[24]

다시 말해서 구문은 적어도 두 개의 상징단위로 이루어져 있다는 것이다.

2) Taylor의 관점

Taylor는 Langacker의 인지문법에 대해 심도 있는 연구를 진행했다. 1996년 인지문법

---

22) I use the term construction very broadly. A construction is an expression of any size that could be a morpheme, a word, a phrase, a clause, a sentence. Those are all expressions. Or else a schema, which is abstracted from the occurring expressions, can also be called a construction, or a family of such elements.

23) There is no fundamental distinction between morphological and syntactic constructions, which are fully parallel in all immediately relevant respects.

24) Something like smart woman is just a minimal construction.

이론으로 영어의 소유격을 분석하여, 『Possessive in English: An Exploration in Cognitive Grammar』라는 저서를 발표하였다. 그는 2002년에 『Cognitive Grammar』를 출판하였는데, 이는 Langacker의 인지문법 기본 원리에 기초하여, 자신의 관점을 피력한 것이다. 가령, '도식-예시'로 언어의 각 층위를 일관되게 해석하였으며, 학계에 제기된 여러 논란에 대해 답하거나 반박하였다. Taylor(2002:561)에 논의된 구문에 대한 이해는 Langacker와 동일하다.

구문은 구성요소로 분석 가능한 어떤 언어 구조라고 매우 일반적으로 정의할 수 있다.[25]

Taylor는 2004년에 「The Ecology of Construction」이라는 제목의 논문을 발표하여, 인지문법의 기본원리에 근거하여 구문의 관련 성질을 논의하였으며, 특히 구문은 동기화되었다(constructions are motivated)는 것을 강조하였다(제9장과 제10장 참조). Taylor(2004:51)는 구문에 대한 정의를 내렸는데, 이 정의는 2002년의 정의와 기본적으로 일치한다.

구문은 내부적으로 복잡한 언어구조이다. 다시 말해 그것은 여러 개의 구성요소로 분석될 수 있는 구조이다.[26]

그는 각주를 통해 여기에서 말하는 '구문'이 Langacker(1987:487)에서 말한 '복합구조'(Composite Structure)에 해당한다고 하였다. 이는 하나의 구문은 둘 혹은 둘 이상의 상징단위로 구성된 것이며, 구문 자체는 '부분-전체 관계(Part-Whole Relations)'를 함축하고 있음을 명확히 설명하고 있다.

그러나 본서에서는 Taylor(2004:51)가 상징단위 중 '음운단위'와 '의미단위'를 각각 'phonological construction'과 'semantic construction'이라고 칭한 데에는 동의하지 않는

---

25) A construction may be defined, very generally, as any linguistic structure that is analyzable into component parts.

26) A construction is a linguistic structure that is internally complex, that is, a structure that can be analyzed into component parts.

다. 이렇게 할 경우 '구문' 자체가 음운과 의미의 결합쌍이므로 그 중 하나의 요소를 con-structions라고 부를 경우 용어와 개념상의 혼동을 가져올 수 있기 때문이다.

3) Fillmore의 관점

Fillmore는 1970~80년대 유명한 '틀 의미론'을 제안했다. 그는 명사나 동사와 같은 어휘는 그것을 정의하는 틀 안에서 비교할 때 더 잘 이해할 수 있다고 했다. 그는 이를 기반으로 하여 동사와 그것이 출현하는 전체 틀 간의 관계를 중점적으로 고찰하여, 동사는 그것을 정의하는 틀, 즉 전형적인 통사 사용 환경 안에서 비교해야 더 잘 이해하고 사용할 수 있다고 했다.

Fillmore 등(1988)은 'let alone 표현식'의 용법 환경 특징을 상세히 기술하였으며, 이를 기초로 발화자가 해당 표현식을 사용할 때 실제로는 통사, 의미, 화용 등을 포함한 그것의 전체 틀의 정보를 이미 동시에 파악하고 있다고 주장하였다.[27] 따라서 그것의 용법 환경과 전체적인 자질, 형식-의미 결합쌍이라는 각도에서 접근해야 비로소 그것의 기능을 잘 묘사하고 해석할 수 있다. Fillmore 등은 또한 이러한 구문을 통해야만 사람들의 언어지식에 대해 좀 더 합리적인 해석을 할 수 있다고 보고, 어휘 분석법(Lexical Approach), 어휘와 규칙 관점(Words and Rules View)[28]을 부정하였다.

어휘 접근법은 분해주의(Reductionism/Reductionist View/Reductionist Approach),[29] 원자론(Atomic View) 등을 지지한다. 그러나 Kay&Fillmore는 언어 표현식 가운데 포함되어 있는 각각의 서브모듈의 정보에 대해 통합적이고 통일된 표상(a Single Unified Representation)이 이루어져야 한다고 주장하였는데, 이것이 바로 구문이다. 구문은 언어의 일반적인 표현을 해석할 수 있을 뿐 아니라 일반적이지 않은 관용어도 해석할 수 있다. 이에 근거하여 언어에 대한 모듈론(Modular View), 합성론(Compositional View)[30] 등을 부정하였다.

---

27) Kay&Fillmore(1999:9)에서는 Synsem이라는 용어를 사용하여 '통사-의미 결합쌍'의 정보를 나타냈다. 이 가운데 '의미'는 의미와 화용 두 측면의 정보를 포함하고 있다.
28) 혹은 어휘와 규칙 모형(Words and Rules Model)이라고 한다.
29) [역주] '분해주의'는 복잡하고 추상적인 사물, 현상, 개념 등을 단일 수준의 더 기본적인 요소로부터 설명하려는 입장을 말한다.
30) Fillmore 등은 Compartmentised View라는 용어를 사용하기도 했다.

Fillmore(1988:36)에서의 구문에 대한 정의는 다음과 같다.

문법구문이란 의미에 대한 기여나 그것을 포함하는 구조의 사용에 대해 언어적으로 관습화
된 모든 것과 함께 언어에서 하나 이상의 관습적인 기능이 할당된 모든 통사적 구조유형을
의미한다.[31]

그의 정의는 하나의 통사유형은 기능과 의미를 포함한다는 Langacker 등의 관점과 거의
유사하다. 이렇듯 Fillmore도 구문이 형식과 의미의 결합쌍이라는 점을 강조했다. 그가
Kay와 1999년에 함께 발표한 논문에서 다시 한 번 더 이 입장을 강조했다. 그의 논문에는
다음과 같은 몇 가지 의미가 함축되어 있다.

(1) 통사 층위의 구조유형에 치중
(2) 하나의 형식이 여러 가지 의미나 기능을 표현할 수 있음
(3) 형식과 의미(혹은 기능) 간의 관계는 관습적인 성격을 가짐
(4) 구문은 전체 구조의 의미와 용법에 영향을 줄 수 있음

이상을 통해 아래와 같은 정보를 얻고 의문을 해결할 수 있다. Fillmore가 구문을 일종의
구조유형(pattern)이라고 본 것은 이해도 되고 받아들일 수 있지만, 그가 말한 통사가 도대체
어떤 내용을 포함하고 있는지, 형태론(Morphology)을 포함하고 있는지에 대해서는 의문이
생긴다. 다른 한편으로 (4)로부터 Fillmore도 구문 자체에 일정한 의미가 있으며, 다른 구
문과 조합하여 사용하는 경우 해당 구문 자체 혹은 전체 구조 유형에 일정한 영향을 끼칠
수 있다고 생각했다는 점을 알 수 있다. Goldberg는 이에 영감을 얻어, 1995년 직접적으로
구문 자체가 독립적인 의미를 가진다는 관점을 제안했다.

이상의 논의를 통해, Langacker의 인지문법과 Fillmore 등의 구문문법은 모두 형식과

---

31) By grammatical construction we mean any syntactic pattern which is assigned one or more conven-
tional functions in a language, together with whatever is linguistically conventionalized about its
contributions to the meaning or the use of structures containing it.

의미(혹은 통사와 의미)를 결합하여 언어를 분석하자고 주장했음을 알 수 있다. 그러나 Leino(2005:94)는 두 이론은 주안점이 다르다고 했다.

(a) Langacker는 주로 의미에 초점을 두어, 의미에 근거하여 단어가 특정 통사의 '조건집합'에 출현하는 것을 묘사하는 데 치중하였다. 따라서 본서에서는 '형태와 의미의 결합쌍'으로 그의 관점을 가리킬 것이다. 그러나 다른 학자들은 이에 대하여 다른 관점을 가지고 있다. 어떤 학자들은 통사는 통사고 의미는 의미이기 때문에 양자는 다른 층위에 있다고 주장했다. 따라서 의미의 각도에서 문법(통사)을 묘사하면 형태-통사 방면의 정보를 알기 어렵고 구문에 대한 형식적인 표현(notation)을 제공할 수 없다고 보았다. 그러나 구문문법 학자들은 이것이야말로 언어 이론 연구의 큰 진전임을 명확히 밝혔다.

(b) Fillmore 등이 비록 형식과 의미를 결합하여 언어를 분석해야 한다고 주장했지만(제4장 참조), 형식주의적 방법을 더 선호하고 TG 이론의 연구 방법에 따라 내재적인 문법지식 체계에 대한 형식화된 모형을 구축했다. 그러나 의미를 묘사하는 형식적인 표현을 체계적으로 제시하지는 못했다. 본서에서는 그의 주장을 '형식과 의미의 결합관'이라고 부를 것이다. 이러한 주장은 형식과 의미를 함께 논의하지만, 그 연결 정도가 긴밀할 수도 느슨할 수도 있다. 이것은 양자가 긴밀한 관계라서 분리할 수 없는 하나의 결합쌍으로 보는 Langacker의 주장과는 차이가 있다.

4) Goldberg 등의 관점

미국의 유명한 인지언어학자인 Goldberg는 1995년 그의 스승인 Lakoff의 인지의미론, 언어경험론, 개념은유 등의 이론에 근거하고, Langacker의 인지문법, Fillmore의 틀 의미론과 구문문법 등의 연구 성과에 기반을 두고 깊이 있는 탐색을 하여 인지언어학계에서 영향력이 있는 저서인 『Constructions: A Construction Grammar Approach to Argument Structure』을 출판하였다. 그녀는 또한 2006년에 『Constructions at Work: the Nature of Generalization in Language』를 출판하였으며, 자신의 구문문법을 '인지구문문법'(Cognitive Construction Grammar, CCxG)이라고 명명하고, 인지언어학 이론의 틀에서 구문문법을 구축하고 발전시켜 핵심적인 기여를 하였다.

Goldberg(1995:4)는 언어의 모든 층위의 기본단위는 구문이며, 하나의 구문을 식별하는 근거는 "구문의 형식 혹은 의미의 자질을 그 구성요소 혹은 기존의 다른 구문으로부터 엄격하게 예측해낼 수 없다는 점"이라고 주장했다. 이에 근거하여 구문에 대해 다음과 같이 정의했다.

C가 하나의 형식-의미의 결합쌍인 <Fᵢ, Sᵢ>라고 했을 때 이것은 하나의 구문이다. 이때 형식인 Fi의 어떤 방면 혹은 의미 Sᵢ의 어떤 방면은 C의 구성요소로부터 엄격하게 예측해낼 수 없고, 기존에 확립된 다른 구문으로부터 예측해낼 수도 없다.[32]

그 뒤에도 Goldberg(1996:32)에서도 위의 정의를 다시 한 번 언급하였다. 다만 개별 단어에 있어서는 다소 차이가 있다. 2006년에 출판된 저서에서 Goldberg(2006:3, 5, 9)는 구문에 대해 아래와 같이 정의했다.

형식과 기능의 관습화된 결합쌍

형식과 의미 혹은 담화 기능의 학습된 결합쌍

특정한 형식적인 자질과 특정한 의사소통기능을 결합한 각각의 결합쌍

또한 구조유형은 충분한 빈도로 발생하는 한 완전히 예측 가능하더라도 구문으로 저장[33]

이상의 정의로부터 다음과 같은 중요한 관점을 요약할 수 있다.

(1) 언어 가운데 각 층위의 기본단위는 모두 구문이다. 이것들은 모두 후천적으로 구축된 것이지 선천적으로 존재하는 것이 아니다. 한 개인에게 있어 어떤 구문은 비교적 일찍

---

32) C is a CONSTRUCTION iff$_{def}$ C is a form-meaning pair <Fi , Si> such that some aspect of Fi or some aspect of Si is not strictly predictable from C's component parts or from other previously established constructions.

33) conventionalized pairings of form and function
LEARNED PAIRINGS OF FORM WITH SEMANTIC OR DISCOURSE FUNCTION
Each pairs certain formal properties with a certain communicative function.
In addition, patterns are stored as constructions even if they are fully predictable as long as they occur with sufficient frequency.

습득되고 어떤 것은 늦게 습득될 수 있다.

(2) 구문은 '형식과 의미의 결합쌍', '형식과 의미의 대응체', '형식-기능 결합쌍'이므로 C <F_i, S_i>[34]라는 공식으로 표기할 수 있다. 또한 양자 간에는 자의적인 관계가 아닌 관습적인 관계가 있다.

(3) 완벽하게 예측할 수 있는 구문은 '일반 구문'이고, 완전히 예측할 수 없는 구문은 '특수구문'이다. 이렇게 인지언어학자들은 통사 연구를 '구문'으로 귀납한다. Goldberg는 특수구문을 해석할 수 있는 이론은 일반 구문도 해석할 수 있다고 주장했다. 1995년의 저서에서는 특수구문에 속하는 영어 이중타동구문, 결과구문, 사동구문 등에 대해서 논의함으로써 구문문법이 보다 전면적이고 설득력 있는 이론임을 보여주었다.

(4) 한 구문은 더 많은 방면의 자질(Properties)을 가질 수 있는데, 형식 자질(Properties of Form)과 의미(혹은 기능) 자질(Properties of Meaning, Properties of Function)을 포함한다. '예측 불가능성'은 '합성성의 원리(the Principle of Compositionality)'에 결함이 있음을 함축하고 있으므로 '통합성의 원리(the Principle of Integration)'와 결합해야지만 더 효과적인 해석을 할 수 있다.

(5) '예측 가능성'은 TG에서 추구한 목표이지만, 구문문법을 포함한 인지언어학은 '모든 것을 예측할 수 있는' 이론적 틀을 건립해야 한다고 주장하지 않으며, '동기성'이 이를 대신한다.

Goldberg의 상술한 논의와 저서를 통해 그녀가 주장하는 구문과 구문문법의 다른 중요한 관점도 이해할 수 있다.

(1) Goldberg가 언급한 '형식'과 '의미'는 주로 '문법역'과 '의미역'을 가리킨다. 그녀가 1995년의 저서 가운데에서 중점적으로 연구한 몇 개의 구문은 통사 관계의 합성구조를 포함한 문법역과 의미기능구조를 포함한 의미역 간의 대응관계에 관해 주로 논의하였다. 가령, 영어의 이중타동구문의 형식은 다음과 같이 나타낼 수 있다.

---

34) 필자는 의미를 기초로 한다는 연구 경향을 부각시키기 위해 이것을 C <S_i, F_i>으로 수정할 것을 주장하는 바이다.

V<SUBJ OBJ1 OBJ2>

의미는 다음과 같이 나타낼 수 있다.

CAUSE-RECEIVE <agt rec pat>

비교적 복잡한 상징성을 띤 이중타동구문을 사용하는 과정은 바로 형식과 의미를 조응 조합하는 과정으로, 조합의 과정에서 조응성은 범주화를 통해 보장한다. 구체적으로 말해서 양자 간의 조합을 실현하기 위해서는 동사의 참여자역과 구문의 의미역이 일정 정도로 조응하여 융합(Fusion)하든지 아니면 최소한 하나의 의미역을 공유해야 한다.

(2) 의미는 구문의 통사가 생성되는 동기이다(Goldberg, 1996:33).[35]

(3) 다의어처럼 구문도 다의성을 가지며, 원형범주 이론(원형-확대 관계)으로 이에 대해 효과적인 해석을 할 수도 있다. 이러한 다의 구문은 관련된 혹은 유사한 의미를 가져 긴밀하게 관련된 구문 가족(a Family of Closely Related Construction)을 형성한다. 언어 중 구문은 고도로 구조화된 네트워크 체계(a Highly Structured Lattice, Networks of Associations, Interrelated Networks) 혹은 분류학적 계층(Taxonomic Hierarchy)의 결합구조로 볼 수 있다. 이에 대해 원형범주 이론으로 합리적인 해석을 할 수 있다.

(4) 구문 자체는 동사와는 독립된 의미를 가지기 때문에, 동사에 논항을 증가시킬 수도 있고, 감소시킬 수도 있다. 즉, 구문은 동사에 대해 결합가 구조를 재구축할 수 있는 기능인 강요성(Coercion)을 가지고 있다(상세한 논의는 제6장 제4절 참조). 이에 근거하면, 동일한 동사는 사용되는 구문에 따라 구현해내는 논항구조가 다를 수 있으며, 이때 전체 표현은 상이한 의미를 나타낼 수 있다. 언어 연구는 동사 혹은 동사와 관련된 의미역으로부터 논의되어서는 안 되고, '구문'이라는 층위에서 논의되어야 한다. 따라서 구문문법 이론은 어휘규칙 이론보다 더 강한 해석력을 가진다.

(5) 언어에서 문장은 구문의 구체적인 실례로 간주할 수 있다. 그러므로 구문이야말로 언어의 기본적인 단위이다.[36] Goldberg(1996:32)는 아래와 같이 언급하였다.

---

35) the syntax of the construction is motivated by its semantics

문법 자체는 구문으로 이루어진 구조적 저장소로 여겨진다.[37]

(6) 구문은 신체화와 생산성 등의 특징을 가지고 있다(제9장 제1절 참고).

Argument는 중국 학술계에서는 '论元' 혹은 '题元'으로 번역한다. 그러나 본서에서는 이 두 번역 용어를 구분하고자 한다. '论元'은 술어(Predicate)가 되는 어휘와 상대되는 개념이다. 여기에서 '어휘'와 '술어'는 대체로 동사를 가리키며, 명사, 형용사, 전치사 등도 술어로 쓰일 수 있으므로 이것들은 모두 논항을 가질 수 있다. 그런데 '题元'이라는 용어는 구문문법에서 주로 구문과 상대되는 것으로, 주로 구문에서의 의미역을 가리킨다. 王初明(1994)은 Pinker(1989)의 '논항구조(Argument Structure)'를 주로 '동사로 표현되는 술어와 이와 호응하는 명사 간의 의미와 통사적인 연결'이라고 기술하였다. 본서에서는 상술한 구분에 근거하여 '题元结构'를 '문법구문, 그리고 그것과 공기하는 명사구 간(전치사구 중의 명사 포함)의 의미와 통사 관계'로 기술하고자 한다.[38]

이러한 구분을 통해 Goldberg(1995) 논저의 역사적인 의의를 이해하는 것은 어렵지 않다. 그녀는 인지언어학에 기초하여 '어휘중심론(Lexicalism)'과 '변형적 접근법(Transformational Approach)'에 대해 비판했다. 또한 오직 동사의 각도에서만 논항구조를 분석하는 것에는 한계가 있다는 점을 인식하여, 기존 연구 성과에 기반을 두고 구문문법적 접근법(a Construction Grammar Approach)[39]이라는 방법론으로 동사 논항과 구문 논항의 구조 문제를 기술하였다. 1995년에 출판된 저서의 제목을 자세히 읽어보면 이러한 논리를 발견할 수 있으며, 이러한 배경지식에 근거하여 이 책을 공부할 필요가 있다.

Goldberg의 1995년 저서와 1996년 논문에서 구문을 '형식-의미 결합쌍'이라고 정의했지만, 주로 '초어휘적인 문법구문(Extralexical Grammatical Construction)'을 논의하고 있다. 1995년의 저서에서는 '이중타동구문(Ditransitive Construction), 사역이동구문(Caused-Motion

---

36) Constructions are taken to be the basic units of language
37) ······grammar itself is claimed to consist of a structural inventory of constructions.
38) [역주] 본서의 저자 王寅은 술어의 논항은 论元, 구문의 논항은 题元으로 구분하여 사용하였다. 그러나 본고에서는 모두 논항으로 통일하여 번역하기로 한다.
39) Constructionist Approach 혹은 a Construction-based Approach으로 쓰기도 한다.

Construction), 결과구문(Resultative Construction), Way구문(the Way Construction)'을 논의하였다. 그녀가 1996년 발표한 논문의 제목은 「Making One's Way Through Data」인데, 이것을 '절 층위 구문(Clause-level Construction)'이라고 명명했다. 이와 같은 구체적인 예는 모두 초어휘적인 통사 특징임을 알 수 있다.

Goldberg(2003, 2006)는 구문의 연구 범위를 단순한 통사 구문 즉, 도식적 구문 층위에서 형태소, 단어, 복합어, 관용어 등의 층위로 확대하였다. 한편 '구문은 두 개의 상징단위보다 크거나 같다'는 Langacker(1987)의 관점을 받아들였을 뿐 아니라 그것을 한층 더 확장시켜 '하나의 형태소 역시 구문'이라고 주장하였다. 즉 구문은 '형식과 의미' 혹은 '형식과 기능'의 결합쌍으로서의 성질을 갖는 언어 단위이고, 그 형식과 의미상의 어떤 자질을 엄격하게 예측해낼 수 없을 때 이는 일반규칙에 근거하여 해석할 수 없는 것이다. 이것은 바로 1+1>2인 경우를 가리키므로 이를 모두 구문으로 볼 수 있으며, 구문문법 이론으로 분석이 가능할 것이다. 이로써 연구 범위가 크게 확대되었고, 전통 문법의 모든 층위를 거의 다 아우름으로써 해석력을 제고하게 되었다. Goldberg(2006:5)에서는 '크기'와 '복잡성'이라는 두 차원에서 9개 유형의 구문을 열거하였으며, 필자는 이를 기초로 열 번째 유형을 추가하였다.

	구문(혹은 구문실례) 명칭	예
1	형태소	pre-, -ing
2	단어	avocado, anaconda, and
3	복합어	daredevil, shoo-in
4	복합어 (부분적으로 채워 넣을 수 있는)	[N-s] 규칙 복수
5	관용어(고정성)	going great guns, give the Devil his due
6	관용어 (부분적으로 채워 넣을 수 있는)	jog (someone's) memory, send (someone) to the cleaners
7	공통 변화 조건	The Xer the Yer (예: the more you think about it, the less you understand)
8	이중타동(이중목적어)	Subj V Obj$_1$ Obj$_2$ (예: he gave her a fish taco, he baked her a muffin)

9	피동	Subj aux VPpp(PP$_{by}$) (예: the armadillo was hit by a car)
10	품사 범주: 명사, 동사, 형용사 등	-sion, -tion. -ness, -ment, -ship …… -en, -fy, -ize …… -ive, ory, -ous, al, -ic, -ish ……

그림1-2

그림1-2 가운데 1~5번째 유형은 '고정적 구문실례/구문(Substantive Construct 혹은 Substantive Construction)' 혹은 '실재적 구문/구문실례'로, 6~9번째 유형은 '도식적 구문(Schematic Construction)'으로 지칭할 수 있다. 본서에서는 '품사범주' 부류 즉, 10번째 유형을 추가하였는데, 이 역시 형태-의미 결합쌍이기 때문이다. 특히 영어에서 여러 품사범주는 '-sion, -tion, -ness, -ment, -ship' 등과 같은 접미사를 수반하여 명사가 된다. 표에서 구문의 명칭은 '명사, 동사, 형용사 등의 품사 범주'이며, 앞의 예는 다른 품사로부터 명사로 파생시킬 수 있는 접미사이다.

Goldberg가 이렇게 처리한 것은 어쩌면 '어휘중심설'과 '구문분석법' 간의 모순을 조정하고 형태론과 통사론 간의 차이를 제거하여 형태소도 구문으로 보아 언어의 각 층위를 일관되게 해석하기 위해서 일수도 있다(그림9-5 참조). 아울러 이러한 처리는 구문문법의 내용을 크게 증가시켜 구문문법 이론의 설득력을 제고함으로써 다른 문법 이론 혹은 언어 이론과 필적하기 위함이다. 이 역시 구문문법을 '구문언어학'으로 지칭하는 중요한 이유이다.

严辰松(2006:8)은 상술한 기초 위에 중국어의 예를 추가하고 언어 각 층위의 단위를 구문으로 통일되게 처리하여 중국어 나아가 모든 언어에 적용하는 한편, 인지언어학과 구문문법을 영중 대조연구에 적용하여 '대조 인지언어학(Contrastive Cognitive Linguistics)'의 기초를 다졌다. 그 연구 성과를 아래와 같이 요약할 수 있다.

		중국어	영어
1	형태소	亚, 者, 头, 子	anti-, pre-, -ing
2	단어	幽默, 孟浪, 浪漫, 憧憬	avocado, anaconda, and
3	복합어	哑铃, 蓝领, 木马	daredevil, shoo-in

4	속담(고정적)	哪壶不开提哪壶, 王顾左右而言他	going great guns, let alone, by and large, all of a sudden
5	관용어(부분적으로 채워 넣을 수 있음)	有__(经验 / 年头...), 谁知道__?	The more······ the more······, V time away, V one'w way, What's X dong Y?
6	문형	타동 문형, 이중타동 문형, 동결구조, 把자문	resultatives, ditranstivies, caused directed motion

그림1-3

그림1-3에서 1~4번째 유형은 고정적 구문실례/구문이고, 5~6번째 유형은 도식적 구문이다.

5) Croft의 관점

Croft(2001:28)는 인지문법 가운데 '상징단위'에 기반을 두고 구문을 아래와 같이 도식화하였다.

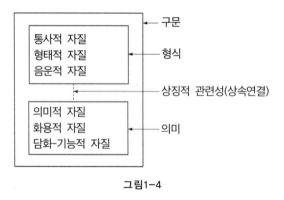

그림1-4

그림1-4와 같이 Croft 역시 구문을 '형식-의미 결합쌍'으로 보았지만, 비교적 상세하게 형식 단위와 의미 단위의 세 가지 항목을 열거했다. Croft(2001:46)는 이후 한걸음 더 나아가 아래와 같이 해석했다.

급진적 구문문법에서 화자의 문법지식은 바로 구문(형식-의미 결합쌍), 단어(역시 형식-의

미 결합쌍), 그리고 단어와 구문 간 투사에 관한 지식이다.[40][41]

　자연스러운 담화 가운데 출현하는 것이 바로 구문, 즉 복잡한 통사단위이다. 우리는 범주 표지를 부가한 개별적인 단어를 하나하나 듣지 않는다. 발화는 구문의 예시이다. …… 바꾸어 말하면, 언어분석가, 언어사용자, 언어학습자의 관점에서 보면 비교적 큰 단위가 먼저 나온다.[42]

　Croft는 구문이 전체적인 기본단위가 될 수 있다는 각도에서 정의를 내리고 연구를 하여, 이 전체가 구문의 구성부분을 결정한다고 보았다. 이것은 Fillmore의 틀 의미론의 기본적인 논지와 일치한다. Croft(2005:273)는 아래와 같이 언급하였다.

　구문은 복잡한 통사 단위의 전체적인 기술이다.[43]

　Croft의 저술을 통해, 구문은 구체적인 형태소에서 단어, 구, 관용어와 추상적인 통사도식까지 포함할 뿐만 아니라, 규칙적인 표현식과 불규칙적인 표현식까지 포함하고 있어, 포함하고 있는 내용이 비교적 많으며, 이들이 '형태소-단어-통사'의 연속체를 형성하고 있음을 알 수 있다. 이는 절대다수의 학자들의 관점이기도 하며, 본서에서는 이를 그림9-5로 나타냈다.

　Croft(2001:203)는 구문은 모두 상징단위로, 분할할 수 없는 형식-의미 결합쌍이며, 그

---

40) In Radical Construction Grammar, the grammatical knowledge of a speaker is knowledge of constructions(as form-meaning pairings), words(also as form-meaning pairings), and the mapping between words and the constructions they fit in.

41) Croft의 주장에도 통일되지 않은 부분이 있음을 주목해야 한다. 그는 때로는 구문을 언어 가운데 유일한 기본단위로 보기도 하고, 때로는 word를 구문으로부터 독립시키기도 했다. 나중에 Croft는 Goldberg가 구문 의미와 동사의 의미를 둘로 나누는 견해에도 동의하지 않았다. 그러나 그 스스로 역시 혼동하곤 했다.

42) What occurs in natural discourse are constructions, that is, complex syntactic units: we do not hear individual words with category labels attached to them. Utterances are instances of constructions, …… In other words, from the points of view of the language analyst, language user, and language learner, the larger units come first.

43) (Construction)is a holistic description of a complex syntactic unit.

자체가 통사적 표상의 '원소단위(Primitive Unit)'이기 때문에 구문에 근거하여 문법 혹은 언어를 통일되게 분석할 수 있다고 하였다. 그는 또한 이러한 기본 입장을 가장 중요한 관점(most important of all)이라고 보았는데, 이를 통해 Langacker의 기본 관점을 받아들였음을 알 수 있다.

특히 주목할 만한 것은 Croft는 통사 범주와 통사 관계 취소를 주장했다는 점이다. 그는 구문은 주로 상징관계와 부분-전체 관계이지 통사 관계가 연결된 것이 아니라고 보았다. 또한 Croft(2003a)는 Goldberg의 '구문 의미'와 '동사 의미' 이분 대립 관점에 대해 동의하지 않았다. 그는 구문 의미는 동사 의미로부터 독립될 수 없고, 동사 의미 역시 구문 의미를 통해야만 구체적으로 정립될 수 있다고 했다. 이는 모두 '급진적 구문문법'이 '급진'적이기 때문에 비롯된 것이다(제7장 참조).

6) Michaelis의 관점

Laura A. Michaelis는 구문문법에 대해 깊이 있는 연구를 통해, 1993년부터 여러 권의 저서와 20편이 넘는 논문을 발표하였다. 그녀는 상술한 구문문법 학자들의 관점을 받아들였고, 구문을 '형식과 의미의 결합쌍'으로 보는 견해에 동의하였다. 그러나 그녀는 1996년 Lambrecht와 공동 발표한 논문에서 구문을 아래와 같이 정의하였다.

form-meaning-function complex(형식-의미-기능 복합체)

이는 구문이 포함하고 있는 정보를 더 풍부하게 한다는 뜻으로, 2006년 Goldberg가 형식과 의미의 결합체로 구문을 정의한 데서 더 나아가 형식-의미-기능의 결합쌍이라고 수정하는 것에 기초를 제공하였다.

위의 표현을 통해 Michaelis는 구문문법이 존재해야 하는 이유에 대한 이론적 기초를 아래와 같은 두 측면에서 비교적 상세하게 논증하였다.

(1) 유형변이(Type shifting): 문장은 명제 요소와 시상 요소로 나눌 수 있다. 이는 Fillmore가 어구를 명제 부분과 양상 부분으로 분석한 것과 유사하다(王寅, 2001:79). 명제 요소와 시상 요소가 결합할 때는 일치할 수도 있지만 많은 상황에서 일치하지 않는다. 불일치할

때 시상 요소는 항상 주도적인 지위에서 강요(Coercion)작용을 하여 명제 요소의 단어(주로 동사)가 통사, 의미, 화용 등의 방면에서 변이를 일으키게 한다.

(2) 부가논항(Additional argument): 결합가 증가(Valence augmentation)라고도 한다. 동사와 구문이 결합하여 사용될 때 동사의 논항구조와 구문의 논항구조가 완전히 일치할 수 있다. 완전히 일치하는 경우 동사의 논항구조는 구문의 논항을 예시하는 기능만 하며, 이때 양자의 개념이 상호 보충되어 의미가 강화된다. 동사와 구문의 논항구조가 완전히 일치하지 않아서 충돌할 때 구문의 논항구조가 항상 주도적인 역할을 해서 동사의 논항구조를 억제하여 변이를 일으킨다.

7) Holmes와 Hudson의 관점

앞에서 열거한 정의와 비교했을 때 Holmes&Hudson(2005:245)의 구문에 대한 정의는 매우 간단하다.

patterns of co-occurring words(공기하는 단어의 유형)

이러한 정의는 구조주의 언어학자들의 각도에서 묘사한 것으로 보인다. 예를 들면 '유형', '공기' 등은 구조주의 언어학자들이 자주 사용하는 용어이다. 이러한 기술은 구문이 '형식-의미의 결합쌍'이라는 핵심적인 사고를 부각시킬 수 없고, 인지언어학이 심혈을 기울이는 '구문의 심적 표상'이라는 근본적인 원칙도 구현할 수 없다.

8) Bergs와 Diewald의 관점

비록 학계에서 구문에 대해 명확하고 통일된 정의를 내놓고 있지는 못하지만, 대부분의 구문문법 학자들의 구문에 대한 기본 함의는 대체로 한 가지 견해로 귀결되며, Bergs& Diewald(2008:1-2)가 내린 소결과 같다.

(1) 구문은 '형식-의미 결합쌍'이다.
(2) 다수의 구문은 하나의 계층적인 네트워크를 형성한다.

(3) 구문은 '어휘적 항목(Lexicalized Items)'과 '관용적 항목(Idiomatic Items)', '추상적이고 생산적인 유형(Abstract, Productive Patterns)'을 포함한다.

(4) 구문은 빈도와 발화 내 문맥(Co-texts)과 발화 외 문맥(Con-texts)에 고도로 민감하다.

Bergs와 Diewald가 2008년 저술하여 출판한 논문집은 주로 구문의 각도에서 언어 변화를 기술하였는데, 이것 역시 언어 변화가 나타나는 새로운 원인을 제시하였다.

3. 구문을 해석하는 구체적인 내용

이상의 분석을 통해 각 학자의 '구문'에 대한 이해가 일치하지 않음을 알 수 있다. 张韧(2007)은 'Construction'의 7가지 용법을 열거하며 개괄하기를, 'Construction'은 광범위한 함의를 가진 용어로, 구체적인 표현 혹은 추상적인 구조, 관습적인 용법과 특이한 표현, 음운 모형, 형태와 통사 등을 포함할 수 있다고 하였다. 상세한 설명은 아래와 같다.

(1) 형태 통사 방면의 특징

(A) 성분 간의 구조 관계. 예를 들면, 주술관계, 술목관계, 수식관계 등

(B) 성분의 순서

(C) 성분의 형태, 예를 들면, 격표지, 시상형식, 접속어구(영어의 관계종속문에서 자주 쓰는 세 가지 접속어구는 which/that/∅가 있다)

(2) 음운 방면의 정보

여기서 말하는 '음운'은 소리 자체만을 가리키는 것이 아니라 어조, 속도, 휴지 등 음운과 관련된 내용을 포함한다. 이는 'Prosodic Unit'로 나타낼 수 있으며, 본서에서는 이를 '운율단위'로 번역한다. 또 다른 학자들은 그것을 '표의단위(Idea Unit)', '정보단위(Information Unit)'로 해석한다(Fried&Östman, 2004:17).

(A) 어조와 의미의 관계

(B) 연속/휴지와 의미의 표현

(3) 의미 혹은 기능 방면의 정보

　(A) 격 혹은 의미역

　(B) 가산과 불가산, 분리와 비분리, 경계와 비경계, 연속과 정지 등의 의미 정보

(4) 텍스트 정보: 구문은 언어 사용역(Register), 풍격, 사회가치, 화용추론 등도 참조해야 한다.

이상의 분석을 통해 구문문법 학자들이 논의한 'Construction'이 포함하고 있는 내용이 사실상 너무 많다는 것을 알 수 있다. 묘사와 이해의 편의를 위해서 본서에서는 언어 가운데 구체적이고 실체적인 표현식을 '구문실례(Construct)'로 지칭하고, 생산적이고 추상적인 구조를 '구문' 혹은 '구문 도식(Construction Schema)', '도식 구문(Schematic Constructions)'으로 지칭할 것이다. 따라서 우리가 논의하는 '구문문법'에는 '구문실례'와 '구문'에 대한 연구가 포함되며, 그중 구문이 중심이 될 것이다.

본서에서는 구문에 대한 추상성의 정도에 근거하여 구문과 구문실례를 구분할 것이다. 또한 이들을 더 세분화할 수 있다.

(1) 만약 전체 구문이 모두 구체적인 어휘로 실현되면, 어휘적으로 고정(lexically fixed)된다. 앞서 예를 든 'let alone' 등은 '고정적 구문실례(Substantive Constructs)', 혹은 '실제적 구문실례'로 번역한다.

(2) 만약 사용된 단어가 고정적이지 않거나 그다지 고정적이지 않다면, 각기 다른 어휘가 쓰일 수 있다. 가령, 이중타동구문, 피동구문 등의 추상적인 문형, 담화 틀 등은 '구문' 혹은 '구문 도식', '도식 구문' 등으로 불릴 수 있다. 이들은 사람들이 대량의 실제 용례에 기초하여 심리적인 고착화(Entrenchment) 혹은 관례화(Routinization)를 형성한다.

(3) 구와 관용어는 (1)과 (2)의 두 상황 사이에 존재하여, 'as brave as a lion'과 같은 고정 형식일 수도 있고, 'as……as possible'과 같이 반고정 형식일수도 있기 때문에 '고정적 구문실례'와 '도식 구문'의 두 가지 성질을 함께 겸하고 있다.

그밖에, 각각의 추상적인 '구문' 혹은 '구문 도식'으로 형성된 구문실례의 수량이 각기 달라서 어떤 경우는 비교적 많고, 어떤 경우는 비교적 적다. 가령, 영어에서 이중타동(전치사 목적어 포함)구문에 사용이 허락된 동사는 대략 843개이나, 중국어에서 이중타동구문에 사용이 허락된 원형동사는 대략 450여 개이다. 이중타동구문은 중심적인 원형적인 용법 외에 여러 주변적인 용법도 있다. 따라서 추상적인 이중타동구문은 생산성이 비교적 높으며, 많은 구문실례를 생산할 수 있다. 반면 'as black as……'가 생산한 구문실례는 매우 제한적이다(2권 참조).

인간은 아래와 같은 네 가지 능력으로 언어 가운데에서 구문을 파악하고 이해할 수 있다.

① 일부 구체적인 구문실례로부터 도식 구문을 추상적으로 개괄할 수 있다.
② 범주화와 기제 해석을 통해 구체적인 단어를 대입하는 방법을 파악할 수 있다.
③ 통합법을 운용하여 여러 개의 구문을 조합하고 결합할 수 있다.
④ 언어에서 특이한 구문실례를 구분하고 처리하는 인지능력을 가지고 있다.

4. 심적 표상

20세기 언어학은 구조주의, 행동주의, 기능주의, 심리주의 등의 과정을 거쳤다. Chomsky는 1957년 TG 이론을 제시하여 언어연구를 '심리의 각도에서 언어를 연구한다'는 방향으로 이끌었고, 이로 인해 Chomsky 혁명(Chomskyan Revolution)이 나타났다. 이것은 획기적인 의의를 가진 혁명으로, 사람들이 대뇌, 심리, 신경, 인지 등의 심층에서 언어의 운용기제를 해석하는 것이며, 현대 인지언어학과 구문문법도 바로 이러한 배경 하에서 생겨난 것이다. Chomsky의 코페르니쿠스식 혁명44)이 없었다면 인지언어학 역시 생겨나기 어려웠다.

심리적 각도에서 언어를 연구할 수 있으려면, 사람들의 '내부언어 지식체계'라는 모형을

---

44) [역주] 코페르니쿠스가 세계관을 바꾼 것을 코페르니쿠스 혁명이라고 부른다. 코페르니쿠스, 다윈, 프로이트를 세계관의 혁명을 가져온 세 명으로 꼽는 것은 코페르니쿠스를 통해 우리가 우주의 중심이 아니란 걸 알게 되었고, 다윈을 통해 우리가 동물 중의 하나라는 걸 알게 되었으며, 프로이트를 통해 우리의 사고가 이성 중심이 아니라는 걸 알게 되었기 때문이다(네이버 지식백과).

확립해야 하며, 인지심리학의 '심적 표상'(Mental Representation),[45] 게슈탈트 이론(Gestalt Theory), 전경-배경(Figure-Ground), 말덩어리(Chunk), 네트워크(Networks) 등의 방법을 운용해야 한다. 이러한 기초적인 사고로부터 출발하여 각 학파의 학자는 여러 심리 모형과 네트워크 모형을 구축하고 정신어휘부(Mental Lexicon), 정신문법(Mental Grammar) 등과 같은 연구 성과를 제시하기도 했다.

Chomsky는 기본적으로 수학적 형식체계를 운용하여 언어의 심리 표상을 묘사해야 한다고 주장했다. 이로 인해 언어학에서 통사론을 형식주의 방향으로 이끌었다. 도식으로 형식연산체계를 구축하여, 언어의 생성기제와 변형전략 등을 해석하고 무수한 구체적인 언어 표현식을 파생시켰다. 이러한 '순수과학'의 성격을 띤 연구 방법은 매력적이어서 많은 학자들이 반세기가량 이러한 방법론으로 연구를 진행했다.

인지언어학과 구문문법은 심리적 각도에서 언어를 연구한다는 Chomsky의 획기적인 의의에 대해서는 그 공을 높이 평가하지만, 기본 가설과 구체적인 방법에 오류가 있다고 보았다(3장 참고). Langacker 역시 Chomsky가 창시한 이러한 방향을 인정하였으며, 인지문법의 목표는 언어 체계의 심리 표상을 묘사하는 것이라고 주장하였다. Langacker(1987: 57)는 아래와 같이 지적하였다.

> 언어학자들은 언어 체계의 심리 표상 역시 언어 문법이라고 지적한다. 현재의 모형 역시 이러한 '내부' 문법을 묘사의 대상으로 식별하고, 동적으로 인식하며, 언어 사용에 의해 형성, 유지, 수정되는 끊임없이 진화하는 인지방식의 집합으로 인식한다.[46]

인지문법에서는 '문법'을 '언어능력'과 동일시한다. 문법은 '심적 표상'을 통해 묘사할 수 있으며, 그 기본단위를 형식-의미가 결합한 '상징단위'와 '구문'으로 확립한다. 또한 언어 혹은 문법이 바로 상징단위와 구문으로 구성되며, 구문이라는 심적 표상 단위를 통해

---

45) 심리 표상(Psychological Representation), 내적 표상(Internal Representation)이라고도 한다.

46) The psychological representation of a linguistic system is also referred to by linguists as the grammar of a language. The present model identifies this "internal" grammar as its object of description, conceiving it dynamically, as a constantly evolving set of cognitive routines that are shaped, maintained, and modified by language use.

언어 각 층위에 통일된 심리분석모형을 제공할 수 있다. 이를 통해 인지문법이 Chomsky가 개척한 심리주의를 따르고 있지만, 이 기본 가정과는 전혀 다른 방향으로 발전하였음을 알 수 있다. 이것은 심리적 각도에서 문법을 연구하는 데 있어 완전히 새로운 이론적 틀을 제공하여, Chomsky의 '위에서 아래로(하향식)'의 방식을 '아래에서 위로(상향식)'의 방식으로 전환하였으며, 사용기반 모형(Usage-based Model)[47]을 제시하였다(제3장 제2절 7번 참고). 인지언어학의 각도에서 구문문법을 연구한 학자들은 모두 Langacker의 이러한 기본적인 노선을 받아들였다. 이는 Langacker가 현대언어학에 큰 공헌을 한 부분이다.

구문문법 학자들은 모두 언어의 심적 표상의 기본단위가 '구문'이라고 주장한다. 이것은 언어의 관습적인 인지 도식이고, 매우 추상적인 층위에 속하며, 또한 범주화 관계(Categorizing Relationship)를 통해 구체적인 언어 표현인 구문실례 가운데에서 추상화되고 추출된 것이다. 마찬가지로 도식적인 구문은 범주화 관계를 통해 언어에서 받아들여지는 대응 가능한 구문실례 즉, 구문의 구체적인 구현 형식을 형성한다. 따라서 이러한 각도에서 언어를 해석하면, '구문'을 통일된 단위로 하여 심리의 각도에서 언어의 각 층위를 분석한다는 거시적인 목표를 실현하는 데 이론적 기반을 다질 수 있다.

5. 단일형태소어와 예측 가능성 문제

학자들은 '상징단위'에 대해서는 별다른 이견이 없다. 그러나 '구문'의 묘사에 대한 견해는 차이가 있으며, 각각 주안점이 다르다. '상징단위' 분석에 따라 사람들은 구문을 '형식-의미 결합쌍'으로 보는 것에는 의견이 일치하나, 아래와 같은 두 가지 상이한 견해차이가 있다.

1) 구문은 몇 개의 상징단위로 구성되어 있는가?

Goldberg(1995:4)는 형태소도 구문에 속한다고 보았다.

---

47) Usage-Based Framework(사용기반 틀), Usage-Based Account(사용기반 해석)이라고도 한다.

형태소는 다른 어떤 것에서도 예측할 수 없는 의미와 형태의 결합쌍이라는 점에서 구문의
명확한 예이다.[48]

Goldberg(2006:5)에서도 형태소(Morpheme) 역시 구문이라는 의견을 견지했으며, 접두사
'pre-'와 접미사 '-ing'도 구문이라고 설명했다. Langacker(1987, 1991, 2000)는 구문은 두
개 혹은 두 개 이상의 상징단위로 구성된다고 보았으나, 나중에 그 역시 Goldberg의 견해
를 받아들이게 된다.

'구문'은 비교적 광범위한 용어로 담고 있는 내용도 많고, 인지문법학자들에 의해 언어
에서 가장 기본적이면서도 유일한 단위로 인식된다. 언어는 구문으로 이루어진 저장소로
이들은 길이, 추상성, 복잡성 등에서 정도상의 차이만 있을 뿐이다. 즉, 일부 구문은 좀
길거나 짧고, 어떤 것들은 추상적이기도 하지만, 구문실례와 같은 언어 표현형식은 비교적
구체적이다. 또한 어떤 것들은 좀 더 간단하고 다른 것들은 좀 더 복잡하다(9장의 그림9-5
참고). 이로써 언어에 대해 통일되고 전면적으로 해석하여 언어 이론으로 발전시켰다는
장점을 가지고 있다. 그러나 다른 일부 학자들에 의해 '구문문법은 모든 것을 일괄 처리하
여, 언어 각 층위의 현상에 대해 분명하게 해석하는 데는 불리하다'는 의심을 받게 되었다.
본서의 12장에서 이에 대해 상세하게 설명할 것이다.

그러나 대부분의 학자들은 구문을 단어 층위 이상의 단위로 보려는 경향이 있다.
Trousdale&Gisborne(2008:2)은 아래와 같이 언급하였다.

구문문법적 접근법에 대한 일반적인 이해는 구문은 단일 단어보다 더 큰 문법 단위일 수
있다는 것이다.[49]

본서의 기본 입장은 아래와 같다. '상징단위는 언어의 가장 기본적인 출발점이며, 구문

---

48) ...... morphemes are clear instances of constructions in that they are pairings of meaning and form
that are not predictable from anything else.
49) More centrally to the usual understanding of the Construction Grammar approach, a construction can
be a unit of grammar larger than a single word.

은 문법의 가장 기본적인 단위이다.' 상징단위는 언어의 모든 층위의 분석 단위이고, 구문은 우선 '단어' 층위 이상의 단위로 이해함으로써, 추상적인 문법구조와 구체적인 어구표현을 구별하여 단어와 구문 간의 상호작용을 논의한다. 이 단계에서의 연구가 성과를 거두고 인정을 받으면 연구의 범위를 확대하여 둘 혹은 둘 이상의 상징단위로 구성된 단어에 대해 논의하고 그들 간의 내부구조관계를 분석한다. 여기서 한걸음 더 나아가 하나의 상징단위로 구성된 형태소 및 단어를 연구한다. 이렇게 하면 장기적인 계획을 수립할 수도 있고 단기적인 연구계획도 수립할 수 있다.

우리의 기본적인 소결은 아래와 같다.

$$\text{구문} \begin{cases} \text{단어 층위 이상의 구문(추상적 문법구문 포함)} \\ \text{2개 이상의 상징단위를 포함한 단어 및 내부구조} \\ \text{하나의 상징단위만을 가진 단어(형태소 포함)} \end{cases}$$

그림1-5

2) '예측 불가능성'은 구문의 필요조건인가?

학자들은 예측 불가능성(Unpredictability)을 구문의 필요조건으로 포함시킬 것인가에 대해 합의를 보지 못했다. 구문의 정의와 논의에 있어 Goldberg(1995:4, 2006:5)만 '예측 불가능성' 혹은 '엄격한 예측 불가'라는 기준을 강조하였다. 그녀가 이러한 기준을 제시한 것은 전통적인 '관습성'과 '합성성'에 염두를 둔 것이다. 즉, 구문이 형식과 의미 혹은 기능 등 어느 한 측면에 있어 관습 규칙과 합성성의 원리를 통해 해석되지 못하면, '예측 불가' 혹은 '엄격한 예측불가'라고 볼 수 있다고 하였다. 이것은 게슈탈트 심리학의 '전체가 부분의 합보다 크다'라는 기본 원리를 구현한 것이며, 언어 표현에서도 많은 예(제9장 제4절 참고)를 제시할 수 있다. 이러한 논리에 따르면 사람들은 아래와 같은 어구는 신경 쓰지 않고, 비원형적이고 관용어처럼 특이하고 주변적인 구문만을 해석하려 할 것이다.

[6] Tom loves Mary. (Tom은 Mary를 사랑한다.)

[7] This is a book. (이것은 책이다.)

예측 가능성과 예측 불가능성의 문제는 그것의 함의와 정도의 문제이다. 인지언어학자들이 철저하게 합성성의 원리를 부정하는 것은 아니다. 그들은 언어의 일부 현상은 합성성의 원리로 해석해야 한다고 보지만, 의미 해석의 주요 운용기제는 '통합성의 원리(the principle of integration)'라고 본다. 왜냐하면 언어요소를 결합하여 사용하는 과정에서 양자가 어느 정도로는 조정을 거쳐 원래 요소에 없는 함의가 파생되기 때문이다.

'통합성의 원리'에 따르면, 엄격한 예측 불가능성을 구문의 필요조건으로 포함시키는 것에는 이론의 여지가 없다. 또한 현재의 연구 성과로 볼 때 대다수의 학자들은 예측성이 약하거나 구조와 용법이 비교적 특이한 구문실례에 대한 논의에만 집중하고 있다. 만일 예측 불가능성을 구문을 구분하는 근거로 한다면 '단일형태소어'는 자연히 하나의 구문이 될 수 있다. 이것 역시도 형식-의미 결합쌍이기 때문에 자체적 형태와 의미 간의 관계의 예측 불가능성이 매우 크다. 그러나 관용어, 숙어, 상투어, 속담 등이 아마도 구문의 가장 전형적인 대표가 될 것이다. 왜냐하면 이것들 대부분이 통사, 의미, 용법에 있어서 매우 독특하여 믿을만한 예측을 하기 어렵기 때문이다.

그밖에 형식주의 언어학파가 주장한 예측 가능성은 주로 합성성의 원리에 기반을 두고 있어, 언어의 핵심부분(Core)에 대한 연구만 진행한다. 합성을 통해 생성되지 않아 예측할 수 없는 대다수의 언어 표현들은 배제하거나 언어의 부가현상(Epiphenomena)으로 인식하여 비중심적이고(Noncore) 주변적인(Periphery) 성분으로 구분하거나, 잉여부분(residue) 혹은 소수구조(Minor Structure)에 포함시키거나 어휘부(Lexicon)나 화용론으로 밀어 놓았다. 그들은 언어에 존재하는 다량의 숙어, 속담, 관용어 등을 다루지 않아 이론의 해석력이 부족하다는 비판을 받았다.

본서에서는 '통합성의 원리'를 강조하더라도, 지나치게 극단으로 치달아 합성성 원리의 역할을 배제하지는 않을 것이다. '합성성의 원리'에는 일정한 해석력이 있다. 'white house', 'white elephant'를 통해 'white paper', 'white cloth'는 확실히 어느 정도 예측이 가능하며, 'yellow book(예방접종 증명서)'에 비해 'yellow house', 'yellow flower'는 합성성의 원리를 통해 해석이 가능하다. 이처럼 예측 가능성과 예측 불가능성은 엄격하게 구분하기 어렵기 때문에 개인이나 지역, 사용 상황 등에서 차이가 생길 수밖에 없다.

언어에서 합성성의 원리에 부합하는 일부의 현상을 배제한다면 구문문법의 해석력을 감소시키게 될 것이고, 만일 단일형태소어를 구문으로 본다면 구문의 수가 너무 많아 마찬가지로 구문문법의 해석력이 동반 하락할 수 있다. 그러므로 단일형태소어, 이중형태소어, 다중형태소어 등을 잠시 구문문법 연구 안에 포함시키지도 않고, 엄격한 예측 불가능성을 구문의 필요조건으로 보지 않고자 한다. Goldberg(2006:5)는 저서에서 '예측 불가능성'에 대해 수정 보완했다. 그는 먼저 다음과 같이 밝혔다.

> 어떤 언어 문형이 그것의 형식이나 기능의 어떤 측면이 그것의 구성성분으로부터 혹은 존재한다고 여겨지는 다른 구문으로부터 엄격하게 예측할 수 없는 한 구문으로 인식된다.[50]

이는 1995년도의 관점인데, 뒤 이어 그녀는 다음과 같이 말했다.

> 게다가 문형이 충분한 빈도로 출현하는 한 그것이 완전히 예측할 수 있을지라도 구문으로 저장된다.[51]

이로 볼 때 Goldberg는 '예측 가능성'의 기준에 있어 양보를 했다는 것을 알 수 있다. 뒤에 그녀는 2006년에도 이러한 관점에 대해 언급한 바가 있다. 특히 64쪽과 197쪽에서 말한 내용을 인용하면 다음과 같다.

> 동시에, 예측 불가능성은 저장된 구문을 확정하는 데 필요조건이 아니다.[52]

> 즉, 높은 출현빈도는 예측 가능성과 관련된다.[53]

---

50) Any linguistic pattern is recognized as a construction as long as some aspect of its form or function is not strictly predictable from its component parts or from other constructions recognized to exist.

51) In addition, patterns are stored as constructions even if they are fully predictable as long as they occur with sufficient frequency.

52) At the same time, unpredictability is not a necessary condition for positing a stored construction.

53) That is, high frequency is correlated with predictability.

예측 가능하거나 완전 예측 가능한 표현들도 구문으로 본다는 견해는 우리의 의견과 일치한다. 위에서 예로 든 [6]과 [7]은 어느 정도 예측 가능성을 가지고 있지만 '주술목' 문형으로 출현빈도가 비교적 높기 때문에 이것들은 도식 구문으로 사람들의 마음속에 저장될 수 있고, 구문문법의 논의의 대상이 될 수도 있다.

6. 소결

인지언어학자들은 기본적으로 Langacker와 Goldberg의 관점을 수용하여 TG문법의 언어 모듈론, 통사 자립론 등의 가설을 비판했지만 대체 방안 없이 비판만 해서는 안 되기 때문에 실제적인 대체 이론을 수립해야 했다. 이에 따라 '상징단위'와 '구문'을 비판의 무기로 등장시켰으며, 이를 이상적인 방안으로 여기고 언어의 각 층위에 대해 통일된 해석을 내놓았다.

'구문'은 사람들의 머릿속에 저장된 내부 언어 지식의 심적 표상 단위이기 때문에 구문문법 연구에서의 핵심 대상이 된다. 또한 이를 통해 관용어를 포함한 언어에서의 모든 어구와 표현을 해석할 수 있다. 예를 들면 도식 구문, 예시적 표현, 사용빈도가 높은 일반구조와 특수어구 등도 포함된다. 그러므로 어떤 학자들은 구문이 언어의 각 방면을 포함하기 때문에 너무 광범위하여 전문성과 방향성이 부족하다고 주장하기도 한다. 그러나 구문문법 학자들은 모든 내용에 대해 산만하게 논의하거나 목적성 없이 연구를 하지는 않는다. 오히려 '상징단위'를 기반으로 하는 이론적 틀을 건립하여 각 구문의 구조규칙과 용법적 특징에 대해 논의한다. 이러한 연구는 상대적으로 독특하면서도 완벽한 이론 체계를 형성하여 언어 사실에 대한 강력한 해석력을 가지고 있다.

구문문법은 여러 가지 관점이 있지만 결코 서로 모순되지 않고 동일한 결론을 향해 나아가고 있어 최종적으로는 언어를 통일되게 해석하는 가장 간단한 방안이 될 수 있다. 이는 결코 쉽지 않은 일이며, 이 이론이 이처럼 강력한 생명력을 가지는 이유가 되기도 한다.

제2장

구문문법

본장에서는 앞장의 내용을 기반으로 하여 '구문문법'에 대해 살펴볼 것이다. 학계에서는 일반적으로 "Langacker가 문법연구를 음성과 의미의 결합체인 '상징단위'와 두 개 이상의 상징단위의 결합체인 '구문'으로 귀결한 것"은 중요한 의미가 있으며 이 두 개의 용어는 이미 구문문법의 기초와 핵심이 되었다고 본다. Langacker 자신도 인지문법이 바로 구문문법의 일종이라고 보고 있다. 그러므로 Langacker가 구문문법의 건립 · 발전 · 전파에 중요한 공헌을 했다고 볼 수 있다(자세한 내용은 제5장 참조). 본장의 제3절에서는 구문문법과 어휘중심론, 절중심론 등이 이론적 출발점과 연구대상에서 어떠한 차이점이 있는지 중점적으로 살펴볼 것이다. 이는 구문문법의 기원과 발생을 이해하는 데 도움을 줄 것이다. 제4절에서는 구문문법과 TG문법의 차이점을 밝힐 것이다. 이는 실제적으로 인지언어학과 TG 이론의 차이점을 반영하고 있다.

제1절 개설

구문문법(Construction Grammar)은 다음과 같은 명칭으로도 불린다.

구문 기반 문법(Construction-based Grammar)
구문 기반 모형(Construction-based Model)

구문 기반 접근법(Construction-based Approach)

구문 기반 통사 이론(Construction-based Theories of Syntax)

외국학자들은 간단히 줄여 CxG라고 불러, Langacker의 인지문법인 CG와 구분한다. 구문문법은 인지언어학자들이 통사 이론[1]을 연구하는 문법 이론 중의 하나로, 현재 인지언어학계 안팎의 많은 학자들의 흥미를 불러일으키고 있다. 현재의 발전 상황에 따르면 구문문법이 독립적인 문법학파 나아가 언어학 이론으로 발전할 가능성이 커 보인다.

Croft(2005:273)는 각종 구문문법 이론을 '흔한 구문문법(Vanilla Construction Grammar)'이라고 통칭하며, 우리의 문법지식 나아가 언어지식은 모두 구문 형식으로 조직된 것이기 때문에 구문문법이 구조, 의미와 용법 간의 표증관계를 추구하고 건립하는 데 가장 좋은 방법이고 '상징단위'와 '구문'으로 언어를 위해 통일되면서도 전면적인 해석을 할 수 있다는 점이 가장 큰 특징이라고 주장했다. 많은 학자들이 구문문법은 문법 이론에 그치는 것이 아니라 그 자체가 언어학 이론으로 음운론, 형태론, 어휘론, 통사론, 의미론, 화용론, 운율론 등 언어학의 연구 분야를 다 아우르고 있다고 본다.

Fried&Östman(2004:12)은 구문문법은 주로 다음과 같은 세 가지 가설에 기초하여 제안한 새로운 문법 이론이라고 주장했다.

(1) 구문은 형식과 의미의 결합쌍을 기초로 형성되었는데 언어의 각 층위에 대한 분석을 기초로 하고, 모든 언어의 표현식인 형태소, 단어, 구, 절, 문장, 단락, 담화는 모두 상징단위와 구문이며, 언어는 바로 상징단위와 구문의 저장소이다. 이러한 관점의 제안은 TG문법의 모듈론, 자립론을 부정한 데 의미가 있다. 언어의 운영기제는 서로 다른 모듈과 특정한 연결규칙, 변환규칙에 기반을 둔 것이 아니므로 심층구조와 표층구조를 설치할 필요도 없고, 주동, 긍정, 진술, 타동 등의 어떤 문형이 반드시 다른 종류보다 더 기초적이거나, 변형의 기초로 삼을 수 있다고 예단할 필요도 없으며 형식과 의미 사이에 인위적인 간극을 만들 필요도 없다.

---

1) 만일 구문이 형태소까지 포함한다면 '언어 이론'이 된다.

(2) 언어 표현은 구문과 단어 사이의 상호작용을 반영한다. 어떤 동사가 어떤 특정 구문에 사용될 수 있다면 이 동사의 어떤 의미와 화용적 요소가 이 구문의 의미, 화용적 요소와 서로 맞거나, 이 동사의 논항과 구문의 논항이 서로 맞거나 대체로 맞음을 나타낸다. 동시에 구문도 단어의 선택을 제약할 수 있거나 단어의 의미를 바꿀 수도 있다. 단어와 구문 사이에는 여러 종류의 상호작용 관계가 존재한다. 아동의 언어 습득 연구에서도 아동은 항상 특정한 구문에 의존하여 구문 속의 주요 동사의 의미를 이해하기 때문에 구문이 동사 의미 습득에서 중요한 역할을 한다는 점을 보여준다.

(3) 언어는 구문과 구문실례로 구성된 것이다. 언어는 일정한 특징 관계, 서로 다른 정도의 복잡성과 추상성에 기반을 두고 조직된 계층성의 네트워크2)로, 모든 구문 혹은 구문실례는 이러한 네트워크 중 하나의 교점이고, 교점과 교점이 서로 연결되어 하나의 거대한 네트워크를 형성한다. 학자들마다 서로 다른 이론으로 이 계층적 네트워크를 해석했다. Goldberg(2006:227)는 구문문법에 대해 다음과 같은 결론을 도출했다.

> 화자의 언어지식은 그들이 주변에서 듣는 언어에 기반을 두고 학습된 형식-기능의 결합쌍을 체계적으로 모아 놓은 것이다. 이 단순한 생각이 바로 이 책에서 논의하는 구문 접근법의 핵심이다.3)

Langacker(1987:73)와 Taylor(2002:22-25)는 그들의 논저에서 상징단위, 혹은 구문, 구문실례 간의 여러 가지 연결 관계에 대해 논의했는데, 王寅(2006:15)은 이를 다음과 같은 4가지 종류로 귀납한 바 있다.

(1) 종적인 '도식-예시' 관계

---

2) 문법지도(Grammatical Map)로도 불리며, 상속관계를 통해 만들어진다. Goldberg(1995:75)는 구문 간의 4가지 주요 상속관계인 (1) 다의성 연결, (2) 은유적 확장 연결, (3) 부분 관계 연결, (4) 예시 연결에 대해 논의한 바 있다.
3) Speaker's knowledge of language consists of systematic collection of form-function pairings that are learned on the basis of the language they hear around them. This simple idea forms the heart of the constructionist approach discussed in this book.

(2) 횡적인 '부분-전체' 관계

(3) 서로 유사한 '원형과 변이형' 관계

(4) 조정된 '통합' 관계

즉, 언어 네트워크의 각 교점 사이에는 네 가지 연결 관계가 서로 얽혀 언어의 구문네트워크를 이룬다.

형식과 의미의 결합쌍은 언어의 핵심과 주변적인 부분을 포함해야 하며 어느 한쪽을 배제해서는 안 된다. TG학파와 다른 점은 더 많은 구문문법 학자들이 언어의 주변적이며 특수한 표현 현상에 대해 집중적으로 연구한다는 데 있다. 예를 들면, Jakendoff(1997a), Fillmore(1988), Lakoff(1987), Wierzbicka(1987, 1988), Kay&Fillmore(1999) 등이 각각 V TIME away 구문, let alone 구문, There-구문, Boys will be boys 구문실례와 have/give/take a V 구문, What's X doing Y 구문 등에 대해 개별적인 연구를 진행했다(제15장 제3절 참조). 또한 Goldberg(1995)는 이중타동구문, 사동구문, 결과구문, way-구문 등에 대해 개별적인 연구를 진행했다. 그들은 이러한 연구를 통해 다음과 같은 사항을 발견했다.

(1) 구문은 통사, 의미, 화용(세 가지를 통칭하여 Synsem이라 함) 등 방면에서 자체적으로 고유한 특징을 가진다. 그들은 통사 하위모듈, 의미 하위모듈의 일반성 규칙에 의해 특징을 나타낼 수 없고, 이들 하위모듈을 연결하는 연결규칙에 의해 충분히 해석될 수도 없다. 따라서 통사연구는 의미론과 화용론을 고려해야만 한다.

동시에 언어 표현은 고정된 관용어를 포함한 많은 특정한 통사지식에 관한 일련의 변화 용법들과도 관련이 있다. 이것들은 모두 통사, 의미 등의 하위모듈 중의 일반성 규칙을 크게 뛰어넘는다. 그러나 상징단위와 구문은 비교적 융통성이 있어서 상술한 지식을 그 속에 포함할 수 있다. 그러므로 대다수의 인지언어학자들은 Langacker의 관점을 받아들여 구문을 상징단위로 본다. 또한 그들은 전통언어 이론 중의 형태와 통사의 대립, 의미론과 화용론의 대립, 사전과 백과전서의 대립과 같은 이원 대립적 관점을 취소했다. 뒤에 Chomsky 자신도 이러한 구분을 포기하기는 했지만 인지언어학자들은 TG문법의 심층구조(Deep Structure/Underlying Structure)와 표층구조(Surface Structure/Derived Structure)의 구분을 취소하며, 문법연구에서 단층적 관점(a Monostratal View)을 가져야 한다고 적극 주장했다. 또한 변형법을 부정하고, α-이동(α-Movement)과 공범주(Empty Category)의 존재도 인정하지 않았다.

(2) 문법에서 구문은 무질서하게 분포되어 있는 것이 아니라 종류와 층위를 나누는 방식으로 유기적으로 조직된 것이다.

(3) 관련 구문은 하나의 다의적인 구문가족을 형성할 수 있다. 예를 들면, let alone은 이와 관련된 많은 구문이 형성하는 가족 중의 일원일 뿐이다. There 구문은 방사 범주로 직시적 용법으로 사용되었든, 존재 용법으로 사용되었든 간에 모두 중심적인 구성원과 주변부적인 구성원의 구분이 있다. Wierzbicka(1988:303-336)는 'have a V 구문'에 10종의 하위종류가 있음을 분석했다. 관련 구문을 분석하면 그 구문에 대한 합리적인 해석을 할 수 있는데, 이를 통해 원형범주 이론이 구문에 있어서도 마찬가지로 해석력을 가짐을 알 수 있다.

언어연구는 TG문법처럼 문법의 핵심적인 구성원만 연구할 수는 없다. 오히려 중심과 주변부의 구성원, 일반적이고 특수한 현상을 포함한 문법의 전체적인 쓰임새에 관심을 기울여야 한다. 구문문법 학자들은 관용어와 특수 표현식을 이해할 수 있는 이론을 정립할 수 있다면 이를 기점으로 하여 더 간단하고, 더 일반적이며, 더 보편적인 언어현상에 적용할 수 있다고 여긴다(제12장 제3절 참조).

말뭉치 데이터 역시 이 연구에 강력한 증거를 제공한다. 언어를 사용할 때 비정상적인 용례도 포함하게 되는데 이를 한쪽으로 치워놓고 무시할 수 없다. Goldberg(1995:6)는 외연적 용례를 사용하여 중심 용례의 규칙을 해석할 수 있다고 했다. 그녀는 2006년에 출판한 저서에서 이 관점을 강조했는데, 결론 부분의 마지막 단락을 다음과 같이 마무리했다.

본서는 이러한 논쟁을 재정립하는 데 목적이 있다. 구문이 존재하고, 만일 구문이 언어의 '주변적'이거나 '잉여적'인 부분까지도 설명하도록 허용된다면, 문법의 '핵심'을 설명하는 데 그것에 호소하지 않을 이유가 없다. 언어는 학습할 수 있는 것이다. 우리의 임무는 그것이 어떻게 학습되고 왜 그러한 것인가에 대해 정확하게 기술하는 것이다.[4]

구문문법은 TG문법의 기본 가설을 비판하는 기초 위에 점진적으로 형성된 것이다(상세한 내용은 제3장 참조). 구문문법은 언어에 서로 다른 모듈이 존재하는 것도 아니고, 형식과 의미가 분리된 것도 아니라고 보며, 중심성분에만 관심을 가지고 주변적 현상은 소홀히 해야 한다고 보지도 않는다. 또한 근본적으로 구조간의 변형규칙은 필요 없으며 이러한 인위적인 구분은 언어 연구에 극복할 수 없는 장애물만 많이 생성하여 언어학 연구의 방향을 오도한다고 주장한다.

구문문법 분석법은 주로 동사 논항구조 분석법과 통사 변형법의 잘못된 부분을 겨냥하여 제시된 것으로, 동사가 출현하는 각종 통사 환경을 상세히 분석해야 한다고 주장하는 동시에 구문 자체는 동사로부터 독립된 의미와 논항구조를 가진다고 인식한다. 이 역시 어휘를 중심으로 한 문법 이론, 일반적인 현상에 집중된 이론적인 경향성, 수리적으로 형식화된 공식으로 통사를 묘사하기 좋아하는 방법만으로는 언어에 대해 완벽하면서도 깊이 있고, 충분한 해석을 해내는 것이 불가능하다는 점을 설명해준다.

구문문법의 각도로 언어를 연구하는 의의는 언어 이론을 더 발전시키고 통사와 의미의 상호작용 문제를 심화하며, 특수성에 주의하는 동시에 보편성도 고려하여 이를 통해 일반적인 인지능력과 언어 심리 표상에 대한 인류의 이해를 심화시켜 최종적으로는 Chomsky가 주장한 세 가지 '타당성'에 도달하는 데 있다. 이는 Kay&Fillmore(1999:31)의 주장과 부합한다.

> 구문 기반 접근법은 상대적으로 관용적이고 추상적이며 보다 완전히 생산적인 언어의 측면 모두에 대한 설명을 제공하는 것으로 보인다. 문법에 대한 이러한 접근법의 한 가지 장점은 언어 구조의 학습자에게 상대적으로 지엽적인 현상으로 구성된 언어의 대부분을 무시하라고 강요하지 않는 데 있다.[5]

---

4) This book aims to reframe the debate. Constructions exist, and if we allow them to account for the "periphery" or "residue"of language, there is no reason not to appeal to them to account for the "core"of grammar as well. Language is learnable. This task is to detail exactly how it is learned and why it is the way it is.

5) ······a construction-based approach appears to provide promise of accounting both for the relatively idiomatic and for the abstract and more fully productive aspects of a language. One advantage of such an approach to grammar is that it does not force the student of linguistic structure to ignore

이로 볼 때 '상징단위'와 '구문'이라는 두 가지 인지문법과 구문문법에서의 기본 개념은 TG 이론을 비판하는 '대체품'으로 등장한 것이다. 이 두 가지 기본 개념에 기반을 두고 형성된 구문문법 이론은 Chomsky 학파의 여러 가지 결함을 극복할 수 있을 것이다.

인지언어학은 언어 사실의 배후에 있는 인지기제를 발견하는 데 취지가 있으므로 그 통사 이론은 화자의 문법구조가 심리적으로 어떻게 나타나는지에 초점을 맞추어야 하는데, 구문문법 이론이 바로 이 목적을 달성시킬 수 있다. 구문문법은 화자가 어떻게 언어소통의 인지적 규칙을 운용할 수 있는지를 반영할 수 있을 뿐만 아니라 한 사람의 언어능력과 잠재력을 나타낼 수도 있다. 이것이야말로 우리가 소위 말하는 구문이 인지적 현실성(Cognitive Reality)을 가지고 있다는 뜻이다.

제2절 구문문법 연구의 기초와 핵심

상술한 바와 같이 구문문법의 두 가지 기본개념은 상징단위와 구문이다. 그 핵심사상은 체험주의 철학의 기반 위에 이 두 가지 개념을 사용하여 구조, 의미, 기능 간의 가장 적합하면서도 간단한 심리 묘사 방안을 건립하는 것이며, 언어에 대해 통일되면서도 전반적인 해석을 하는 것이다.

1. 상징단위: 인지문법의 기초

1) 상징단위는 구문문법의 최소단위

의사소통에서 최소한으로 필요한 것 혹은 언어 분석에서 최소한으로 필요한 것은 바로 음운, 의미 그리고 양자 간의 결합이다. 문법 분석을 '상징단위'로 귀결시킨 것은 바로 이러한 최소한의 필요성을 나타낸 것이다. 단 세 개의 단위만으로 언어의 각 층위를 분석한다는 Langacker의 생각은 매우 대단하며 언어 연구에 중요한 공헌을 했다고 사료된다.

---

the large portion of language that consists of relatively local phenomena.

즉, 인지언어학이 언어 각 층위를 통일적으로 해석한다는 목표로 나아가는 데 확실하고 실행 가능한 방법을 제안한 한편, 통사를 독립적인 층위로 삼아 처리한다는 관점을 철저히 부정함으로써 Chomsky의 모듈론, 통사중심론, 자립성, 형식론 등의 기본 관점을 실질적으로 비판했다. 따라서 상징단위는 인지언어학 이론의 틀 중 문법 연구의 가장 기본적인 단위가 되었다.

Langacker가 여기에서 말한 '단위'는 '구조'에 해당한다. Taylor가 『Cognitive Grammar』라는 책에서 말한 바와 같이 인지문법에서 말하는 단위(unit)는 실제적으로는 구조(structure)를 가리킨다.

> 사실상 '단위'는 인지문법의 전문 용어로, 성공적인 사용빈도를 통해 고정화되었거나 자동화된 구조를 가리킨다. 단위 상태를 가진 구조는 그 내부적인 구성성분에 대한 주의를 기울이지 않고도 통합된 전체로서 접근할 수 있다.[6]

'단위'와 '구조'는 클 수도 있고 작을 수도 있으며, 짧을 수도 있고 길 수도 있다. '상징단위'는 형태소, 단어, 구, 통사 유형 등을 포함할 수 있다. 이를 통해 모든 언어 표현식, 작게는 형태소에서 크게는 담화까지, 그리고 통사 범주, 구문 등을 포함한 문법개념까지 모두 상징단위가 될 수 있다. 이렇게 볼 때 상징단위라는 개념은 매우 큰 해석력을 가진다. Taylor(2002:22)는 '상징단위'야말로 '진정한 의미에서 언어 연구의 최소방안(a truly minimalist theory of language)'이라고 주장했다. Croft(2001:362) 역시 비슷한 견해를 피력했다. 그는 이러한 분석 방법이야말로 의심할 여지없는(disarmingly) 것이며, 진정한 의미(genuinely)에서 통사를 나타내는 최소방안이라고 했다.

Taylor(2002:323-332)는 6개 방면, 즉 6가지 매개변수 차원에서 '상징단위'에 대해 더 상세히 기술했다.

---

6) As a matter of fact, "unit" is a technical term in Cognitive Grammar, and refers to a structure which has been entrenched , or become automated , through frequency of successful use. A structure with unit status can be accessed as an integrated whole, without a person having to pay attention to its internal composition.

(A) 내용성 대 도식성(Contentfulness vs. Schematicity): 상징단위 중 음운극과 의미극의 도식적 추상화 정도는 같지 않다. 단어는 모두 구체적인 발음을 가지고 있으며 의미 내용의 도식적 개괄 정도는 더욱더 다르다.

(B) 의존성 대 자주성(Dependence vs. Autonomy): 음운극과 의미극의 자주성과 의존성의 정도 역시 같지 않다(상세한 내용은 제5장 제3절 참조).

(C) 엄격성 대 자율성(Choosiness vs. Promiscuity): '의존성'과 밀접한 관계가 있는 것은 결합가(valence)이다. 즉, 두 개의 극과 기타 성분이 결합되어 사용되는 상황이다. 그들은 서로 다른 결합성을 가진다. 다시 말해 엄격성과 자율성의 정도가 다르다. 이러한 매개변수에 근거하여 단어, 접사(affix), 의존형태소(clitic)를 구분할 수 있다.

(D) 강요성 대 경계성(Coerciveness vs. Boundedness): 두 개의 극이 주변단위를 강요하거나 영향을 주고, 주변단위로부터 강요를 당하거나 영향을 받는 정도 또한 다르다. 일단 이 강요성이 작용하면 그 결과로 형성된 복잡한 형식은 서로 다른 경계성의 특징을 나타낸다. 예를 들면 복수 형태소 '-s'는 어간의 발음으로부터 영향을 받으며, 'in-'은 뒤에 오는 첫 자모의 발음으로부터 영향을 받는다. 많은 동사구의 의미는 뒤에 오는 명사로부터 영향을 받아 그 의미가 달라질 수 있다. 예를 들면, 'look up a chimney(굴뚝을 쳐다보다)'와 'look up a word in the dictionary(사전에서 단어를 찾다)'와 같은 두 개의 구에서 동사구 'look up'은 서로 다른 의미를 가진다.

(E) 복잡성 대 단순성(Complexity vs. Simplicity): 두 극의 내부구조 복잡성이 다르며, 불균형성도 나타난다. 상징단위의 한 극성의 내부구조는 복잡하지만 다른 극성은 간단하고 분해할 수 없을 수도 있다. 종종 자주 사용될수록 고착화되기 쉽고 그 내부구조가 불분명할 가능성이 크다.

(F) 기존 표현과 창의적 표현(Established vs. Innovative): 두 극의 고착화(Entrenchment) 정도도 다르다. 즉, 어떤 것은 규칙적으로 사용되는데 이에는 관용어(idiom), 공식어(formulas), 고정 표현(fixed expressions) 등 상대적으로 고정적이면서 여러 개의 단어가 합쳐진 표현 어구가 포함된다. 화자는 일상적인 의사소통에서 "How do you do?"와 같은 공식어를 통으로 학습한다. 기존의 표현과 상대적인 것은 창의적인 표현인데, 이는 화자가 어떤 특정한 언어 환경에 기반을 두고 그 자리에서 개념화를 진행하여 임시적으로 만들어낸 기호이다.

2) 상징단위와 모듈론에서 '연결 관계'의 차이점

상징단위는 때로 상징관계(Symbolic Relation)나 상징구조(Symbolic Structure)로 불리며, 이것은 형식과 의미의 결합체이다. TG문법이 창시한 모듈론도 음운 하위모듈, 통사 하위모듈, 의미 하위모듈 간의 일반적 연결규칙(General Linking Rules)에 대해 논의한 바 있다. 양자 간의 주요 차이점은 다음과 같은 3가지이다.

(A) 모듈론에서 형식과 의미는 서로 다른 하위모듈에 위치한다. 그들은 분리될 수도 있고, 상호 독립적으로 연구될 수도 있다. 구문문법에서 형식과 의미는 분리될 수 없으며, 양자는 긴밀히 함께 결합되어 있다. 구문문법의 이러한 관점은 Saussure에서 기원한다 (Langacker, 1987:11).

(B) 모듈론 중 General Linking Rules는 보편론(Universalism)의 각도에서 기술된 것이다. 이 모형은 개괄적이며 보편적인 연결 관계를 건립하는 데 의의를 두고 있는데, 이것이 바로 general의 의미이다. 그러나 상징관계는 구체적인 구문에서 건립된 것으로, 구문특수성(Construction-specific)과 언어특수성(Language-specific)을 가진다. 다시 말해 서로 다른 구문 및 언어와 비교했을 때 형식과 의미 사이의 상징관계가 다르므로 통일된 통사 관계와 의미관계 사이의 연결규칙은 존재하지 않는다.

(C) 통사와 의미 사이의 대응 연결은 도상성(Iconicity) 문제와 관련된다. 모듈론은 이 원칙을 포함해야 하지만 사실상 이에 대해 논의하지 않았다. 다음은 Croft(2001:208)가 말한 내용이다.

> 다시 말해, 통사·의미적 구성성분 사이의 통사 관계와 연결 규칙을 가진 성분모형은 의사 소통 기능을 수행하기 위해 통사와 의미의 연결에서 도상성(더 정확하게는 도식적 도상성)을 상정해야 할 것이다.[7]

---

7) In other words, a componential model with syntactic relations and linking rules between the syntactic and semantic components would have to assume ICONICITY(more precisely, DIAGRAMMATIC ICONICITY) in the linking of syntax and semantics in order to perform the function of communication.

위 문장에서는 가정의 어투를 사용했으며, Croft가 말한 성분모형(Componential Model)은 바로 TG문법 이론 체계에서 말하는 모듈론을 가리킨다.

그러나 Langacker의 관점에 근거하면, 상징관계는 주로 형식과 의미 사이에 가진 도상성 관계를 강조한다. 이 의제는 기능주의 언어학과 인지언어학의 중요 내용이기도 하다. 예컨대 Haiman(1980a/b, 1983, 1985a/b, 1998, 2008), Lakoff&Johnson(1980, 1999), Lakoff(1987), Taylor(2002, 2004), Croft(2001, 2008), Radden&Panther(2004), Heine(1991, 1997, 2004) 등은 모두 도상성에 대한 관점을 가지고 있다(자세한 내용은 제9장 제10절 참조).

학자들은 일반적으로 동기화(Motivation)와 자의성(Arbitrariness)이 서로 대응되며, 도상성도 후자와 상대되는 용어라고 여긴다. 따라서 최근 많은 학자들이 동기화와 도상성을 동일시하기 시작했다(Haiman 1985a/b, Simone 1994, Nänny&Fischer 1999, Cuyckens et al. 2003 등). 구문문법 학자들을 포함한 인지언어학자들은 도상성 이론을 받아들이고 발전시켰으며, 전통적인 자의성에 대해 재인식하게 되었다.

기호의 형식과 의미 사이에 도상성도 있고 자의성도 있으며, 도상적 투사가 유일한 방법은 아니라고 하더라도 관습성과 자의성은 구분해야 한다(許国璋, 1988; 王寅, 2007b). 아래에서는 Goldberg(2006:227)의 이러한 문제에 대한 총괄적인 인식을 다시 인용하고자 한다.

> 우리의 언어 구조에 대한 지식은 규정된 묘사의 자의적인 집합이 아니라 우리의 일반적인 지식처럼 통일되고 동기화된 네트워크를 형성한다.[8]

3) 상징단위와 Saussure 기호의 구분

상징단위는 음운단위(음운구조)와 의미단위(의미구조)가 약속을 통해 형성된 결합체이다. 이는 기호(Sign)는 음향형식과 개념이 자의적으로 합성되어 형성된 결합체라는 Saussure의 주장과는 다르다. 양자 간의 주요 차이점은 다음과 같다.

(1) Saussure는 기호의 자의성을 과장해서 언어 기호의 제1원칙이라고 보았으나 Langacker

---

8) Far from being an arbitrary collection of stipulated descriptions, our knowledge of linguistic constructions, like our knowledge generally, forms an integrated and motivated network.

는 음운과 의미의 결합이 약속으로 정해진 것이며 그 속에는 여러 근거가 있다고 했다. 이 역시 관습성과 자의성을 구분하는 데 근거를 제공한다.

(2) Saussure의 기호는 주로 단어를 가리키지만, 언어는 단어의 간단한 합성이 아니므로 단어가 형태소를 통해 어떻게 통합된 것인지 알아야 하며, 또한 단어가 어떻게 창조적으로 통합되어 구와 문장 나아가 더 높은 층위까지 이르게 되었는지 알아야 한다. Langacker가 말한 상징단위는 Saussure가 주장하는 단어가 포함하는 내용보다 많고, 언어의 각 층위를 포괄할 뿐 아니라 이를 기본단위로 하여 언어에 대해 통일된 해석을 가능하게 한다.

(3) Saussure는 음향형상과 개념을 심리적 실체로 보았는데, 인지문법은 기본적으로 이 관점을 받아 들였으나 Saussure의 개념에 대한 설명은 분명하지 않다고 여겼다. 예를 들면, tree를 예로 들었을 때 Saussure는 그것을 실물과 동일시했는데, 이는 타당하지 않으며, 인지문법은 이 방면에서 통일되게 기술했다.

Taylor(2002:43-44, 74)는 음향 이미지와 개념을 모두 범주화 원리(the Principle of Categorization)와 도식-예시(Schema-Instantiation)의 방법으로 해석했다. 음향 이미지를 파악하는 것은 유사한 특징을 가진 음운 실례로부터 음운의 도식성 범주를 개괄하거나 하나의 음운 도식성 범주로부터 하나의 음운 실례를 식별할 수 있음을 의미한다. 마찬가지로 하나의 개념 파악은 유사한 특징을 가진 실례로부터 하나의 도식성 범주를 개괄하거나 하나의 도식성 범주로부터 그것의 실례를 식별할 수 있음을 의미한다.

2. 구문: 인지문법의 핵심

상징단위는 언어의 가장 기본적인 단위이다. 하나의 완정한 생각을 표현하기 위해 대부분 여러 개의 기본단위가 연달아 사용된다. 따라서 구문은 인지문법의 핵심으로 간주된다. 이 역시 Langacker가 말한 인지문법이 바로 구문문법 이론이라는 주장과 서로 맞아떨어진다.

Goldberg(2003, 2006)는 하나의 형태소도 하나의 구문일 수 있다고 했지만, Langacker는 두 개 혹은 두 개 이상의 상징단위가 형성한 구조만 구문이라고 했다.

하나의 형태소는 하나의 상징단위이고 두 개 혹은 두 개 이상의 형태소를 병치하여 통합 처리한 후에 통사적으로 비교적 복잡한 표현을 형성할 수 있다. 이것을 문법구문(Grammat-ical Construction)[9]이라고 한다. 이것은 하나의 복잡한 상징단위이며, 음운과 의미라는 두 층위에서 동시에 통합되고 사용된다.

그러므로 언어는 상징단위와 구문으로 구성된 집합 혹은 저장소라고 정의할 수 있다. 언어는 상징단위와 구문에 대한 분석을 통해 그리고 상징단위의 결합유형(예를 들면, '도식' 등의 방식으로 묘사, van Hoek, 1995 참조)을 통해 연구할 수 있다. 다시 말해 인지문법은 주로 상징단위와 문법구문을 사용하여 문법을 분석하는 이론이다. 즉, 언어가 어떻게 상징단위와 구문을 통해 표상되는지를 기술한다. 이는 협의의 인지언어학이 유한한 인지방식을 사용하여 언어에 대한 통일된 해석을 내놓는 데 안정적인 이론적 기반이 되었다.

구문문법이 말한 'construction' 혹은 'construct'는 전통적인 언어학에서 말하는 것과 다르다. 구문문법에서 말하는 것은 간단할 것일 수도 있고 복잡한 것일 수도 있으며, 고정된 것일 수도 자유로운 것일 수도 있으며, 실체적인 단어일 수도, 도상적인 표현일 수도 있다. 모든 구문은 형태(음운, 문자 등 포함)와 의미(의미, 화용, 텍스트 기능 정보)의 결합체이고, 그것들은 특정한 방식으로 조직되어 발화자의 마음속에 저장되어 있다. 본서에서는 상징단위와 구문에 대한 연구를 통해 언어에 대해 마음속으로부터 비교적 상세하게 묘사하고 해석할 수 있게 되었다. 전통언어학에서 말하는 'construction'은 대부분 통사 층위의 구조를 가리키며, 그 함의 역시 인지문법에 나오는 용어처럼 풍부하지는 않다.

제3절 어휘 중심, 절 중심에서 구문중심까지

학자들마다 서로 다른 각도에서 언어 구조의 내부관계를 논의하여 '어휘중심론(Lexicalism)', '절중심론(Clausalism)' 등을 제시했는데, 구문문법은 주로 '구문중심론(Constructionism)'에 입각하여 언어의 각 층위를 고려하였으므로 전체를 아우르고 있다.

---

9) 혹은 복합구조(Composite Structure), 상징적 복합체(Symbolic Complex)라고 하며, 간단하게 '구문'이라고 한다.

1. 어휘중심론

어휘중심론은 말 그대로 어휘를 언어 구조와 의미구조 분석의 중심으로 보는 것이다. 그런데 어휘중심론에도 다양한 관점이 존재한다. 이번 절에서는 이에 대해 종합적으로 고찰하고자 한다.

1) 결합가문법과 의존문법

Tesnière는 1950년대에 구조주의 언어 이론을 기반으로 하여 '결합가 이론(Valency Theory)'을 제안했는데, 이를 결합가문법(Valency Grammar)이라고도 한다.

'가'라는 용어는 화학에서 빌려온 것으로 원래의 의미는 하나의 원소 중 일정한 수의 원자가 다른 원소 중의 일정한 수의 원자와 결합하는 성질을 가리킨다. Tesnière는 처음으로 이를 언어 연구에 도입하였는데 주로 언어 중 '동사'가 일정한 수량의 의존성분(주로 명사구)과 결합할 수 있는 능력에 대해 분석했다. 동사가 결합할 수 있는 의존성분의 수와 유형은 주로 동사 자체의 '결합가 능력'에 달려 있는데, 이를 통해 동사를 0가동사(Zero-Valent Verbs), 1가동사(Monovalent Verbs), 2가동사(Bivalent Verbs), 3가동사(Trivalent Verbs)로 나눌 수 있다.

0가동사: 영어의 'rain'처럼 어떠한 의존성분도 가지지 않는 동사
1가동사: 1개의 의존성분만을 가지는 동사로 전형적인 자동사가 이에 해당
2가동사: 2개의 의존성분을 가지는 동사로 전형적인 타동사가 이에 해당
3가동사: 3개의 의존성분을 가지는 동사로 전형적인 이중타동사가 이에 해당

이러한 분석 방법은 다른 통사성분 간의 결합능력과 유형으로까지 확대될 수 있다. 예를 들면 전치사 'in'은 1가전치사(그 뒤에 단 하나의 명사구만 옴), 'of'는 2가전치사(그 앞뒤로 각각 하나씩의 명사구가 올 수 있음), 'between'은 3가전치사(3개의 명사구를 사용하여 연결)로 볼 수 있다.

Tesnière는 다른 학자들과 함께 이러한 생각에 기반을 두고 의존문법(Dependency Grammar)

을 제안했다. 이는 결합가 이론의 중요한 발전이라고 볼 수 있다. 의존문법은 자연언어의 통사구조를 분석하는 데 사용되고, 문장 중 각 성분 간의 의존과 종속관계를 나타낼 수 있다. 그들은 두 개의 연결성분 중 항상 하나가 지배성분(the Governing Element)이 되고 다른 하나는 의존성분(the Dependent Element)이 된다고 주장했다. 의존문법은 주로 동사를 지배성분으로 보고 명사구를 그 위에 부착된 의존성분(인지문법의 분석법은 이와 명확하게 다름. 제5장 제3절 참고 바람)이라고 본다.

결합가문법은 주로 동사가 명사구와 결합하는 능력을 거시적으로 보았지만 대략적인 묘사에 그치고, 그 사이의 미세한 차이점에 대해서는 소홀히 한 것으로 보인다. 뿐만 아니라 하나의 동사가 1가, 2가, 3가로 사용될 수도 있는데 언제 어떠한 용법으로 사용되는지에 대해서는 상세한 설명이 없다. 구문문법은 이러한 차이점에 주의하여 동사가 출현하는 전형적인 통사 환경을 전반적으로 분석해야 한다고 주장한다. 예를 들면, 같은 '이중타동 구문'이라도 서로 다른 함의와 용법을 가질 수 있는데 이러한 차이점에 대해서는 결합가문법에서 설명할 수 없기 때문에, 구문의 원형성과 다의성으로 처리할 수밖에 없다(2권 참조).

결합가문법은 명사구와 동사의 결합문제에 초점을 두고 있지만 사실 언어에서 형용사구, 전치사구, 부사구 등도 동사와 일정한 결합 관계를 가진다.

[1] He painted the house *white*. (그는 집을 하얗게 칠했다.)

[2] His son always makes him *angry*. (그의 아들은 항상 그를 화나게 만든다.)

[3] The students went *out of the room*. (학생들이 방을 나갔다.)

[4] The book sells *easily*. (책이 쉽게 팔린다.)

이상의 예문에서 이탤릭체 부분은 '가'로 볼 수 있는가? 이탤릭체 부분은 각 예문에서 없어서는 안 되는 성분이지만 전통 결합가 이론에서는 그들의 생존권에 대해서는 전혀 관심도 없고 상세히 설명하지도 않았다. 이 이론의 결함에 대해 반성해볼 필요가 있다. 만일 이러한 필수적인 성분을 동사의 핵심 결합가 구조에서 반영할 수 없다면 탁상공론에 지나지 않을 것이다.

절(예를 들면 목적절, 주절), 동사구 자체는 동사의 결합가 성분으로 볼 수 있는가?

Jackendoff(1985:59)가 제시한 예를 들면 다음과 같다.

[5] We forgot that *the sun rised in the east.* (우리는 해가 동쪽에서 떴다는 것을 잊었다.)

[6] That *the sun rises in the east* proves that *alligators are mammals.* (해가 동쪽에서 뜬다는 것은 악어가 포유류라는 것을 증명한다.)

[7] Everyone saw the sun *rise in the east.* (모두가 해가 동쪽에서 뜨는 것을 보았다.)

[8] Bill tried *to convince* Harry. (Bill은 Harry를 설득하려고 시도했다.)

전통적인 결합가 이론에서는 이에 대해 논의하지 않았다. 이밖에도 Jackendoff(1985:59)는 동사를 제외하고 명사, 형용사도 결합가가 있을 수 있다고 주장했다.

[9] the author *of the book* (책의 저자)

[10] afraid *of monsters* (괴물을 두려워하는)

예[9] 중의 명사구 'the author'와 예[10] 중의 형용사 'afraid'의 뒤에는 전치사가 이끄는 결합가 논항이 올 수 있다. 그러나 이것들이 술어가 될 때 동사처럼 직접적으로 결합가 논항과 같이 올 수 없고, 다음과 같이 그 사이에 반드시 'be' 동사를 사용해야 한다.

[11] He *is* the author of the book. (그는 그 책의 저자이다.)

[12] They *are* afraid of monsters. (그들은 괴물을 두려워한다.)

전통 이론에서도 비록 전치사의 결합가 현상에 대해 논의한 바 있기는 하나, 상황은 생각하는 것보다 훨씬 더 복잡하다.

[13] downstairs (아래층)

[14] in *the park* (공원에서)

[15] regard him as *stupid* (그를 멍청하다고 여기다)

[16] out of the room (방에서)

예[13]은 결합가 논항이 생략되어 있다. 다음으로 [14]의 전치사 in 뒤에는 명사구, [15]의 전치사 as 뒤에는 형용사, [16]의 전치사 out 뒤에는 다른 전치사구가 왔다.

예를 들면, 전통적인 결합가 이론은 'sneeze(재채기하다)'를 1가동사로 보지만 그것은 3가동사의 용법에도 출현할 수 있다(제11장의 예[27] 참조). 이러한 예문에서도 볼 수 있듯이 동사와 전치사의 결합은 복잡하고, 전치사 뒤에는 다양한 통사표현 형식이 출현할 수 있다. 만일 이렇게 다양하고 복잡한 상황을 간단하게만 처리하고 대략적인 분석만 한다면 언어를 충분히 묘사하고 해석할 수 없다.

상술한 분석에서 보듯이 동사와 전치사는 서로 다른 통사 환경에서의 결합가 상황이 매우 복잡하고, 다른 품사(명사와 형용사 등)의 논항문제까지 고려해야만 하므로 전통적인 결합가 이론은 허술한 부분이 많고 설득력도 부족하다. TG문법은 이 이론에서 많은 영감을 얻어 그 기본적인 분석방법을 계승하였으므로 태생적인 한계를 지니고 있다. 이러한 문제를 효과적으로 해결하기 위해 구문문법 학자들은 전통적인 결합가 이론을 포함하여 Chomsky의 기본적인 가설을 깊이 반성하고 '사용 기반 모형'을 제안했다. 이는 각각의 단어가 출현한 '통사환경'을 중점적으로 고찰하여 각종 구문의 통사, 의미, 화용 등 방면의 사용상의 특징을 전반적으로 개괄해야만 어떤 언어현상을 전면적으로 이해하고 파악할 수 있다는 것이다.

2) 어휘투사론

Tesnière와 비슷한 관점을 가진 학자들이 많은데, 그들은 언어에서 동사 혹은 어휘 핵심(lexical head)을 주요 연구 대상으로 보아야 하다고 주장했다. 이는 보통 '동사중심론(verb centralism)'[10]이라고 부른다. Chomsky를 중심으로 한 TG문법은 여기에 기반을 두고 '어휘 투사 원리(the principle of lexical projection)'[11]을 제안했다.

---

10) 동사로 문형을 결정한다고 볼 수 있다. 이는 또한 어휘로 문형을 결정한다는 의미인 '어휘중심론(Lexicalism)'으로 부를 수 있다.

Carter(1988)는 이러한 관점을 'linking regularities(연결 규율)'이라고 불렀다. 이는 'linking rules(연결 규칙)'를 통해 술어의 의미역과 특정한 통사성분을 형식화된 방식으로 대응 연결하는 것이다. Michaelis(2004)는 이를 'lexical licensing(어휘인가)' 혹은 'the principle of lexical licensing(어휘인가 원리)'이라고 불렀다. 이 원리는 핵심이 되는 단어의 의미와 통사적 특징을 사용하면 이 단어를 포함하는 구와 절의 의미와 통사 유형을 예측해낼 수 있다는 것이다. 이는 현재 TG문법 학자가 이미 보편적으로 받아들이는 하나의 가설이 되었다. 즉, 한 문장의 통사 성질은 많은 방면에서 문장 중 술어의 의미에 의해 결정된다는 것이다 (Wasow, 1985; Levin&Rappaport Hovav, 1996).

이러한 생각에 근거하여 많은 학자들이 동사에 대해 깊이 연구한 결과, 동사가 포함하고 있는 잠재적인 참여자역(논항 혹은 보어, 부가어, 한정어 등 포함)의 수가 이 문장의 논항구조를 결정하며, 동사가 명사구에 참여자역을 할당할 수 있다고 주장했다(Zwicky, 1995; Jackendoff, 1997b:3장; Sag et al., 2003:4장). 예를 들면, 3가동사 give가 원형적인 표현에 사용될 때 절에 있는 3개의 의미역(수여자, 접수자, 수여물)은 give의 논항구조에 의해 결정된 것이다.

TG학파는 '통사 자립론'을 주장했다. 그 이유는 아마도 다음과 같다. TG학파는 어휘투사론을 기본적인 출발점으로 하여 의미를 어휘부에 넣고, 실체, 사건, 성질 등과 같은 개념은 모두 어휘로 나타낸다(Jackendoff, 1997b:48). 통사는 단지 어휘 핵과 의존성분을 합성하여 구 혹은 절이 되는 합성 규칙만을 제공하는데, 이 과정에서 문장에는 어떠한 새로운 내용도 늘어나지 않는다. 이렇게 하면 통사는 의미와 무관해지므로 독립적인 모듈로서 전문적으로 연구할 수 있다. Michaelis는 이 관점에 대해 다음과 같이 결론지었다(Brown, 2006:74에서 참고).

동사는 문장의 의미가 **무엇인지**를 결정하고, 통사 규칙은 이것이 **어떻게** 의미를 나타내는지를 결정한다.12)

---

11) 학자들에 따라 다음과 같은 다양한 명칭을 사용한다. the Projection Principle(투사원리), the Projection-based Model(투사 기반 모형), the Projection-based Theory(투사 기반 이론), the Projection-based View(투사 기반 관점), the Lexical Rule Approach(어휘 규칙 접근법), the Lexical-rule-based Approach(어휘 규칙 기반 접근법), the Lexically Driven Syntax(어휘 중심 통사)

이러한 원칙은 많은 학자들의 사랑을 받았다. 그들은 이 원칙에 기반을 두고 많은 다양한 관점들을 발전시켰다.

(1) 핵어 중심 구구조문법(Head-Driven Phrase Structure Grammar): Pollard&Sag(1987, 1988, 1994)

(2) 통사-의미 상호작용 이론(Syntax-Semantics Interface Theory): Jackendoff(1990a, b)

(3) 어휘기능문법(Lexical Functional Grammar), 통사와 기능구조 간 사상(Mapping between Syntactic and Functional Structures): Bresnan(1994, 2001)

(4) 의미역지시문법(혹은 역할지시문법)(Role and Reference Grammar):[13] Van Valin& LaPolla(1997)

(5) 구구조 모형(Models of Phase Structure): Ritter&Rosen(1998)

이러한 관점들은 동사의 논항구조에 주의를 기울였다. 이와 상대되는 관점은 구문 기반 모형(a Construction-based Model), 구문 기반 관점(a Construction-based View), 구문 기반 문법(a Construction-based Grammar) 즉, 구문문법(Construction Grammar, 간단하게 CxG라 함)이다.

동사를 중심으로 한 '어휘 투사 원리'는 통사-의미의 상호작용 문제 해결을 위해 의미에 관심을 가지기 시작하였다. 이는 Chomsky의 초·중기 이론에 비해 발전한 것이다. 그러나 이러한 분석 방법은 비록 언어의 중요한 특징들을 반영하고 어휘와 통사에서의 문제를 부분적으로 해결하여 우리가 공부하고 참고할 만한 가치가 있지만 다른 새로운 문제도 야기했다. 즉, 이를 기반으로 수립된 언어 분석방법은 여러 방법 중의 하나일 뿐이지 전부

---

12) the verb determines *what* the sentence means, syntactic rules determine *how* it means.

13) 의미역지시문법(혹은 역할지시문법, Role and Reference Grammar, RRG)은 윌리엄 폴리와 로버트 반 발린이 주장한 문법 이론의 하나로, 기능문법의 한 지파로 분류된다. 의미역지시문법은 의미구조와 의사소통 기능, 이러한 의미를 표현하기 위해 언어에서 사용하는 문법 과정으로 언어를 기술한다. 역할지시문법은 또한 심리언어학을 중시하여 언어의 습득, 처리, 생산, 해석, 기억에 대한 심리언어학적 연구결과와 문법 이론의 설명 방식이 부합해야 한다고 주장한다. 의미역지시문법에서는 절의 구조가 X-바 이론이나 전통적인 성분구조의 방식이 아니라 절층구조(Layered Sturcture of the Clause, LSC)라는 의미적 기반의 모형 내에서 의미와 화용적 측면을 통합하여 설명할 수 있다.
참고: 위키백과, 박기성(2016), 「영어 AND 접속구문과 한국어 '-고/-와' 접속구문에 대한 비교연구」, 『언어학』 24(2).

를 아우를 수도 없고 유일한 것일 수도 없다.

구문문법의 관점에 근거하면 어휘가 출현하는 '구문'이야말로 구 의미와 절 의미를 확정하는 관건이 된다. Michaelis(2003:165)와 Brown(2006:74)은 산술식을 사용하여 이 문제를 설명했다. 즉 같은 2, 3, 4라는 숫자도 2×(3+4)로 조합하느냐 혹은 (2×3)+4로 조합하느냐에 따라 그 결과는 완전히 달라진다. 전자는 14이지만 후자는 10이라는 결과가 나온다. 이와 같이 같은 단어라 하더라도 서로 다른 통사 환경에서 사용되면 즉, 서로 다른 방식으로 조합되면 전체 구와 절의 의미도 완전히 달라질 수 있다.

어휘와 문법구문 사이의 관계는 액체와 용기의 관계와 유사하다. 액체를 어떤 특정한 형상을 가진 용기에 담았을 때 액체는 그 용기의 형상을 가지게 된다. 마찬가지로 우리가 어휘를 어떤 특정한 구문에 넣을 때 단어는 필연적으로 어느 정도로는 구문 전체의 기능으로부터 제약을 받는다. Chomsky는 이러한 사실을 무시하고 어휘가 어떤 통사환경에 출현할 때 통사는 어휘 합성의 규칙만을 제공하지 어휘 의미에 영향을 끼치지는 않으며 전체 문장에 어떠한 의미도 더하지 않는다고 주장했는데, 이는 엄연히 언어 사실에 위배된다.

전체 문장의 의미는 그 속에 출현하는 단어를 합성(Compositionality)하여 나타내는 것일 뿐만 아니라 보이지도 만져지지도 않는 문법구문의 의미 역시 이를 위해 일정한 심지어 중요한 공헌을 할 수도 있다. 즉 문법구문도 전체 구문 의미에 단어 외의 의미를 더할 수 있다. Jackendoff(1997b)는 통사에 의해 생길 수 있는 '추가 의미'를 '강화된 합성(Enriched Composition)'이라고 불렀다. 또 다른 학자는 이를 '시너지(Synergy)'라고도 불렀는데, 이는 '강요(Coercion, 혹은 Override)'로 인한 것이다(상세한 내용은 제6장 4절, 제11장 참조). 다시 말해 통사는 TG학파가 주장하는 것처럼 구와 절을 위한 합성 규칙을 제공할 뿐만 아니라 원래 의미 이외의 추가 의미를 만들 수 있다. 그러므로 구문문법은 '부분합성(Partial Composition)'만을 인정하며, 주로 '게슈탈트 심리학(Gestalt Psychology)'의 '1+1>2' 모형을 운용한다. Jackendoff가 말한 '강화된 합성'은 구문문법 학자들에 의해 '통합성의 원리(the Principle of Integration)'로 대체되었다.

'동사중심론'에 대해 회의적인 논저도 많다. 예를 들면, 담화의 의미가 문장 중의 동사에 의해서만 결정되지 않는 경우가 많다. 또한 동사중심론은 문미 초점(End Focus)과 문미 강세(End Weight) 원리와도 부합하지 않는다. 그밖에 영어에서 상용동사, 예를 들면 do, get, have, make, take 등은 다른 문형에서도 많이 사용될 수 있고, 다른 논항구조에서도 출현할 수 있다. 다시 말해 동사의 논항구조는 고정불변의 것이 아니고, 선험적으로 확정할 수 있는 것도 아니며, 개방적이고 유동적이다. 동사의 사용빈도가 높을수록 그 논항구조의 변화도 크다. 그것이 출현할 수 있는 문형을 예측할 수 없을 때 전체 구문의 각도에서 바라보아야 더 효과적인 설명이 가능하다.

그밖에 불어, 노어, 독어 등 많은 언어에서 일정 수량의 '무동사 구문(Verbless Construction)'이 존재하고(Goldberg, 2006:8), 중국어에서도 이와 같은 현상이 많이 있다.

[17] 山清, 水秀。 (산이 좋고 물 맑다. 산수가 아름답다.)

[18] 明天星期五。 (내일은 금요일이다.)

[19] 正面的门上一幅横偏。 (정면의 문 위에 가로 액자 한 폭이 걸려 있다.)

[20] 晚上, 房里一片漆黑。 (밤에 집 안이 온통 깜깜하다.)

많은 학자들이 동사의 잠재적 논항구조가 구문의 논항구조와 서로 부합하지 않는 영어 표현들이 있다는 점을 발견했다. 대표적인 예로 'sneeze'가 있다(제11장 예[27] 참조). 또한 1가동사 'melt, sparkle, flutter' 등과 같은 동사들은 '방위'와 내재적인 연계가 존재하지 않는다. 즉, 이 동사들은 잠재적으로 방위 논항을 포함하고 있는 것은 아니지만, 처소 도치 구문(Locative Inversion Construction)에 사용될 수 있다.

[21] In Maria's sticky hand melted a chocolate-chip ice-cream cone. (Maria의 끈적끈적한 손에 초콜릿 칩 아이스크림콘이 녹았다.)

[22] Down at the harbor there is a teal-green clubhouse for socializing and parties. Beside it sparkles the community pool. (항구 아래에는 사교와 파티를 위한 청록색 클럽 하우스가 있다. 그 옆에 커뮤니티 풀이 반짝인다.)

[23] And in this lacey leafage fluttered a number of grey birds with black and white stripes and long tails. (그리고 이 끈적끈적한 잎사귀에는 검은색과 흰색 줄무늬와 긴 꼬리를 가진 회색 새들이 날아다녔다.)

동사 투사 이론은 이와 같은 예문들에 대해 합리적인 해석을 할 수 없지만 구문문법은 이러한 현상을 잘 해석할 수 있다. 즉, 1가동사가 처소 도치구문에 사용될 수 있는 여부는 이 구문의 논항구조가 결정하는데, 이것이 1가동사를 강제하고 있다.

또한 중국어에서 수용량 명사구를 포함하는 문장은 주어와 목적어를 교체 사용할 수 있다.

[24] 六个人吃这桌饭。(여섯 명이 이 테이블의 식사를 한다.)
[25] 这桌饭吃六个人。(이 테이블의 식사는 여섯 명이 한다.)

이와 같은 교체는 동사 '吃'와는 실질적인 관계가 없는 것처럼 보인다.

[26] 五个人坐一张板凳。(다섯 명이 벤치 하나에 앉는다.)
[27] 一张板凳坐五个人。(벤치 하나에 다섯 명이 앉는다.)
[28] 三个人睡一张床。(세 사람이 한 침대에서 잔다.)
[29] 一张床睡三个人。(침대 하나에 세 사람이 잔다.)
[30] 六个人上那辆车。(여섯 명이 그 차에 탄다.)
[31] 那辆车上六个人。(그 차에는 여섯 명이 탄다.)

많은 학자들이 이러한 문장에서 문두와 문미에 오는 단어를 교체하여 사용할 수 있는 것은 문장에 수량사가 포함되어 문두와 문미에 오는 단어 사이에 '수용성'의 의미관계가 존재하기 때문이라고 보았다. 중요 정보가 동사에 나타나지는 않기 때문에 동사중심론은 이들 문장에 대한 해석력이 떨어지는 것이다.

'동사중심론'의 부족한 부분에 대해 구문문법 학자들은 구문분석법을 제안했다. 여기에서 구문은 동사와 동사 이외의 기타 품사를 포함할 뿐만 아니라 '구문 전체'의 각도에서 혹은 '구문과 동사의 상호작용'의 각도에서 어구의 형식과 의미, 구조와 기능을 분석하여 상술한 결함을 효과적으로 보완하기를 희망한다고 강력하게 주장했다.

3) 술어중심론

동사의 주요 문법 기능이 술어가 되는 것이기 때문에 '동사중심론'에 기반을 두자 자연히 '술어중심론(Prediacte Centralism)'이라는 관점을 파생시켰다. 예를 들면 많은 사전편찬학자들이 동사를 중심으로 한 술어 문형체계를 건립했다(2권 참조).

Chafe(1970)도 절의 핵심성분은 '술어'이며, 다른 성분은 모두 이 성분을 중심으로 하여 조직된 것이라고 주장했다. 다시 말해 동사와 술어의 성질은 그 참여자역의 용법과 유형을 결정할 뿐만 아니라 많은 부분에서 절의 의미 유형의 표현 특징도 결정한다. Chafe(1970: 165)는 다음과 같이 지적했다.

> 동사는 문장을 통제하는 중심으로, 문장의 나머지 부분에 포함될 내용을 물론 완전하게는 아니지만 현저한 정도로 자체의 내부적인 특징에 의해 결정한다.[14)

Chafe와 Tesnière, Chomsky 등의 관점은 매우 비슷하기 때문에 상술한 '동사중심론'과 '어휘 투사론'이 가진 결함이 '술어중심론'에도 있다.

4) 격문법

Fillmore는 1960년대 동사 결합가 이론에 기반을 두고 '격문법(case grammar)'를 제시했으며, 주로 격틀(Case Frame), 즉 참여자(Participant)에 해당하는 의미격의 배열(Configuration) 문제에 관해 논의했다. 예를 들면 'open'의 격틀은 다음과 같이 묘사할 수 있다.

[32] [+ _____ O(I)(A)]

+는 뒤에 오는 의미격이 동일한 문장 내에 출현할 수 있음을 표시하고, _____에는 한 개의 동사를 넣을 수 있다. O는 목적어로 반드시 있어야 하지만, I(도구격)와 A(행위주격)는 있어도 되고 없어도 되므로 괄호 속에 넣는다. 여기에 오는 동사는 반드시 그 뒤에 오는

---

14) The verb is the control center of a sentence, determining by its own internal specification what the rest of the sentence will contain—not completely, of course, but to a significant degree.

의미격의 분포 상황에 부합해야 한다. Fillmore는 만일 한 언어에서 모든 동사에 이러한 심층 의미격틀을 표기한다면 문법에 맞는 문장을 생성해낼 수 있을 것이라고 주장했다.

이상의 분석에서 보듯이 Fillmore의 격문법은 어떠한 동사를 어떠한 심층 격틀에 넣을 수 있는지를 묘사하기 때문에 일부의 학자들은 Fillmore의 주요 입장은 '심층격'으로 동사의 성질과 용법을 결정하는 것이지 동사로 심층격을 결정하는 것이 아니라고 여긴다. 본서에서는 잠시 이러한 입장을 '격에 의한 동사 결정론'이라고 부르기로 하겠다. 즉, 의미격(참여자)을 출발점으로 하여 동사의 사용 환경을 기술하는 것이며, 이를 기반으로 하여 동사의 논항구조와 그것과 명사구 사이에 내재하는 의미 관계를 서술하고자 한다. 이는 앞서 말한 '동사에 의한 문장 결정론'의 동사중심론과는 약간 다르다.[15]

격문법의 최대 공헌은 통사구조와 의미구조 사이의 상호작용 문제를 논의함으로써 통사구조만 연구하던 TG 이론에 중대한 변화를 가져와 완전히 새로운 방향인 의미의 심층구조에 관심을 가지기 시작하도록 한 데 있다. 그러나 격문법에도 많은 문제가 있다. 예를 들면 의미격은 도대체 의미와 어느 정도로 유사한가, 한 언어에 도대체 몇 개의 의미격이 있는가, 어떤 격을 다른 격과 완전히 구분할 수 있게 정의할 수 있는가 등이다. 이러한 문제들은 줄곧 격문법을 곤혹스럽게 하고 있다(제4장 제2절 참조).

5) 어휘문법

Hudson은 1984년 '의존문법'에 기초한 '어휘문법(Word Grammar)'를 제안했다. 그는 문법 지식은 주로 단어에 관한 지식이며 단어 사이의 의존관계는 문법 연구의 중심이라고 보고, 구구조문법과 달리 구를 기반으로 하지 않았다. 그러므로 어휘문법은 단지 '어휘'와 '의존'에 대해서만 연구했다. Hudson은 이러한 이론에 기반을 두고 1990년에 '영어 어휘문법(English Word Grammar)'를 확립했으며 2007년에 『Language Networks: the new word grammar』라는 책을 출판했다. 또한 2008년에는 「Word Grammar and Construction Grammar」라는 제목으로 어휘문법과 구문문법[16]이라는 두 이론 사이의 관계에 대해 논의하기

---

15) 사실 Fillmore의 관점은 어느 정도로는 동사를 기반으로 한다는 특징이 있다. 그가 제시한 심층격 틀은 '＿＿＿'로 동사를 나타냄으로써 이와 대응하는 의미격의 분포 상황을 이끌어낸 것이다.

16) Holmes&Hudson(2005:244)과 Hudson(2008:258)은 어휘문법은 주로 유럽 언어 연구(의존문법, 단어와

도 했다. 그는 두 이론이 인지언어학과 TG언어학이라는 두 이론 체계를 잇는 교량이라고 주장했다. Hudson은 어휘와 의존 외에 구문이라는 개념은 존재하지 않으며 의존이 곧 구문이라고 주장했다. 이 두 문법 이론은 동일한 묘사력을 가지고 있지만 언어 학습에 있어서 양자는 두 가지 다른 역할을 한다. 즉, 언어 습득은 구문문법에 더 많이 의존하고, 정보 처리는 어휘문법에 더 많이 의존한다.

Gisborne(2008)도 '의존이 바로 구문'이라는 관점을 지지하면서 어휘문법에서 말하는 핵심 개념인 '의존'도 본질적으로는 하나의 상징단위이며, 형식의 의존에 따라 의미가 달라진다고 주장했다. 이에 따르면 어휘문법 또한 일종의 구문문법 이론이라고 볼 수 있다.

6) 어휘기능 문법

Bresnan과 Kaplan은 1970년대 말 '어휘기능 문법(Lexical-Functional Grammar)'을 제안했다. 주요 관점은 TG가 말하는 많은 통사규칙을 모두 어휘 층위에 넣을 수 있다는 것이다. 이렇게 하면 TG가 주장하는 통사가 부담하는 많은 기능이 사실은 어휘에 의해 결정되고, 어휘의 기능 분석을 통해 관련 통사의 정보를 획득할 수 있다. 따라서 그들은 어휘부가 문법분석에서 중심 역할을 한다고 주장하는데(Bresnan, 2001), 이로 볼 때 어휘기능 문법 역시 어휘중심론의 일종임이 분명하다.

Bresnan과 Kaplan의 이 이론은 뒤에 Langacker가 인지문법에서 형태와 통사 사이의 이분법적 대립을 직접 취소하고 이것들을 하나의 스펙트럼으로 보는 데 훌륭한 이론적 밑바탕이 되었다.

어휘와 통사는 언어의 두 가지 층위이며, 이 둘 사이에는 연관관계도 있고 차이점도 있다. 인지언어학은 한편으로는 형태와 통사 사이의 대립을 취소해야 한다고 주장하지만, 다른 한편으로는 양자가 길이, 복잡도, 용법상에서 일련의 차이점이 존재한다고 명확하게 지적했다. 만일 어휘의 각도에서 통사를 논의한다면 일부로써 전체를 개괄한다는 문제점이 생길 수도 있다.

단어 사이의 연결 관계에 직접 관심을 가지지 구는 필요 없음)의 전통을 흡수한 반면, 구문문법은 주로 미국 언어 연구(Bloomfield에서 Chomsky까지 모두 '구 구조'에 기반을 두고 통사 체계를 해석. 문장은 PS로 구성됨)의 전통을 흡수했다고 주장했다.

7) 어휘관계구조 이론

Hale과 Keyser는 1990년대 초에 어휘관계구조 이론(Lexical Relational Structures, 약칭 LRS)을 제안했다. 이 역시 '동사 논항구조'에 관한 이론으로, 주요동사가 사건구조 층위를 나타낸다는 각도에서 구조의 논항과 문장의 주요동사 논항 사이의 관계는 구조적으로 X바투사(X-bar Projections)를 통해 한정할 수 있다고 주장한다. 동사의 생성과 그 논항 배치는 문장의 생성 원리와 같은 것으로 모두 일정한 통사 도출 원리를 따르고 있다. Hale& Keyser(1998:453)가 뒤에 제안한 어휘통사 이론(Lexical Syntax)에서 또다시 논항구조는 주로 중심 어휘항이 투사하여 생기는 통사적 배치의 일종이며, 중심어와 그 관련 논항 사이에 존재하는 구조적 관계라고 지적했다. 동사의 통사 표현이 다른 것은 그 어휘 통사가 다르기 때문이다.

어휘의 각도(주로 동사)로부터 논항구조와 통사적 배치를 논하는 것은 확실히 불완전한 문법 이론임이 분명하다.

8) 어휘의 개념구조 이론

Jackendoff는 1970년대 초에 Chomsky(1965)의 표준 이론(Standard Theory)의 문제점을 발견하고 의미 분석의 각도에서 수정을 가했다. 그는 1972년에 『Semantic Interpretation in Generative Grammar』을 출판한 뒤에 이러한 견해에 근거하여 1970년대에 많은 의미 연구 방면의 논문을 발표했다. 또한 1985년에는 『Semantics and Cognition』이라는 책을 출판했는데 공간 관계를 기반으로 한 개념구조(Conceptual Structure) 분석법을 제안했다. 그는 1990년에 『Semantics Structure』를 출판했고, 뒤에도 계속 이러한 아이디어를 기반으로 하여 개념분석을 시도하여 개념적 의미론(Conceptual Semantics)을 건립했다.

Jackendoff는 언어 연구를 개념구조로 전환하여 의미론에 중요한 공헌을 했다. 따라서 그가 주류 생성문법학파와 대척점에 서 있다고 여기는 학자가 있는 것은 어찌 보면 당연한 일이다(张翼, 2009). Jackendoff(1985:76)는 개념구조에 개념요소(Conceptual Constituent) 혹은 심적 원소(Mental Primitive)가 포함되어 있다면 모든 주요 통사성분(실질적인 의미가 없는 순수 통사형식, 예를 들면 it 등은 제외)은 그 중의 어떤 개념요소에 대응한다고 주장했다. 그는 주로 동사를 출발점으로 하여 분석했는데 개념구조 중의 요소가 반드시 통사 층위에서 나타나는 것은 아니며 서로 다른 구문 구조에 투사될 때 어떤 개념요소는 두드러지게 나타나지만 어떤 요소는 그렇지 않다고 설명했다.

[33] The window broke. (창문이 깨졌다.)

[34] Tom broke the window. (Tom이 창문을 깨트렸다.)

예[34] break의 행위주가 예[33]에서는 드러나지 않았다.

Fillmore가 든 open the door와 같은 유명한 예도 마찬가지로 해석이 가능하다. 다시 말해, 동일한 동사가 다른 통사환경에서 출현하여 다른 논항구조를 나타낼 수도 있다. 이는 동사 개념구조 중의 요소가 통사 표현으로 투사되는 과정에서 두드러지는 요소가 차이를 나타내기 때문이며 이 또한 동사중심론의 입장이다.

그러나 다른 한편으로 Jackendoff는 Chomsky의 기본 가설을 받아들였는데 그의 출발점은 여전히 TG 이론의 틀 안에서 TG를 위한 새로운 돌파구를 찾기 위해 통사-의미의 상호작용 문제를 해결하는 것이다. 그는 동사의 개념구조를 문장 논항구조의 주요 결정 요소로 보아야 하며(이 역시 Chomsky의 취지임), 언어에서 문장의 주요 생성기재는 바로 논항을 동사의 개념구조에 삽입한 후에 다시 그것을 통사형식으로 변환하는 것이라고 주장했다. 이 변환과정에서 그는 TG의 하위범주화 틀(Subcategorization Frame)[17]이라는 분석법을 사용하였을 뿐만 아니라 선호 규칙(Preference Rule)으로 왜 동일한 동사가 서로 다른 통사구조에서 출현할 수 있는지를 해석해야 한다고 제안했다. 이 규칙 역시 통상적으로 학계에서는 어휘 규칙의 일종이라고 본다.

Jackendoff의 개념적 의미론은 개념구조가 '심적 원소'와 '합성규칙'으로 구성된 것이며 심적 원소는 선천적인 것으로 사람의 뇌 속에 내재되어 있어 연산적 합성규칙에 따라 개념

---

17) 여기에서의 '하위범주'는 동사 뒤에 오는 보어로 구성된 어휘의 범주를 주로 가리킨다. '하위범주 틀'은 어떤 어휘항(주로 동사)이 보어를 선택하는 과정에서 준수하는 어휘의 특징 제약과 선택 특징 제약 등의 원칙을 가리키며, 이는 동사가 선택하는 보어의 구체적인 요구사항을 제시한다. 그러나 그것이 포함하는 내용이 많고 자체적으로 이들 제약 조건에 대해 충분한 설명을 하기도 어렵기 때문에 Jackendoff는 '선호 규칙'을 통해 이를 보완함으로써 동사가 구체적인 구문에 출현할 수 있는 조건을 한정했다.

구조를 생성하고, 다시 조응규칙(Correspondence Rule)에 따라 통사구조에 투사될 수 있다. 이렇게 하면 인류의 어구 표현을 형성할 수 있다. 이러한 연산규칙은 여전히 Chomsky가 규정한 형식화 분석방법의 일종이다.

이로 볼 때 Jackendoff의 기본적인 생각은 Chomsky의 핵심 이론을 계승한 것이지만 의미 분석을 통해 통사적 문제를 해결하겠다는 강렬한 경향을 보여주었다. 그는 TG학파가 견지한 통사중심론에 의미 분석이라는 내용을 주입했으며, 이 학파의 발전에 중요한 공헌을 한 동시에 인지의미학의 발전에도 이론적 토대가 되었다.

9) 어휘를 중심으로 한 패턴문법

Sinclair, Francis와 Hunston 등은 1980년대부터 영국 COBUILD 말뭉치를 구축하기 시작했다. 또한 이를 기반으로 하여 사전 시리즈와 문법 시리즈 관련 연구 성과를 도출했다. Sinclair(1987, 1995)는 『Collins COBUILD English Language Dictionary』와 『Collins COBUILD English Dictionary』를 출판하는 한편, Sinclair(1990), Francis와 Hunston 등(1996, 1998)은 또한 『Collins COBUILD English Grammar』, 『Collins COBUILD Grammar pattern』 등을 출판했다. 이 두 시리즈의 연구 성과는 모두 패턴문법(Pattern Grammar)이라는 이론에 기반을 둔 것이다.

패턴(Pattern)은 동사, 형용사, 명사의 지배를 받는데 그것과 항상 같이 출현하는 일련의 단어가 만드는 상대적으로 고정된 구를 가리킨다. 패턴문법은 어휘를 기본 출발점으로 하여 단어의 실제 사용을 강조하며 어휘가 출현하는 구체적이고, 빈도가 높으며 상대적으로 안정적인 통사환경과 실제적인 용법에 관심을 기울인다. 그들이 이를 기반으로 하여 편찬한 문법서 역시 단어의 패턴을 주요 단서로 삼아 그 주요 기능을 나열했다. 이는 어휘와 통사가 분리할 수 없는 개념임을 잘 보여준다.

패턴문법은 '말뭉치 중심 접근법(the Corpus-driven Approach)'의 사용을 주장한다. 이는 단어의 실제 사용 상황에 대한 관찰을 통해 이론 가설을 제안하고 논증하는 것으로, 말뭉치 기반 접근법(the Corpus-based Approach)과 완전히 똑같지는 않다. 말뭉치 중심 접근법은 주로 연역법적인 연구를 위해 사용되는데 말뭉치를 통해 사전에 제안된 어떤 이론을 검증하며, 통상적으로 관련 자료들을 걸러냄으로써 자신이 필요로 하는 목적을 달성하는 것이다. 그러나 桂诗春(2004)은 이에 대해 억지로 끼워 맞춘 것이라고 폄하하기도 했다.

패턴문법에서 말하는 의미와 통사(혹은 형식과 패턴)가 분리될 수 없고, 단어와 통사가 분리될 수 없으며(즉, 단어와 그것이 출현하는 통사 환경은 분리할 수 없고, 양자는 모두 일정한 조합방식으로 나타나는데 모두 패턴으로 귀결시킬 수 있다), 어휘와 문법도 분리될 수 없다는 생각은 후에 나타난 구문문법에 어느 정도 영향을 끼쳤다.

10) 소결

'어휘중심론자(Lexicalist)'는 어휘가 문법 분석에서 매우 중요한 역할을 하므로 어휘와 관련 규칙을 중심으로 문법을 분석해야 하며, 특히 동사와 그것이 포함하는 의미와 화용 방면의 정보는 언어의 기본적 문형 형식과 의미를 결정할 수 있다고 주장한다. 다시 말해 동사는 그 자체가 가진 참여자역 구조를 통사의 논항구조에 투사할 수 있고, 참여자에 대한 기본정보를 제공할 수 있다(Bencini&Goldberg, 2000). 그러나 동사가 언어의 전부는 절대로 아니다. Sinclair 등이 창시한 패턴문법은 비록 연구의 대상을 동사에서 형용사, 명사, 그리고 그들을 중심으로 한 관련 구성성분으로까지 확대했지만 언어의 전체 현상을 해석하는 것과는 거리가 멀다.

비록 그들이 제시한 일련의 관점은 여전히 어떤 각도로 문법에서의 모든 현상을 해석하기에는 부족한 부분이 있지만, 어휘중심론적 분석방법도 우리가 깊이 생각하고 본받을만 한 점이 있으므로 언어연구에 어느 정도 공헌을 했다고 볼 수 있다.

(1) 피동(Passive), 사역화(Causativization), 여격이동(Dative Shift) 등 표현식의 변환 현상을 어휘규칙을 통해 비교적 잘 해석할 수 있다.

(2) 문형의 선택적 사용과 동사 유형은 밀접한 관련이 있다. 예를 들면, 전통적인 5가지 기본 형식은 바로 동사의 성질에 기초한 것이다. Hornby, Gatenby, Wakefield(1970)가 주편한 『The Advanced Learner's Dictionary of Current English with Chinese Translation』의 용법 설명에서 특별히 "본 사전의 동사 유형은 작문법에 관한 지식을 제공한다."라고 언급하였다. 또한 영어의 5가지 형식에 기초하여 25개 동사 유형을 확장하고, 그것들에 하나하나 번호를 붙인 다음 본문에서 모든 동사 뒤에 대응하는 번호를 표기함으로써 학습자들이

정확한 영어문장을 만들 수 있도록 했다. 따라서 동사가 통사 학습에 있어 매우 중요하다는 것을 알 수 있다.

(3) 문형은 비교적 명확한 규칙성을 가지고 있다. 이와 비교해 볼 때 어휘는 특이자질(Idiosyncratic Properties)이 비교적 많은데, 어휘의 특이자질이라는 각도에서 특정한 구문과 언어 표현식의 변이성에 대해 비교적 직접적이고 상세한 해석과 예측을 할 수 있다.

(4) 굴절어에서 동사 등의 단어는 서로 다른 문형 혹은 구문에 사용되거나 서로 다른 의미를 나타낼 때 일련의 형태 표지(Morphological Marking)를 사용하기 때문에 특정 문형과 구문을 해석하는 데 사용할 수 있다. 다시 말해 통사상의 변화는 자주 조어적인 처리를 포함한다. 예를 들면 영어의 능동문이 피동문으로 변환될 때 반드시 동사에 과거분사의 형태 표지를 붙여야 한다.

(5) 앞에서 언급한 '동사결합가 이론', '의존문법', '동사중심론' 등은 주로 의미 분석을 통해 하나의 동사에 내재된 용법 특징을 보여주었다. 동사의 결합가에 근거하여 문장의 논항구조를 분석하고, 문장의 기본유형을 확정한다는 사고는 여전히 언어학 연구에서 어느 정도 가치를 가지고 있다.

동사결합가 이론에 근거하여 1가동사, 2가동사, 3가동사를 나누고, 동사를 중심으로 그것에 대응되는 논항구조를 분석하는 방법은 확실히 이론적으로 독창적이고 실행 가능하다. 예를 들면 일반 사전은 'regard'를 타동사로만 분석하지만 실제 사용에서 'regard sb.'만을 말했다면 그 의미가 완벽하지 않기 때문에 그 뒤에 보어로 'as-구'를 써야 한다. 그러므로 'regard'를 3가동사로 보아야만 더욱더 설득력을 가질 수 있다.

2. 절중심론

1) Halliday의 관점

Halliday는 절의 서로 다른 문법 특징이 참여자의 유형을 결정할 뿐만 아니라 구체적인 절에 출현하는 동사의 유형을 결정한다고 주장했다. 그는 연구의 대상을 어휘 층위에서 절 층위로 높여야 한다고 했는데, 그의 이러한 기본 입장은 어휘중심론과는 달리 '절 결정론'의 경향성을 가지고 있다.

절 층위에서 문법 특징을 논술하고 이를 기초로 하여 참여자의 유형을 묘사하는 것은 어휘의 각도로 연구하는 것보다 훨씬 더 합리적이며 전체적이다. 왜냐하면 하나의 사건을 논의해야만 관련된 참여자역을 분명히 묘사할 수 있고 사건은 주로 절에 의존하여 묘사하는 것이기 때문이다. 그러나 Halliday의 연구 방법은 항상 테마-레마, 기능 투시관, 문법 은유 등의 방면에 국한되어 충분한 해석력을 가지기에는 부족한 면이 있다.

2) Chomsky의 관점

Chomsky는 언어의 생득설, 자립설, 모듈설, 보편설의 통섭 하에 언어를 몇 개의 큰 모듈로 나눈 후에 통사 층위에 집중하여 사람들이 선천적으로 가진 보편적 원시구조에서부터 시작하여 수리 분석적 형식화의 방법으로 그 사이의 운영기제를 연산했다(상세한 내용은 제3장 제1절 참조). 그러므로 Chomsky의 TG 이론은 절중심론의 경향이 뚜렷하다.

3) Langacker의 관점

인지언어학은 어휘 의미에 대한 연구에서 시작되었다. 그러므로 초기의 중심 내용은 주로 인지적인 각도에서 어휘 의미론을 연구하는 데 초점을 맞추었다(Cuyckens, Dirven, Taylor가 2003년에 주편한 인지언어학 논총 제23권 『Cognitive Approaches to Lexical Semantics』 참조). 심지어 아직도 일부의 학자들은 인지언어학을 인지의미론과 동일시하기도 한다.

이 시기의 인지언어학자들은 주로 어휘에 대한 분석을 통해 범주 이론을 논의했고, 원형 범주 이론으로 다의어를 해석했으며, 이상적 인지모형(ICM, Idealized Cognitive Model) 이론으로 단어의 의미 등을 해석했다. 후에 Langacker는 인지문법을 건립하여 인지언어학의 관련 원리를 문법의 절과 문장의 층위로까지 확대하여 운용했으며 '인지능력', '인식해석', '상징단위', '구문', '탄도체-지표',[18] '행위사슬', '인지 참조점', '도식-예시' 등 방법으로 절과 문장을 분석하는 이론적 체계를 건립했다. 따라서 Langacker의 인지문법은 주로 절

---

18) **[역주]** 탄도체(trajector)는 인지 언어학적 공간 관계에서 처소를 향해 움직이는 사물을 가리키고, 지표 (landmark)는 지시점의 역할을 하는 사물을 가리킨다. 탄도체는 공간적 전경과 유사한 개념이고, 지표는 공간적 배경과 유사한 개념이다. 장소를 찾는 탄도체와 배경인 지표의 관계에 따라 다양한 형식의 표현이 나타난다. 예를 들어 "너의 넥타이는 의자 위에 있다."에서 위치를 찾아야 할 대상인 탄도체는 '너의 넥타이'이고, 이를 찾는 공간적 지시점인 지표는 '의자'에 해당한다(네이버 사전).

을 연구 중심으로 한다고 말해도 무방할 것이다.[19]

Langacker는 그의 인지문법이 바로 구문문법의 일종일 뿐만 아니라 급진적 구문문법 이론의 일종이라고 주장했다. 그중 어떤 관점은 이미 학계에서 광범위하게 받아 들여졌는데, 예를 들면, '상징단위'와 '구문은 두 개 이상의 상징단위와 같다' 등이다. 그러나 인지문법 중의 일부 분석은 진일보한 연구가 더 필요하다. 예를 들면 원형범주 이론, 은유 이론 등에 대한 논의는 부족하고 구문의 독립적인 의미도 아직 상세히 기술되지 않았으며, 동사와 구문 간의 상호작용 등의 문제도 아직 논의하지 않았기 때문에 앞으로 구문문법 이론은 발전의 여지가 있다.

3. 구문중심론

Goldberg(1995, 2006)는 Fillmore, Lakoff, Langacker 등의 기본 이론을 계승했다. 그녀는 언어에서의 특수표현과 보편현상을 모두 고려했고, 전체적인 각도로 단어의 의미를 해석해야 한다고 강조했으며, 형태소, 단어, 구, 절 등을 모두 상징단위와 구문으로 보아야 한다고 주장했다. 또한 이 두 개념(혹은 구문만 포함)을 통해 언어에 대해 전반적인 묘사와 해석을 하고, 언어의 각 층위에 대해 통일된 해석을 한다는 목표를 실현할 수 있다고 주장했다. Goldberg가 창시한 구문문법 이론은 동사중심론을 부정하고 동사가 완전히 절의 논항구조를 결정할 수는 없다고 여겼다. Goldberg는 구문 전체만이 절 논항구조를 결정하는 관건이 되기 때문에 구문의 논항구조 분석법을 중심으로 해야 한다는 이론적 경향을 제안했다.

Goldberg는 이 이론 틀에서 어휘중심론과 규칙 분석법의 문제점을 지적했다.

(1) 어휘 층위(특히 동사)로만 의미와 참여자역을 분석하면 어휘 이상의 절 층위를 소홀히 하게 되므로 이러한 분석방법은 필연적으로 태생적 한계를 가질 수밖에 없다. 그러나 절 층위로만 분석하고 어휘와 절 사이의 성분, 예를 들면 구를 소홀히 하면 이 또한 전체를 고려하지 않는다는 한계가 있다(인지문법 제외).

---

19) Langacker가 2001년에 발표한 「Discourse in Cognitive Grammar」라는 논문에서 인지문법의 기본 원리를 담화분석에 운용하기도 했다(王寅, 2006 제11장 참조).

(2) 많은 이론 체계, 특히 TG 이론에서 규칙(Rules)은 '예외 없음'을 강조하고, 강제성을 가지고 있어서 사람들이 예외 없이 준수해야만 한다. 그것은 스포츠 경기와 마찬가지로 일단 규칙으로 간주하면 어떠한 예외도 있을 수 없고 모든 사람이 준수해야만 하는 것이다. 그러나 구문문법 학자들은 이와는 다른 관점을 가지고 있다. 즉, 언어 규칙은 다른 규칙과 달리 지금까지 사람들은 예외가 없는 문법 규칙을 만들지는 않았다고 보았다. 사람들이 늘 말하듯이 "모든 문법 규칙에는 항상 예외가 있다(Every rule leaks. Every rule has exceptions.)". 따라서 인지언어학자들은 '도식'으로 '규칙'을 대체해야 한다고 주장했다. 또한 도식적 규칙은 언어의 실제적인 사용에서 나오며, 이것이 단지 대체적인 틀에 불과하기 때문에 일정량의 변화나 예외는 인정해야 한다고 강조했다.

Goldberg는 기존 연구 이론의 문제점을 지적하면서도 적당한 사고의 전환을 꾀하여 전체 구문의 각도에서 '논항구조'를 해결해야 한다는 가설을 제안했다. 이는 구문의 도식적 특징을 묘사하는 데 중점을 두는 것으로 구문들의 사용규칙을 강제적으로 규정하는 것이 아니다. 그녀는 구문 자체와 독립된 동사 사이의 상호관계 등의 문제를 구체적으로 해석했으며, 구문과 어휘(주로 동사) 사이의 연결 문제를 비교적 잘 해결하였다. 따라서 그녀의 구문문법 이론은 분명한 특징과 해석력을 갖추고 있다. 바로 이러한 연구 배경 하에 많은 학자들이 인지언어학 이론의 틀에서 문법 연구는 최종적으로 구문으로 귀결시켜야 한다는 관점을 제안한 것이다.

이는 완전히 새로운 분석적 사고로서 시야가 넓고 독특하며 전반적인 상황을 고려하여 상술한 여러 가지 관점의 장점을 모두 갖추었다. 또한 언어 이론이 충분한 묘사성과 해석력을 갖추어야 한다는 웅대한 목표로 나아가는 데 지대한 역할을 했다. 이것은 언어 연구 사상 하나의 이정표적인 발전이며, 인지언어학 이론에서의 문법 연구를 위해 신천지를 개척했다고 볼 수 있다.

사실 어떠한 언어 이론도 장점과 단점이 있는데 구문문법도 예외는 아니다. 국내외 많은 학자들이 그 장점과 문제점에 대한 자신의 견해를 발표했는데 본서에서는 제12장에서 이에 대해 상세히 논의할 것이다.

제4절 결론

구문문법은 완전히 새로운 언어 이론으로서 TG 이론과 어느 정도는 공통점을 가지고 있다. 즉, 인류의 심리적 각도에서 언어현상을 해석해야 한다고 주장했으며, '생성성'이라는 점에서 어떠한 공감대를 가지고 있고, 언어가 유한한 기호를 사용하여 무한한 의미를 나타내는 현상을 해석하기 위해 노력했다. 그러나 이 두 가지 문법 이론은 언어의 생득설, 그리고 어떻게 생성된 것인지에 대한 구체적인 표현의 문제 등 중요한 관점에서 큰 차이점이 있다. 다른 일련의 근본적인 문제에 있어서도 이견이 많아 실질적으로 구문문법은 TG 문법을 계속 비판을 하는 과정 중에 점진적으로 구축된 문법 이론이라고 할 수 있다(자세한 내용은 2권 참조).

제3장

TG에 대한 구문문법의 비판

본 장에서는 TG문법의 생득론, 보편론, 자립론, 모듈론, 형식론 등의 기본 가정을 검토하고, 구문문법의 각도에서 이를 비판하는 동시에 인지언어학의 기본 원리에 부합하는 완전히 상반된 입장을 제시할 것이다. 또한 Langacker의 자립론에 대한 새로운 관점과 Saussure의 관점을 결합하여 자립론을 '구조 자립론, 언어 자립론, 통사 자립론(통사 자립론은 다시 약자립론과 강자립론으로 구분)'으로 구분할 것이다. Langacker는 TG학파는 약자립론의 예로 강자립론을 설명하여 설득력이 떨어진다고 지적하였다.

제1절 TG의 기본 가정

구문문법은 인지문법, 생성의미론, 격문법, 틀의미론, 인지의미론, 체험주의 철학 등과 밀접한 관련이 있다. 위 이론은 Langacker, Lakoff, Fillmore, Taylor, Goldberg 등의 인지 언어학자들이 1970~90년대 Chomsky를 대표로하는 TG언어학파에 회의를 품으면서 형성되었다. 당시 Chomsky 이론은 언어학계에서 주도적인 위치를 차지하고 있었기 때문에 지금까지도 미국에는 그의 추종자가 많다.

TG언어학파의 이론에는 아래와 같은 몇 가지 가정이 있다.

1. 생득론

Chomsky는 데카르트의 '생득론'을 받아들여 인간의 언어능력은 선천적으로 부여된 것(be Hard-wired into our genetic make-up)이라고 보았다. 즉 인간은 태어날 때부터 선천적으로 대뇌에 다른 인지능력과는 구분되는 언어능력이 있는데, 그것은 바로 '언어습득장치(Language Acquisition Device, LAD로 약칭)'이다. Taylor(1989:239)는 TG학파의 주장을 아래와 같이 정리하였다.

> 통사적 현상, 의미적 현상, 그리고 음운적 현상에 대한 검토가 언어의 표층문장들에서는 보이지 않는 추상적 개체들을 설정하게 한다. 따라서 이 개체들과 이것들을 조작하는 규칙들은 어떤 귀납적인 과정이나 표층문장들과의 단순한 접촉으로부터 끌어내는 어떤 일반화 과정으로도 배울 수 없다. … 아이는 문법의 기반을 유전적으로 물려받기 때문에 Chomsky 방식의 문법을 성공적으로 습득한다는 것이다. 언어습득은 선천적 잠재력의 전개로 간주된다.[1]

Chomsky는 태어날 때부터 잠재적으로 부여된 언어 장치의 내부 상황에 대해 설명했는데, 그 핵심은 '보편문법(Universal Grammar, UG로 약칭)'이다. UG는 모든 인간에게 선천적인 유전으로 부여되는 것으로 사람이 태어날 때부터 가지고 있는 초기상태의 언어기능(the initial state of language faculty)이다. UG의 '원리'는 언어 가운데 가장 본질적인 부분인 핵심문법(Core Grammar)은 학습할 필요가 없으며, 주변적인 내용은 후천적인 학습이 필요하다는 것이다. 유아가 가능한 몇 세트의 문법을 귀납하는 과정에서 UG에 부합하지 않는 것들은 자동적으로 배제시켜 모어를 바르게 학습할 수 있다.

언어가 이렇게 생득적으로 유전되는 성질은 인간만이 가지고 있는 것으로, 아이들이

---

1) An examination of syntactic, semantic, and phonological phenomena leads to the postulation of abstract entities which are not visible in the surface sentences of a language. These entities, and the rules which manipulate them, cannot therefore be learnt by any process of induction or generalization from mere exposure to the surface forms. … The child, that is, succeeds in acquiring a Chomsky-style grammar because the scaffolding of the grammar is genetically inherited. Acquisition is seen as the unfolding of the innate potential.

생후 몇 년 안에 모어를 완벽하게 구사할 수 있는 현상을 설명할 수 있다.

2. 보편론

Chomsky는 생득론을 맹신하여 아동의 두뇌에는 태어날 때부터 문장 규칙을 생성하는 내재적인 장치가 있으며, 그 핵심은 '보편문법'이라고 보았다. 보편문법은 선천적으로 타고난 언어능력을 기초로 한 것으로 모든 아동은 언어능력이 있으며, 원리 체계를 통해 그것을 구체적으로 기술할 수 있는 것이다.

이렇게 보편성을 가진 원리체계는 수학에서 사용하는 '생성'이라는 개념으로 기술되고 조직화할 수 있다. 따라서 언어는 순환성(recursion)을 가진 생성체계로 간주할 수 있으며, 분해론으로 문법형식과 의미에 관한 가장 일반적이고 추상적인 표상 단위를 파악할 수 있다.

3. 자립론

TG이론에서는 인간이 태어날 때부터 가진 언어능력은 다른 인지능력과는 구별된다고 보았다. 따라서 언어 구조는 매우 복잡하지만, 아동들이 제한적인 언어를 접하더라도 그것을 배울 수 있다. 이것은 다른 일반적인 인지능력과는 다른 것이며 귀납법만으로도 설명하기 어렵다.

TG 가운데 '자립'이라는 단어는 두 가지 함의를 가지고 있다(제3절에서 상세히 설명).

(1) 언어는 자립적이다. 이 관점은 Chomsky의 생득론과 일맥상통하는 것으로, 사람들의 두뇌에는 언어 가공을 담당하는 독립적인 장치가 있는데, 이것은 사람들의 감각이나 지각 등의 인지능력과는 무관하다고 보았다.

(2) 통사는 자립적이다. 통사는 의미와 다른 요소를 참조하지 않고 어구를 형식적으로 기술할 수 있다. 이것은 이원론적인 철학관이 언어에 반영된 것으로 형식주의적 통사이론

의 철학적 기초가 되었다.

TG학파의 기본 출발점은 의미를 어휘 항목에 포함시키고, 통사는 어휘 결합 규칙을 제공할 뿐 어구에 어떠한 의미도 추가하지 않기 때문에 통사 자체는 의미와 무관하다고 본다. 이로 인해 '통사 자립론'이 생겨났으며, 언어를 독립된 모듈의 각도에서 전문적으로 연구해서 형식화함으로써 언어 연구가 '과학주의(Scientism)'의 길을 걷게 되었다.

통사 자립론은 의미, 화용 요소를 고려할 필요 없이 통사를 형식화하여 성분 간의 변형관계를 기술하는 것이어서 '변형되어도 의미는 변하지 않는다'는 가정이 확립될 수 있었다.

4. 모듈론

TG학파는 언어의 형식, 그 가운데서도 통사형식을 심도 있게 연구하였지만, 의미와 화용적인 요소는 고려하지 않은 채 언어의 본질을 밝혔다. 통사형식을 전체 언어 체계 가운데 독립시키기 위해 Chomsky는 모듈 분석의 방법론을 제안하여, 언어라는 전체 모듈을 음운 모듈, 통사 모듈, 의미 모듈과 같은 하위 모듈로 세분하였다[Croft&Cruse(2004:225)와 같은 일부 학자들은 이를 'Component'라고 명명하였다].[2] 개별 모듈은 구구조 규칙이나 변형 규칙과 같은 규칙 혹은 제약(Constraints: 언어 가운데 출현할 수 없는 표현, 부정적인 진술로 표현되는 경우, 비합법적인 언어형식의 여과)으로 인해 문장 특징의 한 측면만을 나타낼 수 있다. 예컨대,

(1) 음운 모듈의 규칙과 제약은 문장의 음운 구조에만 관여한다.
(2) 통사 모듈의 규칙과 제약은 문장 내 어휘 조합에만 관여한다.
(3) 의미 모듈의 규칙과 제한은 문장의 의미에만 관여한다.

---

2) Chomsky가 1981년에 발표한 GB(지배결속)이론에서는 further subdivision into modules를 여전히 주장하고 있다. 그러나 1992년에 발표한 MP(최소주의)에서는 통사 모듈론을 포기하려는 의도가 명확히 드러난다. 그는 음운모듈을 '발음-감각 층위'로 보아 언어능력을 감각운동 체계(sensorimotor system)라고 하였다. 또한 의미모듈을 '개념-사고 층위'로 보아 언어능력과 인간의 개념 활동을 연결시켜 사고체계(system of thought)라고 하였다.

TG는 통사 모듈을 언어 연구의 핵심 대상이라고 보고, 의미와 음운을 통사의 아래에 두어 연결 규칙(Linking Rules)에 따라 연결되도록 하였다.

TG의 모듈론의 기본 개념을 아래의 도식과 같이 설명할 수 있다(Croft, 2001:15/Cruse& Croft, 2004:15에서 인용).

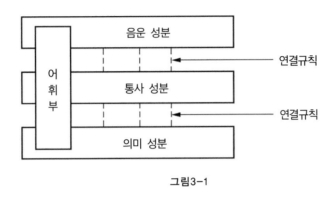

그림3-1

Chomsky의 모듈론에 대해 다른 도식으로 설명한 것도 있다(Evans&Green, 2006:642 인용).

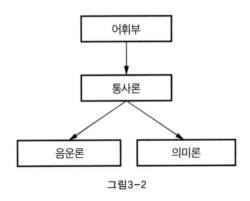

그림3-2

일부 학자들은 위에서 구분한 하위 모듈을 기초로 하위 모듈을 한층 더 세분해야 한다고 주장하기도 하였다. Aronoff(1993)는 어휘구조의 내부 형식을 관할하는 형태론의 하위모듈을 구분할 것을 주장하였고, Vallduví(1992)는 담화와 화용 지식을 관할하는 정보구조 하위모듈을 구분해야한다고 주장하였다. 이와 같이 TG학파는 하위모듈을 통해 언어정보의 특정한 유형을 엄격하게 구분하였는데, 이러한 하위모듈에 대한 일반적인 규칙과 제약을 연구해야 할 뿐 아니라 이러한 하위모듈간의 상호 연결 규칙을 연구하는 데 많은 노력과 시간을 투입해야 했기 때문에, 이러한 구분이 여러 골칫거리를 안겨다 주었다.

Chomsky(1981, 1991, 1993)에서는 이러한 규칙과 제약이 있기 때문에 '구문'이라는 개념을 도입할 필요가 없다고 보았는데, Chomsky(1993:4)의 아래 인용문이 그러한 경향을 대표적으로 보여주고 있다.

> UG는 고정된 원리 체계와 정밀하게 평가된 매개변수의 유한 배열을 제공한다. 특정한 언어는 이러한 매개변수에 대한 구체적인 값이며, 매개변수로 인해 문법 구문의 개념과 특정한 구문 규칙이 제거된다.[3]

예컨대, 영어의 수동태 구문은 아래와 같이 나타낼 수 있다.

[Subject *be* Verb-Past Participle *by* Oblique]

TG는 수동태 구문에서 통사자질을 분해(Decompose)할 수 있으며, 그것들을 각각의 하위 모듈로 두어 기술할 수 있다고 주장한다. 이렇게 하여 수동태, 관계절 구문 등과 같은 단어보다 더 큰 통사 구조는 더 기초적이고 추상적인 자질로 분해될 수 있다(Chomsky, 1981:121). 또한 하위 모듈 가운데 일반적인 규칙과 제약 및 이들 간의 연결규칙을 묘사하고 해석할 수 있다. 즉, 구문은 단지 일반적인 규칙과 제약의 결과물에 불과하다.

5. 이원론과 형식주의

형식주의 이론의 철학 기초는 데카르트의 이원론, 즉 육체와 정신이 분리되어 있다는

---

3) UG provides a fixed system of principles and a finite array of finitely valued parameters. The language-particular rules reduce to choice of values for these parameters. The notion of grammatical construction is eliminated, and with it, construction-particular rules.

것이며, 이것은 언어에서는 형식과 의미로 분리되어 표현된다.

Chomsky는 정신의 통사적 조작은 의미와 독립되어 존재한다고 본다. 통사는 형식적인 연산으로, $(x+y)^2=x^2+2xy+y^2$라는 수학 공식을 계산하는 것과 마찬가지로 구체적인 숫자와 독립되어 존재한다. 여기서 x와 y에는 구체적 값이 올 수 있다. Chomsky는 언어에서 통사도 이러한 수학 공식과 마찬가지로 완전히 형식화된 통사공식으로 연산할 수 있고 구체적인 의미로부터 독립하여 존재할 수 있다고 보았다. 따라서 형식화된 부호와 일정한 규칙에 근거한 형식화 조작으로 개별 언어의 합법적인 문장이 생성되면, 구체적인 단어를 대입하고 집합모델(set model)을 통해 의미 해석이 이루어진다고 하였다. 이러한 과정은 위에서부터 아래로의 연역적 과정이다.

형식주의 이론은 객관주의 철학, 객관주의 의미론과도 밀접한 관련이 있다. 주지하는 바와 같이 TG학파는 초기에 의미를 소홀히 하였으나, 후에 점차 태도를 바꾸어 의미를 고려하기 시작했다. 그러나 여전히 객관주의 철학이론에 근거하였기 때문에 의미소 분석법과 진리값 대응론을 운용하여 통사형식 연산을 통해 최종적으로 얻어진 부호배열의 의미를 해석해야하고, 또한 객관세계의 진리값에 근거해 언어 형식의 의미가 확정된다고 주장하였다.

제2절 구문문법의 TG에 대한 재고

비록 많은 학자들이 상이한 구문문법을 제안하였지만, 그 기본 출발점은 모두 TG학파의 상술한 기본 가정에 대한 비판이며, 그들의 연구는 인지언어학의 TG 가설에 대한 비판의 강력한 근거가 된다.

1. 생득론 비판

Chomsky는 고대 그리스 철학에 매우 조예가 깊어 의식적 혹은 무의식적으로 2500년 전 소크라테스가 '사람들의 마음속에 원래 있던 지식을 변론의 방식으로 활성화시킨다.'고 주장한 '산파론'과 플라톤이 '지식의 획득 과정은 자신의 영혼이 이데아를 상기하는 과정'이라고 주장한 '상기설'을 부활시켰다. Chomsky가 20세기 중엽(1957년) 서양 이성주의의 태두인 소크라테스와 플라톤을 소환하여 많은 학자들이 다시금 유럽의 고대문명을 공부하게 되었다. Chomsky의 독창성은 바로 소크라테스와 플라톤의 이성주의 사상에 현대적인 색채를 더한 것이며, 이를 '언어 습득'의 영역에 적용하여, 언어 연구를 하는 데 있어 간단하면서 설득력 있어 보이지만, 자주 '논증이 불가능한' 새로운 방법론을 제시했다는 것이다.

만약 언어습득장치(LAD)와 보편문법(UG)이 선천적으로 주어진 것이라면 어떻게 단어와 독립되어 홀로 존재할 수 있는 것인지 묻고 싶다. 이것은 마치 육체가 없는 영혼처럼, 고대 그리스 이성주의의 주장을 되풀이하며 공허한 '영혼의 왕국'을 찾아 헤매는 것 같고, 데카르트의 옛 사상으로 돌아가 천부 이성의 세계를 떠도는 것 같다. TG는 이런 생득론, 이성적 연역법, 선험론의 방법론으로 현대 언어의 문제를 바라보고 있다.

만약 LAD와 UG가 선천적으로 주어진 것이라면, 아래와 같은 의문이 생긴다. 그것은 언제 우리 조상의 유전자 조직에 심어졌나? 시간이 흐름에 따라 변화하는가? 또 어떻게 변화했을까? 그것의 존재가 과학적으로 입증될 수 있는가?4)

만약 LAD와 UG가 선천적으로 주어진 것이라면, 현대 과학기술은 실험을 통해 그것을 찾아내야지, 영원히 가설의 단계에 머물게 해서는 안 된다. 만약 검증할 수 없다면, 사람들은 가설에 근거한 이론에 대해 의심하고 불만을 가질 수밖에 없다. 게다가 언어 습득 연구 결과에 따르면, 언어 학습은 의미(Meaning)와 상호작용(Interaction)에 의해 이루어지는 것이지, 머릿속 UG에 의해 이루어지는 것이 아니다. 이러한 연구 결과는 TG가설의 허무맹랑함을 입증하고 있다.

---

4) 현대과학 연구에서 연역법을 운용한 가장 대표적인 인물은 Chomsky와 아인슈타인이라고 일컬어진다. 아인슈타인이 제안한 '상대성 이론'은 이후 항공우주학에서 점차 증명되었다. 그러나 Chomsky가 제안한 UG 가설은 아직까지도 어떠한 과학적 검증도 이루어지지 않았다. 어쩌면 사람의 뇌에 태어날 때부터 UG가 있다는 Chomsky의 가정은 영원히 검증되지 되지 못하는, 그 진위를 분별할 수 없는 '거짓 명제'일 수 있다.

2. 보편론 비판

세계에는 각기 다른 수천 종의 언어가 존재하며, 동일한 언어 가운데에서도 통일된 보편 통사 범주를 수립하기 어렵다(제9장 제2절).

Sapir(1921:119)는 아래와 같이 언급하였다.

각각의 언어마다 그 고유의 전략이 있다.[5]

Dryer(1997:140) 역시 아래와 같이 주장했다.

… 언어마다 문법적인 관계는 독특하다.[6]

Goldberg(2006:13)는 언어간 대비를 통해 각기 다른 표현을 열거한 후 아래와 같이 언급했다.

이런 관용적인 표현은 우리의 일상 대화에 널리 퍼져 있다. 그것들을 아는 것은 언어를 아는 것의 한 부분이며, 그들의 세부사항은 보편적인 원리에 의해 결정되는 것이 아니라 항목별로 학습되어야 한다.[7]

급진적 구문문법은 이러한 부분에 대해 훨씬 더 급진적인(Radical) 관점을 제시했다.

최소 원소(atomic primitive)의 보편적인 목록은 없다.[8]

---

5) Each language has its own scheme.
6) …grammatical relations are unique to every language.
7) Such idiomatic expressions pervade our everyday speech. Knowing them is part of knowing a language, and clearly their specifics are not determined by universal principles but must be learned on an item-by-item basis.

이 관점은 '모든 언어에는 보편적으로 대응되는 구문이 없다'는 뜻으로, Croft(2001:32)는 이 관점을 장절의 제목으로 삼아 언어의 구체적인 구문 내지는 통사 범주는 구체적인 구문 실례로 기술된다는 주장을 펼쳤다. 이것이 바로 '사용기반 모델'로, 명사, 동사, 형용사나 주어, 술어 목적어, 타동절, 주절과 종속절과 같은 선험적이고 보편적인 통사 범주의 집합이 아예 존재하지 않는다는 것이다. 이에 따라 Croft(2001:46)는 '급진적인' 결론을 도출하였다.

가장 최악은 범주론 등은 이론이 될 수 없다는 것이다…9)

구문문법 학자들은 구문과 의미구조는 언어마다 전혀 다르거나 차이가 있다고 본다. 구문문법이론(특히 급진적 구문문법)은 이러한 기본 관점에 많은 증거를 제시하였다. 급진적 구문문법론자들은 상이한 언어에서는 더 말할 것도 없고, 같은 언어에도 통일된 구문문법 범주와 통사 관계는 존재하지 않으며, 구체적인 구문실례만 존재한다고 본다. 통사 범주와 구문 관계는 그것들이 운용된 구체적인 구문실례에 맞춰 정의된다는 것이다. 이러한 관점은 언어간 대비연구를 하는 데 특히 중요하다. 구문은 어떤 특정 언어에 기초한 것으로, 한 언어의 구문과 다른 언어의 구문은 형식과 의미 면에서 거의 대응되지 않는다. 즉, 한 언어에서의 구문과 완전히 대등한 구문이 항상 다른 언어에도 존재하는 것은 아니다. 급진적 구문문법은 이에 근거하여 '통사 범주는 구문에 따라 상이하고, 구문은 언어에 따라 다르다'라는 결론을 도출하였다.

그렇다면 세계의 언어들 간에는 정말 공통점이 없을까, 만약 공통점이 없다면 일반언어학은 어떻게 성립될 수 있을까, 언어유형학 역시 사상누각이 될 수밖에 없지 않을까 라는 의문을 가질 수밖에 없다. Croft(2001:61)는 보편문법이 존재하지 않는다는 것은 모든 언어에 적용되는 보편적인 통사 주형틀이 존재하지 않는다는 것이며, 보편성을 갖는 통사 범주와 통사 관계가 존재하지 않는다는 것이므로 보편성을 갖는 구문은 있을 수 없다고 보았다. 그는 이것은 매우 다행스러운 사실인데, 이러한 관점에 근거하여 끊임없이 '보편적인

---

8) There is no universal inventory of atomic primitive.
9) At worst, theories of categories, etc. are theories of nothing at all…

통사 범주, 통사 관계, 구문 구조를 탐색'하는 연구를 종결할 수 있기 때문이라고 했다. Croft가 부정한 보편성은 상술한 측면에서의 보편성일 뿐, 언어의 보편성을 완전히 부정하지는 않았다. 그는 세계의 언어 간에는 통사구조 자체가 아니라 의미구조와 상징 구조에 있어서의 보편성과 언어의 형식과 의미 간 사상 관계의 보편성이 존재한다고 보았다.

우리의 인식은 몇몇 특수한 사물에 대한 지각에서 비롯되며, 그 가운데서 공통점을 개괄하는 귀납적인 사유방법으로 이루어진다. 사람들은 새로운 개체가 나타날 때마다 이미 개괄한 공통점을 조정하고 변화시켜 가는데, 이 과정에서는 '일반적인 것에서 특수한 것'으로의 연역적 사유방식도 작용하게 된다. 이처럼 인간의 인식은 특수한 것에서 출발해서 일반적인 것으로 발전하는 한편, 일반적인 것으로부터 특수한 것으로의 사유방식도 포함하고 있으므로 귀납과 연역적 사유방식을 상호보완적으로 사용해야한다. 이것은 인간의 인식이 발전해 나아가는 것과 떼려야 뗄 수 없는 중요한 역할을 한다.

구문문법 학자들의 기본 연구방법은 이러한 인식 규칙에 부합한다. 특수한 구문이 일반적인 구문에서 많은 의미 특징과 용법 규칙을 상속받았기 때문에, 구문문법 학자들은 특수성을 띤 구문에서 출발하여 일반적인 구문이 내포하고 있는 특징을 발견해낸다. 물론, 이러한 과정으로 도출한 일반적인 결론은 보편 규칙을 검증해 주고 보완하기도 한다. 이처럼 구문문법은 '특수한 것에서 일반적인 것'이라는 규칙으로 특수성을 띤 것을 분석하면서 보편성을 고려한다. 또한 특수성을 띤 구문에 대한 연구를 보편성을 띤 연구의 한 부분으로 보며, 귀납과 연역의 방법론을 똑같이 중요하게 여긴다.

이러한 입장에 입각하여 구문문법 학자들은 관용어와 특수한 구문으로부터 접근하여(제4장 참조) 복잡하고 특수한 언어 현상을 우선적으로 해결하고, 이를 바탕으로 규칙적이고 간단한 언어현상으로 되돌아가 핵심적인 현상을 설명한다. 또한 특수한 구문이 적절히 사용될 수 있는 조건을 상세히 기술하고, 이러한 연구를 통해 발화자의 언어능력을 서술한다. 이처럼 구문문법 학자들은 특수한 현상과 보편적인 현상에 모두 주목하고 있음을 알 수 있다. 이는 Kay&Fillmore(1999:30, 1)의 언급에서도 알 수 있다.

따라서 관용어 연구는 연구자가 문법의 가장 일반적인 구문을 직접 연구하는 것이기도 하다. … 문법에서 관용어 연구는 일반적인 표현 연구와 같다. 즉, 주변적인 현상에 대한 연구는 핵심적인 현상에 대한 연구이며, 그 역도 성립한다. … 특수한 현상과 일반적인 현상은 빈틈없이 얽혀있다.10)

언어 자체의 일반화는 구문 간의 상속 관계에 의해 포착된다. 언어 간의 일반화는 표현 체계와 언어 간 추상 구문의 공유에 의해 포착된다.11)

첫 번째 인용은 한 언어 내에서의 일반성에 관한 문제를, 두 번째 인용은 언어와 언어 간의 일반성 문제를 논하고 있다. 즉, 구문문법은 개별 언어의 분석뿐 아니라 세계 모든 언어 간의 대조연구에도 적용될 수 있다. 요컨대 구문문법은 언어의 모든 현상을 해석할 수 있다.

언어의 모든 현상을 해석한다는 원대한 목표를 실현하려면 반드시 일반적인 것을 논하면서 특수한 것을 고려해야 한다. 일반성과 특수성을 함께 고려해야 한다는 주장은 TG학파의 이론기초와 분석방법과는 큰 차이를 보인다. Chomsky는 일련의 가설과 연역법에 기초하여 이상적인 언어, 핵심문법, 규칙과 보편 원리에 초점을 맞추다보니 타당성을 만족시키지 못했다.

王寅(2005d)은 체험주의 철학과 인지언어학의 기본원리에 입각하여 또 다른 언어 보편론을 제안하였다. 즉, 언어에 보편성이 존재하는 것은 Chomsky가 말한 선천적으로 부여된 보편적인 통사구조 때문이 아니라 인류가 기본적으로 동일한 객관세계를 접하고 자연규칙을 공유하고 있기 때문이라는 것이다. 또한 인간은 동일한 신체 기관과 감각 능력, 유사한 인지능력을 가지고 있기 때문에 언어가 달라도 기본적으로 같은 사유를 하면서 서로 의사소통하고 서로를 이해하고 상이한 언어를 번역할 수 있는 인지기초를 갖추게 된 것이다. 이에 王寅(2005d)은 이것을 '체험적 보편론(Embodied Universalism)'이라고 명명하여 Chomsky의

---

10) The investigation of the idiomatic thus involves the analyst directly in the study of the most general constructions of the grammar. …In grammar, the investigation of the idiomatic and of the general are the same; the study of the periphery is the study of the core—and vice versa. …the particular and the general are knit together seamlessly.

11) Language-internal generalizations are captured by inheritance relations among constructions. Cross-language generalizations are captured by the architecture of the representation system and by the sharing of abstract constructions across languages.

'생득적 보편론(Nativist Universalism)'과 구분하였다.

위의 관점은 고고학계의 연구를 통해 증명할 수 있다. 수많은 고고학자들은 우리가 현재 옛사람들과 대화할 수 있는 것은 생존한 환경, 그리고 신체 기관, 감각, 감정 등의 생리기능이 옛사람들과 같기 때문이라고 보았다. 인류가 호모 사피엔스로 십여 만 년 간 생존해 오는 동안 생리기능은 거의 달라지지 않았으며, 외부세계와 상호 체험할 때의 역할에도 큰 변화가 일어나지 않았다. 이것은 오늘날 고대의 인류를 이해하는 결정적인 요소이다. 사실 동서고금을 막론하고 현대인이 고대의 인류를 이해하고 중국인이 외국인을 이해하는 것은 바로 이 때문이다. 이것 역시 체험적 보편론에 강력한 증거를 제공한다.

인지언어학자들은 체험적 보편론의 입장을 견지하고 있다. 이것은 Chomsky가 말한 생득적 보편론보다 더 설득력이 있다. 구문의 공통점과 보편성은 어쩌면 Fried&Östman(2004:8)이 말한 '언어 간 추상 구문의 공유(the sharing of abstract constructions across languages)'와 같이 경험에 기초한 공통점일 수 있다. 주지하는 바와 같이 언어마다 서로 상이한 구문과 구문 체계가 있는데, 이것은 Croft(2001)가 급진적인 구문문법에서 강조한 언어마다 구문이 달라 나타나는 차이점과 언어의 다양성을 보여주는 것이기도 하다.

보편성과 특수성은 언어에 존재하는 모순이다. 보편성과 특수성은 서로 대립적이면서도 의존적이다. 언어를 연구하는 데 있어 한쪽으로 치우쳐서는 안 되고 반드시 양자를 동시에 고려해야 한다. 구문문법은 바로 이러한 관점에 입각하여 특수한 현상으로부터 보편성에 접근하고, 보편적인 것을 통해 특수한 현상을 인식하였으며, 보편성을 띤 인지방식으로 언어의 개별 현상을 설명하였다.

3. 자립론 비판

통사가 의미와 화용으로부터 분리될 수 있을까? 의미를 참고하지 않고, 백과사전적 지식을 고려하지 않은 채 통사의 각도에서만 아래 문장의 합법성을 판단할 수 있을까?

[1] * I was a teacher all my life.

[2] * There is a tree around the garden.

[3] * I have gone.

[4] * You have gone.

[5] * My sister is six months older than I.

[6] * It took me ten years to write novels.

[7] * The dog scattered.

위 문장은 언어의 통사규칙에 부합한 표현이지만, 의미가 통하지 않기 때문에 비합법적이다. 예[1]의 과거 시제는 과거의 사건이나 이미 죽은 사람을 가리키기 때문에 문장 전체의 의미와 통하지 않는다. 예[2]에서는 'a tree'가 정원 전체를 에두를 수 없고, 예[3]과 [4]의 'have gone'은 사람이 말하는 장소에 없음을 나타내기 때문에 'I', 'You'와 같은 주어가 올 수 없다. 예[5]에서는 임신기간이 10개월이라는 백과사전적 지식에 비추어 그 비합법성을 판단할 수 있다. 예[6]에서는 경계성을 띤 표현인 'ten years'와 비경계적인 표현인 'write novels'가 서로 충돌하고 있다. 예[7]에서는 주어에 복수 표현인 'the dogs'를 쓰거나 'The dog was scattered.'라고 고쳐야 자연스러운 표현이 된다.

비록 TG학파 역시 어휘목록에서 어휘의 의미 자질(Semantic Feature)과 의미 제약(Semantic Restriction 혹은 Selectional Restriction)을 점검하여 도식을 통해 의미적으로 수용 불가능한 문장을 걸러냈지만 오류 문장은 단지 어휘목록 때문에 출현하는 것이 아니라 조합하여 사용하는 가운데 나타나는 문제로, 통사 층위에서 나타나는 현상이다. Fillmore et al.(1988), Goldberg(1995), Jackendoff(1997a, b), Michaelis(2003, 2004) 등이 강조한 바와 같이 구문 구조는 문장의 조합 방식일 뿐 아니라 그 자체가 의미를 가지고 있다. 이러한 점은 통사 분석을 의미와 분리할 수 없음을 입증하는 것이므로, 통사 자립론은 성립될 수가 없다.

이러한 까닭에 Lakoff, Langacker, Taylor 등의 인지언어학자들은 TG이론이 전세계 언어학의 연구방향을 오도했다고 맹렬히 비판한 것이다.

(1) 철학, 심리학, 생물학 등 분야의 이론에 기대어 언어를 해석하는 것은 언어학자의 연구 범위를 뛰어 넘는 것으로 여겨지며, 생득론과 진화론으로 언어의 발생 원인과 습득을 설명하는 것은 언어학자들의 주요 연구 방향은 아닌 것 같다.

(2) 귀납법을 배제한 연역법은 어느 정도 문제를 해결할 수 있겠지만, 늘 가상 세계에 모델을 구축하고 답을 찾는 방법은 결국 의구심을 자아낼 수밖에 없다.

(3) 언어능력은 인간의 다른 인지능력과 분리될 수 없다. 언어 지식과 세계 지식은 이원화되어 나누어 질 수 없다.

(4) 통사만을 중심으로 하는 언어학 이론이 얼마나 큰 설명력을 가질 수 있을까? 의미를 고려하지 않는 통사가 성립될 수 있을까?

구문문법을 포함하는 인지언어학자들은 TG이론의 문제점을 바로잡기 위해 많은 노력을 기울여 훨씬 더 설득력 있는 관점을 제시하였다. 즉, 언어능력은 생득적이거나 자립적인 것이 아니며, 문법 지식은 후천적으로 습득되어 기본용법으로부터 추상화된 것이고, 통사와 의미는 분리될 수 없는 것이라고 보았다. 상호작용적 체험성(Interactive Embodiment)이나 지각 능력과 같은 일반적인 인지능력은 일상적인 생활과 밀접한 관련이 있을 뿐 아니라 개념과 사고를 형성하는 기초이자 언어 지식을 형성하는 기초이기도 하다.

Goldberg(2006:15)는 Lieven, Pine&Baldwin(1997)와 Tomasello(2000, 2003) 등이 아동의 언어습득과 관련된 중요한 관점을 인용하였다.

···아동의 초기 문법은 매우 보수적이며, 서서히 일반화가 이루어진다고 생각할 충분한 이유가 있다.[12]

Goldberg(2006:56)는 또한 20여명의 언어학자가 이 분야에서 이룬 연구 성과를 제시했다.

아동의 초기 논항구조 생산은 매우 보수적이라는 많은 증거가 있다. 즉, 그들은 들어본 적이 있는 특정 동사와 함께 사용되는 형식에 집착한다.[13]

---

12) ···there is good reason to think that children's early grammar is quite conservative, with generalizations emerging gradually.

13) There exists abundant evidence that children are very conservative in their early argument structure productions. That is, they stick closely to the forms they have heard used with particular verbs.

이것은 아동의 머릿속에 태어날 때부터 UG가 존재하지 않았음을 설명해준다. 즉, 언어 표현은 Chomsky가 말한 UG로부터 생성되는 것이 아니라 후천적으로 언어를 입력하고 아동 스스로의 모방과 인지 가공을 거쳐 만들어지는 기본적인 인지 현상이다. 많은 학자들의 연구는 언어지식의 표상과 다른 개념구조의 표상이 동일하며, 언어 습득 과정에 있어 '사용기반 모형(Usage-based Model, 혹은 Usage-based Research)'은 '예시 기반 모형(Exemplar-based Model)'이라는 인간의 일반적인 범주화 방식과 차이가 없다는 점을 입증하였다.

최근 몇 년간 王寅(2005a, b, c, d, 2006, 2007a, b, c) 역시 이러한 각도에서 언어이론을 탐색하여 상호작용적 체험성, 영상도식, 범주화, 인지모형, 은유와 환유, 해석 등을 포함한 인간의 일반적인 인지능력과 방식을 운용하여 언어의 각 층위를 통일되게 설명했다.

따라서 언어 생득설에 상대되는 '언어 체험설' 혹은 '언어 후천 습득설'이라는 관점은 구문을 해석하는 데 적용될 수 있다. Goldberg(2006:12)가 아래와 같이 언급한 것처럼 인지 언어학자들은 구문은 선천적으로 유전되는 것이 아니라 후천적으로 습득되는 것이라고 본다.

구문은 입력과 일반적인 인지기제에 근거하여 '학습된' 것이라고 이해할 수 있다.[14]

4. 모듈론 비판

앞서 논의한 바와 같이 통사는 자립적이지 않으며, 모든 문법형식은 다 의미를 가지기 때문에 통사와 의미는 나눌 수 없다.

Langacker는 형식과 의미를 분리한다는 형식주의 분석 방법에 대응하여 '상징단위'라는 개념을 제안하여 이를 '형식과 의미의 결합쌍'으로 정의하였으며, '상징단위'와 '구문'으로 언어를 체계적이고 전면적으로 해석하였다. Langacker의 이러한 분석은 Chomsky의 모듈론, 자립론, 형식화에 대응하여 제안된 것으로, 인지언어학이 TG이론과 구별되는 점 가운데 하나이다.

---

14) Constructions are understood to be LEARNED on the basis of the input and general cognitive mechanisms.

상징단위와 구문은 언어의 각 층위에 분포되어 있다. 복잡한 구문은 단순한 상징단위로 구성된다. 따라서 어휘 의미를 분석하는 인지방식을 구, 절, 문장, 더 나아가 담화 분석에도 적용할 수 있다. 이렇게 Langacker는 언어 분석의 방법을 통일하였으며, 전통적으로 조어 규칙에 해당되는 형태부와 단어를 조합하여 문장을 구성하는 규칙에 해당하는 통사부를 모두 상징단위로 처리함으로써 모듈론과 자립론을 부정하였다.

Langacker는 형태부 층위의 여러 구조 규칙이 통사부 층위에도 나타나므로 통사는 단어 층위의 구문 특징과 완전히 다르거나 더 상위 층위라고 볼 수 없다고 보았다. 이는 마치 모든 관용어의 특수 현상과 마찬가지로 모두 형태부 층위에서 해석이 가능하다(Croft& Cruse, 2004:254). 따라서 인지언어학 이론에서는 형태소, 단어, 형태부와 통사부를 일련의 연속변차선이라고 보기 때문에(Langacker:1987, 1991a/b, 2000), 단어와 단어보다 큰 구조를 엄격히 구분할 필요가 없다. 굳이 구분하려면 아래와 같은 기준을 적용한다.

(1) 후자가 포함하는 상징단위가 전자보다 커야할 것이다.
(2) 후자의 구조는 전자보다 더 복잡해야 한다.
(3) 형태부는 의존형태소로 구성된 문법 단위이고, 통사부는 자유로운 단어로 구성된 문법 단위이다. 따라서 한 단어 내 형태소는 의존성을 지니는 반면, 구와 절 내의 단어는 어느 정도 자유롭다.

상징단위와 구문이 모듈론과 통사중심론을 대체함으로써 음운단위와 의미단위는 별도의 구조 층위 없이 직접적으로 연결되었다. TG가 모듈론에서 통사를 중심에 둔 것과는 달리 '통사-의미' 연결을 통해 의미를 해석하는 한편, '통사-음운' 연결을 통해 음운이 실현된다. 인지언어학에서 통사는 문법의 중심도 아니고, 언어 내 자립적이고 자율적인 모듈도 아니다. 또한 언어 지식 역시 각각의 독립적인 하위 모듈로 명확하게 구분해 낼 수 없다. 상징단위와 구문으로 형태소, 어휘, 형태부, 통사부는 통일된 연속변차선으로 처리할 수 있게 되었다. 이로써 언어를 통일되게 해석할 수 있는 이론 틀의 기초가 마련되었으며, 형태부와 통사부 간의 대립이나 음운, 통사, 의미 간의 제약, 더 나아가 모듈론은 모두 폐기되었다.

모듈론이 폐기되었기 때문에 하위 모듈 가운데 규칙과 제약이나 하위모듈간의 연결 규칙은 더 이상 필요가 없어졌다. 한 층위와 다른 층위간의 상호작용이나 심층구조에서 표층구조로의 변형 등도 필요가 없어졌으며, 'A→B'의 다시쓰기 규칙(Rewrite Rule)의 과정을 거칠 필요가 없어져, 이동(Movement)과 같은 개념도 폐기되었다. Chafe(1994), Pawley(1987), Pawley&Syder(1983) 등의 여러 학자가 주장한 바와 같이 구문문법에서는 '구문'만이 언어의 기초 단위이며, 구문으로 모듈론의 규칙을 대신할 수 있다고 본다(Fried&Östman, 2004:17 참고).

> 우리는 언어를 더 큰 블록인 게슈탈트로 처리한다. 기억과 언어의 저장은 단어나 구가 아니라 더 큰 단위로 이루어진다. 우리는 한 번에 엄격하게 한 단어 혹은 한 구절로 끊어 말하는 것이 아니라, 몇 초 사이에 개념 단위 혹은 정보단위라고 알려진 운율 단위로 말한다. 이러한 관점에 근거하여 Bolinger(1976)는 언어의 운율적 패턴을 포함하고 있는 'prefabs'[15])의 중요성을 보여주었다.[16)

위 인용문의 논의에 근거하면, 우리는 '구문'과 '게슈탈트'로 언어를 가공하고, 기억과 언어 저장은 비교적 큰 고정 형식으로 이루어지는데, 그 기본단위는 단어나 구가 아니며, Chomsky가 말한 하위모듈과 규칙은 더더욱 아니다. 이를 통해 구문문법이 왜 모듈론과 변형론에 반대하는지, 또 왜 구문이 비생성적(Non(-)derivational)'이고 '단층적(Mono(-)stratal, Monostratalist)'이라는 입장을 고수하는지 쉽게 이해할 수 있다.[17) 이에 관해 Fillmore(1988)

---

15) 사전 조합된 다-단어 단위(preassembled multiword units) 혹은 하나의 단위로 기억에서 검색되는 다중 단어 덩어리(multiword sequence which is retrieved from memory as a unit). 「Cognitive processes as evidence of the idiom principle」, B Erman. 『International Journal of Corpus Linguistics』, 2007.
16) We process language in larger blocks, in gestalts; memory and language storage function in terms of larger formulas rather than in terms of words or phrases; we talk in spurts of seconds, in terms of prosodic units(variously known as idea units, or information units), rather than strictly in terms of one word or one linguistic phrase at a time. In line with this view, Bolinger(1976)has shown the importance of what he calls "prefabs" in language, including the prosodic patterning of language.
17) 이에 근거하면, 구문은 '비변형적'혹은 '비파생적'이며, '단층성'을 갖기 때문에 구문문법의 핵심 개념인 단층론[a Monostratalist View/Approach, a Mono(-)stral View] 또는 비파생적 접근법[Non(-)derivational Approach], 단층 표상법(a Single-level Representation), 문법단층론(a Monostratal Theory of Grammar)" 등을 자연스럽게 유도해 낼 수 있다.

는 아래와 같이 주장하였다.

간단히 말해서 구문문법은 변형을 하지 않는다는 점에서 변형생성문법과 다르다. 즉, 변형
생성 이론에서 제안된 관계는 개별 문장 파생에 관여한다. 그러므로 구문문법에서 제시되는
관계는 문법 전체에서 정의된 관계로 대신 처리된다.[18]

구문문법 학자들은 모든 정보가 형태와 의미의 결합쌍이라는 표현 층위에 저장되기 때
문에, 심층구조(혹은 논리구조)와 표층구조 간의 변형이라든가, 의미를 변화시키지 않는다
는 것을 전제로 한 변형 규칙 같은 것은 존재하지 않는다고 본다. 마찬가지로 언어에 여러
하위모듈을 설정하고 그들 간의 연결규칙과 상호작용 문제를 연구하는 데 골머리를 썩일
필요가 없다.

Fillmore(1988), Goldberg(1995, 2006), Langacker(1987, 1991a) 등은 다양한 각도에서 TG
학파의 기본원리인 모듈론과 변형론에 대해 신랄하게 비판하고 그것과 정반대의 입장을
견지해야 하는 이유를 상세히 제시했지만, 구문 간의 인접성과 층위성을 부정하지는 않는
다(제12장 제1절 4 참조).

실제 언어로 표현되는 어구는 Chomsky가 말한 것처럼 심층구조에서 변형규칙을 통해
표층구조로 생성되는 것이 아니라 '특정 구문'과 제약 원리(Constraint Principle)에 의해 인가
되어 만들어진 것이다. 여기서 인가되어 다른 어구가 되는 특정 구문과 제약 원리를 인가
자(Licenser, Licensor)라고 하고, 그것을 인가하는 어구를 피인가자(the Licensed)라고 한다.

본서에서는 생성성 대신에 인가성과 생산성을 제안함으로써 TG의 생성론과 선을 긋고
자 한다. 인가성과 생산성이라는 용어는 형식과 의미를 구분하지 않는다는 점을 강조하는
한편, 통사형식으로부터 변형을 논증하지 않는다. 아울러 '도식-예시(Schema-Instance)', '일
반성(Generalization)', '범주화(Categorization)', '상속(Inheritance)' 등의 기제로 '변형 규칙'을

---

18) Briefly, construction grammar differs from transformational grammar in not having transformations.
That is to say, relationships that are presented in transformationalist theories as participating in the
derivation of individual sentences, and hence in their structure, are treated instead as relationships
defined in the grammar as a whole.

대체하고자 한다(Langacker, 1987:443~445; Taylor, 2002, 2004 참고).

Goldberg(2006:22)의 주장을 보자.

> 구문은 모순되지 않는 것으로 <u>해석될</u> 수 있는 한 자유롭게 결합되어 실제 표현을 형성한다. (여기서 해석이라는 개념을 가져온 것은 조정 혹은 상속의 과정을 허용하기 위한 것이다.)[19]

위의 인용문 가운데 해석될(construe)에 밑줄이 쳐져 있는데, 이것은 Goldberg(2006:22)의 주장이 Goldberg(1995:73~74)에서 제시한 관점과 차이가 있음을 의미하는 것이다. Goldberg (1995)에서 언급한 '모순되지 않는(not conflict with)'이라는 표현은 객관적 의미 성분들이 모순되지 않는다는 것인지, 통사규칙 혹은 다른 측면에서 모순되지 않는다는 것인지가 명확하지 않다. 이에 근거하면 언어의 모순, 액어법,[20] 과장법, 의인법 등의 수사 표현을 명확하게 해석할 수 없다. 따라서 Goldberg(2006)에서는 체험주의 철학과 인지언어학에서는 인간을 중심으로 삼는 점을 한층 더 부각시켜 '모순되지 않는 것으로 해석될 수 있는 한'으로 수정했다. 이는 결합하여 사용하는 구문 간에 의미가 서로 호응하지 않거나 고의로 일반적인 표현에서 벗어나는 통사를 운용하는 등의 객관적인 모순이 있을 수 있지만, 이런 일반적이지 않은 현상이 사람들의 해석 작용으로 인해 주관적인 요소로 바뀌어 수용 가능한 구문이 될 수 있음을 의미한다. 이로써 구문의 조정(accommodation)과 상속에 이론적 포석을 마련한 것이다.

Goldberg(2006:21~22)는 아래와 같은 몇 가지 관점을 논의했다.

(1) 문법이 문장을 생성하는 것이 아니라 발화자가 만든다.

(2) 문장(어구)은 심층구조가 아니라 사람의 대뇌에 있는 구문에서 만들어진다.

(3) 실제 문장은 여러 구문의 공동 작용으로 만들어진다.

---

19) Constructions are combined freely to form actual expressions as long as they can be <u>construed</u> as not being in conflict(invoking the notion of construal here is intended to allow for processes of accommodation or coercion).

20) **[역주]** 하나의 단어가 2개 혹은 그 이상의 단어를 동일한 문법관계로 구속하면서 그 뜻이 경우에 따라 조금씩 달라지는 표현법이다. 예컨대, '외투와 위엄을 몸에 걸치고'와 같이 한 문장 안에서 서로 관련이 없는 두 단어를 하나의 동사에 연결하는 수사법을 말한다.

[8] A dozen roses, Nina sent her mother!

위의 예문은 이중목적어 구문, 화제화 구문, VP 구문, NP 구문, 비한정어 구문, 복수 구문과 5개의 구체 단어(dozen, rose, Nina, send, mother)를 포함한 11개나 되는 구문으로 이루어져 있다.

이상의 내용을 통해 Goldberg는 구문문법을 '현실-인지-언어'라는 인지언어학 이론 틀에 포함시켰음을 알 수 있다. 아울러 구문문법 학자를 포함한 인지언어학자들은 구문은 형식과 의미, 기능, 화용정보 등과 긴밀하게 결합된 결합쌍으로 결코 분리해낼 수 없다고 보았다. 이것은 모듈론을 철저히 부정하는 것이므로 통사 자립 등은 언급할 여지도 없다. 이처럼 구문문법은 TG학파가 고안해낸 모듈론이나 '성분모형(Componential Model)'에 대해 반기를 든 것이다. Croft&Cruse(2004:256)는 그림3-1을 수정하여 구문문법을 도식화하였다.

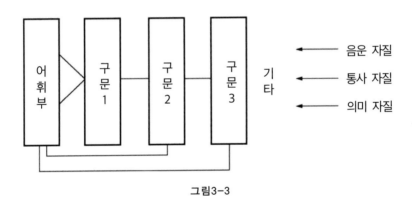

그림3-3

위의 그림을 통해 언어의 형식과 그에 대응되는 의미나 기능은 매우 밀접하게 연결되어 있으며, 어떤 하나도 단독으로 다른 구문과 관계를 맺을 수 없다는 것을 알 수 있다. 이것은 구문문법 이론의 중요한 특징이자 가장 기본적인 출발점이다. 구문문법이 구문을 독립된 층위로 처리하지 않는다고 해서 인지문법에서 통사의 존재를 부정해서 통사문제를 논의하지 않는 것은 아니다.

자립론과 모듈론은 인간의 일반적인 정서에도 부합하지 않고, 체험론, 게슈탈트, 연결주의(connectionism),[21] 활성화, 은유인지 등과 같은 여러 이론과도 상치한다. 언어는 하나의 전체로서, 각 부분이 서로 관련되어 있어 각 부분의 총합 이상을 나타내기 때문이다.

钱冠连(2002)은 홀로그램 우주이론[22]과 홀로그램 생물 이론, 시스템 이론[23] 등에 기초하여 언어 홀로그래피 이론(the Theory of Language Holography)[24]을 제안, 언어 자율론, 통사 자율론, 모듈론을 비판하는 데 강력한 이론기초를 제공하였다. 钱冠连(2002)은 언어 외부와 내부는 모두 홀로그램 상태여서 그 구조가 우주 구조와 유사하며, 언어능력은 인간의 인지 능력에서 떼어낼 수 없는 일부분이고, 언어 기제와 보편적인 인지기제가 일치하며, 언어의 각 층위는 서로 연관되어 있으며 정보가 겹쳐져 있다고 보았다. 이것은 체험주의 철학과 인지언어학의 '현실-인지-언어'라는 기본원리와 궤를 같이하는 동시에 언어 표현 배후의 인지방식을 모색하는 언어 부호의 도상성 연구에도 이론적 근거를 제공하고 있다.

5. 이원론과 형식론 비판

체험주의 철학에서는 인간의 신체와 마음은 분리될 수 없으며, 상호작용적인 감각 체험

---

21) [역주] 인공 신경망을 사용하여 마음 현상을 표현하길 바라는, 인지 과학 분야의 접근법. 연결주의는 인간의 중추 신경계 (특히 뉴런)에서의 처리를 추상화하여 의사 뉴런을 구축하고 그것을 계층에 다소 모으기 위한 지능체를 구축한다. 그렇게 제작한 지능체에 '경험'을 반복해 주고, 다수의 의사 뉴런이 서로 결합하고, 그 결합도 값 (매개 변수)을 점차적으로 변화시켜 간다. 연결주의의 지능체는 처음에는 별로 올바른 반응을 나타내는 것은 아니고 실수도 범하며 어느 정도의 횟수의 경험을 거친 후 점차 지능적인 반응이 나타나는 비율이 증가해 간다(위키백과 참조).

22) [역주] 홀로그램 우주(Holographic space)란 미국 태생의 영국인 물리학자인 데이비드 봄이 처음 주장한 가설로, 우주와 경험적 현상 세계는 전체의 일부분일 뿐이며, 우리가 보는 부분의 모습은 홀로그램의 간섭 무늬처럼 질서가 결여된 모습이고, 실제 의미를 가진 전체는 더 깊고 본질적인 차원의 현실에 존재한다는 이론이다(위키백과 참조).

23) [역주] 시스템 이론에서는 변화하는 현상들 중에서 변화하는 것들의 상호작용에 집중하여 모든 시스템에 적용할 수 있는 틀을 제시했고 시스템이 가지고 있는 특성으로 모든 현상을 설명하였다. 시스템이론에서는 조직은 하나의 살아 있는 유기체로 환경과 끊임없이 상호작용하면서 존재하는 개방체계이며, 조직의 시스템을 구성하는 각각 하위시스템들은 서로 상호의존성을 지닌다고 본다(위키백과 참조).

24) [역주] 홀로그래피(Holography)의 홀로(Holos)는 완전함, 그래피(graphe)는 그림이나 글자를 뜻하는 그리스어에서 따온 말로서, 홀로그래피는 물체의 3차원 상을 완전히 기록하고 재생하는 사진법이라는 뜻이다. 여기에서 완전함이 뜻하는 바는 보통의 사진은 3차원 물체의 상을 2차원 평면에 투영하여 기록한 것으로서, 그것을 써서 물체의 모양을 되살려도 2차원적 영상일 뿐 3차원적인 입체감은 살아나지 않지만, 홀로그래피에서 재생하는 물체의 영상은 3차원적 영상으로서 보는 방향에 따라 모양이 달라져 입체감도 살아난다는 것이다(네이버 지식백과 참조).

이 인간의 개념과 사유, 그리고 인간의 언어구조와 표현을 결정한다고 보았다.

인지언어학에서는 형식과 의미를 분리할 수 없으며, 단지 형식에만 치중하여 의미를 고려하지 않는 형식 언어학은 언어의 각 측면을 상세히 기술할 수 없다고 본다. 이는 인간의 언어 표현을 몇 개의 공식으로 명확하게 연산해내는 것은 불가능하고, 개념구조 역시 객관세계와 대응되는 단순한 진리값 조건이 아니기 때문이다. 따라서 형식주의의 방법으로 기술된 것은 객관적이지도 전면적이지도 못하다. 개념과 언어는 인간의 상호작용적인 감각 체험을 바탕으로 가공을 거쳐 형성된 것으로, 개념과 언어의 형성은 '해석'과 밀접한 관계가 있어 인간의 인지로 개념구조의 구성방식을 해석해야 한다. 이러한 점은 형식주의가 어째서 언어에 대해 부분적인 해석력만을 가질 뿐 언어의 주요 문제를 해결하지 못하는가를 충분히 설명해 준다.

기능언어학 역시 이러한 점을 인식하여, 어휘와 문법을 분리할 수 없으며, 연속변차선을 이룬다고 보았다. 이에 대해 Halliday&Hasan(1976:281)은 아래와 같이 언급하였다.

> … 문법과 어휘 간에는 명확한 구분이 없다. vocabulary 혹은 lexis로 명명되는 어휘는 한 언어 문법의 개방적이며 가장 '정교한' 측면이다.[25]

인지언어학자들 역시 견해를 같이 하여, 어휘와 문법, 형태와 통사를 이원적으로 나눌 수 없으며, 이 둘은 연속변차선을 이룬다고 본다. 이와 관련하여 Langacker(2000:18, 122)는 아래와 같이 언급하였다.

> 어휘와 문법은 연속변차선을 형성하며, 연속변차선의 한 점에서의 구조는 본질적으로 완전하고 적절하게 묘사되는 상징단위이므로 양자는 구분할 수 없다.[26]

> 어휘부, 형태부, 통사부는 연속변차선을 이룬다.[27]

---

25) …there is no very sharp line between grammar and vocabulary: the vocabulary, or lexis, is simply the open-ended and most "delicate" aspect of the grammar of a language.

26) There is in fact no distinction: lexicon and grammar form a continuum, structures at any point along it being fully and properly described as symbolic in nature.

어휘부와 통사부가 연속변차선 상에 있어서 어떤 특정 부분이라도 임의적일 수 있다.[28]

인지언어학자들은 한걸음 더 나아가 의미론과 화용론, 내재화된 언어와 존재하는 언어 (I-language/E-language),[29] 언어능력과 언어수행, 언어 지식과 비언어 지식, 사전과 백과사전, 통시적 언어와 공시적 언어 등과 같은 이분 대립을 하지 말아야 한다고 주장하였다.

이러한 이분 대립 개념을 포기함으로써 통일된 방법으로 언어의 각 측면을 분석한다는 인지언어학의 원대한 목표실현을 위한 이론적 초석을 마련하였다.

6. 타당성

TG문법은 규칙과 제약을 지나치게 강조하여 해석할 수 없는 문장을 그들의 연구 대상에서 제외시키고, 언어 표현 가운데 개별적인 특이한 특징은 어휘부에 포함시켰다. 이처럼 TG문법은 보편적인 의미를 갖는 핵심문법 부분에만 관심을 갖고 주변적인 부분은 소홀히 하였는데, 이러한 기본 출발점 때문에 그들의 이론은 관찰적 타당성, 기술적 타당성, 설명적 타당성[30]이라는 3가지 타당성에 크게 위배된다. 이와 관련된 Fried&Östman(2004:15)의 기술을 보자.

---

27) Lexicon, morphology, and syntax form a gradation.

28) Lexicon and grammar grade into one another so that any specific line of demarcation would be arbitrary.

29) [역주] 크게 인간 뇌에 내재화되어 있는 언어(I-language)와 자료로서 존재하는 언어(E-language)를 탐구하는 것으로 구분할 수 있다(위키백과 참조).

30) [역주] 관찰적 타당성(observational adequacy)은 문법이 그 언어의 올바른 표현을 겉으로 보이는 대로 정확히 생성(genrate) 또는 명시(specify)해낼 때 그 문법은 관찰적 타당성이 있다고 한다. 즉, 관찰적 타당성의 문법은 외형적 표면 구조만을 다루는데 그쳐 중의성(ambiguity)을 밝히지 못한다. 기술적 타당성(descriptive adequacy)은 문법이 그 언어의 올바른 표현들에 대한 올바른 구조적 기술(Structure desciption, SD)을 생성 또는 명시해줄 때, 그 문법은 기술적 타당성이 있다고 한다. 핵심문법이 기술적 타당성에 해당하며, 가장 바람직한 문법은 기술적 타당성을 갖춘 문법이다. 설명적 타당성(Explanatory adequacy)은 기술적 타당성의 문법이 문법 이론상 정당화될 때 설명적 타당성이 있다고 한다. 설명적 타당성의 생성문법은 가장 이상적으로 보편문법 원리에 합치되는 문법이다. 즉, 보편문법 원리에 의해 정당화될 수 없는 범주 요소, 이론 등을 설정하는 문법은 기술적 타당성의 문법은 될 수 있어도 설명적 타당성의 문법은 될 수 없다.

TG는 복잡한 문장을 무한히 생성하고 인식하기 위해 제안되었다. 그러나 해당 언어의 화자가 자신의 일상 언어 사용에서 생산하고 이해하는 많은 종류의 구조를 TG 이론의 범위 밖으로 배제하였다.[31]

많은 문장은 결코 어휘와 규칙에 의해 생성될 수 없다. 어느 한 문장을 예로 들어 모어 화자에게 물어본다면, 그 모어 화자는 어떤 문법규칙을 운용해서 표현을 생성했는지 의식하지 못할 것이다. 우리가 매일 말하는 수많은 문장들은 어떤 문법 규칙에 의해 생성될까? 언어학자가 아니라면 이러한 문제를 생각해 본적도 없을 것이고, 언어학자라도 적절한 답을 제시하지 못할 수도 있다.

Chomsky는 여기서 그치지 않고, 이러한 규칙을 UG로 귀납하여 실제 상황과 더 동떨어지게 되었으니, '이상적인 가설'이라 해도 지나치지 않다. 우리의 경험에 근거해 보면, 사람들이 모어로 표현을 할 때는 어떤 규칙을 운용했는지는 전혀 고려하지 않는다. 그것을 '잠재적인 규칙'이라고 말할 수도 있지만, 그것이 어디쯤 잠재되어 있는지 파악하는 것 역시 쉽지 않다. 즉, 변형생성문법은 모어 사용자의 직관에 부합하지 않는다.

이뿐 아니라 언어에는 '준문법 표현(Semi-Grammatical Expression)'과 '반문법 표현(Non-Grammatical Expression)'에 해당하는 관용어(Idioms, 제4장 참고)가 매우 많다. 어떤 관용어는 문법에 맞는 표현이지만, 어떤 것들은 준문법 표현에 속하고, 또 어떤 것들은 전혀 문법에 맞지 않는다. 하지만 이러한 표현은 모두 인간의 정상적인 의사소통의 한 구성 성분이며, 상당히 중요한 의미를 갖는다. 그래서 심지어 일부 학자들은 관용어를 얼마나 잘 운용하는지가 그 사람의 언어 수준을 가늠할 수 있는 기준이 된다고 말하기도 한다.

관용어 연구에 소홀한 것은 Chomsky 한 사람만의 잘못도, TG학파에 속한 모든 학자의 잘못도 아니다. 많은 언어학자들과 학파 역시 관용어 연구를 중요시 하지 않는 과오를 범했다. 하지만, 문제는 Chomsky가 언어 연구의 세 가지 타당성을 강조하면서 TG문법이 언어의 모든 합법적인 문장을 '생성'해 낼 수 있다고 공언하였다는 점이다. 이러한 발언으

---

31) TG's machineries are designed to generate and recognize unlimitedly complex sentences, while leaving outside of their scope many kinds of structures that speakers of a given language produce and comprehend in their every-day language use.

로 그는 질타를 받았다. 상술한 바와 같이 Chomsky와 그의 추종자들은 관용어를 '어휘부'에 포함시켜 통사이론으로 어휘 습득 문제를 처리하지 않았으며, 이렇게 하면 관용어로 인한 문제를 피할 수 있을 것이라고 여겼다. 그러나 이러한 방법은 전혀 문제를 해결하지 못했을 뿐 아니라 오히려 문제를 더 복잡하게 만들었다.

(1) 관용어는 단어와는 달리, 대부분 둘 혹은 둘 이상의 단어로 구성되며, 어떤 것들은 문장 형식을 이루고 있기도 하므로 통사 문제를 배제할 수 없다.

(2) 어휘 연구를 언어 이론 연구의 범위에서 배제하고, 관용어 연구에 소홀히 하는 한편 연구 대상을 협의의 규칙적인 통사 현상으로만 한정하면, 이론이 제한적인 성격을 가질 수밖에 없다.

(3) 이러한 제약은 생득론 가설에도 위배된다. 만약 어휘부를 '내부언어(I-Language)'에서 배제한다면, 유아는 이것을 반복적인 연습과 기억으로 습득할 수밖에 없는데, 이러한 상황에서 어떻게 '생득'이라는 것을 논할 수 있겠는가? 또 어휘가 없는 통사 틀이 어떤 상황인지 상상할 수 있겠는가? 경험을 통해 사람이 개별 어휘로부터 언어를 습득하며, 일부 어휘를 익힌 후에야 통사 구조를 만들어낼 수 있다는 것을 알고 있다. 그러므로 충분한 단어 없이는 UG를 운용할 수 없고, 일정량의 상용 어구 입력 없이는 선천적으로 장착된 UG가 가설 검증(Hypothesis Testing)과 매개변수 설정(Parameter Setting)을 할 수 없기 때문에, 결국 유아의 모어 습득이 불가능하다는 역설적인 상황을 맞닥뜨리게 된다. 한편, Chomsky는 또한 UG가 선천적으로 부여된 것이기 때문에 개별 단어보다 우선적으로 기능한다고도 하였다. 이러한 모순적인 상황에 근거하여 사람들은 이때 UG의 작용은 매우 미약하지만, 이로 인해 TG이론이 뿌리부터 흔들릴 수밖에 없다는 또 다른 해석을 이끌어낼 수 있었다.

구문문법은 상술한 문제를 피했고, 계속해서 기술적 타당성과 설명적 타당성을 추구함으로써, 일반적인 단어, 관용어, 일반적인 호응과 일반적이지 않은 호응 등 언어의 모든 현상을 설명하고자 하였다. 즉, 언어구조는 중심 성분이건 주변 성분이건 이론 가치와 연구 의의가 있기에 깊이 있게 논의할 가치가 있다고 여기는 것이다. 따라서 수많은 구문문법 학자들은 'let alone', 'the more…, the more…', 'What's X doing Y', 'have a+Vi' 혹은

'王冕死了父亲', '吃他三个苹果', '咱俩谁跟谁'(제10장 제3절의 7 참고) 등과 같이 영어와 중국어에서 자주 쓰지 않는 언어 표현을 분석했다. 뿐만 아니라 언어학자들은 이렇게 사용 빈도가 낮은 언어구조의 형식 특징과 용법을 비교적 쉽게 확정함으로써 형식과 의미 간의 특수한 관계를 발견하였다. Östman&Fried(2005:128)의 '구문담화(Construction Discourse)'에서 언급한 내용을 보자.

> CxG의 가장 기본적인 원리 중 하나는 데이터의 '전체 범위', 즉 특정 언어 구문의 전체 범위를 목표로 한다는 것이다. 언어를 안다는 것은 그 언어의 형식적 자원과 구문의 목록에 정확하게 접근할 수 있다는 것을 의미한다. 특히 'Thank you', 'Goodbye'와 같은 고정구, 다양한 종류의 인사말이나 관용구를 포함하는 주변적인 데이터는 SVO 문장과 같은 전통적인 연구 대상만큼 중요하며 언어와 통사의 중심이다.[32]

Goldberg(2005:17)역시 동일한 기술을 하였다.

> CxG는 언어에 대한 화자의 지식을 학습된 형태와 기능 또는 구문의 네트워크로 구성한다. CxG는 궁극적으로 언어 지식의 모든 측면을 설명하기 위해 최선을 다한다.[33]

7. 사용기반 모델

Langacker(1987:494)는 '사용기반 모델(Usage-based Model)'을 가장 먼저 제안하였다. 그

---

32) One of the most basic tenets of CxG is that it aims at "full coverage"of the data, full coverage of the constructs of particular languages. To know a language means precisely to have access to the repertory of the formal resources, constructions, of that language. In particular, the peripheral data, including stock phrases like Thank you, Goodbye, and various kinds of formulas and idioms are just as important and just as central to language and grammar as are the traditional objects of study in syntax, like the SVO sentence.

33) CxG takes speakers'knowledge of language to consist of a network of learned pairings of form and function, or constructions. CxG makes a strong commitment to ultimately try to account for every aspect of knowledge of language.

는 아래와 같이 기술하였다.

> 언어 체계의 실제 사용과 언어 사용에 대한 화자의 지식은 매우 중요한 작용을 한다. 문법
> 은 이 관습들이 일반적인 원리에 포함되는지 여부에 관계없이 사람들이 알고 있는 관습적인
> 지식을 포함한다. '비분석법'으로 언어 구조를 연구할 때, 해석력이 강한 도식 네트워크를
> 충분히 이용하는 동시에 도식성이 낮은 도식도 중요시해야 한다.[34]

Bybee&Slobin(1982) 역시 이 관점의 중요성을 인식하고, 후에 여러 논저에서 이 모델에
대해 기술하였다. 그밖에 Goldberg(1995, 2006), Haiman(1998), Bybee&Thompson(1997),
Hopper(1998), Barlow&Kemmer(2000), Bybee&Hopper(2001), Taylor(2002), Evans&Green
(2006), Croft&Cruse(2004) 등에서도 이 모형을 상세하게 논했다. 사용기반 모델은 이미
인지문법이나 구문문법을 포함한 인지언어학의 핵심 개념 가운데 하나로서, 2008년에 출
판된 『Cognitive Linguistics』 Vol.19 No.3은 'Usage-based Approaches to Language
Processing and Representation'을 주제로 하여 사용기반 모델 특집호로 발간되었다.

사용기반 모델은 아래의 항목에 있어 중요한 이론적 의미와 실천의 가치가 있다. 언어
생득론을 비판하고 언어 체험론을 실천하며, 단순한 연역법을 부정하고 귀납법과 일반화
를 강조한다. 가설과 재구성의 방법론을 지양하고 'What-you-see-is-what-you-get(이하
실제표현 분석)' 원리를 고수한다. 규칙과 제약의 방법을 포기하고 도식 분석법을 주장하는
한편, 형이상학을 배제하고 실재 세계로의 복귀를 창안하였다. 또한 사용 빈도에 근거하여
언어를 고찰하며 사변과 추측을 배제한다. 아울러 이론과 실제의 불일치에서 벗어나 제2언
어 습득 규칙까지도 고려한다.[35]

---

34) Substantial importance is given to the actual use of the linguistic system and a speaker's knowledge
of this use; the grammar is held responsible for a speaker's knowledge of the full-range of linguistic
conventions, regardless of whether these conventions can be subsumed under more general statements.
A nonreductive approach to linguistic structure that employs fully articulated schematic networks and
emphasizes the importance of low-level schemas.

35) 본 절의 일부 내용은 王天翼의 저작을 대폭 수정하여 수록하였다.

1) 언어 체험론의 실천

인지언어학은 TG학파가 주장한 언어 생득론을 부정하고, 언어는 인간이 후천적으로 객관세계와 상호작용을 한 기초 위에 인지가공을 거쳐 점진적으로 형성되어 '실천-이론-실천'의 원리를 따르고 있다고 보았다.

2) 귀납법과 일반화 강조

상술한 바와 같이 구문문법은 TG문법이 연역법에 기초한 것과 달리, 언어 실제를 바탕으로 귀납의 방법을 강조하고 있다는 점에서 가장 큰 차이가 있다. 특히 '일반화(Generalization)'의 방법론뿐 아니라 4가지 주요 구문문법 이론(LCG, LGCG RCG FCG) 모두 귀납법을 취하고 있는데(제8장 참조), 사용기반 모델은 바로 이러한 기본 구상을 반영하고 있다.

구문문법 학자들은 Chomsky가 가설과 구상에 기반한 연역적 분석방법과 TG의 생득론과 보편론에 반대하며, 언어 지식은 언어의 사용으로부터 비롯되므로 언어의 체험성과 특수성을 강조해야하며 언어 연구는 귀납적 분석방법으로 이루어져야 한다고 주장했다. 이러한 주장은 언어지식과 표현특징은 대뇌에 선천적으로 장착된 LAD나 UG에서 생성되는 것도 아니고, 태어날 때부터 원리체계가 갖춰져 있기 때문도 아니며, 심층구조 같은 것도 존재하지도 않는다는 것을 의미한다. 이것은 Goldberg(2006:25)가 '표층일반화 가설(Surface Generalization Hypothesis)'을 제안한 이유이기도 하다. 언어 지식은 언어의 실제 사용 및 사용을 기초로 하여 귀납한 구문 유형과 특징이므로, 독립된 언어 정보로 표현되고 저장된다. 이러한 각도에서 언어지식의 형식과 표상을 연구할 때 각 구문의 구체적인 통사 환경과 운용 상황을 상세히 조사해야 하며, 이러한 구문 환경에 근거하여 이들의 중심 의미와 상세한 용법을 귀납해내야 한다.

도식 구문의 구축은 언어 운용의 결과일 뿐 사전 설정이 불가능하다. 연역적 방법으로 언어 현상을 설명해서는 전면적일 수 없으므로 귀납법을 강조하여 일반화해야 한다.

3) 실제표현 분석 원리 고수

모든 언어에는 자체적인 구문이 있기 때문에 전세계 언어 가운데 문법, 의미, 화용 의미가 완전히 일치하는 구문은 찾아보기 어렵다. 이러한 점은 언어의 상대성에 강력한 근거가 된다. Goldberg는 '완전 상속 모드', '정상 상속 모드', '전면 상속 모드'로 구문의 다양성과 차별성을 설명하였다(제8장 제3절 참고).

이러한 기본 논점에 근거하여 구문을 연구하는 가장 좋은 방법은 아래의 원리를 따르는 것이다.

실제표현 분석(보는 것이 얻는 것) 원리

What-you-see-is-what-you-get Approach

(Goldberg, 2006:10)

위의 표현을 통해 구문문법은 '사실에 입각하여 진리를 탐구' 한다는 정신을 기초로 '실제 표현(Actual Expression)'을 출발점으로 삼으며, 말뭉치 분석 역시 직관과 경험 사실을 바탕으로 해야 함을 알 수 있다. 이렇게 변형론(Transformationism)의 관점을 포기하게 되면서, 실체가 없는 심층구조(Deep Structure)나 기저구조(Underlying Structure)를 억지로 설정하거나 공범주(Empty Category) 혹은 영형태(Zero Form: 음운 형식이 없는 문법표지) 등을 설정할 필요가 없어졌다.

이처럼 구문문법 학자들은 사용기반 모델과 실제표현 분석의 방법론을 제안하고, 실제로 존재하는 '표층 형태(Surface Form)'를 바탕으로 언어를 분석해야 한다고 주장했다. 이러한 연구방법은 자연언어의 실제에 더 부합한다.

실제표현 분석이라는 방법론은 언어의 도식적 표현과 관용어와 같은 특수한 표현을 모두 고려한 것으로, 해석력이나 이론적 타당성 면에서 규칙성을 띤 핵심문법만을 연구한 TG이론보다 훨씬 더 우월하다.

4) 도식 분석법 주장

TG학파는 언어를 몇 개의 모듈로 구분하고, 하위 모듈의 규칙과 제약 및 하위모듈 간의 연결 규칙을 도출하여 언어 운용 기제를 해석하려 하였다(제3장 제1절 참고). 이에 대해 구문문법 학자들은 규칙과 제약은 융통성이 없는데다가 핵심문법 부분에만 적용 가능할 뿐 수용가능한 모든 어구를 생성해낼 수 없다고 보았다. 언어의 실제 표현은 매우 다양하기 때문에 실제로 사용하는 과정에서 이를 귀납하고 개괄하여 용법 규칙을 도출할 수밖에 없다. 구문 도식 원리(Constructional Schema Approach)나 도식 상징적 조합 원리(Schematic Symbolic Assemblies Approach), 혹은 도식적 구문 원리(Schematic Construction Approach) 등의 방법론을 채택하면 모든 언어현상을 구문 도식(혹은 도식 구문)으로 나타낼 수 있다.

도식적 구문은 고도의 일반성을 띠고 있기 때문에 최소의 규칙으로 다량의 언어현상을 설명할 수 있는데, 이것이 바로 구문문법 학자들이 자주 말하는 '문법 최소성(Grammar Parsimony)'이다. 사전의 설명이 최소화의 원리를 따라야 하는 것 역시 이러한 관점에 근거한 것으로 최소의 도식적인 구문으로 이러한 목적을 달성할 수 있다.

도식적 구문은 융통성을 띠고 있기도 하다. 그래서 도식에 상응하는 예시를 설명할 수 있을 뿐 아니라 필요에 따라 도식을 확장하거나 수정할 수도 있다. 이것은 Langacker가 언급한 두 가지 범주화 관계(Categorizing Relationships)인 정교화(Elaboration, 혹은 실례화 (Instantiation))와 확장(Extension)을 말한다. 아래의 그림을 참고하라.

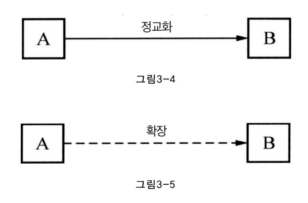

그림3-4

그림3-5

우리는 두 가지 층위에서 위의 그림을 이해할 수 있다.

(1) 추상 도식 층위: 그림3-4에서 A는 추상적인 구문 도식으로 원형성을 띠고 있는 반면, B는 A를 구체화한 도식이거나 어구이다. 그림3-5에서 B는 A가 국부적인 조정을 거쳐 이루어진 비원형적인 도식 혹은 구문실례이다.

(2) 언어 표현 층위: A는 추상적인 도식 구문이고, B는 실제 언어 표현이다. 그림3-4에

서 B는 A의 예시로, 도식 A를 실제 언어 표현으로 구체화한 것이다. 그림3-5는 B가 A를 실례화하는 과정, 즉 A를 실제 언어 표현으로 구체화할 때 A를 조정하거나 확장하는 것을 나타낸 것이다. 확장은 은유, 환유, 혼성(Blending), 재구성, 정신공간(Mental Space) 등의 방법을 통해 이루어진다.

추상 도식 층위이건 구체적인 언어 표현 층위이건 간에 언어 연구는 동태적인 조정의 방식을 충분히 고려하여 실제 사용 중에 보이는 여러 가지 표현기제를 체계적이고 전면적으로 귀납해야 한다. 이것이 바로 구문 도식 원리의 강점이며, 규칙이나 제약을 운용하는 전통적인 방법론으로는 실현할 수 없는 점이다.

Langacker(1987:370; 1991a)는 '사용기반 모델'과 '구문 도식 원리'를 기초로 '역동적 사용기반 모델(Dynamic Usage-based Model, 역동적 처리 방식을 가진 사용기반 모델(Usage-based Model With Dynamic Processing)이라고도 함)을 제시, 언어 응용은 역동적인 과정이기 때문에 정지되고 고정된 규칙모형으로 그것을 가둘 수 없다고 하였다. 이것은 어떤 단어가 상이한 상황에서 완전히 동일한 의미와 용법으로 사용되는 경우를 찾아 볼 수 없다는 예를 통해 알 수 있다. 이러한 분석법은 Chomsky가 하위 모델에 규칙과 제약을 설정한 것과는 전혀 상이한 것으로, 끊임없이 변화하는 역동적 요소를 고려하여 일정한 변이를 인정한 것이다 (제9장 제6절 참고).

5) 실재 세계로의 복귀 창안

사실 사람들이 보통의 상황에 언어지식과 비언어지식을 의식적으로 구분하는 일은 없다. 언어 철학의 기본 관점에 근거해 보면, 인간의 모든 지식은 언어 형식으로 표현되며, 우리의 모든 생각은 언어가 생겨남으로써 생겨난 것이다. 비트겐슈타인이 1922년 발표한 『논리 철학 논고』에서는 아래와 같이 언급하였다.

내 언어의 한계는 내 세계의 한계를 의미한다.[36]

---

36) The limits of my language mean the limits of my world.

이처럼 언어와 세계는 구분할 필요도 없고 사실상 구분이 불가능하다.

구문문법은 후기 비트겐슈타인이 창안한 '실재 세계 복귀론', '언어놀이' 등의 관점과 일맥상통한다. 이 두 관점은 비트겐슈타인 후기 철학의 핵심 사상으로, 언어는 행위와 함께 편재하는 통합적인 활동으로(비트겐슈타인, 1996:4,7/陳嘉映, 2003:184), 실제 사용의 각도에서 언어를 관찰해야 한다는 것이다. 이러한 주장에 따르면, 사람들은 언어로 특정 상황의 생각과 감정을 표현하는데, 언어의 형식과 의미 그리고 관련 화용 정보는 떼려야 뗄 수 없는 하나로, 실제 삶 속에서 하나로 규정되어 있으며, 언어 학습을 통해 정신세계에 규정되어 구문의 방식으로 표현된다. 이러한 각도에서 보면 '형식-의미 결합체(의미에는 의미와 화용정보가 포함되어 있음)' 구문이야 말로 비트겐슈타인의 후기 언어철학이 의미하는 바라 할 수 있다.

이러한 관점을 논증하기 위한 예는 수없이 많다. 비트겐슈타인은 『철학적 탐구』에서 모어 습득과 사용의 각도에서 언어놀이 이론을 논증함으로써 철학적 화용론과 언어학적 화용론의 시대를 열었다. Fillmore, Langacker, Lakoff, Goldberg, Croft, Cruse 등도 모두 이러한 입장을 받아들였으며, Taylor(2002:27) 역시 이러한 관점을 강조하여, 언어 습득은 구체적인 사용에서 비롯되는 상향식의 귀납 과정이라고 보았다.

> 언어 지식은 실제 사용에 대한 지식 및 사용 사건의 일반화에 대한 지식에 근거를 둔다. 따라서 언어 습득은 언어적 경험을 통해 작동하는 상향식 과정이다. … 언어 지식은 역동적이고 사람들의 언어적 경험에 따라 발전한다.[37]

아래에서 제시한 예[9]~[15] 역시 모더니즘 철학과 포스트모더니즘 철학이 창안한 '실재 세계로의 복귀'라는 기본 원리를 구현하고 있다. 이러한 각도에서 보면, 인지문법과 구문문법을 포함한 인지언어학은 인간의 본성을 잘 드러내는 언어이론이라 할 수 있다

---

37) Knowledge of a language is based in knowledge of actual usage and of generalizations made over usage events. Language acquisition is therefore a bottom-up process, driven by linguistic experience. …knowledge of a language is dynamic, and evolves in accordance with a person's linguistic experience.

6) 사용 빈도에 근거하여 구문 바라보기

사용기반 모델은 비트겐슈타인이 후기에 제시한 언어놀이 이론(Language Game Theory)과 완전히 부합한다. 즉, 사람은 놀이 가운데 언어를 배우며 실제 언어활동 가운데 언어를 학습한다는 것으로, 자주 언급되는 '실천론'이나 '싸우면서 기술이 는다'는 것과 같은 이치이다. 언어놀이를 하면서 구문을 능수능란하게 다루는 기능이 향상되어 마침내 한 가지 언어에 능통하게 되는 것으로, 이것은 언어 생득설과 보편설을 반박하는 데 강력한 이론 기초가 되었다. 이론보다는 실천, 문법 보다는 용법, 언어능력보다는 언어 사용이 우선한다는 것이 이 모델의 핵심 개념이다.

'언어놀이를 하면서 언어를 학습한다'는 이 명제는 '빈도'라는 중요한 요건을 전제로 한다. 언어 사용 가운데 추상도식을 추출해 내기 위해서는 일부 실례와 확장 용법을 빈번히 응용해야한다는 필요조건을 만족시켜야 한다. 즉, 어떤 도식성 구문이 고착(Entrench)되기 위한 기본 조건은 바로 빈도이며, 어떤 언어 형식의 의미가 바뀌려면 새로운 용법으로의 문법화와 아울러 일정 정도 이상의 사용 빈도가 확보되어야 한다. 빈도는 아래의 논의와 같이 두 가지 측면에서 중요성을 갖는다.

(1) 자극이 많을수록 깊은 인상을 남김

심리학의 연구 결과, 동일하거나 유사한 자극이 많을수록 사람의 기억에 깊은 각인의 흔적이 남는다고 한다. 일상생활 속에서 사용 빈도가 높은 구문은 생활에서 꼭 필요한 기능을 하는 것으로, 사람들은 이것을 우선적으로 습득해야 살아남을 수 있기 때문에 좀 더 주목할 수밖에 없다. 사람들은 이렇게 자주 사용되는 예시 표현을 범주화(Categorize, 혹은 일반화(Generalize))하고 이것은 점차 도식성 구문으로 고착되어 인식 속에 표상된다. 가령, 언어의 축약 형식은 분명 자주 사용되는 표현이며, 자주 쓰이는 구문 형식은 사용 빈도가 높아 독립적인 표현이 된다.

(2) 사용빈도가 높을수록 많이 연구됨

어떤 언어 현상(특히 특이한 표현)이 자주 사용되어야 학자들의 주목을 받아 문법 연구의 대상이 될 수 있으며, 이것은 다시 이 현상의 보편화를 촉진한다. 가령, 중국어의 '부사+명사' 구문은 30년 전만 해도 거의 쓰이지 않았지만, 광고 멘트로 쓰이기 시작하면서 점차 사용이 확대되었다. 이에 이와 관련된 논문이 발표되었는데, 이것은 해당 구문이 사람들에게 받아들여져 유행하게 되는 데 또 다른 요인으로 작용하였다(『제2권』 제2장 참고).

7) 제2언어 습득 규칙에 부합

중국 학생의 제2언어 습득 과정도 아주 좋은 근거를 제공해 준다. 과거 중국의 외국어 교육은 'How old are you?'라는 어구의 의미를 이해하기는 했지만, 이 어구를 언제 어디서 어떻게 누구에게 사용해야 할지 모르는 문제를 안고 있었다. 그러나 이후 상황 중심의 교육법과 인지교육법을 채택하면서 해결되었다. 이를 통해 조합 원칙에만 초점을 맞추어 인지언어학에서 주장하는 통합적인 관점을 고려하지 않거나(제5장 제2절의 3 참조), 의미(sense)가 부분적으로 적용되는 조합 원리에만 매몰되어 나무만 보고 숲을 보지 못하는 오류를 범하게 되면, 과거 외국어 교육의 오류를 답습할 수밖에 없다.

TG는 언어능력과 언어 사용을 철저히 구분하였다. 하지만, 언어능력은 상당히 포괄적인 용어로, 문법 능력, 문법을 운용하는 능력, 어구를 선택하여 정확하게 사용하는 능력 등을 모두 포함한다. 문법을 운용하는 능력과 어구를 선택하여 정확하게 사용하는 능력 없이 언어능력을 갖추었다고 말할 수 있을까? Pawley&Syder(1983)가 제시한 예문을 보자.

[9] It's twenty to six. 6시 20분 전이다.

[10] It's six less twenty.

[11] It's two thirds past five.

[12] It's forty past five.

[13] It exceeds five by forty.

[14] It's a third to six.

[15] It's ten minutes after half past five.

TG에서 말하는 '규칙'의 각도에서 보면 위의 예는 모두 특정한 문법 규칙으로부터 생성된, 문법에 부합한 것들이다. 그런데 왜 영어가 모어인 사람들은 예[9]만을 자주 사용할 뿐, 다른 문장은 사용하지 않는 것일까? 이것은 모어 화자의 사용 습관 때문이다. 이를 통해 '사용'이 '규칙'보다 자연 언어에 더 가까우며, 사용은 적어도 규칙을 잘 보완할 수 있음을 알 수 있다. 구문문법은 '실천에서 출발하여 이론을 귀납하고 다시 돌아가서 적용한다'는 원리를 강조한다. 이것은 인간의 일반적인 인지 규칙에 맞아떨어지는 것이다.

이처럼 어떤 이론은 마치 '정확'한 것 같아 보이지만, 한걸음 더 깊이 들어가서 고찰해 보면 그 안에 문제가 있고, 실제 적용이 불가능한 것을 발견할 수 있다. '능력'은 '사용'과 분리할 수 없으며, '사용' 역시 '능력'과 별개로 생각할 수 없다. 어쩌면 사용이 바로 능력이고 능력이 바로 사용일 수 있다. 인지언어학들이 창안한 '사용기반 모델'은 바로 실제를 고려하지 않는 가정된 이분법에 대한 깊은 고찰의 결과이다.

8) 두 가지 보충

비트겐슈타인이 '단어의 의미는 그것의 용법'이라는 주장과 '언어놀이 이론'을 제안한 후 철학계와 언어학계의 학자들은 인간을 중심에 두고 또 '사용'을 중심으로 언어를 연구하는 이론을 구축하였다. 이러한 사상은 인지문법과 구문문법을 포함한 인지언어학에 영향을 끼쳐, 그 핵심 원리인 '현실-인지-언어'라는 원리를 확정한 한편, '사용기반 모델'을 제시함으로써, 언어학이 인문 요소를 배제한 Saussure와 Chomsky의 전통 이론의 속박에서 벗어날 수 있었다. 사용기반 모델은 언어 습득 상황을 대표하지만, 그렇다고 해서 연역적 방법론과 규칙의 유용한 부분까지 부정할 필요는 없다.

(1) 귀납법과 연역법 병행

인지문법과 구문문법을 포함한 인지언어학은 TG학파가 연역적 방법론을 지나치게 강조하는 것에 대항하여 귀납적 방법론을 제안하고, 언어의 실제 사용 가운데 운용 기제를 발견해냈다. 하지만, 귀납적 방법만 강조하고 연역적 방법을 고려하지 않는 것 역시 전면적일 수 없다고 본다. 실제로 논리학에서는 연역법과 귀납법을 실제에 적용하는데 있어서 상보적이어서 나누어 생각하기 어려운 경우가 많다. 따라서 귀납법의 기초 위에 가설을 제시하고, 이 가설에 근거하여 실제언어 표현 중에서 증거를 탐색할 수 있다(귀추법, Abduction).[38] 이것은 우리가 논문을 쓸 때 자주 사용하는 방법이기도 하다. Chomsky가 제안한 연역법은

胡适가 '대담하게 가설을 세우고, 조심스럽게 증명해 나아가라'라고 제안한 연역법과도 상통하지만, 그렇다고 귀납법의 중요성을 부정해서는 안 된다. 마찬가지로 귀납법을 강조하면서 연역법의 중요성을 소홀히 해서도 안 된다. 이 두 연구방법은 상보적인 것이지 상호배타적인 것이 아니다. 이것은 언어 습득 규칙에도 맞아 떨어지고 언어학, 나아가 다른 분야의 학문을 연구하는 방법에도 부합한다.

(2) 도식과 규칙 병행

상술한 바와 같이 사용기반 모델과 구문 도식을 강조하면서도 규칙의 역할을 전면적으로 부정할 필요는 없다. 언어 표현이 역동적이며 변화무쌍하기 때문에 적용력이 뛰어난 구문 도식으로 끊임없이 변화하는 언어현상을 설명하는 것은 구문문법의 탁월한 강점이다. 그렇다고 해서 언어 현상에 존재하는 '규칙'을 철저히 배제해서는 안 된다(이를 배제하면 문법서 편찬이 불가능해진다). 문법 규칙은 제2언어 습득에서도 중요한 기능을 한다. 외국어 학습 경험을 통해 해당 언어 사용 환경이 아닌 경우, 특히 교실에서 외국어를 학습하는 경우에는 문법 규칙이 중요한 부분을 차지하고 있다. 이처럼 도식과 규칙은 서로 모순되는 것이 아니라 함께 운용되어야 하는 것이므로 어느 하나를 완전히 배제할 수 없다.

8. 결론

TG문법과 구문문법은 앞서 논의한 몇 가지 점에서 선명한 대비를 이룬다. 좀 더 직관적으로 이 둘 간의 차이를 비교하기 위해 아래와 같이 표로 정리하였다.

		변형생성문법	구문문법
1	철학기초	혼합 철학(데카르트의 생득론, 이원론, 보편론+형식주의)	신체화 철학: 감각 체험. 비보편적. 비형식적

---

38) [역주] 가정을 선택하는 추론의 한 방법으로써, 만약 사실이라면 관계있는 증거를 가장 잘 설명할 것 같은 가정을 선택하는 방법이다. 귀추법에 의한 논증은 주어진 사실들로부터 시작해서 가장 그럴듯한 혹은 최선의 설명을 추론한다(위키백과 참조).

39) [역주] 몇몇 명제의 진위 여부를 알 수 없다고 보는 철학적 관점, 또는 사물의 본질은 인간에게 있어서

			일원론: 형식-의미 결합쌍, 형태부와 통사부간의 연속변차선
2	범주이론	전통범주이론: 모듈론, 경계 명확	원형범주이론: 연속변차선(형태부와 통사부의 대립 배제)
3	심리학 기초	심리학 기초: 행동주의 반대 정신주의, 부호론 주장	체험에 근거한 정신주의. 구문구축론. 상호작용론. 연결론
4	언어학 기초	형식주의: 조합론, 원자론	기능주의: 통합+조합, 게슈탈트론
5	자립성 여부	언어와 통사 모두 자립적	언어와 통사는 비자립적
6	언어습득 방식	선천적으로 UG를 가지고 있으며, 이를 위해 선험적인 원리를 세움. 생리적 기초와 심리적 현실성 결여	체험론, 신체화된 보편론, 후천적인 습득론, 사용기반 모델
7	논증 방식	연역, 가설: 검증 불가, 객관성과 정확성 약화, 불가지론[39]의 가능성	귀납, 개괄: 경험사실과 실험에 기초하고, 아동의 언어습득을 증거로 함(체험+모방, 단지 규칙에 근거하여 연역적으로 형성되는 것이 아님)
8	통사 분석 방식	순수 통사 규칙: 언어 구조 내부로부터 해석	문법 배후의 의미, 화용, 의사소통 능력, 백과사전적 지식을 중시함. 경험에서 출발하여 통사형식을 분석
9	문법 변화에 대한 관점	자립론, 문법은 정지된 추상시스템, 문법화를 설명할 수 없음	문법은 끊임없이 변화(문법화). RCG는 심지어 통사 범주와 통사 관계를 취소해야 한다고 주장하기도 함
10	층위 구분	심층구조와 표층구조 구분(이후 취소), 변형의 방법으로 통사구조간의 관계를 설명, 모든 문장은 심층구조에서 변형되어 나옴	구분하지 않음. 단층론, 원형론, 다의론 주장
11	형식과 의미간의 관계	변형되어도 의미는 바뀌지 않음	형식이 달라지면 의미도 달라짐. 도상성
12	의미 파생 관계	어떤 것에서 어떤 것이 파생되는지, 어떤 것이 더 기초적인지가 지나치게 수의적임	원형이론은 이러한 현상을 설명할 수 있음
13	영형태 존재여부	영형태(음운 형식이 없는 문법표지)가 있음. 지나치게 주관적임	영형태 없음. 실제표현 분석법에 근거하고, 직관과 경험 사실에 입각하여 훨씬 더 객관적임
14	의미론 기초	객관주의 의미론	인지의미론
15	구문 관련 견해	사용빈도가 높은, 가장 일반적인 핵심문법에만 집중. 규칙과 제약으로 수많은 합법적인 문장을 도출하려 시도함	핵심 구성원과 'let alone', 'WXDY', 'way' 구문 등과 관용어 등 주변적인 구성원 모두 이론적 가치가 있음. 은유기제로 방사성 도식범주를 설명

16	활용 도식	수형도, 하향식	상자틀 도식, Tr+Lm 분석 도식, 하향식+상향식
17	교점의 기능	교점은 형식만을 위한 것으로 의미가 없음	교점 역시 상징단위이며, 의미를 가지고 있음
18	논항 선택 설명 방식	주어, 목적어의 선택 사용을 설명하지 못함	Tr+Lm, 윤곽과 바탕, 원형이론 등을 운용하여 주어와 목적어 선택 사용을 설명
19	도상성 유무	예측가능성과 자의성을 양분함	동기화, 도상성 강조. 예측불가성
20	형식-의미 관계	형식을 중시하고 의미를 소홀히 함	상징단위를 설정하여 형식과 의미의 대응관계를 설명
21	구문의 지위	구문의 지위 부정	구문은 핵심으로 둘 이상의 상징단위. 언어는 구문의 저장소로 구문은 어휘에 새로운 의미를 부여할 수 있음
22	순환 논리	구문의 명제구조에 따라 동사가 가질 수 있는 논항의 수가 결정됨	순환 논리 배제. 'kick'의 여러 용법과 의미는 상이한 구문에 의해 결정됨
23	발화 주체의 성격	이상적인 사람. 때로는 예문을 인위적으로 만들어냄	실제 사회 생활을 하는 일반인. 언어의 실제 사용을 개괄하고, 모방과 기억을 통해 구문을 습득
24	은유와 환유에 대한 견해	언어와는 별개의 현상으로 봄	인지방식이라고 봄
25	구문의 형성 특징	생성성(수학공식으로 표현), 1차적 생성(Chafe는 이를 다차 생성으로 수정)	생산성, 인가성, 일반화 (표층 일반화: 사용기반 모델, 경험의 귀납). 실제 어구는 여러 개의 서로 충돌하지 않는 (때로는 충돌되는) 구문이 더해지거나 상속되어 만들어짐
26	타당성, 최적성, 경제성, 통일성, 전면성	추구하지만, 실현하지 못함	역시 이러한 성격을 추구하며, 점차 실현해 가고 있는 것으로 보여짐

그림3-6

인식 불가능하다는 철학적 관점(위키백과 참조).

제3절 4가지 자립론 구분

제2절에서는 인지언어학의 입장에서 TG학파의 자립론을 신랄하게 비판했다. 자립론과 관련해서 Saussure로부터 논의를 시작해보자.

현대 언어학의 아버지 Saussure(1857-1913)는 구조주의 언어학(Structural(ist) Linguistics)의 창시자로, 언어학 이론에 코페르니쿠스적 혁명을 일으켰다고 일컬어진다. 그는 언어에 대해 폐쇄적인 연구 방법을 채택하여 언어학 연구의 '내재론'을 실현하였다. 그는 언어체계 내부의 구조, 특징, 관계 등을 중점적으로 분석하였으며, 언어의 의미 역시 언어 내부에 의해 정의되며, 단어의 의미는 언어 내부 구조의 통합 관계와 계열 관계에 의해 정립된다고 보았다. 본서에서는 이를 '구조 자립론(Structural Autonomy)'이라 명명한다.

Chomsky 역시 외부 세계의 개입을 배제하고 인식의 각도에서 언어를 연구하여 심리적 내재론(Mental Internalism)[40]을 제안하고 언어는 자립적이며, 통사 역시 자립적이라고 주장함으로써 Saussure의 구조 자립론과 다른 입장을 취한다. 본서에서는 Chomsky의 이러한 주장을 '심리적 자립론(Mental Autonomy)'이라 명명한다. 심리적 자립론에는 '언어 자립론(Language Autonomy)'과 '통사 자립론(Syntax Autonomy)'이 포함된다.

통사의 자립성에 있어 Langacker(2003)는 자립론을 약자립론(Weak Autonomy)과 강자립론(Strong Autonomy)의 두 가지로 구분해야 한다고 주장했다. 약자립론은 문법이 의미와 의사소통 제약과 같은 다른 독립적 요소로 인해 완전한 예측을 할 수 없는 것을 가리키고, 강자립론은 문법이 어휘나 의미와 달리 단독으로 하나의 표상 층위를 구성할 수 있으며, 최소 문법 본원소(Irreducible Grammatical Primitives)로 묘사된다. 이것은 문법구조 단위의 특징과 종류를 기술하는 것이다. 형식학파는 약자립론을 증명하는 데 쓰이는 예증으로 강자립론을 설명하고자 하여 설득력이 부족할 수밖에 없었다. 기능학파와 인지학파는 강자립론을 반대하는 데 더 힘썼다. 이로 인해 형식학파와 기능/인지학파 양측의 논쟁의 출발점

---

40) Chomsky의 심리적 내재론은 철학계의 내재적 실재론(Internal Realism)을 바탕으로 언어학 연구 방법을 제안한 것이다.(Geeraerts, 1999 참고.) 王寅(2002)은 Lakoff&Johnson의 신체화 철학을 수정하여 '신체화된 내재론(Embodied Internalism)을 제안하여, 의미를 심리적인 것으로 보는 것은 맞지만, 생득적인 것이 아니라 체험과 실천을 통해 형성된 것이라고 보았다. 이것은 유물론의 기본입장에 부합하는 것이기도 하다.

이 서로 다르고, 개념이 명확하게 구분되지 않아 의견의 통일을 이루지 못했다.

일반적으로 기능언어학과 인지언어학은 약자립론은 허용하지만, 강자립론에는 반대한다. 인지문법은 형식과 의미가 결합된 상징구조와 구문이라는 중요한 개념을 제안하여 강자립론을 비판하였다. 인지언어학에서는 형태소, 어휘, 형태론, 통사론이 하나의 연속변차선을 이루며, 이 연속변차선 상의 한 지점 한 지점이 모두 상징단위로 분석될 수 있으며, 명확하게 구분하는 것은 불가능하다고 주장한다.

이 핵심적인 주장은 아래의 측면에서 매우 큰 의미를 갖는다.

(1) 문법과 의미는 구분될 수 없으며, 의미는 문법의 한 극(Pole)이다.

(2) 특별한, 최소 본원소가 아니라 형식과 의미의 결합쌍인 상징단위로 문법을 기술한다.

(3) 모든 사용가능한 문법 구문은 자체의 의미를 가진다.

아래의 도식으로 결론을 대신한다.

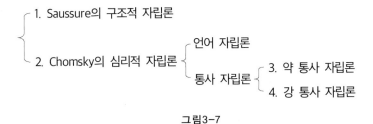

그림3-7

제4장

Fillmore의 관용어 분석으로부터 구문문법까지

본장에서는 Fillmore가 1960년대부터 1980년대까지 격문법에서 틀의미론을 발전시키고, 이를 기초로 하여 관용어 연구를 통해 구문문법까지 발전시키는 과정을 논의할 것이다. Fillmore가 제시한 이 세 가지 이론은 기념비적인 의의를 가지며, 당대 언어학 연구에 있어 세 개의 중요한 단계를 대표하고 전 세계 언어학의 발전과 향방에 선도적인 역할을 했다. 이 책의 5장부터 7장까지 각각 다른 구문문법 이론을 논의할 것이며, 8장에서 네 종류의 구문문법 이론을 상세하게 비교하고 체계적으로 분석하여 이론의 초석을 마련하고자 한다.

제1절 개설

동일하게 구문문법을 연구하지만, 학자들마다 나름대로의 견해를 가지고 있다. 이로 인해 각기 다른 연구 방법과 내용이 생겨났다. 가령, Fillmore(1985b, 1987, 1988)와 그 동료들은 구문문법과 틀의미론을 서로 결합하여 형식과 의미의 결합이라는 방법론으로 전체적인 각도에서 의미를 기술하고, 또한 그것을 FrameNet(Johnson, 2001)의 연구에 운용하였다. Langacker(1987, 1991)는 의미의 각도에서 문법 구문을 연구하였고, Lambrecht(1994)는 정보구조 분석의 각도에서 자신의 방법론을 수립하였으며, Goldberg(1995)는 논항구조 분석법을 채택했다. 그밖에 Bergen&Chang(2005)의 체험적 구문문법(ECG, Embodied Construction Grammar), Fells&De Beule(2006)의 유동적 구문문법(Fluid Construction Grammar), Ruiz de

Mendoza&Marial(2006)의 어휘구문 모형(Lexical Construction Model) 등도 있다.

Croft&Cruse(2004:266)의 관점에 따르면 인지언어학 가운데 구문이론에 대한 연구는 아래 네 가지 구문문법 이론을 포함한다.[1]

(1) Fillmore 등의 구문문법
(2) Goldberg의 구문문법
(3) Langacker의 인지문법
(4) Croft의 급진적 구문문법

이에 대해 본서의 4장~7장에서는 이에 대해 논의하겠다.

제2절 Fillmore의 세 가지 이론

Chomsky는 1965년 발표한 『Aspect of the Theory of Syntax』에서 표준이론(Standard Theory)을 제안하였다. TG이론은 통사론, 음운론, 의미론을 구분하였지만, Chomsky에게 있어 통사는 핵심 중의 핵심이며, 나머지 두 분야는 통사 틀 안에서 운용된다. 그러나 TG 학파의 Fillmore, Jackendoff, Lakoff, Gruber, McCawlcy 등의 학자들은 의미론을 자신의 연구 범주에 포함시켜 의미와 통사 간의 연결문제를 연구해야 한다고 주장하며, 그들의 연구 방향에 변화가 일기 시작했다. Fillmore는 격문법(Case Grammar)을, Lakoff 등은 생성의미론(Generative Semantics), Jackendoff는 개념구조 분석을 주창하여 개념의미론(Conceptual Semantics)을 제안하였다. 이 시기 이들의 연구는 TG이론의 틀 안에서 의미론이 발전하는 데 있어 적극적이고 선도적인 역할을 하였다.

---

1) 본 장에서 기술된 네 가지 구문문법 외에도 Bergen&Chang(2005)의 신체화된 구문문법(Embodied Construction Grammar), Sag(1997, 2007)의 기본 HPSG 기반 구문문법(HPSG-based Construction Grammar), 혹은 기호 기반 구문문법(Sign-bassed Construction Grammar), Steel&De Beul(2006)의 유동적 구문문법(Fluid Construction Grammar), Mendoza&Mairal(2006, 2007)의 어휘구문 모형(Lexical Constructional Model) 등이 있다.

연구가 심화됨에 따라 많은 학자들은 점차 통사 우선, 심층 구조, 형식화 방안 등이 비록 어느 정도의 설명력이 있지만, 통사-의미 상호작용 문제, 심층구조의 존재 여부에 대한 의구심, 복잡한 인간 사유를 공식화된 틀 안에 한정하는 것의 어려움, 언어 의사소통의 핵심은 통사가 아니라 의미라는 점, 언어능력과 언어 행위를 분리할 수 없음 등과 같이 해결하기 어려운 문제로 인해 지나치게 이상적이라는 점을 인식하게 되었다. 그리하여 TG학파는 내부는 (1)과 같이 발전하거나, (2)와 같이 분화되거나, (4)와 같이 해체되었으며, (3)과 같이 분화와 해체의 중도 노선을 채택하기도 하는 등, 다원화되는 새로운 국면이 형성되었다.

(1) Chomsky는 1970년~1973년 확대표준이론(EST, Extended Standard Theory)을 제안하여 자신의 표준이론을 수정하였다(TG이론의 몇 가지 중요한 발전 시기 및 Chomsky의 각 단계의 대표적인 저작은 石定栩, 2007b 참고).

(2) Jackendoff는 Chomsky(1965)의 표준이론의 부족한 점에 주목하여 1972년 『Semantic Interpretation in Generative Grammar』를 출판, 의미 분석에서 접근하여 TG이론을 완비해야 한다고 주장하였다. 그 후 몇 년간 그는 이와 관련된 논문을 발표하였으며, 1985년과 1990년에 의미 연구 방면의 대표 저서 두 권을 출판하였다. 그는 Chomsky의 가설에 기반하여 개념의미론을 정립한 것이다.

(3) Fillmore는 의미역에서 접근하여 TG이론을 발전시켰으며, 그 후 자신의 격문법에 기초하여 틀의미론을 제안, 이를 구문문법으로 발전시킴으로써 TG이론의 기본 가설로부터 점점 더 멀어졌다. 그럼에도 불구하고 그의 기본 이론에는 여전히 Chomsky 이론의 영향이 남아있다.

(4) Lakoff는 1975년 TG학파로부터 완전히 등을 돌렸을 뿐 아니라 자신이 정립한 생성의미론에서도 벗어나 인지의미론이라는 전혀 새로운 의미론을 제안하여, 인지의미론의 발전에 기본적인 이론 초석을 제공하였다.

그림4-1은 이러한 발전 변화 상황을 도식화 한 것이다.

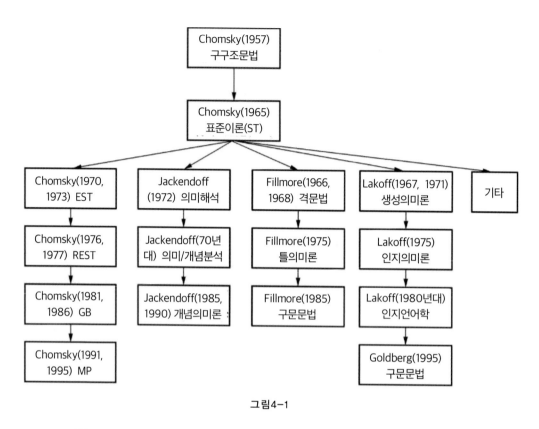

그림4-1

(EST=Extended Standard Theory(확대표준이론), REST=Revised Extended Standard Theory(수정확대표준이론), GB=Government and Binding(지배결속이론), MP=Minimalist Program(최소주의))

그림4-1과 같이 현대 언어학의 다원화된 발전은 대부분 Chomsky의 기본 이론, 체계와 관련이 있다. Chomsky가 현대 언어학의 발전에 끼친 공헌을 무시할 수 없기 때문에 현대 언어학을 연구할 때 TG이론을 논의의 출발점으로 삼을 수밖에 없다.

본 절에서는 Fillmore가 제시한 세 가지 이론을 분석할 것이다. Fillmore 역시 현대 언어학의 발전에 지대한 공헌을 하였다.

1. 격문법

1960년대 후반 주류를 이루었던 TG학파는 통사의 우선적인 지위를 지나치게 강조하며 통사 층위의 주어, 목적어 등의 성분에만 주목하였다. Fillmore(1966, 1968, 1971a/b, 1977a/b)는 이러한 해석의미론(Interpretative Semantics)의 연구 방법에는 오류가 있으며 해석의 타당성을 실현할 수도 없음을 깨달았다(王寅, 2001:18 참고).

Fillmore는 한걸음 더 나아가 표층의 형태-통사 측면에서 언어를 연구하는 것은 한계가 있다고 보았는데, 이러한 통사 성분은 언어마다 각기 다른 표층 형식을 가지고 있어 보편성이 없기 때문이다. 예컨대, 중국어의 경우 주어와 목적어가 매우 복잡하며, 심지어 주어를 쓰지 않을 수도 있고 목적어가 자주 생략되기도 한다. 그는 통사와 의미가 긴밀하게 결합되어야 하며, 의미에서 촉발되는 심층 구조가 통사에서 촉발되는 심층 구조보다 표상과 해석에 있어 더 보편성을 갖기 때문에 의미 연구를 기본 출발점으로 삼아야 한다고 주장하였다. 따라서 그는 격문법 이론을 구축하여 모든 언어는 다 심층 구조를 나타내는 의미역(Case Role)을 가진다고 하였으며, 의미역 분석으로 접근하여 잠재적이고 보편성을 가진 심층 의미구조를 모색하여 언어 표층 구조의 생성문제를 설명하고자 하였다. 이것은 당시 Lakoff가 제안한 생성의미론과 매우 유사하다.

Fillmore는 술어동사와 논항이 되는 명사구 사이에 보편적으로 존재하는 내재적인 의미역 관계를 주로 연구하여, 행위주격(Agentive), 도구격(Instrumental), 목적격(Objective), 여격(Dative), 작위격(Factitive), 장소격(Locative) 등의 의미역을 제안하였다. 이것은 통사와 의미의 상호작용 문제를 해결하는 데 있어 참신한 방안을 제시한 것으로, 당시의 TG연구를 완전히 새로운 방향으로 이끌었다. 이때부터 많은 학자들은 의미역의 각도에서 통사를 분석하는 연구 방법론에 주목하여 통사와 의미간의 상호작용을 해결하는 다양한 방법론을 모색하였다.

Fillmore는 당시 'open the door'라는 예로 이러한 상호작용 관계를 설명하였다.

[1] The door will open. (문이 열릴 것이다.)

[2] The door will open with the key. (열쇠로 문이 열릴 것이다.)

[3] The key will open the door. (열쇠가 문을 열 것이다.)

[4] The man will open the door with the key. (남자가 열쇠로 문을 열 것이다.)

[5] The door will be opened by the man. (그 문은 남자에 의해 열릴 것이다.)

[6] The man will use the key to open the door. (남자는 열쇠를 사용하여 문을 열 것이다.)

상술한 여섯 개의 문장은 비록 표현의 각도는 각기 다르지만, 기본적으로는 동일한 사건을 기술하고 있으며, 'man', 'key', 'open', 'door' 사이의 의미관계에는 변화가 없어서 언제나 'man'이 'key'로 'open the door'한다는 것을 나타낸다. 따라서 이들 단어의 심층 의미역 관계는 변화가 없어서 어느 문장이건, 단어가 어디에 위치하건 간에 'man'은 언제나 행위주격(예[1]~[3]에서는 생략)이고, 'key'는 언제나 도구격, 'door'는 언제나 대격 혹은 피동작주격이다. Fillmore는 이러한 격 관계(약 6개, 후에 McCoy는 13개까지 늘림)를 통해 다른 각도에서 구문의 의미를 해석하였다.

다음의 예를 살펴보자.

[7] Smith remembers nothing of years gone by. (Smith는 지난 세월을 전혀 기억하지 못한다.)

[8] England remembers nothing of years gone by. (영국에서의 지난 세월을 전혀 기억하지 못한다.)

[9] Smith's memory of years gone by is non-existent. (지나긴 세월에 대한 Smith의 기억은 존재하지 않는다.)

[10] The memory of years gone by is non-existent in England. (영국에서의 지나간 세월의 기억은 존재하지 않는다.)

예[7]과 예[8]에서 'Smith'와 'England'가 각기 다른 의미역을 갖는 것은 이 두 단어 자체의 내재적인 자질이 다르기 때문이 아니라, 그들이 각기 다른 통사 구조 안에 위치하여 상이한 문장성분을 담당하기 때문이다. 예[7]에서 'Smith'는 예[9]의 소유격을 나타내는 '-s'와 유사한 통사기능을 하고 있다. 예[8]에서 'England'는 예[10]의 in England와 유사한 전치사구의 기능을 하고 있다. 아래의 예문과 비교해보면 우리는 'God'의 통사기능이 예[7]과는 비슷하지만, 예[8]과는 차이가 많이 난다는 것을 발견할 수 있다.

[11] God remembers nothing of years gone by. (신은 지난 세월을 전혀 기억하지 못한다.)

[12] God's memory of years gone by is non-existent. (신의 지나간 세월에 대한 기억은 존재하지 않는다.)

[13] *The memory of years gone by is non-existent in God.

예[11]은 예[13]으로 바꾸어 말할 수 없다. 따라서 'Smith'와 'God'는 비록 'England'와는 동일한 문장성분을 담당하고 있지만, 서로 다른 의미역을 담당하고 있음을 알 수 있다. 중국어에도 동일한 현상이 있다.

[14] 妈妈在做饭。 엄마가 밥을 하고 계시다.   (행위주격이 주어)

[15] 高压锅做饭。 압력솥으로 밥을 한다.   (도구격이 주어)

[16] 饭做好了。 밥이 다 되었다.   (피동작주격이 주어)

또한 Fillmore의 격문법에서는 심층격틀(Deep Case Frame)로 동사(혹은 동사구)의 의미구조를 분석하였다. 그는 심층 구조에서 하나의 동사는 항상 특정 의미역과 함께 쓰여야 정확한 문장을 생성할 수 있다고 보았다. 예를 보자.

[17] John hit the window with a hammer. (John은 망치로 창문을 쳤다.)

John은 행위주격(A), window는 대격(O), a hammer는 도구격(I)이다. 따라서 동사 hit의 심층틀은 아래와 같이 작성될 수 있다.

[18] [+_____A O (I)]

이 식에서 '+'는 열거된 의미역이 동일한 구문에서 공기한다는 것을 나타낸다. '_____'는 격틀 내에 동사가 하나 있다는 것을 나타낸다. 문장에 사용될 때 반드시 누가 행위주격(A)

인지, 두드리거나 때리는 것이 무엇인지(O)를 명확히 해야 한다. 따라서 hit은 반드시 A, O 두 개의 의미역과 함께 사용되어야 정확해지는 셈이다. 어떠한 도구를 사용할 것인가는 문장에서 명확히 기술할 필요는 없으므로 생략해도 된다. 따라서 괄호 안에 넣었다.

격문법은 일정한 설명력을 가지므로, 의미와 통사 상호작용을 연구하는 방법론의 길을 열어 주었다. 이러한 분석방법은 중국어에도 적용할 수 있다. 그러나 격문법 자체 역시 아래와 같이 해결하기 어려운 한계를 가지고 있다.

(1) 현재까지도 학자들은 개별 언어를 뛰어넘는 보편성을 가진 의미역을 찾기 어려운 것 같고, 그들의 목록을 열거하는 것 역시 절대 쉬운 일이 아니다. 이것은 Fillmore가 쓴 1960-70년대의 6편의 논문에서 확인할 수 있다. 언어 가운데 도대체 몇 개의 의미역이 있는지, 그것들에게 어떤 명칭을 부여해야하는지 그자신도 이 여섯 편의 논문에서 통일된 기술을 하지 못했다(杨成凯, 1986).

(2) 사람들은 종종 통사성분의 의미역을 확정하기 어려운 상황을 맞닥트리곤 한다. 예컨대,

[19] Napoleon saw Jonsephine. (나폴레옹은 조세핀을 보았다.)

[20] 汽车撞在大树上。 (자동차가 큰 나무에 부딪혔다.)

[21] The bull is in the field. (황소가 들판에 있다.)

예[19]에서 Napoleon은 무슨 격일까? 판단하기 어려워 보인다. 그것을 행위주격으로 분석할 수 있을까? 행위주격인 주어는 고의성과 통제성이 있어야 하는데(王寅, 2007a:164 참고), 이 문장에서의 Napoleon은 의식적으로 Jonsephine을 본 것은 아니므로 통제성이 없어 행위주격이라고 하는 것은 억지스럽다. 예[20]의 '汽车'는 행위주격일까, 도구격일까, 아니면 대격일까? [21]의 The bull은 어떤 의미역으로 분석해야 합리적일까? 이들에 대한 결론을 내리기가 어려워 보인다.

(3) Fillmore는 언어유형학 가운데 함축등급 분석법을 격문법 이론에 운용하여, 심층격 틀에서 보편성을 띤 통사 성분의 함축등급을 마련하고자 하였다. 가령, 통사주어로 올 수

있는 의미역의 등급 순서는 '행위주격 > 도구격 > 대격' 순이다. 그러나 실제 언어 운용 중에서는 등급 순서에 부합하지 않는 예외가 너무나 많다. 예컨대,

[22] The noise at midnight frightened me. (한밤중의 소음이 나를 놀라게 했다.)

상술한 함축등급 순서에 따르면, 'the noise'보다는 'me'가 더 주어로서의 자격을 가지고 있다. 따라서 이 문제를 해결하기 위해서는 'frighten'을 위해 다른 규칙을 만들어야 한다. 이러한 논리대로 분석하다보면 다양한 동사를 위한 각기 다른 규칙을 마련해야 한다. 언어 가운데 많은 동사가 은유적인 용법이 있는데, 이러한 예외 규칙을 너무 많이 열거하게 되면 이론 자체의 가치에 영향을 줄 것은 자명하다.

(4) 격문법은 술어동사와 밀접한 관련이 있는 심층 의미역에 주목하며, 특히 주어와 목적어 이 두 논항에 주목한다. 한편 부가어(adjunct)와 같은 성분에는 별로 관심을 갖지 않는다. 이로 인해 이 이론은 일부 타당성을 상실하였다. Fillmore 본인은 부가어를 주변 성분으로 여겨 때로는 정태 부분에 포함시켜야 한다고 주장하기도 하였다. 이것은 적절치 않은데, 많은 경우 이들 성분의 의미가 결코 '부가'적이지 않기 때문이다.

(5) Fillmore의 이러한 논의는 개별 예에 대한 설명에 국한되어 심도 있고 전면적인 분석이 이루어지지 못한 것 같다. 많은 학자들이 의미역과 통사구조 간의 대응관계는 상상한 것처럼 그렇게 단순하지 않으며, 분석하면 할수록 복잡해지고, 통제할 수 없기 때문에 결국에는 적당한 선에서 해결점을 찾아야 한다는 것을 발견했다.

2. 틀의미론

Fillmore(1975, 1976, 1977b, 1982, 1985a)에서는 격문법의 이론적인 결함을 해결하기 위해 Minsky(1975)의 틀 이론(Frame Theory)을 언어학 이론 연구에 도입하여 1970년대 중반이후 틀의미론(Frame Semantics)을 제안했다. 아울러 그는 격문법의 기저구조(Underlying Structure)를 개념구조(Conceptual Structure)로 발전시켜 개념구조에 대해 상세히 논의하였는데, 이는 인지의미론의 탄생에 중요한 이론적인 포석[2])이라는 점에서 매우 중요한 의의를 갖는다.

일부 학자(陶明忠 · 马玉蕾, 2008)는 틀의미론은 인지언어학의 중요한 한 갈래라고 보기도 하는데, 이러한 관점에는 일리가 있다.

틀의미론의 핵심 관점은 아래와 같다. (하나의) 어휘 의미는 그것이 활성화되는 전체 개념구조 혹은 경험 공간의 전체 장면틀 안에서 적절한 해석이 이루어져야 하며, 개념구조 틀의 통사 표현은 각기 다른 관점(Perspective)을 선택할 수 있어 관점에 따라 상이한 의미관계가 부각되어 상이한 통사형식을 형성한다는 것이다. 한 걸음 더 나아가 개념구조의 각도에서 의미-통사의 사상관계를 논의하였는데, 이것은 Langacker가 인지문법에서 제시한 해석(Consture, Construal)에 상당히 큰 영향을 주었다. 또한 격문법에서 제시한 추상적 의미역 틀 체계는 틀의미론에서 제안된 경험귀납법을 보충하고 증명해주었다. 이러한 의미에서 틀의미론은 격문법 이론이 체계화되고 구체화되고 발전된 것이며, 형식과 의미의 결합이라는 연구 방법론을 심화시킨 것이다.

Fillmore는 개념구조는 현실세계에 관한 의미지식으로, 그 핵심은 실제 장면에 대한 반복적인 경험에 기초하여 만들어진 영상도식이라고 보아 개념구조의 경험성과 영상도식성을 강조하였다. 이것은 Lakoff&Johnson이 정립한 개념철학과 인지언어학에도 많은 단초를 제공하였으며, 그 후 수십 년 간의 언어학 연구 방향에도 영향을 주었다. 王寅(2007:178)이 귀납한 바와 같이 개념구조와 영상도식은 경험성과 상호작용성, 추상성과 개괄성, 동태성과 상대적인 안정성, 구조성과 게슈탈트성, 원시성과 기초성, 간결성과 원형성, 무의식성과 연상성을 가지고 있다. 이상의 특성들은 경험 형성, 사태 식별, 심리공간 구축, 논리사유, 범주 이해, 개념과 의미, 세계 인식과 언어 습득 등에 있어 핵심적인 역할을 한다.

이와 같이 하나의 전체 장면으로서의 일체성을 갖는 개념구조가 있기 때문에 그것을 참조 대상으로 하여 구체적인 관련 어휘와 하위개념을 이해할 수 있다. 개념구조는 자연언어를 처리하는 데 새로운 사유방식을 제공한 것으로, Fillmore(1977b)가 논의한 상거래 사

---

2) Lakoff는 1975년 버클리에서 거행된 인지과학세미나에서 Kay(색깔 범주의 연구) Rosch(원형범주, 특히 기본층위범주), Talmy(공간관계개념)과 Fillmore(틀의미론) 등에 관한 보고를 듣고, TG문법과 형식논리는 이미 언어연구를 잘못된 길로 인도하였으므로 이와는 갈라서야한다는 점을 확신하였다. 그리하여 그는 그때부터 TG학파에서 벗어났고, 또 자신과 Ross · McCawly 등이 수립한 생성의미론도 포기하고 철저히 인지의미론으로 전향, Langacker, Fauconnier 등과 다수의 유럽학자와 함께 인지언어학 학파를 정립하고 발전시켰다.

건 틀(Commercial Event Frame)이 가장 대표적이다. 가령, '물건을 사다'가 언급되는 경우 구매자, 물건, 판매자, 돈이라는 네 가지 요소가 이와 관련되며, 가장 전형적인 상거래 틀인 [BUY]틀을 구성한다. 각기 다른 관점에서 이 사건을 관찰하는 경우, 그 가운데 요소들 간의 상이한 관계가 부각되며, 이는 언어에서도 상이한 표현 방식으로 구현되며, 상이한 문형과 동사가 선택된다. 이로써 이들 동사간의 의미관계가 드러나는 것이다.(Ungerer& Schmid, 1996:208 참고) 아래를 보자.

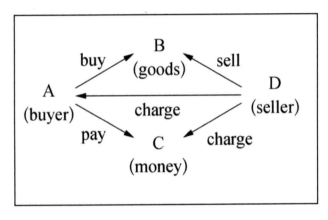

그림4-2

(a) 만약 이 사건에서 A에서 B까지의 관계를 부각시키려면, 영어에서는 동사 buy, 중국 어에서는 '购买'를 사용한다.

(b) 만약 이 사건에서 A에서 C까지의 관계를 부각시키려면, 영어에서는 동사 pay, 중국 어에서는 '支付'를 사용한다.

(c) 만약 이 사건에서 D에서 B까지의 관계를 부각시키려면, 영어에서는 동사 sell, 중국 어에서는 '出售'를 사용한다.

(d) 만약 이 사건에서 D에서 A까지의 관계를 부각시키려면, 영어에서는 동사 charge, 중국어에서는 '向某人索价'를 사용한다.

그림4-2에 근거하여 아래와 같이 예를 들 수 있다.(A는 John, B는 book, C는 money, D는 Tom)

[23] John bought a book from Tom for 28 dollars. (John은 Tom으로부터 28달러에 책을 샀다.)

[24] John paid 28 dollars to Tom for a book. (John은 책을 사기 위해 Tom에게 28달러를 지불했다.)

[25] Tom sold a book to John for 28 dollars. (Tom은 John에게 28달러에 책을 팔았다.)

[26] Tom charged John 28 dollars for a book. (Tom은 John에게 책값으로 28달러를 청구했다.)

*위 예에 대응되는 중국어 표현은 생략

이 논의에서 Fillmore는 상거래 사건 틀을 적절히 운용하여 사람들이 동일한 구체 사건과 개념구조에 대해 상이한 관점 부각을 통해 상이한 통사표현형식을 어떻게 형성하는지 상세히 설명하였다. 이로써 의미-통사 사상 관계를 해결하기 위한 해결방안을 제시하였다.

Perlmutter&Postal(1977), Keenan&Comrie(1977) 등이 1970년대 관계문법(Relational Grammar)을 주장하였다. Fillmore 역시 1970년대 말, 80년대 초에 격문법과 관계문법을 결합하여, 단어의 의미는 통사 내에서의 의미역을 명확히 밝혀주어야 완벽하게 표상할 수 있다고 주장하였다. 가령, 아래의 예[27]에서 동사 'destroy'가 두 개의 명사 'field'와 'fire'를 수반할 수 있다고 명시하는 것만으로는 충분치 않으며, 'field'는 대격, 'fire'는 도구격이라는 의미역까지 명시해 주어야 비로소 문장을 명확하게 표상할 수 있다.

[27] The field was destroyed by fire.

이것은 틀의미론과 격문법을 서로 결합하여 분석하는 방법론으로, 후자는 전자를 계승하고 발전시켰음을 충분이 보여준다.

틀의미론의 이러한 새로운 구상은 원래 격문법에서 해결하지 못한 (1)~(5) 항목의 문제점을 해결하였다.

(1) 틀의미론에 근거하면, 우리는 특정한 사건 틀에 근거하여 구체적인 단어 의미와 어구 표현을 이해해야 해서 보편적이고 일반화된 의미역 목록을 제정하는 것이 쉽지 않다.

따라서 초기 격문법처럼 고도의 보편적이고 개괄적인 의미역을 추구하거나 그것들을 모두 나열할 필요 없이 적절한 일반화 수준에 도달하기만 하면 된다는 것을 알 수 있다. 틀의미론이 주창하는 개념 틀 혹은 개념구조가 바로 이러한 유형에 속한다.

(2) 상술한 분석에 근거하면, 의미역을 엄격하게 구분하는 것은 불가능하며, 어느 정도의 모호성과 융통성을 가지고 있음을 인정해야 한다. 이것은 인간의 사유와 언어 표현의 모호성과 다양성에 부합하는 것이기도 하다. 게다가 의미역은 구체적인 개념 틀에 상응하여 확정되며, 혹은 개념 틀은 의미역을 명확하게 해석하기 위한 참조점을 제공하는 것이라고도 할 수 있다.

(3) 통사성분의 함축등급은 조사를 통해 귀납하는 방법을 운용하는 것이기는 하지만, '위에서 아래'로의 연역법에 기초하여 추론하고 재구성해 낸 것이다. 따라서 이론적으로 보면 합리적이지만, 언어 사실에 대한 체계적이고 전면적인 검증을 거치지는 않았다. 그러나 틀의미론에서 제시한 개념구조는 체험주의에 기반하여 '아래에서 위'로의 귀납법을 채택하여 이루어졌으며, 사용기반 모델에 근거하여 구체적인 상황을 분석하고, 이론 가설을 논증하였다. 이 두 이론은 상호 보완의 효과를 거둘 수 있다.

(4) 1960년대의 TG이론은 문장의 주어와 목적어에 주목하였다. Fillmore는 이 시기 이러한 방법에 따라 심층 의미역이 어떻게 표층 통사 구조 가운데 주어와 목적어로 전환되는지에 관한 문제를 중점적으로 연구하였다. 당시의 시대적 배경 하에서 주변 성분은 자연스럽게 연구 범위에 포함되지 않았다. 틀의미론은 의미역을 참여자역과 도구격(Props)으로 나누고, 전자를 핵심 틀 원소, 후자를 비핵심 틀 원소라고 하였다. 이것은 이 분야의 연구가 한층 더 전면적으로 이루어져 설득력을 갖게 되었음을 의미한다.

(5) 틀의미론은 사건역 전체 구조를 배경지식으로 보아 이러한 각도에서 어휘 의미 내부의 구조관계를 분석해야 하고, 이러한 각도에서 '전체가 부분을 결정한다'는 원리를 연구 방법론으로 삼아야 한다고 밝히고 있다. 또한 동일한 사건역에 있는 단어 의미간의 관계는 통사 표현에 직접적으로 영향을 주므로 사건역 속에서 의미와 통사 간의 상호작용 문제를 처리해야 한다는 점을 명시하고 있다. 이때 생각과 표현의 다양성 역시 고려해야 하므로, 의미와 통사간의 정확한 대응관계에 연연하지 않아야 한다.

그러나 틀의미론도 아래와 같은 문제점이 있다.

(1) 틀의미론은 격문법에서 도출된 통사 함축등급 기제를 포기했다. 그러나 Fillmore는 의미역이 어떻게 통사 상에서 실현되는지를 설명할 수 있는 새로운 기제를 제시하지 못했다. 이것은 1980년대 구문문법이론으로의 발전을 촉발해 주었으며, 상자도식으로 이 둘의 조합기제를 상세히 설명해야 한다고 주장하였다.

(2) 문법과 의미가 서로 결합한다는 형식과 의미의 결합 연구 방법을 채택한다는 것은 통사와 의미의 분리를 반대하는 것이므로 통사-의미 상호작용 문제를 해결하는 것에 속한다. 그러나 '결합'이라는 이 단어는 통사와 의미 양자가 어느 정도 상대적인 독립성을 가지고 있다는 것을 전제하고 있는 것 같다. 이것은 구문문법이 제창하는 형식과 의미의 일체와는 다소 차이가 있다.

(3) 격문법과 틀의미론은 비록 경험에 입각하여 의미 성분 및 그들 간의 구조관계를 분석해야 한다고 제안하였으며, 경험공간과 개념구조라는 큰 틀에 대해 기본적인 공감대를 이루어야 한다고 제안하였으나, 그것이 준수해야 하는 철학원리를 상세히 설명하지 못하고 있는데, 이것은 구문문법이 체험철학을 이론 기초로 삼아 발전할 수 있는 여지를 제공하였으며, 신체화된 보편론에 대한 단초를 제공하였다.

3. 구문문법

Fillmore는 틀의미론이 남겨놓은 문제를 해결하기 위해 형식과 의미의 결합 문제를 계속 연구했다. 그는 동료, 학생들과 함께 관용어를 연구하면서 Langacker(1987)가 제안한 상징단위라는 중요한 개념을 받아들여 형식과 의미의 결합을 포기하고 형식과 의미의 일체를 받아들인 것이다. 아울러 상자 도식으로 형식과 의미의 일체에 관한 내부 기제를 상세히 설명하고, 문장성분과 의미역의 조합관계를 기술하였다(제15장 참조).

Fillmore는 1985년 「Frames and the Semantics of Understanding」과 「Syntactic Intrusions and the Notion of Grammatical Construction」 제하의 논문 두 편을 발표하였다. 첫 번째 논문의 출발점은 틀의미론이지만, 두 번째 논문에서는 처음으로 구문문법(Construction Grammar)이라는 용어를 제안, 연구방향을 구문문법으로 전환하였다. 그는 1987년

과 1988년 「The Goals of Construction Grammar」(Kay와의 공동저작)와 「The Mechanisms of Construction Grammar」 제하의 논문을 연이어 발표하면서 연구 목표와 운영 기제 등을 포함한 구문문법의 이론 틀 정립에 착수하였다.

Fillmore, Kay, O'Connor 세 학자는 이 기간 다양한 형식으로 협력하여 구문문법에 관한 중요한 논문을 발표하였다. 1988년 이들 3인은 『Language』 68권에 「Regularity and Idiomaticity in Grammatical Constructions: The Case of Let Alone」이라는 제목의 논문을 발표하여, 영어 관용어인 'let alone' 구문을 중점적으로 논의하고, 그것을 기본 출발점으로 하여 TG학파의 기본 가설인 모듈론, 보편론, 합성성을 비판하였다. Fillmor et al.(1988:511)은 논문에서 아래와 같이 언급하였다.

본 논문의 주요 목적은 영어에서 let alone 구를 포함하고 있는 문장에서 문법 구문의 화용, 의미, 통사 측면의 정보를 분석하는 것이다.[3]

위의 기본 목적에 입각하여 통사, 의미, 화용 세 측면에서 관용어 'let alone'을 세밀하고 조리있게 분석하여 아래와 같은 결론을 도출하였다. 관용어는 형식과 의미의 결합쌍으로, TG학파가 주장(혹은 적어도 초중기에 주장)한 통사 하위모듈 접근법으로는 분석이 불가능하다. 관용어는 통사 하위모듈과 의미 하위모듈 사이에서 고정적인 대응관계가 존재하며, 전체적인 통일성을 가지고 있기 때문에 이 둘을 하나의 결합쌍으로 보아야 분석이 가능하다. Kay&Fillomore(1999:1)는 이 점을 다시금 더 강조하였다.

구문문법 분석법을 채택하는 것은 바로 개별 언어의 **전체적인 현상** 해석을 원칙으로 하겠다는 약속을 이행하는 것이다.[4]

---

3) Our central goal in this paper is to illustrate the analysis of grammatical constructions in their pragmatic, semantic, and syntactic aspects, using that grammatical device in English that incorporates the phrase *let alone*.

4) To adopt a constructional approach is to undertake a commitment in principle to account for the entirety of each language.

여기에서 '전체적인 현상'이란 바로 구문의 의미-화용-통사 특징 전체를 가리키는 것이다. 언어 가운데 다수를 차지하는 관용어 역시 이 전체의 각도에서 효과적이고 합리적으로 해석한다는 것이다. 만약 통사적 각도에서만 분석하게 되면, '정확함을 위한 정확함, 형식화를 위한 형식화'만을 추구하여 자신의 구미에 맞지 않는 현상은 예외(Exceptions)로 간주하여 배제하게 된다. 이렇게 억지스럽게 통사적 각도에서만 분석하는 방법론에 입각한 이론은 제한성이 너무 커서 타당성이 결여될 수밖에 없다.

Fillmore 등의 학자는 관용어를 '형식과 의미의 결합쌍'으로 분석하였을 뿐 아니라, 언어 각 층위의 모든 표현 역시 형식과 의미의 일체를 이루는 부호로, '구문'이라는 개념 하에서 통일된 해석을 할 수 있다고 논증하였다. 따라서 Fillmore 등 학자들은 문법 이론은 구문에 대한 이론이어야 하며, 통사역(Syntactic Role), 담화역(Textual Role), 동사자질 상황유형역(Verb-specific Situational Role) 간의 관계를 연구해야 한다고 주장하였다. 이처럼 격문법과 틀의미론에서 제안한 형식과 의미의 결합 개념은 구문문법 이론의 기본 원리인 형식과 의미의 일체로 발전하였다.

Fillmore, Kay, O'Connor는 이 시기 연구에 근거하여, 언어학 이론은 구문을 통해 언어 내지 언어능력을 통일되고 합리적으로 해석할 수 있어야 한다고 주장하였다. Fillmore et al.(1988:534)은 논문의 결론 부분에 이러한 목적을 직접적으로 명시하였다.

언어 사용자의 주요 언어능력은 '정보 저장소'라고 기술될 수 있다. 그 가운데에는 어휘 통사유형, 관련 의미해석 원리, 특정 상황에 작용하는 화용기능이 포함된다.[5]

사람들의 언어능력은 Chomsky가 말한 것처럼 생득성을 띤 통사 구조 혹은 보편문법에 의해 결정되는 것이 아니라 의미-화용-통사 정보를 동시에 갖고 있는 구문에 의해 결정된다. 후에 Fillmore, Kay&O'Connor(1999), Miclaelis&Lambrecht(1996) 등은 관련 내용을 더

---

5) It has seemed to us that a large part of a language user's competence is to be described as a repertory of clusters of information including, simultaneously, morphosyntactic patterns, semantic interpretation principles to which these are dedicated, and, in many cases, specific pragmatic functions in whose service they exist.

욱 심도 있게 탐색하여, "문법을 연구하는 것은 바로 인간의 언어능력을 연구하는 것으로, 바로 구문과 구문네트워크를 연구하는 것이다. 이렇게 해야 정신의 각도에서 설명력 있는 언어 이론을 정립할 수 있다."고 명확히 언급하였다. 구문문법 이론은 이로써 전세계 인지 언어학자들의 주목을 받게 되었다.

Kay는 구문문법의 정립을 위해 중요한 공헌을 하였는데, 그의 주요 관심사는 구문문법 가운데 의미극에 대한 형식화 기술이었다. 1990년대 중반 이후, Kay는 구문문법의 전체적인 개념과 일반 형식화 문제를 논술하였으며, Sag와 함께 구문문법과 핵어 중심 구구조문법(HPSG, Head-Driven Phrase Structure Grammar)을 결합하여 구문문법에서 보여지는 동일한 혹은 유사한 형식자질(구문 간의 상속 네트워크 문제를 포함)을 논증하였다.

Goldberg(1995:26)는 Lakoff&Johnson이 제안한 체험철학의 틀 안에서 구문을 한층 더 심도 있게 연구하였다. 또한 인지의미론, 인지문법 등의 관점을 운용하여 틀의미론의 일부 기본원칙을 예증하여, 구문문법의 철학 기초를 상세하게 기술하고 논항구조를 출발점으로 삼아 구문문법 이론 틀과 분석방법을 논술하여, Fillmore가 제안한 틀의미론과 구문문법을 한층 더 발전시켰다.

인지문법과 구문문법의 정립으로 Fillmore는 형식과 의미의 일체라는 연구 방안의 유효성을 더욱 굳게 믿게 되었으며, 그가 과거 20여 년간 연구한 격문법과 틀의미론의 연구 방법이 정확하다는 것을 확고하게 증명하였다. Fillmore가 학문을 하는 동안 차례로 제안한 격문법, 틀의미론과 구문문법은 서양언어학이론 가운데 이정표적인 의의를 가지며, 현대 언어학의 발전에 중대한 공헌이기도 하다.

제3절 관용어와 모듈론

Fillmore(1985b)는 'the hell, the heck, the debil, the deuce, on earth, in the world' 등의 관용어와 구문간의 관계를 논의하였고, Zwicky(1986)은 그 핵심적인 내용을 아래와 같이 기술하였다.

모든 관용어는 다 특정 구문의 예시이다.[6]

이로부터 관용어 및 관용어와 구문 간의 관계가 연구 대상으로 부상하면서, 언어연구의 새로운 장이 펼쳐졌다. 학자들은 대체로 구문문법은 미국 UC버클리의 Fillmore와 그의 동료들의 관용어에 대한 연구에서 시작되었다고 본다.

전세계 모든 언어에는 상당 수량의 관용어가 활용되고 있다. 관용어의 다양한 형식과 풍부한 표현력은 다른 언어의 형식으로 대체할 수 없기 때문에 관용어를 '언어의 정수'라고 지칭하곤 한다. 그러나 이러한 관용어와 특수 표현은 일반적인 표현과 달리 통사적으로나 의미적으로는 독특한 성질을 띠고 있으며, 그 대응 관계가 매우 복잡하다.

TG학파는 관용어와 특수 표현에 대해 '회피' 내지는 '경솔'한 태도를 취했다. Chomsky와 그의 제자들은 이상적인 언어, 핵심문법, 규칙 표현, 정확한 문법에 맞게 형식화된 연산 등에만 주목하는 한편, 비표준화된 현상을 철저히 배제했다. 이러한 방법론을 효과적으로 운용하기 위해 그들은 하위 모듈 가운데에서 일반성을 띤 규칙과 제약을 설정하기 위해 많은 에너지를 쏟았지만, 이러한 규칙과 제약으로는 특수한 성격을 띤 관용어와 특수 표현을 설명할 수가 없었다. 이러한 상황 하에서 이론의 합리성을 위해서는 회피의 태도로, 대량의 관용어와 특수표현을 연구 범위 밖으로 배제하거나, 경솔하게 관용어와 특수 표현을 어휘목록에 배열하여 통사의 순수과학성을 보장할 수밖에 없었던 것이다. Croft&Cruse (2004:229)는 아래와 같이 언급하였다.

Chomsky의 통사 일반성과 구조에 맞지 않는 구문의 문법 분석에 대한 입장은 모든 문법의 자의적인 측면과 독특한 측면은 어휘목록으로 제한해야 한다는 견해에 대한 보충이다.[7]

게다가 Chomsky는 각 하위모듈의 규칙과 제약 및 하위모듈 간의 연결을 통해 언어의

---

6) Each idiom is an instance of particular construction.

7) Chomsky's position on the generality of syntax and the irrelevance of constructions to the analysis of grammar is the complement of his view that all arbitrary and idiosyncratic aspects of grammar should be restricted to the lexicon.

모든 통사 자질을 합리적으로 기술하고 설명할 수 있다고 여겼기 때문에 TG 문법 분석에서는 '구문'이라는 개념이 필요 없었다.

그러나 이 이론에 중대한 문제가 있음을 발견할 수 있는데, 바로 언어에 다량으로 존재하는 관용어는 단어보다 더 큰 단위인데 그것을 어휘목록에 나열하는 것은 근거가 부족하다는 점이다. 그 이유는 아래와 같다.

(1) 대체로 하나의 관용어는 다수의 어휘로 구성되어 있다.
(2) 많은 관용어는 주술관계, 동목관계, 수식관계 등의 통사 관계가 명확히 드러난다.
(3) 많은 관용어는 그 가운데 포함된 단어로 교체할 수 있다.
(4) 다수의 관용어는 수동태이다.

더욱 어려운 문제는 통사 하위모듈 혹은 통사 하위모듈과 의미 하위모듈 간의 연결규칙으로는 관용어에 대해 신뢰할만한 예측을 하거나 합리적으로 해석하는 것이 불가능하다는 것이다. 이처럼 TG이론은 언어 전체가 아니라 부분적인 현상만 설명할 수 있기 때문에 TG이론과 그것의 설명력은 의심을 받기 시작했고, 이에 다수의 학자들은 통사를 더 효과적으로 표상하기 위해 고민하기 시작했다.

인지언어학에서는 언어를 연구하는 데 있어 핵심과 비핵심, 보편과 특수, 규칙적인 현상과 불규칙적인 현상은 모두 똑같이 중요하기 때문에 어느 하나를 포기하거나 한 극단에서 다른 극단으로 나아가서도 안 된다고 본다. 인지언어학자들은 Chomsky와는 정반대로, 관용어나 특수한 표현에서 접근하여 연구 경험이나 해석틀을 얻어낸 뒤, 그것을 출발점으로 삼아 일반적이고 규칙적이며 핵심적인 현상을 설명해야 한다고 주장한다. 이것이 바로 Goldberg(1995:6)가 설명한 비중심적인 용례의 규칙으로 중심적인 용례를 설명할 수 있다는 것이다. 이것은 TG학파의 연구와는 완전히 다르다.

관용어는 전형적인 특수성을 띠고 있기 때문에 통사와 의미의 각도에서 합성성으로 해석할 수 없다. 가령, 'spill the beans'는 비록 'V+NP'의 통사규칙에 부합하지만, 통사 하위모듈과 의미 하위모듈을 연결하는 규칙으로는 합리적인 해석을 할 수 없는데, 여기서 'spill'은 'divulge(누설하다)'의 의미를 나타내기 때문이다. 마찬가지로 아래와 같은 관용어는 TG의 통사적인 합성성의 원리에 근거해서는 합리적인 해석이 불가능하다.

[28] kick the bucket (죽다, 골로 가다)

[29] by and large ((완전히는 아니지만) 대체로)

[30] No can do. (안 되겠어, 할 수 없어)

[31] Believe you me. (정말이라니까)

[32] happy go lucky (태평스러운)

[33] make believe (…인 척하다)

일상적인 언어 의사소통에서 관용어를 배제할 수 없으며, 많은 관용어들은 규정된 의미 외에 특정한 언어사용 환경과도 밀접한 관계를 맺곤 한다.

[34] Good morning! (좋은 아침이에요!)

[35] See you! (또 만나요!)

위의 예문들은 규정된 의미 외에 대화를 시작하거나 끝내고자 하는 화용적인 기능을 가지고 있기도 하다.

[36] Once upon a time (옛날 옛적에)

이것은 이야기를 시작하려는 화용적인 기능이 있다.

Fillmore 등은 이러한 관용어를 화용적인 관용어라 명명하였다. 화용적인 관용어는 담화 정보 구조를 제공한다는 특징을 가지며, 통사구조 분석으로는 그들의 화용적인 혹은 담화 적인 기능을 설명할 길이 없다. 모듈론은 여기서 한계에 부닥치게 된다.

언어에 포함된 대량의 관용어는 단어보다 더 큰 의사소통 단위이며, 그 가운데 상당수는 완전히 고정되지 않았다. 가령, 예[34]는 'Good afternoon(좋은 오후)'이나 'Good evening (좋은 저녁)'으로 바꿔 쓸 수 있으며, [35]는 'See you later(다음에 만나요)'나 'See you tomorrow(내일 만나요)'로 바꿔 쓸 수 있다. 이처럼 여기에는 추상 도식 구문 문제가 연관되어 있어, 이들을 경솔하게 어휘목록에 귀납시킬 수는 없다.

관용어는 발화자의 문법 지식에서 결코 빼놓을 수 없는 일부분이므로 언어학자들이 이에 대해 회피하는 태도로 방치해서는 안 된다. 완벽한 통사 이론이라면 반드시 이러한 현상에 대해 합리적인 해석 방안을 제시해야 하며, 각 부류의 관용어 간의 차이를 구분함으로써 정규적인 어휘와 통사규칙 간의 관련성을 정확히 기술하고, 관용어가 어떻게 발화자의 머리에 저장되는지에 대해 심도 있게 설명해주어야 한다. 만약 이러한 현상이 설명되지 않는다면, 어떻게 언어 이론의 타당성을 논할 수 있겠는가? TG학파의 일련의 가설은 이로 인해 도전에 직면하게 되었다(Croft, 2001:16).

인지언어학자들은 언어이론은 개괄적인 일반성을 기술하는 규칙이 있어야 할 뿐 아니라 개별적인 특수성을 설명할 수 있는 능력도 갖추고 있어야 한다고 본다. 이러한 생각에서 '구문'이라는 완전히 새로운 분석 방법론을 이끌어 낼 수 있었다. 앞서 논의한 바와 같이 Fillmore 등(1988)은 이러한 사유에 근거하여 관용어를 '구문'이라고 보았다. 구문은 특수성을 띤 표현과 일반적인 형식을 포괄하고, 단어 이상의 단위를 포괄하며, 구체적인 단어와 추상적인 통사도식을 포괄한다. 이처럼 구문은 범위가 매우 넓은 연속체를 형성하여 모든 통사 구조로 다 표상해낼 수 있으며, 이에 기초하여 통일된 문법 이론 틀이 정립될 수 있었다.

Fillmore 등의 학자는 구문을 돌파구로 삼아 TG이론에 도전하였으며, 그것을 설득력 있는 언어 이론 체계로 발전시켰다. 구문으로 모든 문법지식을 일관되게 표현해낼 수 있다는 점은 언어 이론이 통일된 해석을 하기 위한 분석틀을 마련하는 데 확실한 방법론을 제공한 것이기도 하다.

제4절 관용어에 대한 Fillmore의 분석

현재까지 많은 언어학자들이 관용어를 심도 있게 연구해 왔다. 여러 유럽 학자들은 관용어 연구를 'Phraseology(관용어학)'라고 명명하기도 하고, Frith 학파도 연어의 각도에서 관용어 문제를 논의한 바 있다.

관용어 연구에 있어 우선적으로 관련된 문제는 '어떻게 분류하는가'인데, 몇몇 관점을 열거해 보면 아래와 같다(Croft&Cruse, 2004:231-236).

1. Makkai의 관점

Makkai(1972)는 아래와 같이 구분하였다.

(1) 부호화 관용어(Encoding Idioms / Idioms of Encoding): 문장을 해석하는 표준 규칙으로 관용어를 해석할 수 있는 경우

[37] answer the door ((손님을 맞이하러) 현관으로 나가다)

[38] wide awake (완전히 깨어 있는, 정신이 말똥말똥한)

(2) 해독화 관용어(Decoding Idioms / Idioms of Decoding): 구성성분으로 관용어 전체의 의미를 파악할 수 없기 때문에 관용어를 하나의 전체 단위로 보아 통째로 학습(Learnt Whole)해야 하는 경우. 이 부류의 관용어는 관련 배경 지식을 가지고 있어야 한다.

[39] kick the bucket (죽다, 골로 가다)

[40] pull a fast one (보기 좋게 속이다)

이상과 같이 분류에 근거해 보면, 부호화 관용어의 의미를 이해하는 것은 어렵지 않으나, 연어 사용에 대한 관습 규칙을 예측할 수 없다는 문제가 있다. 가령, 영어에서 [38]은 성립하지만, 아래와 같은 표현이 허용되는지는 전혀 예측이 불가능하다.

[41] *narrow awake / *narrow asleep / *wade alert

이러한 각도에서 본다면 부호화 관용어와 해독화 관용어를 구분하기 어려워진다(Evans&

Green, 2006:644).

2. Nunberg, Sag and Wasow의 관점

Nunberg, Sag and Wasow(1994:491)은 관용어는 합성성이 없다고 보는 TG학파의 관점은 명확히 틀렸다고 여겼는데, 대다수의 관용어는 사실상 일정 정도의 의미의 합성성을 가지고 있기 때문이다. 그들은 많은 관용어는 ❶ 부가적으로 수식어를 덧붙일 수 있다는 점, ❷ 일부 성분은 양화될 수 있다는 점, ❸ 그 논항은 주체화 될 수 있다는 점, ❹ 일부 성분은 생략될 수 있다는 점, ❺ 재지시성 용법이 있을 수 있다는 점 등의 다섯 개의 측면에서 이러한 관점을 논술하였다. Yagihashi(2004)도 그의 논문 「Idiom Passivization: Where do Syntax and Semantics Meet?」에서 동일한 관점을 밝혔으며, 여기에 'bury the hatchet(무기를 거두다)'은 'the hatchet was berried(무기가 거두어졌다)'로 고쳐 쓸 수 있는 것처럼 관용어는 피동화 될 수 있다는 또 다른 증거를 추가하였다. 이들이 분석한 이러한 언어 현상은 Chomsky의 이론을 다시금 곤경에 빠뜨렸다.

Nunberg는 이러한 입장에 근거하여 관용어를 아래의 두 부류로 분류했다.

(1) 합성적 관용어(Idiomatic Combination): 이 부류 관용어의 의미는 구성 성분의 일부에 분포되어 있어서 구성 성분의 의미를 관용어의 전체 의미에서 식별해 낼 수 있다.

(2) 구 관용어(Idiomatic Phrases): 이 부류 관용어의 의미는 구성 성분의 일부에 분포되어 있지 않아서, 구성 성분의 일부가 독립적으로 사용될 때 의미와 용법을 결정하는 규칙으로부터 그 의미를 예측해낼 수 없다.

이들의 구분은 Makkai와 기본적으로 동일한데, 전자는 부호화 관용어, 후자는 해독화 관용어에 해당된다.

3. Fillmore의 관점(1)

Fillmore 등(1988:505) 역시 관용어에 대해 유사한 분류를 했다.

(1) 문법 관용어(Grammatical Idioms): 일반적인 통사규칙을 통해 해석해 낼 수 있는 관용어. 그러나 의미는 불규칙적인 것으로, 부호화 관용어와 해독화 관용어가 포함될 수 있다. 예[34]와 [35]는 모두 이 부류에 속한다. 또 다른 예를 살펴보자.

[42] spill the beans (무심코 말해 버리다, 비밀을 누설하다)

이것은 타동사가 명사구 목적어를 수반한 합법적인 문형이다.

(2) 초문법 관용어(Extragrammatical Idioms): 일반적인 통사규칙을 통해서는 해석할 수 없는 관용어.

[43] first off (우선, 먼저)
[44] all of a sudden (갑자기)

예[44]에서 'all of' 뒤에는 'the'가 이끄는 명사의 복수형가 오거나 불가산 명사는 올 수 있지만, 'a'가 이끄는 명사구는 이어질 수 없다. 또한 'sudden'은 형용사인데, 그 앞에 부정관사 'a'가 오는 것은 흔하지 않다. 이들은 모두 정규적인 문법 규칙을 뛰어넘는다.

4. Fillmore의 관점(2)

Fillmore 등(1988:505)은 아래와 같이 관용어에 대해 또 다른 분류를 했다.

(1) 고정 관용어(Substantive Idioms): 관용어의 모든 단어가 다 고정적이다. 따라서 'Fixed Lexical Idioms(고정 어휘 관용어)'라고 칭해지기도 한다. 이러한 부류의 관용어 내 단어는 다른 단어로 바꾸어 쓸 수 없을 뿐 아니라 시상 역시 바꿀 수 없다.

[45] It takes one to know one. (그렇게 말하는 너야말로 그렇다.)
    乌鸦笑猪黑, 自己不觉得 (겨 묻은 개가 똥 묻은 개 나무란다.)

(2) 형식 관용어(Formal Idioms): 관용어가 하나의 통사 틀(Syntactic Frame)을 제공한 것으로, 통사와 의미의 적합성만 만족시키면 그 가운데 다른 어휘항목을 삽입하거나 적어도 일부 단어를 바꾸어 쓸 수 있다.

[46] (X) blows X's nose (코를 풀다)

'X' 자리에 임의의 사람을 나타내는 명사구가 올 수 있으며, 단복수 변화도 가능하다. 아울러 동사 역시 시상의 변화도 있을 수 있다.

[47] John blew his nose. (John은 코를 풀었다.)
[48] We all blew our noses. (우리는 모두 코를 풀었다.)

구문문법 연구에서 많이 논의된 'let alone' 구문도 역시 그 뒤에 명사, 동사, 형용사, 전치사구, 절 등의 각종 어휘항목이 올 수 있다.

그밖에, Fillmore 등이 여기서 말한 형식 관용어(Formal Idioms)는 Langacker가 사용한 도식적 관용어(Schematic Idioms)에 해당된다.

이렇게 분류하면 몇몇 관용구문은 고정 관용어로 볼 수도 있고, 형식 관용어로도 볼 수 있다는 문제점이 있다. 아래의 'The X-er, the Y-er'의 예와 그에 관한 논의를 참고하라.

5. Fillmore의 관점(3)

Fillmore 등(1988:506)은 관용어를 아래와 같이 분류하였다.

(1) 화용적 관용어(Idioms with Pragmatic Point, 화용성이 있는 관용어): 한 관용어가 정규적인 의미 말고도 특정한 화용적인 기능이 있는 경우로, 특정한 화용 상황 혹은 담화의 상하 문맥에서만 사용된다. 위 예문의 [34][35][36]이 그 예이다.

(2) 비화용적 관용어(Idioms without Pragmatic Point, 화용성이 없는 관용어): 이러한 부류의 관용어는 특정한 화용 상황 혹은 담화의 상하문맥에 제한되지 않으며, 비교적 광범위하게

쓰일 수 있다. 예[43][44]가 이에 해당하며 또 다른 예는 다음과 같다.

[49] by and large (대체로)

[50] on the whole (전체적으로 보아, 대체로)

위의 문장에서 제시된 몇 가지 분석 방법에 근거하여 하나의 관용어가 여러 종류에 속할 수 있음을 알 수 있다. 가령 예[49]는 해독화 관용어이며 초문법 관형어기기도 하고 고정 관용어이자 비화용적 관용어이다.

6. Fillmore의 관점(4)

Fillmore 등(1988)은 언어 표현의 익숙한 상황에 근거하여 이하 세 측면에서 관용어에 대해 다시 한 번 분류하였다.

A. 단어 선택

B. 통사 배열

C. 의미 해석

그들은 '익숙하지 않은 단어가 정규적인 통사 배열을 한다'는 이러한 유형은 존재하지 않는다고 보아, 오직 세 가지 종류의 관용어 유형으로만 분류하였다. Evans&Green(2006: 647)은 한 가지 유형을 더 추가하였는데, 본서에서는 배열 순서에 근거하여 이들은 제 II유형으로 배열하고, Fillmore 등이 분류한 것은 제 I, III, IV유형으로 구분하였다.

이를 간략한 도식으로 배열하면 아래와 같다.

	단어 선택	통사 배열	의미 해석	예
I	−	−	−	the X-er, the Y-er
II	−	+	−	take umbrage at, kith and kin

III	+	–	–	all of sudden, by and large
IV	+	+	–	pull X's leg, tickle the ivories
V	+	+	+	

그림4-3

그림 가운데 '+'는 '자주 쓰이는 어휘', '익숙한 용법(정규적 배열)', '정규적인 의미 해석'을 나타낸다. '–'는 '특수한 어휘', '익숙하지 않은 용법(비정규적 배열)', '비정규적인 의미 해석'을 나타낸다. 이를 통해 그림 가운데 앞의 네 부류는 관용어이고, 다섯 번째 부류는 정규적인 표현임을 알 수 있다. 이들에 대한 설명은 아래와 같다.

(1) 제I류 관용어: 자주 쓰이지 않는 단어(주로 어떤 고정 관용어 가운데 보여지며, 다른 상황에는 사용되지 않아 '전용단어 전용용법'현상이라고 할 수 있다.)의 비정규적 통사배열로, 의미도 특수하다. Evans&Green(2006:647)이 든 예는 'the X-er, the Y-er'(아래 문장 참조)이다. 영어에서 'the'가 비교급과 함께 쓰이는 것은 비정규적 조합 현상으로, 이러한 호응 관계는 단지 이 구문에서만 출현한다. 앞뒤 두 절은 '동시 점층적 등급' 관계를 포함하고 있으며, 특수한 의미를 나타내고 있다.

(2) 제II류 관용어: 고정 관용어에 쓰이는 익숙하지 않은 단어의 규칙적인 통사 배열. 가령

[51] take umbrage at　　　　take offence at 와 비교
　　　(불쾌하게 여기다, 화내다)　　(기분이 상하다)

[52] in cahoots with　　　　in trouble with 와 비교
　　　(~와 공모하다)　　　　　(~와 분쟁을 일으켜)

[53] by dint of　　　　　　by virtue of 와 비교
　　　(~에 의해서)　　　　　　(~덕분에)

[54] wend one's way　　　　make one's way 와 비교
　　　(가다)　　　　　　　　　(나아가다, 가다)

[55] under the auspices of	under the authority of 와 비교
(~의 후원[보호]하에)	(~의 지배[권력] 아래)
[56] be taken aback	be suddenly surprised 와 비교
(~에 깜짝 놀라다)	(갑자기 놀라다)
[57] tit for tat	blow for blow 와 비교
(보복, 앙갚음)	(일격을 가하다)

상술한 일곱 개의 예 가운데 'umbrage, cahoots, dint, wend, auspices, aback, tat'은 모두 고정 관용어 가운데 주로 쓰이지만, 이들의 통사적 조합은 영어의 통사 규칙에 부합한다. 이것은 오른쪽에 제시된 예와 비교해 보면 알 수 있다. 그러나 이러한 유형은 Fillmore 등(1988), Croft&Cruse(2004:235)에서는 제I류로 분류되었다. 그들이 든 예는 아래와 같다.

[58] kith and kin (친지들과 친척)

[59] with might and main (전력을 다해)

우리는 Evans&Green의 분석이 더 합리적이라고 본다. 어찌되었든 이러한 특수한 단어 (kith, kit)는 기본통사규칙(병렬 구조) 배열에 따라 이루어진다, 이러한 처리로 네 가지 관용어 유형은 점진적으로 변화하는 유기적인 연속변차선을 이루게 된다.

(3) 제III류 관용어: 익숙한 단어들이 비정규적 통사 배열을 이루어, 비정규적 호응 용법이 출현했다. 따라서 이것들은 통사적으로 그리고 의미적으로 모두 정규적인 규칙에 부합하지 않는다. 가령, 예[49]에서 'by'는 전치사이고 'large'는 형용사이데, 이 둘이 'and'로 연결되어 있어 일반적인 통사 규칙에 부합하지 않음을 알 수 있다.

그밖에 앞에서 언급한 도식성 관용어 역시 이러한 부류의 관용어의 속성을 갖고 있다.

(4) 제IV류 관용어: 익숙한 단어가 익숙한 통사배열을 이룬다. 그러나 의미는 정규적인 해석에 들어맞지 않는다. 즉, 각 단어의 의미가 조합된 의미와 맞아 떨어지지 않으며, 의미가 합성성 원리에도 부합하지 않는다. 위 문장의 [39][42]가 이에 해당하며, 또 다른 예는 다음과 같다.

[60] pull X's leg (X를 놀리다)

[61] tickle the ivories (피아노를 치다)

[62] throw in the towel (패배를 인정하다)

그림4-3으로부터 우리는 아래의 몇 가지를 알 수 있다.

(1) 제V류는 정규적인 표현으로 관용어가 아니다. TG문법의 통사규칙은 이러한 표현만 설명할 수 있다. 이를 통해 TG이론은 제약이 매우 크다는 것을 알 수 있다.

(2) 관용어와 비관용어 사이의 차이는 단어 선택과 통사 배열에 있는 것이 아니라, 의미 해석이 일반 규칙에 부합하는가의 여부에 달려있다. I, II, III, IV류 관용어에서 단어 선택과 통사 배열은 규칙에 부합(+) 하거나 규칙에 부합하지 않는(−) 두 가지 경우가 있으며, 의미 해석이 '−'일 때만 관용어로 여겨진다. 따라서 의미 해석의 정규/비정규 여부는 관용어와 비관용어를 구분하는 주요한 요소이며, 이것은 또한 순수한 통사 분석만으로는 파악할 수 없다는 것을 보여주는 것이기도 하다.

아울러, Fillmore 등(1988) 역시 단어의 정규적인 선택과 통사의 정규적인 배열을 위반했더라도 사람들은 그 표현으로부터 추측해 낼 수 있(즉, 의미규칙 위반이 명확하지 않)다는 것을 발견했다. 이것은 그림4-3에 한 종류의 상황을 추가해야 한다는 것을 설명해준다. 즉, 단어 선택과 통사 배열이 '−', 의미 규칙 '+'라는 것으로, 앞서 논의한 제I류 관용어에서 제시한 예와 같다.

[63] The X-er, the Y-er

이것은 도식성 구문이기도 한데, 다른 단어를 넣어 합법적인 표현을 구성할 수 있다.

[64] The more you practice, the easier will get. (연습하면 할수록 쉬워진다.)

[65] The louder you shout, the sooner they will serve you. (네가 큰 소리로 외칠수록, 그들이 너를 위해 더 빨리 봉사할 것이다.)

[66] The bigger they come, the harder they fall. (자만심이 크면 클수록 더 세게 넘어진다.)

예[64]와 [65]는 관용어의 조합 표현(즉, 앞서 언급한 형식 관용어)으로, 문장 내 두 개의 'the'가 비교급과 함께 쓰인 것은 생소한 단어 선택과 호응이며, 구문의 도치배열 역시 익숙하지 않은 용법이다. 그러나 사람들은 대체적으로 이 구문의 의미를 추측할 수 있다. 예[66]은 고정 관용어로 그 안에 쓰인 단어는 마음대로 바꿀 수 없다.

(3) 우리는 원형범주이론으로 관용어의 관용 정도를 설명할 수 있다. 그림4-3에서 볼 수 있듯이 관용어의 관용성에는 정도의 차이가 있다. Fillmore 등의 관점에 따르면 관용어는 단어 선택, 통사 배열, 의미 해석이라는 이 세 방면에서 정도의 차이에 따른 묘사를 할 수 있으며, 세 원리를 완전히 위배한 것이 가장 전형적인 관용어로 제I류 관용어가 여기에 속한다. 두 개의 원리를 위배한 것은 그다음으로 전형적인 관용어로 앞의 II, III류가 여기에 해당된다. 만약 단지 하나의 요소만 위배했다면, 관용어 범주의 주변 성분으로, 앞의 제IV류 관용어가 여기에 속한다. 만약 세 요소를 모두 위배하지 않았다면, 그것은 관용어가 아니다

물론, 관용어인지, 규칙을 위반했는지, 정규적인 표현인지 아니면 관용어인지는 사람에 따라, 또 사용 상황에 따라 다르게 판단될 수 있으므로 일률적으로 말하기 어렵다.

제5장

Langacker의 인지문법

본장에서는 먼저 인지문법의 역사적 배경에 대해 소개하고, 제2절에서는 Langacker의 '의미는 개념화와 같다'는 관점에 대해 논의할 것이다. 이는 매우 중요한 관점으로 문법 분석의 출발점이자 문법 연구의 종착점이기도 하며, 동태성, 인본성, 주관성, 해석성 등의 특징을 충분히 보여준다. 그러나 '개념화' 의미관은 주관성을 과도하게 강조하는 바람에 의미형식과 이해라는 객관적인 기초를 소홀히 하기도 했다. 본서에서는 이를 '신체화된 개념화(体験性槪念化)'라고 수정 보완할 것이다. 이렇게 하면 의미에 주관적이면서도 객관적인 해석을 제공할 수 있을 것이다. 제3절에서는 Langacker가 전통적인 결합가 이론을 어떻게 발전시켰는지를 논의할 것이며, '문법적 결합가 관계' 및 '자립-의존 관계'를 제안함으로써 상징단위가 어떻게 큰 구문으로 합성되었는지 설명할 것이다.

제1절 개설

미국 캘리포니아대학 샌디에이고 캠퍼스의 Langacker 교수는 1970년대 Chomsky를 대표로 하는 TG학파의 치명적인 문제점을 간파하고 TG 이론이 언어학을 오도하고 있다고 날카롭게 지적하며 완전히 새로운 문법 이론 체계를 건립하기 시작했다. 초기에는 이 이론을 '공간문법(Space Grammar)'이라고 불렀는데, 기본적인 관점은 그가 1982년 발표한 논문인 「Space Grammar, Analysability, and the English Passive」에서 살펴볼 수 있다.

Langacker는 이를 기초로 1987년과 1991년에 각각 자신의 문법 이론에 대해 상세하고도 체계적으로 기술한 『Foundations of Cognitive Grammar』 두 권을 출판했다. 1980~90년대에는 'Cognitive(인지)'라는 단어가 이미 유행하고 있었기 때문에 Langacker는 언어의 인지 연구와 서로 일치시키기 위해서 자신의 이론을 'Cognitive Grammar(인지문법)'로 명칭을 바꾸었다.

Langacker는 『Foundations of Cognitive Grammar』에서 TG학파의 가설을 통렬히 비판하며 '상징단위'와 '구문'을 사용하여 심리적 각도에서 문법 연구에서의 형태와 통사를 위한 통일된 해석을 해야 한다고 주장했다. 그는 모든 언어 표현식(형태소, 단어, 구, 문장, 담화)이 모두 범주화 관계를 통해 심리적인 표상으로부터 나온 상징단위와 구문이므로 이것들 모두 형식과 의미의 결합쌍이고, 언어에는 근본적으로 어떠한 '모듈'의 문제나 서로 다른 통사 구조 사이의 '변형' 문제는 존재하지 않는다고 주장했다. 또한 소위 말하는 '모듈'과 '변형'은 TG학파 학자들이 만들어낸 용어로 현실성이 없기 때문에 문법 이론은 구문(상징단위)에 관한 이론이어야 하며, 구문에 근거하여 언어 체계의 심리 표상을 묘사해야 한다(Langacker, 1987:57)고 지적했다.

Langacker의 의미에 대한 견해 또한 매우 참신하다. 그는 의미를 '개념화'와 동일시하고, 이를 '우리가 세계를 인식하는 과정과 방식'이라고 정의했다. 그는 의미와 이해가 필연적으로 해석, 화용, 담화 기능 및 의미의 범주화, 개념화 등의 문제와 관련될 수밖에 없다고 생각했기 때문에 개념화와 통사 성분의 의미 범주와 관계에 관해 중점적으로 연구하고, 의미를 출발점으로 하여 문법구조와 조직에 대해 저술했다.

이 기간 동안 캘리포니아대학 버클리 캠퍼스의 언어학자들이 같은 학교의 Grice(1975)와 Searle(1969)의 화용론에 대해 깊은 흥미를 가지게 되어 지칭, 의미, 정보구조, 담화 등의 연구 방면에서 일련의 논문과 저서를 발표했다. 이는 후에 구문문법 이론이 통사, 의미, 화용 나아가 담화까지를 하나로 통합하여 언어를 분석하는 데 중요한 역할을 했다.

학계에서는 일반적으로 Langacker의 인지문법이 구문문법 이론에 기본적인 관점과 연구의 방향을 제시했다고 여긴다. 또 그 자신의 말을 빌리자면 인지문법 자체는 바로 일종의 구문문법 이론이며, 비교적 완벽한 인지구문문법 이론이자 급진적인 구문문법 이론이다. Langacker가 인지문법에서 제시한 기본 관점과 분석 방법은 Langacker(1987, 1991a/b,

2000, 2007, 2008)를 참고할 수 있다. 필자가 2006년에 편저한 『认知语法概论』에서 이에 대한 간략한 평론과 견해를 써 놓았으므로 여기에서는 자세히 논의하지 않겠다. 본장에서는 구문문법과 밀접한 관계가 있는 '문법적 결합가 관계'와 '자립-의존 관계'에 대해 주로 논의할 것이다.

제2절 의미는 개념화와 같다

1. 의미의 정의

플라톤의 『대 히피아스(Hippias major)』와 『라케스(Laches)』에서의 기술에 따르면, 소크라테스는 당시 고대 그리스에서 가장 학식이 풍부했던 대학자인 히피아스와 대장군 라케스에게 "미(美)란 무엇인가", "용기란 무엇인가"에 대해 물었다. 결과적으로 그들은 미와 용기의 구체적인 표현 형식만을 말했을 뿐 추상적인 정의를 내리지 못했다. 즉 어떤 사물을 그 사물이도록 하는 본질을 규정하기가 어려웠던 것이다. 플라톤과 많은 철학자들은 이 방법에 기초하여 '추상적인 사유를 배우고', '현상을 통해 본질을 보는' 즉, '본질(본체, 본원, 형이상학, 로고스, 절대 진리, 궁극적 진리)이 무엇인지' 끊임없이 질문하여 본질을 파악함으로써 우주의 문제에 관한 필연적이고 규칙적인 지식을 획득할 수 있다는 형이상학의 핵심적인 사상을 제안했다. 이를 통해 그들은 서양 철학사상의 '본체론' 시대를 개척했다.

아우구스티누스(Aurelius Augustinus)[1]는 "시간이란 도대체 무엇인가에 대해 아무도 나에게 묻는 사람이 없었을 때 나는 이에 대해 잘 알고 있었다. 그런데 어떤 사람이 그것에 대해 질문을 하자 나는 설명을 하고 싶었지만 도리어 어찌 설명해야 할지 몰랐다."라고 말한 바 있다(张志伟, 2004:158). 이것은 드니 디드로(Denis Diderot)[2]의 명언이기도 하다.

가장 많이 논의되는 것은 종종 우리가 아는 것이 가장 적은 것이기도 하다.[3]

---

1) [역주] 성 아구스티누스(354-430), 초대 그리스도교 교회가 낳은 위대한 철학자이자 사상가.
2) [역주] 드니 디드로(1713-1784), 프랑스의 계몽주의 사상가이자 작가.

헤겔(Hegel)[4]도 유사한 말을 한 적이 있는데, 그는 『정신현상학』(1807)에서 다음과 같이 말한 바 있다.

　　잘 아는 것이 정말로 아는 것은 아니다.

의미의 정의는 바로 이러한 문제에 속한다. 그것의 정의에 대해 아무도 묻지 않으면 사람들이 대략 알 수도 있다. 그런데 그것에 대한 정의를 묻는 순간 이 문제에 대해 전문적으로 연구하는 철학자와 언어학자를 포함한 많은 학자들을 곤혹스럽게 만들 수 있다.

이전부터 지금까지 수많은 철학자들이 의미에 대한 정의를 시도하기도 했지만, 의미에 관한 정의는 대부분 의미 이론을 의미했다. 예를 들면, 어떤 사람은 의미와 가리키는 대상을 연계하기도 했고(지칭론과 명명설), 어떤 사람은 사람들의 머릿속에 떠오르는 관념과 연계하기도 했으며(관념론), 명제의 진리치와 연계를 하거나(진리치 대응론, 진리치 조건론 등), 언어의 실제적 용법 혹은 어구가 만들어내는 기능과 연계를 하기도 하고(용법론, 기능론), 의사소통 시의 사회적 배경과 연계를 하거나(언어 맥락론), 수신인의 반응과 언어행위가 일으키는 효과와 연계하거나(반응론, 언어행위론), 발화자의 의도 및 도달하고자 하는 목적과 연계하거나(의지론), 인류의 감각 체험, 범주화, 개념화, 인지과정, 추론능력과 연계하기도 했다(인지론). 또한 그 외에도 성분론, 대체론, 관계론, 현상학적 의미론, 존재주의 의미론, 해석학적 의미론, 다원론 등이 있다. 의미에 관한 많은 관점들 모두 의미의 어떤 한 부분이나 특징을 반영하기도 했지만, 이러한 관점들은 다 부족한 점이 있어서 서로 보완해 가며 끊임없이 서로 영감을 주고받으며 비판하고 계승하는 과정 속에서 의미 이론에 대한 인식을 심화시켰다(王寅, 2001). 그러나 지금까지 사람들이 보편적으로 받아들일만한 정의를 도출하지는 못했다.

Ullmann, Saeed 등 많은 학자들이 과거의 의미 이론을 총결하고 귀납하여 서로 다른 분류 방안을 제시했는데, 본서는 체험주의 철학과 인지언어학의 기본적인 관점에 근거하여 의미 이론을 나누는 두 가지 기준을 제시하고자 한다.

---

3) 庞学铨(2005:209)에서 인용.
4) [역주] 헤겔, 게오르크 빌헬름 프리드리히(1770-1831), 독일의 철학자.

(1) 객관주의와 비객관주의의 철학관(체험주의 철학관은 비객관주의 철학관에 속함)에 근거하여 의미 이론을 객관주의 의미 이론과 비객관주의 의미 이론으로 나눌 수 있다.

(2) 의미의 외재성과 내재성에 근거하여 의미 이론을 외재론, 구조내재론, 심리내재론으로 나눌 수 있다.

이 두 가지 기준에 따르면 대부분 의미에 관한 전통적인 관점은 객관주의 의미론(Objectivist Semantics)이라고 볼 수 있다. 의미를 외재적인 것으로 보는지 내재적인 것으로 보는지에 상관없이 의미를 분리성, 독립성, 거울성, 합성성, 비은유성, 확정성 등의 특징을 가지고 있는 일종의 객관적인 존재물로 인식하는 것이다. 그러나 이와 반대되는 비객관주의 의미론(Non-objectivist Semantics)은 의미를 체험성과 인지성, 객관성과 구조성, 상호작용성과 의존성, 은유성과 게슈탈트성, 확정성과 모호성을 모두 가지는 것으로 인식한다. 이두 가지 기준에 따라 주요 의미 이론을 다음과 같이 분류할 수 있다.

	객관주의 의미 이론	비객관주의 의미 이론
외재론	1. 지시론	
	2. 문맥론	
	3. 외연론	
	4. 관념론, 진리치론, 함축론	
구조내재론	5. Saussure: 구조내재론	
심리내재론	6. Chomsky: 심리내재론	체험내재론

그림5-1

2. 의미의 인지적 정의

체험주의 철학과 인지언어학이 과거 대부분의 의미 이론을 객관주의 의미론(그림5-1 참고)으로 귀결시킨 이유는 그들이 서양의 전통적인 형이상학 이론에서 깊은 영향을 받아, 객관적인 외계에 본질적이거나 본원적인 혹은 절대적인 진리(확정적 의미)가 존재하는데, 세계에 관한 절대적이면서도 무조건적인 진리를 얻을 수 있고, 그것을 통해 믿을만한 지식을 얻을 수 있다고 생각했기 때문이다. 그러나 철학자들이 진리를 인식하는 과정에서 중요한 의견 충돌이 일어났다. 이것이 바로 두 가지 완전히 대립된 인식론인 경험주의(Empiricism)와 합리주의(Rationalism)이다. 전자는 경험이 인간의 모든 지식이나 관념의 유일한 원천이라고 보았다. 즉, 세계에 관한 모든 지식은 우리의 감각과 지각에서 오는 것으로 감각능력이 만들어내는 것이다. 반면 후자는 선천적으로 가지고 있는 추론 능력만이 우리에게 실제 세계에 대한 지식을 제공해 줄 수 있다고 주장한다(Lakoff&Johnson, 1980:195).

이러한 형이상학적인 관점에 근거하여 의미를 살펴보게 되면서 '의미 확정론'이 나타났다. 즉, 상술한 두 가지 인지론이 서로 대립하면서 이어 서로 다른 의미 확정론이 생겨났는데, 확정된 의미는 외부에 존재하므로 경험을 통해 획득될 수 있다는 '의미외재론'과 확정된 의미가 언어구조(횡적 조합과 종적 결합의 교점) 사이에 존재하며 사람들의 이성적인 사유 속에 존재한다는 '의미내재론'이 그것이다.

객관주의 의미론과 상대되는 것은 비객관주의 의미론, 즉 체험주의 의미론이다. 이것은 의미는 일종의 심리적 현상이지만 태어날 때부터 생기거나 자립적인 것이 아니며(이는 TG이론이 주장한 생득설, 자립설, 모듈설, 형식설과 완전히 상반됨), 의미를 주로 사람들이 현실세계에 대해 상호 체험하고 인지적으로 처리하는 기반 위에 형성된 것이라고 본다. 결론적으로 의미는 느끼고 체험하며 인지적인 처리를 통해 나온 것으로 후천적으로 습득되는 것이지 선천적으로 부여받은 것이 아니라고 주장한다.

의미가 느끼고 체험하며 인지적인 처리를 거친 결과라면 사람들의 느낌과 체험, 심리적인 처리방식에는 비슷한 점도 있고 다른 점도 있기 때문에 주관성이 클 수밖에 없다. Langacker는 인지적 처리 중 '해석 능력'의 다섯 가지 방면에 대해 중점적으로 논의했다. 그것들은 의미의 불확정성을 일으키는 주요 요소인데, 이것이 바로 학술계에서 자주 논의하는 의미의 모호성이다. 그러나 의사소통과 이해의 과정에서 의미가 늘 모호할 수는 없다. 좀 더 확실하게 말하면 의미는 상대적인 확정성을 가지고 있으면서도 어느 정도의 모호성을 가지고 있는 것이다(아래 참조).

3. 의미는 개념화와 같다

체험주의 철학과 인지언어학 이론의 틀 안에서 인류의 개념구조와 언어의 형식과정은 다음과 같이 표현할 수 있다. 즉, 인류가 객관 현실 세계에 대해 상호 체험하고 인지적 처리하는 기반 위에 범주를 형성했고, 모든 범주는 하나의 개념에 대응되는 동시에 의미를 생성하여(범주, 개념, 의미의 삼위일체), 점차적으로 개념구조와 의미체계를 형성했는데, 인류에게 언어가 생기면서부터 언어 기호를 사용하여 그것을 고정시켰다. 이러한 기본적은 관점은 그림5-2를 통해 살펴볼 수 있다(王寅, 2007:205-207).

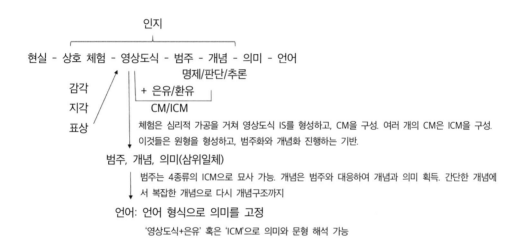

그림5-2[5]

위 그림은 사실상 인지언어학의 기본 원리인 '현실-인지-언어'에 대해 해석해 놓은 것으로, 중간의 '인지' 과정에 대해 상세하게 분석하고 해석한 동시에 '물질이 어떻게 정신을 결정했는지' 혹은 '감성 지식과 이성 지식'의 내용까지 아우르고 있다.

Langacker는 의미를 개념화로 본 동시에 문법도 개념화로 보고, 개념과 의미의 각도로 문법 현상을 논의했다. 이는 매우 치밀한 관점이면서도 참신함을 갖춘 정의라고 판단된다. 그가 인지의미론의 정수를 개괄하면서도 인지문법의 분석방식을 정확하게 반영했기 때문

---

5) CM은 Cognitive Model(인지모형), ICM은 Idealized Cognitive Model(이상화된 인지모형)을 가리킨다.

이다.

국내 일부 학자들은 무심결에 'Conceptualization'과 'Conceptualism'이라는 두 용어를 혼용하기도 하는데 이에 대해 관심을 기울여야만 한다. 이 두 용어는 Concept(개념)에서 파생되었고 둘 다 의미를 내재된 심리 표상으로 이해해야 한다고 주장하기 때문에 서로 관련이 있기는 하지만 큰 차이가 있다. 이 둘은 완전히 대립된 의미 이론 진영에 속하므로 전자는 '개념화'로, 후자는 '관념론'으로 번역해야 하며 양자를 혼용하지 말 것을 주장하는 바이다.

조어법에서 보면 'Conceptualization'은 동사 'Conceptualize'에서 왔는데, 관건이 되는 -ize(화)라는 세 개의 자모로 인해 이 두 개의 용어는 완전히 다른 함의를 가지게 되었다. Langacker(1987:5)는 '개념화'를 간단하게 '인지적 처리(Cognitive Processing)'라고 표현함으로써 전통적인 객관주의 의미론(개념론 포함)과 철저히 구별했다.

> 의미는 객관적으로 주어지는 것이 아니라 객관적인 현실을 묘사하는 표현일지라도 만들어지는 것이다. 그러므로 우리는 객관적인 현실을 묘사함으로써 의미를 설명할 수 없고, 단지 그것에 대한 이해를 구성하는 인지적인 일상을 묘사함으로써만 설명할 수 있다. 의미 분석의 주제는 인간의 개념화이고, 관심을 가지는 구조는 사람이 능동적인 인지 처리를 통해 그의 정신적인 경험을 강요하는 것이다.[6]   (Langacker, 1987:194)

본서에서는 주로 아래와 같은 네 가지 방면에서 '개념화'를 해석할 것이다.

1) 동태성

전통적인 객관주의 철학관은 주로 정태와 거울이라는 두 가지 각도로 외부세계를 관찰했다. 그들은 사람들은 거울의 방식으로 외부세계를 객관적으로 반영하고, 관념은 정태성

---

6) Meaning is not objectively given, but constructed, even for expressions pertaining to objective reality. We therefore cannot account for meaning by describing objective reality, but only by describing the cognitive routines that constitute a person's understanding of it. The subject matter of semantic analysis is human conceptualization, and the structures of concern are those that a person imposes on his mental experience through active cognitive processing.

을 가지므로 고정적이라고 주장했다. 이러한 입장에서 출발하면 의미는 확정성을 가진다는 결론을 내릴 수 있다. Langacker(1987, 2000)는 이러한 정태적 관점을 강하게 비판하고 'Conceptualization(개념화)'으로 'Concept(개념)'을 대체하여 의미에 대한 정의를 내려야 한다고 주장했다.

비록 이전에도 Leech(1974:28)와 같은 학자가 'Conceptualization'이라는 용어를 사용하기는 했지만 '의미'를 정의하는 데 직접 사용하지는 않았다. Langacker는 'Conceptualization'으로 의미를 정의했다. 또한 의미는 동태적인 인지 과정이라는 점을 강조하고, 의미의 정태성, 고정성에 반대했다. 이로 인해 그는 객관주의적 의미론, 객관주의적 철학 이론과는 완전히 결별하게 되었다.

2) 인본성

'-ize'를 사용한 또 다른 목적은 그것이 자체적으로 '-izer'를 내포하고 있기 때문이다. 우리는 '개념화를 수행하는 주체'가 분명 '사람'일 것이므로 의미 연구의 출발점은 자연스럽게 '사람'이 되고, 의미는 사람과 객관적인 외부세계의 상호작용 사이에서 형성된다는 점을 알고 있다. 앞서 인용한 Langacker의 표현으로부터 그가 언어 연구에서 '인본주의 정신'을 중요시했다는 점을 알 수 있다.

인본성은 '사람은 주관적인 능동성을 가지고 있어서 객관세계를 인식할 수 있을 뿐만 아니라 객관세계를 개조할 수 있다'는 유물론의 변증법적 관점과도 상호 일치한다. 사람들이 언어로 세계를 표현할 때 객관세계에 사람의 이해를 부여하게 되므로 의미로 하여금 인본성을 가지게 하고, 인지언어학도 '惟人参之(오직 사람만이 그 가운데 참여한다)'[7]의 인본적인 특징을 나타내게 되었다.

영어의 언어 문학에는 세 가지 큰 방향이 있는데, 그 중 문학과 번역의 방향은 포스트모더니즘 철학사상, 인본주의 정신을 연구에 적용했지만 언어학에서는 그다지 드러나지는 않았다. 그런데 인지언어학은 포스트모더니즘 철학사조의 인본주의 정신을 실천하고 언어의 인본성과 체험성을 강조했다는 점에서 중요한 의의가 있다.

---

7) 刘勰의 『文心雕龙』에 나오는 구절이다.

3) 주관성

인간이라는 요소를 의미 연구에 주입하여 모든 것을 '인간'에서 출발하면 언어와 의미는 '오직 사람만이 그 가운데 참여하는' 과정과 결과이기 때문에 필연적으로 '주관성'이라는 낙인이 찍히게 된다. 이는 동일한 사물이 서로 다른 명칭을 가지게 되는 것으로부터 알 수 있을 것이다. 사람들이 동일한 사물에 대해 서로 다른 각도로 느끼고 체험하여 사물의 서로 다른 특징을 부각시키게 되면 서로 다른 명칭이 출현하게 된다. 예컨대 王寅(2007a: 300)은 '고구마'의 예를 든 적이 있는데, 서로 다른 인지적 각도에서 출발하여 어떤 특징에 꽂히게 되면 山芋(산지에서 왔음), 番薯(외지에서 왔음), 红薯(껍질이 빨간색임), 白薯(껍질이 하얀색임), 甘薯(맛이 달달함), 凉薯(감촉이 시원함), 豆薯(콩과 같은 형상임) 등 다양한 이름을 붙이게 된다. 또 다른 예로 '아내'를 들 수 있는데, 세계 각지에 시기별로 명칭이 다양하게 나타난다. 이는 실제로 인지하는 주체가 어떠한 관찰 각도로 '아내'에 대한 특징을 해석하는지를 반영하고 있으며, '아내'의 지위도 반영하고 있다.

(1) 고대 그리스의 극작가인 Euripidēs[8]는 시에서 '아내'를 'Oikurema'라고 썼는데, 그 의미는 집안일을 하는 물건이라는 뜻이다(엥겔스의 『가정, 사유제 그리고 국가의 기원』 참조).

(2) 아테네 사람들이 보기에 아내는 자식을 낳아 기르는 것 외에 하녀의 우두머리에 불과하다(상동 참조).

(3) 해방 전에 중국 윈난의 헤이이(黑彝)족은 주로 바느질을 하며 생계를 유지했기 때문에 아내를 '穿针婆(바느질하는 여자)'라고 불렀다.

(4) 중국에서는 과거에 다른 사람에게 자신의 아내를 칭할 때 '內人'이라고 하였는데, 이는 아내가 사회적인 일에 참여하지 않고 집안일을 하는 사람임을 나타낸다. 구어에서는 '那一口子'라고 했는데 이는 거들떠도 볼 필요가 없다는 무시의 어감이 있다. 이 두 가지보다 더 부정적인 의미를 담고 있는 단어로는 '贱内(우처, 집사람), 拙荆(우처)' 등이 있다.

---

8) [역주] 에우리피데스. 그리스 3대 비극 작가 중 한 명인 에우리피데스는 신들을 한층 인간적인 빛 아래서 묘사했고, 특히 사랑의 정열을 묘사함으로써 비극을 보편화하고 또한 세속화했다. 그의 관심은 인간 대 인간의 갈등이었고, 고뇌하는 인간을 묘사하지만 교훈과 위안을 시도하지 않는다. 등장인물을 취급하는 점은 심리적으로, 3명의 비극시인 중 가장 근대적인 정신의 소유자로 평가되고 있다(네이버 지식백과).

(5) 현대 중국어 구어에서 아내를 '当家的(집주인, 호주)'이라고 부르기도 하는데, 이는 아내의 사회적 지위가 향상되었음으로 반영한다. 특히 요즘에는 '半边天(세상의 반쪽, 하늘의 반쪽)'이라는 호칭이 자주 사용되는데 이는 남편과 동등한 지위를 누리게 되었음을 보여준다.

(6) 중국은 해방 후 남편과 부인이 서로 상대방을 '爱人'이라고 부르는 것이 유행하기도 했는데, 이는 감정적인 시각에서 나온 것이다. 이 때 이것을 무심결에 영어의 'lover(애인)'라고 번역해서는 안 된다.

이러한 현상을 도식으로 나타내면 다음과 같다.

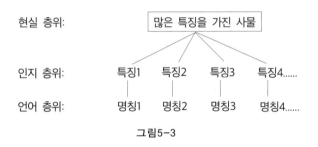

그림5-3

상술한 해석은 인지언어학의 기본 원칙과 완전히 부합한다. 즉, 현실 생활에서 동일한 하나의 사물을 서로 다른 각도로 그것에 대해 체험하고 인지적 처리를 하여 서로 다른 개념과 함의를 형성한 후 언어 형식으로 그것을 표현해 내는 것이다. 이 각도에서 말하면 명칭을 붙이는 기본 원칙은 '환유'이다. 사람들은 사물의 어떤 한 특징에 따라 명칭을 붙일 수밖에 없는데, 이때 불가피하게 다른 특징을 감추게 됨으로써 자연스럽게 부분으로 전체를 나타내거나 한 측면으로 전체를 개괄하는 환유의 현상을 낳게 된다.

또 다른 예로 영어 명사의 가산성과 불가산성도 사물 자체의 고유한 특징이 아니라 사람들이 서로 다른 방식으로 개념화한 결과이다. 즉, '의인화 언어'의 결과인 것이다. 영어의 가산명사와 불가산명사의 구분에 대해 많은 사전에서 명확하게 표시해 놓았고, 문법서에서도 매우 중요한 내용으로 다루고 있지만 자세히 조사를 해보면 영어의 많은 명사들이 가산성과 불가산성을 모두 가지고 있음을 알 수 있다. 이에 대해 Taylor(2007:211)는 다음과 같이 말한 바 있다.

> 모든 명사는 정확한 문맥이 주어지면 불가산으로 사용될 수도 있고 가산으로 사용될 수도 있다.[9]

가산일 수도, 불가산일 수도 있는 명사는 'anxiety, crab, decision, duck, ear, goose, grief, hair, kindness, lamb, lawn, noise, room, sympathy' 등과 같이 그 수가 매우 많다. 또 많은 명사들이 두 가지로 사용될 때 의미가 달라지는데, 불가산일 때는 추상적이고 개괄적인 특징과 의미를 부각시키고, 가산일 때는 비교적 구체적인 함의를 부각시킨다.

	불가산	가산
acquaintance	면식, 친분	아는 사람, 지인
damage	손실	배상금
experience	경험	경력
failure	실패	실패한 실례, 실패자
fuel	연료	어떤 한 종류의 연료
glass	유리	유리잔
pity	동정, 유감	유감스러운 일
pleasure	기쁨	기쁜 일
rubber	고무	고무제품
youth	청춘	청춘남녀

그림5-4

상술한 예의 대조를 통해 동일한 단어가 서로 다른 구문에서 서로 다른 용법과 함의를 가질 수 있음을 알 수 있다.

[1] There are <u>five cats</u> in this house. (이 집에는 고양이가 다섯 마리 있다.)
[2] There is a smell of <u>cat</u> in this house. (이 집에는 고양이의 냄새가 난다.)

---

9) ⋯⋯every noun can be used as either mass or count, given the right context.

[3] Three beers, please. (맥주 셋이요.)

[4] I like beer. (나는 맥주를 좋아한다.)

[5] He received a good education. (그는 좋은 교육을 받았다.)

[6] They place a high value on education. (그들은 교육에 높은 가치를 둔다.)

그밖에 서로 다른 언어에서 동일한 어족에 속하는 언어일지라도 명사의 가산성과 불가
산성의 상황에는 비교적 큰 차이가 있다. 예컨대, 'spaghetti'는 이태리어로는 가산명사의
복수형식이지만 영어에서는 불가산명사이다. 또 영어의 'information', 'advice', 'research',
'news' 등은 불가산명사이지만 다른 유럽 언어에서는 가산명사일 수 있다. 이로 볼 때
명사의 가산성은 물체 자체의 고유한 특징이 아니라 사람들의 주관성에 달려 있으며, 사람
들이 이 사물을 어떻게 개념화하거나 인식하고 이해하는 데 달려있다.

그러므로 동일한 사물을 어떠한 시각과 태도로 인식하느냐에 따라 부각시키는 사건의
성분과 순서가 달라져, 형성하는 구문 나아가 담화까지 달라진다. 사람들은 의사소통에서
오해를 하기도 하는데 이는 종종 같은 말에 대해서도 다른 주관적인 해석을 하기 때문이
다. 그 외에도 중국어에는 '情人眼里出西施(제 눈에 안경)', '橫看成岭侧成峰(가로로 보면 산줄
기이고 측면으로 보니 산봉우리이다)'라는 유명 구절들이 있는데 이것들도 주관적인 현상을
반영하고 있다. 그러므로 '의인화된 자연'이라는 사고의 흐름을 따르면 '의인화된 언어'라
는 관점에 이를 수 있다.

인류의 인식과 해석의 각도에서 언어구조와 언어체계를 연구하고, 인류의 기본적인 인
지방식을 통해 언어의 각 측면을 해석하면 전통문법과 TG 이론이 객관 기준을 과도하게
강조하고 사람의 주관적인 요소를 소홀히 하여 생긴 여러 가지 난제를 해결할 수 있다.
체험주의 철학과 인지언어학은 인간의 인지 요소가 언어 구조에 어떻게 구체적으로 반영
되었는지를 충분히 고려하여 언어 연구에 완전히 새로운 사고의 틀을 개척함으로써 언어
학도 인본주의 정신을 강조하는 포스트모더니즘 철학의 인문학적인 흐름에 동참하게 되었
다. 또한 인지언어학의 관련 연구 성과는 문학계와 번역계에도 시사하는 바가 많다.

4) 해석성

앞서 논의한 바와 같이 단어의 용법과 문법 구조는 인간의 인지체계와 의미구조에 달려있기 때문에 문법 구조를 정확하게 묘사하려면 의미 묘사에서부터 시작해야 한다. Langacker의 의미와 문법에 관한 저술은 주로 '개념화'에 근거하고 있다. 이는 그가 2000년에 출판한 『Grammar and Conceptualization』에서 살펴볼 수 있는데, 의미도 개념화이고 문법도 개념화이라는 것이 이 책의 요지이다. 그가 이러한 결론을 내린 이유는 그의 문법 이론이 Chomsky의 문법 이론과는 완전히 다르게, 주로 개념과 의미의 각도로 연구를 진행했기 때문이다.

Langacker가 1987년과 1991년에 출판한 『Foundation of Cognitive Grammar』 상·하 2권에서는 주로 '해석(Construal)'을 통해 개념화를 해석했다. 그는 '해석'을 다음과 같이 정의했다.

동일한 상황을 서로 다른 방법으로 생각하거나 묘사하는 우리의 능력[10]

그는 한편으로는 의미를 '개념화'와 동일시했고, 다른 한편으로는 의미를 '개념내용(Conceptual Content, 혹은 의미내용(Semantic Content)이라고도 함)+해석방식(Construal)'과 동일시했다.

[7] 의미 = 개념화
[8] 의미 = 개념내용+해석방식

전통 의미론은 의미를 Referent(지시대상)와 동일시했으나 현대 의미론은 Frege(1892) 이후로 의미를 다음과 같이 정의해야 한다고 주장했다.

[9] Meaning = sense(체계의미) + reference(외부지시 의미)

---

10) our ability to conceive or portray the same situation in alternative ways.

[10] Meaning = sense # reference # construal

        concept

        proposition

        conceptual content

위에서 + 대신 #를 사용했는데, 이는 +가 가진 '합성'의 이미지를 남기지 않을 수 있기 때문이다.

[10]으로부터 어구가 나타내는 의미에는 '개념 내용', '가리키는 의미' 그리고 '해석'이 포함되어야 함을 알 수 있다. 개념 내용은 대부분의 사람에게 있어 일정한 혹은 비교적 높은 수준의 동일성을 가질 수 있다고 가정할 수 있을 것이다. 그러나 개념 내용은 아직 의미가 아니며 개념 내용은 의미에 기초를 제공할 뿐이므로 양자가 동일하지는 않다는 점에 주의해야 한다. 동일한 객관 세계가 사람들에 의해 인식될 때 즉, 사람들의 마음속에 들어갈 때 필연적으로 사람의 주관이라는 낙인을 찍게 마련이다. 그러므로 객관적인 외계가 '거울'처럼 사람들의 마음속에 반영될 수 없고, 그 사이에는 필연적으로 사람들의 그것에 대한 심리적 처리가 들어가는데, 이 과정은 '직사'가 아니라 '굴절'(즉 약간의 변화가 있을 수 있음)일 수밖에 없다.

많은 의미론 학자들이 'Sense'를 'Concept'와 동일시하는데, 명제도 개념을 기반으로 한다. Frege가 제시한 '합성성의 원리(the Principle of Compositionality)'는 주로 'Sense'라는 부분을 다루고 있는데, 'Sense'와 명제에 대해서도 어느 정도의 해석력을 가지고 있다고 볼 수 있다.

[11] a heavy machine (무거운 기계)

위의 예는 일반적인 합성법을 통해 전체 표현식의 의미를 획득할 수 있다. 그러나 Langacker와 Taylor의 관점에 따르면 합성성의 원리는 의미 해석상의 특별한 예에 지나지 않는다. Taylor(2007:74)는 다음과 같이 말한 바 있다.

완전한 합성은 아마도 규칙이기 보다는 예외일 것이다.11)

왜냐하면 의미는 '지시(Reference)'와 '해석(Conceptual)'과도 관련되는데 이 두 부분은 구체적인 상황에 근거하여 구체적인 분석을 할 수밖에 없고, 사람, 지역, 시간에 따라 달라지므로 합성성의 원리로는 통일된 기술을 할 수 없기 때문이다.

[12] a heavy drinker (술고래)

위와 같은 예는 단순한 합성 상황만으로는 전체 표현식의 의미를 획득할 수 없다. 즉, (1) 여기의 'drinker'는 어떤 액체류를 마시는 사람을 가리키는 것이 아니라 '술을 마시는 사람'만을 가리키고, (2) heavy 역시 '무겁다'는 의미가 아니라 '과도하다(do something too much, do something in excess)'는 의미를 나타낸다. 그러므로 'heavy'와 'drinker'를 함께 사용할 때 양자의 의미에는 일정한 변화가 생기게 되는데 이 변화는 종종 예측할 수 없는 것이다. [12]와 유사한 예를 하나 더 들어보자.

[13] a heavy smoker (골초)

그런데 영어에서는 다음과 같이 말할 수는 있다.

[14] an excessive eater(과식하는 사람) 혹은 You eat too much. (넌 너무 많이 먹어.)

그러나 다음과 같이 말할 수는 없다.

[15] *a heavy eater
[16] *a heavy worrier

---

11) Full compositionality is probably the exception rather than the rule.

또한 영어에서는 다음과 같이 말할 수는 있다.

[17] a heavy sleeper (잠이 들면 업어 가도 모르는 사람)

[17]의 의미는 다른 예들과 약간 달라서 '잠을 과도하게 자는 사람'을 가리키는 것이 아니라 '잠을 깊이 자서 깨우기 힘든 사람'을 가리킨다.

영어에서는 'heavy'와 공기하는 단어가 많지만 상황에 따라 'heavy'에 대한 이해가 다르게 나타난다.

[18] a heavy blow   큰 타격, 강타
      a heavy crop   풍작
      heavy traffic   붐비는 교통
      heavy applause   열렬한 박수
      a heavy heart   무거운 마음
      heavy news   걱정스러운 소식
      heavy weather   악천후
      heavy casualties   다수의 사상자

이로 볼 때 단어들을 결합하여 사용할 때 서로 다른 다양한 의미가 생길 수 있으므로 합성성의 원리에 의존해서는 해석하기 어렵다(제10장 제3절 참조).

또 대다수의 관용어도 합성성을 통해서는 원만히 해석될 수 없다는 점에 주의해야 한다(제4장 참조). 그러므로 'Meaning'에는 통합성의 원리(the Principle of Integration, the Principle of Blending)가 더 적합하고 해석력을 가진다.

Langacker는 'Cognitive Domain(인지적 영역)'으로 개념 내용을 묘사해야 한다고 주장했다. 그런데 인지적 영역은 '개념화 중의 일부'로도 볼 수 있는데, 하나의 단어가 서로 다른 인지적 영역을 자극할 수도 있다. 이는 이미 '사람, 지역, 시간에 따라 달라질 수 있다'는 점을 내포하고 있다. 이것이 바로 그가 말한 '해석'이라는 인지능력이다. 이로 볼 때 개념

화(즉 의미)는 동태성, 변화성, 개방성, 장면성, 모호성, 백과사전성을 가지고 있음을 알 수 있다. 또한 이는 언어지식과 세계지식이 분리될 수 없음을 증명하는 것이며 의미에 대해 완벽하고도 정확하게 묘사하는 것이 불가능함을 보여준다.

Langacker는 기본적으로 객관적 외부 세계는 의미에 일부의 내용을 제공할 뿐이며, 의미는 주로 사람들이 객관 세계를 어떻게 인식하고 처리하는지에 달려 있다고 생각한다. 이것이 바로 그가 '해석 방법' 혹은 '해석 능력'을 '의미'의 범위 내에 포함시켜야 한다고 주장하는 주요 이유이다. 그는 사람들의 해석 각도와 분석 방법이 의미와 구문의 형성에 대해 중요한 역할을 하며, 언어의 인본적 특징을 충분히 체현해 냈다고 주장했다. 사람들은 정보 전달과 사상 표현의 목적을 달성하기 위해 서로 다른 시각에서 서로 다른 범위를 선택하며 서로 다른 초점을 부각시키고 서로 다른 방법을 통해 장면을 관찰하고 내용을 해석할 수 있다. 이것이 의미구조의 형성과 언어 표현의 구체적인 형식을 결정했다. 그러므로 Langacker(1991a:15)의 인지문법은 사람의 주관적인 해석 요소를 강조했다. 또한 의미와 특정한 해석방법은 밀접한 관련이 있으며, 의미와 문법은 본질적으로 주관성을 가진다고 지적했다.

Langacker(1991a:4, 2000:5)는 '해석'이 포함하고 있는 주요 내용인 구체성(Specificity), 범위(Scope), 배경(Background), 원근법(Perspective), 현저성(Salience)에 대해 주로 논의하고 이해와 의미의 주관성에 대해 더 자세히 논의했다.

그러므로 언어의 이해는 합성성의 원리와도 관련되고 통합성의 원리와도 관련되지 일부의 학자들이 오해한 것처럼 인지언어학이 통합성의 원리로 합성성의 원리를 대체해야 한다고는 생각하지 않는다. 이 두 원리는 각자 서로 다른 적용 범위가 있지만 의미 이해의 각도로 볼 때 통합성의 원리가 더 해석력이 있음에는 의문의 여지가 없다(자세한 내용은 제9장 제4절 참조).

그러나 Langacker는 과도하게 의미의 주관성을 강조하는 바람에 의미의 객관성을 소홀히 했다. 이러한 태도에도 문제가 있기 때문에 본서에서는 '신체화된 개념화'라는 관점을 통해 이를 수정하고자 한다(王寅, 2008b).

4. 체험적 개념화

Langacker는 의미를 개념화로 보았다. '-ize'는 매우 풍부한 함의를 포함하고 있어서 개괄적인 효과를 가져 올 수 있다. 정제된 세 개의 자모 '-ize'로써 객관주의 철학 이론의 정형화된 패턴에서 벗어나 전통 의미관이 인지의미관으로 비약적인 발전을 실현하게 된 것이다.

Langacker는 객관주의 의미관을 비판하고 첨예하게 대립하며 의미 개념화 이론을 제시하고 의미의 주관성을 강조했다. 그러나 그는 주관성을 과도하게 강조한 나머지 문제를 또 다른 극단으로 내몬 결과를 낳았다.

Langacker는 인지문법에서 '개념 영역'을 바탕(base)으로 하여 의미에 대해 논의해야 한다고 주장했다. 하나의 의미 표현식은 많은 개념 영역을 포함할 수 있다. 그것이 다른 장소에 사용되면 다른 개념 영역을 활성화할 수 있으므로 그는 한 단어의 의미가 늘 같을 수는 없다고 생각했다. Langacker(2007:15)는 다음과 같이 말했다.

> 그리고 모든 인지 영역을 고려해서 활성화 정도를 고려한다면, 필요성, 맥락, 프라이밍(점화), 이런 종류의 것들에 의해 영향을 받는 것처럼 두 가지 상황에 정확하게 똑같은 영역에 대해 정확히 같은 수준의 활성화는 결코 일어나지 않을 것이다. 내가 말하고자 하는 것은 바로 하나의 표현이 완전히 똑같은 의미로 두 번 사용된 적은 정확히 없다는 것이다. 모든 용법은 사용 환경에 따라 다르게 나타난다.[12]

Langacker의 주장으로부터 그가 의미의 불확정성과 모호성을 과도하게 강조하고 있음을 분명히 느낄 수 있다. 이에 본서에서는 하나의 표현식의 의미는 끝없이 모호하지도

---

12) And if you take all the cognitive domains into account and take degree of activation into account, as influenced by need and by context and by priming and things of that sort, it may be the case that you do not ever have exactly the same degree of activation over exactly the same domains on any two occasions, which is what I mean when I say that it may be the case that an expression is never used exactly, with exactly the same meaning twice. Every usage is a little bit unique as shaped by the usage circumstances.

않고 임의로 해석될 수도 없다고 주장하는 바이다. 표현식의 의미는 '체험성'이라는 이 기본적인 요소의 제약을 받고, 감각과 지각의 체험 및 다원적인 상호작용의 제약을 받아 어느 정도의 객관성을 가지게 된다. 주관성과 객관성이라는 이 두 가지가 유기적으로 결합해야만 비교적 전반적으로 의미를 이해할 수 있다.

그러므로 Langacker의 '의미 개념화 이론'을 받아들이면서도 이에 대해 아래와 같은 두 가지 방면에서 보완하고 제약을 가하고자 한다.

1) 체험성

체험주의 철학과 인지언어학은 의미와 언어에 대해 근본적으로 '체험적'이라는 태도를 가지고 있다(자세한 내용은 제9장 제1절 참조). 언어와 의미는 주로 감각과 지각의 체험에서 기원한다. 이는 존재가 의식과 의미를 결정한다고 인정하는 유물주의적 관점과 완전히 부합한다(자세한 내용은 Lakoff&Johnson, 1980, 1999; Lakoff, 1987; 王寅, 2001, 2007a 참조).

王寅(2005)은 체험주의 철학에 기반을 두고 언어의 보편성에 대해 재해석하면서 언어에 일정한 보편성이 존재하는 이유는 Chomsky가 말한 것처럼 사람이 출생하면서 가지는 보편 통사구조 때문이 아니라 전 인류가 동일하거나 기본적으로 유사한 객관적인 세계에 직면하고 자연 규칙을 공유하며 같거나 비슷한 신체 기관, 감각과 지각 능력, 인지능력을 가지고 있기 때문이라고 주장한 바 있다. 이는 서로 다른 언어를 사용하는 사람들이 기본적으로 통용되는 사유를 가지도록 결정했고, 인류가 의사소통하고 이해하며 상호 번역이 가능하도록 만드는 인지적 기반이 되었다. 본서에서는 이것을 임시로 '체험적 보편설'이라고 부를 것이다. 이는 Chomsky의 '선천적 보편설'과 다르다(상세한 내용은 제3장 제2절 1과 2를 참조).

2) 다중적 상호작용성

의미의 형성과 이해는 다중적인 요소에 달려있다. 즉 사회·문화·풍속적 요소도 있고, 개체적·단체적 요소도 있다. 또한 감각 경험적·객관적인 것도 있고, 이성적·주관적인 요소도 있으며, 주관과 객관의 상호작용적 요소도 있고, 주관과 주관 사이의 상호작용적 요소도 있다. Langacker(2000:401)가 채택한 '개념화'라는 용어는 비교적 많은 내용을 포함한다. 즉, 기존의 개념도 포함하고 새로운 개념도 포함하며, 감각적 개념을 가리키기도 하고 감정이나 심리적인 개념을 가리키기도 한다. 또 물리적인 맥락에 대한 이해가 있기도 하고 언어 맥락, 사회 맥락, 문화 맥락 등에 대한 이해가 있기도 하다. 그는 모든 이러한 요소들(다른 더 많은 요소들도 있을 수 있음)이 직접적으로 의미에 영향을 줄 수 있는데, 이는 의미의 다원성을 결정했고, 의미에 대한 이해는 필연적으로 백과사전적 배경지식과 관련이 있기 마련이다.

본서에서는 Piaget의 '상호작용론(Interactionism)'을 받아들여 그것을 '다중적 상호작용론(Multiple Interactionism)'으로 확대할 것을 주장한다. 즉, 의미와 이해는 우리와 객관세계의 상호작용에 의해 결정될 뿐만 아니라 상술한 다원적인 요소들 간의 상호작용에 의해 결정되는데, 텍스트와 주체, 텍스트와 객체, 주체와 주체 사이의 상호작용을 포함한다. 만일 번역에 대해 말하자면 출발언어와 목표언어 사이의 상호작용도 포함해야 한다(王寅, 2005d). '다중적 상호작용론'은 한편으로는 의미의 복잡성을 반영하고, 다른 한편으로는 의미의 불확정성을 제약하여 의미의 모호성을 해소하는 데 유리하다.

그러므로 '체험성'과 '다중적 상호작용론'은 주관성과 의미 모호성을 효과적으로 제약할 수 있다. 이는 한 방면으로만 문제를 보는 것보다 훨씬 더 면밀하다. Langacker의 용어 '개념화'는 사람의 주관적인 요소를 과도하게 강조하므로 이것으로 하여금 의미가 가진 상술한 특징을 더 면밀히 표현하고 체험주의 철학의 기본 원칙을 충분히 구현해 낼 수 있도록 그것을 '체험적 개념화(Embodied Conceptualization)'로 수정할 것이다. 여기에서 '체험적'이라는 세 글자는 다중적 상호작용의 관점을 포함하고 있다.

5. 구문의 의미

Langacker는 상징단위와 구문에서의 의미단위에 '개념내용'과 '해석방식'이라는 두 가지 요소를 포함해야 한다고 주장했다. Lakoff&Johnson(1999:498~499)도 의미단위가 개념내용에 대해 처리한 관련 인지 기제, 예로 들면 '기억의 내용, 새롭게 알거나 이미 알고 있는 지식, 주의 초점, 하나의 개념 실체에서 다른 개념 실체로의 주의 전이, 전경에 대한 견해, 대화의 개념구조' 등을 포함해야 한다고 주장했다.

기능문법도 개념인지 기능이 상징관계를 통해 언어구조에 진입하게 된 방법에 대해 연구하는데, 주로 인지기능을 통한 조응관계, 통사성분 순서, 구문 등과 같은 문법 현상들을 해석하는 데 관심을 기울이고 있다. 만일 이러한 각도에서 본다면 기능문법도 인지언어학의 분파로 볼 수 있다. 그밖에 Lakoff가 말한 '개념범주'와 '음운범주'는 Langacker가 말한 의미단위와 음운단위에 해당하기 때문에 문법 연구는 상징단위를 사용하여 통일된 해석을 할 수 있다.

제3절 결합가 관계와 자립-의존구조

1. 전통적인 결합가문법에서 문법적 결합가 관계까지

인지문법의 주요 연구 대상을 구문으로 확립한 후에 Langacker는 상징단위가 어떻게 비교적 크거나 더 큰 구문으로 통합되는지에 관한 방법과 경로에 관해 중점적으로 기술했다. 王寅(2006:15)은 『认知语法概论』이라는 책에서 이에 대해 개괄적으로 저술한 바 있다. 본서는 이러한 기초 위에 이를 다섯 가지 관계로 총괄하여 발전시킬 것이다(상세한 내용은 제14장 6절 참조). 이 다섯 가지 관계는 다음과 같다.

(1) 종적인 '도식-예시 관계(Schematicity-Instantiation Relation)'
(2) 횡적인 '부분-전체 관계(Part-Whole Relation)'
(3) 서로 유사한 '원형-변이 관계(Prototype-Extension Relation)'
(4) 조정된 '연합-혼성 관계(Collocation-Integration Relation)'
(5) 조합된 '자립-의존 관계(Autonomy-Dependence Relation)'

앞선 네 가지 관계는 모두 '자립-의존 관계'와 관련이 있다.
전통적인 결합가문법 이론은 동사를 중심으로 하기 때문에 동사가 지배적인 지위에서 문장 중의 다른 성분을 관할한다. 이러한 중심 생각 하에 동사와 명사 사이의 합성 관계는 필연적으로 주의의 초점이 될 것이다(제2장 제3절 참조). 이 이론은 주로 정태적인 각도에서 동사의 고정적인 결합가 능력을 지적했지만 결합관계 중의 층위성 문제에 대해서는 논의하지 않았다.

Langacker(1987:277-327)는 전통적인 결합가 이론의 결함을 발견하고 인지문법 이론의 틀에서 '문법적 결합가 관계(Grammatical Valence Relation)'를 제안하고, 동사와 명사를 결합하여 사용 과정에서 반드시 동사를 중심으로 해야 하는 것은 아니며, 동사와 명사뿐만 아니라 다른 많은 성분들과의 결합과도 관련이 있다고 주장했다. 또한 그는 실제로 사용되는 과정에서 동사의 결합가 능력에는 많은 변화가 있을 수 있으며, 각종 성분들이 조합하는 과정에서 발휘하는 중요성의 정도도 서로 달라 중요한 것과 덜 중요한 것 및 층위의 구분이 있을 수 있다고 주장했다. Langacker는 이러한 사고에 근거하여 전통적인 결합가 이론의 결함에 대해 다음과 같은 네 가지 수정 보완 방안을 제시함으로써 이 이론이 진일보한 발전을 이룰 수 있게 했다.

(1) 동사는, 전통 결합가 이론에서 말한 것처럼 문장 중 지배적인 지위를 가지고 있지는 않으며 단지 의존구조가 필연적으로 다른 성분(예를 들면 행위주, 피동작주 등)의 존재를 예시하고 있으므로 의미의 완정성은 그 결합성분의 의미 윤곽부여에 인한 정교화 해석에 달려 있다(Langacker, 1991a:36).

(2) 결합은, 결합관계를 동사와 명사에만 국한할 수 없고, 그것을 모든 언어 단위의 결합과 조합의 층위로 확장시켜야만 한다. 본서에서는 잠정적으로 정교화자리, 결합가 관계 등으로 모든 상징단위와 구문이 조합되어 사용될 수 있는 잠재적인 기제를 묘사하고, 이로써 상징단위가 어떻게 더 큰 구문으로 통합되고 이 구문이 또 어떻게 더 큰 구문으로 통합되는지를 해석함으로써 이 분석 방법이 더 보편성을 가지고 의미를 해석할 수 있게 만들 것이다.

(3) 결합가는, 전통적인 동사 결합가 이론이 주장하는 것처럼 고정성을 가지고 있는 것이 아니라 서로 다른 통사 환경 속에서 어느 정도 변할 수 있기 때문에 정태적인 각도로 동사의 결합가를 다루게 되면 필연적으로 많은 허점을 노출하게 된다. 예를 들면 12장 제1절 3의 예문 [27]~[34]에서 'kick'이 서로 다른 문형(즉, 서로 다른 통사 환경)에 사용될

때 그들과 조합하는 논항의 수가 달라진다. 만일 이러한 서로 다른 의미와 용법을 사전에 하나하나 제시하게 되면 'kick'의 의미항은 많이 증가하게 될 수도 있다. 그런데 잘 생각해 보면 'kick'의 의미항은 사실 모두 '차는 것'과 관련이 있는 것이고, 사용하는 문형이 다를 뿐이다. 그러므로 이들 서로 다른 의미와 용법을 도식 구문에 넣게 되면 단어의 다의성으로 인한 부담을 크게 줄일 수 있다. 이렇게 하면 수량은 제한적이지만 일반성을 띤 도식 구문을 통해 다의어를 해석할 수 있다. 다시 말해 모든 문장의 유형과 의미는 동사 혹은 동사의 논항에 의해서만 결정되는 것이 아니라 '구문'에 직접 상속되는 내용도 포함한다.

(4) 단위는, 그들이 조합하는 과정 중에 중요한 것과 덜 중요한 것의 구분이 있어 서로 다른 역할을 발휘하고 있다. 이를 위해 Langacker는 '자립구조'와 '의존구조'라는 중요한 개념을 제안하고 상징단위가 작은 데서 큰 것으로 결합하는 과정 중에 가지게 되는 층위 현상에 대해 비교적 상세하게 논의했다.

Langacker(1987:277-327)는 문법의 결합가 관계는 주로 다음과 같은 네 가지 내용을 포함 한다고 말했다.

(1) 조응(Correspondence): 한 성분 중의 하위구조와 다른 성분 중의 하위구조가 공유된 하위구조(Shared Substructures)가 될 때 그것들은 동일성(Identity)을 가진 것으로 이해될 수 있고, 이때 양자는 조응관계를 가진다. 성분 간의 결합가 관계는 하위구조 사이의 동일성 혹은 조응관계를 통해 실현되는 것이므로 동일성 혹은 조응관계가 문법적 결합가 관계의 기초이다(1991b:188).

(2) 윤곽 결정(Profile determinacy): 성분 중 어떤 윤곽 부분은 조합할 때 전체 복합구문의 성질을 결정하고 그 의미를 명시하는 역할을 하는데, 이 성분을 '윤곽결정소'라고 한다. 이때 결정적인 역할을 하는 윤곽 부분의 특징은 전체 복합구문에 의해 상속됨으로써 그 주요 특징과 의미 내용을 부각시킨다.

(3) 자립성과 의존성(Autonomy and Dependence): 아래 참조.

(4) 구성소(Constituency): 구성성분들이 차례로 결합함으로써 정교화된 복합구문의 순서를 형성한다. 그러나 각 성분이 통합되는 과정에서 서로 다른 경로를 거쳤을 수 있기 때문

에 서로 다른 연결 효과를 가지게 된다. 이들은 다른 경로를 거쳤더라도 같은 곳에 이를 수는 있지만, 서로 다른 의미를 나타낼 수도 있다.

2. 자립-의존 관계

Langacker는 '문법적 결합가 관계'에 대해 논하면서 언어의 두 가지 서로 다른 구조인 '자립구조(Autonomous Structure)'와 '의존구조(Dependent Structure)'를 확정했다.

'자립구조'는 다른 구조를 전제하지 않고 자체적으로 의미가 상대적으로 완정하며 상대적 독립성을 갖춘 구조를 가리킨다. 예를 들면 모음은 자음에 대해 자립적이며, 명사는 동사에 대해 비교적 자립적이다. 그러나 '의존구조'는 다른 구조의 존재를 전제(Presuppose)한다. 예를 들면 자음은 모음에 의존해야 하며, 동사는 종종 동작의 주체와 객체라는 두 가지 주요 성분을 전제하고, 형용사는 명사 성분의 존재를 전제한다. 또한 부사도 동사 등에 부착되어야만 그 표현 기능을 효과적으로 나타낼 수 있다.

Langacker는 '자립-의존 관계'를 논의할 때 '정교화(Elaboration)'와 '정교화자리(Elaboration site, 줄여서 e-site라고 함)를 제안하고 인지문법의 두 가지 분석법과 긴밀하게 결합해야 한다고 주장했다.

(1) 탄도체-지표(Trajector-Landmark), 윤곽-바탕(Profile-Base)
(2) 도식-예시 관계(Schema-Instance Relation)

그는 이러한 분석방법을 비교적 완정한 문법적 결합가 체계로 통합하여 상징단위가 어떻게 작은 것에서 큰 것으로 결합하는지에 관한 과정을 해석하는 데 사용했다. 이 분석방법은 이론적인 창의성을 갖추고 있을 뿐만 아니라 실천적인 해석력을 가지고 있다.

첫 번째 분석방법은 주로 '현저성의 원리'에 기반을 두고 있다. Langacker(1987:300)는 현저성과 층위성(즉, 결합가 층위성)의 각도로 다음과 같이 의존구조와 자립구조를 정의했는데, 이 역시 인지문법 이론에서 받아들이는 고전적인 정의가 되었다.

하나의 구조 D는 다른 구조 A가 D 내에 있는 현저한 하위구조를 정교화시키는 정도에 따라 A에 의존적이다.[13)]

두 번째 분석방법은 이 두 가지 구조의 추상과 구체의 관계를 논의하는 데 사용되는 동시에 정교화자리의 도식성에 대해서도 논의했다.

'정교화자리'는 의존구조 중의 하위구조이다. 만일 '탄도체-지표' 분석법을 응용해 본다면 '수식어+핵어' 구문에서는 일반적으로 수식어 중의 '탄도체(간단히 'tr'이라고 줄임)'가 '정교화자리'의 기능을 하고, '핵어+보어' 구문에서는 핵어 중의 탄도체나 '지표(간단히 'lm'이라고 줄임)' 모두 정교화자리의 기능을 할 수 있다. 만일 '도식-예시' 분석법을 응용한다면 정교화자리는 '현저한 도식성분'과 비슷하여 그것이 추상성을 가지기 때문에 들어갈 수 있는 구체적인 어휘가 매우 많다. 이 자리는 때로 '도식적 정교화자리(Schematic Elaboration Site)'라고 한다. 전치사구 'on the train'을 예로 들어 이 개념들을 정리하면 다음과 같다.

	on	the train
1	의존구조	자립구조
2	하나의 하위구조 즉 'e-site'를 가짐	'e-site'를 정교화함
3	여기서의 lm이 'e-site'의 기능을 함(형용사+명사 구문에서는 tr임)	이것을 넣음
4	'e-site'가 도식성을 가짐	이 구체적인 단어가 예시임
5	윤곽결정소(이것이 전체 복합구문이 전치사구임을 결정하고 '관계'를 부각시키기 때문)	

그림5-5

주의: Langacker는 핵어-보어 구문에서 좌측의 핵어가 탄도체(tr) 또는 지표(lm)를 가질 수 있는데 그것들은 모두 정교화자리의 기능을 하며, 대응되는 보어가 정교화를 해야 한다고 주장했다. 반면 수식어-핵어 구문에서는 통상적으로 수식어 중의 tr이 정교화자리의

---

13) One structure, D, is dependent on the other, A, to the extent that A constitutes an elaboration of a salient substructure within D.

역할을 하는데, 이것은 이것에 대응하는 핵어에 의해 정교화 되어야만 한다. 그러나 다른 학자들이 이해한 것처럼 오른쪽이 tr이면 왼쪽은 lm이고, 왼쪽이 tr이면 오른쪽이 lm이라고 분석하지는 않는다.

본서에서는 이러한 몇 가지 개념을 통합하고 그림5-6과 결합하여 아래 예문을 논의하고자 한다.

[19] I was reading this book on the train. (나는 기차에서 이 책을 읽고 있었다.)

문장 중 부가어 'on the train'에서 전치사 on은 독립적으로 존재할 수 없는 성분으로 의존구조에 해당한다. 그러므로 이것은 '전치사구 목적어'의 존재를 전제로 하고 있다. 즉, on은 정교화자리라고도 불리는 하나의 현저한 하위구조(salient subtructure)를 활성화할 수 있는데, 이것은 lm이라고 볼 수도 있다. 이 자리는 반드시 뒤에 오는 자립구조가 정교화(elaboration)를 해주어야 한다.

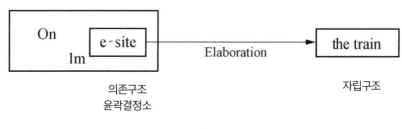

그림5-6

이 부가어 중 the train은 명사구로 독립적으로 존재할 수 있는 성분이므로 자립구조이다. 의존구조 on은 반드시 the train과 같은 자립구조가 뒤에 와서 on the train처럼 결합될 때야 상대적으로 완정한 하나의 표현식이 될 수 있다.

정교화자리는 많은 구체적인 단어가 정교화를 해주어야 하며 도식성이 비교적 강하다. 그러므로 정교화자리는 현저한 도식성분(salient schematic element)이라고 부를 수 있다. 이는 또한 '도식-예시 관계' 및 '범주화 관계(categorizing relation)'와도 관련된다. 그림5-6의 e-site는 도식성이 강하기 때문에 대응되는 구체적인 단어들을 넣을 수 있다. 그 뒤에 the train이 출현했을 때 범주화 관계의 작용 하에 자연스럽게 이 구체적인 예시적 정보를 on이라는 정교화자리의 실례로 보게 된다. 그러므로 인지문법은 자립-의존관계를 실제적으로 일종의 범주화 관계로 보며, 인지문법에 제시하는 핵심인지 원칙인 '도식-예시 관계'의 가장 좋은 응용이자 해석방법이다.

3. 정교화자리

위에서 말했듯이 전치사 on은 의존구조이기 때문에 다른 구조나 성분의 도움을 빌려야만 구체적인 의미를 획득할 수 있다. 이때 말하는 다른 구조는 자립구조로 예[19] 중의 the train이 이에 해당한다. 이는 전치사 목적어로서 보어라고도 할 수 있다.

의존구조는 주로 관계성(relationality)을 나타내는데, 하나의 정교화자리(e-site)를 윤곽화한다(profile). 정교화자리는 의존구조가 전제하는 자립구조에 의해 정교화된다. 그러므로 양자 간에는 연합(alignment)이 결성된다. 그러므로 우리도 '자립-의존관계'를 '자립-의존연합'이라고 부를 수 있다. 양자 간의 연합은 '정교화자리' 및 '윤곽결정소'와 '정교화 관계'를 통해 실현된다. 연합의 결과 하나의 복합구조(Composite Structure, 복합구문(Composite Construction)이라고도 함)를 형성한다. 함께 연합을 이루는 구성 성분은 구성요소 구조(Component Structure)라고 부르는데, 본서에서는 이것을 구성요소 성분(Component Element)이라고 불러야 한다고 주장하는 바이다. 예[19]에서 복합구문 on the train의 성질은 전치사 on이 결정하기 때문에 on은 이 전치사구에서 '윤곽결정소', 즉 '핵어(head)'가 된다.

이로 볼 때 Langacker(1987)는 주로 상징단위 간의 연합 및 문법적 결합가의 내재적 통합 관계와 층위성에 대해 진일보한 설명을 하기 위해 '정교화자리'라는 중요한 용어를 제안한 것이다. 이 때 의존구조가 부각시키는 하위구조는 자립구조 중의 하위구조와 하나의 '공유된 하위구조'가 될 수 있다. 그들 간의 관계가 바로 '정교화 관계'이고, 이것 역시 범주화 관계의 일종이다. 이는 그림5-6에서 화살표를 가진 실선으로 표시된다. '정교화 관계'의 과정 건립은 두 가지 요소성분이 조합되어 연합하는 과정이다.

예[19]로부터 Langacker의 문법적 결합가 관계에서 동사는 의존구조로 분석될 수 있지만 전통적인 결합가 이론처럼 그것을 '중심 성분'으로 보지는 않는다는 점을 알 수 있다.

왜냐하면 동사 자체는 반드시 어떤 사물에 의존을 해야지만 나타날 수 있기 때문이다. 예컨대 'read' 자체는 누가 읽고 무엇을 읽는지를 전제로 하므로 이것은 논항이 되는 고도로 부각된 두 개의 정교화자리를 내포하고 있다. 그중 하나는 '행위주역'이고, 다른 하나는 '피동작주역'이다.

예[19] 중 복합구문 'on the train' 자체는 '자립-의존 연합'인데, 전치사 on이 윤곽결정소이기 때문에 전체 복합구문이 전치사구의 성질을 가지도록 결정했다. 또한 이것은 관계(relationship)를 부각하는 데 사용하지 사물(thing)을 부각하는 데 사용하지 않는다. 다시 말해 이 복합구문이 전치사로부터 윤곽결정소의 기능을 상속 받은 것이다.

더 상위 층위로 올라가면, 이 전치사구 자체는 의존구조가 될 수 있고, 이것은 술어동사 'read'에 의존되어 있다. 왜냐하면 'on the train'이 동사 자리의 하위구조(즉 일종의 e-site)를 활성화할 수 있고, 동사 'read'가 여기에 들어갈 수 있기 때문이다. 그러므로 'read'는 전치사구 'on the train'에 비해 상대적으로 자립적이다. 이러한 분석 역시 문법적 결합가 관계가 층위성(hierarchy, 제9장 제8절 참조)을 가짐을 설명할 수 있다.

Croft&Cruse(2004:282)가 상술한 분석을 다음과 같은 그림으로 나타냈다.

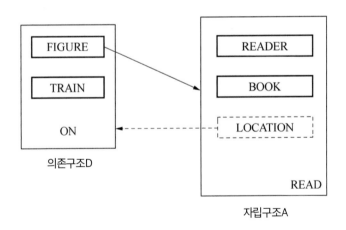

그림5-7

그림5-7에서는 두 개의 정교화 관계를 표시했는데, 첫 번째 정교화 관계는 좌향의 화살표를 가진 점선으로 나타냈으며, 동사 READ가 포함하는 방위를 나타내는 정교화자리는 의존구조인 ON-전치사구가 담당한다. 두 번째 정교화 관계는 우향의 화살표를 가진 실선

으로 나타내는데, 전경(Figure)을 맡고 있는 기차 탑승자가 READ라는 동작을 집행한다.

[20] Tom chased the dog in the park.(Tom은 공원에서 개를 쫓아다녔다.)

같은 원리로 문장 중의 전치사구 'in the park'는 하나의 자립-의존 연합이지만, 이 연합 자체는 또한 하나의 의존구조가 되어 술어동사 'chase'에 부착되어 있다. 이 때 'chase'가 포함하고 있는 처소 관계의 윤곽화 하위구조는 'in the park'가 담당한다. 그러나 'chase'는 'in the park'에 비해 자립적이다. 왜냐하면 'in the park'가 나타내는 처소 하위구조는 쫓는 사건 자체에 비해 그다지 자립적이지는 않기 때문이다(Croft, 2001:275).[14]

4. 원형구문

1) 정의

앞서 분석한 구문은 원형성을 가지고 있다. 즉 두 개의 요소 성분인 D와 A 중 하나의 요소 성분 D가 과정 혹은 관계, 예를 들면 동사, 형용사, 전치사, 부사를 윤곽화하면, 다른 요소 성분 A는 사물, 예를 들며 명사를 윤곽화한다. D는 하나의 하위구조를 활성화할 수 있는데 'e-site'라고도 하며, A가 이에 대해 정교화 묘사를 한다.

2) 분류

원형구문은 많은 작은 부류로 나눌 수 있는데 본 절에서는 주로 두 가지 종류에 대해 논하고자 한다.

	의존성분	자립성분	예
1	핵어+	보어	전치사구문
2	수식어+	핵어	형용사+명사구문

그림5-8

---

14) Croft(2001:275)의 그림과 Croft&Cruse(2004:282)의 그림이 완전히 일치하지는 않음.

전치사구 구문은 '핵어+보어(Head-Complement) 구문(간단하게 HC Construction이라고 함)'
으로 분석할 수 있는데, 주술(SV)구문과 술목(VO)구문 역시 '핵어+보어 구문'에 속한다.
이 중 술어가 핵어이자 의존성분이 된다.

[21] Tom sings. (Tom이 노래한다.)

문장 중 'sings'가 핵어이자 의존구조인데, 그 의미구조 중 행위주 주어를 나타내는 하나
의 '정교화자리'를 윤곽화한다. 왜냐하면 '노래하다'를 언급하면 반드시 '노래를 부르는
사람'이 있음을 전제로 하기 때문이다. 반면 Tom은 '자립구조'로, 상대적 독립성을 가지고
있다. 왜냐하면 사람을 언급할 때 '노래하다'와는 달리 다른 관련 요소를 전제하지 않기
때문이다.

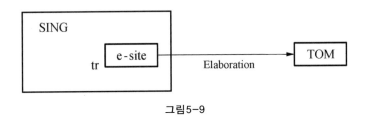

그림5-9

그림5-9가 나타내는 '정교화 관계'의 과정은 바로 'Tom'이라는 '논항역'이 들어가 술어
'sings'의 의미를 상세하게 해석하여 하위구조를 윤곽화함으로써 그 행위주역을 맡는 과정
이다. '명사+동사' 구문에서 만일 동사가 이 명사를 넣음으로써 그것이 나타내는 의미가
더 상세하게 변한다면 이들은 하나의 주술구조를 형성한 것이다. 이 때 술어동사에는 하나
의 '정교화자리'가 포함되어 있다.

위의 그림에서 보듯이 'sing'은 1가동사이다. 왜냐하면 여기에는 행위주역을 넣을 필요
가 있는 하나의 정교화자리를 포함하고 있기 때문이다. 만일 2가동사, 3가동사라면 각각
2개와 3개의 정교화자리를 포함한다.

다시 '수식어+핵어(Modifier-Head) 구문(간단하게 MH-Construction이라고 함)'을 예로 들면,
a large pond와 같은 '형용사+명사 구문'은 다음과 같이 분석할 수 있다.

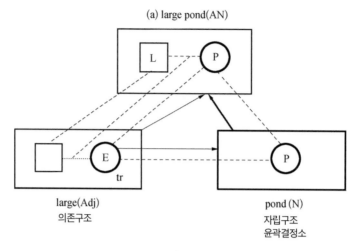

(a) large pond(AN)

large(Adj)
의존구조

pond (N)
자립구조
윤곽결정소

그림5-10

이 그림은 주로 Langacker가 2007년 그린 그림(2007:128)에 근거하여 약간 수정했지만, 기본적으로 '형용사+명사 구문'의 영상도식을 대표한다.

그림에서 의존구조는 형용사 'large'이고, 이것이 내포하고 있는 하나의 탄도체는 하나의 하위구조(즉 e-site, 그림에서 대문자 E로 표시) 혹은 '현저한 도식성분'을 활성화할 수 있는데 굵은 원으로 표시한다. 그것은 정교화해 주는 하나의 자립구조가 필요하다. 그러므로 그림에서 화살표를 가진 가로 실선이 명사성 자립구조를 대표하는 굵은 선의 상자를 가리키고 있다. 이때의 굵은 선의 상자는 추상적인 도식성 개념을 표시한다.

형용사와 명사와 같은 두 가지 성분은 위쪽에서 하나의 '복합구문'으로 통합된다. 자립구조가 윤곽결정소이기 때문에 이것이 전체 복합구문의 성질이 명사구이도록 결정하고, 사물을 윤곽화한다. 그러므로 자립구조는 굵은 선의 상자로 표시하고, 위쪽으로 화살표가 굵은 실선으로 표시된다. 자립구조에 부착된 의존구조는 전체 구문의 성질을 결정할 수 없기 때문에 위쪽으로 향하는 화살표가 일반적으로 가는 실선으로 표시된다.

자립구조를 나타내는 굵은 선의 상자는 도식적 성질을 가지고 있고, 그중 하나의 구체적인 구성원(자립구조 중의 하위구조라고 할 수 있음) 역시 윤곽결정소의 역할을 하기 때문에 굵은 선의 상자로 나타낸다. 그림 속 각종 점선은 성분 간의 대응관계를 나타내고, 화살표는 범주화 관계를 나타낸다.

Langacker는 저서들마다 그린 그림이 통일되지 않았지만 위의 그림을 기준으로 하여, 여기에서 Langacker(1987:326)가 그린 그림을 아래와 같이 수정하여 '수식어+핵어' 구문의 원형적 영상도식을 나타낼 것이다. 독자들도 위의 설명에 따라 아래 그림을 해석할 수 있을 것이다.

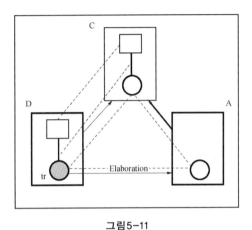

그림5-11

A와 D 사이의 자립-의존관계는 A의 의미 내용과 D의 하위구조 윤곽화 간의 정교화관계를 통해 건립되어, 양자 간의 연결은 하나의 복합구문인 C를 구성한다. 동시에 C도 대응관계를 통해 주로 D로부터 의미 윤곽화를 상속받았고, C 중의 성분 하나가 동시에 D 중의 하위구조 윤곽화 및 A의 의미 내용과 서로 대응하기 때문에 C도 의미의 정교화를 획득한다.

3) 주의사항

(1) '수식어+핵어' 구문이든 '핵어+보어' 구문이든 모두가 앞에 오는 성분이 의존구조이고, 뒤에 오는 성분이 자립구조이다. 앞에 오는 성분 중의 탄도체 혹은 지표는 '정교화자리'의 역할을 하므로 뒤에 오는 성분이 정교화 묘사를 해야 한다. 그러나 '핵어'가 앞에 오든 뒤에 오든 이것은 전체 구문의 성질을 확정하는 결정적인 요소이다. 즉 복합구문은 모두 핵어로부터 주요한 특징을 상속받는다.

(2) 탄도체(tr)와 지표(lm)의 차이점에 대해 주의할 필요가 있다. '수식어+핵어' 구문에서 앞에 포함된 'tr'이 하나의 정교화자리를 활성화할 수 있지만, '핵어+보어' 구문에서는 정

교화자리가 핵어 중의 'tr' 혹은 'lm'에 의해 활성화된다. 또한 양자는 층위에서 차이가 있고, 분석 층위에 따라 역할도 달라질 수 있다.

[22] He threw a rock into the pond. (그는 연못에 돌을 던졌다.)

위의 문장에서 'rock'은 주어와 비교했을 때는 'lm'이 된다. 인지문법에서는 절의 주어를 tr로 분석하고, 목적어를 lm이라고 분석하기 때문이다. 그러나 'rock'은 'into the pond'와 비교했을 때는 tr이 될 수 있다.

(3) 동사만 결합가를 가지는 것이 아니라 전치사도 결합가를 가진다. 위에서 논의했듯이 'on'은 하나의 정교화자리를 가지고 있기 때문에 1가전치사로 분석되고 lm으로 인식된다. 전치사에도 'of'와 같은 2가전치사가 있는데 두 개의 정교화자리를 가진다. 이 때 그 중 하나는 tr이 되고, 다른 하나는 lm이 될 수 있다. 'between'과 같은 전치사는 3가전치사로 세 개의 정교화자리를 가진다. 이 때 하나는 tr이 되고 나머지 두 개는 lm이 된다.

[23] stories of kings (왕들의 이야기)

위와 같은 구에서 의존구조 'of'는 두 개의 정교화자리를 부각시키는데, 그 중 하나는 tr이 되고, 다른 하나는 lm이 된다. lm이 되는 정교화자리에는 'kings'가 들어가고, tr이 되는 정교화자리에는 'stories'가 들어가 양자가 연합한다.

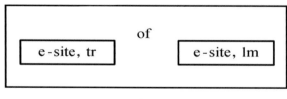

그림5-12

(4) 의존구조를 이루는 동사의 정교화자리에 명사성 논항을 넣는 경우를 제외하고 부가

어(adjunct)와 같은 성분도 넣을 수 있다. 이로 볼 때 이러한 분석방법의 또 다른 장점은 '논항'과 '부가어'를 구분하는 번거로움을 확실히 피할 수 있다는 데 있다.

5. 비원형적 구문

언어에는 비원형적 구문이 많이 있다. 즉 어떤 상징단위의 조합방식이 원형구문의 조합방식과 다르다는 것이다. 예를 들면 다음과 같다.

1) 관계성 성분 구조가 없음

위에서 말한 바와 같이 원형구문의 결합방식은 두 개의 상징단위에서 하나는 사물을 나타내는 성분이고, 다른 하나는 과정 혹은 관계를 나타내는 성분이다. 그러나 언어에서 이러한 전형적인 원칙을 위반하는 결합방식이 많이 있다. 예를 들면 영어에서 두 개의 명사가 동위 관계를 가지는, 즉 두 개의 사물을 나타내는 성분이 연달아 사용되어 형성하는 구문은 관계성을 나타내는 성분이 부족하다.

[24] the dramatist Shakespeare (극작가 셰익스피어)

위의 구문에는 관계를 나타내는 성분이 없다.

2) 사물을 나타내는 성분이 없음

위의 상황과 반대로 일부 구문은 사물을 나타내는 어떤 성분을 포함하지 않을 수도 있다. 예를 들면 과정성이나 관계성을 나타내는 성분만을 포함하는 것이다.

[25] study hard (열심히 공부하다)

동사와 부사는 모두 사물을 부각시키지 않는 품사이므로 그들을 조합하여 사용하는 것 역시 일종의 비원형적 구문이라고 볼 수 있다.

3) 윤곽결정소가 없음

원형구문에서 두 가지 성분이 조합할 때 그 중 하나의 성분이 전체 복합구문의 성격을 결정한다. 그러나 일부 비원형적 구문에서는 전체 복합구문의 성격이 그 구성 성분에 의해 결정되지 않기도 한다.

[26] pickpocket 소매치기

[27] scarecrow 허수아비

위의 두 단어는 '동사+명사'로 구성되어 '동목구문'의 성격을 가진다. 사람들은 습관적으로 이러한 구문을 동사구로 분석한다. 그러나 통합된 후 이것은 하나의 '명사'가 되고, '행위주'를 윤곽화한다. 이러한 결과는 그것이 구성하는 성분으로부터 직접 도출할 수 없다는 것을 보여준다.

4) 정교화자리가 참여자를 윤곽화하지 않음

원형구문에서 의존구조가 포함하는 정교화자리는 아래의 예처럼 참여자를 윤곽화한다.

[28] smart woman (똑똑한 여자)

위의 예문에서 'smart'가 하나의 정교화자리를 윤곽화하므로 참여자역인 'woman'이 정교화 묘사를 해야 한다. 그러나 영어는 다음과 같이 말할 수도 있다.

[29] woman smart

위의 예문은 '여성문제를 토론할 때 똑똑해 보인다' 혹은 '여성을 대할 때 똑똑하다'는 의미이다. 그 중의 'smart'가 윤곽화하는 정교화자리는 비원형성을 가지고 있고, 그것이 윤곽화하는 하위구조는 'woman'으로 해석할 수가 없다. 예[29] 중 'woman'은 단지 'smart'가 논의하고 있는 주제(Subject Matter)일 뿐이다.

5) 정교화자리가 없음

원형구문 중의 의존구조는 정교화자리를 활성화할 수 있고, 자립구조가 정교화 묘사를 한다. 그러나 정교화자리를 활성화할 수 없는 구문도 있다.

[30] go away angry (화내면서 떠나다)

'go away'는 감정을 표시하는 정교화자리를 활성화할 수 없는데, 'angry'도 움직임을 나타내는 정교화자리를 활성화할 수 없으므로 양자는 결합할 수 있는 근거를 잃은 것처럼 보인다.

상술한 비원형적 구문들은 비록 원형구문과는 약간 다르기는 하지만 여전히 '문법적 결합가 관계'를 통해 합리적인 분석을 할 수 있다. 예[30]의 'go away'와 'angry'는 비록 서로 상대방이 필요로 하는 정교화자리를 활성화할 수 없지만 그들은 시간적으로 중첩된다. 만일 이 예에 주어를 붙인다면 이들은 같은 주어를 공유하게 된다. 따라서 정교화자리가 없더라도 이 두 성분은 조합이 가능하다.

이 현상을 설명하기 위해 Langacker는 부가어(Adjunct)라는 용어를 더 만들었는데, 'angry'는 정교화자리를 활성화할 수 없기 때문에 수식어도 아니고 보어도 아니며, 부가어로 분석할 수 있다는 것이다. 그러나 상술한 내용에 근거하면 'angry'도 Agent를 나타내는 하나의 정교화자리를 활성화할 수 있기 때문에 그의 이러한 주장은 그다지 타당하지 않아 보인다.

6. 자립-의존관계의 일반성

인지문법(일종의 구문문법이기도 함)에서는 언어는 상징단위와 구문으로 구성된 것이므로 구문을 통해 언어를 일관성 있게 해석할 수 있다고 주장한다. Langacker는 '문법적 결합가 관계', 특히 '자립-의존관계'를 통해 상징단위의 전체 과정과 결합의 기제를 논의함으로써 상징단위에서 구문에 이르는 인지문법의 연구 체계를 완벽하게 만들었다.

상징단위를 조합하여 구문으로 통합하고 더 작은 구문을 더 큰 구문으로 통합하는 과정에서 '자립-의존관계'는 처음부터 끝까지 매우 중요한 역할을 발휘하고 있다. 그것은 언어 분석의 각 층위에 적용된다. 즉 언어의 각 층위마다 자립과 의존구조가 존재한다.

이제 자립구조와 의존관계를 아래와 같은 표로 간단히 대조해 보고자 한다(앞의 네 가지는 각각의 주요 특징이고, 뒤의 여섯 가지는 언어의 각 층위에서 어떻게 표현되는지를 보여준다.)

	자립구조	의존구조
특징1	자립성: 독립적으로 존재 가능	의존성: 독립적으로 존재할 수 없고 다른 요소를 포함하고 있음을 전제
특징2	비교적 구체적인 사물	비교적 추상적인 관계와 과정
특징3	의미가 상대적으로 안정	그다지 안정적이지 않음
특징4	의존구조에 대해 정교화 해석을 함	그것이 포함하는 정교화자리에는 반드시 자립구조가 들어가야 함
음운 층위	모음	자음
2. 단어 층위	실체적 명사	전치사, 동사, 부사, 형용사
3. 구 층위	어떤 성분이 상대적으로 자립적임	다른 성분들이 상대적으로 의존적임
전치사구	명사	전치사
한정사+명사	명사	a, the 등의 한정사
형용사+명사구	명사	형용사
동사+명사구	명사	동사
동사+부사구	동사	부사
동사+전치사구	동사	전치사구
4. 절 층위	주어	술어
	목적어	술어
	중심어	관형어 등 수식어
	술어	부사어
5. 문장 층위	주절	종속절
6. 담화 층위	주제문, 논점	부연설명문, 논거

그림5-13

위의 표에서 자립구조와 의존구조에 대해 간단하게 대조해 보았다. 양자 간의 연결관계는 층위상의 중적성, 기능상의 비대칭성, 성분상의 대응성, 연합상의 융통성, 운영상의 원형성과 조정성, 의미상의 통합성 등의 특징을 가지고 있다.

1) 층위상의 중적성

비교적 작은 단위가 계속 조합되어 비교적 큰 구문으로 통합됨을 가리킨다(자세한 내용은 제9장 제4절 참조). 이러한 중적되고 통합되는 과정은 상향식의 진행 방식을 취하며, 비교적 작은 성분은 비교적 큰 구문으로, 다시 더 큰 구문으로 점점 위쪽으로 합성된다.

2) 기능상의 비대칭성

자립구조와 의존구조에 중요하고 덜 중요한 것의 구분과 구별이 있어서 그들의 역할은 서로 맞바꿀 수 없고 비대칭성(Asymmetry)이 있음을 가리킨다. 의존구조 중의 정교화자리는 자립구조로부터 정교화를 획득한다. 그러나 의존구조(예를 들면 전치사구 중의 전치사)와 자립구조(예를 들면 형용사+명사 구문 중의 명사)는 모두 복합구문에 대해 윤곽결정소의 역할을 할 수 있다.

3) 성분상의 대응성

자립구조, 의존구조, 복합구문이 포함하고 있는 성분은 범주화 관계의 통섭 하에 규칙성과 관습성의 대응관계를 가진다(그림5-10, 5-11에서 점선과 화살표를 가진 실선으로 나타냄).

4) 연합상의 융통성

여러 개의 성분이 하나의 비교적 큰 구문으로 결합될 때 다양한 경로가 존재할 수 있고 다양한 연합 효과를 획득한다. 마찬가지로 비교적 큰 구문이 비교적 작은 성분으로 분석될 때 다양한 분석방법을 가질 수 있다.

[31] The man found the cat. (남자가 고양이를 발견했다.)

위의 예문에서 'find'는 먼저 'the cat'과 결합하여 하나의 복합구문을 형성하고 난 다음 다시 'the man'과 더 큰 구문으로 통합된다고 볼 수도 있고, 'find'가 먼저 'the man'과 결합한 후에 다시 the cat과 더 큰 구문으로 통합되었다고 볼 수도 있다(Langacker, 1991b: 167-174). 당연히 사람들마다 무엇이 먼저 결합되었다고 보는지 다를 수 있다. 또한 다른 처리 방안도 있는데, 의존구조인 'find'가 2가동사로 두 개의 정교화자리를 가지고 있어서 직접 두 개의 자립구조와 대응하는데 'the man'이 탄도체이고, 'the cat'이 지표가 된다고 볼 수 있다. 이러한 세 가지 통합 경로는 방법은 다르지만 결국 하나로 귀결되기 때문에 최종적으로 형성하는 복합구문의 의미는 기본적으로 동일하다. 그런데 Langacker의 문법적 결합가 관계에 근거하면 하나의 구문이 통합 경로에 따라 다른 의미를 나타낼 수도 있다. 다음의 예를 살펴보자.

[32] old men and women

이 예는 두 가지 통합 경로가 있을 수 있는데, 서로 다른 두 가지 의미를 나타낸다.

[33] old(men and women)
[34] (old men)and women

5) 운영상의 원형성과 조정성

두 가지 성분이 조합되는 과정에서 자립구조와 의존구조는 모두 윤곽결정소의 기능을 할 수 있다. 예를 들면 '핵어+보어'에 해당하는 전치사구에서는 의존구조인 전치사가 윤곽결정소의 역할을 하고 있지만, '수식어+핵어'에 해당하는 '형용사+명사구'에서는 자립구조인 명사가 윤곽결정소의 기능을 하고 있다. 다시 예를 들어 보자.

[35] read hard

'동사+부사'의 연결에서 자립구조 'read'(과정 부각)가 전체 복합구문의 윤곽결정소의 역할을 하기 때문에 전체 구는 동사구로 인식된다. 이때 의존구조 중의 정교화자리와 대응하는 것은 사물(thing)이 아니라 과정이다.

6) 의미상의 통합성

결합을 거쳐 형성된 복합구문의 의미는 내부 성분을 간단하게 더하는 것일 뿐만 아니라 그 의미가 주로 '통합성의 원리'에 따라 해석되기 때문에 반드시 구문의 내부구조 및 성분 간의 연결방식까지 고려해야 한다. 다시 말해 전체 복합구문의 의미는 형식주의학파가 말하는 '1+1=2'의 연산모형에 따라 진행되는 것이 아니라 '1+1>2'의 통합성의 원리를 따르는 경우가 훨씬 더 많다. Langacker의 이러한 논의는 실제로는 '구문은 어휘 의미를 조절하고 통제하는 역할을 한다'는 기본적인 원리를 전제로 하고 있다.

그림5-13에서 보듯이 '자립-의존관계'는 언어의 각 층위에 존재한다. 이것은 언어에 대한 통일된 해석을 할 수 있는 효과적인 분석방안을 제공함으로써 인지언어학이 추구하는 최고의 목표를 향해 큰 걸음을 내딛도록 했다.

제4절 평가와 반성

Langacker가 제안한 문법적 결합가 관계와 자립-의존관계 분석의 틀은 구문문법 연구와 발전에 매우 중요한 의미가 있다. 완전히 새로운 각도로 언어를 연구할 수 있게 했으며, 전 세계적으로 인지언어학(인지문법과 구문문법 포함)의 연구 붐이 일어나는 데 중요한 공헌을 했기 때문이다. 그러나 연구 과정에서 Langacker의 주장에도 몇 가지 개선할 점이 있음을 발견했다.

1. 정교화자리에 대한 반성

Langacker(1987:301)는 비록 자립-의존 관계의 상대성에 대해 논의했지만 그들 간의 사용 상황과 규칙에 대해서는 상세히 설명하지 않았다. 또한 자립구조와 의존구조가 상대적이라면 양자 모두 정교화자리를 가지고 있을 가능성이 있지만 Langacker는 의존구조 중의 정교화자리에 대해서만 주로 논의하고 자립구조가 이러한 정교화자리를 가지고 있을 가능성의 여부에 대해서는 논의하지 않았다. 만일 그림5-9의 'sings'가 'Tom'에 비해 의존성이 더 크다면 전자는 후자의 삽입이 있어야지만 완정한 하나의 의미를 표현할 수 있다. 그러나 조금만 더 생각해보면 'Tom' 하나만으로는 별다른 의미가 없기 때문에 다른 관련 성분을 삽입해야지만 상대적으로 완정한 표현이 될 수 있음을 알 수 있다. 그러므로 의존구조만 정교화자리를 포함하고 있는 것이 아니라 자립구조도 유사한 자리를 포함할 수 있다고 생각된다. 혹은 이 두 구조에 같거나 유사한 정교화자리가 존재하고 있다는 진일보한 가설을 세울 수도 있을 것이다. 이렇게 해야만 양자가 결합하여 사용되는 인지 기제라고 할 수 있다.

이러한 관점에 근거하면 '수식어+핵어' 구문도 다음과 같은 분석방법을 통해 합리적인 해석을 할 수 있다. 즉, 핵어는 해석이 필요한 빈자리를 내포할 수 있다. 예를 들면 동사구 'read hard'에서 핵어 'read'가 포함하고 있는 요소는 다른 수식성분과 대응할 수 있는데, 이 수식성분도 층위의 구분이 있을 수 있다. 실제 사용될 때 이는 출현할 수도 있고 출현하지 않을 수도 있으며 핵어 앞에 올 수도 있고 뒤에 올 수도 있다. 이렇게 '정교화자리'의 적용 범위를 확대하면 '자립-의존 연합'을 사용하여 구문 성분 간의 문법적 결합가 관계를 더 많이, 더 전면적으로 해석할 수 있다.

2. 통일되지 않은 용어

Langacker는 저서에서 많은 용어를 사용했는데, 동일한 개념에 대해서도 다른 데에서는 다시 다른 용어를 사용하기도 했다. 어떤 용어는 필수적일 수도 있고 어떤 용어는 문체상의 문제일 수도 있지만 또 어떤 용어는 불필요하기도 한데, 용어가 많으면 일단 초학자들은 혼란에 빠지기 쉽다.

Langacker는 '의존-자립관계'와 '정교화자리-정교화 관계', '탄도체-지표', '도식-예시' 등의 분석 방법을 결합하여 논의하면서 많은 용어들을 교차하여 사용했기 때문에 복잡할 수밖에 없는데, 이는 인지문법에 대해 잘 모르는 사람이 이해하는 데 상당한 어려움을 가중시켰다.

예를 들면 '독립적으로 존재할 수 없는 구조'는 때에 따라 의존성 구조(Dependent Structure),

의존성 성분(Dependent Component), 의존성 술어(Dependent Predication), 관계성 구조(Relational Structure), 관계성 술어(Relational Predication), 성분 구조(Component Structure) 등 6가지 서로 다른 용어를 사용했다.

또한 그는 자립-의존관계에서 '전제된 하나의 부각 성분'에 대해 논의하면서 '윤곽화 하위구조(Profile Substructure), 도식성 하위구조(Schematic Substructure), 부각된 도식성분 (Salient Schematic Element), 정교화자리(Elaboration Site), 정교화 술어(Elaboration Predication) 등 다양한 용어를 사용했다.

그밖에 Langacker가 저서에서 사용한 '성분', '요소', '구조', '하위구조', '구문' 등의 용어도 구분 없이 사용되기도 했고, '의미 부각', '의미 윤곽화', '의미 명시' 등의 용어도 분명한 구분 없이 사용되었다.

이는 많은 독자들을 혼란스럽게 만들어 읽을 때나 공부할 때 끊임없이 고심하며 서로 다른 표현에 대응하는 용어와 개념을 찾도록 만들었는데, 이 역시 인지문법의 보급에 어려움을 가중시켰다. 이러한 문제를 효과적으로 해결하기 위해 본서에서는 상술한 관련 용어와 분석 방법들을 다음과 같이 정리하고자 한다.

(1) 문법적 결합가 관계와 자립-의존 관계에서 사용된 용어와 분석방법은 그림5-5와 그림5-13의 순서에 대응하도록 정리한다.

(2) '구조'를 사용하여 두 개 이상의 상징단위를 가리키는 것이 비교적 합리적이며 일반 독자들의 인식에도 부합한다. 하나의 상징단위는 단 하나의 원소성 단위이기 때문에 그 내부 구조에 중점을 두지 않기 때문이다. 구문문법이 가지고 있는 '분해불가설' 혹은 '전체설'에 근거하면 비교적 복잡해 보이는 구문들도 의미 전체로 이해한다는 시각에서 보면 분해하기 어려운 것이다. '상징단위'는 '상징구조'라고 해도 무방하다. 상징단위가 내부구조를 갖추고 있고, 음운극과 의미극의 결합쌍으로 두 개의 성분을 가지고 있기 때문이다. 그러나 이 음운극과 의미극을 '음운구조'와 '의미구조'라고 부를 필요는 없다. 두 개 혹은 두 개 이상의 상징단위가 결합하여 사용될 때에만 음운구조와 의미구조라고 할 수 있다.

(3) 자립구조가 나타내는 정보는 '의미내용'이라고 할 수 있다. 그것이 하나의 상징단위일 수는 있지만 꼭 의미 하위구조를 가지는 것은 아니기 때문이다. 반면, 의존구조가 가지

는 정교화를 필요로 하는 요소는 '윤곽화 하위구조' 혹은 '정교화자리'라고 부를 수 있고, 그것이 나타내는 정보는 '의미 윤곽화'라고 부를 수 있다.

(4) '자립-의존 연합'을 거쳐 형성된 비교적 높은 층위의 구조는 '문법구문(간단히 '구문'이라 함)'이라고 할 수 있고, 그것이 나타내는 정보는 '의미 명시(Semantic Manifestation)'라고 부를 수 있다.

이상에서 열거한 문제들은 중요한 문제는 아니며 전체 이론의 크나큰 가치에도 영향을 주지 않는다. Langacker가 제안한 일련의 도전적 관점은 우리에게 시사하는 바가 크며, 바로 그의 노력 덕분에 지금처럼 구문문법 연구가 매우 활발해질 수 있었다.

제6장

Goldberg의 구문문법

Goldberg는 Lakoff의 원형범주와 은유 등의 이론, Fillmore 등의 틀의미론, 관용어 분석과 구문문법 등의 연구 아이디어를 기반으로 하고, 또 Langcker 인지문법의 여러 기본 관점을 기초로 하여 '인지구문문법(Cognitive Constructional Grammar) 이론'을 만들어냈다. 이것은 어휘분석법과 변형생성 분석법의 문제점을 겨냥하여 '논항구조의 구문문법 분석법'을 제기한 것이다. 본장의 제1절에서는 이것에 대한 대략적인 설명을 하고, 제2절과 제3절에서는 각각 Goldberg의 1995년과 2006년 중요 연구 성과에 대한 소개를 할 것이다. Goldberg는 또한 여기서 더 나아가 '동사'와 '구문' 간의 상호작용이라는 새로운 관점을 논술하였다. 본서에서는 이를 '의미역 상호작용'과 '의미 상호작용'이라는 두 가지로 귀납하여 제4절에서 중점적으로 소개하고자 한다. 제5절에서는 구문과 구문 간의 네 가지 주요 상속(또는 동기)관계 즉, 다의성 연결, 은유적 확장 연결, 부분 관계 연결, 예시 연결에 대해 중점적으로 논의한다. 그리고 이에 근거한 구문네트워크의 수립 또한 논한다. 제6절에서는 구문문법의 일반적인 연구 과정을 소개한다.

제1절 개설

Goldberg는 Lakoff의 학생으로 Lakoff(1980, 1993)의 은유인지관과 구문분석법(특히 'There is N' 구문)을 계승하고 이를 확장시켜 구문 간의 방사범주화 관계를 논하는 것에 까지 확장시켰다. 이로써 이 구문문법 이론은 'Lakoff와 Goldberg의 구문문법 이론'이라 일컬어지기도 한다. Goldberg는 Fillmore 등의 관용어 분석방안, 틀의미론, 구문문법 등의 관점을 받아들이면서 언어 연구는 비규칙적인 특수 표현을 연구해야 하며 문장의 의미는 마땅히 전체 틀을 배경으로 해야 전반적인 해석을 할 수 있다고 보았다. Goldberg는 또 Langacker 인지문법의 주요 관점을 수용하여 '형식과 의미의 결합쌍인 상징단위와 구문'을 이 논의 속에 발전적으로 적용하여, 언어 중 특수성과 주변성을 띤 구문(예컨대 관용구문)을 연구하는 방법을 언어의 상용구문에까지 확대시켜 일부 규칙성을 띤 구문(예컨대 이중타동구문, 사역이동구문, 결과구문 등)의 논항구조를 상세히 분석하였다. 아울러 그녀는 이것을 기초로 하여 구문 간의 관계를 논하였는데, 어휘중심론의 문제를 겨냥하여 '논항구조의 구문문법 분석법' 체계를 수립하게 되었다. 이러한 기본 입장을 기반으로 하여 Goldberg는 1995년에 『Constructions: A Construction Grammar Approach to Argument Structure』을 출판함으로써 인지언어학 이론틀 속에서 '인지구문문법' 이론을 수립하는데 중요한 공헌을 하였다.

주지하는 바와 같이 Lakoff나 Langacker같은 학자들은 TG이론의 기본 가설인 생득론, 보편론, 자립론, 모듈론, 이원론, 형식론 등을 결연히 반대한다. 그리고 이러한 것들을 인지과학으로는 아예 증명할 수 없다고 보고 있으며, 이것으로는 언어의 여러 상견되는 현상들, 고정 문형, 관용어 등을 설명할 수 없다고 여긴다. 따라서 일부 인지언어학자들은 TG이론에 대해 회의를 품고 위의 가설들을 비판하면서 인지언어학파를 형성하였는데, 이 또한 구문문법의 또 다른 중요한 기원이 되고 있다.

Lakoff는 1977년 게슈탈트 이론(Gestalt Theory) 및 틀의미론과 관련된 관점에 기초하여 '게슈탈트 문법(Gestalt Grammar)'을 제기한 바 있다. 그리하여 문장성분의 통사 관계와 기능은 문장성분 간의 단순한 결합이 아니라 전체 문장을 고려해야 한다고 보았다. 이 관점은 Croft의 급진적 구문문법에서 취한 '부분-전체론(Meronymy)'에 중요한 영향을 주었다. Lakoff(1977:246-247)는 다음과 같이 언급했다.

사유, 지각, 감정, 인지 가공, 근육운동 지각활동과 언어는 모두 동일 유형의 구조(혹은 게슈탈트)를 근거하여 조직된 것이다.

이와 아울러 그는 문법 게슈탈트 구조의 15가지 특징을 열거한 바 있는데, 이는 이후 구문을 기술하는 주요 근거가 되고 있다. 예컨대, 게슈탈트는 완벽하고 분석이 가능한 구조이나, 전체를 반드시 부분으로 분해할 수 있는 것은 아니다.[1] 한편, Lakoff는 철학자 Johnson과 함께 1980년에 '은유 인지관(Cognitive View of Metaphor)'을 제안하였고, 1987년에는 이 관점과 방사범주 이론(Radical Category)을 운용하여 'Here 구문'과 'There 구문' 등을 분석하였다.

Lakoff의 학생 Goldberg는 1995년, 1996년, 2005년, 2006년에 관련 서적과 논문을 출판하여 그녀의 인지구문문법 이론을 체계적으로 설명하였다. Goldberg는 Lakoff의 '체험철학(Embodied Philosophy)'과 '은유 인지관'을 받아들여 이것을 이용해 구문 간의 방사범주화 관계를 비교적 상세히 기술하는 한편, Fillmore(1988, 1999) 등이 제기한 틀의미론, 구문문법 등의 관점을 받아들여 문장의 의미와 그 제한적 용법은 주요 동사의 특징에 의해 완전히 결정되는 것은 아니며 문장의 틀문법구문(Skeletal Grammatical Construction)과 밀접하게 관련된다는 주장을 하였다.

제2절 1995년 저서 소개

Goldberg는 1995년의 저서에서 언어학(특히 인지언어학과 구문 관련 연구 논문), 언어 습득, 컴퓨터 공학 등 영역의 연구 성과를 흡수하여 인지구문문법 이론을 매우 체계적으로 논술하였고, 이 이론을 운용하여 '논항구조(Argument Structure)'에 대해 새로운 분석을 시도하였다. 이로써 구문문법의 연구 대상을 1980년대의 특수한 구문에서 일반적인 구문으로까지 확장하였고, 구문을 언어의 기본단위로 하는 사유의 기초를 다졌다.

본서에서는 Goldberg의 1995년 출판된 저서의 서명에서 착안하여 '구문단계 분석도'의 방법을 채택해 그녀의 주요 관점과 공헌을 아래 그림처럼 제시하고자 한다.(그림6-1과 6-2에서 사용되는 약어: L(언어), TG(변형생성문법), FG(기능문법), V(동사), CxG(구문문법), PS(구구

---

1) [역주] 이를 다른 말로, '전체는 부분의 합 이상이다'라고 표현할 수 있다.

조), '형식기능결합쌍'은 형식과 기능의 결합쌍을 의미함.)

Constructions:	A Construction Grammar Approach to Argument Structure	
1. 형식과 의미의 결합쌍	5. 동사중심론 비판: TG와 FG는 V가 논항구조를 결정한다고 보지만, CxG는 구문이라고 봄	12. 결합가문법
2. 형태소에서 담화까지	6. 구문의 독립적인 의미('구문강요', '가목적어')를 통해 '어휘의미 최소량'을 보장	13. TG이론의 동사중심론
3. 언어의 기본단위	7. 동사와 구문의 상호작용: 의미역 상호작용+의미 상호작용	14. 동사의 논항구조와 구문의 논항구조
4. 구문의 특징	8. 다각적 연구: 통사, 의미, 화용	15. '사용'에 기반을 둔 모델: 귀납이 가설, 연역보다 해석력이 있음
	9. 은유인지 메커니즘과 구문네트워크(상속)	
	10. 주변 겸 중심+구문 단층성: 변형론 비판	
	11. 위에서 아래로의 전체론과 틀의미론	

그림6-1

1. 형식과 의미의 결합쌍

Goldberg는 '구문은 형식과 의미의 결합쌍(Form-meaning Correspondence, Form-meaning Pair.)'이라고 하는 Langacker의 이론을 계승 발전시켰으며, 아울러 그 범위를 '형태소'라고 하는 미시적 측면까지 확대하였다. 그리고 형태론과 통사론 간의 이분법을 재차 취소하였다.

2. 형태소에서 담화까지

Goldberg는 구문은 두 개의 상징단위 이상이라는 Langacker의 관점을 수정하여 하나의 상징단위 역시 하나의 구문이라고 보았다. 이로써 구문은 형태소, 단어, 구, 절, 문장, 그리고 담화까지도 포괄하여 언어의 모든 층위를 아우르게 되었다. Goldberg(1995:4)는 다음과 같이 언급하였다.

> … 형태소는 구문의 확실한 예들이다. 이는 형태소가 형식과 의미의 쌍이라는 측면에서 그러하다. 그리고 이들 쌍은 예측이 불가능하다.[2]

3. 언어의 기본단위

이렇게 구문이 형태소에서 담화까지 언어의 각 층위를 포괄한다면, 이것은 언어 연구의 기본단위도 된다. 즉, 구문은 언어학의 중심적인 위치를 점하게 된다. Goldberg(1995:2, 4)는 다음과 같이 언급했다.

> 구문이 이론적인 실체로 인식되어야 한다고 주장함으로써 '구문'은 비로소 합법적인 위상을 회복하게 되는 것이며, 본서는 바로 이러한 점을 위해 노력할 것이다.[3]
> 구문은 언어의 기본단위로 인식된다.[4]

이렇게 구문을 언어 연구의 기본단위로 확정지은 후, 구문을 중심으로 하는 언어 이론을 구축하였는데 이것이 바로 구문문법이다.

4. 구문의 특징

상술한 세 가지 특징 이외에도 구문은 여러 가지 중요한 특징을 갖고 있다. 예컨대, 체험성과 추상성, 기초성과 진화성, 일반성과 특수성, 중적성과 통합성, 독립성과 상호작용

---

2) … morphemes are clear instances of constructions in that they are pairings of meaning and form that are not predictable from anything else.

3) This monograph thus represents an effort to bring constructions back to their rightful place on center stage by arguing that they should be recognized as theoretical entities.

4) Constructions are taken to be the basic units of language.

성, 정태성과 동태성, 원형성과 다의성, 분류성과 층위성, 상속성과 제약성, 동기성과 도상성 등이 있다(제9장 참조).

5. 동사중심론 비판

Goldberg는 1995년 저서에서 Chomsky의 이론과 여러 기능학파의 '동사중심 입장'을 비판하고 '구문문법 분석법'이라는 입장을 제기하여 논항구조를 새롭게 고찰하였다. Goldberg 및 다른 많은 학자들은 모두 절 내의 논항구조가 해당 절의 주요동사에 의해 결정되는 것이 아니라 구문에 의해 결정된다고 보았다. 따라서 구문문법 학자들은 동사의 각도가 아니라 구문의 각도에서 문장의 논항구조를 분석해야 한다고 주장한다. 이것이 바로 그녀가 책에서 말한 '구문문법 분석법'의 함의이다.

6. 구문의 독립적인 의미: '구문강요', '가목적어', '어휘의미 최소량'

구문분석법은 '동사중심론'에 대한 비판을 바탕으로 구문을 언어 연구의 기본단위로 보았을 뿐 아니라, 구문 자체를 동사 의미로부터 독립된 특정 의미와 제한적 용법을 가지고 있다고 보고 있다. 이는 '구문강요(Construction Coercion)'이론을 위한 충분한 근거가 된다(제11장 참조).

구문은 독립된 의미를 갖고 있는데 이것은 '가목적어(Fake object)'현상을 매우 잘 설명한다. Jackendoff가 지적한 대로, '동사의 가목적어'는 구문에 의해 생겨난 목적어로 볼 수 있다. 즉, 이 동사는 '구문강요'의 작용으로 구문의 논항구조로부터 임시로 추가적인 논항을 획득한 것이라 할 수 있다. 'the tissue'문(제11장 예[27] 참조)이 그 대표적인 예로, 사역이동구문의 강요로 1가동사(즉, 자동사)인 'sneeze'에 임시로 두 개의 논항이 추가되어 3가동사가 된다.

이처럼 구문이 독립된 의미를 갖고 있기 때문에 어구 내 성분과 의미를 모두 동사의 투사 결과로 볼 필요는 없다. 이렇게 하면 동사는 어느 정도 '해방'을 얻게 되어 '어휘의미 최소량'이 실현될 수 있다. 즉, 동일 유형의 어구가 공유하는 의미를 '구문의미'로 귀납하면, 약간씩 차이가 있는 동사 의미를 일일이 사전에 나열할 필요가 없다. 예컨대 제12장 제1절의 'kick'은 8가지 다른 의미가 있다. 만약 이 의미를 모두 다 사전에 나열한다면 사전의 부피가 너무 커질 수밖에 없다. 그런데 이러한 8가지 의미를 구문의미로 귀납하고, 또한 이러한 구문의미를 기타 많은 동사에도 적용한다면, 이를 통해 구문의 일반성을 충분히 실현할 수 있고 효과적으로 언어에 대한 일반적인 묘사도 할 수가 있게 된다.

7. 동사와 구문의 상호작용: 의미역 상호작용+의미 상호작용

Goldberg는 원형범주론, 구문강요론 등에 기초하여 동사와 구문 간의 상호관계를 분석하여, '의미결속 원리(Semantic Coherence Principle)'와 '조응 원리(Correspondence Principle)'라는 두 가지 상호 작용 원리를 수립하였다. 그녀는 이 원리에 근거하여 관련 동사가 이중타동구문, 결과구문, 사역이동구문, Way-구문에 사용될 때 필요한 선결 조건과 관련 제약을 분석하였다. 본서에서는 의미역 상호작용과 의미 상호작용이란 두 가지 방면에서 이를 전면적으로 개괄하고자 한다.

8. 다각적 연구: 통사, 의미, 화용

TG이론은 언어를 몇 개의 모듈로 나누고, 연구의 중점을 통사에 두고 있다. 또 형식화의 방법으로 이것에 대한 묘사를 진행한다. 그러나 구문문법 분석법은 이와는 반대로 구문의 통사, 의미, 화용 모든 측면을 동시에 연구할 것을 주장한다. 이러한 다각적인 연구는 단층적인 연구에 비해 훨씬 전면적이고 설득력이 있다.

다각적 연구라는 원칙에 입각하여 구문의 논항, 동사 논항(참여자역) 그리고 통사 성분 간의 대응 관계 등에 대해 체계적으로 연구할 수 있다.

9. 은유인지 메커니즘과 구문네트워크(상속)

Goldberg는 그녀의 스승인 Lakoff가 제안한 '은유 인지론'을 바탕으로 '구문과 구문

간의 관계 유형'에 대해 상세히 논한 바 있다. 즉, '상속관계(Inheritance Relation)'를 운용하여 구문네트워크 내부 구조의 연결 관계를 설명하였고 아울러 구문과 구문 간 상속관계(즉, 연결 관계)를 다의성 연결, 은유적 확장 연결, 부분 관계 연결, 예시 연결이라는 네 가지 유형으로 나누어 기술하였다(제3절에서 자세히 논함).

TG학파의 주요 구성원인 Georgia Green, Dick Hurley 등은 몇 가지 이중타동구문 자료를 가지고 저변의 기본규칙을 개괄함으로써 변형생성문법의 설명력을 증명하고자 했으나 실패하고 말았다. 그러나 Goldberg는 '은유 인지관'을 통해, 이 구문들 간의 관계를 개괄하였고, 이에 근거하여 '긴밀히 연결된 구문가족(a Family of Closely Related Constructions)'이란 관점을 제기하였다.

[1] I gave him a book. (나는 그에게 책 한 권을 주었다.)
[2] I told him a story. (나는 그에게 이야기를 해줬다.)

위 두 문장 간에는 여러 가지 은유적 연결 관계가 존재한다.

(1) 'tell'은 단지 구두로 말하는 것일 뿐, 'give'처럼 실제적인 '수여'를 할 수가 없다.
(2) 'a book'은 3차원 공간의 실체이나 'a story'는 구체물이 없는 실체이다.
(3) 예[1]의 의미는 '나는 원래 책 한 권이 있었는데, 그에게 주고 난 후, 그가 이 책을 갖게 되었고, 나는 이 책이 없어졌다.'이다. 반면, 예[2]에서는 이러한 현상이 존재하지 않는다. 이 이야기를 내가 그에게 들려줬지만, 나와 그는 사실 동시에 이 이야기를 소유하고 있는 것이다.

언어연구에서는 언어의 중심성분을 분석해야 할 뿐 아니라, 주변성분에도 관심을 가져야 한다. 그리고 주변성분을 통해 중심성분을 설명할 수 있어야 한다. 바로 이러한 식으로 단지 핵심문법 혹은 보편문법만을 연구하는 TG학파의 연구 경향을 부정하고 언어 이론에 더 강력한 설명력을 부여할 수 있다.

10. 주변 겸 중심+구문 단층성: 변형론 비판

　제4장에서 언급한 바와 같이 구문문법은 Fillmore 등의 학자가 영어에 있는 특수 구문 (관용어 등)을 연구하는 것으로부터 시작을 하였다. 이러한 구문들은 대부분 통사, 의미, 화용 등 방면으로는 규칙적인 해석을 하기 힘든 특수한 표현으로, Chomsky를 중심으로 하는 TG학파에 의해 언어의 주변적 현상 또는 부수적 현상쯤으로 취급되어 줄곧 그들의 핵심문법 밖으로 배제되던 것이었다. 그러나 언어 가운데 관용어의 수가 많다는 것은 이것 역시 무시할 수 없는 구성성분이라는 것을 의미하며, 이러한 관용어 역시 사람들의 언어능력, 인지방식을 반영하는 것이라 할 수 있다. 따라서 다른 것과 동일하게 관심을 둘 필요가 있다. 이에 구문문법은 TG학파와는 달리 특수한 구문을 분석하는 것에서 출발하여 핵심문법에 접근하고자 하였다. 즉, 특수하고 복잡한 언어 표현을 설명할 수 있는 이론이라면 일반적이고 단순한 언어 표현도 설명할 수 있다고 본 것이다. 이에 대해 Goldberg(1995:6)의 언급을 보자.

　　　　이것은 기초적인 통찰력이란 비-핵심적인 예들을 고려함으로써 얻어질 수 있다는 그러한 신념이 있기 때문에 가능하다. 왜냐하면 비-핵심적인 예들을 설명할 수 있는 이론적 장치들은 분명 핵심적 예들을 설명하는데도 적용될 수 있기 때문이다.[5]

　이처럼 언어의 주변적 현상과 중심 현상에도 관심을 가질 수 있는 이론, 즉 '주변과 핵심'을 모두 고려할 수 있는 연구 방법이어야말로 언어 이론으로서의 타당성을 가질 수 있다.

　구문문법 학자들은 어구의 모든 정보가 형식과 의미의 결합쌍인 표현 속에 다 저장되어 있기 때문에 언어는 모듈의 성격이 없으며 통사와 의미를 분리할 수 없다고 주장한다. 또한 통사에 심층구조와 표층구조가 존재하지 않으며, 표층구조가 심층구조로부터 변형되

---

5) This interest stems from the belief that fundamental insights can be gained from considering such non-core cases, in that the theoretical machinery that accounts for non-core cases can be used to account for core cases.

어 나오는 상황도 없다고 본다. 간단히 말해서, 구문은 단층성(Monostrata, 제3장 제2절, 제12장 제1절 참조)을 띠고 있어서 심층구조로부터 파생되거나 변형되어 나오는 것이 아니라 그 자체가 생산성을 갖고 있다. 이러한 모든 관점은 바로 Chomsky 학파의 '변형법'을 철저히 외면할 수 있는 기초가 되었다.

11. 위에서 아래로의 전체론과 틀의미론

구문분석법, 구문강요의 주요 출발점은 바로 '위에서 아래로'이다. 이것은 어구를 구문이라는 전체의 각도에서 보는 것이지 동사 혹은 기타 어휘의 각도에서 관찰하는 것이 아니다. 이는 Fillmore의 틀의미론처럼 동사를 반드시 관련 틀 속(또는 의미장)에 넣은 후에야 정확하고 전면적인 설명이 가능하며, 어구의 의미가 단순히 어휘들의 조합에 의한 것만은 아니라는 것을 의미한다. 이점은 단어를 구구조로 구성된 심층구조 속에 넣어 분석하는 TG이론과 전혀 다르다. 구문문법에서는 어구의 의미를 파악하기 위해서 반드시 구문의미 심지어 백과사전적 지식까지 고려해야 한다고 본다. 이외에, 구문문법은 분해론을 비판한다. 즉 문법구문을 함부로 낱개의 단어로 분해할 수 없다는 것이다(제8장 제3절 참조). 이로 인해 사람들은 구문문법을 틀의미론에서 발전한 '자매이론'이라고 보기도 한다.

12. 결합가문법

동사의 논항구조를 논할 때에는 결합가문법을 논하곤 한다. 이에 대해서는 제2장 제3절을 참고하기 바란다.

13. TG이론의 동사중심론

TG이론에서는 주요동사의 논항구조로부터 절의 논항구조를 분석한다. 즉 하나의 주요동사가 가지고 있는 논항의 수와 성질(동사의 결합가)이 절의 논항구조를 결정한다는 것으로, 절의 통사구조는 논항구조와는 아무 관계가 없는, 텅 빈 틀이라 그 자체는 아무 의미가 없다고 본다. Chomsky의 이러한 방법론은 통사를 의미, 담화로부터 분리시켜서 형식화의 방법으로 통사만 분석하기 위해 제안된 것이다.

구문문법에서는 구문 자체가 의미가 있고, 구문 자체가 논항구조도 갖고 있다고 본다. 또한 구문은 구문강요를 통해 구문 내 동사나 기타 어휘의 논항구조를 바꿀 수도 있다고 본다. 특히 동사가 없는 문장이나 하나의 동사가 여러 의미와 용법을 갖는 경우 역시 구문문법으로 설명해 낼 수 있지만, TG의 동사중심론은 이러한 문제를 해결하기 어렵다.

14. 동사의 논항구조와 구문의 논항구조

앞에서 언급한 바와 같이 동사도 논항구조를 갖고 있고 구문도 논항구조를 갖고 있는데, 이 둘이 일치되기도 하지만 때로는 일치되지 않는 경우도 있다. 동사와 구문의 논항구조가 일치하면, 구체적인 어구들은 단지 그 구문의 의미를 '예시'한다. 반면 동사와 구문의 논항구조가 완전하게 일치하지 않으면, 구문의 논항구조가 주도적인 위치를 갖고 '구문강요' 작용을 일으켜 구문 내 동사는 조정이 이루어진다. 이처럼 구문강요로 인해 하나의 동사가 여러 개의 용법과 의미를 갖게 되는 것이다.

15. '사용'에 기반을 둔 모델(사용기반 모델)

Goldberg는 Chomsky의 연역적 방법론 비판하고, Langacker가 제기한 '사용기반 모델 (Usage-based Model)'을 받아들여 발전시켰다. Goldberg는 귀납법이 가설추론과 연역법보다도 더 설명력을 가진다고 보았으며, 구문의 논항구조는 동사에 의해 선험적으로 결정되는 것이 아니라 동사가 출현하는 구체적인 통사 환경에 근거하여 고찰하고 귀납해야 한다고 주장하였다. 즉 동사의 실제 사용에 기반하여 구문의 논항구조를 논해야 한다는 것이다. '실제표현 분석(보는 것이 얻는 것 분석법, What you see is what you get Approach)'은 바로 이를 기초로 하여 제안된 것이다.

Goldberg는 또 이 이론에 근거하여 실례를 이용해 동사가 출현하는 일부 구문의 구체적인 통사 환경과 제약 조건 등을 분석하였는데, 이 점은 Fillmore의 구문문법과는 차이가 있다(제3장 제2절, 제8장 제3절 참조).

제3절 2006년 저서 소개

Goldberg는 2006년에 또 다른 구문문법 연구 저작인 『Constructions at Work: the Nature of Generalization in Language』을 출판했다.

Goldberg는 이 책에서 자신의 이론을 '인지구문문법'이라고 명명하였고, 책 전체를 통해 구문의 '일반성(Generalization)'을 중점적으로 논하였다. 제1부분에서는 구문에 대한 전반적인 소개와 함께 '표층일반화 가설'을 도출하고, '사용기반 모델'의 관점에서 구문 이론은 반드시 특수한 표현과 일반적인 표현을 다 포괄해야 한다고 설명하고 있다. 제2부분에서는 주로 구문 습득(즉, 언어 습득)의 관점에서 일반성을 논하여, 일반성이란 후천적으로 습득되는 것이지 선천적으로 보유한 능력이 아니라고 강조하였다. 또한 아동의 언어 입력(언어 습득)은 일반적인 가공을 기초로 하여 논항구조구문과 같은 특정 유형을 형성하고 확립하는 과정으로, 이렇게 확립된 지식은 오래 저장된다고 주장하였다. 이외에 Goldberg는 '사용빈도', '통계적 우위(Statistical Preemption)'와 같은 일반성의 조건도 제시했다. 제3부분에서는 구문의 정보구조가 장거리 이동과 작용역 할당의 기초가 된다는 '섬제약(Island constraints)과 작용역(scope)', 순수한 통사 일반성은 존재하지 않으며 그러한 현상은 보편성을 갖지 않는다는 '주어-조동사 도치(Subject-Auxiliary inversion)', '범언어적 일반성(Cross-linguistic generalization)'이라는 세 가지 관점에서 일반성의 형성과정을 상세히 기술하였다. 마지막 부분에서는 본서의 내용을 정리하였다.

이 책의 서명에 근거하여 '구문단계 분석도'에 따라 아래와 같이 나타낼 수 있다.

Constructions at Work:	*the Nature of Generalization in Language*
1. 인지구문문법	5. 일반성은 언어의 본질이며 구문으로 실현된다.
2. 습득 가능한 형식-기능 결합쌍 　(기능=의미, 화용, 담화, 인지)	6. 일반성은 보편과 특수를 함께 고려해야 한다.

3. 구문이 언어를 언어로 만들고, 구문이 핵심이다. 4. 구문의 작동=언어의작동, 구문은 언어의 각 층위를 해석할 수 있다.	7. 형식과 기능의 동시 일반화: 이는 형식상 일반화만을 주장하는 TG와 다르며, TG의 생성성 (선천적인PS가 심층구조를 생성함)과도 다르다. 8. '상속네트워크'로 구문간의 일반성 관계 표시 9. 언어는 구문을 통해 습득된다. 10. 언어 연구는 귀납법을 이용해야하고, 사용기반 모델이 중요하다.

그림6-2

1. 인지구문문법

Goldberg(2006:214)는 자신의 이론을 다른 구문문법과 구분하고, 특히 그것의 체험철학과 인지언어학적 이론 배경을 부각시켜 '인지구문문법(Cognitive Construction Grammar, 즉 CCxG)'이라 명명하였다. 그림6-1과 6-2는 그녀의 주요 관점을 제시한 것이다.

2. 습득 가능한 '형식-기능 결합쌍'

Goldberg는 '구문=형식+의미'란 관점을 발전시켜 '구문=형식+기능'이라고 보았는데, '기능'은 사실상 의미, 화용, 담화, 인지 등의 정보를 모두 포괄하는 것이다. 이러한 수정을 통해 상징단위의 의미가 포함하는 범위가 확대되어, 의미뿐 아니라 언어의 화용, 담화 그리고 인지 측면의 정보도 포괄하게 되었으며, 구문문법의 해석력이 한층 더 강화되었다.

Goldberg는 본서에서 동사중심론을 계속 비판하고 있다. 그리고 구문이 독립적인 의미를 갖고 있으며 동사를 강요한다고 주장한다.

3. 구문이 언어를 언어로 만든다

언어의 본질은 무엇인가?

Chomsky 학파가 주장한 언어 본질론에 따르면, 의미·담화기능으로부터 독립된 형식화된 통사가 언어의 본질을 대표하며, 이것이 선천적으로 사람의 뇌 속에 장착되어 있는 핵심문법 혹은 보편문법이라고 한다. 이러한 입장에 근거하여 TG학파는 생득론, 보편론, 자립론, 모듈론, 형식론이란 5가지 주요 관점을 제시하였다(제3장 제1절 참조).

이와 달리 구문문법에서는 언어의 본질은 형식화된 보편문법이 아니라 '구문' 자체라고 본다. 바로 이러한 구문으로 인해 언어가 형성되는 것이고, 구문을 연구하는 것은 바로 언어의 본질을 탐구하는 것이다. 본서의 앞부분에서 말한 '구문은 인간의 내재언어지식 체계의 심적 표상이다.'라는 것은 바로 이것을 의미한다.

Goldberg(2006)은 구문의 핵심적 지위를 지속적으로 강조하였는데, 책의 제목처럼 구문은 언어의 일반성이라는 본질을 대표하는 것이다. 구문이 '작동하고 있는 것(At Work)'이라면, 누가 '은퇴(At Rest 또는 On Holiday)'를 해야 하는가? 바로 구문의 핵심적 지위를 부정하고, 구문문법의 기본 원칙에 위배되는 Chomsky 이론이야 말로 '은퇴'할 때가 되었다.

4. 구문의 작동 = 언어의 작동, 구문은 언어의 각 층위를 해석할 수 있다

Goldberg(1995)가 형태소를 구문에 포함시키긴 했지만, 주로 구문 분석법을 운용하여 논항구조를 분석하는데 중점을 두고 있어서, 구문의 범위에 대한 논의가 충분치 않았다. 이후 Goldberg(2006:5)가 이 점을 강조하여 'pre-', '-ing' 같은 파생 형태소도 구문으로 보았다. 이처럼 구문은 형태소, 단어, 구, 문장, 담화와 같은 언어의 각 층위에 존재한다. 이를 통해 구문의 일반성이 한층 강화되었고 구문문법의 설명력도 제고되었으며, 언어 이론의 통일성과 게슈탈트성, 타당성을 실현할 수 있게 되었다.

5. 일반성은 언어의 본질이며 구문으로 실현된다

TG와 인지언어학(구문문법 포함)은 모두 Humbolt의 관점을 받아들여, TG는 '생성성 (Generation)'으로 인지구문문법은 '생산성(Productivity)'으로, 각각 '유한한 성분이 무한하게 운용될 수 있는지(infinite uses of finite elements)'를 연구하였다. Chomsky 학파는 생성성을 생득적인 언어능력으로 귀결시킨 반면, 인지언어학은 후천적 체험철학의 입장을 견지하여 언어는 인간이 현실 세계와 언어 입력에 대한 상호 체험과 인지 가공의 과정을 통해 형성되는 것으로 보았다. 이하 몇 가지 방면에서 인지구문문법의 '일반성'에 대해 살펴보고자 한다.

(1) Goldberg의 인지구문문법은 언어의 일반성을 강조하고 있다. 즉, 성인의 문법지식이든 습득 단계에 있는 아이의 문법이든, 모두 일반성의 특징을 갖고 있다. 일반화하여 특정 유형으로 형성된 지식(문법구문 등)이야 말로 비교적 오랜 동안 기억될 수가 있는 반면, 임시적이며 아직 특정 유형으로 일반화되지 않은 표현은 신속히 망각된다.

(2) 언어의 일반성은 실제의 표현 층위에서 비롯되는 것이지 Chomsky가 말한 심층구조에서 나오는 것이 아니다. Goldberg(2006:25)는 이를 설명하기 위해 '표층일반화 가설 (Surface Generalization Hypothesis)'(제12장 제1절 참조)을 제시하였다. 표층일반화 가설에 따르면, 인간 언어의 일반성은 실제 사용 가운데서 귀납된 규칙적인 정보로부터 도출되기 때문에, '사용기반 모델(Usage-based Model)'을 이론 기초로 삼고 있다(제3장 제2절 참조). 이로써 인지구문문법이 왜 '단층관(Monostratal View)'을 강력히 주장하는지 이해할 수 있다.

(3) 인간이 후천적으로 확립된 유한한 도식성 문법구문을 무한하게 운용할 수 있기 때문에 언어가 '창조성'과 '생산성'을 갖게 된다. 따라서 구문의 창조성은 언어의 창조성을 대표하고, 구문의 생산성은 언어의 생산성을 대표한다고 할 수 있다. 이는 또 구문의 일반성이 언어의 일반성을 대표하고, 구문의 본질이 언어의 본질을 대표한다고 할 수도 있다. 다시 말해서, 언어의 일반성이라는 본질이 구문으로 구현되고, 구문이 바로 언어 내 인간의 '심적 표상 단위'가 되는 것이다. 이를 이용하여 성인의 언어지식과 아동의 언어 습득을 모두 설명할 수 있다. 아울러 '자극 빈곤의 논리(Poverty of Stimulus Argument)[6]도 설명할 수 있고, 언어 내 보편적 현상과 특수한 현상도 설명할 수 있다. 한 마디로 구문으로 언어 현상 전체를 일반화하여 설명할 수가 있다.

(4) 인간은 언어를 실제로 운용하는 과정에서 일반성이 있는 문법 지식을 습득할 뿐

---

6) Chomsky가 주장한 것으로, 아이들은 언어 환경에서 언어의 모든 특징을 습득하기에 충분한 양의 데이터에 노출되지 않는다는 것으로, 언어가 경험을 통해서만 학습가능하다는 경험주의자들의 주장과 반대되는 것이다. 이것은 보편문법의 증거로 사용된다. ('위키백과' 참조)

아니라 관용어 등과 같은 특수한 표현도 습득한다. 이를 통해 단지 핵심적인 보편문법만을 연구하고 특수한 표현을 홀대하는 TG의 기본 입장에는 문제가 있음을 알 수 있다. 주지하는 바와 같이 영어든 중국어든 모두 관용어나 성어의 비율이 높고, 심지어 이를 통해 한 사람의 언어 수준을 가늠하기도 한다. 언어 이론을 단지 보편문법으로만 국한시킨다면 비록 일정한 설명력을 갖고 있다 하더라도 일반성을 갖추기는 어렵다.

(5) 일반성을 갖추고 있는 일부 구문, 특히 도식성 문법구문은 창조성을 가지고 있어서 상충되게 해석되지만 않는다면 자유롭게 그리고 무한하게 조합하여 사용할 수 있다. 특히 일부 도식성 문법구문의 빈자리(slot)는 무한한 어휘들로 채워질 수 있다.

6. 일반성은 보편과 특수를 함께 고려해야 한다

위에서 언급한 바와 같이, 생산성이 큰 일반적 구문과 생산성이 없는 특수한 구문들('let alone'과 같은 고정관용어)은 모두 언어 연구의 대상이 되며 모두 동등하게 취급해야 한다. 이것이 바로 Fillmore(1988)가 제안한 구문문법의 기제 가운데 하나이다.

> … 언어 특수적인 그리고 언어 보편적인 것들 모두에 대한 강력한 일반성을 인식해야 한다.[7]

Chomsky학파에서 말하는 핵심문법(Core Grammar)과 부가현상(Epiphenomena)으로 구분하는 방법을 취할 수는 없다.

(1) 사실 핵심문법의 범위를 확정하기가 쉽지 않다. 즉 핵심문법과 부가현상은 명확히 둘로 구분할 수가 없는데, 핵심문법만을 연구대상으로 하는 것이 어느 정도의 실행 가능성을 갖고 있을지 의문이다.

(2) 한쪽을 희생하여 얻은 연구 성과가 이론상 과연 어느 정도의 설명력을 가질 수 있을

---

7) … to recognize powerful generalizations of both language-specific and language-universal sorts.

지 의문이다.

Talyor가 지적한 바와 같이, 동일 언어 내에서도 통일된 '명사구(NP)'라는 통사 범주를 확정할 수 없는데, 범언어적으로는 어떠하겠는가? Goldberg는 2006년의 저서 제8장에서 '주어-조동사 도치구문(Subject-Auxiliary Inversion, SAI로 약칭)'을 논술한 바 있다. 여기서 그녀는 다른 언어와의 교차 연구를 통해 이러한 도치구문은 보편성이 없다는 것을 발견하였고, 이로써 보편론과 자립론을 비판하였다. 인지구문문법은 바로 이 점에 있어서 급진적 구문문법의 관점을 받아들여 구문은 보편성을 갖추지 않고 있다고 보았는데, 사실상 여러 언어 사이에서 형식과 용법이 완전히 일치하는 구문을 찾을 수는 없다. 이처럼 어떤 구문의 통일되고 보편적인 원리나 매개변수를 확정할 수 없으므로, Chomsky가 말한 '원리매개변수 이론(The hypothesis of principles and parameters)'은 그저 아름다운 가설에 불과할 뿐이다.

7. 형식과 기능의 동시 일반화

Goldberg가 말한 '일반화'는 TG에서 말하는 '일반화'와 다르다. TG는 주로 통사 형식 측면의 일반화를 강조하지만, 인지구문문법에서 강조하는 것은 '형식기능 결합쌍'의 일반화이다. 즉, 형식과 기능 두 측면에서 동시에 귀납을 하는 것이다. Goldberg(2006)는 제8장의 SAI에 대한 분석을 통해 TG에서 말하는 순수한 통사 일반화란 존재하지 않음을 논증하였다. 실제로 인간이 순수한 통사 일반화만으로 언어를 습득하는 것은 불가능하다. 형식과 기능은 분리할 수 없는 것으로 독특한 통사형식은 대체로 그것의 독특한 기능을 갖기 마련이다. 또한 어떤 언어 현상의 복잡한 분포 역시 TG에서 말한 '심층으로부터 표층으로의 변형'을 통해 설명할 수 없으며, 반드시 '사용기반 모델'에 근거해야 합리적인 설명할 수가 있다.

인지구문문법에 따르면, '일반화'는 일부 구체적인 언어 표현을 추상화하는 과정으로, 이렇게 개괄된 추상적인 문법구문이어야 일정한 생산성을 가질 수 있으며, 그 가운데 일부 도식성 성분은 구체적인 어휘들을 대입하여 구문실례(construct)를 형성할 수 있다. 여기서 '생성성'이 아니라 '생산성'이란 용어를 사용하는 것은 '생성'이 TG학파의 핵심 사상이기 때문이다. TG학파의 초·중기의 이론 틀에서는 생득적인 '구구조(PS)'로부터 심층구조를 생성하고, 심층구조를 통해 표층구조가 변형 생성된다고 보았다. 반면 여기서 '생산'이란 용어를 사용함으로써 용어의 혼란을 피할 수 있고, 실제 사용되는 어구가 여러 구문 표현 (심층구조가 아님)으로부터 관련 정보를 '상속'하여 '생산'됨을 강조할 수 있다.

8. '상속네트워크'로 구문 간의 일반성 관계 표시

이 또한 인지구문문법의 우수한 점이다. 언어는 몇 개의 구문으로 구성이 되는데, 이들이 결합하여 하나의 구문네트워크를 형성한다. 그리고 언어의 인지체계는 바로 이 구문네트워크를 이용하여 나타낼 수 있고, 구문과 구문 간의 일반성 관계는 '상속네트워크(Inheritance Network)'[8]를 통해 기술할 수 있다. 이에 대해서 Goldberg(1995:67)는 다음과 같이 언급한다.

> 상속네트워크를 통해 우리는 여러 구문들에 대한 일반성을 포착할 수가 있다. 이와 동시에 하위규칙과 예외들도 설명할 수 있다.[9]

Goldberg(1995)가 언급한 기본 관점은 2006년의 저서에서도 중대한 사안이 되어 상세히 설명되었다. Goldberg(2006)의 제1부분은 '개설'이고, 제2부분은 '일반성 학습', 제3부분은 '일반성 해석'이다. 즉, 책 전체가 '일반성'을 중심으로 구성되어, 주로 '구문은 언어의 일반성의 본질을 구현하고, 상속네트워크를 통해 습득되고 해석된다.'는 각도에서 인지구문문법을 개괄하고 있다.

---

8) 상속네트워크의 내부는 층위적인 형식으로 출현한다. 그래서 '상속계층(Inheritance Hierarchies)'이라고도 한다. 이것은 또 '연결주의(Connectionism)' 또는 '연결주의 모델(Connectionist Model)'과도 유사하다 (王寅, 2007a:20 참조).

9) The inheritance network lets us capture generalizations across constructions while at the same time accounting for subregularities and exceptions.

9. 언어는 구문을 통해 습득된다

이미 제3장 제2절에서 언급했듯이, 인류 언어는 일정한 유전성을 갖추고 있다. 다만, 언어는 주로 후천적으로 습득하는 것이기에, TG의 언어 본질론은 성립할 수 없다. 인지구문문법은 체험철학과 인지언어학이란 관점을 수용하여 Chomsky의 생득론에 결연히 반대하고 언어는 후천적으로 습득되는 것이라고 주장하였다. 또한 구문은 언어의 각 층위에 존재하고 언어의 일반성과 본질을 대표하기 때문에, 언어습득은 다양한 구문들을 습득하는 것이라 할 수 있다. 즉, 구문이야말로 언어습득(제2언어 습득 포함)의 대상이자 핵심이 된다. 이것은 또한 언어 교육과 제2언어 습득 연구에 참신한 연구 영역을 제공하는 것이기도 하다. 그래서 Goldberg(2006:3)는 구문 습득의 단계에 '언어입력, 인지능력, 화용요소, 가공과 제한' 등이 포함된다고 하였다.

10. 언어 연구는 귀납법을 이용해야 하고, 사용기반 모델이 중요하다

인지구문문법은 Chomsky의 '언어 생득론', '보편문법론', '통사 자립론'의 가설을 부정하며, Chomsky의 '연역적 언어 연구방법(Deduction)'도 일부 부정하고, 귀납법(Induction)을 제안하였다. Goldberg 등이 주장한 '실제표현 분석(보는 것이 얻는 것 분석법)'과 '표층일반화 가설'은 언어의 실제 표현에서 각 유형 구문의 '형식기능 결합쌍' 속성을 귀납해 내는 것으로 변형 생성을 철저히 배제한다. 이에 근거하여 '사용기반 모델'이 출현하였다.

Goldberg는 언어입력, 문맥에서의 귀납, 훈련을 통한 습득 방법 등으로 접근하여 구문과 일반성의 습득 문제를 연구했다. 따라서 Goldberg의 이 저서의 제목에 있는 'at work'가 의미하는 것은 위에서 말한 '구문이 언어를 언어이게끔 만드는 것' 이외에도 '구문을 어떻게 습득하는가'라는 측면을 포함하고 있음을 알 수 있다. 즉, '작동하고 있는(at work) 구문'이야말로 언어 습득의 핵심이다. 이에 인지구문문법 이론틀로 제2언어 습득을 연구할 때는 아동이 어떻게 구문을 습득하는지, 그리고 일반성을 어떻게 설명하는지에 관심을 가져야 할 것이다.

제4절 동사와 구문 간의 상호성 관계

구문이 독립적인 의미를 갖고 있고 구문에 사용되는 동사도 자신의 의미를 갖고 있다면, 이 두 의미 사이에는 어떠한 관계가 있을까? Goldberg는 '상호작용(Interaction)'으로 양자 간의 관계를 기술해야 한다고 주장하였다. 이에 1995년 저서 제2장의 'The Interaction between Verbs and Constructions(동사와 구문 간의 상호작용)'에서 이 문제를 중점적으로 다루었다.

사실 Goldberg(1995) 이전에도 여러 학자들이 동사와 구문 간의 상호작용에 대해 언급한 적이 있다. 대표적으로 Fillmore(1988:41)는 '구문에 들어가는 어휘 항목은 구문의 조건을 만족시켜야 할 뿐 아니라, 어휘 항목도 구문에 대해 일부 자질과 조건을 부여해야 한다.'고 주장한 바 있다. 이는 마치 Michaelis&Lambrecht(1996:221)의 다음과 같은 언급과도 같다.

> 문장에 대한 해석은 하향식 작용(통사적 주형틀의 의미 선택)과 상향식 작용(동사의 의미를 선택)의 결합으로부터 나오는 상호작용이다.[10]

구문의미는 '위에서 아래로'의 전체성 특징을 갖고 있고, 어휘의미는 '아래에서 위로'의 삽입식 특징을 갖고 있다. 일부 구문문법 학자들은 구문이 자체적인 구문 의미를 갖고 있을 뿐 아니라 의미 결정에 있어서의 주도성을 가지고 있어서, 구문과 어휘 양자가 결합할 때 의미충돌이 발생하면, '위에서 아래로'의 구문의미가 '아래에서 위로'의 어휘의미에 대해 '강요(Coercion)'할 수 있다는 사실을 간파하였다. 그런데 이러한 관점에 대응하여 '어휘 강요론'을 제시할 수 있기 때문에, 문장의 의미는 '위에서 아래로'와 '아래에서 위로'의 결과로 구문과 어휘가 상호 강요한 결과물이라고 볼 수 있다(상세한 것은 제9장 제5절 참조).

Goldberg(1995)는 동사와 구문 간의 상호작용 유형에 대해 집중 논의를 한 바 있다. 여기서는 주로 '의미역 상호작용'과 '의미 상호작용'이라는 두 가지 각도에서 논의를 진행하고자 한다.

---

10) The interpretation of a sentence arises from a top-down operation (invoking the semantics of the syntactic template) combined with a bottom-up operation (invoking the semantics of the verb).

1. 의미역 상호작용

1) 의미역 상호작용의 두 가지 원칙

Goldberg는 '어휘중심론'이 논항구조를 설명하는 데 있어 결함이 있음을 지적하면서 '구문문법 분석법' 채택을 주장하였다. Goldberg는 특정한 표현의 의미는 구문의미와 동사의미 간의 통합적 융합작용에 의해 결정된다고 보아, 구문의미와 동사의미 간의 관계 분석을 주장하였다.

Goldberg는 먼저 다음의 두 가지 의미역을 구분하였다.

ⅰ) 동사의 참여자역(Participant Roles of Verbs)

ⅱ) 구문의 논항역(Argument Roles of Constructions)

그런 다음 이 둘이 어떻게 '융합(Fusion)' 혹은 '통합(Integration)'되는가의 문제를 논했다. 그녀는 주로 구문의 논항역이 동사의 참여자역에 대해 지배적 작용을 한다는 각도에서 상세하게 논의하였는데, '동사와 구문 간의 상호작용'이란 주로 아래의 두 가지 원리에 입각하고 있다.

(1) 의미결속 원리(the Semantic Coherence Principle): 동사의 참여자역과 구문의 논항역이 의미상 서로 조화되면 서로 융합될 수 있다.

(2) 조응 원리(the Correspondence Principle): 윤곽화된 동사의 참여자역은 반드시 윤곽화된 구문의 논항역과 서로 융합된다.

Goldberg는 상자도식의 방법으로 이중타동구문을 예로 하여 이 두 원칙을 설명했다. 그림6-3은 이중타동구문의 중요한 정보를 보여주고 있는데, 그림에서 'agt'는 'agent(행위주)'의 약어, 'rec'은 'recipient(수혜자)'의 약어, 'pat'는 'patient(피동작주)'의 약어이다. 'PRED'는 변항으로 여기에 들어갈 수 있는 술어를 의미한다. 'R'은 구문과 동사 간의 관계 유형을 나타내는 것으로 여기에는 '예시(Instance)'와 '방식(Means)' 등이 있다.

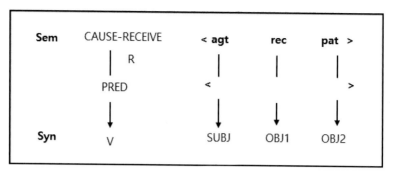

그림6-3

이중타동구문의 논항역과 이중타동동사 'HAND'의 참여자역은 다음과 같이 나타낼 수
있다.

[3] CAUSE-RECEIVE <agt, rec, pat>

[4] HAND <hander, handee, handed>11)

그림6-4는 그림6-3이 나타내는 이중타동구문 상자도식의 기초 위에 구체적인 이중타
동동사인 'HAND'를 채워 넣은 것으로, 이때 동사 'HAND'는 도식성 이중타동구문의 의
미를 '예시'할 뿐 아니라 전달 과정 중의 '방식'도 나타내고 있다. 이에 구문과 동사 간의
관계를 표시하는 'R'의 자리에 '예시'와 '방식' 두 관계유형을 모두 표시하였다.

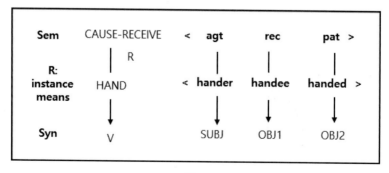

그림6-4

---

11) [역주] 여기서 참여자역이 짙은 색으로 표시된 것은 이들이 윤곽화되어 있기 때문이다.

이 그림을 통해, 동사 'HAND'의 참여자역과 이중타동구문의 논항역이 완전히 일치하여, 세 쌍의 참여자역과 논항역의 조응이 순조롭게 융합되고 있음을 알 수 있다. 즉 'hander'와 'agt', 'handee'와 'rec', 'handed'와 'pat'이 서로 조응하여 융합된다.

그림6-3에 표시한 이중타동구문의 논항역 구조틀에 동사 'HAND'를 삽입한 후, 둘 간의 조응하는 논항역이 각각 통사 층위에서 주어(SUBJ), 간접목적어(OBJ1), 직접목적어(OBJ2)로 실현되고 있다. 이렇게 동사, 구문, 통사 간의 융합작용이 실현되면서 통사와 의미의 상호작용 문제가 전체적으로 해결되었다.

Goldberg에 따르면, 통사기능은 직접적으로 구문 속의 논항역과 서로 연결된 것이지 동사와 연결된 것이 아니다. 이는 그림6-3에서 확인할 수 있다. 이 상자도식은 비교적 직관적으로 의미 층위(Sem)와 통사 층위(Syn)의 상호작용을 보여주며, 또 구문과 동사 간의 상호 결합관계도 비교적 완벽하게 반영하고 있다.

'의미결속 원리'는 동사와 구문 양자 사이에 포함된 의미역(혹은 논항과 의미역)이 반드시 의미적으로 조화를 이루어야 함을 강조한다. 이렇게 해야 의미역간의 조응을 통한 융합을 실현할 수 있고, 동사의 참여자역이 구문의 논항역을 '예시'할 수 있다고 말하는데, 이것은 바로 '조응 원리'와 '도식-예시 관계(Schema-Instantiation)'의 인지기초가 '일반적 범주화 원리(General Categorization Principles)'이기 때문이다. 즉, 일반적 범주화 원리는 '조응 원리'와 '도식-예시 관계'가 정상적으로 작용될 수 있는 전제가 된다.

그림6-4에서 이중타동동사 'HAND'를 삽입하면, 그 가운데 'hander'라는 참여자역이 그림6-3 도식성 이중타동구문 중의 'agt' 논항역과 조응관계를 맺게 되는데, 이는 사람들이 '일반적 범주화 원리'라는 인지 기제의 도움을 받았기 때문이다. 즉, 사람들은 그들의 머릿속에서 이 둘 사이에 '유정, 의지, 사역'이라는 의미 자질이 공유되고 있음을 개괄해내고 있다. 동사의 참여자역이 구문의 논항역에 융합되면, 구문의 논항역이 통사기능과 긴밀한 연관 관계를 맺어 이를 통사 상의 주어로 실현시킨다.

마찬가지로, 'HAND'의 참여자역인 'handee'는 도식성 이중타동구문 중의 논항역인 'rec'과 서로 조응하여 융합하게 되는데, 구문과 통사기능의 긴밀한 연계라는 특징을 통해 이를 통사 상의 '간접목적어(OBJ1)'로 실현시킬 수 있다. 그리고 참여자역 'handed'는 이중 목적구문의 논항역 'pat'와 조응하여 융합하고, 통사 상 '직접목적어(OBJ2)'로 실현시킬 수 있다. 한편, 그림에서 '실선'은 양자 간의 조응 융합 상황을 나타내며, 화살표 실선은 의미에서 통사로의 실현과 조응 관계를 나타낸다. 이렇게 동사 'HAND'의 윤곽화된 세 참여자역은 이중타동구문의 윤곽화된 세 논항역과 일대일로 완전히 조응하여 양자의 의미는 완전한 조화를 이룬다.

이중타동구문의 원형 논항구조는 세 개의 의미역인 '수여자', '수여물', '수용자'를 포함하며, 이중타동동사 역시 이 세 개의 의미역을 포함하고 있다. 따라서 이 둘이 결합 사용되면, 각각의 의미역에 하나씩 조응하여 구문의 의미는 동사의 의미와 서로 조화를 이루고, 바로 이때 '조응 원리'가 최대 효과를 발휘하게 된다. 전형적인 이중타동동사인 'GIVE'의 경우, 이중타동구문에 사용되어 둘 사이의 의미와 용법이 완전히 들어맞게 되는데, 이때 도식성의 이중타동구문에 세부적인 구체 정보가 삽입되어 구체 정보가 도식성의 구문을 '예시'하게 된다. 한편, 동사 'HAND'가 이중타동구문에 삽입될 때에는 구문의 논항구조에 대해 구체적인 예시 정보를 제공할 뿐 아니라 전달 동작의 운용 방식도 나타내게 된다. 이는 그림6-4와 같다.

이외에, Goldberg의 구문문법이 제시한 의미와 통사의 일치 및 조응관계는 '의미가 동질성을 갖추고 있다'라고 하는 사실에 기반하고 있는 것으로, 이 역시 '통사적 도상성'에 대한 유력한 증거가 되고 있다.

2) 구문강요(Construction Coercion)

주지하다시피 언어 표현에서 동사의 의미는 구문의 의미와 완전하게 일치하지 않고 충돌할 수 있다. 구문문법 학자들은 이때 구문의 의미가 항상 동사의 의미에 압력을 가하여 동사의 논항구조와 의미내용을 변화시킨다고 본다. 이로써 '구문강요론'이 나오게 되었다. 구문강요론은 내용이 많기 때문에 상세한 내용은 본서 제11장에서 중점적으로 다룰 것이다.

구문강요론은 '동사중심론'을 강하게 비판하며, 구문이 독립적 의미를 갖고 있다는 것과 '어휘의미 최소량'의 처리 방안에 대한 가능성을 시사하고 있다. 또한 동사와 구문의 상호작용에 대해 참신한 시각을 제공해 준다는 점에서 그 나름의 의의가 있다. 구문강요의 중요성을 강조하느라 동사 및 기타 어휘가 발휘하는 중요작용을 무시해서는 안 된다. 이 문제와 관련하여 본서에서는 '어휘강요'를 제기하여 보충하고자 한다. 즉 어휘강요를 보충함으로써, 문장의 의미가 '위에서 아래로(강요)'의 구문의미와 '아래에서 위로(상속)'의 어휘의미가 공동으로 작용한 결과, 다시 말해 구문강요와 어휘강요가 공동으로 이루어낸 결과물임을 말할 수 있다.

3) 동사 참여자역의 소실

구문문법의 관점에 따르면, 구문은 그 자체의 의미가 있을 뿐 아니라 동사의 의미에 대해 주도적인 지위를 갖고 있기 때문에 동사에 영향을 줄 수 있고, 동사의 의미역 수량을 조절하도록 강요할 수 있다. 많은 학자들이 구문이 동사의 의미역 수량을 증가시키는 현상에 대해 논의한 바 있는데, 여기서는 의미역 수량의 감소 상황에 대해 토론하고자 한다. 다만 이것은 상대적으로 좀 복잡한 문제이다.

동사가 구문에 삽입될 때, 동사의 모든 참여자역이 반드시 다 구문에서 구현되지 않을 수 있다. 즉, 일부 동사가 특정 구문에 사용되면, 원래의 참여자역이 나타나지 않을 수도 있다. 다시 말해, 해당 구문의 영향을 받아 참여자역이 표현되지 않을 수 있다(unexpressed). 이에 대해 Goldberg(1995:56~59)는 주로 아래의 네 가지 상황으로 구분하여 논의하였다.

(1) 그림자주기(Shading, 또는 Deprofile): 이는 '현저성'과 반대되는 경우로, 동사 참여자역이 '그림자' 상태에 놓여, '현저성'이 사라진다. 가령, 피동구문에서는 동사 행위주역에 그림자주기 작용이 일어난다.

(2) 잘라내기(Cutting): 동사 참여자역이 사용 과정에서 '잘라냄'을 당하는 것으로, 가령 중간태(middle voice) 구문에서 동사의 행위주는 반드시 잘라내야 한다.

[5] The book sells well *by the sellers.

이 구문에서는 동사의 행위주를 표현할 수가 없다. 즉 중간태 구문이기 때문에 동사의 행위주를 잘라내야 한다.

(3) 의미역 병합(Role Merging): 가령 재귀 구문의 경우는 관련 참여자역이 하나의 의미

역으로 병합되어 통사적으로는 단지 하나의 기능 성분으로만 표현된다.

(4) 공보어(Null Complements): 이것은 동사의 어떤 참여자역이 어떤 구문에서 생략이 될 수 있으며 어휘로 표현되지 않는 현상을 가리킨다. 예컨대, 동사 'eat'과 'drink'의 피동작주는 실제 의사소통 과정에서 항상 현저하지 않은 내용이라 생략되어 언급되지 않을 수 있다. 즉, 어떤 특정 구문에서는 타동사의 피동작주(대개 목적어임)가 생략되어 자동사처럼 되면서 '공보어' 현상이 나타날 수 있다. 절대다수의 중국어 동사들은 피동작주를 가지기도 하고 피동작주를 생략할 수도 있다. 이로 인해 대다수의 중국어 동사들은 타동사일 수도 있고 자동사일 수도 있는 현상이 나타났다. 예컨대,

[6] 读(书)(읽다), 写(字)(쓰다), 吃(饭)(먹다), 讲(话)(말하다), 干(活)(일하다)……

여기서 괄호 속 어휘들은 출현할 수도 있고 생략될 수도 있다.

Goldberg는 '공보어'를 다시 아래의 두 가지 유형으로 구분하였다.

(A) 비한정 공보어(Indefinite Null Complements): 위에서 언급한 'eat'과 'drink'의 경우와 같은 것으로, 동사 뒤의 피동작주는 많은 경우 비한정적으로 해석될 수 있다.

(B) 한정 공보어(Definite Null Complements): 특정한 문맥 속에서 생략되는 내용이 한정적인 것으로, 상하 문맥에 근거하여 한정적인 해석을 할 수 있다.

(A)류에서 '비한정' 성분은 사실 어느 정도 한정성을 갖고 있다. 예컨대, 'eat'의 뒤에 나오는 성분은 고체의 음식이고, 'drink' 뒤에 나오는 성분은 액체의 음식이어야 한다. 이러한 공보어 성분은 '말하지 않아도 알 수 있는', '굳이 말할 필요가 없는' 정보를 포함하고 있다. 이는 인류가 오랜 기간 동안 체험하면서 누적된 것으로, 이미 동사 속에 내포되어 있어 굳이 다시 목적어로 표현해 낼 필요가 없는 것이다. 이러한 현상은 인류의 의사소통 체계의 경제성 원칙에 부합한다. (B)류 공보어는 실제 의사소통 속에서 임시로 생략된 것으로, 역시 의사소통의 경제성 원칙을 보여준다.[12]

---

12) [역주] 이러한 (B)류 공보어는 'Lee found out [ ]'과 같이 청자와 화자가 표현되지 않은 논항을 충분히 복원할 수 있다고 생각하는 문맥에서 나타난다. 다시 말해 문맥상 한정되어 있다는 것이다.

4) Goldberg 상자도식 그림의 수정

앞선 분석과 같이 Goldberg가 제기한 두 가지 원리는 동사와 구문의 상호작용과 융합을 효과적으로 보장하고 있다. 첫 번째 원리는 주로 의미 수용, 조화의 각도에서 제기된 것으로, 그림 속 각 의미역이 수직적으로 융합되는 관계를 보장한다. 이것은 실선으로 표시되며, 다른 융합 유형은 있을 수 없다. 두 번째 원리는 주로 동사의 각도에서 말한 것으로, 동사 참여자역 구조(혹은 '동사의 논항구조')는 반드시 구문의 논항구조 속으로 융합되어야 한다. 동사 참여자역은 구문 속에서 반드시 적절한 해석을 얻어야 하며, 동사 참여자역이 모두 출현하지 않았다면, 구문으로부터 관련된 의미역을 상속해야 한다.

이 두 원리의 작용 과정에서 Goldberg는 '통사기능'이 직접적으로 구문의 '의미역'과 서로 연결되는 것이지 동사와 직접 연결되는 것이 아님을 계속 강조했다. 즉, 동사는 직접적으로 통사구조를 결정할 수 없다는 것이다. 이에 근거하여 본서에서는 상자도식 6-3과 6-4를 아래의 6-5나 6-6으로 수정할 것을 제안한다. 이렇게 함으로써 Goldberg의 이 관점을 더 잘 구현해 낼 수 있다.

구문 속의 의미역과 통사기능이 연결된 화살표 실선으로 나타내야 Goldberg의 원래 의도를 보다 잘 표현해 낼 수 있다. 그림6-3과 6-4는 '동사의 의미역이 바로 통사에 투사'되거나 '구문의 의미역과 동사의 의미역이 융합된 후에 통사에 투사'되는 것으로 오해할 수 있다.

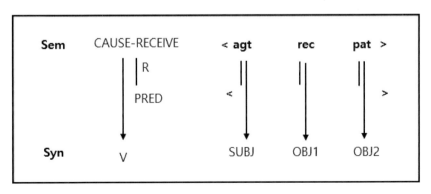

그림6-5

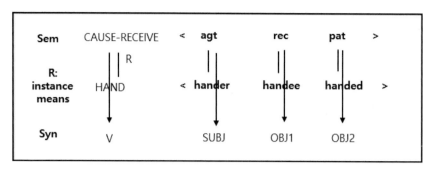

그림6-6

2. 의미 상호작용

위에서는 주로 동사의 참여자역과 구문의 의미역의 상호작용 관계에 대해 분석을 하였고, 양자가 불일치할 경우 구문이 동사의 의미역을 증가시키거나 감소시키게 되어 나타나는 구문강요 현상에 대해 논의하였다. 여기서 본서는 동사 의미 자체와 구문 의미 자체의 상호작용의 관점에서 이를 '상호작용 관계에 따른 유형'과 '상호작용 관계에 따른 내용'으로 양분하고자 한다.

1) 상호작용 관계에 따른 유형

이 관점에서 분석하면, 동사의미와 구문의미 간의 상호작용 관계는 아래의 네 가지 상황으로 나누어 볼 수 있다.

(A) 완전 일치(원형적인 조합: 구문과 동사의 의미역이 일대일로 대응하여 동사의미와 구문의미가 겹쳐지는 것으로, 동사의미는 단지 구문의미를 구체적으로 예시한다.)
(B) 부분 일치
(C) 거의 불일치
(D) 의미 상치
→ (B) (C) (D)의 일반성 정도는 (B) > (C) > (D) 순이다.

그림6-7

본서 제2권 응용편에서는 이중타동동사와 이중타동구문에 대해 상세히 논의한다. 이중타동구문의 원형 의미는 '사물이 성공적으로 전달됨'이다. 다만 그 가운데 사용되는 동사들이 비교적 복잡하다. 동사가 외현적 수여 의미를 함축한 경우 동사와 구문 간의 상호작용 유형은 (A)에 속하며, 잠재적 수여 의미를 나타내는 경우는 (B)에, 수여 의미를 나타내지 않는 경우는 (C)에 해당된다. 그리고 반수여 의미를 나타내는 동사는 (D)에 속한다.

한편, 사역이동구문(Caused-Motion Construction)의 원형 의미는 '동작의 행위자가 객체에게 힘을 가하여 객체가 임의의 경로를 따라 위치 이동하게 만드는 것'이다. 사역이동구문의 의미역은 '행위주(원인자/사역주), 피동작주(피원인자/피사역체)', '경로'로, 원형적인 논항구조와 의미는 아래와 같이 나타낼 수 있다(두 번째 줄은 그것에 대응하는 통사성분이다).

[7] CAUSE-MOVE <causer   causee   path>
　　　　　　　　　Subj.　　Obj.　　Obl.

'move, force, put, push, pull, shove'와 같이 사역이동 의미를 나타내는 대부분의 동사들은 위에 대응하는 세 개의 참여자역을 포함하고 있어 구문의 논항역과 완전하게 조응·융합하고 있으므로 (A)류에 속한다. 한편, 'sneeze(재채기하다), invite(초청하다), beckon(손짓하여 부르다), allow(허락하다)' 등과 같은 일부 동사들은 사역성이 없는 동작만을 나타내어 '어떤 사물의 위치이동을 잠재적으로 유발한다.'는 의미를 함축한다. 이들이 사역구문에 사용되면, '구문강요' 작용으로 사역이동의미를 나타내게 된다(제11장 예[27]이 해당). 이들은 (B)류나 (C)류에 해당한다.

사역이동구문은 '피동작주(피사역체)에게 운동을 일으키는 것'인데, 사역이동구문에 'prevent, hinder, prohibit, barricade, lock, keep' 등과 같은 '저지'의미를 나타내는 동사가 사용되면, (D)의 상황에 속하게 된다. 예를 보자.

[8] There is nothing to prevent us from going. (우리가 가는 것을 막을 수 있는 것은 아무것도 없다.)

[9] The policeman has hindered that guy from committing a crime. (경찰은 그 남자가 범죄를 저지르는 것을 막았다.)

[10] The teacher barricaded Tom out of the classroom. (선생님은 Tom을 교실에서 쫓아 냈다.)

[11] Jack has locked the naughty boy into a storehouse. (Jack은 그 개구쟁이 소년을 창고에 가뒀다.)

[12] Tom kept her at arm's length. (Tom은 그녀를 가까이 하지 않았다.)

사역이동구문에 동태동사(Dynamic Verbs)가 올 수 있지만, 정태동사(Static Verbs)는 일반적으로 사용되지 않는다. 따라서 예[12]의 'keep'은 '저지'와 '정태'의미를 동시에 나타내므로 사역이동구문의 원형의미에 위배된다.

2) 상호작용 관계에 따른 내용

구문의미와 동사의미 간의 상호작용에는 '구체적 예시'와 '환유 관계'라는 두 가지 잠재적 관계가 있다.

Goldberg(1995:65-66)는 사건동사(Ev)와 사건구문(Ec) 사이에 존재하는 5가지 상호작용 관계를 언급한 바 있다.

(A) Ev가 Ec의 하위유형(Subtype)일 수 있다.

(B) Ev가 Ec의 방식(Means)을 지정하는 것이다.

(C) Ev가 Ec의 결과(Result)를 지정하는 것이다.

(D) Ev가 Ec의 전제조건(Precondition)을 지정하는 것이다.

(E) Ev가 Ec의 태도(Manner)를 지정하는 것이다.

이것을 아래의 그림6-8로 나타낼 수 있다.

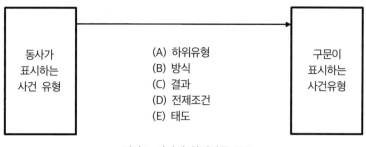

적어도 하나의 참여자를 공유

그림6-8

Goldberg에 따르면, (A)류는 원형성과 일반성을 갖고 있는 반면, (B)(C)(D)(E)는 언어에 따라 다르다. 예컨대, 영어, 네덜란드어, 중국어는 (B)류의 용법이 있으나, 라틴계열의 언어들과 셈어족 언어, 폴리네시아어 등은 이러한 용법이 없다고 한다. Matsumoto(1991)에 따르면, 사건동사와 사건구문은 적어도 하나의 참여자역을 공유해야 한다고 한다.

본서에서는 Goldberg의 논의에 기초하여, 동사의미와 구문의미 간의 잠재성 상호작용 관계를 아래의 두 가지로 분류하고자 한다.

(1) 구체적 예시

동사의미와 구문의미가 완전히 일치하면, 동사의 논항구조와 구문의 논항구조도 서로 일치한다. 이때 동사를 구문의 구체적 예시 혹은 하위범주로 볼 수 있다. 이는 그림6-7의 (A)류와 그림6-8의 (A)류에 해당되며, 이때, 구문은 도식적인 추상구조이고 동사는 단지 구문에 구체적 예시 내용을 채워주는 것으로 볼 수 있다. 위에서 분석한 동사 'HAND'가 이중타동구문에 사용되면 바로 이러한 상황에 속하게 된다. 이때 동사가 갖고 있는 참여자역은 구문이 갖고 있는 논항역과 완전히 융합하며, 구문과 동사의 상호설명과 상호강화를 통해 '의미결속 원리'를 완벽하게 실현한다.

(2) 환유관계

동사가 나타내는 주요 의미는 구문 전체가 나타내는 원형적인 의미의 일부분이다. 이처럼 동사와 구문은 환유관계로, 전체 사건의 방식, 결과, 전제조건, 태도, 의지 등을 나타낸다.

(A) 방식 관계(Means Relation): 동사가 나타내는 주요의미가 '구문 전체 사건의 방식'을 실현한다.

[13] He hammered the metal flat. (그는 그 금속을 납작하게 두드렸다.)

중국어에서도 유사한 용법이 있다.

[14] 他锤平了那块金属。(그는 그 금속을 납작하게 두드렸다.)

문장 속의 'hammer(锤)'는 원래 명사인데, 위 문장에서는 동사로 사용되어 전체적 사건의 방식을 나타내고 있다.

(B) 결과 관계(Result Relation): 동사가 나타내는 주요 의미가 구문이 나타내는 의미의 결과가 된다. 가령, '발성동사(Verbs of Sound Emission)'가 자동사이동구문에 쓰이면, 구문의 미로 인해 동작에 수반되어 나타나는 결과가 된다. 예를 보자.

[15] The train screeched into the station. (기차가 끽끽 소리를 내며 역으로 들어왔다.)
[16] The elevator creaked up the three flights. (엘리베이터가 삐걱거리는 소리를 내며 세 번 왔다 갔다 했다.)

(C) 전제조건 관계(Precondition Relation): 동사가 나타내는 주요 의미가 구문이 나타내는 사건의 선결조건이 된다. 가령, 제조류 동사들이 이중타동구문에 사용되면, 이중타동구문의 '전달'의미를 실현하는 조건을 나타낸다.

[17] Mary baked her son a cake. (Mary는 그녀의 아들에게 케이크를 구워주었다.)

위 구문이 표현하는 전체적 사건은 '메리가 케이크를 그녀의 아들에게 전달해주다'인데,

이 사건을 실시하기 위한 전제조건은 바로 '굽다(bake)'이다. 즉, 'bake'라는 이 전제조건이 없다면 케이크도 존재하지 않으므로 사실상 '전달'의 의미를 나타낼 수가 없다.

(D) 태도 관계(Manner Relation): 동사가 나타내는 주요 의미가 구문이 나타내는 운동의미의 태도가 된다. 예컨대, '태도동사+one's way+전치사구'가 이러한 상황에 속한다.

[18] She kicked her way into the room. (그녀는 발로 차며 그녀 방으로 들어왔다.)

'kick'은 구문이 표현하는 전체적 사건의 태도가 된다.

(E) 의지 관계(Conative Relation): 동사가 나타내는 주요 의미가 구문이 나타내는 전체적 사건의 의향성을 나타낸다. 예를 보자.

[19] Tom aimed at Jack. (Tom은 Jack을 겨냥했다.)

'aim'과 구문이 나타내는 전체적 사건 간에는 의지성 관계가 있다.

3. 소결

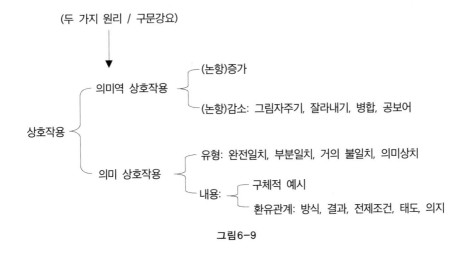

그림6-9

위에서 논의했던 동사와 구문 간의 상호작용 관계를 그림6-9로 정리할 수 있다.

어구의 의미역은 (1) 구문, (2) 구문과 동사, (3) 동사, (4) 부가어로부터 나온다. 그리고 동사와 구문 간의 상호작용 관계는 주로 '의미역 상호작용'과 '의미 상호작용'이란 두 관점에서 분석할 수 있다.

(1) '의미역 상호작용' 분석법에는 동사와 구문간의 상호문제를 해결하기 위한 의미결속 원리와 조응 원리와 구문강요가 포함된다. 한편, 동사와 구문 양자의 의미역간에 상호작용이 일어나면 '정상'과 '이상'이라는 두 결과가 출현할 수 있는데, 전자의 경우는 구문과 동사의 의미역이 완전히 일치·융합하여 완전히 수용 가능한 문장이 된다. 그러나 후자의 경우는 구문과 동사의 의미역이 불일치하는 경우로, 수용 가능한 문장이 되려면 구문은 동사의 의미역을 증가시키거나 제거해야 한다. 의미역 감소에는 그림자주기, 잘라내기, 병합, 공보어의 네 가지가 있다.

(2) '의미 상호작용'은 또 다른 관점에서 상호작용 관계를 분석한 것으로, 의미역 변화가 필연적으로 의미의 변화를 유발하기 때문에 이 둘은 상호 보완적이다. '의미 상호작용'은 두 가지 기준에 근거하여 분류할 수 있다. 유형의 각도에서 완전일치, 부분일치, 거의 불일치, 의미 상치로 구분되고, 내용의 각도에서는 구체적 예시와 환유관계로 분류된다. 구체적 예시는 '완전일치'로 위에서 언급한 '의미역 완전일치'와 같은 것이며, 이것은 원형적인 용법으로 일반성을 갖는다. 환유관계는 '부분일치' 혹은 '불완전일치'의 경우로, 방식, 결과, 전제조건, 태도, 의지의 다섯 가지로 다시 구분할 수 있다. 이렇게 의미역이 증가하면 필연적으로 의미의 변화가 일어난다.

동사와 구문 간의 관계를 王寅(2001:240-256)이 제기한 '호응론'으로 해석할 수도 있다. '호응'은 아래의 두 관점에서 논의 할 수 있다.

(1) 의미가 호응을 결정한다.
(2) 호응이 의미를 결정한다.

동사와 구문의 호응 과정은 양자 간의 의미관계(의미역 관계는 결국 일종의 의미관계이므로)

가 그들이 서로 호응하여 공기할 수 있는지의 여부를 결정한다. 대체로 구문과 동사의 의미역이 적어도 하나는 동일해야 공기할 수 있다. 게다가 구문과 동사가 호응한 후, 구문은 동사의 의미를 일정 정도 조정하거나 변화시켜 동사는 해당 구문의 사용 조건에 부합하게 된다. 이러한 방식으로 구문과 의미가 호응하여 수용 가능한 문장이 만들어지며, 호응이 의미를 결정하게 되는 것이다.

이 외에도 또 다른 각도에서 동사 다의성 원인을 설명할 수 있다. 동사는 다양한 구문에 쓰일 수 있기 때문에 다양한 구문은 동사의 용법과 의미를 조정하고 변화시킬 수 있다. 이렇게 오랜 시간이 흐르면서 동사의 용법은 끊임없이 누적되면서 의미항목도 더 많아지게 되는데, 중국어의 '打' 같은 동사가 그 대표적인 예이다(王寅, 2007b:182-185 참조).

제5절 구문과 구문 간의 상속 관계

Goldberg는 구문과 동사 간의 '상호작용 관계'에 대해 논한 후, 이어서 구문과 구문 간의 관계에 대해 논술하여 이를 '상속관계(Inheritance Relations)' 또는 '상속연결(Inheritance Links)'로 명명하였다. 그녀는 또한 이를 이용하여 구문의 구조적 네트워크를 논의하였다. Goldberg(1995:67, 72)는 다음과 같이 언급했다.

> 구문들은 네트워크를 형성하고 상속관계에 의해 연결되어 있다. 이러한 상속연결은 개별 구문들의 많은 자질을 동기화한다.[13]
>
> 만약 구문 B가 A로부터 상속되었다면, 구문A는 구문B를 동기화한다.[14]

위의 인용문을 통해 Goldberg가 상속관계로 구문 간의 관계를 해석하거나 구문 간의 동기 관계에 대해 일관된 해석을 할 수 있다고 주장하고 있음을 알 수 있다.

---

13) ··· constructions form a network and are linked by inheritance relations which motivate many of the properties of particular constructions.

14) Construction A motivates construction B iff B inherits from A.

구문네트워크의 각각의 층위는 '상속'을 통해 연결되어 있어, 구문네트워크는 '상속네트워크(Inheritance Network)' 또는 '상속층위(Inheritance Hierarchies)'구조를 형성하게 된다. 구문네트워크에서 정보의 상속 방향은 다음과 같다.

보다 구체적인 하위 층위의 구문실례는 보다 일반적인 상위 층위로부터 관련 특징을 상속한다.

Goldberg(1995:75-81)는 구문 간에 존재하는 네 가지 상속연결 관계에 대해 아래와 같이 상세히 언급하고 있다.

1. 다의성 연결

구문은 그것의 원형의미를 가지고 있으며, 이를 기초로 비원형의미들을 파생할 수 있는데, 이들 간에는 '다의성 연결 관계'[15]가 존재한다. 이러한 관계의 작용으로 이중타동구문이 원형의미로부터 다수의 비원형의미를 파생해 내는 것과 같이 '다의 구문 가족'을 형성할 수 있다(제2권 참조).

2. 은유적 확장 연결(은유적 연결)

만약 구문 B가 구문 A의 은유성이 사상된 결과라면, A와 B 사이에는 '은유적 확장 연결 관계(Metaphorical Extension Links, IM-Llinks로 약칭)'가 존재한다. 본서는 이를 줄여 '은유적 연결'이라 한다. 예를 들어, '결과구문'은 '사역구문'의 은유적 확장으로 예[22]는 예[20]에 기초하여 은유적 확장을 통해 이루어진 것이다.

[20] Tom threw the metal off the table. (Tom은 금속을 테이블에서 던졌다.)

---

15) Polysemy Links. 'I$_P$-Links'로 간략화 한다. 여기서 자모 'I'는 'Inheritance'를 의미하고, 'P'는 'Polysemy'를 의미한다.

[21] Tom hammered the metal flat. (Tom은 그 금속을 납작하게 두드렸다.)

[22] Tom tickled Mary senseless. (Tom은 Mary를 간지럽혀서 인사불성하게 만들었다.)

예[20]의 '동작'은 은유적 확장을 통해 예[21]과 같이 '도구의 작용으로 이루어진 변화'로 바뀌었다. 그리고 예[20]에서 전치사구가 나타내는 '장소'는 예[22]에서 형용사로 표시되는 '상태'로 은유화되었다.

또한 예[20]과 [21]의 문미 성분은 모두 눈에 보이는 사물인데 반해, 예[22]에서는 한층 더 은유되어 감정을 나타내는 형용사가 문미에 쓰였다. 또 다른 예를 보자.

[23] Tom gave him some food. (Tom은 그에게 먹을 것을 좀 주었다.)

[24] Tom gave him some relief. (Tom은 그에게 신뢰를 주었다.)

[25] The sound of the ambulance gave him some relief. (구급차 소리는 그에게 믿음을 주었다.)

예[23]은 이중타동구문의 원형적 용법이다. 예[24]에서는 원래의 구체성을 띤 직접목적어('food')가 추상개념('relief')로 은유화하였다. 한편, 이중타동구문에서는 대체로 의지를 가진 인칭 명사구가 주어로 사용되는데 비해 한층 더 은유화된 예[25]에서는 비인칭 명사구인 'the sound of ambulance'가 주어로 쓰이고 있다. 이처럼 예[23][24][25]는 모두 이중타동구문이지만, 예[24][25]는 예[23]의 은유적 확장 표현으로, 이들은 은유적 연결 관계를 맺고 있다.

3. 부분 관계 연결

만약 독립적으로 존재하는 구문 B가 통사와 의미 특징 면에서 구문 A의 일부분이라면, B는 A의 '부분(Subpart)'이라고 할 수 있으며, 이때 둘 사이에는 '부분 관계 연결(Subpart Links, IS-Links로 약칭)'이 존재한다. 예컨대, '자동사이동구문(the Intransitive Motion Construction)'은 '사역구문'의 한 부분으로, 둘 사이에는 '부분적 연결'의 관계가 존재하게 된다. 예를 보자.

[26] Tom flew Mary to New York. (Tom은 Mary를 뉴욕으로 태워 보냈다.)
[27] Tom flew. (Tom은 날았다.)

예[27]이 나타내는 의미가 예[26]의 일부이므로 이 둘의 관계는 '부분 관계'이며, 자동사 이동구문과 사역구문은 '부분 관계 연결'임을 명확히 알 수 있다(그림6-10 참조).

4. 예시 연결

구문 B가 구문 A의 특정한 예시인 경우, 구문 B는 예시 구문으로, 구문 A의 해석을 위한 구체적인 정보를 제공하며, 구문 A는 구문 B의 추상적인 도식이 된다. 이때 구문 A와 B사이에는 '예시 연결(Instance Links, II-Links로 간칭)' 혹은 '도식-예시 연결 관계'가 존재한다. 아래의 예를 보자.

[28] drive sb. mad/crazy 등

예[28]은 도식성을 띤 '결과구문'의 한 예를 보여준다.
이 네 가지 상속연결에 근거하여 사역구문 체계의 용법 간 관계를 구축할 수 있는데, Goldberg(1995:109)는 이를 아래와 같이 간단한 그림으로 표현하였다.16)

---

16) [역주] 이 그림에서 각 상자 간의 연결을 나타내는 화살표는 상속의 방향을 의미한다. 즉, 'A → B'라고 하면, A의 내용이 B로 상속된 것이다.

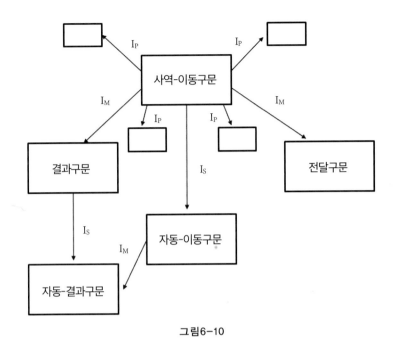

그림6-10

Goldberg는 또 '상속연결'을 이용하여 몇 가지 기본 구문 간의 관계를 설명했다.

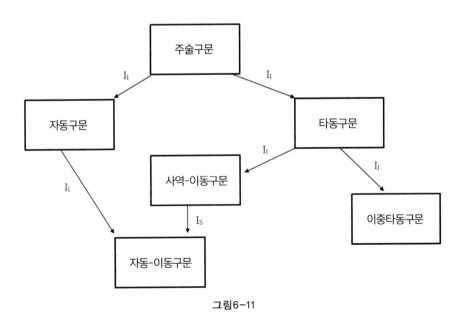

그림6-11

제6절 구문문법의 일반적인 연구 절차

Goldberg는 구문문법 이론을 제안하였고 일련의 독창적인 견해를 제시하였을 뿐 아니라 구문을 연구하는데 있어 그녀만의 엄격한 방법론을 확립하였다. Evans&Green(2006: 684)은 이를 아래의 5가지 단계로 정리했다.

(1) 먼저 한 구문의 존재 근거(필요성)를 논술하고, 그 구문을 구성하는 어휘 항목에 기초해서는 예측할 수 없는 특정한 의미적, 통사적 특성이 있다는 것을 증명함으로써 '구문 자체가 의미를 갖고 있다'고 결론을 도출한다.

(2) '사용기반 모델' 원리에 입각하여 이러한 구문의 구체적인 운용 상황을 상세하게 조사하고, 이것에 근거하여 이 구문의 중심의미와 용법을 추출해 낸다.

(3) 상술한 연구의 기초 위에 대상 구문의 통사틀을 보다 더 정확하게 밝혀내고, 그것의 논항구조를 깊이 있게 분석한다.

(4) 구문의 논항과 동사의 참여자역 간의 상호작용성 사상 관계를 확립한다. 아울러 상자틀 도식을 이용하여 이를 직관적으로 나타낸다.

(5) 동사와 구문의 사상(Mapping) 관계 기술을 바탕으로 구문의 다의성과 은유에 초점을 두면서 구문 간의 상속관계를 깊이 있게 분석한다.

Goldberg의 이러한 연구 방법론은 이론 구축과 실제 적용에 있어 충분한 가치가 있기 때문에 본보기로 삼을 만하다.

제7장

Croft의 급진적 구문문법

Croft는 기존의 거의 모든 통사 이론의 문제점에 대한 비판에 기초하여 '급진적 구문문법'을 제안함으로써 구문문법 이론에 새로운 활기를 불어넣었다. 본 장에서는 아래의 6개 방면에서 급진적 구문문법의 '급진적인' 면모를 논의하고자 한다.

(1) '통사 범주의 원소성' 대신 '구문의 원소성' 강조

(2) '통사 관계' 대신 '구문 관계'와 '부분-전체 관계' 강조

(3) '분해론' 대신 '전체론' 채택

(4) '언어 보편성' 대신 '구문의 다양성과 특수성' 강조

(5) '독립적인 추상구문' 대신 '구체적인 동사류형 구문' 강조

(6) '통사형식 자질' 대신 '통사공간' 채택

제1절 개설

구문문법의 또 다른 중요한 출발점은 바로 영국의 인지언어학자인 William Croft(현 미국 뉴멕시코대학 근무)의 연구로, 2001년에 출판된 『Radical Construction Grammar』는 인지언어학 분야에 관한 그의 대표적인 연구 성과물이다. 급진적 구문문법(이하 RCG로 약칭)은 참신한 통사이론인 동시에 구문문법학 분야의 최신 연구 성과이다.

RCG를 '통사이론'이라 칭하는 이유는 RCG가 기존의 거의 모든 통사이론을 면밀히 분석 비판했기 때문이다. RCG가 비판한 통사 이론에는 아래의 내용이 포함된다.

(1) Chomsky의 초기 TG이론, Chomsky(1981)의 지배결속 이론(Government and Binding), Chomsky(1983)의 최소주의 이론(Minimalist Program).

(2) Pollard&Sag(1994)의 핵어 중심 구구조문법(Head driven Phrase Structure Grammar).

(3) Bresnan(1982)의 어휘기능문법(Lexical Functional Grammar).

(4) Foley&Van Valin(1984), Van Valin(1987, 1993) 및 Van Valin&LaPolla(1997)의 의미역과 참조문법(Role and Reference Grammar).

(5) Dik(1997)의 기능문법(Functional Grammar).

(6) Hudson(1984, 1990)의 단어문법(Word Grammar).

(7) Fillmore 등(1993, 1999)의 구문문법.

위와 관련하여 Jackendoff(2002:127) 참조.

주목할 만 한 점은 여기에 Langacker의 인지문법이 포함되지 않는다는 점이다. 이는 RCG와 LCG의 여러 관점이 상통하거나 서로 수용되는 점이 있고, 또 Croft(2001:6) 스스로 LCG가 여러 방면에서 이미 RCG의 기본적인 관점에 힌트를 제공했다고 보기 때문이다.

급진적 구문문법(RCG)을 현대 인지언어학 분야에 있어 새로운 발전이라 보고 있는데, 그 이유는 이 이론이 완전히 새로운 각도에서 화자의 머릿속에 있는 구문을 묘사하고 표상하고자 하기 때문이다. 이것은 인지언어학의 기본 원칙과 연구 목표에 완전히 부합한다. 따라서 RCG이론은 통사이론일 뿐 아니라 인지언어학 이론 틀 속에 있는 '통사표상 이론(Theory of Syntactic Representation)'이라 할 수 있다.

Croft는 구조주의의 상보적 분포법, TG와 유형학자들의 보편문법, 형식주의학자들의 형식표상, 기능주의학자들의 '개념-담화'연구법 등[1])의 거의 모든 기존 연구방법을 부정하

---

1) 형식주의의 통사이론(Formalist Theories of Syntax)과 기능주의의 통사이론(Functional Theories of Syntax)은 상대적이다. 전자는 주로 통사의 생득성, 자립성, 보편성을 지지하면서 인류의 통사구조는 선천적으로 존재하는 것이고, 그 자체에 보편적인 원칙이 포함되어 있어 의미나 담화기능 등 요소를

고, 통사의 다양성, 언어의 특수성(specificity), 통사 구문의 원소성을 주장하였다. 그리고 구문문법 틀 속의 유형변이를 설명하고, 통사의 논항구조를 분석하였으며 통사 범주와 유형의 공통점을 논술하여 구문문법 연구를 새로운 단계로 끌어올렸다.

본 장에서는 급진적 구문문법이 왜 '급진적'인지, 그리고 기존 관련 이론과는 어떠한 근본적인 차이가 있는지 논술하고자 한다. Taylor(2004b), Croft(2001, 2004)의 관점 및 필자의 이해를 근거로 하여 볼 때, '급진'은 주로 6가지 방면으로 개괄될 수 있다. 이에 대해 아래의 절에서 각각 토론하고자 한다.

제2절 '통사 범주의 원소성' 대신 '구문의 원소성' 강조

전통적인 '어휘규칙모형(Words and Roles Model)'에서는 통사성분을 문법성분의 '기본단위[Basic Element, 또는 원소단위(Primitive Element)나 원자단위(Atomic Element)]'라고 여긴다. 기본단위는 전체 구문에 대해 독립적이어서 독립적인 통사 범주로 정의하거나 기술할 수 있다. 따라서 전통언어학 이론에서 통사성분은 상당히 중요한 지위에 자리매김 되었다. 이는 전통적인 문법교육에서 명사, 동사, 형용사, 부사 등 10대 품사 및 주어, 서술어, 목적어, 보어, 관형어, 부사어 등의 문장성분 등을 기본단위로 삼아 문법교육의 주요 내용을 구성하고 있는 점을 통해서도 알 수 있다.

그런데 RCG에서는 '구문'을 언어 분석의 '본원적 통사성분[Primitive Syntactic Elements, 혹은 최소 통사 원소(Atomic Syntactic Primitives), 원소 단위(Primitive Unit)]'으로 삼아야 하고, 관용어를 포함한 일부 분해가 어려운 복잡한 구문의 경우는 하나의 문법 표상 기본단위로 보아야 한다고 주장한다. 즉, 전통적인 문법에서 말하는 '통사 범주'는 일단 특정한 구문을 벗어나면 독립적인 현실성이 없어지며, 통사 범주가 없으므로 이것에 기초하여 건립된

참조할 필요가 없다고 본다. 예컨대, 그들은 주어, 목적어 등의 문장성분이 보편성을 갖고 있어서 이들은 순수한 통사상의 문제라고 본다. 아울러 형식화의 방법으로 통사를 묘사하고자 한다. 반면, 후자는 통사구조를 후천적으로 습득되는 것으로 보고, 그 자체는 자체적으로 함축된 보편원칙이 존재하지 않으며, 의미와 담화 원칙을 포함해야 한다고 본다. 통사역할은 보편성이 없으며, 통사의 문제가 아니라 순수한 의미의 문제라 보고, 형식화의 방법으로 통사를 묘사하는 것을 부정한다.

통사 관계(Syntactic Relations) 역시 더 이상 존재하지 않는다는 것이다. 이러한 관점을 '구문원소론(Constructional Primitivity View)' 또는 '구문중심론(Construction Centralism)'이라고 한다.

이와 같이 문법 연구의 기본원소 단위는 어휘가 아니라 상대적으로 완벽한 구문이며, 구문은 더 이상 '부가적인 현상'이 아니라, 그 자체가 원소성을 갖고 있어서 언어 분석의 가장 기본적인 단위가 된다. 예컨대, 품사는 어휘가 출현하는 구문으로부터 개괄해 낼 수 있고, 주어, 목적어 등의 통사성분은 문장 층위의 구문에서 개괄해내므로, 구문이라고 하는 이 전체를 벗어나게 되면 전체의 일부인 구성원의 성질을 판별할 수가 없게 된다. 이렇게 본다면, 구문은 어휘보다도 더 기초가 되고, 어휘야 말로 '부가적인 현상'이 된다. Croft (2001:46)는 다음과 같이 지적한다.

> (범주와 관계가 아닌) '구문'이란 통사 표상의 기본적이고 원소적인 단위이다. 구문 속에서 발견되는 범주와 관계들은 바로 파생적인 것들이다. 이는 마치 상보적인 분포법이 함축하는 것과 같다. 이것이 바로 급진적 구문문법이다.[2]

구문은 언어 특수성을 갖고 있으며 '품사(Word Class, Part of Speech)'는 일종의 통사 범주로 언어현상에 속하므로 품사 역시 언어 특수성을 갖고 있어야 한다. 이러한 논리대로라면 범언어적 보편적 품사는 아예 존재하지 않는다. 동일한 언어에서도 통일된 품사를 확정하기 어려운데, 각기 다른 언어에서는 어떠하겠는가? Taylor(2004b)는 영어의 명사구를 예로 이와 관련된 현상을 설명한 바 있다(제5절 참조).

RCG는 분해론을 철저히 포기해야 한다고 주장한다. 즉, '구문 전체'를 통해서만 품사와 같은 통사 범주를 효과적으로 정의할 수 있으며, 한 언어의 문법을 깊이 있게 기술하고 상세하게 설명하고자 하는 목적에 도달 할 수 있다는 것이다.

만약 구문이 원소성을 갖는다면, 구문 자체가 언어 연구의 가장 기본 목표여야만 한다. 이러한 관점은 Langacker 등 학자들의 관점을 계승한 것이다.

---

2) Constructions, not categories and relations, are the basic, primitive units of syntactic representation. The categories and relations found in constructions are derivative – just as the distributional implies. This is Radical Construction Grammar.

제3절 '통사 관계' 대신 '구문 관계'와 '부분-전체관계' 강조

주지하다시피, 기존의 많은 문법 이론 특히 TG이론에서는 통사를 문법 연구의 핵심내용으로 봤을 뿐 아니라, 품사적 특징, 주어, 목적어 등 간의 '통사 관계'를 기본적인 분석단위로 보았다. 즉, 이러한 전통적인 문법이론은 '통사 범주'와 '통사 관계'에 기초하여 건립된 것이다. 물론 일부 구문문법 학자들도 이러한 생각을 따르고 있긴 하지만, 이는 마치 문법 연구의 위반할 수 없는 보편적 방법론이 되었다.

Goldberg(1995)는 TG학파의 기본 입장을 비판하여, 어휘 뿐 아니라 구조도 의미가 있다고 주장하며, 어휘의미(특히 동사의 의미)와 구문의미의 차이를 강조하였고, 나아가 양자가 의미적 충돌이 발생했을 경우, 구문의미가 주도적인 지위를 차지하며 동사의 의미를 '강요'하여 변화시킨다고 보았다. 그러나 자세히 읽다보면, Goldberg가 통사 범주(품사)와 통사 관계(목적어와 동사의 관계 등)를 처리할 때 여전히 전통적인 문법 용어와 분석 방법을 따르고 있음을 발견할 수 있다. 그러나 Croft는 이 점에 대해 보다 급진적인 방법을 채택하여 전통적 문법 연구 중의 '보편통사 범주' 예컨대, 명사, 동사, 주어, 목적어 같은 것들을 취소하고 있다. 왜냐하면 앞의 제1절에서도 언급했듯이, 기본적인 '통사 범주'와 '통사 관계'는 모두 문법을 구성하는 기본단위가 아니며 구문이야 말로 문법의 원소적 기본단위라고 보기 때문이다. Croft(2001:202)는 통사를 부호화하는 것은 통사 관계가 아니라 '상징관계(Symbolic Relation)'라고 보았고, 아래와 같이 강조하였다.

> 나는 통사적 표현의 이론은 통사적 관계를 거의 설정하지 않아야 한다는데 동의한다. 이 말은 곧, 한 구문의 통사 구조의 표상은 그것을 구성하는 구성성분들 간의 어떠한 통사적 관계도 포함하지 않아야 함을 의미한다. 다시 말해서, 구문 속에 있는 유일한 통사적 구조는 바로 구문과 그 구성요소 간의 '부분-전체 관계'이다. 이것이 바로 급진적 구문문법이 다른 동시대의 통사이론과 급진적으로 다른 면모라 할 수 있다.[3]

---

3) … I will argue that a theory of syntactic representation should posit virtually no syntactic relations. That is to say, the representation of the syntactic structure of a construction should not include any syntactic relation between the elements that make it up. In other word, the only syntactic structure in constructions is the part-whole relation between the construction and its elements. This is another

이처럼 Croft는 통사이론에서 '통사 관계'라는 개념을 철저히 취소할 것을 주장하고 있다. 왜냐하면 그는 통사 범주와 통사 관계가 단지 구문에서 파생되는 것이며, 구문에 의해 정의되는 것에 지나지 않는다고 보기 때문이다. 이러한 각도에서 보면, 통사 관계란 단지 구체적인 구문에 상대적인 부속현상일 뿐이다. 따라서 이를 '구문 특수적 부수현상(Construction-specific Epiphenomena)'이라고 칭할 수 있다. 실제로 Croft는 '구문의 원소성'으로 '통사 범주의 원소성'을 대체하자고 주장한 바 있으니 이 점이 바로 Croft의 급진적인 특징이다. 이는 Croft(2001)의 제1부분에 상세히 나와 있는데, 제1부분은 다시 두 부분으로 나눌 수 있다. 제1장이 첫 부분으로, 여기서 그는 기존 통사 이론에 일관된 '상보적 분포법(Distributional Analysis)'을 비판하고 있다. 제2, 3, 4장은 두 번째 부분으로, 여기서 그는 먼저 기존 이론에 대한 비판을 앞세워, 통사 범주와 통사 관계가 모두 독립적으로 존재할 수 없음에 대해 상술하였다. 그리고 전체의 핵심인 '구문이어야 말로 그들의 기초이다'라는 관점을 제기하였다(Croft, 2001:175 참조).

이상에 기초하여 Croft는 통사 범주는 구문에 의해 결정되고 정의되는 것이며, 통사 관계 역시 구문 관계에 의해 결정되는 것이기 때문에 '통사 범주와 그에 기초한 통사 관계를 취소하고, '구문 관계(Constructional Relations)'로 이들을 대체한다.'는 관점을 도출하였다. 구문 관계를 통사 관계와 비교해봤을 때, 구문 관계는 원시성, 기초성 혹은 우선성을 갖고 있는 반면, 통사 관계는 전자로부터 개괄해 나온 것으로 반드시 사용된 구문의 환경과 의미기능에 근거하여 확정되어야 하므로 파생성, 비기초성, 부가성을 가지며, '사용기반 모델'에 기초해야만 기술되고 정의될 수 있다.

이와 같이 Croft는 '구문 관계'로 '통사 관계'를 대체하자는 결론을 얻어냈다. 이는 Croft (2001:175)의 아래의 언급에 잘 나타난다.

그러나 급진적 구문문법은 다른 구문문법이나 성분통사 이론과는 다르다. 이것은 특히 한 구문의 통사적 요소들 간의 관계라 할 수 있는 '통사적 관계'를 취소한다는 점에서 그러하다. 즉, 급진적 구문문법에서 논의하는 문법적 단위 구조는 아래의 그림7-1에 소개되어 있는데,

---

respect in which Radical Construction Grammar is radically from other contemporary syntactic theories.

여기서 통사 관계를 허락하고 있는 점선 부분을 제거해야 한다.[4]

　　Croft는 의미와 화용 및 구문의 각도에서 문법을 기술함으로써 통사 범주와 통사 관계를 자연스럽게 취소한다. 그의 2001년 저서의 두 번째 부분의 제목은 'From Syntactic Relations to Symbolic Relations(통사적 관계에서 상징관계로)'로, 여기서 전통적인 통사이론의 '공기의존관계(Collocational Dependensies)', '부호화 의존관계(Coded Dependensies)', '머리어와 부가어(Head-Adjunct)' 등과 같은 연구 방법에 대해 의문을 제기하며, 이들을 모두 '의미와 부호 간의 상징관계(즉, Langacker가 말한 '상징단위')'로 귀결시킬 수 있다고 주장한다. 아울러 이것을 출발점으로 하여 통사 관계를 취소해야 하는 이유에 대해 비교적 상세하게 논술함으로써 그의 주요 관점인 'RCG에서 왜 통사 관계로 상징관계를 대체해야 하는지'를 설명하고 있다.

　　그림7-1과 7-2의 비교를 통해 바로 알 수 있듯이, 다른 구문문법 이론에서는 여전히 통사성분 간의 관계를 인정하지만, RCG에서는 통사성분 간의 관계를 철저히 취소하고 있다. 이것이 바로 RCG가 '급진적'이라고 하는 주요 핵심 내용 중 하나이다.

　　RCG는 '구문으로 통사 범주와 통사 관계를 결정한다'는 관점을 주장하는 반면 그 반대는 불허하는데, 이로써 RCG의 일관된 주장인 '전체로부터 부분으로'라고 하는 연구 방법을 구현하고 있다. Croft는 '상징단위와 상징단위 간의 관계'와 '구문과 구문 간의 관계'를 '부분과 전체의 관계[Meronymic Relations Part-Whole Relations, 본서에서는 이를 '부분-전체관계'라고 약칭함]'로 보고 있어, 구문 중 한 성분의 의미특징과 화용기능을 이해하려면, 반드시 이것을 구체적인 구문의 전체 속에 놓고 봐야 한다.

---

4) Radical construction Grammar differs from other construction grammars and from componential syntactic theorise, however, in that it dispenses with syntactic relations, that is, relations between the syntactic elements of a construction. That is, the structure of a grammatical unit in Radical Construction Grammar is the structure in Figure7.1 minus the dotted arrow for syntactic relations.(이곳의 그림 번호는 원서와 다름에 주의)

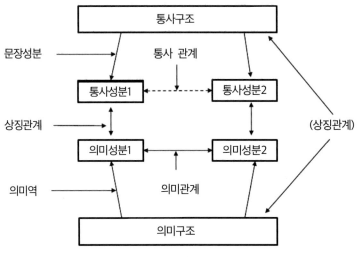

그림7-1 기타 구문문법의 구문내부구조

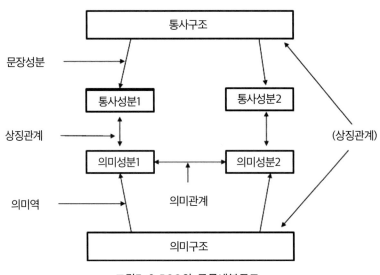

그림7-2 RCG의 구문내부구조

한 가지 주의할 점은 여기서 말하는 '부분과 전체의 관계'는 '부분과 부분의 관계'에 상대적인 개념인데, '부분과 부분의 관계'는 통사성분 간의 관계에 지나지 않아 언어 해석에 한계가 있다. 구문문법에서는 언어의 모든 단위는 형식과 의미의 결합쌍으로 표현되는 '상징단위'와 '구문'이라고 보기 때문에, 전통적인 통사 범주와 통사 관계를 부정하고 그들의 '합법적'인 지위를 취소하고, '구문'으로 그들의 지위와 관계를 정의해야 한다. 이러한 관계는 결국 구문의 부분 구성원이 전체 구문 속에서 담당하는 '역할' 혹은 '기능'이란 의미요소로 정의할 수밖에 없다. 이것은 바로 '어휘는 반드시 그것이 포함되어 있는 틀 속에서 합리적인 해석을 해낼 수가 있다'는 Fillmore의 틀의미론의 핵심 논조와도 일맥상 통한다.

그림7-2는 급진적 구문문법과 다른 구문문법(그림7-1)의 '통사 관계'의 존재여부에 대한 관점의 차이를 반영하고 있다.

Croft는 Langacker의 관점을 받아들여, 의미의 각도에서 구문 및 각 구문 간의 관계를 정의할 것을 주장하는 한편, 여기서 한 걸음 더 나아가 Langacker가 채택한 '통사성분'과 '통사 관계'란 개념조차도 철저히 포기하여 문법이론 틀 내에 더 이상 이러한 개념들이 필요치 않다고 하였다. 이에 근거하여 RCG이론은 아래의 구문을 다음과 같이 처리한다.

[1] the song

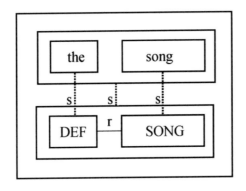

그림7-3

사람들이 구문 'the+thing'의 한 실례인 [THE/[ðə]] [SONG/[sɔŋ]]을 들으면 구문 속에 있는 음운극의 두 음운 성분을 식별해낼 수 있고, 이에 근거하여 의미극의 대응성분을 식별해 내게 된다. 이때 사람들은 'the'와 'song' 간의 '정관사+가산명사'라는 통사 관계를 분석하지 않고도 이 둘 간의 결합을 통해 둘 간의 의미관계인 'r'을 식별할 수 있다. 이는 사람들이 언어를 습득하고 운용하는 방식이기도 하다. 즉, 성인이 유아에게 'the'와 'song'

간의 통사 관계를 상세히 설명해주지 않아도 유아는 그 의미와 용법을 익힐 수 있다. 또한 사람들이 이를 실제로 운용할 때도 양자 간의 통사 관계를 고심하지 않아도 큰 문제가 없다. 요컨대, 통사 관계를 취소한다는 관점은 바로 이러한 경험적인 근거가 있는 것이다. 또 다른 예를 보자.

[2] be + V-en + by

사람들이 예문[2]를 들었을 때 그 통사 관계에는 별 신경을 쓰지 않으며, 'by-구'가 '사격(Oblique)'을 나타낸다는 점을 몰라도 이것이 '수동구문'이고 구문 전체가 수동 의미를 나타낸다는 것을 생각해 낸다. 심지어 주어, 서술어, 목적어나 통사 관계가 무엇인지, 수동태가 무엇인지 모르더라도 이 구문의 의미를 이해할 수 있다. 따라서 그 구문이 '통사 관계'를 나타내는 것 같지만, 통사 관계는 사실상 상징단위를 구성하는 방식이거나, 구문의 상징단위를 위해 실마리를 제공하여 관련된 의미를 나타내는 정도일 뿐이다. 즉, 통사 관계가 아닌 상징단위와 의미관계가 전체 구문을 하나로 연결시킬 수 있다(Croft, 2001:234).

Croft(2001:204)는 그림7-2를 기초로, 의사소통을 할 때 청자가 화자의 발화를 이해는 구체적인 과정을 다음과 같이 제시하였다.

(1) 발화를 듣고 특정 구문의 통사구조를 파악한다.
(2) 통사구조 전체와 의미구조 전체 간의 상징관계를 통해 구문의 의미구조를 이해하며, 의미성분 및 의미성분 간의 관계를 식별한다.
(3) 구문 내의 통사역할을 통해, 구문 내의 통사성분을 식별한다.
(4) 상징관계를 운용하여 적절한 의미성분과 통사성분 간의 상징관계를 식별한다.

이상의 전 과정에서 청자는 통사 관계 지식이 전혀 없어도 효과적인 의사소통이 가능하다. 이에 대해 Croft(2001:204)는 아래와 같이 설명하고 있다.

의사소통의 목적을 위해 통사 관계의 존재를 가정할 필요가 없다.[5]

그밖에 Croft가 주창한 '구문의 부분-전체관계' 분석법이 구조주의 언어학자(Bloomfield, 1933)가 상보적분포 분석법(Distribution Analysis)에서 논의한 '내심구조(Endocentric Construction)', '외심구조(Exocentric Construction)'와도 관련성이 있음을 발견할 수 있다. 내심구조는 적어도 하나의 직접 성분이 구조 전체 기능과 같은 구조가 있다면 그 직접성분이 핵어가 된다는 것이고, 외심구조는 모든 직접성분이 구조 전체의 기능과 다른 구조이면, 그 중엔 핵어가 없다는 것이다. 王力(1944)는 1930년대에 이 개념을 도입하였고, 이후 많은 학자들이 이에 대해 논술하거나 보충을 하였다. 石定栩(2007a)에 따르면, 현대 이론통사의 각도에서 보면, 구와 절들은 모두 내심구조로 분석되므로 내심-외심의 대립이 존재하지 않기 때문에 이것 대신에 '구-구문'이란 개념을 사용해야 한다고 주장한다.

제4절 '분해론' 대신 '전체론' 채택

'구문의 원소성'과 '전체론(Holism,[6] 전일성)'은 일맥상통한다. 관용어나 특수표현과 같은 여러 복잡한 구문들은 형식적 혹은 의미적 구분이 어렵다. 이렇게 분해가 어려운 복잡한 구문이 문법 표상의 기본단위이기 때문에, 이것으로 인해 Croft가 '통사 범주의 원소성', '어휘규칙모형', '분해론'에 대해 입장을 바꾸게 되었으며, '구문이 기초성을 갖추고 있다'라는 결론을 얻을 수 있었다.

주지하는 바와 같이, 전통적인 분해론에서는 통사성분이 기초단위로 분해된다고 보아 많은 문법학자들은 품사 및 통사 역할을 나누고 주어, 목적어, 종속절 등의 품사나 통사 역할의 용법 특징 설명에 많은 장절을 할애하였다. 그런데 Croft의 급진적 구문문법의 각도에서

---

5) … it is not necessary to assume the existence of syntactic relations for the purpose of communication.
6) [역주] '홀리즘'은 철학자이자 정치가인 Smuts가 처음 사용한 단어로서, 종래의 과학과 교육이 부분을 강조하는 문제점을 지적하면서, '전체는 부분의 합 이상이다'라고 하였다. 그런데 홀리즘의 어원이 되는 'holos'는 어떤 사물을 파악할 때 부분으로 전체를 규정하거나, 전체를 구성하고 있는 부분들의 단순한 종합으로 전체를 파악하도록 하지 않고, 전체를 파악의 대상으로 삼도록 하여 전체 안에서 부분과 부분의 관계를 통하여 부분을 파악하고 전체를 파악하여 전체의 부분통합적이요 부분초월적인 성격에 인식 관심을 갖도록 하는 개념을 지닌다(유문무, 「영화 '아바타'에 나타난 생태환경윤리적 함의와 그 성찰: Holism을 중심으로」, 2010 참조).

보면, 통사 범주와 통사 관계라는 것이 구문에 독립하여 통일된 범주로 기술하기 어려운 것이고, 게다가 이러한 기술이 대부분 언어 사실과도 잘 부합하지 않기 때문에 이러한 문법 분석 방법은 필요가 없는 것이다. 그래서 Croft는 '비분해설(Nonreductionist Approach)'을 강력히 주장한다.

Croft의 구상에 따르면, 합리적인 문법학 저서의 기본적인 배치는 다음과 같아야 한다. 먼저 언어의 기본단위가 구문이라는 점을 전체적으로 설명한 뒤에, 언어의 기본구문의 분류를 대체적으로 확정하고, 이후의 각 장절에서는 각 구문에 대한 논의를 진행한다. 여기서 구문의 구성형태, 의미특징 및 화용기능 등의 각도로 각각 상세히 설명하고 아울러 구문의 논항구조와 관계유형에 대해서도 설명해야 한다. 이렇게 기술된 문법서야말로 Croft의 급진적 구문문법의 연구이념을 충분히 구현하고 또 그의 기능-유형론과도 서로 일치한다고 할 수 있다.

제5절 '언어 보편성' 대신 '구문의 다양성과 특수성(specificity)' 강조

RCG는 위에서 제기한 '구문중심론'에 기초하여, 구문은 다양성과 특수성을 갖추고 있어서 여러 언어에서 동일한 기능을 표현하는 구문이라도 구조가 다를 수 있다고 주장한다. 즉, 구문은 한 언어에 속하기 때문에 언어마다 달라지는 특수성을 갖는다는 것이다.[7] Croft는 그의 책에서 아래와 같이 언급했다.

통사 범주는 구문에 의해 달라지고, 구문은 언어에 따라 달라진다.[8]

'통사 범주가 구문에 의해 달라진다'라는 말은 동일한 언어 표현이 여러 구문에 쓰일 수 있고 여러 통사 범주에 속할 수도 있다는 것이다. 즉, 위에서 말했듯이 각 통사 범주와 통사분석은 구체적인 구문에 따라 정의되기 때문에 동일 언어에서도 통일된 통사 범주가

---

7) Constructions are language-specific. 또는 Constructions are language-particular.
8) Syntactic categories are construction-specific, and constructions are language-specific.

존재하지 않는다는 것이다.

'구문이 언어에 따라 달라진다'라는 말은 언어마다 서로 다른 여러 구문이 있을 수 있고, 여러 언어에서 완전히 대등한 구문을 찾을 가능성은 거의 없다는 것이다. 예컨대, 동일한 'SVO' 구문이라 해도 영어와 중국어 두 언어에서 완전히 다른 결합과 용법을 갖기 마련이라는 것이다. 이점은 필자가 '吃'를 대상으로 한 조사와 분석 결과를 예로 들 수 있다(제10장 제1절 참조). 많은 학자들도 두 언어에서 형식과 의미, 형식과 기능이 완전히 대등한 구문을 찾기는 어렵다고 본다.

품사의 분류 역시 TG학파가 말하는 듯이 그렇게 보편성을 갖추기 어렵기 때문에 언어마다 각각의 독특한 특징이 있다. Croft는 전통적인 '상보적분포 분석법'을 가지고 품사를 분류하는 것을 반대한다. Taylor(2004b) 역시 이러한 관점을 뒷받침할 증거를 제시하였다. 그에 따르면, 설사 동일한 언어라 하더라도 그 언어의 한 유형의 구문에서 개괄해낸 품사가 다른 유형의 구문에서 개괄해낸 품사와 부분적으로 같을 수는 있지만 사실상 완전히 같을 수는 없다고 한다. 예를 들어,

[3] 조동사+NP+기타성분

이 구문에서 사용될 수 있는 NP는

[4] NP+POSS+N

이와 같은 소유격구문 속의 NP와 다르다. 구체적인 예를 보면,

[5] Should <u>the President</u> resign? (대통령은 사퇴해야 하는가?)

[6] Is <u>there</u> a teacher in the classroom? (교실에 선생님이 계신가요?)

[7] Will <u>mine</u> be accepted? (제 것이 받아들여질까요?)

[8] Would <u>under the bed</u> be a good place to hide the case? (침대 밑이 상자를 숨기기에 좋은 장소일까요?)

예[5]의 NP를 제외한 나머지 3가지 예의 NP는 모두 아래의 예와 같이 소유격구문에 사용될 수 없다.

[9] *there's teacher

[10] *mine's house

[11] *under the bed's place

또 다른 예로 동사를 살펴보면, TG를 포함한 전통문법에서는 타동성구문(단일목적어, 이중목적어 모두 포함)에 출현하든 자동성구문에 출현하든, 동사는 모두 동일한 특징을 가지며, 모두 동일한 굴절변화 형식을 갖기 때문에 동일한 품사범주로 분류할 수 있다고 보았다. 그러나 이러한 주장은 아래와 같은 문제를 맞닥뜨릴 수밖에 없다.

(1) 동사는 통일된 범주로서의 보편성을 갖지는 않는다. 왜냐하면 동사는 타동사, 자동사, 연결동사(일명 계사, linking verb), 본동사 등 다양한 하위범주로 분류할 수 있으며, 용법이 많이 다르기 때문이다. 'beware'의 경우, 비록 사전 상에는 동사로 등재되어 있으나, 그것의 용법은 매우 제한적이다(王寅, 2007:156 참조).

따라서 이들 동사가 사용되는 구문 환경 및 그것이 나타내는 의미기능에 근거해야 타당하게 처리할 수 있다.

(2) 타동사와 자동사는 서로 다른 의미특징을 갖고 있어서, 타동사구문에 출현하는 동사와 자동사구문에 출현하는 동사는 각각 의미역에 큰 차이가 있으며, 이러한 차이로 인해 일부 언어에서는 동사에 선행하는 주어가 다른 격을 나타내기도 한다. 뿐만 아니라, 모든 타동사구문에 사용되는 동사가 다 자동사구문에 사용되는 것도 아니며, 자동사구문에 사용되는 동사가 다 타동사구문에 사용되지도 않는다.

(3) 언어 간 비교를 해 보면, 중국어의 동사 상황은 영어보다 훨씬 복잡하고, 중국어의 타동/자동의 상황 역시 매우 특수하여 동사를 통일된 범주로 처리하는 것이 훨씬 어렵다.

또한 많은 학자들이 결코 모든 언어에 '조동사'라고 하는 문법범주가 다 있는 것은 아니라고 주장한다.

위의 내용에서 알 수 있듯이, 설사 동일한 언어에서 귀납해낸 통사 범주라 하더라도 일정 정도의 특수성이 존재하는데, 이것이 바로 Croft가 말한 '구문특수성'이다. 이렇게 동일 언어에서의 통사 범주의 보편성마저도 의심을 받는데, 상이한 언어 간의 통사 범주의 보편성은 어떠하겠는가?

이렇게 특수성을 지나치게 강조하는 것이, 한 언어 내 혹은 여러 언어 간에 보편성이 존재하지 않는다는 것을 의미하는 것일까? 만약 그렇다면 '일반성'은 논의가 불가능한 것일까? Fillmore와 Kay 등이 1988년과 1999년에 발표한 두 편의 논문, 그리고 Goldberg 가 1995년과 2006년에 발표한 저서에서 이에 대한 비교적 상세한 실마리를 찾을 수 있다. 언어는 보편성을 띤 면도 있고 특수성을 띤 면도 있다. 다만 Chomsky는 언어의 보편성을 과도하게 강조한 나머지 언어의 특수성을 간과하였다. 반면 Croft 등은 언어의 특수성을 지나치게 강조하여 언어 표현의 보편성을 무시한 면이 있어 모두 재고의 여지가 있다. 보편성과 특수성 간의 관계를 논의할 때에는 극단적인 자세는 지양해야 한다.

Croft 역시 이러한 문제를 인식한 듯하다. 그리하여 그는 '극단적 상대론(Extreme Relativity, 즉 Whorfian Hypothesis)'의 오류를 피하기 위해 전 인류에 보편적으로 존재하는 '개념공간'[9] 이란 것을 구상하였다. 개념공간 가운데 성분들은 여러 언어의 어휘와 통사로 투사되며, 이를 바탕으로 보편적이며 효과적인 개념범주를 건립하는 것이 가능한 것이다(제7절 참조).

사실 '(추상적인) 개념'과 '(구체적인) 의미'를 구분할 필요가 있다고 본다. '개념'은 전 인류적 차원으로 보편성이 강한 반면, '의미'는 주로 언어의 의미를 가리키기 때문에 특수 성이 강하다. 언어마다 각기 다른 방법으로 동일한 개념 혹은 개념집합을 나타내는데, 이 것이 바로 Croft(2001:93)가 말한 '언어-특수적인 의미구조'이다. Croft(2001:92)가 제시한 용어들은 서로 바꿔 쓸 수 있지만 사실 어느 정도는 구분이 가능하며, 자신조차도 '개념공 간'을 '의미공간'보다도 더 선호한다. 게다가 Croft(2001:94-96)는 또 의미지도가 어떤 언어 의 특유한 통사 범주를 개념공간의 상응하는 위치에 투사할 수 있다고 하였는데, Croft 자신도 아직 용어를 통일하지 못했음을 알 수 있다.

여기서 '개념공간'이란 용어는 Fauconnier 등의 학자들이 제기한 '정신공간(Mental Space)'

---

9) Conceptual Space 또는 '정신지도(Mental Map)', '인지지도(Cognitive Map)', '의미공간(Semantic Space)'라고도 한다.

이란 말과는 다르다. 전자는 상대적으로 안정적이고 보편적인 성격을 띠고 있으며, 포괄하고 있는 내용도 풍부하다. 그러나 후자는 주로 지금 막 형성된 개념주머니(conceptual pocket)와 같은 것으로, 개념 혼성의 입력 원소가 두 정신공간에서 혼성된 후 혼성공간에 '신흥 개념구조(Emergent Structure)'가 출현하게 된다.

　　Croft가 말한 '개념공간'은 의미범주이기도 하다. 그가 의미를 가지고 통사를 해석하려고 하는 구상은 Langacker가 창립한 인지문법의 기본 원리와도 일맥상통한다. 즉, 통사는 자립적인 것이 아니라 개념구조와 의미에 의해 결정되는 것이다. 또한 통사 범주는 보편적이지도 않기 때문에 통사 관계 또한 보편적이지 않으며, 단지 보편적으로 적용되는 언어분석방법이 있을 뿐이다.

제6절 '독립적인 추상구문' 대신 '구체적인 동사유형 구문' 강조

　　Croft와 Goldberg는 다음과 같은 차이점이 있다. Goldberg는 구문이 독립적인 추상의미를 갖고 있다고 강조하기 때문에 추상구문 이전에 통사 범주와 통사 관계가 먼저 설정되어 있다고 본다. 반면 Croft는 이 점을 부정하여 어떠한 추상적 구문의미도 존재하지 않으며, 구문 이전에 통사 범주와 통사 관계를 포함한 어떠한 원소단위도 존재하지 않는다고 본다.

　　Croft는 '구문의미'와 '동사의미' 간에 이원대립의 관계를 설정할 필요가 없으며, 추상적인 구문의미도 존재하지 않는다고 하였다. 그는 또한 구문의미는 구체적인 동사의 의미에서 벗어날 수 없으며, 오히려 다양한 동사의미가 있기 때문에 구문의미가 달라진다고 보았다. Evans&Green(2006:662)은 이와 관련하여 다음과 같이 언급하였다.

　　　문법적 구문들은 그 구문의 예를 구성하는 실사들로부터 부분적으로 독립적이기 때문에 의미가 있다.[10]

---

10) ⋯ grammatical constructions can be meaningful in part independently from the content words that make up the instances of the construction.

여기서 위의 표현 중에 있는 '부분적으로(in part)'라 말에 주의할 필요가 있는데, 이것은 위의 관점에 대한 일종의 조정일 수가 있다.

따라서 구문은 아무 근거 없이 존재하는 것이 아니라 '구체적인 동사유형 구문(the Verb-class-specific Construction)'에 기초해야 한다. 자주 논의되는 이중타동구문의 다의성도 사실 이중타동구문에 사용이 가능한 동사의 다의성으로부터 기인한 것이다. 추상적인 이중타동구문은 어떤 구체적인 동사 유형으로부터 독립하여 존재할 수가 없고, 반드시 구체적인 동사가 사용되어야 그 구문의 논항구조, 기본적인 상황 및 의미와 용법을 설명할 수가 있다. Goldberg는 언어에 선험적이고 추상적인 이중타동구문이 존재한다고 본 것과 달리, Croft는 동사 유형에 근거하여 이중타동구문을 10가지의 하위범주로 분류할 수 있다고 주장하였다(Croft, 2003a 참조).

Croft의 관점에 따르면, 통사 범주와 통사 관계는 구문으로부터 나오는 것이기 때문에, 만약 독립적인 추상 구문과 구문의미가 존재하지 않는다면 통사 범주와 통사 관계를 자연스럽게 취소할 수가 있게 된다. 이것이 바로 급진적 구문문법의 또 하나의 급진적인 면이기도 하다.

제7절 '통사형식 자질' 대신 '통사공간' 채택

전통적인 통사 이론, 특히 Chomsky의 TG이론은 '형식화된 통사특징(Formal Syntactic Property)'으로 보편적으로 존재하는 통사 범주를 기술해야 한다고 주장한다. 그러나 이것은 단지 일부 현상에 대해서만 적용이 가능할 뿐, 예외가 존재한다. 동일한 영어 내에 있는 NP라도 하나의 보편적인 통사 범주를 수립하기가 어려운데(제5절 참고), 언어 간의 대조를 통해 통일된 NP의 통사 범주를 수립하는 것은 더 말할 나위가 없다. 사실상 이러한 통사 이론으로는 통사현상 전체를 해석할 수 없기 때문에, 이러한 이론에 기초하여 수립된 언어 간 공통점(보편성) 연구는 역시 언어 현상 전체를 아우를 수 없음을 알 수 있다.

Croft의 RCG이론에 따르면, 어휘에서 형태 층위, 더 나아가 통사 층위까지의 각종 구문은 '통사공간(Syntactic Space)'에서 하나의 연속체를 형성하기 때문에, 각 층위간 경계를 정확히 나눌 수 없고, 또 어떤 한 유형의 구문체계는 단지 특정 언어에서만 보여 지기도 한다. 한편, Croft(2001)는 '유형학(Typology)'을 통사 이론 연구에 도입하였는데, 이 역시 그의 중요한 공헌 가운데 하나이다. 이러한 측면은 그의 저서의 부제가 'Syntactic Theory in Typological Perspective'인 점을 통해서도 알 수 있다.

주지하는 바와 같이, 유형학은 개별 언어의 용법특징을 통해 공통점을 공유하는 언어유형을 확립하는 분야인데, Croft가 주장하는 바와 같이 통사 범주가 구문에 따라 다르고 구문 역시 언어마다 다르다면, 공통적인 유형을 어떻게 형성할까? Croft는 통사 범주와 통사 관계를 취소하였으므로 통사구조 층위에서는 공통점이 존재하지 않는다. 따라서 통사구조의 각도에서 언어유형을 논하는 것은 타당하지 않다. 그는 바로 공통점에 대한 논의를 '의미에서 언어부호로의 투사 관계'로 전환하여 '개념공간'과 '의미지도 모형[Semantic Map Model', 또는 '의미지도이론(Semantic Map Theory)']을 제안하였다. 의미지도에는 공통점을 갖춘 개념공간 속에서 특정 통사구조의 위상을 반영하여 개별 언어의 상이한 유형이 공통점을 갖춘 개념공간에 투사된다. 다시 말해서, 통사 범주와 관련된 분포 유형과 기능 특징이 개념공간으로부터 투사되는 것이다. 이러한 연구 방법론을 통해, 유형학의 각도에서 통사이론을 연구한다는 목표를 실현한 것이다. 예컨대, Croft(2001:87)는 인류가 공유하고 있는 4가지 의미특징을 다음과 같이 정리하였다.

1. 관계성(Relationality)
2. 정태성(Stativity)
3. 잠시성(Transitoriness)
4. 등급성(Gradability)

이러한 개념으로 객체(명사), 성질(형용사), 행동(동사) 등의 통사 범주(즉, 품사)를 정의할 수 있는데, 그들의 상대적 관계는 아래의 그림과 같다.

	관계성	정태성	잠시성	등급성
객체	×	○	×	×
성질	○	○	×	○
행동	○	×	○	×

그림7-4

그림7-4의 네 가지 의미특징은 인류의 보편적 개념공간 속에 공통적으로 존재하고 있는 것이다. 이것에 기초하여 정의한 3가지 주요 품사는 동일한 개념공간에서 비롯된 것들로, 비록 언어마다 다른 형식으로 표현되어 의미 궤적(의미지도)에 약간씩 차이가 있을 수는 있으나, 인지적 공통점을 갖고 있다. 이러한 연구 방법론은 '의미와 화용기능은 통사 범주의 기초'라고 보는 Croft(1990)의 일관된 입장을 충분히 반영하고 있다. Croft(2001:92, 105)가 언급한 바와 같이, 개념공간은 일종의 잠재적이고 보편적인 개념구조이다. 개념공간은 이에 상응하는 기능구조 및 기능특징으로 정의되는 기능구조 간의 상호관계를 나타내고, 통사 범주의 내부구조를 제공하기도 한다. 어떤 언어 특유의 통사 범주와 어떤 구문 특유의 통사 관계는 개념공간 내의 어떤 구역, 혹은 구역 간의 연결에 대응하는 것으로, 이로써 그 특징과 용법을 확정할 수 있다. 그리고 이러한 범주의 역사적 변화는 개념공간 속의 경로를 통해 설명할 수가 있다.

Croft(2001)의 세 번째 부분에서는 태(态, Voice)와 복문을 예로 구문이 비록 언어마다 다르지만 언어 간 대조연구가 가능하다는 점을 설명했다. 즉, 개념공간에서 상이한 언어의 통사공간(구문의 구조적 특징에 의해 설정)을 대조함으로써 의미지도에 기반한 통사연구의 방법론을 개척한 것이다. 이러한 방법론을 통해 언어들 간의 공통점을 가진 개념공간을 논증하였을 뿐 아니라, 통사공간에서 개별 언어 특유의 다양한 존재형식을 인정함으로써, 유형학에서 언어의 개별적 특징과 언어 간의 공통적인 특징을 유기적으로 결합할 수 있게 되었다.

언어 내 '주격-능격' 체계 역시 공동의 개념공간으로부터 투사된 것이다(아래 세 그림은 Croft(2001:138)에서 인용한 것으로 도형에 약간의 수정이 있다).

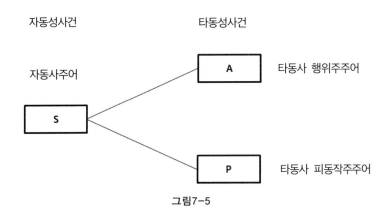

그림7-5

그림7-5는 자동성 사건과 타동성 사건 가운데 참여자역의 개념공간을 나타내고 있다. 이 두 사건은 일상에서 자주 일어나는 사건으로, 이들 참여자역은 인간의 개념공간 속에 보편적으로 존재하고 있어 매우 높은 보편성을 띠고 있다. 그러나 이 참여자역이 언어의 격표지 체계에 투사될 때는 큰 차이가 발생하게 된다.

S와 A가 동일한 격(주격)으로 표현되고, P가 다른 격(대격)으로 표현되는 언어를 '주격(Nominative)'계통의 언어, 혹은 '대격(Accusative)' 혹은 '비능격(Unergative)'계통의 언어라고 칭한다. 여기에는 독일어 등이 포함되며, 영어의 인칭대명사 역시 이러한 계통에 속한다. 예를 보자.

[12] Mummy agreed. (Mummy가 동의했다.)

[13] Mummy agreed with me. (Mummy가 나에게 동의했다.)

[14] I agreed with Mummy. (나는 Mummy에게 동의했다.)

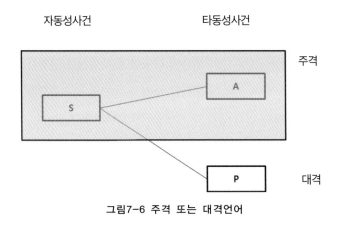

그림7-6 주격 또는 대격언어

한편, S와 P를 동일한 격(절대격)으로 표현하고 A를 다른 격(능격)으로 표현하는 언어를 '능격(Ergative)'계통의 언어, 혹은 '절대격(Absolute)'계통의 언어라고 한다. 피레네 산맥 서부의 바스크(Basque)어 등이 여기에 속한다.

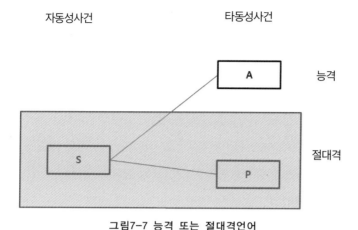

자동성사건   타동성사건

능격

절대격

그림7-7 능격 또는 절대격언어

그밖에 일부 언어에서는 이 세 가지 성분이 동일한 격을 사용하여 서로 구분하지 않는 경우도 있고, 어떤 경우엔 모두 다른 격을 사용하여 각기 다른 격으로 표시되기도 한다.

만약 그림7-7을 기준으로 본다면, 아래의 두 영어 문장에서 'the window'는 '능격 관계'가 있다고 볼 수도 있다.

[15] The tree broke the window. (나무가 유리창을 깼다.)

[16] The window broke. (유리창이 깨졌다.)

개념공간은 다차원성을 갖고 있지만, 글로 표현하고 도식으로 구현되기에 편의상 두 개의 중요한 위상만을 선택하곤 한다. 예컨대, 품사의 개념공간 도식의 경우는 주로 두 개의 기능특징 위상을 선택해서 '품사의 개념공간 표시 도식'을 그릴 수 있다(Croft, 2001:92 참조).

(1) 횡으로 명제행위 기능(Propositional Act Function) 위상을 표시함

  : 여기에는 참조성(Reference), 수식성(Modification). 술어성(Predication)이 포함됨.

(2) 종으로 통사 범주 위상을 표시함

  : 여기에는 물체(Object), 속성(Property), 동작(Action)이 포함됨.

종으로 표현되는 통사 범주는 횡으로 표현되는 기능범주에 투사되어 개념공간 속에서 하나의 구역을 형성한다. 이 도식에 화자의 품사 관련 문법 지식을 반영할 수 있다.

이상의 논의를 통해 급진적 구문문법에서는 '특정 통사 구조가 보편성을 갖는 개념공간 속에서의 위상을 의미지도로 나타내고 있음'을 알 수 있다. 개별 민족 특유의 특정한 언어 표현은 보편적 개념공간에서 가공된 인지과정을 거치며, 차별적인 의미궤적을 남기게 되는데, 이 궤적에 기초하여야 비로소 특정한 통사표현 형식이 형성될 수 있다. 이것을 아래와 같이 나타낼 수 있다.

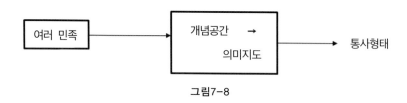

그림7-8

이것이 바로 인지언어학에서 말하는 '가장 넓은 의미의 문법화 과정'(王寅, 2006:120 참조)이다. 실사의 허화와 같은 '협의의 문법화', 그리고 담화의 문법화와 화용 기능의 문법화 등과 같은 '광의의 문법화' 뿐만 아니라, 전형적인 개념구조, 사건구조 등이 문법구문으로 변화하는 과정 역시 문법화의 하나라고 할 수 있다.11)

여러 언어 간 공통점을 가지는 개념공간으로부터 개별 언어마다 다르게 표현되는 유형으로의 투사, 즉 통사 유형과 그 기능 특징이 개념공간의 의미지도로부터 투사된다는 점은 바로 당대 인지문법 학자들의 공통적인 연구 관념이라 할 수 있다. 이렇게 인지의 각도에서 구문의 형성 기제와 기능 특징을 연구해야 효과적으로 문법 변화라는 객관 사실을 설명해 낼 수가 있다. 요컨대 형식, 인지, 의미, 기능을 긴밀하게 결합하여 문법화를 논해야 비로소 새로운 연구 방법을 개척해 나갈 수 있는데, Croft의 연구는 확실히 문법화의 인지

11) [역주] 최근에는 이와 같이 하나의 구문이 나타나는 과정을 '구문화'라고 명명하기도 한다. 이것은 기존의 문법화와 어휘화라는 두 개념을 '구문'이란 단위를 중심으로 하나로 통합한 것으로, 여기서 말하는 개념구조가 문법구문으로 변화하는 문법화 역시 이에 속한다고 볼 수 있다.

적 연구를 위해 새로운 모형을 제시한 것이다.

RCG 및 기타 구문문법 이론 간의 유사점과 차이점에 대해서는 이어지는 장절을 참고하라.

제8장

네 가지 구문문법의 비교

본장에서는 주로 Cruse&Croft(2004)의 논의에 근거하여 현재 유행하는 4가지 구문문법 이론을 상세히 비교하고자 한다. 즉, (1) Fillmore의 구문문법, (2) Langacker의 인지문법, (3) Lakoff와 Goldberg의 구문문법, (4) Croft의 급진적 구문문법에 대해 통사 범주의 지위, 통사 관계의 유형, 구문 간의 관계, 문법 정보의 보존과 계승이라는 네 가지 측면에서 주요 관점과 유사점, 차이점을 분석할 것이다.

제1절 개설

Fillmore 등의 학자는 초기에 생성이론의 틀 속에서 구문문법을 제기하면서 생득론, 자립론, 모듈론, 합성성 등의 연구 방법을 반성·비판하였다. 그런데 뜻하지 않게도 이러한 반성과 비판은 인지언어학자들이 체계적인 구문문법 이론을 형성하는데 매우 중요한 영향을 끼쳤으며, Evans&Green(2006:662)은 이를 '극단적인 영향(extremely influential)'이라고 지칭하기도 했다. 이로 볼 때, 구문문법에 대한 논의는 Fillmore 등의 연구부터 논하지 않을 수가 없다.

Fillmore는 초기에 구문 이론을 위한 네 가지 기본 원칙을 제시하였고, 이를 '구문문법'이라 보았다.

(1) 일종의 생성문법이어야 하고, 아울러 형식화 처리가 가능해야 한다.

(2) 문법의 여러 성분 혹은 모듈(음운, 형태, 통사, 의미, 화용)을 하나로 통합해야 한다.

(3) 보편성을 갖추어야 한다.

(4) 이미 확립된 인지 연구 그리고 사회 상호작용이라는 관점과 서로 일치되어야 한다.

Fillmore, Kay와 O'Connor 등 학자들의 최근의 연구는 이 가운데 (1), (2) 두 가지 원칙에 집중되어 있다. 그리하여 구문문법을 통해 언어의 모든 어구를 기술, 분석, 생성할 수 있는 모델을 구축할 수 있다고 보았다. 이러한 관점은 '보편론'에 기초한 것이지만, 생성학파와 달리 그들은 언어의 몇 가지 층위를 하나의 통일된 해석방안으로 통합할 수 있다고 강력히 주장하고 있다(아래 참조).

Östman&Fried(2005)는 주로 위의 (3)번과 (4)번 두 원칙에 치중하여, '체험성(Embodiment)'와 '해석(Construal)'의 각도에서 구문체계를 기술할 것을 강조하였다. Lakoff가 건립한 신경언어 이론(Neural Language Theory)은 신경학의 관점에서 통사의 구문 성분을 논의하여 이를 '체험적 구문문법(Embodied Construction Grammar)'을 발전시켰다. 신체화된 구문문법은 바로 위의 (4)번에서 제안한 인지연구라 할 수 있다.

제2절 구문문법의 '형식'에 대한 이해

구문문법 학자들은 모두 구문이 상징성을 갖고 있다고 보는데, 이것은 바로 '형식과 의미의 결합쌍'을 의미한다. 이점에 있어서 이들은 의견 차이가 없다. 그러나 '형식'에 대해서는 약간 다른 견해를 갖는다.

Langacker는 음운단위 또는 음운구조, 음운극이 형식이며, 문자 기호나 제스처 등의 기타 부호화된 매개체 역시 형식에 포함되지만, '문법형식(Grammatical Form)'은 포함되지 않는다고 본다. 그러나 Goldberg(1995:51)과 Croft(2001:62)는 형식이 마땅히 문법형식을 포함해야 한다고 본다. Langacker는 이러한 차이는 작은 문제나 단순한 용어의 문제가 아니라 이론의 핵심문제 즉, '문법의 본질 및 의미와의 관계'와 관련된다고 본다.

이러한 견해에서 볼 때, 인지문법(Langacker의 이론)은 급진성에 있어서 기존의 언어 이론과 근본적으로 다르다. 구체적으로 '문법이란 본질적으로 상징성을 갖고 있으며 그 상징성은 곧 의미구조와 음운구조의 결합이므로, 통사 범주와 통사 관계 모두 형식과 의미의 결합쌍'이라고 여기고 있다. 따라서 Langacker가 왜 문법형식이 상징단위 속의 '형식'에 포함된다고 주장하지 않는지 쉽게 이해할 수 있다. 즉, 아래와 같이 생각을 한다.

(1) 인지문법과 구문문법 모두 문법형식(통사 범주와 통사 관계 포함)을 상징성 구문으로 본다. 이것들은 모두 형식과 의미의 결합쌍으로 형식과 '의미'를 모두 포함한다. 따라서 단지 문법형식만을 결합쌍의 한 측면으로 볼 수는 없다. 그렇지 않으면 모순된 기술이 초래된다.

(2) 사람들은 정상적인 대화나 쓰기를 할 때, 명사, 동사나 주어, 목적어 등과 같은 문법 범주형식을 명확하게 의식하지 않는다. 왜냐하면 이들은 결코 어떤 분명한 부호화 형식의 표지를 사용하지 않기 때문이다. 이러한 범주표지가 음운 연결체 상에 출현하지도 않는데 어떻게 형식을 논할 수 있겠는가?

따라서 Langacker는 Goldberg와 Croft의 관점에 대해 '문법형식은 형식과 의미의 결합쌍 중 형식에만 포함되어서도 포함될 수도 없다'라고 강조한다. Goldberg와 Croft의 관점은 분명히 기존 문법 이론의 영향을 받은 것이다. 왜냐하면 전통문법 이론에서는 문법형식을 형식으로 보기 때문이다. 이러한 관점에서 보면, 인지문법은 구문문법이나 급진적 구문문법보다 훨씬 더 '급진적'이다.

Langacker가 논의한 내용을 아래와 같은 그림으로 나타낼 수 있다.

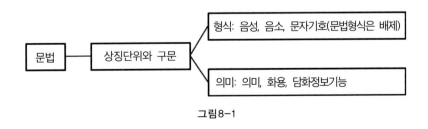

그림8-1

제3절 네 가지 구문문법의 비교

본서의 제4장 시작부분에서 여러 학자들이 구문을 연구하면서 형성된 4가지 주요 이론에 대해 나열한 바 있다. 본서에서는 소문자로 쓴 'construction grammar'를 이 몇 가지 이론을 아우르는 통칭으로 삼고, 각 학자들의 관점에 대해서는 대문자나 약칭으로 표기한다.

(1) Fillmore, Kay와 O'Connor(1988) 등이 창립한 구문문법 이론으로, Michaelis(2003b: 175)는 이를 'Unification Grammar(단일화문법)'이라고 칭했고, Goldberg(2006:213)는 이를 'Unification Construction Grammar(단일화구문문법, UCxG)'이라고 칭했다. 본서에서는 이를 'Fillmore's Construction Grammar', 약칭하여 'FCG'라고 부를 것이다.

(2) Langacker(1987,1991a)가 창립한 인지문법 역시 일종의 구문문법 이론이며, 본서에서는 이를 'Langacker's Construction Grammar'로 명명하고, LCG로 약칭한다.

(3) Goldberg(1995)가 창립한 논항구조의 구문문법 분석법은 인지언어학의 전형적인 구문문법 이론을 대표하며, 본서에서는 이를 'Goldberg's Construction Grammar'로 명명하고, GCG로 약칭한다. Goldberg의 연구는 특히 그녀의 스승인 Lakoff의 영향을 강하게 받았기 때문에, 어떤 경우, 또 그녀의 구문문법 이론과 Lakoff의 관련 이론을 결합하여 논할 수도 있는데, 이를 LGCG라고 약칭한다. Goldberg(2006:214)는 나중에 이를 'Cognitive Construction Grammar(인지구문문법, CCxG로 약칭)'라고 부르기도 한다.

(4) Croft(2001)가 창립한 급진적 구문문법 이론을 본서에서는 'Croft's Construction Grammar(RCG로 약칭)'으로 부른다.

제4장부터 제7장까지는 주로 구문문법의 발전 역사를 살펴보면서 이들을 간략히 소개하고 평했다. 본장에서는 보다 심도 있는 이해를 위해 이 네 가지 이론 간의 공통점과 차이점을 비교할 것이다.

1. 공통점

Langacker(2003)는 결코 Fillmore, Kay와 O'Connor 등이 창립한 구문문법 이론이 인지언어학 분야에 속한다고 보지 않았다. 이들이 비록 TG학파와 차이가 있고, Chomsky 이론의 기본 관점에 도전했으며 심지어 '언어는 구문성을 갖고 있다'라는 관점을 천명하기도 했지만, 여전히 형식주의, 생성이론의 틀을 운용하여 구문을 논해야 한다고 주장했다 (Evans&Green, 2006:651,659). 게다가 이들은 구문 배후의 '규칙'을 탐색하였으나 그것의 '동기화(Motivation)'를 탐색하지는 않았다. 어떤 경우, 이들은 또 보편문법의 관점을 견지하여 연구 과정 중, 형식과 의미·화용의 분리를 주장하고 '분해론'의 입장을 견지하였다. 따라서 다수의 인지언어학자들은 그들을 형식주의 분야로 넣어야 한다고 주장한다.

Goldberg(2006:214-215) 역시 다음과 같이 주장한다. Fillmore 등이 건립한 이론이 이른바 '단일화구문문법'으로 칭해지는 이유는 이들이 과도하게 합성성에 기초한 형식주의 분석 방법에 편중되어 있기 때문이다. 그리하여 이들은 TG학파가 일관되게 주장한 자질 병합이라는 형식수단을 운용하여 언어의 각종 구문을 나타낼 것을 주장하였고, '구문의 규칙성(Constructional Rule), 형식의 명시성(Formal Explicitness), 표현의 단일화(Representational Unification), 구조의 분해성(Structural Reductionism)' 등만을 추구하고, 구문 배후의 '심리적 실재성(Psychological Reality)'을 경시하였다. 이것이 바로 Langacker가 왜 Fillmore 등이 창립한 FCG를 인지언어학 의미상의 구문문법으로 보지 않는지에 대한 주요한 원인이기도 하다. 따라서 Langacker는 2003년의 논문에서 단지 세 가지 구문문법 이론만을 논술하였다.

Langacker는 그의 LCG이론 역시 일종의 구문문법이라고 보고 특히나 급진적인 문법이론이라고 본다. 그가 특히 당시의 주도적 지위에 있었던 TG학파와 대립적이었기 때문에, 그를 '급진적'이라 볼만도 하다. 한편, LGCG이론은 구문문법 자체에만 국한되지 않고, 그 안에 인지문법과 급진적 구문문법의 일부 내용이 포함되어 있다. 이에 대해 Goldberg (2006:225)는 다음과 같이 언급하였다.

> 그러므로 CG와 CCxG는 두 접근법을 구분할 수 있는 많은 중요한 차이점들이 있음에도 상당히 많은 공통점을 갖고 있다.[1]

결국 이 세 가지 구문문법 이론은 서로 구분되기도 하면서 또 서로 관련 되어 있다. Langacker(2003)는 이 세 이론의 '공통점'을 12가지로 귀납하였다(Goldberg, 2006:220-221 참조). 본문에서는 이를 다시 5가지로 귀납하였고, 또 각각에 대응되는 TG의 관점을 추가하였다(제3장 참조).

(1) 구문은 모두 상징단위이며, 훈련을 통해 학습될 수 있는 형식과 의미의 결합쌍, 또는 훈련을 통해 학습 가능한 형식-기능의 결합쌍이다. 구문은 단순할 수도, 복잡할 수도 있다. 구문을 운용함으로써 어휘, 형태, 통사에 대해 통일된 해석을 할 수가 있는데, 이 세 가지가 구문의 연속체를 형성한다. 이처럼 언어란 바로 구문으로 구축되어 이루어진 구조성을 갖춘 '대창고'여서 구문으로 통일된 해석이 가능하다(이는 '통사가 의미와 화용에 대해 독립할 수 있다'는 자립통사론과 언어가 여러 하위모듈로 쪼개질 수 있다는 모듈론에 대한 비판이다).

(2) 언어 연구의 주요 대상은 '규칙'이 아니라 '구문'이다. 구문문법 학자들은 문법에 맞는 표현은 구문의 제한조건도 만족시킬 수 있어야 한다고 여긴다. 학자들이 지난날 논의했던 규칙과 유형은 사실상 주로 구문의 형식으로 나타나며, 구문은 보다 기초적인 것이다. 왜냐하면 독특한 구문을 수용할 수 있는 틀 체계는 규칙적인 유형도 수용할 수 있지만, 그 반대의 경우는 불가능하기 때문이다. 따라서 구문을 이용해야만 언어지식을 보다 합리적이고, 해석력 있고, 통일되게 표현해낼 수 있다. 언어학자들은 마땅히 정신을 집중하여 구문을 심도 있게 연구해야 하고, 그 배후에 있는 동기성을 추구해야 한다(이것은 '모든 하위모듈은 고도로 개괄된 규칙을 함축하고 있다'는 모듈론을 비판한 것이다).

(3) 대부분의 구문은 '특수성(specificity)'을 갖고 있고 각각 다양한 기원을 갖고 있으며, 게다가 구문은 언어마다 다르다. 이에 보편적 규칙성을 띤 유형은 단지 구문체계 속의 한 특례에 지나지 않는다. 구문문법 학자들은 구문이 비파생적이며 비생성적(Non-productive)이어서 구문 간에는 변형생성 관계가 없다고 본다. 구문문법은 언어 속 각 구문의 '특수성'을 분석해야 하는데, 여기에는 대량의 관용어나 특수표현이 포함된다. 반면, TG학파는 이러한 현상에는 전혀 관심을 갖지 않았다. 이것은 아마도 속수무책이라 단지 소극적인 회피전

---

1) Thus CG and CCxG share a great deal, although there are a few fairly important distinctions which distinguish the two approaches.

략을 취하는 것이기 때문일 수 있다. 구문이 비규칙적인 용법과 규칙적인 용법을 모두 해석할 수 있으므로 구문문법은 TG문법보다 더 강력한 일반성과 해석력을 갖추고 있는 셈이다(이것은 세계의 모든 언어가 UG를 공유하고 있다는 보편론을 비판하고, 또 구문 간에 기본형식과 파생형식이 존재하며 파생형식은 기본형식이 변형된 것이라는 변형생성의 방법론을 비판하는 것이다).

(4) 언어지식은 언어운용에서 기원한다. 구문은 실제 사용에서 생겨난 것이기 때문에 상속네트워크 및 사용빈도와 밀접한 관계가 있다. 그리고 구문은 사람들의 정신 속에서 '분류층위관계'의 방식으로 구성되기 때문에, 각기 다른 정도의 상세도와 도식성을 갖추고 있다. 이처럼 구문은 분류성, 층위성, 상속성 등의 자질을 갖추고 있고, 사용기반 모델에 의거해야만 합리적이고 전면적인 논술을 할 수가 있다. 언어학자들은 언어 운용의 각도에서 언어지식의 형성 기제와 표현 방식을 심도 있게 연구하고, 층위성을 띤 구문의 형식과 의미의 구조적 상속 관계를 상세히 설명해 냄으로써 언어의 본질을 밝혀야 한다(이것은 '언어능력이 선천적으로 본래 있는 것'이라고 하는 생득설과 아울러 보편론과 변형생성론을 함께 비판한 것이다).

(5) 합성성 원리는 '통합성의 원리'에 제한받아야 한다. 한 담화의 전체적인 의미는 의미 구조 뿐만 아니라 관습적인 장면, 화자의 어조, 자세, 화용적 기능에 대한 정보 및 청자의 해석을 포함하기 때문에, 단지 요소를 단순하게 더하는 법칙이 아니라 게슈탈트 원칙에 기초하여 통합적으로 이루어진다. 의미구조는 단지 부분 합성성만을 갖고 있으므로 통합성의 원리가 중심이 되어야 한다(이는 '하나의 연산규칙으로 각기 다른 의미를 규정한다'는 형식주의 관점에 대한 비판임. 아울러, '1+1=2'라고 보는 합성성, '언어부호는 객관 세계를 거울처럼 반영한다'는 객관주의 의미론을 비판하는 것이기도 하다).

Croft&Cruse(2004:266)는 Langacker와 달리 Fillmore의 구문문법(FCG) 역시 인지언어학의 통사 이론으로 볼 수 있다고 주장한다. 따라서 그들은 2004년 출판한 저서에서 본장의 시작 부분에서 나열한 네 가지 구문문법 이론을 비교적 상세히 논술하였으며, 이 네 가지 구문문법 이론이 모두 아래의 세 가지 기본 가설을 수용하고 있음을 언급하였다.

(1) 구문은 둘 또는 둘 이상의 상징단위(형식과 의미의 결합쌍)로 구성되며 이들은 독립적으로 존재하는 실체이다.

(2) 구문으로 문법구조를 통일되게 표상할 수 있다.

(3) 문법 내 모든 구문은 인간의 정신 속에서 '분류층위관계'의 방식으로 구축된 것이다.

2. 차이점

네 가지 이론은 구문문법의 형성과 발전에 각각 나름의 공헌을 했다. 전반적으로 보면, Fillmore&Kay는 통사 관계와 통사의 상속성 문제를 상세히 기술하였고, Lakoff와 Goldberg는 구문 간의 범주화 관계를 제시하였으며, Langacker는 주로 의미 범주와 의미 관계의 관점에서 구문을 논했다. 한편, Croft는 그의 6가지 급진적인 관점과 유형의 공통점에 대해 중점적으로 논의했다. 특히 주목할 만한 것은 Fillmore&Kay를 제외한 세 이론은 '사용기반 모델'을 받아들여, 언어지식은 생득적인 것이 아니라 주로 언어의 운용으로부터 기원하므로 마땅히 언어 운용이라는 각도에서 언어지식의 형성과 표현을 연구해야 한다고 본점이다. 이것은 TG이론이 주장하는 생득론, 보편론, 자립통사론에 대한 반론이기도 하다. 위의 (4)번을 참고하라.

지금부터 Croft&Cruse(2004:256~290)의 관점에 근거하여, 네 가지 구문문법 이론이 아래의 네 가지 측면에 있어 어떠한 차이가 있는지를 비교하고자 한다(일부 유사점을 포함함).

(1) 구문문법에서 통사성분 범주의 지위

(2) 통사 관계의 유형

(3) 구문 간의 관계 유형

(4) 문법 정보가 구문의 여러 층위에 저장되는 방식

어찌하여 이 네 가지 방면에서 네 가지 구문문법 이론을 비교해야 하는가하는 것은 통사성분 범주 표기 문제를 보면 바로 알 수 있다. 주지하는 바와 같이, TG이론에서는 NP, VP, S, O 등의 통사성분 범주로 표기가 이루어진다. 예를 보자.

[1] Tom sings. (Tom이 노래 부른다.)

예[1]은 아래와 같이 표기가 가능하다.

[2] [[Tom]$_{NP}$[sings]$_{VP}$]$_S$

반면, 대부분의 구문문법에서는 통사성분 범주를 직접적으로 표기하지 않고, TG와는 전혀 다른 '상자도식(제15장 참조)'으로 통사구조를 나타낸다.

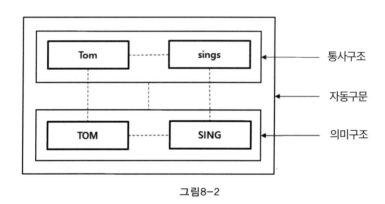

그림8-2

그림8-2와 예[2]가 표현한 자동사구문을 비교해 보면, 많은 차이가 있음을 발견할 수 있다. 그림8-2가 포함하고 있는 정보량은 예[2]보다는 훨씬 많다. 이처럼 구문문법은 비록 명사, 동사 등의 통사 범주를 표기하지 않지만, 관계가 더 분명해서 핵심이 확실히 드러나고 있고 표기가 훨씬 더 직관적이다. 그림8-2는 아래와 같이 상세히 분석할 수 있다.

(1) 구문의 각 층위마다 존재하는 상징관계(종적인 관계)를 명시하고 있다. 예컨대 그림에서 수직으로 된 점선은 먼저 'Tom'과 'TOM' 간의 상징관계를 보여주고, 다음으로 'sings'와 'SING'의 상징관계를 보여주고, 마지막으로 'Tom sings'와 'TOM SING'의 통사구조, 의미구조라는 둘 간의 상징관계를 차례로 보여준다.

(2) 구문의 부분-전체 관계(횡적인 관계)를 명시하고 있다. 예컨대, 그림에서 수평으로

된 점선은 통사 층위 상의 'Tom'과 'sings'의 통합관계, 그리고 의미 층위 상의 'TOM'과 'SING' 간의 통합관계를 나타내고 있다.

구문문법은 이론마다 통사 범주 처리 방법이 각기 다르다. 이것은 바로 각각의 이론이 구문문법에서 어떠한 지위를 갖고 있고, 또 어떻게 표현하는가라는 문제와 관련되며, 이로 인해 각 이론마다 상이한 '통사-의미' 간의 내부 연결 모델을 수립하고 있기도 하다.

통사성분의 지위를 확정하고, 한걸음 더 나아가 통사성분 간의 관계 및 통사구조 간의 관계를 분명히 해야 하는 것은 Croft&Cruse(2004:262)가 논의한 통사 관계의 유형문제이기도 하다. Croft&Cruse(2004:262)는 주로 '구문지식의 내부 구조'의 각도에서 분석했다. 인지문법에서는 '구문은 내부 구조를 갖고 있고, 사람들의 언어지식은 바로 이러한 구조적인 구문의 목록'이라고 보아(Langacker, 1987:63-76), '분류학적 네트워크(Taxonomic Network)' 혹은 '도식성의 정도(Degree of Schematicity)'를 가지고 구문의 내부관계를 분석한다. 즉, 모든 구문은 바로 이러한 네트워크상의 한 교점인 것이다. 이에 대해서는 그림9-5와 제9장의 예[25]~[31]에 있는 'SUBJ VERB PHRASE'부터 가장 구체적인 'He kicked the bucket.'까지의 점차적인 분석을 참고하기 바란다. 아울러 그림10-1의 '我吃, 我吃饭, 我吃惊'의 구문 분류 층위관계 분석[2]을 참고하기 바란다.

한편 그림10-1에는 '부정' 구문도 열거하고 있는데, 이것은 부정구문과 '我吃, 我吃饭, 我吃惊'을 결합시켜 부정구문을 만들 수 있다는 것을 의미하는 것이다. 다시 말해서, 하나의 문장은 여러 개의 모교점이 있고 모든 모교점이 바로 하나의 구문이어서, 하나의 문장은 여러 개의 구문이 통합되어 이루질 수 있다. 예를 들어 아래의 부정문을 보자.

---

2) '분류층위관계'란 'Taxonomic Hierarchy'를 번역한 것이다. 구문문법 관련 문헌들을 자세히 살펴보면, 일부 학자는 이 용어에 대해 'Taxonomic Relation'이란 술어를 사용하기도 함을 볼 수 있다. 그런데 후자는 결코 전문적으로 구문의 분류문제를 다룬 것이라기보다 구문 범주 속 계층성 관계를 논술하면서 구문의 여러 층위 속 정보 상속과 관련된 것을 언급한 것이라 할 수 있다. 따라서 본서에서는 'Taxonomic Hierarchy'가 출현할 경우, 이를 '분류층위관계'로 번역을 하고, 단독으로 'Taxonomic Relation'을 논술할 경우엔 이를 '계층관계' 또는 '계층성 관계'로 번역한다. 또 일부 학자는 이 '분류층위관계'를 '상속네트워크(Inheritance Network)' 또는 '상속관계(Inheritance Relation)'라 칭하기도 한다. 그리고 Booij(2008:98)는 이를 '상속수형도(Inheritance Tree)'라고도 부른다.

[3] 我没有吃肉。 (나는 고기를 먹지 않았다.)

위의 예[3]은 하나의 '타동구문'과 하나의 '부정구문'으로 이루어졌다. 또 다른 예를 보자.

[4] It was a pen that Tom gave me. (Tom이 나에게 준 것은 펜이었다.)

위의 예[4]는 이중타동구문과 'It-분열 구문'으로 이루어졌다.

통사 관계 유형은 구문 관계 유형과도 밀접한 관계가 있다. 이로써 세 번째 문제가 출현하게 되는데, 그것은 바로 '구문 간의 관계' 문제이다. 구문문법 학자들은 '분류층위관계' 분석법으로 일부 구문이 형성하는 네트워크 시스템에 대해 논술할 수 있다고 주장한다.

분류층위관계의 체계는 '다양한 추상적 층위나 서로 같거나 유사한 정보 표현방식이 존재한다.'는 것이다. 예컨대 '타동사'의 비교적 높은 추상적 층위의 통사 관계는 [Vt+O]로 표현할 수 있다. 그리고 그 아래 층위에서는, 예컨대 타동사 'kick'의 통사 관계를 [kick+O]로 표현할 수 있다. 바로 이러한 식으로 유추해나가는 것이다.

한편, 구문문법 이론은 저마다 분류층위관계에서 구문의 정보에 대해 각기 다른 표현방식을 가지고 있는데, 이것은 문법 정보가 구문의 다양한 유형과 층위에 어떻게 저장되는가의 문제와 관련되어 있다.

Croft&Cruse(2004)에 따르면, 인지언어학계에는 현재까지 네 개의 구문문법 이론이 형성되었으며, 이들은 상술한 4가지 문제에 대해 각기 다른 견해를 갖는다. 아래 표는 Croft&Cruse(2004) 및 여러 학자들의 관련 관점을 참조하여 네 이론이 4가지 문제에 대해 갖는 주요 관점과 차이점을 정리한 것이다.

	(1) 구문문법에서 통사성분 범주의 지위	(2) 통사 관계의 유형	(3) 구문 간의 관계 유형	(4) 문법 정보가 구문의 여러 층위에 저장되는 방식
FCG (Fillmore의 구문문법)	① 분해론 겸 전체론 ② 관용어+특수 구문 ③ 어휘+규칙을 중심으로 함	① 세 가지 용어 ② 결합원칙 ③ 부분-전체 분석 방법	구문은 상하의 층위로 분석할 수 있다.	① 완전 상속 모델 ② UG
LGCG (Lakoff와 Goldberg의 구문문법)	① 전체론 ② 분해론? ③ 구문을 대상으로 함(규칙적인 구문과 특수한 구문 및 어휘도 포함)	① Lakoff: 통사/어휘성분, 통사/음운 조건 ② Goldberg: 구문 간의 관계, 논항 구조, 논항역의 연결	① 원형-확장 (다의) ② 구문 간의 층위 관계, 도식-실례 관계, 부분-전체 관계 ③ 동기성과 상속적 연결	① 정상 상속 ② 전면 진입 모델 ③ 간략한 표상으로의 저장 ④ 사용기반 모델
LCG (Langacker의 구문문법)	① 전체론, 언어마다 다르다. ② 분해론? ③ 상징단위와 구문을 연구 대상으로 ④ 해석 원칙	① 의미(F/G, Tr/Lm, CRP, 해석 등) 로부터 통사 관계 정의. 통사관계를 구문 관계로 대체 ② 결합가는 상징성과 층위성이 있다. ③ 정교화	① 원형범주이론 ② 상의어 구문 도식	사용기반 모델 (UG 반대)
RCG (급진적 구문문법)	① 분해론의 철저한 포기 ② 구문중심론, 전체 구문을 기본단위로 함 ③ 부분-전체 관계	① 통사 관계 취소. 의미적인 측면에서만 구문 각 부분 간의 관계를 정의. ② 부분-전체 관계 ③ 구문의 도상성	① 복잡한 구문이 문법 표상의 기본단위. ② 구문의 원형-확장의 기제에 회의적	① 사용기반 진입모델 ② 의미투사 모델, 통사 공간 개념

그림8-3

1) FCG: Fillmore등 학자의 관점

Fillmore, Kay, O'Connor, Sag, Michaelis 등은 '일반화 언명(Generalization Commitment)'

에 기초하여, 규칙적인 핵심문법을 지나치게 강조하고 언어에 대량으로 존재하는 관용어 등과 같은 비규칙적인 용법을 무시하는 Chomsky의 TG이론은 일반성이 결여되었다고 하였다. Fillmore 등은 이와는 상반되는 방법을 채택하여 관용어와 비규칙적인 특수 표현과 구문을 연구하여 관련 이론을 수립할 수 있고, 이를 통해 규칙적인 표현도 해석할 수 있다고 보았다. 또한 이것으로 언어 이론의 일반성을 향상시키고 보편론을 검증하는데 새로운 아이디어를 제공할 것으로 보았다(제1절 참조).

그러나 그들은 Chomsky 이론을 완전히 포기하지 않고 TG학파의 일부 기본 관점을 여전히 유지했다. 특히 연구방법이 형식주의에 치우쳐 있었다. 이로 인해 이들은 TG이론과 인지구문문법 사이의 길을 걷게 된 것이다. 그들은 구문문법이 아직 완벽한 통사표현의 공식화 시스템을 수립하지 못했다고 여긴다. 이에 그들은 '상자도식'을 제안하여(제15장 참조) 이로써 이 문제를 충분히 해결할 수 있다고 보았다. Sag(2007, 2008), Fillmore(근간)는 기존 연구 성과를 바탕으로 '기호 기반 구문문법(Sign-based Construction Grammar, SBCG로 간칭)'을 제안하였다. 여기서 그들은 형식화된 방법으로 구문의 통사, 의미, 화용 등 방면의 자질구조를 표현하려고 시도한다. 다만 이 이론의 방향은 Chomsky와는 확연히 다르다. 아래의 다섯 가지 관점 가운데 (1)(2)(3)은 인지구문문법의 관점과 같으나 (4)와 (5)는 인지구문문법의 관점과는 차이가 있다.

(1) 이들이 사용한 'Sign'이란 용어는 Saussure의 '형식과 의미의 일체'라는 관점을 계승한 것으로, 이는 분명 구문문법의 핵심 사상을 수용한 것이다. 그러나 Chomsky가 채택한 기본 방식은 형식과 의미를 분리하는 모듈론이며, 주로 형식 측면만을 중시하고 있다(적어도 초기와 중기). 이외에, SBCG 중의 'Sign'은 구 뿐 아니라 단어와 어휘소(Lexeme)까지도 포함하고 있다. 이것은 TG이론의 '구구조문법(Phrase Structure Grammar)'과 완전히 다른 것으로, 이때의 'Sign'은 구문에 가깝다.

(2) SBCG는, 문법은 추상적 규칙과 제약이 아니라 구문의 '유형 층위[Type Hierachies, Inheritance Hierarchies(상속층위)]'이고, 그 속의 여러 층위에는 풍부한 자질정보가 함축되어 있다고 본다. 즉 어휘 뿐 아니라 통사규칙도 의미가 있는 것이다.

(3) 규칙성과 관용성은 하나의 연속체이다. 규칙성을 띤 핵심문법 현상과 관용적인 성격

을 띤 주변언어 현상은 양분할 수가 없기 때문에 어구의 생성은 핵심문법 현상과 주변언어 현상이 함께 작용한다.

(4) Fillmore 등의 학자가 제안한 SBCG는 '동기성'과 '예측성' 가운데 '예측성'을 더 중시한다. 이렇게 예측성을 강조하는 것은 형식주의 언어학의 기본 방향이다.

(5) Chomsky는 수형도의 각 교점에 S, O, NP, VP 등의 통사 범주를 표시했으나, SBCG 는 상자 도식으로 수형도를 대신할 것을 주장하며, 교점에 '자질구조(Feature Structure)' 즉, '속성치 매트릭스(the Attribute-value Matrix 약칭하여 AVM)'을 표시하여 운용과정에서 '단일 화형식주의문법(the Unification-based Formalism)' 전략3)을 취한다(Goldberg, 2006:215).

TG학파 가운데 또 다른 이론인 '핵어 중심 구구조문법[Head driven Phrase Structure Grammar, HPSG로 약칭, 또는 부호 기반 이론(the Symbol-based Theory)]'에서는 어휘규칙 모델을 더 중시 한 합성성 원리에 입각하여 언어에는 '핵어-보어 구조 규칙(Head-Complement Rule, 구의 기본적인 합성 원리가 핵어에 의해 결정되는 것임, Jackendoff(2002:195) 참조)'과 '주술구조 규칙 (Subject-Predicate Rule)'이 있다고 보았다. 이 규칙들은 구구조 규칙과 마찬가지로 변형생성 의 틀 속에서 구조 생성의 작용을 한다. 이 이론은 비록 TG학파에 비해 의미와 화용 분석 을 좀 더 강조하긴 하지만, 여전히 Chomsky의 모듈론, 조합론, 자립통사론 등을 수용하고 있다. 이에 현재 학술계에서는 HPSG를 생성학파 속의 비변형생성학파(Non-transformational Generative Model)라고 부르기도 한다.

FCG는 앞에서 언급한 4가지 문제와 관련하여 아래와 같이 논의하고 있다.

---

3) 'Unification'의 본의는 '일치, 통일'이다. Fillmore 등의 이론 틀에서는 이를 '통일에 기반한 형식주의'라고 번역하고 있는데 이는 명확하지가 않다. 이 단어에는 'Union'에 해당하는 '합병'이란 의미도 들어있기 때문이다. 본서는 여기서 출현한 이 단어가 주로 이러한 의미로 쓰였다고 본다. 그래서 중국어 원서에서는 이것을 '调合'로 번역하였는데, 이는 '调整(조정)'과 '合并(합병)'을 겸한다(※원저자는 이렇게 언급했으나 본 번역에서는 이를 '단일화'로 번역한다). 이와 관련하여 Michaelis는 다음과 같이 언급하였다. '구문과 어휘항목은 단일화(합병)에 의해 결합하는데, 이는 비모순적 자질구조를 조합하게끔 한다(Constructions and lexical items are combined by means of unification, which allows the combination of nonconflicting feature structures).'

(1) 구문문법에서 통사성분 범주의 지위

① **분해론 겸 전체론** 제4장 제2절에서 언급한 대로, Fillmore 등은 관용어를 하나의 '전체단위'로 보며, 관용어의 통사와 의미는 분해할 수 없다고 보았다. 아울러 이에 착안하여 구문문법 이론을 제안하였으나, 이러한 분석 방법을 절과 언어시스템 전체에까지 확장하지는 못했다. 그들은 통사성분의 범주 문제에 있어서 여전히 분해론을 견지하고 있고, 구문 전체가 아닌 구문 가운데 구성 성분을 기본 원소로 보아야 한다고 주장하여 '전체는 부분의 합성으로 이루어진 것'이라고 보았다. 이것은 앞에서 논의한 '자질병합' 분석법이나 '단일화' 분석법과 같다. 게다가 그들은 전통적인 통사 범주를 지속적으로 계승하여 통사 기능까지도 고려하였다.

② **관용어와 특수구문** 그들은 주로 관용어 구문을 연구하였고, 그 외에도 일부 비규칙적인 구문 속의 통사성분의 범주 문제를 연구하여, 이러한 연구로부터 얻어낸 성과를 통해 언어 속의 규칙적인 표현을 해석하고자 하였다.

③ **어휘와 규칙을 중심으로 한다.** 그들은 연구 과정에서 기본적으로 '어휘'와 '규칙'을 중심으로 하는 원칙을 따른다(즉, 어휘와 규칙으로 구문이 만들어진다). 이에 비해, 기타 세 가지 구문문법 이론은 이 원칙을 부정하고 구문 자체가 '이미 만들어진 것(ready-made)'이라고 보았다.

어휘로부터 구문을 분석하는 것은 자연히 부분으로부터 전체에 이르는 연구 방법을 답습하여 동사가 결정적인 작용을 하게 되고, 구문의미는 주로 동사의미에서 비롯된다고 보는 것이다. 또한 이들은 동사의미를 분해하는 것으로부터 출발하여 구문의미를 해석해야만 구문의 내부구조에 대해 비교적 정밀한 분석을 할 수 있다고 여겼다. 예컨대, Kay는 영어의 이중타동구문에는 하나의 핵심논항—'접수자(Recipient)'가 있고, 심지어 이중타동구문을 '접수자 구문(Recipient Construction)'으로 귀결할 수 있다고 보았다. 이 접수자 구문에는 아래의 세 가지 접수자 구문이 포함된다.

(a) 의지성 접수자 구문(Intended Recipient Construction)

(b) 직접성 접수자 구문(Direct Recipient Construction)

(c) 양상성 접수자 구문(Modal Recipient Construction)

모든 접수자 구문에는 각각 대응하는 동사가 있는데, 이렇게 해야 구문 의미를 동사 의미로 귀결할 수 있고, 구문을 동사 틀에 귀결시킬 수 있다는 것이다.

따라서 Fillmore 등은 큰 구문을 작은 구문으로 분해하여 가장 작은 '원자 단위'까지 분해할 수 있다고 보았으며, 이렇게 작은 구문 혹은 원자 단위는 큰 구문을 구성할 수 있다고 보았다. 한편, 그들은 '통합이론(Integration Theory)'을 수용하여, 구문이 작은 것에서 큰 것으로 통합하는 과정에서 원자 단위에 없는 통사와 의미 자질이 생길 수 있기 때문에 어구의 구성성분의 의미만으로는 예측할 수 없다고 보았다. 이러한 점에 있어 그들의 구문문법 이론은 핵어 중심 구구조문법과는 일정한 차이가 있으며, '비모듈론'과 '통일론'을 견지하고 있음을 알 수 있다. 즉 그들은 통일된 문법 시스템을 만드는데 전력을 다함으로써, 원형적인 핵심 구성원을 해석할 수 있을 뿐 아니라 주변적인 구성원도 해석할 수 있도록 했다. 아울러 그들은 언어를 단독의 하위 모듈로 분해할 필요도 없고, 어떤 모듈을 다른 모듈의 앞에 놓을 필요도 없다고 보았다. 이것은 TG 이론이 통사 모듈을 중심으로 하며, 일반적으로 음운 모듈에서 통사 모듈로, 다시 의미 모듈의 순으로 이루어지는 것과는 다른 점이다. 이처럼 그들은 '형식과 의미의 결합쌍'이라고 하는 관점을 강조하며, 음운, 형태, 통사, 의미, 화용 등 각 층위의 정보를 하나의 통일된 전체적 표상 속에서 설명하고자 하였다.

(2) 통사 관계의 유형

① 세 가지 용어 위에서 말한 것과 같이, FCG이론은 관용어 이외의 언어현상을 분석할 때, 부분에서 전체로 가는 방법을 채택하였다. 그들은 주로 아래의 세 가지 용어를 운용하여 원자 단위를 비교적 큰 구문으로 어떻게 통합할 수 있는지 논의하였다.

A. 역할(Role): 복잡한 구문 속의 통사 역할을 한정하는데 사용되는데, 여기에는 수식어(Modifier), 참여항(Filler), 핵어(Head)가 포함된다. 이들은 " "로 표시된다.

B. 관계(Rel): 논항의 술어에 대한 관계, 즉 논항이 마땅히 갖고 있어야 할 문법기능 및 술어에 대해 가져야 의미역(Theta Role)을 나타낸다. 이것은 [ ]으로 표시한다.

C. 결합가(Val): 술어 논항에 대한 관계를 말한다. 술어의 결합가 시스템은 하나의

집합으로 구현된다. 즉, 하나의 술어는 하나 혹은 여러 개의 논항이 있어야 하는데, 이것은 { }으로 표시한다.

예컨대, 언어에는 모두 '자동사구문'이 있는데, 영어 자동사구문인 'Tom sings'는 이세 가지 용어를 통해 구체적인 항목들이 채워진 후, 동사와 의미의 통합이 이루어진다.

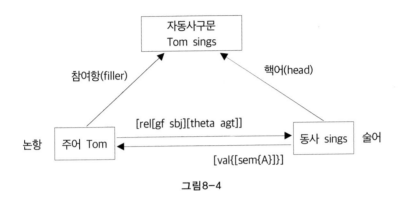

그림8-4

자동사구문은 두 개의 주요 '역할'을 필요로 하는데, 하나는 '논항'이고, 다른 하나는 '술어'이다. 여기서 논항은 자동사구문에서 '참여항(filler)'의 역할을 하고, 술어는 자동사구문에서 '핵어(head)'의 역할을 한다.

② **결합 원리** 자동사구문이 정상적으로 작용하기 위해서는 반드시 '논항'과 '술어' 간의 상호 결합의 요구를 만족시켜야 한다. 그림8-4에서 두 개의 횡선 화살표가 이것을 나타낸다.

A. 논항의 술어에 대한 '관계(rel)'의 관점에서 말하면, 자동사구문의 논항은 하나의 '문법기능(gf)'을 획득할 수 있으며, 동시에 의미적으로도 하나의 '의미역(theta)'을 획득할 수 있다. 이 예에서, 논항으로서의 'Tom'은 '주어(sbj)'라는 문법기능을 획득했고, 동시에 '행위주(agt)'라는 의미역도 획득하였다.

B. 술어의 논항에 대한 '결합가(val)' 요구를 Fillmore는 '결합가 원리(Valence Principle)' 혹은 '결합 원리(Matching Principle)'을 가지고 설명을 했다. 구문에서 술어가 필요로 하는 '결합가'는 논항이 제공할 수 있는 '결합가'와 결합해야 한다. 즉, 하나의 논항에 포함된

역할은 술어의 결합가표 속의 한 성분과 결합이 이루어져야 정확하고 수용 가능한 문장이 출현할 수 있다. 이것이 바로 '술어의 논항에 대한 결합가 요구'이다. 위의 예에서, 술어 'sing'은 하나의 의미성분(sem)이 행위주(A)가 되어야 한다.

'참여항'과 '핵어'라는 두 가지 역할은 전체 구문과의 관계에서 논하는 것임에 주의해야 한다. 따라서 이 둘과 구문 간에는 '부분-전체'의 관계가 있다. 한편, '관계'와 '결합가' 즉 논항과 술어의 상호관계 역시 '부분-전체'의 관계이다.

이 외에, 여러 문법구문에서 논항과 술어의 '핵어' 역할이 완전히 같지는 않다. 예를 보자.

[5] The book is red. (그 책은 빨갛다.)
[6] the red book (빨간 책)

이 두 예에서 'red'는 모두 술어이고, '(the) book'은 논항이다. 그러나 [5]에서는 'be red'가 '핵어'의 역할을 하고, [6]에서는 'book'이 '핵어' 역할을 하고 있다.

때로는 구문 내 동일 성분이 술어로서 논항을 갖는 동시에 다른 술어의 논항으로 해석되기도 한다. 예를 보자.

[7] You should read this. (너는 이것을 읽어야 한다.)

여기서 'read'는 술어로 'this'를 논항으로 갖는 동시에, 술어 'should'의 논항이기도 하다.

③ **부분-전체 분석** FCG는 주로 위의 세 가지 용어를 운용하여 구문을 부분에서 전체까지 분석한다. 게다가 이러한 분석 방법은 상자도식으로 증명될 수 있다(제15장 참고).

상자도식에는 구문의 통사 형식, 의미 표현, 형식-의미의 결합이라는 세 가지 부분을 따로따로 표시해야 한다. 여기서 형식-의미 결합은 통사자질과 의미표현에 의해 결정되며, 부분에서 전체라고 하는 연구 과정을 준수해야 한다.

(3) 구문 간의 관계 유형

이 몇 가지 구문문법 이론들은 모두 구문이 상하 층위성의 특징을 갖고 있다고 보았고, 모두가 이것에 대하여 비교적 상세한 논의를 한 바 있다(제9장 제8절 참조).

FCG는 구문의 상하 층위 관계를 처리할 때, 여러 층위에 놓여 있는 구문 의미 간의 상속 문제를 논술하였다. 그리고 비교적 하위 층위에 있는 구문이 비교적 상위 층위에 있는 구문으로부터 관련된 정보를 상속할 수 있다고 보았다. 예를 들어,

[8] kick the habit (나쁜 습관을 버리다.)

여기서 명사구 'the habit'은 동사 'kick'의 목적어라는 문법기능을 갖고 있지는 않다. 단지 이것을 '동사-목적어(VERB OBJ)'라는 구문 속에 놓아야만 'the habit'이 'kick'의 목적어 역할을 갖게 되는 것이다. 다시 말해서, 하위 층위인 구체적 층위에 있는 표현은 가장 상위 층위인 추상도식 표상 층위로부터 관련된 정보를 상속하게 되는 것이다.

(4) 문법 정보가 구문의 여러 층위에 저장되는 방식

① **완전 상속 모드** Kay&Fillmore(1999:7-8, 30-31)는 구문문법은 '완전 상속 모드(Complete Mode of Inheritance)'이어야 한다고 주장한다. 즉, 어떤 한 구문 범주 내부의 각 층위 관계로부터 전체적인 고려를 해서 가장 기본적이고 가장 관건이 되는 정보를 추출해서 도식을 형성하여, 그것을 그 구문의 가장 상위 층위(가장 추상적인 구문 층위)에 저장해야 한다. 그리고 모든 교점의 모든 정보는 상속을 받는 교점을 직접, 간접적으로 통제하며, 각 층위의 정보는 일반적으로 충돌하지 않는다.

이 외에 그들은 또 구문의 어떤 부분은 또 다른 구문으로부터 관련된 정보를 상속할 수 있다고 본다.

② **언어능력 배후의 보편기제 해석** Fillmore 등의 학술 경향이 기본적으로 TG학파에 속하기 때문에, FCG는 Chomsky의 영향에서 완전히 벗어나지는 못했다. FCG가 보편문법(UG)에 기초하여 '구문'으로 언어능력 배후에 있는 보편기제를 해석하고자 하는 점(Evans& Green, 2006:661)이 바로 Croft 등이 주장하는 급진적 구문문법의 구문 특수론과 다른 점이다.

이 외에, Goldberg(2006:215)는 또 Fillmore 등의 구문문법 이론이 구문 배후의 동기성을 추구하지 않는 점을 지적하였는데, 이는 나머지 세 유형의 구문문법이 모두 동기성에 대해 합리적인 해석을 하기 위해 노력한다는 것과 분명 다르다.

2) LGCG: Lakoff와 Goldberg의 관점

Lakoff는 1987년 원형과 방사범주 이론의 관점에서 영어의 'there-' 구문을 논의하였고, 통사성분, 어휘성분, 통사조건, 음운조건 등의 관점에서 구문을 분석하여 구문문법과 관련한 여러 관점을 제시하였다.

Goldberg는 그녀의 스승인 Lakoff의 원형범주 이론, 은유이론, 구문분석법에 기초하여, FCG에서 시작한 관용어와 비규칙적인 구문에 대한 연구 방법을 언어의 일반적인 표현까지 확대하였고, 1995년과 1996년에 각각 저서와 논문을 발표함으로써 인지언어학 이론 틀 속에서 참신한 '구문문법'이론을 보다 진일보하게 발전시켰다. 이로써 이중타동구문, 사역구문, 결과구문 등과 같은 일반적인 구문의 논항구조를 심도 있게 분석했고, 논항구조의 관점에서 구문 간의 관계를 논하였다. 그녀는 기존의 어휘중심론과 같은 어휘규칙만을 중시하는 방법이 아니라 구문문법을 이용한 방법으로 논항구조를 분석하는 새로운 이론을 제시하였다. 이렇게 그녀는 인지언어학계에 중대한 영향을 끼치게 된 것이다.

스승과 제자 두 사람의 구문문법 이론 연구의 분명한 특징은 바로 원형범주 이론으로 구문 간의 관계를 분석했다는 점이다(Croft&Cruse 2004:272).

Goldberg는 이에 기초하여 2006년에 또 하나의 구문문법 연구 역작(『Construction at Work: the Nature of Generalization in Langage』)을 출판하였다. 그녀는 이 책에서 1995년 논저의 기본 관점을 진일보하게 확장하여 자신의 이론을 '인지구문문법'이라고 확실하게 명명하였다. 그리고 언어의 본질적 특징인 '일반성'이 구체적으로 구문으로 구현된다고 역설하였다. Goldberg는 또 이러한 기초를 바탕으로, '언어의 습득은 바로 구문의 습득이다.'라고 주장하면서, 언어 교육과 제2언어 습득을 위해 새로운 길을 제시하였다. 본서에서는 그녀의 두 저서의 주요 관점에 대해 제6장의 제2절과 제3절에서 이미 상세하게 정리하였다.

(1) 구문문법에서 통사성분 범주의 지위

① **전체론** Goldberg은 기본적으로 여전히 분해론의 입장을 견지하면서 줄곧 '전체'적 층위에서 '부분'과 '구문 전체' 간의 상호 관계를 논의해야 한다고 강조하였다. 특히나 특수성을 가진 구문의 경우, 구문에 출현한 성분들은 기타 구문에서는 거의 사용되지 않으며 반드시 전체적 각도에서만 이러한 구문에 대해 합리적인 해석을 할 수가 있다. 따라서 Goldberg는 Fillmore의 틀의미론을 가지고 복잡 사건 속의 참여자역을 분석해야 한다고 주장하였다. 그리하여 '복잡 사건'이라는 이 전체를 의미 자질의 배경 혹은 틀 단위로 보았고, 사건 속의 의미역은 전체적 배경을 통해 정의될 수가 있다고 본 것이다. 이렇게 구문 그 자체를 하나의 '전체적인 틀'로 볼 수 있으며 그 자체가 바로 '기본 원소'인 것이다.

② **분해론** Goldberg(2006:222)는 그녀 자신과 Croft의 급진적 구문문법은 모두 '비분해론'를 견지한다고 명확히 언급하고 있다. 즉 의미역 문제에 있어서 전체론을 운용할 것을 매우 결연히 주장한다. 그러나 Croft와 Langacker는 Goldberg가 '통사 관계'를 논할 때 여전히 분해론의 입장을 고수하고 있으며, 특히 논항구조 속의 통사 범주와 통사 관계를 분석할 때 여전히 '주어', '목적어', '동사', '명사' 등의 성분을 운용하여 분석하고 있어서, 구문을 통사 전체로 보아 처리하지 않은 것 같다고 지적했다.

그런데 Goldberg(2006:221)는 이에 대해 반박하며, 문법을 기술하는데 있어 '주어, 목적어, 명사, 동사' 등의 용어를 사용한다고 해서 반드시 통사 상의 원자적 자질을 가리키는 것은 아니고, 또 이것이 분해론의 방법만은 아니라고 역설하였다. Goldberg는 또한 Langacker의 비판을 반박하며, Langacker의 인지문법이야말로 분해주의적 관점을 견지하고 있다(Cognitive Grammar is explicitly reductionist.)고 지적하며, 그 증거로 Langacker(2003:8)의 표현을 인용했다.

> Langaker가 다음과 같이 말했다. '문법은 바로 이렇게 존재하는 것이고 또 그렇게 묘사되어야 한다. 마치 물처럼(이는 산소와 수소 원자의 특별한 상대적 배치임), 이것은 보다 기초적인 어떤 것으로 분해할 수 있다(즉, 의미구조, 음운구조 그리고 상징적 연결에 의한 변형).'[4]

---

4) As Langacker puts it, 'Grammer exists and has to be described as such. Like water(a particular configuration of hydrogen and oxygen atoms), it is however reducible to something more fundamental

이들의 논쟁 속에서 한 가지 공통점을 발견할 수 있는데, 그것은 바로 Langacker와 Goldberg 모두 구문문법 이론은 '비분해론'의 입장을 취해야 한다는 것으로, 그들의 논쟁은 상대방이 비분해론을 제대로 실현하지 못했음을 지적하고 있는 것이다. 분해론은 통사 형식상의 '미립자적 단계의 분석(Finest-grained Level of Analysis)'에 치중하여, 의미와 기능을 무시한다. 예컨대, 분해론은 '물'이란 것이 두 개의 수소와 하나의 산소로 이루어진다는 것만 주의할 뿐이지, 물이 왜 축축한지, 왜 음용되거나 세척하는 기능이 있는지 해석하지 못하는 것과 같은 이치이다. 이처럼 분해론은 '조합론', '형식주의' 등과 밀접한 관계가 있음을 확인할 수 있다.

③ **구문이 연구의 대상이며 아울러 어휘도 고려한다.** Goldberg는 구문 자체가 바로 원소 단위이며 문법의 주요 연구대상이 되어야 한다고 본다. 이것은 Goldberg가 분해론의 입장을 취하고 있다는 Langacker의 주장에 대한 반증인 동시에, Goldberg의 관점이 Chomsky가 말한 '구문은 부수적 현상이다'라는 것과 완전히 다른 점이기도 하다. 그러나 그녀는 어휘가 전체 구문의미를 이해하는데 있어서 끼치는 작용에 대해 완전히 부인하지도 않았다. 이에 대해 본서에서는 '구문이 연구의 대상이며 아울러 어휘도 고려한다'라고 묘사한 것이다. Goldberg는 이 둘의 차이에 대해 다음과 같이 분명하게 구분하였다. 동사는 참여자역을 부각시키고, 통사 층위의 구문은 의미역을 부각시킨다. 그러나 후자가 훨씬 융통성이 있어 의미역만 주어, 목적어 등의 문법기능과 연결될 수 있고, 동사의 참여자역과 구문의 의미역 간에는 '의미결속 원리'와 '조응 원리'를 통해 관계가 수립된다(Goldberg, 1995:48-50, 본서 제6장 참조).

FCG가 주로 관용어를 포함하는 비규칙적인 구문에 관심이 있었던 반면, LGCG는 연구 범위를 이중타동구문, 결과구문, 사역구문 등과 같은 규칙적이고 일반적인 구문으로 확대하는 동시에 'Way' 구문 등과 같은 비규칙인 구문 역시 대상으로 하고 있다. 이로써 '구문'을 연구 대상으로 하는 문법(또는 언어)연구의 방향을 확정하였을 뿐 아니라, '구문'을 기초로 하는 인지구문문법 이론이 건립되었다.

(configurations of semantic structures, phonological structures, and symbolic links.)'

(2) 통사 관계의 유형

① Lakoff: 통사성분과 어휘성분, 통사조건과 음운조건. 통사 관계의 유형은 Lakoff의 연구 핵심이 아니다. Lakoff(1987:489)는 'there-' 구문을 연구하면서 주로 아래의 4가지 방면에서 통사성분 간의 관계 및 그들과 구문 전체 간의 관계를 논의하였다.

   A. 통사성분, 예컨대, 절, 명사구, 동사 등.

   B. 어휘성분, 예컨대, 'there', 'here', 'come', 'go', 'be' 등.

   C. 통사조건, 예컨대, 성분의 선형순서, 주어와 목적어의 통사 관계 등.

   D. 음운조건, 예컨대, 악센트의 결여, 모음 길이 등.

② Goldberg: Goldberg의 연구 핵심 역시 통사 관계의 유형은 아니었다. Goldberg(1995)는 주로 논항구조의 각도에서 일반적인 구문을 분석하였고, 원형범주 이론을 중점적으로 운용하여 구문 간의 관계를 해석하였다. 그리고 논항구조의 문법과 의미 분석 방법 및 통사 역할의 연결 문제 등에 대해 논의하기도 하였다.

(3) 구문 간의 관계 유형

① 위에서 언급했듯이, Lakoff와 Goldberg는 모두 원형범주 이론을 운용하여 구문 간의 관계를 분석하였고, 특히 범주 구조 가운데 두 가지 중요한 특징을 제시하였다.

   A. 다의성

   B. 원형-확장

이 두 특징은 구문의 각 층위에 모두 존재하는 것이다.

② Lakoff와 Goldberg는 모두 '구문네트워크'의 층위성 관계를 언급하였다. 어떤 구문은 훨씬 더 추상적이거나 도식적인 구문이고, 어떤 구문은 구체적인 구문실례(construct)에 근접한 것이며, 어떤 것은 구체적 어휘로부터 형성된 고정 표현 구문실례이기도 하다. 이처럼 전체 구문네트워크는 '도식-예시'라는 시스템을 형성하였다. 이 시스템에는 당연히 부분과 전체의 구분이 있다.

③ Goldberg는 또 '동기성'과 '상속성'을 출발점으로 하여 구문 간의 각종 관계를 논의하였다. '동기성'이란 '특정 구문의 자질이 예측될 수 있는 정도성'을 말한다. 그녀는 '최대 동기화 원리(the Principle of Maximized Motivation)'를 제시하기도 하였다.

만약 구문 A가 구문 B에 통사적으로 관련되어 있다면, 구문 A의 시스템은 그것이 구문 B에 의미적으로 관련될 수 있는 정도에 따라 동기화된다(cf. Haiman,1985a, b; Lakoff, 1987). 그러한 동기화는 최대화된 것이다.[5]

언어가 어떻게 이 원칙을 준수하는가를 심도 있게 해석하기 위해, Goldberg(1995:74-81)는 구문네트워크 가운데 '상속연결(Inheritance Link)'이라는 개념을 제시하였다. 즉, 만약 구문A가 구문B로부터 정보를 상속했다면, B는 A를 동기화한 것이다.

'상속연결'은 다의성 연결(Polysemy links), 은유적 확장 연결(Metaphorical links), 부분-전체 연결(Subpart links), 예시 연결(Instance links)의 4가지 연결을 포함한다(제9장 제9절과 제14장 제6절 참조). 부분-전체 연결은 Lakoff가 말한 '부분-전체' 관계와 유사하고, 예시 연결은 Lakoff가 말한 층위 관계와 유사하다.

동일한 구문이라도 여러 가지 의미와 용법이 있을 수 있는데 이것이 바로 '다의성 연결'이다. 가령, 이중타동구문(XVYZ)의 그 원형의미는 'X CAUSE Y TO RECEIVE Z'로 소유물의 이동을 표시하는데, 은유를 통해 더 많은 비중심적인 용법을 생성하여 다의성 구문을 형성할 수 있게 되었다(제2권 참고).

(4) 문법 정보가 구문의 여러 층위에 저장되는 방식

① **정상 상속 모드**(Normal Mode of Inheritance) 이 모델은 위에서 언급한 '완전 상속 모드(Complete Mode of Inheritance)'에 상대하여 제기된 것으로 '부분 상속 모드'로 이해될 수 있다.

'완전 상속 모드'는 각 교점의 모든 정보가 피상속되는 교점을 직·간접적으로 통제할 수 있다고 본다. 즉, 구문 범주내부 하위 층위[6]의 주요 정보는 그 상위 층위[7]로부터 완전

---

5) If construction A is related to construction B syntactically, then the system of construction A is motivated to the degree that it is related to construction B semantically(cf. Haiman, 1985a/b; Lakoff, 1987). Such motivation is maximized.

6) 이를 'Subordinate Level', 또는 '하위구문(Subordinate Construction)'이라고도 한다. 그 외에도 '하위교점(Subordinate Node)', '자교점(Child Node)'이라고 한다.

7) 이를 'Superordinate Level', 또는 '상위구문(Superordinate Construction)'이라고도 한다. 그 외에도 '상위교점(Superordinate Node)', '모교점(Parent Node)'이라고 한다.

하게 상속되며, 각 층위의 정보는 충돌하지 않는다. 그러나 이것은 단지 이상적인 이론적 가설일 뿐, 구문의 실제 운용에서는 '완전 상속 모드'에 부합하지 않는 상황이 발생하곤 한다. 이에 다수의 구문문법 학자들은 실제 운용을 바탕으로 구문을 논의해야한다고 보아, '사용기반 모델'을 수용하였다.

원형범주 이론에 근거할 때, 우리들이 알고 있는 어떤 범주와 관련된 대부분의 지식은 결코 완전하게 범주 중의 모든 실례에 다 적용이 되지는 않는다. 따라서 사람들은 이러한 상황에 대해 적절한 조정을 하였는데, 이는 '정상 상속 모드'를 이용해 해석할 수 있다.

정상 상속은 부분적인 일반화를 진술하는 간단한 방법이다.[8](Goldberg, 1995:74)

사실 '정상 상속 모드'는 곧 '부분 상속 모드'인 셈이다. 즉 정보가 상속되는 과정에서 '완전한' 통제가 아닌 단지 '부분적' 통제 작용만 이루어진다. 예를 들어, 어떤 사람이 '새'를 언급하면, 우리는 이것이 날 수 있다고 생각할 것이다. 즉 '날다'라는 정보가 '새'라는 범주 속에 저장되어 '새'를 언급할 때 '날다'라는 특징이 상속된다. 그러나 만약에 '타조', '펭귄', '날개가 꺾인 새', '죽은 새' 등을 말한다면, '날다'라는 특징은 상속 과정에서 차단될 것이며, 사람들은 '새'의 특징에 적절한 조정을 하게 된다.

이러한 상황은 구문에도 적용된다. Lakoff(1987:490-491)는 'there-구문'을 논하면서, 지시대명사는 '발화 상황에 하나의 지시물이 존재하고 있음'을 설명하므로 지시구문은 현재시제여야 하지만, 구체적인 상황에 따라 다른 시상 용법이 존재한다는 점을 지적하면서, 이러한 구체적인 상황과 용법이 현재시제에 대한 상속을 차단하여 'there-구문'의 용법에 적절한 조정을 하게 된다고 언급하였다.

② **전면 상속 모드**(Full-entry Mode) 정상 상속 모드는 주로 '하위 층위가 상위 층위로부터 상속할 때 일부 정보가 차단'되는 현상에 대한 해석 전략으로, 설사 정보가 모순되더라도 단지 '상위-하위'에만 국한된다. 그러나 이것은 다수의 상위 층위에서 정보가 충돌하는 현상을 해석할 수 없다. 이에 대해 Goldberg(1995:73-74)는 하나의 하위 층위가 여러 개의

---

8) Normal inheritance is simply a way of stating partial generalization.

상위 층위와 연결되면, 연결된 상위 층위 간에 서로 충돌하는 자질이 존재하기 때문에 다중 상속 과정에서 정보 선택이 충돌하는 상황이 출현할 수 있음을 지적하며 '전면 상속 모드'를 제안하였다.

'정상 상속 모드'에 해당되는 두 개의 구문은 '상위-하위'의 관계, 혹은 '母-子'관계로, 상속 과정에서 충돌 현상이 발생하더라도 결국에는 하위 층위가 선택된다. 그러나 '전면 상속 모드'의 경우에는 관련된 두 개 혹은 다수의 구문이 모두 상위 층위이고, 그들 사이에서 충돌이 발생한다. 게다가 어떤 상위 층위를 선택해야 할지를 확정할 수 있는 통일된 규칙도 없어 상위 층위 가운데 어떤 것이 상속될 지도 예측할 수 없다.

위에서 언급한 몇 가지 상속 이론은 아래와 같이 나타낼 수 있다.

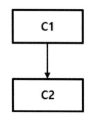

그림8-5 완전 상속 모드

그림8-5는 '완전 상속 모드'로 구문C1과 C2 간의 실선은 완전 상속 관계를 나타낸다. 이는 곧 C2가 C1으로부터 관련된 정보를 완전하게 상속하고 있고, C1이 C2의 주요 정보를 완전하게 통제하고 있음을 설명한다.

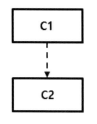

그림8-6 정상 상속 모드

그림8-6은 '정상 상속 모드'로, 구문C1과 C2 사이의 점선은 불완전 상속(즉, 부분 상속)

관계를 나타낸다. 즉, C1의 일부 기본 정보가 상속 과정에서 차단되어 C2는 C1로부터 일부 정보만을 상속하게 된다.

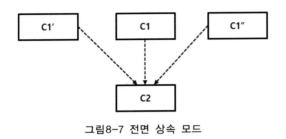

그림8-7 전면 상속 모드

그림8-7은 '전면 상속 모드'를 나타낸다. 여기서 하위 구문 C2는 다수의 상위 구문C1, C1′, C1″와 연결되는데, 이들 사이에는 상호 충돌되는 자질도 존재한다. 이 모드는 Aarts (2008:16)가 논술한 'Multiple Default Inheritance(다중 기본 상속, MDI로 간칭)'에 해당하며, 그는 이에 대해 다음과 같이 정의했다.

그들(상위범주)이 다른 보다 특별한 자질들에 의해 무효화되지 않는다면, 하위범주는 상위 범주로부터 자질을 상속한다.[9]

예를 들어, '동사-허사구문'은 '결과구문'과 상호 충돌되는 자질을 갖는다.

[9] He cleaned the mess up. (그는 지저분한 것을 치웠다.)

[10] He cleaned up the mess. (그는 지저분한 것을 치웠다.)

[11] *The mess is up.

[12] She hammered the metal flat. (그녀는 금속을 두드려 납작하게 만들었다.)

[13] The metal is flat. (그 금속은 납작하다.)

[14] *She hammered flat the metal.

---

9) …subcategories inherit properties from supercategories, unless they are overridden by other, more specific properties.

'동사-허사구문'에서 허사의 위치는 이동이 가능하지만, 목적어(의 상태)를 묘사할 수는 없다(예[11]). 반면, '결과구문'에서 결과를 나타내는 'flat'은 위치를 옮길 수는 없지만, 이것으로 목적어를 묘사할 수는 있다(예[13]). 그런데 'break open'의 경우에는 서로 충돌하는 상위 교점 가운데 '동사-허사구문'을 상속할 것인지, 아니면 '결과구문'을 상속할 것인지를 선택해야하는 문제를 맞닥뜨리게 된다.

[15] Break the box open. (상자를 부숴서 열어라.)

[16] Break open the box. (상자를 부숴서 열어라.)

[17] The box is open. (그 상자는 열렸다.)

예[15]와 [16]의 경우, 'open'이 이동 가능하므로 이 구문이 '동사-허사구문'의 자질을 상속했음을 알 수 있다. 한편, [17]에서 'open'은 목적어를 묘사하는데 쓰이므로 '결과구문'의 자질을 상속했음을 알 수 있다. 이처럼 'break open'이 '결과구문'의 자질 뿐 아니라 '동사-허사구문' 자질의 이중적 자질을 갖고 있다는 것은 'break open'이 서로 충돌되는 두 개의 상위 교점 구문에서 자질을 상속받았기 때문이다. 이것은 오직 그림8-7이 나타내는 '전면 상속 모드'로만 설명이 가능하며, 구체적으로 아래의 그림과 같이 나타낼 수 있다.

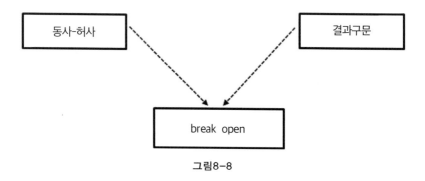

그림8-8

전면 상속 모드로 중국어의 '부사-명사구문(부명구문)'도 설명이 가능한데, 이것은 5개 구문의 관련 정보를 상속한 것이다(상세한 내용은 제2권의 제12장 참조).

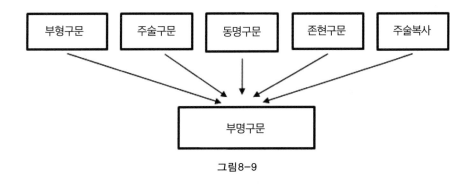

| 부형구문 | 주술구문 | 동명구문 | 존현구문 | 주술복사 |

부명구문

그림8-9

③ **간략한 표현 저장** 사람들은 모든 발화의 세부 정보를 다 저장할 수는 없으며, 단지 듣거나 사용한 발화를 기초로 하여 일반적인 '도식'을 형성하고 그것을 저장한다. 마찬가지로 사람들은 한 번에 여러 문법지식을 다 저장할 수도 없다. 이는 모두 사용빈도와 밀접한 관련이 있다. 따라서 Goldberg(1995:133-139)는 Langacker(1987:370)와 기타 인지언어학자들의 관점을 수용하여 '사용기반 모델'을 강력하게 주장, 언어 지식과 규칙은 선천적인 보편문법이 아니라 언어의 사용에서 기인하고, 또 통사 자체가 아니라 언어 사용 유형으로부터 기인하며, 사용기반에 근거해야 독립적인 문법 정보가 표현되고 저장될 수 있다고 보았다.

④ **사용기반 모델** Goldberg는 LCG, RCG와 마찬가지로 사용기반 모델을 주장하며, '보는 것이 얻는 것'이라는 실제표현 분석법의 관점을 견지하였다. 이처럼 언어의 실제 사용을 중시하였고, 구체적인 언어 자료로부터 접근하여 구문의 규칙적 특징을 개괄해 내었다. 이것은 철학계에서 강조하는 '실제 세계로의 복귀'라는 기본 원리에도 부합하는 것이다(제3장 제2절 참조).

3) LCG: Langaker의 인지문법

Langacker(1987:57)는 문법은 마땅히 언어 시스템의 심적 표상을 묘사해야 하며, 인간 정신 속의 '내재적 문법(Internal Grammar)'을 연구하는 것을 목표로 한다고 보았다. 이처럼 Langacker의 LCG 역시 통사표현을 연구하는 구문문법으로, 전통 이론에서 말하는 '통사'를 '구문'으로 보고, 구문 형성과 이해의 개념화 과정을 중점적으로 기술하였다.

LCG는 형식(음운, 표기, 자세 등, 문법형식은 포함하지 않음)과 의미(의미, 화용, 담화 기능 등)가 서로 결합된 '상징단위'[10]를 중점적으로 기술하며, 문법을 '관습화된, 구조 층위가 있는 상징단위의 대창고(목록)'로 본다는 점에서 FCG와 차이점을 갖는다. 이처럼 인지문법은 의미와 통사에 관련된 이론으로 의미의 관점에서 통사성분 및 그 사이의 관계를 정의한다.

(1) 구문문법에서 통사성분 범주의 지위

① **전체론.** 통사성분은 언어마다 다르다. Langacker는 인지문법에서 전체론을 명확하게 제시했다. 그는 비록 새로운 이론과 용어로 문법을 논의하기는 했지만, '명사', '동사', '주어', '목적어' 등과 같은 기본적인 통사성분 범주를 완전히 포기하지는 않고 의미의 관점에서 새롭게 해석했다.

Langacker는 언어 간 비교를 하는 과정에서 동일한 의미 범주를 다수 발견하지만, 이러한 동일한 범주에 대한 해석은 언어마다 차이가 있으며, 이것은 인지문법의 주요 논의 내용이자 특징이 되었다고 강조하였다. 예를 들어, 영어의 'sick'이 형용사로 해석되고 비시간성을 가지는 것은 일괄주사의 결과이다. 따라서 시간을 나타내는 계사인 'be(연속주사)'의 도움을 받아 표시해야 한다. 한편, 중국어 '病'은 동사로 해석되고 연속주사에 속하는데, 이는 '病' 자체가 시간성을 갖고 있기 때문으로, 계사의 도움을 받을 필요가 없다(당연히 '病'이 명사로 해석되기도 하는데, 이때는 일괄주사의 결과이다.).

② **Langacker의 인지문법이 '분해론'의 입장을 갖는지에 대한 문제는 윗글을 참조**하기 바란다. 사실 Langacker가 '주어, 목적어, 명사, 동사' 등과 같은 용어를 사용하는 것에 주목할 필요가 있지만, 단지 이러한 용어를 사용한다는 것만을 가지고 분해론의 입장을 취한다고 판단하는 것은 정확하지 못하다.

③ **상징단위와 구문을 연구대상으로 한다.** Langacker는 구문은 둘 혹은 둘 이상의 형식과 의미의 결합체인 상징단위로 구성된다고 본다. 이처럼 그는 '상징단위'와 '구문'을 중심으로 인지문법이론을 수립하였다.

---

10) Langacker는 독립적인 음운, 의미 단위가 있을 수 있으나, 독립된 통사 단위는 없다고 보았다.

구문문법 이론은 '어휘규칙 중심론'과 'TG가 구문을 부차적인 현상으로 보는 것'에 대해 반기를 들고 제안된 것이다. 설사 '행위주'와 '피동작주' 등의 의미역 혹은 참여자역 등을 논의하더라도 Langacker 등의 학자들은 이것들이 동사와 직접적으로 관련된 것이 아니라 '추상적 구문(절을 만들 수 있는 잠재적 심적 표상)'과 연결된 것이라고 보았다. 이처럼 Langacker는 절 배후의 인지모델에 주목하여[11] 동사와 구문이 각각 참여자역을 가지며, 구문의 참여자역(또는 의미역)은 동사의 참여자역(또는 의미역)과 독립되어 존재한다고 보았다.

④ **해석 원리** Langacker는 기본적인 통사 범주들은 모두 기본적인 의미가 있으므로 이를 나타내는 개념 내용에 대해 추상화(도식화)라는 의미 해석을 해야 한다고 하였다. 이들 개념은 모두 인간들이 경험에 대한 각종의 해석에 기초하여 형성된 것이다. Langacker는 '탄도체 모델(Billiard-ball Model)'과 '무대모형(Stage Model)'을 가지고 통사의 형성 원인을 설명하였고, 행위주를 '에너지 근원지(Energy Source)'로, 피동작주를 '에너지 흡수지(Energy Tail 혹은 Energy Sink)'로 설명하였다. Langacker는 또한 통사 범주를 분석하는 의미 해석 체계(상세도, 영역, 배경, 시점 등)를 고안하고, 이를 이용해 품사, 주어/목적어, 가산-불가산 명사, 시제굴절 변화, 조동사, 소유격, 능격, 보어 등을 분석했다. 예컨대, 그는 인간의 경험에 기초하여 현저성을 기준으로 삼아 기존의 품사 구분과 달리 명사는 물체를 부각시키고 동사는 동작과 관계를 부각시킨다고 보았다. 또한 전경(Figure)과 배경(Background), 탄도체(Trajector)와 지표(Landmark), 인지 참조점(Cognitive reference point) 등과 같은 인간의 기본적인 감각 경험과 해석 능력을 운용하여 단어의 의미와 절의 주어, 목적어 등의 통사 성분을 설명하였다.

(2) 통사 관계의 유형

① 의미의 각도(F/G, Tr/Lm, CRP, 해석 등)에서 주어, 목적어 등의 통사성분 관계를 정의하는 것은 **Langacker 인지문법의 중요한 이론적 출발점이다.**

인지문법은 통사 관계를 의미관계로 보기 때문에, 단지 '경험과 의미'의 각도에서 통사 관계 및 그 유형을 논의할 수밖에 없다. 또한 인지문법은 전통적 이론에서의 통사 관계를

---

11) Goldberg는 인지모델로부터 만들어지는 문장 층위 구문 자체에 주목하였다.

상징단위와 구문의 관계로 파악한다.

Langacker는 의미 분석의 각도에서 출발하여, '구문'으로 '통사'를 대체하고, '논항과 동사'로 '주어와 술어'를 대체하였으며, '구문 관계'로 '통사 관계'를 대체하였다. 아울러 '정교화자리'란 개념을 제시하여 결합가 이론을 발전시킴으로써 전통 이론의 '주어-술어' 통사 관계를 효과적으로 개선시켰다. 당연히 이러한 분석 방법은 또 '술어-목적어' 등의 통사 관계에도 적용 가능하다. 특히나 Langacker는 이러한 용법을 '조동사-본동사' 등의 기타 통사 관계에까지도 확대하고 있다.

② **결합가는 상징성과 층위성을 갖는다.** LCG는 FCG와 마찬가지로 결합가 개념이 상징성을 갖고 있다고 본다. 다만 FCG와 다른 점은 결합가가 층위성도 있다고 보는 점이다. 따라서 구문 속의 한 단위는 '술어'가 될 수 있는 동시에 '논항'이 될 수도 있어서, 술어와 논항의 관계는 상대적이라고 본다. 예컨대, 예[7] 'You should read this.'에서, 'should'는 '정교화자리'를 갖는 조동사로, 또 다른 논항성분을 하위구조로 필요로 하는데, 논항성분 'read'가 양상동사 'should'를 정교화하고 있다. 한편, 'read'를 양상류 정교화자리를 갖는 술어로 보아 'read'가 좀 더 정교화될 수 있다. 뿐만 아니라 'read'는 '대상 정교화자리'를 필요로 하여 예[7]에서는 'this'가 'read'를 정교화하고 있다.

결합가의 층위성은 '자립-의존 관계(Autonomy-Dependence Relation)'와 밀접한 관련이 있다. 이에 관한 자세한 내용은 제5장 제3절을 참고하라.

③ **정교화** Langacker(1987)는 '정교화 해석'과 '정교화자리'라는 두 개념을 제시하여 상징 단위와 구문의 '자립-의존 관계'와 '결합-융합 관계'를 서술하였다.

이 외에 '핵어'와 '수식어'를 분석하는데 있어, LCG와 FCG 모두 '역할'로 구문의 부분-전체 관계를 나타낸다는 점에서는 유사하지만, FCG는 '역할'이 통사를 통해 정의된다고 보는 반면, LCG에서는 '역할'이 의미, 상징과 자립성에 의해 정의된다는 점에서 차이가 있다.

(3) 구문 간의 관계 유형

위에서 언급했듯이, Langacker는 '구문'으로 '통사'를 대체하자고 주장하는데, 이는 필연적으로 '구문 관계'로 '통사 관계'를 대체하게 된다. 그는 주로 '도식-예시'와 '원형-확장'의 원형범주 이론, 은유를 통해 구문 간의 관계를 통일되게 기술하였다.

(4) 문법 정보가 구문의 여러 층위에 저장되는 방식

인지문법은 일관되게 '사용기반 모델'을 주장하여, 언어 사용 유형은 독립된 문법 정보로 표현되거나 저장되며, 도식 구문은 언어 사용의 결과이지 사전에 설정된 것은 아니라고 본다. 이것은 귀납적 연구 방법으로, Chomsky의 가설과 재구성의 연역적 연구방법과는 다르다.

4) RCG: Croft의 급진적 구문문법

RCG는 'Radical Construction Grammar'의 축약표현으로, 기존의 통사이론을 반성하면서 여러 구문문법을 계승한 기초 위에 신선하면서도 급진적인 관점을 제시하고 있다(제7장 참조). 여기서는 주로 위에서 제기된 4가지 방면을 중심으로 RCG와 기타 학파 간의 차이 비교를 중심으로 논의할 것이다.

(1) 구문문법에서 통사성분 범주의 지위

① **분해론을 철저히 포기하고 '전체론', '비분해론'을 제시한다.** 그림8-3으로 볼 수 있듯이, FCG는 전체론에 입각하여 틀의미론과 구문문법을 구축하였다. 즉, 어휘이든 구문의 일부이든 부분은 항상 전체를 통해 보아야 비교적 잘 이해할 수 있다는 것이다. 그러나 FCG는 여전히 조합론과 분해론에 기초한 TG의 형식주의 분석법을 운용하였다. 한편, LGCG와 LCG는 전체론을 논의하면서 때때로 분해론을 인정하는 경향이 있었다. 그러나 RCG는 전통적인 분해론을 철저히 포기하고 전체론을 확고히 주장하고 있는데, 이 관점이야말로 Croft의 이론 전체와 일맥상통하기 때문이다(제7장 4절 참조).

② **구문중심론** 기존의 언어이론은 통사 범주와 통사 관계 등을 기본 분석 단위로 보고 있다. 이에 비해 급진적 구문문법의 급진적인 면은 바로 '구문'을 기본 원소로 보아 '구문원소론' 또는 '구문중심론'을 견지하고 있으며 통사 범주와 통사 관계는 단지 관련된 구문에 대해서만 개괄해낼 수 있다고 보는 점이다. 또한 한 언어 내부의 구문, 그리고 언어 간의 구문은 대부분 특수성이 있어서 통사 범주와 통사 관계 역시 특수성이 있음을 유추할

수 있다.

③ **부분-전체 관계** 구문 전체를 통해 통사성분을 정의해야 한다. 위의 분석을 통해 통사 범주와 통사 관계는 이들이 출현하는 구체적인 구문의 구문 환경과 의미 기능에 의해 정의 됨을 알 수 있다. 다시 말해서, 통사 범주와 통사 관계는 구문 환경과 의미 기능을 통해 결정된다는 것이다. 이것은 구문 전체를 통해 봐야만 그 내부 성분을 정의내릴 수 있다는 말이기도 하다. 이처럼 Croft는 '전체에서 부분으로'라는 연구 방법을 확고히 고수하고 있다(제7장 제3절 참조). 그러나 이러한 연구방법은 또 다른 연구의 과제를 유발하고 있다. 즉, 한 언어 내 단어들을 잘 이해하기 위해서는 단어들이 출현하는 모든 구문을 다 분명하 게 기술해 내야한다는 것인데, 이 작업량은 실로 어마어마하다.

(2) 통사 관계의 유형

① **통사 관계 취소** 통사 범주 혹은 성분 간의 관계를 분석하는 것은 전통문법 이론의 주제였다. 이러한 방법론은 '분해론'에서 비롯된 것으로, 이것은 전통적인 조합론과도 일 맥상통한다.

그러나 RCG는 통사 관계 취소를 주장하며(Croft, 2001:175, 203, 234), '구문'을 언어분석 의 가장 기본 원소 단위로 삼아야 하고, 단지 의미의 관점과 사용기반 모델에 입각하여 구문 및 구문 각 부분 간의 관계를 정의해야 한다고 밝히고 있다. 또한 단지 '구문'을 통해 서만 통사 범주에 대해 효과적인 정의를 할 수 있으며 이것이 바로 언어연구의 가장 근본 적인 목표라고 보았다. 이로써 RCG는 통사 범주를 무시하고 있다.

② **부분-전체 관계** 이것은 곧 전체가 부분을 결정한다는 관점에서 통사 관계를 분석하 는 것이다. 인지언어학자는 '분해론'과 '조합론'을 비판하면서 '구문론'과 '전체론'을 강력 하게 주장한다. RCG 역시 FCG, LCG, LGCG와 마찬가지로 구문 전체의 의미와 용법은 각 원소단위의 단순한 합과 같다고 보지 않으며, 반드시 원소단위의 기능과 의미를 전체 구문에 놓고 봐야 합리적인 해석을 할 수 있다고 여기므로, 전체에서 부분으로의 연구 방법을 강력히 주장한다.

앞서 언급한 바와 같이 구문문법 학자마다 이 문제에 대한 주장과 이해가 서로 다르다. 그러나 RCG의 '전체론'은 모두의 인정을 받으면서 전통적인 분석이론과는 완전히 다른 방향으로 발전했다. RCG가 FCG, LCG와 다른 혹은 더 대담한 부분은 바로 '통사성분과 통사성분 관계'를 취소했다는 점이다.

③ **구문의 도상성** RCG는 전 세계 언어의 절대 다수의 구문이 상당 정도의 도상성 관계가 존재한다고 본다(Croft, 2001:236). 도상성 관계로 화자는 비교적 쉽게 정보를 조직하고, 청자는 좀 더 쉽게 정보를 해독할 수 있기 때문이다. 물론 통사와 의미 간의 관계 역시 불완전 대응의 면모가 있기 때문에 학자들이 형식-의미 간 사상(Mapping) 관계를 설명하는데 어려움이 있다. 그런데 통사 관계를 취소하면 사상 관계 연구의 어려움도 해소될 수 있다. 또한 통사 관계를 전문적인 특수한 부호로 나타내곤 하는데, 구문 내의 통사 관계를 취소하면 언어 이론이 훨씬 간결해지고, 언어를 연구하는데 필요 없는 노력을 경감할 수 있다.

RCG는 통사 관계의 형태-통사적 특징을 표현할 경우 이를 상징단위로 처리하는데, 상징단위는 구문의 음운극으로부터 의미극에 이르는 상징성 연결을 나타낸다. 그림7-3의 's'가 바로 이러한 연결을 나타내고 있다.

(3) 구문 간의 관계 유형

① **복잡한 구조 그 자체가 문법 표현의 기본단위이다.** RCG이론은 분해론에 반대하기 때문에 구문은 원소단위로 구성되는 것이 아니며, 그 자체를 '기본단위'로 처리한다. 이것이 바로 위에서 언급한 '구문중심론'이다. 복잡한 구문 역시 마찬가지로 그 자체가 문법 표현의 기본단위로, 하나의 '말덩어리(Chunk)'로서 화자와 청자의 언어지식 체계에 저장된다.

RCG 역시 FCG와 마찬가지로 구문 간의 '부분-전체 관계'를 논의하였지만, FCG와는 근본적인 차이가 있다. RCG는 전체에서 부분으로의 연구 방법을 채택하여 구문 구성원이 그들이 출현하는 구문 전체 속에서의 작용에 의해 정의된다고 보고 있다. 반면, FCG는 때로는 분해론에 입각하여 부분에서 전체로의 연구 방법을 채택하기도 하고, 통사특징과 통사 관계를 운용하여 통사 역할을 해석하며 이러한 특징과 관계가 이것들이 출현하는 구문으로부터 독립적인 것이라고 보았다.

② **구문이 '원형-확장'의 기제가 있는지 의심한다.** RCG와 LGCG는 모두 구문이 다의성이 있다고 인정하나 다의성을 해석하는 방법에는 차이가 있다. Croft의 급진 구문문법은

구문의 차이성을 보다 더 강조하며 다의성을 띤 추상 구문은 존재하지 않으므로 구체적인 동사 유형에 근거하여 구문의 특징을 확정해야 한다고 본다. 따라서 Croft(2003a)는 Goldberg (1995)가 논의한 추상적 이중타동구문을 구문에 쓰일 수 있는 동사의 유형에 근거하여 10가지로 세분하였다.

(4) 문법 정보가 구문의 여러 층위에 저장되는 방식

① FCG 이외의 모든 구문문법 이론은 사용기반 모델을 수용하여 문법 정보는 구체적인 표현식 가운데 저장되어 있으므로 구체적인 용법으로부터 관련 구문 특징을 개괄해야 한다고 보고 있는데, RCG 역시 이러한 관점을 받아들이고 있다.

② RCG의 두드러진 특징은 다음과 같다. 구문의 각 층위 간의 정보 관계 처리를 위해 유형학의 의미지도, 통사공간, 개념공간 등의 모델을 받아 들였다. 이러한 모델에서 구문은 기능에 근거하여 개념공간에 사상되며, 그 안에서 중첩되거나 이웃한 기능의 구문과 일정한 연결이 이루어진다(Croft, 2001: 제7장 제6절, 제8장, 제9장 참조).

Croft는 동일한 언어 내 혹은 각기 다른 언어에서 기능이 같거나 유사한 구문이라도 문법 특징이 전혀 다르거나 차이가 클 수 있다고 본다. 조사에 따르면, 일정한 문법 특징을 바탕으로 한 '어디에 놓아도 기준이 되는' 그러한 수동태의 보편 구문을 건립하기가 어렵다고 한다. 따라서 개별 언어마다 구체적인 처리를 통해 각 언어의 통사공간에서 구문의 형식 특징과 기능 특징이 각자의 결합체를 형성한 것이라고 본다.

RCG를 대표하는 표현은 아래와 같다.

구문은 언어 특수적이다.[12]

구문의 각 성분은 구조 특징에 근거하여 개별 언어의 통사공간 속에서 각기 다른 위치를 차지하므로 한 마디로 요약할 수 없다. 즉 '보편문법'은 공허하다!

---

12) Constructions are language-specific.

제4절 결어

본장의 제3절은 주로 네 가지 방면에서 4종류의 주요 구문문법 이론의 특징을 비교 논술하였다. Goldberg(2006:215) 역시 4종류의 구문문법에 대해 공통점과 차이점을 논의한 적이 있어, 아래에서 그녀의 관점을 소개 한다(표에서 사용한 용어는 본서와 일치하고 원문과는 좀 다르다).

	구문문법 비교차원	LCG, LGCG, RCG	FCG
1	구문습득	습득된 것은 형식-기능의 결합쌍	습득된 것은 형식-기능의 결합쌍
2	구문역할	중심	중심
3	파생성	비파생성(단층성)	비파생성(단층성)
4	상속성	기본(default) 상속	기본(default) 상속
5	사용기반	OK	OK 또는 통일되지 않음
6	형식화	해석의 편의를 위해 표현식을 사용	단일화에 기초한 형식화를 강조함
7	동기성	중심	NO(예측성을 더 주장)
8	주안점	정신적 실재성	형식적 명확성, 최대의 일반성

그림8-10

그림8-10에서 1~4 항목의 경우, FCG가 나머지 세 구문문법인 LCG, LGCG, RCG와 동일함을 알 수 있다. 그러나 5~8 항목에서 FCG는 LCG, LGCG, RCG와 확연한 차이를 보인다. 따라서 Langacker와 Croft&Cruse, Goldberg는 '구문문법 학파 내에서도 몇 가지 관점은 양분된다'는 점에서 서로 같은 인식을 갖고 있으며, 이것은 제3절에 상세히 소개되어 있다.

구문문법은 Fillmore가 그의 스승인 Chomsky의 TG이론에 대해 반기를 들면서 시작되었으며, 이후 여러 학자들은 인지언어학 이론 틀에서 구문문법을 수립하고 발전시켜왔다. 이 과정에서 특히 Goldberg의 인지구문문법은 이를 위한 중요한 초석이 되어 왔다. 이 이론들은 본문에서와 같이 서로 간 차이점과 공통점을 갖고 있다. 이것에 대한 충분한 이해는 구문문법을 발전시키기 위한 이론적 기초를 더욱더 튼튼하게 다질 수 있을 것으로 기대한다.

제9장

구문의 특징(상)

언어는 구문성을 가지는데, 구문은 언어의 기본단위로 문법의 핵심 대상이다. 본장에서는 구문의 10가지 주요 특징, 즉 (1) 체험성과 추상성, (2) 기초성과 진화성, (3) 일반성과 특이성, (4) 중적성과 통합성, (5) 독립성과 상호작용성, (6) 정태성과 동태성, (7) 원형성과 다의성, (8) 분류성과 층위성, (9) 상속성과 제약성, (10) 동기성과 도상성을 개괄할 것이다. 이러한 특징은 본서의 다른 장절에서 언급된 바가 있으나 본장에서 다시 상세하게 논의할 것이다.

제1절 체험성과 추상성

인지문법에서는 하나의 형태소가 바로 하나의 상징단위이며, 두 개 혹은 두 개 이상의 형태소가 결합한 이후 통합 처리를 거쳐 하나의 '구문실례(Construct)'를 형성할 수 있다. 구문은 여러 구체적인 용법을 기반으로 하여 개괄한 것으로 도식성을 가지고 있으며, 상대적으로 수량에 제한이 있고, 이것에 근거하여 구체적인 단어를 넣으면 관련된 구체적인 구문실례가 만들어지도록 허용한다(제1장 제3절 참조). 이로 볼 때 구문은 일반성, 상징성, 생산성을 가지고 있음(비록 TG문법의 생성설과 유사한 점은 있으나 큰 차이가 있음)은 더 말할 필요도 없다. 이외에 구문은 여러 가지 중요한 특징이 있는데, 본 절에서는 체험성과 추상성의 특징에 대해 논의할 것이다.

체험성(Embodiment)은 철학계에서 여러 가지 함의를 가지는 비교적 모호한 용어이다. 본서는 Lakoff&Johnson(1980)의 관점을 채택할 것이다. 이는 '신경험론(Experientialism)'[1]의 관점과 동일하다.

Lakoff(1987:267)는 'Embodiment'에 대해 다음과 같이 해석했다.

…… 우리가 공유하는 생물적 능력 및 우리의 환경에서 기능을 발휘하는 우리의 물리적이고 사회적인 경험이다.[2]

Langacker(2007:48)도 이에 대해 다음과 같이 정의했다.

체험성은 인지의미론의 일반적인 개념이며, 개념적 구조는 일상적인 신체적 경험에 기반을 두고 있는 것으로 운동, 지각, 근육운동과 같은 것이다. 우리가 움직이고, 근육을 사용하며, 동력을 일으킬 때 느끼는 것이다.[3]

체험주의 철학과 인지언어학은 인류의 개념, 사유, 언어가 사람들이 상호작용적 체험성(Interactive Embodiment)에 기반을 두고 인지적 처리를 통해 점진적으로 형성한 것이며 언어는 체험성과 인지의 결과 혹은 산물이라고 주장한다. 그러나 언어는 또한 구문의 창고로, 구문에 의해 만들어졌기 때문에 자연히 구문 역시 상호작용적 체험성과 인지적 처리, 특히 추상적 처리를 통해 형성된 것임을 추론해 낼 수 있으며, 이 역시 구문의 형성에는 동기가 있다는 점을 충분히 설명하고 있다.

언어의 체험주의 철학관과 형식주의 철학관은 완전히 다르다. 형식주의 철학관은 기호 자체는 연산 과정에서 어떠한 의미도 가지지 않는 순수한 형식일 수 있고, 이 연산의 결과는

---

1) 이 용어를 번역할 때 '신'이라는 글자를 더했는데, 이는 전통적인 '경험론(Empiricism)'과 구별하기 위해서이다(王寅, 2007a:36-38).

2) ……our collective biological capacities and our physical and social experiences as beings functioning in our environment.

3) And embodiment, that's the general notion of cognitive semantics, that conceptual structure is grounded in everyday bodily experience, things like motion and perception and muscular exertion. and what we feel when we move and use our muscles, force dynamics.

집합모형(Set Model)을 통해 해석할 수 있으며, 마지막에서야 기호가 의미를 획득하게 할 수 있다. 집합모형은 실제 세계를 기반으로 만들어진 것으로 일단 세계가 집합모형으로 개념화되면 형식의미론(Formal Semantics)을 통해 집합론(Set Theory)을 사용함으로써 형식기호의 의미를 묘사할 수 있다. 이것이 바로 객관주의 의미론에서의 세 가지 관계를 형성했다.

실제 세계 → 집합모형 → 형식기호
그림9-1

이렇게 말한다면 형식주의 철학관도 객관 세계에 기반을 둔 것이 아닌지, '체험성'의 특징을 가지고 있는 것이 아닌지 질문을 하는 사람도 있을 것이다. 문제의 핵심은 그들이 보기에 집합모형은 '거울(Mirror)'처럼 실제 세계를 직접 반사하고 있는데, 이 과정에서 인간의 주관적인 능동성을 완전히 부정하고, 형식을 의미로부터 분리해내어 단독으로 조작할 수 있으며, 수학과 비슷한 공식을 사용하여 '과학적인' 연산을 한다는 데 있다. 또한 그들은 이러한 보편규칙을 생득적 산물로 보아야 한다고 주장한다. 이것이 바로 Lakoff& Johnson(1999)이 그것들을 객관주의 철학 이론에 포함시킨 주요한 원인이다(상세한 내용은 王寅, 2007a:53-62 참조).

구문문법은 형식주의, 생성문법과 완전히 상반된 견해를 가진다. 구문문법은 '상호작용적 체험성'과 '인지적 처리'를 긴밀히 결합하여(Lakoff&Johnson, 1999:503), 인류가 객관세계를 인식하는 과정 중 거울처럼 '반사'를 할 수도 있고, 주관적인 '굴절'을 할 수도 있으며, 구문의 형식은 인류의 생활과 밀접한 관련이 있고, 그 현실적인 인지 기반을 가지는 동시에 언어와 구문 역시 인류가 세계를 인식하는 방식을 반영한다고 여긴다. 이로 볼 때 언어와 구문은 보편문법(UG)과 생성규칙(Generative Rule)의 조작을 통해 이루어질 수 없다. 또한 완전히 형식적인 논리 조작을 통해 인류의 복잡하고 변덕스러운 사유와 풍부하고 다채로운 언어를 '격식화'할 수도 없다. 형식학파의 이러한 노력은 기껏해야 과도하게 이상적인 시도라고 볼 수밖에 없다. 한마디로 체험주의철학과 인지언어학은 언어와 구문 모두 체험성과 인지에 바탕을 두고 형성된 것이라고 굳게 믿고 있다.

Goldberg는 Lakoff의 제자로, 상술한 Lakoff의 기본 사상을 계승하고 Lakoff, Fillmore,

Langacker 등 인지언어학자의 언어체험관을 받아들여 발전시켰으며, 지속적으로 언어의 생득설과 자립설을 비판했다. Goldberg(1995:5)는 다음과 같이 말한 바 있다.

언어의 지식이 바로 지식이다.[4]

이 말은 인지언어학의 인지적 견해와 일맥상통한다. 언어능력은 사람의 일반적인 인지 능력과 동떨어진 것이 아니며 언어능력은 자립성이 없다. 마찬가지로 언어 지식은 바로 사람의 일반적인 지식이다. 그것은 본질적으로 자립성이 없는 것이며 인류의 일반 지식과 동떨어질 수도 없다. 체험주의 철학의 관점에 근거하면 언어의 특징은 인류의 경험, 개념 조직, 인식과 이해 방식을 직접 반영한다. Goldberg의 이 말은 언어의 자립성을 비판하고 체험성을 주장하는 가장 훌륭한 판단이라고 볼 수 있다.

Goldberg는 1995년의 저서에서 구문은 인류의 기본적인 경험을 바탕으로 추상화되어 형성된 것으로, 우리와 객관세계의 상호작용적 체험성에 기원하며, 언어 중의 기본 문형 (Basic Clause Type) 혹은 논항구조 구문(Argument Structure Construction, 줄여 ASC라고 함)의 중심 의미 혹은 원형 의미는 인류 경험의 기본적인 사건 장면을 직접적으로 명시한다고 여러 차례 명확히 지적한 바 있다.

Goldberg(1995:6-7)는 구문문법이 Fillmore(1975, 1976, 1982)의 틀 의미론, Lakoff의 언어 의 체험성과 서로 통하는 점이 매우 많다고 밝혔다. 그녀는 "구문의 중심 의미는 바로 인류 가 겪은 기본적인 사건 유형을 원형으로 하여 구축된 것이기 때문에 언어의 기본 문형 혹은 기본 구문이 묘사하는 사건 장면은 인류 경험의 가장 기본적인 구성 부분"이라고 했다. 그녀의 다음과 같은 주장(1995:5, 43, 66)에서 이를 엿볼 수 있다.

단순절 구문은 인간의 경험에 기초한 장면을 반영하는 의미구조와 직접 연관되어 있다.[5] 모든 절 층위의 구조는 인간 경험에 기초한 장면을 기호화한다.[6]

---

4) ⋯⋯knowledge of language is knowledge.
5) Simple clause constructions are associated directly with semantic structures which reflect scenes basic to human experience.

기본 의미 층위 구조 혹은 논항구조 구문은 어떤 의미에 있어 인류의 경험에 기초한 장면을 명시하는 것으로 주장되어 왔다. 다시 말해 언어의 기본 절 유형들은 누가 누구에게 무엇을 했는지, 무엇이 이동했는지, 누가 무엇에게 상태변화를 일으켰는지, 누가 무엇을 경험했는지, 누가 무엇을 소유했는지 등을 나타내는 일반적인 사건 유형들을 부호화하는 데 사용된다고 주장했다.[7]

나아가 Goldberg(1995:39)는 '장면 부호화 가설(Scene Encoding Hypothesis)'을 제안했다.

기본적인 문장 유형에 해당하는 구문은 인간의 경험에 기초한 중심적 감각 사건 유형으로 부호화한다.[8]

구문은 무의미한 형식을 임의대로 함께 배치해 놓은 것이 아니라 인간의 기본 경험을 개괄하고 조직하는 상호작용적 체험성과 인지방식을 체현하고 있다. 구문문법 학자들은 구문은 구조 형식의 문제일 뿐만 아니라 그것 자체에 특정한 의미가 있으며, 그것은 어휘 의미와 마찬가지로 인류가 자신의 인지능력을 통해 현실세계에 대해 진행한 상호작용적 체험성을 반영하고 있다고 본다. 또한 언어의 형식과 구문실례는 사람들이 이러한 체험성을 인식하고, 개괄하며 문법화한 결과이며, 이것들은 상대적으로 안정적인 모듈로서 사람들의 마음속에 저장되고, 각종 표현 형식으로 문법 체계에 존재하며, 사람들이 실제 세계를 표현하고 체험을 반영하며 결과를 인지하는 기본 틀이 되었다고 주장한다.

그러므로 구문은 형식의 문제일 뿐만 아니라 자체적으로 의미를 가지고 있다. 예를 들면, 이중타동구문은 각종 언어에서 특수한 통사구조와 추상적인 형식을 가지고 있을 뿐만

---

6) All clause-level constructions encode scenes basic to human experience.
7) Basic sentence-level constructions, or argument structure constructions, have been argued to designate scenes which are in some sense basic to human experience. That is, it is claimed that the set of basic clause types of a language are used to encode general event types such as those denoting that someone did something to someone, something moved, someone caused something to change state, someone experienced something, someone possessed something, and so forth.
8) Constructions which correspond to basic sentence types encode as their central senses event types that are basic to human experience.

아니라 자체적으로 '행위자가 수혜자에게 어떤 사물을 성공적으로 이전시키기를 원함'이라는 추상적인 원형 의미를 가지고 있다. 이러한 각도에서 본다면 통사 형식의 각도에서 진행한 분석은 기껏해야 그 중 하나만을 논의할 뿐 두 가지를 다 논의하지는 못하므로 완벽하지 못하고, 충분히 해석을 하겠다는 목표에도 도달하지 못한다. 구문문법은 '형식과 의미 일원론'을 견지하는데 이는 상술한 문제를 효과적으로 극복할 수 있다. 뿐만 아니라 구문문법은 구문의 의미는 근본적으로 체험성의 특징을 가지고 있다고 주장하는데, 최근 비교적 많이 논의되는 '통사 도상성(王寅, 2001, 2007a)'도 이러한 현상에 속한다.

Fillmore와 다른 많은 학자들은 언어와 경험의 관계를 중시했으며, 언어 형식 배후의 의미 문제를 강조했다. Fillmore(1968, 1977a)가 격문법에서 논의한 시사격, 수사격, 도구격, 경험격, 방위격, 수혜격, 목적격, 사동격 등 몇 가지 의미격은 모두 인류의 기본적인 경험을 추상화하고 개괄하여 얻은 것이다. Fillmore(1975, 1976, 1982)는 뒤에 틀 의미론을 제안함으로써 틀 이론과 관련한 연구 성과를 처음으로 언어학계에 도입했다. 그는 '배경 틀' 역시 인류의 기본적인 경험에 기초하여 수립된 것으로 이 자체가 바로 개념적 경험구조이며, 하나의 어휘를 이해하기 위해서는 '배경 틀' 속의 다른 관련 어휘의 도움을 받아야만 한다고 보았다.

뒤에 이러한 관점은 구문문법으로 확장되었고, 어떤 구문에 대한 언급 혹은 사용은 모두 관련 경험 혹은 개념 틀을 활성화할 수 있으므로 이에 대해 이해하려면 배경지식 혹은 '다의적 구문 가족' 중 관련 구문으로부터 도움을 받을 필요가 있으며, 관련 경험과 배경 정보에 의존해야만 한다. 이것이 바로 인지언어학에서 구문문법과 틀 의미론을 '쌍둥이 자매(Twin Sister)' 혹은 '자매 이론(Sister Theory)'이라고 보는 이유이다(제4장 제2절 참조). Leino(2005:99)는 틀 의미론과 구문문법이 서로 통하는 점은 많지만, 서로 다른 각도로 문제를 바라본다는 차이점이 있는데, 하나는 단어의 각도로, 다른 하나는 구문의 각도로 보는 것이라고 지적했다.

Langacker(1991a:294-295)도 유사한 관점을 제시했다.

우리의 경험에서 어떤 반복되고 명확하게 구분되는 측면들은 원형적인 것들로 나타나며, 우리가 일반적으로 가능한 한 우리의 개념을 구조화하는 데 사용한다. 언어는 우리가 우리의 경험을 묘사하는 수단이기 때문에 이러한 원형이 기본적인 언어 구조의 원형적 가치로 강조되는 것은 당연하다.[9]

아동이 언어를 습득하는 과정도 구문의 체험성에 충분한 사실적 근거를 제공했다. 아동이 기본 통사와 기본 구문을 습득할 때 직접적으로 기본적인 생활의 경험과 실제 장면으로부터 영향을 받는다. 언어의 기본 구문은 바로 '개념원형(Conceptual Archetype)'의 바탕 위에 건립된 것으로 사건 장면의 문법화에서 온 것이다. Slobin(1985)의 연구에서 아동이 말을 배우기 전에는 가장 기본적인 경험을 구문으로 삼아 학습하는 것으로 나타났다. 한 구문의 방사 의미 범주에서 구문의 중심 의미는 아동이 초기에 공통적으로 가지는 기본적인 경험을 나타낼 수 있는데, 구문에 대한 연구가 바로 이 관점을 증명할 수 있다. 예를 들면 '힘-운동' 구문의 중심 의미는 물리적인 것인데, 우리는 말을 배우기 전에 신체적 힘이 어떤 물체에 작용하면 그것이 움직일 수 있다는 경험을 공통적으로 학습한다. 그런 다음 이 경험에 기초하여 언어의 '사동구문'을 만든다.

영어의 기본 문형에는 5가지가 있는데, 구문문법의 각도에서 보면 이 5가지 기본 문형은 영어의 5가지 기본 구문이라고 볼 수 있다.

(1) 주술 구문(SV)

(2) 주술목 구문(SVO)

(3) 주술보 구문(SVC)

(4) 주술목보 구문(SVOC)

(5) 주술목목 구문(SVOO)

이 5형식은 체험주의 철학의 각도에서 합리적이고 통일된 해석을 할 수 있다.

---

9) Certain recurrent and sharply differentiated aspects of our experience emerge as archetypes, which we normally use to structure our conceptions insofar as possible. Since language is a means by which we describe our experience, it is natural that such archetypes should be seized upon as the prototypical values of basic linguistic constructs.

실제 생활에서 인류는 생존을 위해 늘 많은 동작을 해야 한다. 예를 들면 동작 자체를 부각하고 구체적인 동작 대상과 관련이 없을 때는 자동사와 주술 구문으로 나타낸다. 만일 동작 사건에서 그 대상을 부각하고자 하면 타동사와 주술목 구문으로 나타낸다. 주술보 구문은 주술목 구문의 특수한 표현 형식의 일종으로 볼 수 있다.

또한 행위주는 늘 실제적인 동작을 하는데, 대상(사람과 사물 포함)에 작용한 후에는 늘 그것에 대해 일정한 영향을 줄 수 있고, 어떠한 결과를 나타낼 수 있으므로 언어는 이러한 경험적 문법에 근거해서 '주술목보' 구문을 문법화해 내며, 항상 보어를 사용하여 동작의 결과를 나타낸다(『제2권』에서 논의하게 될 '결과구문' 참조 바람).

생활 속에서 사물의 전달과 소유권의 이전과 관련되기도 하는데 언어에서는 이를 '이중 타동구문'으로 문법화한다(『제2권』 참조 바람). 이로 볼 때 언어 중의 몇 가지 가장 기본적인 구문은 인류가 생활 경험에 관한 기본 유형을 개괄화하고 문법화를 진행한 결과물이다.

앞에서 논의한 바와 같이 구문문법은 '어휘 투사법'의 문제점을 지적하고, 동사와 구문을 긴밀히 결합시켜 언어를 연구해야 한다고 주장했으며, 양자의 결합이 언어의 기본 문형을 구성했다고 여겼다. 또한 Goldberg의 구문문법 이론의 중점은 '논항구조'를 분석하는 데 있으며, 이는 주로 사건 참여자역과 관련되어 이 역할이 언어의 기본 문형을 직접 결정한다. 이러한 주장 역시 '구문이 체험성을 반영한다'는 명제를 든든하게 뒷받침한다. 모든 동작은 참여자 및 실제 장면과 관련되므로 이러한 각도에서 언어를 깊이 연구하여 이를 바탕으로 건립된 이론은 TG 이론처럼 공허하거나 난해하지 않고 현실세계와 훨씬 더 가깝게 구체적인 언어로 표현할 수 있을 것이다.

'동작의 참여자역'과 '구문의 논항역'은 인간의 경험이라는 기본 틀 유형을 직접 반영하는 것으로 판단된다. 이들은 공동으로 구문의 형성, 기능, 용법을 결정하지 일부학자들이 주장하듯이 문장 중의 주요 동사에 의존하여 논항구조를 확정하지는 않는다. 구문문법의 이러한 관점은 또 다른 각도에서 구문의 체험성을 입증한 것이다.

구문의 체험성과 추상성은 언어와 구문이 태어날 때부터 가지는 것이 아니며, 그 가운데 일부 선천적인 요소도 있겠으나 주로 사람들이 후천적으로 언어를 입력하고 이를 추상화하여 습득한 것이라는 점을 잘 설명한다. 언어와 구문 역시 자립적인 것이 아니므로 삶을 벗어나 의미와 화용으로부터 통사를 분리하여 단독으로 연구하는 것은 옳지 않다.

제2절 기초성와 진화성

Langacker(1987, 1991a/b)와 Goldberg(1995, 2005) 등 인지언어학자들 모두 구문은 언어 분석의 기본단위이며, 언어는 구문에 의해서만 구성되는 구문의 저장소라고 보았다. 이것이 바로 우리가 말하는 '언어는 구문성을 가지고 있다'는 뜻이다. Goldberg(2006:18)는 이러한 관점을 하나의 명언으로 귀납했다.

구문으로 끝까지 일관한다.[10]

이것이 바로 인지언어학자들이 통사를 최종적으로 구문 연구로 귀결시킨 이유이자, '구문 기초론' 혹은 '구문중심론'을 가지게 된 원인이다.

Goldberg는 2006년에 출판한 저서에서 구문을 언어의 본질로 보았다. 또한 언어는 '구문'과 '구문네트워크'의 형식으로써 마음속에 있는 것을 나타내며, 언어의 각 층위는 모두 구문으로 구성되고, 구문네크워크가 언어의 전체 문법 지식을 체현해낸다고 여겼다. 현재 기본적으로 모든 구문문법 학자들은 Croft(2001:47)가 말한 바와 같이 언어의 가장 기본적인 단위는 구문이지 통사 범주와 통사 관계가 아니며, 통사 범주와 통사 관계 모두 특정한 구체적인 구문실례에서 파생되고, 그것들이 특정한 구문실례에 근거해야만 비로소 이에 대한 비교적 통일된 정의를 내릴 수 있다고 여긴다.

그러나 기본적인 것은 구문이며, 구문은 개별적이거나 공동으로 범주를 정의한다.[11]
범주를 정의하는 데 있어서 구문의 우선성……[12]

구문문법이 출현하기 전에 언어학자들은 품사를 확정하고 세분화하는 통일된 방법을

---

10) It's constructions all the way down.
11) But what is basic are the constructions, and the constructions define the categories, either individually or jointly.
12) ……the priority of constructions in defining categories.

찾을 수 없었다. 예를 들면 영어에 있어서는 많은 단어들이 가산명사이기도 하고 불가산명사이기도 해서 가산명사와 불가산명사를 구분하는 확정적인 기준을 찾기가 어려웠다. 그런데 만일 '구문'으로 이러한 통사 범주를 정의하면 이 문제를 비교적 잘 해결할 수 있다. 품사는 그것이 출현하는 구체적인 구문실례와 비교하여 정의할 수밖에 없다. 비록 정돈되고 통일된 구분을 하기는 어렵지만 구체적인 단어가 출현하는 특정한 구문 유형에 근거하면 그것들을 묘사할 수 있다.

또한 우리에게 익숙한 명사구는 영어와 같은 한 언어 안에서조차 일관되고 통일된 '명사구' 통사 범주를 세우기 어려운데, 전 세계의 수많은 언어에서 보편문법 범주라는 것이 존재할 수 있는지 의문이다.

그래서인지 Croft는 '급진'적인 방식을 취하여 '구문'을 언어 연구의 '본원적 요소(Primitive Unites, 일부는 '최소의(Atomic)' 혹은 '간단한' 것이고, 일부는 상대적으로 복잡한 것임)'로 보고, 구문 관계로 통사 관계를 대체했다. 그러므로 '구문연구'는 필연적으로 언어학 연구의 근본적인 목표가 되었다.

소위 'Atomic'은 더 이상 작은 원소로 나눌 수 없는 것을 가리키고, 'Primitive'는 그 구조와 용법이 다른 단위를 사용하여 정의할 수 없는 단위를 가리킨다. 'Primitive'한 것이 꼭 'Atomic'한 것은 아니다. 만일 분절의 방법으로만 구문을 연구하고자 한다면 그것은 여전히 전통적인 '분해론'을 답습하는 것이다. 이 방법은 최소 원소에서 출발하여 합성성의 원리를 운용함으로써 최소 원소를 비교적 크고, 더 복잡한 구조로 결합하는 것이다. 반면, 비분해론은 게슈탈트 심리학 이론(Koffka 1935, Köhler 1947, Wertheimer 1950)에 기초한 것으로 최대 단위에서 시작하여 비교적 작은 단위와 전체 간의 '부분-전체 관계'에 근거하여 비교적 작은 단위를 정의하는 것이다. 즉, 먼저 어떤 사물의 전체를 인식한 뒤에 그 구성원들이 가지는 어떠한 개별 자질을 확정하는 것이다. 급진적 구문문법(Radical Construction Grammar, RCG)은 비분해론을 가지고, 통사 범주와 통사 관계가 아닌, 구문이야말로 통사 특징의 가장 기본적이고 가장 본원적인 요소단위이며, 통사 범주와 통사 관계는 구문 속에 내재된 것이자 구문에서 파생된 것이라고 주장한다.

비분해론은 '구문은 비교적 작은 단위로 나눌 수 있다'는 사실, 예컨대 하나의 타동성 구문이 '행위주+동작+피동작주'라는 세 가지 기본단위로 구성된다는 것을 결코 완전히 부인하는 것은 아니다. 그러나 비분해론과 분해론의 근본적인 차이점은 후자는 '1+1=2'라는 합성성의 원리에 기초하고 있지만 전자는 다음과 같은 게슈탈트 심리학의 기본 관점인 '1+1>2'라는 통합성의 원리에 기초하고 있다는 점이다.

> 전체는 부분의 합 이상이다.[13]

전체 중 어떤 부분은 전체로부터 독립하여 단독으로 존재할 수 없다. 이는 중국인들이 자주 말하는 '皮之不存, 毛将焉附?(가죽이 없어지면, 털은 어디에 붙을까?)'라는 성어와 일맥상통한다. 이 원칙을 급진적 구문문법에 적용하면 통사 범주와 통사 관계는 하나의 전체 구문과 비교를 통해서만 정의할 수 있으므로 이들은 구문에서 독립할 수도 없고, 하나의 단위로 독립적으로 존재할 수도 없는 것으로 이해할 수 있다. 이것이 바로 급진적 구문문법 이론이 통사 관계를 취소하려는 이유이다.

거시적 각도로 보면 언어는 인류가 상호작용적인 사회활동 중 끊임없이 발전하고 진화하여 지금의 모습에 이른 것이다. 언어는 사용 과정에서 필연적으로 문법화와 어휘화를 거쳐야만 하고, 전파 과정에서 필연적으로 끊임없이 변화하고, 분화하며 진화하게 된다. 구문은 바로 언어를 사용하는 과정에서 출현한 것이므로 비고정성을 가진다. 이는 Trousdale(2008: 59)이 말한 바와 같다.

> 구문은 우발적인 것이지 고정적인 것이 아니다.[14]

미시적인 각도에서 말하면 구문은 언어의 유일한 기본 원소 단위이자, 'Lingueme'[15]라고도 부를 수 있으며, 언어의 진화에 따라 필연적으로 끊임없이 진화하고 복제된다. 이 과정에서 구문은 복제기(Replicator)처럼 계속 복제될 수 있다. 구문의 의미는 계속 변할 수 있고(제6절 참고), 동시에 '이전의 구문이 없어지고 새로운 구문이 생기는' 현상이 나타

---

13) The whole is more than the sum of its parts.
14) Constructions are emergent, not fixed.
15) [역주] 음소, 형태소 또는 전체 구절과 같은 언어 구조의 모든 단위를 가리킨다(위키낱말사전).

날 수도 있다.

근본적인 원인을 분석하면 인류가 끊임없이 자신의 생활 경험과 사회 교류의 필요에 따라 언어를 변화시키고자 하기 때문에 이러한 현상이 생긴 것이다. 그러므로 발화자가 바로 구문의 변화를 일으키는 촉진제이다. 발화자는 계속 구문 형태소를 복제하는 동시에 구문의 변화를 일으키는 다른 언어 사용자로부터 영향을 받기도 한다. 그러므로 발화자가 어떤 언어에 대해 가지고 있는 구문 지식은 변하지 않는 것이 아니라 수시로 진화가 발생할 수 있다.

그러나 구문의 진화를 강조한다고 해서 원형적 핵심 구문이 가지고 있는 상대적인 안정성을 부인하려는 것은 아니다.

제3절 일반성과 특이성

사람들은 생활 경험을 기초로 하고 계속 다듬고 일반화하는 인지적 처리를 거쳐 점진적으로 도식성 구문을 형성하기 때문에 구문은 일반성을 가질 수밖에 없다.[16] 문법은 바로 언어에 대한 개괄적인 반영이자 묘사이기 때문에 구문문법이 인정하는 도식성 구문은 언어의 '일반성' 본질을 가장 잘 나타낼 수 있다.

구문문법 이론은 TG학파와 마찬가지로 언어의 본질을 추구하려고 노력하고 있지만 구문문법은 언어의 본질에 대한 인식이 TG학파와 완전히 동일하지는 않다. Chomsky는 언어의 본질을 생득, 보편, 자립, 모듈, 형식 등이라고 가정했지만(제3장 참조), 지금까지 검증을 받지 못했거나 검증을 하기가 어렵다. 인지구문문법 이론은 언어의 본질을 '일반화'로 귀납하고, 일반성을 가진 도식 구문 역시 언어의 통일된 형식으로 간주했다. 다시 말해 언어는 구문을 통해 일반화되고 표현되는 것이다. 이는 바로 Goldberg가 2006년에 출판한 저서인 『Constructions at Work: the Nature of Generalization in Language』의 주요 함의이다. 즉, 언어가 '작업하는 중'인 이유는 구문이 '작업하고 있기 때문'이며, 작업 중인 구문

---

16) 이 역시 필자가 구문과 구문실례를 구분하는 주요 이유 중의 하나이다. 구문은 추상적인 도식이고, 구문실례는 추상 도식의 구체적인 단어 표현식이다.

은 언어의 일반적인 본질을 나타낸다. 동시에 이는 언어 연구가 '일반적 도식 구문'을 대상으로 해야 하는 이론적인 근거를 제공했다. 왜냐하면 도식이 바로 언어 일반성의 본질이기 때문이다. Goldberg(2006)의 관점에 따르면 '일반성'은 주로 세 가지 층위의 함의를 가진다.

(1) 구문은 언어의 실제 용법을 점차 추상화하고 요약함으로써 형성된 것으로 TG문법이 말하는 '심층구조'와 '표층구조' 및 양자 간의 전환 관계는 존재하지 않는다. 이것이 바로 구문문법이 '사용기반 모델'과 '단층적 관점'을 적극 주장하는 근본적인 이유이다.

(2) 일반화는 형식과 의미 결합쌍에 대한 개괄이다. 즉, 형식과 의미를 동시에 다듬는 것이다. 이는 형식적인 면에서 통사적인 부분만 다듬는 TG문법과 다르다. TG문법처럼 다듬어 가지게 되는 일반성에는 한계가 있을 수밖에 없어서 그 생성성도 담보하기 어렵기 때문이다.

(3) '일반화'도 정도에 차이가 있을 수 있다. 어떤 구문은 일반화가 강하여 강한 도식성 특징을 가지지만, 어떤 구문은 일반화가 약하여 교체할 수 있는 성분이 적고, 도식성의 특징도 약할 수 있다. 또 관용어, 숙어 등 '특수 표현식(Idiosyncratic Particulars)'이 있는데 이들은 그 중 어떤 성분도 마음대로 교체할 수 없다. 그러므로 구문문법은 언어의 일반성과 특수성을 동시에 고려하고 있다.

언어의 체험적 보편설은 우리가 동일한 객관 세계에 직면해 있고, 동일한 신체 구조와 동일한 기능을 가지고 있기 때문에 이것이 전 인류의 사유와 언어에 부분적 공통점이 있도록 결정했으며, 이것 역시 전 인류가 상호 이해하고 교류할 수 있는 기반이 되었다. 그러나 전 인류가 살고 있는 사회 환경, 풍습, 문화적 함의에 일정한 차이가 존재하기 때문에 민족 특성, 인지방식도 완전히 동일하지는 않다. 이것이 우리의 사유와 언어에 어느 정도 차이가 생기도록 만들었다.

언어 간 대조 연구에서 일부 학자들은 전 세계 언어는 공통점이 많고 차이점은 적다고 여기지만, 또 어떤 학자들은 공통점은 적고 차이점이 많다고 여기기도 한다. 최근 Croft (2001)가 '급진적 구문문법' 이론을 제안하는 것은 후자의 관점을 따른 것이다. 그는 한편으로는 구문 기초론을 받아들여 구문을 언어 연구의 가장 기본적인 목표로 보았지만,

다른 한 편으로는 구문의 특이성을 강조하여 각각의 언어마다 자체적인 구문 체계가 있어서 어떤 언어의 구문이 다른 언어에서 완전히 동일한 구문으로 나타나지 않을 수도 있다고 보았다. 다시 말해 구문은 언어에 따라 다를 수 있다는 것이다. Croft(2001:8)는 세계의 30여 종 언어에서 피동 형태의 구조적 특징과 구성 상황에 대해 논의한 바 있는데, 이것들이 통사 공간에서의 구조적 분포에 큰 차이가 있다는 점을 발견했다. 이는 구문이 구조적 다양성과 특이성을 가지고 있음을 충분히 설명한다.

그러므로 한 언어의 통사 범주는 이 언어가 출현하는 구문과 비교하여 묘사할 수밖에 없다. 선험적이고 보편적인 통사 범주의 집합이란 존재하지 않으며, 전체 언어에 대등하게 존재하는 구문은 찾을 수 없다(그러나 개념공간에서는 일정한 분포 규칙이 있을 수 있다). 이는 TG학파의 보편문법에 대한 반성이라고 볼 수 있으며 전형적인 '언어상대론(Linguistic Relativism)'17)에 속한다. 또한 급진적 구문문법 이론이 보편문법을 비판하는 데 강력한 증거를 제공했다고 볼 수 있다.

Taylor(2004b)는 영어의 명사구를 예로 들어 영어에서 조차도 명사구가 통일된 통사 범주가 아니라고 설명했다(제7장 제5절 참조). 그러므로 통사 범주와 그들 간의 관계에는 파생 관계가 존재하며 그들이 출현하는 특정 구문과 비교를 통해서만 존재할 수 있다. 이것이 바로 급진적 구문문법이 '구문'을 통해 구문 범주를 정의하는 이유이다(Croft, 2001:29,47). Croft(2001:46)는 다음과 같은 결론을 도출했다.

구문은, 범주나 관계가 아닌 통사 표현의 기본적이고 본원적인 단위이다.18)

그밖에 많은 언어에서 잉여문(Redundant Sentence) 'X be X'에 대한 분석도 구문의 특이성을 증명할 수 있다. Levinson(1983), Fraser(1988), Ward&Hirschberg(1991) 등의 관점에 근거하면 잉여문은 협력의 원리(Cooperative Principle, 줄여서 CP라고 함) 중 양의 격률(the Maxim

---

17) [역주] 사피어-워프 가설(Sapir-Whorf hypothesis)이라고도 한다. 사고는 언어에 의해 상대화된다는 주장으로, 한 사람이 세상을 이해하는 방법과 행동이 그 사람이 쓰는 언어의 문법적 체계와 관련이 있다는 언어학적인 가설이다(YBM 사전, 위키백과, Baidu 등).

18) CONSTRUCTIONS, NOT CATEGORIES AND RELATIONS, ARE THE BASIC, PRIMITIVE UNITS OF SYNTACTIC REPRESENTATION. (Croft가 강조를 위해 대문자로 씀)

of Quantity)을 명백히 위반했기 때문에 문장 중 특수한 함의(Implicature)를 숨기고 있음을 알 수 있다. 뿐만 아니라 이러한 해석 방안은 범언어적 보편성을 가지고 있다. 이 입장은 Wierzbicka(1987)에 의해 '급진적 화용론(Radical Pragmatics)'이라고 불렸다. Wierzbicka는 이와는 반대로 언어에서 동일한 구문이라도 서로 다른 장소에 사용될 때에는 특이성을 가질 수 있기 때문에 그 의미는 적절한 의미와 화용 표시 방법을 사용해야만 합리적인 해석을 할 수 있다는 '급진적 의미론(Radical Semantics)'을 제안했다. 예컨대 잉여 구문은 단순히 Grice의 양의 격률을 활용하여서는 통일되면서도 완벽한 해석을 할 수 없다.

Wierzbicka는 논문에서 잉여문은 일부 학자들이 생각하는 것처럼 분명 '항상 참이 되는 문장'이 되는 것은 아니며, 잉여문에는 화자의 주관적인 태도가 내포되어 있기 때문에 '참' 혹은 '거짓'을 논할 수가 없을 뿐만 아니라 항상 참이 되는 것은 없다고 할 수 있기 때문에 범언어적인 보편성을 가지고 있지도 않다고 주장했다. 사람들은 각 언어에서 잉여문의 의사소통상의 함의(Communicative Import)를 추론할 수 있는 보편적으로 적용되는 원칙을 찾을 수 없다.

Grice의 협력의 원리는 다음과 같은 가장 강력한 도전에 직면해 있다. 즉, 사람들이 협력의 원리를 활용할 수 있다는 것은 사람들이 마음속에 이미 이 원칙을 가지고 있음을 전제로 하고 있다. 그렇지 않으면 그것을 어떻게 위배할 수 있겠는가? 그러나 화용론을 전문적으로 배우지 않은 사람 중 자신의 마음속에 협력의 원리를 전제로 하고 있음을 아는 사람이 몇 명이나 있겠는가? 그것이 존재한다는 근거는 어디에 있는가? 만일 존재하지 않는 원칙에 근거하여 추론과 대화의 함의를 논의한다면 그 결론에는 얼마만큼의 신뢰도가 있겠는가?

[1] War is war. (전쟁은 전쟁이다.)
[2] Boys will be boys. (남자애들은 영원히 남자애다.)

이 두 문장에는 완전히 다른 의사소통상의 함의가 있는데 보편적으로 적용되는 화용원칙에 의존해서는 그 중의 여러 가지 함의를 계산할 수 없기 때문에 '방법의 격률' 혹은 '양의 격률'을 두루뭉술하게 적용해서는 대처할 수 없다. 통상적으로 말하는 '잉여원리'는 여기에서는 설득력이 떨어지는 것 같다.

Wierzbicka는 논문에서 영어와 많은 다양한 언어에서 잉여문이 가지는 서로 다른 함의를 비교적 상세하게 분석하고 대조했다. 예를 들면 일본어에서는 다음과 같은 구문이 있다.

[3] Makeru toki wa makeru yo. (When I lose a game, I lose a game.)

그 함의는 '불가능한 일이 실제로 가능한 일이 될 수 있다'는 것이다. 이 함의는 일본어 자체적 특징을 보여주며 범언어적 보편성을 가지고 있지는 않다. 그녀는 상세한 조사를 통해 영어 잉여문은 주로 다음과 같은 의사소통상의 함의를 가진다고 했다(모든 잉여문이 다 동시에 다음과 같은 각각의 함의를 가지는 것은 아님).

(1) 개체가 어떤 본질적인 자질을 가지고 있는데, 상황을 바꿀 수도 없음(원래 이러해야 한다면 이렇게 될 수밖에 없음)

(2) 다소간 부정적인 특징을 가지고 있음(일어나기를 바라지 않는(Undesirable) 어떤 일이 발생했음을 자주 나타냄)

(3) 이러한 일은 불가피성을 가짐

(4) 이런 일에 대해 냉정, 관용, 이해성을 유지해야 함(그것을 받아들일 수밖에 없음)

(5) 어느 정도의 의무성을 가짐

(6) 모종의 협약성이 존재함

(7) 부인할 수 없는 동일성을 가짐

(8) 거절할 수 없는 원칙성을 가짐

중국어에도 이러한 잉여문이 존재하지만 나타내는 의미는 영어와 완전히 같지는 않다.

[4] 君君、臣臣、父父、子子。(군주는 군주답게, 신하는 신하답게, 아버지는 아버지답게, 자식은 자식답게 행동하라.)

[5] 商人就是商人。(장사꾼은 장사꾼이다.)

[6] 路归路, 桥归桥。(서로 상관하지 말자.)

예[4]에는 상술한 함의 (2)가 포함되어 있지 않지만 예[5]에는 이러한 의미가 있고, [6]에는 포함될 수도 안 될 수도 있지만 훈계의 의미가 포함되어 있다.

또한 다음은 드라마 『京华烟云』에서 발췌한 대사이다.

[7] 别以为他是你, 他是他。(그 사람이 너라고 생각하지 마. 그 사람은 그 사람이야.)

[8] 你是你, 我是我。(너는 너고, 나는 나야.)

[9] 人又不是畜生, 人就是人。(사람이 짐승이 아닌 바에야 사람은 사람이지.)

[10] 他就是他, 为什么要拿他比呢。(걔는 걔일 뿐인데, 왜 걔랑 비교해.)

[11] 他们是他们, 我是我。(그 사람들은 그 사람들이고, 나는 나야.)

[12] 我是我, 红玉是红玉。(나는 나고, 홍위는 홍위야.)

만일 이 예문들을 자세히 곱씹어본다면 이것들이 '대조', '서로 다름', '훈계' 등의 함의를 가지고 있음을 쉽게 알 수 있다. 그러나 이는 영어에서는 가지고 있지 않은 특징이다.

영어 잉여문 'X be X'에서 be는 'is , are, will be' 등의 변화 형식을 가질 수 있지만, 중국어에서 '是'와 관련된 변화 형식은 '还是, 就是, 毕竟是, 归, 总归是, 总是, 到底是, 终究是, 仅是' 등과 같이 숫자가 더 많다. '是'를 제외한 단어들은 이 잉여구문에 서로 다른 함의를 더한다.

그밖에 영어의 잉여구문에는 부정 용법이 거의 보이지 않지만 중국어에는 있다.

[13] 你看他, 鼻子不是鼻子, 眼不是眼的。(너 쟤 좀 봐, 코가 코가 아니고, 눈이 눈이 아니야.)

[14] 我都不是我, 活着还有什么意思。(나는 이미 내가 아닌데, 살아서 무슨 의미가 더 있겠어.)

위 예문들은 구문이 언어마다 다른 특징이 있음을 설명하고 있다.

구문문법은 TG학파와 완전히 상반된 연구 경로를 걷고 있다. TG학파는 주로 핵심문법에 주안점을 두고 있지만 구문문법은 언어에서 특수한 표현으로부터 시작하여 관련 규칙을 찾고자 하며, 이를 기초로 하여 거꾸로 올라가 핵심문법을 해석한다. 즉 특수구문에서부터 시작하여 일반적인 용법 특징을 개괄해 낸다. 바로 구문문법이 특이성을 가지고 있기 때문에 어떤 한 언어의 문법을 묘사하고 해석하기에 더 적절하다. Trousdale&Gisborne은 2008년에 구문문법을 채택하여 영어 문법을 전문적으로 연구한 십여 명의 학자들의 논문을 모아 『Constructional Approaches to English Grammar』라는 논문집을 출판했다. 이는 많은 학자들에게 구문문법이라는 완전히 새로운 이론 체계로 세계에 존재하는 언어들, 그 중에서도 특히 중국어의 문법 체계를 수립할 수 있다는 가능성을 보여주었다. 马建忠(1898)이 서양의 전통적인 형태와 통사 틀을 사용하여 중국어 문법을 묘사한 데 대해 많은 학자들이 불만을 가지고 근 백 여 년 동안 새로운 방법을 탐색하는 데 고심했다. 만일 구문문법으로 중국어 문법체계를 재건하고자 시도한다면 중국어 문법 연구에 완전히 새로운 길을 개척할 수 있을 것이다.

제4절 합성성과 통합성

비교적 복잡하고 완정한 의미를 표현할 수 있기 위해서는 단어를 병치하여 결합하거나 겹쳐 사용해야 한다. 이것이 바로 언어의 특이한 점이다. 이렇게 해야만 유한한 단어를 사용하여 무한한 생각을 표현할 수 있다. 이는 반박할 수 없는 언어적 사실일 것이다. 그러나 학계에서는 병치하여 사용하는 결과를 해석할 때 두 가지 서로 다른 관점을 보이고 있다.

(1) 합성성의 원리

(2) 통합성의 원리

이는 완전히 다른 주장이기도 하며, 인지언어학과 TG학파 사이에 이견이 존재하는 문제

중 하나이기도 하다.

독일의 언어철학자인 Frege[19]는 19세기 말에 '합성성의 원리(the Principle of Compos-itionality)' 혹은 '프레게 법칙(Frege's Principle)'이라고 불리는 유명한 원칙을 제시했다. 그 핵심 사상은 다음과 같다.

> ······ 언어에서 모든 표현의 의미는 그것의 직접 구성요소와 그것들을 결합하기 위해 사용된 통사 규칙의 의미 기능이어야 한다.[20]

많은 학자들이 절에서 주요 동사의 기능을 강조하고, 이 관점은 결합가 이론과 결합하여 동사의 논항구조가 전체 절의 논항구조를 결정하며, 전체 문장의 합법성은 동사의 결합가 구조로부터 추론해 낼 수 있다고 주장한다. 인지언어학은 이와 상반된 관점을 제기했는데, 언어성분은 조합하여 운용되는 과정 중 '부분적 합성성(Partial Compositionality)'만이 존재하며, 주로 '통합성의 원리(the Principle of Integration)'를 운용한다는 것이다.

게슈탈트 심리학은 통합성의 원리에 설득력 있는 이론적인 기반을 제공하고(제13장 참조), 언어 이론의 건립에 매우 중요한 역할을 했다. Langacker(2000:151)는 상징적 통합체(Symbolic Assemblies)와 구성요소(Building Blocks)를 구분했는데 이는 각각 통합성과 합성성의 원리에 속한다.

Langacker(2007:97)는 다음과 같이 말했다.

> ······언어의 의미는 단지 부분적인 합성성만을 가지고 있다. 엄격하게 말하자면, 당신이 늘 그것의 부분 의미로부터 복잡한 표현의 전체적인 의미를 예상할 수 있는 것은 아니다.[21]

---

19) **[역주]** 프레게(Gottlob Frege, 1848~1925)는 독일의 수학자이며 논리학자이다. 예나 대학교의 수학 교수였다. 비교적 최근에 와서 본격적으로 평가되기 시작했으나 분석철학적 전통의 초기 단계에서부터 깊은 영향을 끼친 사람이다. 그리고 현대 수리 논리학의 창시자로 인정받고 있다(네이버 지식백과).

20) ······the meaning of every expression in a language must be a function of the meanings of its immediate constituents and the syntactic rule used to combine them.

21) ······linguistic semantics is only partial compositional. You can not, strictly speaking, always predict the entire meaning of a complex expression from the meanings of its parts.

Taylor(2002:550)는 Langacker와 유사한 관점을 가지고 있다.

엄격한 합성은 가능은 하겠지만 거의 접하기가 어렵다. 대부분의 표현(나는 모든 표현이라고 말하고 싶다)은 그것들이 사용된 문맥에서 해석될 때 어느 정도로는 비-합성적이다.[22]

Taylor의 표현 어투가 Langacker 보다 더 무거워 보인다.
Goldberg(1995:16)도 다음과 같이 주장했다.

한 표현의 의미는 어휘항목의 의미를 구문의 의미로 통합시킨 결과이다.[23]

이러한 기술로부터 그들이 '통합성의 원리'를 강조했을 뿐만 아니라 '동사중심론'을 부정했음을 알 수 있다. 이는 인용문 중 '그것의 부분', '대부분의/모든 표현' 및 '어휘항목'과 같은 단어로부터 알 수 있으며, 여기에는 '주요동사(Main Verbs)'라는 표현은 사용되지 않았다.

'통합성의 원리'는 인지의미론 뿐만 아니라 구문문법론에서도 매우 중요한 원칙이자 이것이 다른 언어학 이론(특히 TG학파)과 구분되는 분수령이다. 王寅(2007)은 『认知语言学』 제9장 제4절에서 인지의미론의 주요 내용을 기술하면서 강조를 위해 '통합설'을 따로 기술하기도 했다.

우리는 종종 '물 분자구조'로 비유를 하기도 하는데 '물'은 두 개의 수소 원자와 한 개의 산소 원자가 결합하여 만들어진 것이다. 이 두 종류의 원자 중 하나는 연소물이고, 다른 하나는 연소를 돕는 물질이다. 그런데 그들이 결합한 후에는 왜 '연소'와 대립면을 이루게 되었을까? 이에 대해 간단하게 설명하자면 두 종류의 원자는 결합과정 중에 화학적 변화가 일어나 결합 후에 분자는 이미 구성 원자가 가진 원래의 성질을 잃게 된다. 이때 분자는 단순히 원자를 더한 것과는 성질이 다르다.

---

22) Strict compositionality is rarely, if ever, encountered. Most expressions(I am tempted to say: all expressions), when interpreted in the context in which they are uttered, are non-compositional to some degree.

23) the meaning of an expression is the result of integrating the meanings of the lexical items into the meanings of constructions.

언어의 단어도 결합 과정에서 유사한 현상을 나타낸다. 즉 비교적 작은 단위를 비교적 큰 단위로 결합시키는 과정에서 작은 단위의 성질은 어느 정도로 그것들이 원래 가졌던 의미를 상실할 가능성이 있고, 그 결합의 결과도 각각의 요소 단위를 단순히 더한 것과는 다르게 된다. 언어에는 이러한 현상이 대량으로 존재하는데, 이는 의미 해석은 전통적인 '합성성 원리'에 의존해서는 해석할 수 없으며 통합관으로 그 부족한 부분을 보완할 수 있기 때문이다(상세한 내용은 제10장 제3절 참조).

제5절 독립성과 상호작용성

1. 동사와 구문의 독립성과 상호작용성

Goldberg(1995)가 창시한 구문문법의 공헌 중의 하나는 바로 '구문 자체는 동사와는 독립적인 의미를 가진다'와 '구문과 동사 사이에는 상호작용성이 있으며 구문이 항상 주도적이다'는 점을 제안하고 논증했다는 점이다(제6장 제4절 참조).

'상대적 독립성'을 가지고 있다고 말하는 것은 단어 층위 이상의 구문이 일종의 관용형을 가지고 있으며, 그 자체적인 특정 격식과 의미를 가지고 있어서 일반적으로 일정한 기간 동안 개인이 그것을 마음대로 변경할 수 없기 때문이다.

그것이 '쌍방향 상호작용성'을 가지고 있다고 말하는 것은 전형적 동사의 원형 의미가 구문의 원형 의미에 영향을 줄 가능성이 있거나 후자가 직접적으로 전자에서 기원했기 때문이다. 기나긴 언어 변화 발전의 역사를 살펴보면 동사와 구문 사이에는 순환적인 진화의 과정이 존재할 가능성이 있으며 이 역시 문법화 이론과도 부합한다. 즉, 통사 층위의 문법화와 어휘 층위의 문법화가 상호 보완하며 이루어져 다음과 같은 도식으로 나타난다.

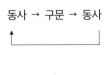

그림9-2

이를 상세한 그림으로 나타내면 다음과 같다.

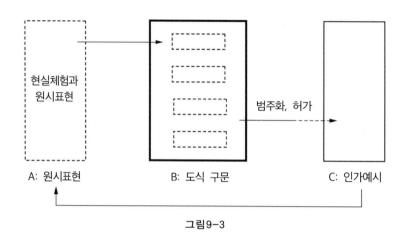

현실체험과
원시표현

범주화, 허가

A: 원시표현   B: 도식 구문   C: 인가예시

그림9-3

 구문 의미는 어떻게 생겨났을까? 그림9-3은 이에 대한 대답을 시도하고 있다. 그 근본적인 원인을 따져보면 구문 의미는 전형적인 사건 모형 및 동사의 원형적 용법에서 추출해 낸 것이다. 예를 들면 이중타동구문의 원래 의미는 전형적인 수여동사인 'give' 등의 용법에서 점차 형성된 것이다.

 '전형적인 전달 사건'은 원래 'give'(혹은 이 단어에 상응하는 동사류)를 사용하여 나타냈다. 이것이 그 뒤에 오는 두 개의 명사구 즉, 간접목적어와 직접목적어가 소유관계를 형성하도록 강요하고, 이 두 개의 명사구와 'give'가 결합하여 점차 하나의 추상적인 도식으로 개괄되며, 전형적인 동사 의미도 이에 따라 구문 속에 고착화되어 이중타동구문을 형성하게 되므로 이 단계에서는 동사가 주도적인 작용을 한다고 말할 수 있다.

 이런 종류의 구문이 빈번하게 사용되는 과정 중에 상대적으로 독립적인 구조 의미를 형성한 뒤에는 이것이 어느 정도로 전형적인 수여동사 'give'의 의미를 대표하게 된다. 이후 이것이 비전형적인 수여동사와 결합하여 사용될 때 '구문강요' 현상이 나타난다. 즉 이중타동구문이 이 구문에 사용된 술어동사가 '전달'의 의미를 가지도록 강요하는 것이다.

 이렇게 '동사'와 '구문' 간에는 명실상부한 상호작용 관계를 형성하게 된다. 한 편으로는 이중타동구문의 의미가 전형적인 'give' 등 수여동사에서 기원하고, 다른 한 편으로는 이러한 기반 위에 형성된 구문 역시 그 안에 들어간 비수여동사의 의미를 강요하여 그들에게 국부적인 조정이 일어나도록 한다. 이것이 바로 그림9-3의 C가 나타내는 '인가예시(Licensed Instance)'이며, 이는 구문의 개괄적인 의미의 기반이 될 수도 있다. 이렇게 동사와 구문 사이에는 상대적으로 안정적인 대응관계가 있을 뿐만 아니라 일종의 동태적인 변화 과정 도 있다.

그러므로 이중타동구문 분석은 구문 중에 사용된 동사와 밀접한 관련을 가진다. 이러한 사고에 근거하여 王寅(2008c)은 영어 이중타동구문에 사용될 수 있는 동사의 형성과 분포 상황을 중점적으로 분석했다. 이중타동구문의 개념구조는 'CAUSE NP1 TO RECEIVE NP2(NP1으로 하여금 NP2를 받게 하다)'이며, 만일 NP1과 NP2를 논항으로 한다면 남은 'CAUSE ……TO RECEIVE'가 바로 동사의 개념구조이다. 영어에서는 관련 구문을 부호 화, 어휘화, 문법화에 따라 4가지 주요 유형으로 나누었다. 필자는 먼저 『现代高级英汉双解 词典』(1970)의 조사에 근거하여 다음과 같은 구체적인 결과를 도출했다.

	4가지 구문	간략식	단독 사용	함께 사용
1	이중목적어구문	V + Y Z	6	
2	전치사 to 이중타동구문	V + Z to Y		91
3	전치사 with 이중타동구문	V + Y with Z	746	
4	전치사 for 이중타동구문	V + Z for Y		
			합계: 843	

그림9-4

그림9-4에서 보면 영어에는 이중목적어구문에만 사용되는 동사는 약 6개(answer, begrudge, cost, profit, refuse, tip)이고, 전치사 구문에만 사용되는 동사는 약 746개이며, 양자에 함께 사용되는 동사는 약 91개로, 합계 843개이다(상세한 내용은 『제2권』 제1장 참조). 이러한 연구 방법의 의의는 다음과 같다.

(1) '체험주의 철학'과 '사용기반 모델'이라는 기본적인 생각을 실행에 옮겨 '구문에서 와서 구문으로 간다'는 연구 방법을 부각시켰다. 즉 그림9-3에서 B에서 C로, 다시 A와 B에 이르는 순환 과정이다.

(2) Goldberg 등이 '동사'와 '구문'을 먼저 존재하는 두 개의 독립적인 실체라고 과도하게 강조하는 관점을 효과적으로 해소했다(제12장 제2절 참조).

(3) 이중타동구문의 개념구조에서 시작하여 영어 이중타동동사의 어휘화 문제에 대해 논의한 최초의 시도이며, 이는 인지언어학의 연구 방법과 완전히 부합하는 것이다.

본서에서는 동사와 구문이 상호작용한다는 생각에 기반을 두고 '어휘강요'라는 개념을 제안했다. 즉, 어휘의 의미도 구문을 강요하여 구문의 의미와 용법을 적당히 조정할 수 있게 한다는 것이다(상세한 내용은 제11장 참조).

2. 동사와 구문의 다의성

본서에서는 또한 Goldberg가 때로 과도하게 구문의 다의성을 강조한 반면 동사의 다의성에는 관심이 부족하다는 점을 발견했다.

동사의 다의성은 종종 다른 구문에 사용됨으로써 생기지만 일단 동사의 새로운 의미가 사전에 포함되면 사람들이 당연하게 받아들여 동사 자체의 다의성도 소홀히 할 수 없게 되며 그것이 출현하는 통사 환경에 완전히 의존하여 정의할 필요도 없어진다. 그러므로 이 역시 사물의 두 가지 다른 방면으로, 동사와 구문 모두 다의성을 가지고 있다고 해야지만 양자 간의 쌍방향적 상호작용성이라고 할 수 있다.

3. 구문의 의미와 동사의 의미를 모두 고려한 연구 방향

구문문법은 전통적인 '분해론' 혹은 '합성론'을 비판하고 '전체론'이라는 분석방법을 제안했으며, '하향식'의 연구 방법을 채택할 것을 주장했다. 이는 Chomsky 학파의 편협함을 반성한다는 취지에서 발전적인 의미를 가지고 있지만 '상향식' 연구 방법의 합리성과 실천성을 완전히 부정하지는 않는다.

전통 문법에서 강조하는 '어휘의미+구조의미'의 분석법도 여전히 일리가 있으므로 어휘의미에도 주의하고 구문의미에도 주의해야 한다. 양자는 상호 보완적이며 하나라도 없어

서는 안 된다. 이를 통해서 '유한한 기호를 사용하여 무한한 생각을 나타낸다'는 목표를
실현할 수 있다. Chomsky 학파는 '어휘에 의미가 있다'는 점은 인정하면서도 '구조에도
의미가 있다'는 입장을 소홀히 했다. 그러나 일부 구문문법 학자들도 어휘 의미에 대한
구문 의미의 강요 작용을 과도하게 강조하는 문제점이 있다.

제6절 정태성과 동태성

구문문법 학자들은 한 편으로는 문법 체계, 즉 구문 체계, 언어 체계가 어느 정도의
동태성을 가지고 있다고 여겼지만(제2절과 제5절 참조), 다른 한편으로는 문법 체계가 상대
적인 안정성도 가지고 있으며 양자 간에는 점진성이 있다고 지적했다. Langacker(1999:
21)는 다음과 같이 말한 바 있다.

    …… (그것들은) 이분법적 용어라기보다는 등급적인 것으로 보여 진다. ……언어는 개별적이
    고 분리적인 심리적 실체가 아니며 '언어 체계'는 정지된 것도 아니고 명확한 경계가 있는
    것도 아니다.
    화자가 배우고 사용하는 무수한 구조 패턴은 고정성, 안정성, 관습성에 있어서 상당히 다양
    하다. 그것들은 처리 활동(인지적 틀)에 상주한다는 점에서, 그리고 새로운 환경에 끊임없이
    강화되고, 정제되며, 조정되고, 적응한다는 의미에서 동태적이다. 결과적으로 복잡하고 계속
    진화하는 관련 패턴의 네트워크를 형성했다. …… 게다가 상당수의 패턴은 매우 오랜 시간동
    안, 절대 다수의 화자들 사이에서 매우 안정적이어서 우리는 그것들을 일관된 설명에 민감한
    '언어 체계'를 구성하는 것으로 간주할 수 있다.[24]

---

24) ……(they)are viewed in graded rather than dichotomous terms, ……language is not a discrete and
separate psychological entity, and a "linguistic system"is neither static nor clearly delimited.
The myriad structural patterns a speaker learns and uses vary greatly in their entrenchment, stability,
and conventionality. They are dynamic, both in the sense of residing in processing activity(cognitive
routines), and also in the sense of constantly being reinforced, refined, adjusted, and adapted to new
circumstances, resulting in complex and ever-evolving networks of related patterns. ……Moreover,
a substantial number of patterns are stable enough, for a long enough span of time, across a large

위의 그림9-2와 9-3이 나타내는 동사와 구문 간의 상호작용 관계 및 구문문법 학자들이 주장하고 견지하는 '사용기반 모델'은 구문에 동태성이라는 특징이 있음을 보여준다.

구문의 정태성과 동태성 예증에 관해서는 중국어에 새로 나타난 '부사+명사 구문'에 대한 『제2권』의 제12장의 논의를 참고하기 바란다.

제7절 원형성과 다의성

구문의 의미는 인지언어학이 일관되게 주장한 원형범주, 인지모형, 영상도식, 은유기제 등의 인지방식을 통해서 더 잘 해석할 수 있다.

구문에는 중심 구성원과 비중심 구성원의 구분이 있다. 구문 가족의 중심 구성원은 원형 용법으로 의미 방면에서 예측이 가능하다. 그러나 비중심 구성원은 다의어와 비슷해서 중심 구성원에 기반을 두고 은유와 환유 등의 인지기제를 통해 확장된 것이며 동기성이 있다. 이 역시 통사는 자립적이지 않다는 것을 설명한다.

그러므로 구문은 어휘와 마찬가지로 다의적일 수 있는데, 이것이 바로 '구문의 다의성(Constructional Polysemy)'이다. 즉 하나의 형식이 여러 개의 관련 의미와 결합하여 그들은 방사 의미범주를 형성하고, '긴밀하게 관련된 구문 가족(a Family of Closely Related Constructions)'25)을 구성하는 것이다. Lakoff(1987)가 저술한 'There-구문'과 'Here-구문' 및 Zwicky(1986, 1994)가 저술한 'WH-구문'은 모두 구문 가족이다.

구문문법 학자들은 또한 원형 의미로부터 어떠한 의미와 용법이 파생될 수 있을 것인가는 예측할 수 없다고 주장한다(Goldberg, 1995:34).

Michaelis(2003b:182)는 다음과 같이 지적한 바 있다.

구문은, 단어처럼 시간이 지남에 따라 체계적 의미적 확장의 대상이 되고, 마치 단어처럼,

---

enough population of speakers, that we can take them as constituting a "linguistic system"susceptible to coherent description.

25) 긴밀하게 관련된 의미 가족(a Family of Closely Related Senses)라고도 한다. 본서에서는 이를 간단히 줄여 다의적 구문 가족(Polysemous Construction Family)이라고 부를 것이다.

그것의 상호 관계는 공시적 관점에서 볼 때 이해하기 어려운 개념의 배열을 나타내기도 한다.[26]

다의적 구문 가족은 Lakoff의 은유인지론으로부터 영향을 받았을 뿐만 아니라 Fillmore의 '틀의미론'과도 밀접한 관련이 있다. 틀의미론에 의하면 관련이 있는 의미들은 하나의 틀을 형성할 수 있고, 틀 속의 서로 다른 개념요소를 결합하거나 부각시키면 또 다른 어휘를 만들 수 있다. 즉, 틀 속의 관련 개념요소는 어휘화할 때의 방법이 서로 다르다. 틀 속의 개념요소 간 상호 관계는 매우 밀접하므로 이러한 어휘에 대해 정확하게 이해하기 위해서는 전체 틀을 참조해야만 한다. 구문문법도 이로부터 깊은 영향을 받아 유사한 견해를 제시했다. 의미상 관련이 있는 구문 혹은 하나의 원형 구문으로부터 나온 다의 구문은 다의적 구문 가족을 형성할 수 있다. 어떠한 개념요소를 부각시키느냐에 따라 의미가 동일하거나 유사한 구문이 만들어진다. 마찬가지로 구문을 정확하게 이해하고 사용하기 위해서는 다의적 구문 가족에서 관련 구성원을 참조해야 한다.

그러므로 틀의미론의 이론적 방향과 분석방법이 구문문법에 적용되어 있고, 틀의미론이 구문문법의 이론적 기반 중의 하나이며, 구문문법은 틀의미론에서 자연적으로 발전한 것이라고 볼 수 있다. '틀'을 사용하면 어휘와 구문 포함한 동의 항목을 아우를 수 있다. 다시 말해 '틀'은 동시에 구문(어휘와 문형 포함)을 위한 배경 지식과 이해의 기초를 제공할 수 있다. 의미가 유사한 구문은 동일한 틀 속에 있는 서로 다른 어휘처럼 하나의 미시적 시스템의 관할 하에 있다. 이 미시적 시스템이 바로 하나의 '틀'이다. 그러므로 '틀'이라는 개념을 사용하여 이들을 포괄할 수 있다.

'구문 다의성'은 또한 전통적으로 말하는 '어휘 다의성'과 서로 일치한다. 이는 인지언어학이 형태와 통사 구분을 반대하는 데 믿을만한 근거를 제공했다. Goldberg(1995:32)는 다음과 같이 지적했다.

---

26) Constructions, like words, are subject to systematic semantic extension over time, and like words, may denote an array of concepts whose interrelationships seem opaque from the perspective of synchrony.

즉, 구문은 형태소와 동일한 기본 데이터 유형으로 취급되기 때문에 형태소와 같은 다의성을 가져야 한다.[27]

앞서 논의한 바 있는 '작용력-운동' 사역구문은 그 전형적인 용법이 명확한 사동 의미를 가진 타동사를 사용하고, 동사 뒤의 어떤 사람이나 사물에 물리적인 이동이 발생하는 것이지만 이 원형 구문도 은유적으로 일부 비중심적 용법을 확장시켜 다의 현상이 출현했다. 예를 들면 이 구문은 자동사를 사용할 수 있고, 사역력이 만드는 '운동'은 '상태'만을 나타낼 뿐 명확한 물리적 운동이 아닐 수도 있다.

[15] Bill talked Mary into a state of bliss. (Bill은 Mary와 얘기하여 행복한 상태에 빠지게 했다.)

Bill은 Mary와의 대화를 통해 그녀에게 심리적인 변화가 일어나도록 하여 'bliss'의 상태로 진입하도록 했다. 원래 이 구문에서 작용력의 영향을 받아 생길 수 있는 '운동'은 '심리 변화' 상태 혹은 '한 지점의 위치'로 투사되어 이 구문으로 하여금 주변적 의미인 '작용력-상태/지점으로 진입'이 생기도록 한다.

[16] Bill talked Mary out of leaving. (Bill은 Mary가 떠나지 않도록 설득했다.)

Bill은 Mary와의 대화를 통해 그녀가 '떠나지 않기'로 생각을 바꾸도록 했다. 이때 원래 사동 구문 중의 '이 지점을 떠남(out of)'은 '어떤 동작을 집행하지 않음'으로 투사되었다. 중국어에도 유사한 용법이 있다.

[17] 老张说得他动了心。 (라오 짱(老张)이 말해서 그가 마음이 동했다.)
[18] 老张说得他心花怒放。 (라오 짱(老张)이 말하자 그는 기뻐 어쩔 줄 몰랐다.)

---

27) That is, since constructions are treated as the same basic data type as morphemes, that they should have polysemous senses like morphemes is expected.

이중타동구문도 구문의 다의성을 나타낸다(Goldberg, 1995:75). 이중타동구문의 핵심 의미는 성공적 전달(Successful Transfer)이고, 이는 다의어와 같이 이 핵심 의미를 둘러싸고 여러 가지 다른 의미와 용법을 만들 수 있고, '성공적 전달'은 실질적인 것일 수도 있고, 의지적인 것일 수도 있으며, 인가적인 혹은 금지적인 것일 수도 있다(상세한 내용은 『제2권』 참조).

그밖에 제10장 제2절은 소유격구문의 원형성과 다의성에 대해 논의할 것이다.

제8절 분류성과 층위성

먼저 한 언어에서 구문은 여러 유형으로 나눌 수 있고, 이 유형들은 동일하거나 유사한 구문에 따라 구성된 구문 가족 범주에 근거하여 나눌 수 있다. 이러한 유형 혹은 구문 가족에는 여러 층위가 포함되어 있다. 즉 추상적인 구문 도식이 구체적 실례 표현으로 나타나기까지 여러 층위로 분석될 수 있다. 이는 구문문법 학자들이 말하는 구문의 '분류 층위성(Taxonomic Hierarchy)'[28]이다. 이는 구문의 특징으로 볼 수도 있고, 구문 사이의 관계 처리로 볼 수도 있다(제14장 제6절 참조).

구문도 종류를 구분할 수 있다면 구문문법 이론에서도 구문을 분류할 필요가 있다. 즉, 구문은 일반화의 정도에 따라 분류될 수도 있고, 동형과 유의를 포함한 동일한 종류의 구문도 추상성의 정도(혹은 도식성의 정도(Degree of Schematicity)라고도 함)가 다를 수 있다. 이렇게 확정된(상대적이고 임시적으로 확정된) 구문은 사람들마다 그 분류와 층위의 특징에 근거하여 서로 다른 종류와 등급의 문법 네트워크에 넣고 저장될 수 있다. 저장된 위치는 의사소통의 필요에 따라 일정한 경로를 따라 수시로 조정될 수 있다.

구문은 먼저 구조 유형에 따라 대체로 '자동구문', '타동구문', '이중타동구문', '존현구

---

28) 일부 학자들은 이 두 용어를 엄격하게 구분하지 않는 경향이 있다. 예를 들면 어떤 학자는 구문의 이러한 특징을 Taxonomy(분류성)라고 하고, 또 어떤 학자는 이를 Hierarchy(층위성)이라고 한다. 본서에서는 '분류 층위성'이라는 용어를 사용하고자 하는데 이 용어가 동시에 두 가지 층위의 함의를 가지고 있기 때문이다. 즉 구문은 '분류'의 측면에서 '종적'으로 나눌 수도 있고, '층위'의 측면에서 '횡적'으로 나눌 수도 있기 때문이다.

문' 등으로 나누고, 기능 유형에 따라 '진술구문', '부정구문', '의문구문', '감탄구문' 등으로 나눈 다음 각각의 종류 안에서 층위를 나눠 처리할 수 있다. '분류성'과 '층위성'은 떼려야 뗄 수 없는 것이다. 본장에서는 먼저 층위성에 대해 논의한 다음 다시 양자를 결합하여 예를 들어 설명할 것이다.

구문의 층위성에는 두 가지 차원이 포함된다.

(1) 종적 차원: 층위성과 구문의 도식-예시성

(2) 횡적 차원: 층위성과 구문의 중적-통합성

1. 종적 차원: 층위성과 구문의 도식-예시성

이는 종적인 취합의 각도에서 구문과 구문실례 간의 층위성 관계에 관한 논의이다. 이들 간의 관계는 주로 일반성과 추상성에 기반을 두고 처리되어 형성된 것으로 추상적 구문은 구체적인 구문실례에 비해 어느 정도의 일반성을 가지기 때문에 구문이 일반성을 가진다고 말할 때는 사실상 그것이 층위성을 가진다는 것을 함축하고 있다.

구문의 층위성은 구문의 도식-예시성(Schematicity-Instantiation)에 의해 결정된다. '도식'은 '범주화 관계(Categorizing Relationship)'를 통해 많은 구체적인 언어 표현으로부터 추상화한 일반적 구조 유형이며, '예시'는 범주화 관계를 통해 인가(Sanction, License)를 받아 형성될 수 있는 구체적 혹은 비교적 구체에 가까운 표현 형식이다. 도식성 구문이든 예시적인 구문실례이든 모두 독립적인 정도 단위 혹은 말덩어리로서 사람들의 마음속에 저장되어 수시로 사용되어지길 기다리고 있다.

Croft(2005:275)는 '도식-예시'의 연속체를 표로 해석해 놓았다. 본서에서는 다음과 같이 약간의 수정을 가하고 한 항목을 더 넣었다.

구문 유형	전통적 용어	예
1. 복합적이며 도식성이 가장 높음	통사(1)	[SUBJ VERB PHRASE]
2. 복합적이며 도식성이 약간 높음	통사(2)	[SUBJ *be*-TNS VERB-*en by*OBL]
3. 복합적이며 (주로) 고정된 단어임	숙어	[kick-TNS *the bucket*]

4. 복합적이며 교착되어 있음	형태	[NOUN-*s*], [VERB-TNS]
5. 원자적이고 도식적임	통사 범주	[NOUN], [VERB]
6. 원자적이고 기본적임	어휘	[bucket], [kick]

그림9-5 도식-예시 연속체

'도식성의 정도'는 Fillmore, Kay&O'Connor(1988)가 구문의 추상성의 정도를 구분할 때 사용한 용어이다. 위의 그림에서 보면 구체적인 단어를 적게 가진 복합 구조일수록 그 추상적 도식성의 정도는 높다. 즉, 변항을 많이 가진 복합 구조일수록 그 추상적 도식성의 정도도 높다. 그림9-5의 첫 번째 항에서 나타낸 주술구문은 다음과 같다.

[19] [SUBJ VERB PHRASE]

이 구문의 도식성의 정도가 가장 높다. 왜냐하면 각 요소들이 모두 변항을 가지며 구체적인 단어를 사용하지 않아서 전통 이론에서 나타내는 '주술목' 구조의 통사 형식에 해당하기 때문이다.

두 번째 항은 '수동태 구문'으로 첫 번째 항에 비해 그 도식성의 정도가 약간 낮다. 왜냐하면 두 개의 특정한 구체적인 단어인 'be'와 'by'가 포함되어 있기 때문이다. 이는 전통 이론에서 수동태를 표시하는 통사 형식에 해당하는데 그 도식 정도가 상대적으로 낮으므로 (2)로 표시하는 것이다.

세 번째 항의 고정표현(Substantive)은 완전히 형태적으로 구체적인(completely lexically specific) 고정구를 가리킨다. 이는 도식 정도가 가장 높거나 비교적 높은 통사에 비해 고정적이고 구체적인 어휘를 비교적 많이 포함하고 있다. 전체 구문은 단 하나의 도식적 성분인 TNS(시태)만을 나타내고 다른 성분은 모두 특정한 구체적인 어휘이다.

영어 교육에서 종종 부정대명사인 'somebody(sb로 줄여 씀)', 'something(sth로 줄여 씀)' 등으로 구체적인 사람이나 사물을 대표하고, 'do'를 사용하여 동사원형을 대표하며, 'doing' 으로 동사의 현재분사 형식을 대표하고, 'done'으로 동사의 과거분사 형식을 대표한다. 이들이 하는 역할은 실제로는 도식성 표현과 같다.

[20] leave sth. undone

위 예문 중 'sth'는 관련 명사를 대표하고, 'undone'은 부정 접두사를 가진 동사의 과거 분사를 대표한다. 이 역시 도식성의 정도가 가장 높은 구문과 가장 낮은 구문실례(모두 구체적인 어휘 사용)의 사이에 있는 구문의 일종으로 이에 기초하여 다음과 같은 구체적인 표현을 만들 수 있다.

[21] leave the experiment unfinished (실험을 끝내지 않은 채로 두다)

[22] leave the paper unwritten (논문을 쓰지 않은 채로 두다)

[23] leave the problem unsolved (문제를 해결하지 않은 채로 두다)

[24] leave the house uncleaned (집을 더러운 채로 두다)

지금부터 도식성이 가장 높은(즉 가장 추상적인) 'SUBJ VERB PHRASE'에서 도식성이 가장 낮은(가장 구체적인) 'He kicked the bucket'을 예로 들어 그들 간의 '도식-예시'의 연속체 관계에 관해 차례로 분석하고자 한다.

[25] [SUBJ VERB PHRASE]

[26] [SUBJ VERB-TNS PHRASE]

[27] [SUBJ VERB-TNS OBJ]

[28] [He VERB-TNS OBJ]

[29] [He kick-TNS OBJ]

[30] [He kicked OBJ]

[31] [He kicked [the bucket]]

예[25]에서 [31]까지를 하나의 '구문-구문실례' 연속체라고 볼 수 있다. 이것들은 서로 다른 정도의 추상성을 가지고 있으며, 하나의 미시적 시스템을 구성한다. 위쪽 층위의 구문이 더 개괄적이고 도식성이 더 높으며 아래로 갈수록 위쪽 층위에 대한 예시가 된다.

전자는 후자로 부터 관련 정보를 상속 받아, 다중적 '도식-예시'라는 층위 관계를 구성하고, 엄밀한 층위성의 네트워크를 형성한다.

다른 예로 영어의 어떤 성분(주로 명사)의 뒤에 '-al'을 붙이면 형용사가 되고, '-iz(e)'를 붙이면 동사로, '-ation'을 붙이면 명사가 될 수 있다. 이러한 과정은 작은 것부터 큰 것까지 다음과 같은 하나의 추상적인 도식성 구문(혹은 구문 도식이라고 함)으로 개괄할 수 있다.

[32] [[[……]-al] ADJ-iz] V-ation] N

이 어휘 파생 과정에는 큰 것부터 작은 것까지 4개의 층위를 포함하고 있다. [32]는 가장 높은 추상적 층위에 있고, 비교적 생산성이 높아서 다음과 같은 구체적인 예를 만들 수 있다.

[33] centralization, normalization, radicalization, marginalization, lexicalization, grammaticalization……

구문의 이러한 기본적 특징은 이 이론이 '사용기반 모델(Usage-based Model)'을 고수하도록 만들었다(제3장 제2절 참조).

2. 횡적 차원: 층위성과 구문의 '중적-통합성'

구문은 또한 중적성과 통합성을 가진다. 사람들은 음운과 의미의 결합쌍이라는 상징단위를 끊임없이 결합함으로써 언어 표현과 의사소통이라는 목적에 도달한다. Langacker(1987:310)는 다음과 같이 지적한 바 있다.

층위는 인류 인지의 토대이다. 인지적 처리 과정은 다층적인 조직을 포함하며, 하나의 층위에 있는 성분들이 결합하여 다음 상위 수준에서 단일 개체로서 기능하는 복합적인 구조를 형성한다.[29]

구문은 상징단위가 통합되어 구성한다. 비교적 작은 구문은 여러 층으로 쌓아올려져 비교적 큰 구문으로 통합되고, 비교적 큰 구문 역시 여러 층의 비교적 작은 많은 상징단위로 분해될 수 있다(Langacker, 1991a:3). 음운단위이든 의미단위이든 모두 이러하다.

[32]는 작은 것부터 큰 것까지 4번 중적된 통합 과정을 포함하고 있다. 다른 예를 들면 하나의 명사구에는 또 다른 명사구가 포함되어 있을 수도 있고, 하나의 절에는 다른 절이 포함되어 있을 수도 있다. 그것들은 작은 것에서 큰 것까지 점차적으로 복합적인 구문을 형성한다.

[34] the boy's father (소년의 아버지)

위의 예문에는 하나의 명사구문 'the boy'를 포함하고 있는데, 여기에 계속 더하여 다음과 같이 만들 수 있다.

[35] the boy's father's friend's boat (소년의 아버지 친구의 보트)

이것이 바로 우리가 종종 말하는 언어의 '순환성(Recursion)'[30]이다.

인지문법이 상향식의 연구 방법을 취하기 때문에 비교적 낮은 층위의 정보는 언어구문에 대한 묘사에 있어 더 기초가 된다. 비교적 높은 층위의 추상적 도식은 더 넓은 범위의 실례를 포함하고 있지만 때로 일반화 정도가 과도하게 높아 적합하지 않은 표현을 배제할 수 없다. 즉 생산성이 너무 강한 것이다. 그러므로 인지문법에서는 관건이 되는 정보가 비교적 낮은 구문의 층위에 분포되어 있다고 본다.

---

29) Hierarchy is fundamental to human cognition. Cognitive processing involves multiple levels of organization, such that elements at one level combine to form a complex structure that functions as a unitary entity at the next hight level, and so on.

30) [역주] '순환성'은 Chomsky(1957, 1965, 1981, 1995, 2000, 2012, 2016 등)의 통사구조 이론에서 집중적으로 다루어졌다. 이론에 따르면, 인간의 언어는 소리를 매개로 하는 의사소통체계이지만 의사소통 구조의 저변에는 선험적이고 보편성을 띤 순환적 구조가 내재하며, 단어와 구의 구조들 간에는 동일한 구조가 위계적으로 순환적으로, 반복적으로 구성되어, 결과적으로 언어구조에는 무한한 표현력과 창의성이 잠재한다고 전제한다(조숙환(2020:11-12), 『언어와 인지의 순환성과 기원』, 한국문화사).

상징단위와 구문은 횡적인 분류성과 종적인 층위성을 가지고 있다. 그것들은 서로 다른 차원과 층위에 있다. 문법 자체는 바로 하나의 층위적 구조물(a vast inventory of symbolic units structured in hierarchies that overlap and intersect on a massive scale(대규모로 겹치고 교차하는 계층 구조로 된 상징적 단위의 방대한 목록))로 볼 수 있다. 이를 출발점으로 하여 언어는 '상징단위와 구문의 저장소'라고 정의될 수 있다. 왜냐하면 구문은 두 개 혹은 두 개 이상의 상징단위로 구성된 것이기 때문이다. 이렇게 구문은 문법으로서 마음속의 표현 형식일 수 있으며 우리는 이를 통해 마음의 관점에서 언어체계를 묘사할 수 있다.

제9절 상속성과 제약성

Goldberg는 구문과 동사 사이에는 상호작용적 관계가 있고(제6장 제4절 참조), 구문과 구문 사이에는 상속의 관계가 있으므로(제6잘 제5절 참조), 이를 통해 구문 간의 구조적 네트워크(Structured Network) 관계를 논할 수 있다고 주장했다.

앞선 제8절에서도 논의했듯이 구문에는 층위성이 있다. 이는 필연적으로 인근 층위 사이의 정보 전달과 특징 전이문제와 관련될 수밖에 없다. 구문문법 학자들은 종종 '상속(Inheritance)'이라는 용어로 그 사이의 관계를 해석하곤 한다.

'상속'은 주로 하위 층위의 구문이 상위 층위의 구문으로부터 관련 정보 혹은 용법적 제약 받음을 나타낸다. 반면 '인가(license)'는 주로 상위 층위의 구문이 하위 층위의 구체적 표현이 들어갈 수 있는지 특히, 어휘가 그 안에 삽입될 수 있는지 허락함을 가리킨다. '강요(Coercion)' 역시 상위 층위의 각도에서 말하는 것으로, 상위 구문이 하위 구문 혹은 구체적인 어휘로 하여금 통사, 의미, 화용의 방면에서 필요한 변화를 일으키도록 하는 것이다. 이로 볼 때 이 세 가지 용어는 상호 관련되어 있으며 변증법적 관계에 있다. 즉, 하위 구문이 그 상위 구문으로부터 정보와 제약을 '상속' 받을 때 상위 구문 역시 '인가'의 기능을 행사하고 있다. 두 층위의 구문 사이의 정보에 충돌이 발생할 때에는 구문이 적법해지도록 상위 구문이 '강요'의 기능을 행사할 수 있으며, 하위 구문 혹은 구문실례(구체적 어휘)에 필요한 변화가 일어나도록 한다. 이러한 각도에서 구문문법이 왜 '인가', '상속', '강요'를 통해 수용할 수 없는 구문의 제약 조건을 설명하려고 하는지 그 이유를 이해할 수 있다. Zwicky(1994:614)는 '인가의 관점(Licensing View)'을 해석할 때 다음과 같이 지적했다.

만일 음운 형식이 어떤 통사 구문의 예시로서 그것의 의미와 결합한다면 그 표현식은 통사적으로 잘 만들어진 것이다. 결과적으로 어떤 표현식이 비문이 되는 것은 그것을 인가하는 구문과 결합하지 않았기 때문이지, 그것을 배제하는 구문을 뛰어넘는 필터가 있어서가 아니다.[31]

위에서 논의한 관점을 다음과 같은 그림으로 나타낼 수 있다.

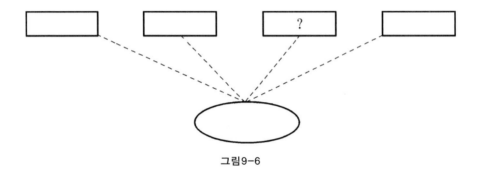

그림9-6

그림 중의 실선으로 된 사각형은 '통제하는 구문(Dominating Construction)'을, 타원은 '통제를 받는 구문(Dominated Construction)'을 나타낸다. 물음표가 있는 사각형은 '아직 사용되지 않은(즉 아직 합성되지 않은) 문법구문'을 나타낸다. 통제를 받는 구문이 물음표를 가진 문법구문으로부터 관련 정보 특징과 용법 제약을 상속받을 필요가 있지만 실제로는 아직 사용되지는 못했을 때, 이 타원형의 구문은 수용할 수 없는 구문 혹은 구문실례가 될 수 있다. 그러므로 관련 문법구문으로부터 필요한 정보를 상속받을 수 있다면 수용 가능한

---

31) An expression is syntactically well-formed if its phonological form is paired with its semantics as an instance of some syntactic construction. It follows that an expression is ungrammatical only because there is no combination of constructions that license it, not because there is some cross-constructional filter that rules it out.

어구를 형성할 수 있는 제약 조건이 된다.

　상술한 내용을 통해 알 수 있듯이 구문의 각 층위 사이에는 비록 상속성이 있지만 모든 정보가 다 상속될 수 있는 것은 아니며 일부 정보는 일정한 제약을 받아 상속될 수 없다. 하물며 모든 구문은 자체적으로 특정한 사용조건을 가지고 있으며, 언어가 복잡한 개념을 표현하는 방식을 관할하고 있다. Goldberg(1995)는 이 방면에서 심도 있는 사고를 하여 영어의 사역구문, 결과구문, The Way 구문의 상속 방식, 인가 제약 등의 문제에 관해 비교적 상세하게 기술했다.

　또 다른 예로 명확한 '수여의 의미'를 나타내지 않는 동사가 이중타동구문에 사용될 때는 비교적 큰 제약을 받을 수 있다. 徐盛桓(2007)의 통계에 따르면 이중타동구문에 사용될 수 있는 이러한 종류의 영어 동사에는 'bake, paint, wire, quote, promise, permit, allow, play' 등 약 20~30개가 있는데, 다른 영어 동사 대부분은 왜 이중타동구문에 사용될 수 없는가에 대한 연구가 더 필요하다. 刘国辉(2007)는 개념 층위의 각도에서 유익한 시도를 했는데 우리도 생각해 볼만한 가치가 있다.

　그밖에 통사 범주가 횡적으로 통합될 때 만일 상속과 인가의 요구를 만족시키고, 구문의 기본 조건에 부합한다면 그 제약 하에 상호 적응할 수 있고, 병치될 가능성이 비교적 커진다.

[36] Shameless wild women live happily. (뻔뻔하고 거친 여자들은 행복하게 산다.)

위의 예문은 다음과 같이 복잡한 구문의 순서를 형성하고 있다.

[37] 특징 ― 특징 ― 실체 ― 과정 ― 방식

문장의 음운극은 그 문장의 일반적인 의미 범주의 순서를 나타낸다. 그러므로 영어는 이 어휘가 높은 층위의 의미에서 이와 같은 순서 배치를 가지도록 허용하며, 의미와 음운 순서의 제약을 짝지어 연결한다. 다음은 Chomsky가 제시한 유명한 문장이다.

[38] Colorless green ideas sleep furiously. (무채색의 초록색 생각이 격렬하게 꿈꾼다.)

위의 문장에서 모든 단어는 하나의 음운극을 나타내고 있으며 대응되는 하나의 의미극과 서로 어울린다. 비록 예[38]은 매우 가상적인 장면 혹은 시적인 환상 속에서만 의미를 가지지만, 그 순서는 [37]에서 개괄한 영어의 '음운-개념' 구문 순서에 완전히 부합하므로 의미를 전달할 수 있다. 그러므로 인지언어학들은 이 유명 문장이 영어의 비교적 상위 층위에서 의미 개념의 특정한 표현 순서에 부합한다고 보았으며, 이러한 특징과 의미를 가진 단어가 이러한 순서에 따라 배열되기만 하면 이해될 수 있는 의미를 어느 정도 가질 수 있다고 보았다(Lakoff&Johnson 1999:505, Minsky 1975). 그런데 만일 이 문장의 어순을 뒤집는다면 다음과 같이 된다.

[30] Furiously sleep ideas green colorless.

위 문장은 어떠한 의미도 전달할 수 없다. 왜냐하면 영어에서는 위와 같은 어순을 적용할 수 있는 '음운-개념' 구문 순서가 없기 때문이다. Chomsky가 이 예를 든 의도는 전통적인 기술문법의 단점을 설명하기 위해서였지만, 이 예는 Chomsky 이론의 단점을 부각시키기도 했다. 즉, 통사가 의미 제약의 영향을 받을 수밖에 없다는 점 때문에 그의 통사 자립설을 비판하는 예가 되었다.

제10절 동기성과 도상성

인지언어학은 '현실-인지-언어'라는 인본적인 원칙을 고집한다. 인지언어학은 언어 표현 이면의 인지기제를 발굴하고, 언어 표현 혹은 문법구문이 사람의 '체험'과 '인지'적 작용으로 형성된 것이며, 언어는 '사람만이 가진' 상품이라는 점을 강조하는 데 취지를 두고 있다. 이러한 각도에서 보자면 언어 혹은 구문은 바로 인간의 인지방식과 의사소통의 목적에 따라, 인간의 눈 속에 비친 세상의 형태에 근거하여 형성된 것이다. 이러한 이론적 틀 속에서 언어 기호와 문법구문은 '도상성'을 가진다는 결론에 도달할 수밖에 없다.

인지언어학 이론의 틀에서 말하는 도상성은 전통적인 의미에서 말하는 '언어 기호' 및

'객관 세계' 간의 관계는 아니라는 점에 주의해야 한다. 그러므로 최근의 도상성과 자의성을 둘러싼 의견 대립 역시 전통적인 '자연파'와 '규약파' 간의 논쟁과는 다르다. 자연파와 규약파는 서양철학의 감성론과 이성론, 특히 인식론 중의 경험론, 합리론과 마찬가지로 모두 인간의 주관적 요소를 배제하는 데 뜻을 둔 객관주의 철학관의 산물이다(Lakoff, 1977; Lakoff&Johnson, 1999 참조). 이러한 입장에 기초하여 두 학파는 언어 기호와 의미 사이의 관계를 처리할 때 동일한 연구 경로를 따랐는데 '언어 기호'와 '세계'를 직접 연결하여 전통적인 '지시론'적 의미관의 이론적 틀을 벗어나지 못했으며, 양자 사이에는 '규약성' 아니면 '동기화'가 있게 된 것이다. 이는 그림9-7과 같다.

현실　　　　　　언어

그림9-7

Frege는 비록 의미 연구에서 돌파구를 마련하여 이 두 요소 사이에 'Sense(Sinn)'을 더했지만 여전히 객관주의적 철학관의 범주에 속한다는 그 기본적인 철학적 입장에는 변함이 없었다. Ogden&Richards(1923)는 뒤에 Frege의 이러한 사상을 아래와 같은 '의미의 삼각형(Semantic Triangle)'으로 종합했다.

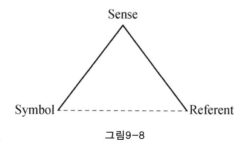

Sense

Symbol ----------------- Referent

그림9-8

Frege(1892, cf. Lakoff&Johnson1980:199)는 논문에서 'Sense'와 'Idea'를 명확히 구분했다. 즉 전자는 '객관적 의미'이고 후자는 '주관적 의미'라고 한 것이다. 그러므로 여기에서 말하는 'Sense'는 바로 객관 사물이 두뇌에서 거울처럼 반영된 것을 가리킨다. 소위 '거울'

은 바로 사람의 주관적인 요소를 배제하고, 거울에 비친 것처럼 완전히 또한 객관적으로 외부의 실제 상황과 특징을 반영한다. 이는 전통 서양 철학이 고수하는 객관적 진리는 반드시 데카르트적 패러다임(Cartesian Paradigm)을 지켜야 한다는 준칙과 똑같다.

이러한 서양 철학의 배경 지식에 근거하면 그림9-8은 다음과 같이 해석될 수 있다. 즉, 언어 기호는 Sense(객관적이고 비체험적인 의미)를 통해 객관적으로 외부 세계가 가리키는 대상을 지향하며,[32] Sense는 바깥 사물을 확인하는 여과장치가 된다. 이는 마치 이원적 요소 지시론이 남긴 문제를 해결한 것처럼 보이지만 근본적으로 살펴보면 여전히 객관주의 철학의 굴레에서 벗어나지 못했다. Frege가 Sense를 객관적 의미라고 확정한 것으로부터 그의 이러한 입장이 결정된 것이다. 또한 의미의 삼각형에서 볼 때 Frege는 아직까지 '언어 기호'와 '지시체' 간의 관계(간접적 관계, 점선으로 표시)를 철저히 포기하지 않은 것으로 보이며, 이원적 요소 지시론의 흔적을 희미하게 가지고 있다. 그러므로 '현대 의미 이론의 창시자'라고 불리는 Frege는 Lakoff&Johnson에 의해 현대 객관주의 철학가의 대표로 추대되긴 했으나 여전히 미흡한 부분이 있다.

본서에서는 Lakoff&Johnson의 주요 관점에 근거하여 그림9-9에서 그린 삼각형의 맨 위 꼭짓점에 있는 Sense를 Cognition(주관과 객관을 모두 가지는)으로 수정한 뒤에 아래로 선을 내려 다음과 같은 그림으로 나타내고자 한다.

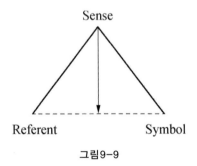

그림9-9

---

32) Frege(牟博 등 역, 1998:377)가 원래 한 말은 '기호는 그것의 의미와 그것의 지칭 사이에 다음과 같은 정상적인 연계가 있다. 즉 어떤 기호와 상호 대응되는 것은 특정한 함의이며, 특정한 함의와 상호 대응되는 것은 특정한 지칭인데, 하나의 지칭(대상)과 상호 대응되는 것은 단 하나의 기호가 아닐 수도 있다.'이다.

이렇게 하면 그림9-10과 같은 결론을 도출할 수 있다.

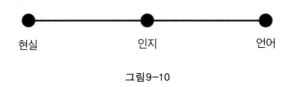

현실   인지   언어

그림9-10

삼각형의 맨 위에 있는 Sense(객관적이고 거울과 같은 의미)를 Cognition(주관과 객관을 모두 가진, 체험적 개념화)으로 바꾸고, 아래의 점선까지 화살표로 내리면 '언어기호'와 '외부 세계' 간의 직접적인 연계를 철저히 차단하게 된다. 이렇게 언어 기호는 단지 인지만이 가질 수 있다는 결론에 도달할 수 있고, 언어는 단지 '의인화된 언어'일 수밖에 없다. 이것이 바로 체험주의 철학과 협의의 인지언어학에서 말하는 '언어는 인간이 객관세계에 대해 상호작용하고 체험하며 인지적 처리한 결과'인 것이다.

여기에서의 Cognition은 王寅(2008b)이 제시한 '체험적 개념화' 혹은 '체험설'에 해당하며 주로 '상호작용적 체험성'과 '인지적 처리'라는 두 가지 내용을 나타낸다. 이것은 외부 세계에 대한 객관적 인식도 반영하고, 인간의 주관적 능동성도 체현해 낼 수 있다. 그러므로 인지언어학 이론의 틀에서 말하는 도상성은 바로 그림9-10의 오른쪽에 있는 '언어' 혹은 '언어 구문'과 중간의 '인지방식'을 나타내며, 인지와 왼쪽의 '현실'을 통해서 건립된 동기화 관계를 가리킨다.

그밖에 钱冠连이 제기한 '언어 홀로그래피 이론(the Theory of Language Holography)' 역시 체험주의 철학 및 인지언어학의 도상성과 유사하다. 그는 언어와 인지는 홀로그래피 관계를 가지고 있다. 소위 언어 홀로그래피는 언어와 그 외부 및 내부의 각 층위에 동일, 유사, 호응, 상호 포함의 관계가 있음을 가리킨다(상세한 내용은 제3장 제2절 참조). 钱冠连(2002:106, 108)은 다음과 같이 지적했다.

만일 언어에 인지 정보가 포함되어 있지 않고 인지에 언어적 정보가 포함되어 있지 않다면, 서로를 향한 움직임에서 상대방을 고찰할 수 있겠는가? 서로 마주보는 고찰의 실행 가능성의 배후에 우리가 찾으려고 하는 상호 포함관계, 즉 홀로그래피 관계가 숨겨져 있는 것은 아닐까?

......

다시 말해 자연언어로부터 인지능력을 볼 수 있고, 인지능력으로부터 자연언어를 볼 수도 있다. 이러한 상호적 정보 포함은 우연한 것이 아니다. 그것은 언어의 ……인지능력, 그리고 언어가 홀로그래피 상태에 있다는 점을 다시 한 번 더 설명해 준다.

최근 중국내 학자들은 '도상성'에 대해 서로 다른 이해를 하고 있다. 어떤 학자는 도상성에 관한 협의의 관점을 가지고 있어서 도상성을 동기화의 하위개념으로 생각하고, 도상성을 단지 동기화에 해당하는 상황의 일종으로 본다. 즉, 도상성은 언어 기호가 객관적 현실을 반영하는 관계일 뿐이며, 이는 그림9-11에서 ②의 선이 나타내는 바와 같다.

반면 훨씬 더 많은 학자들(예를 들면, Hockett 1958:577-578, Givón 1985, 1990, 1994, Nänny& Fischer 1990)은 도상성에 관한 광의의 관점을 가지고 있다(cf. Haspelmath, 2008:3). 그들은 도상성은 상술한 협의적 관점을 가지고 있을 뿐만 아니라 그림9-11 중 ①의 굵은 선이 나타내는 바와 같이 언어 기호와 인지방식 간의 관계를 포함하고 있다고 주장하는데, 우리 역시 이러한 관점에 동의한다. 이렇게 광의의 도상성 관점을 다음과 같이 나타낼 수 있다. 즉, 언어기호는 인지방식과 유사하며 어떤 정도로는 현실 세계와 유사하다.

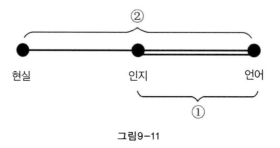

그림9-11

만일 인지언어학의 이러한 기본 입장을 이해했다면 왜 인지언어학이 도상성을 주요한 내용으로 인식하고 있는지, 언어 기호는 단지 객관적 외부 세계를 모방할 뿐 인간의 체험적 요소를 고려하지 않는다는 일부 사람들의 오해와는 근본적으로 다르며, 이것이 여전히 서양의 전통적인 객관주의 철학이 2,000여 년 동안 논쟁을 해온 해묵은 주제라는 점을 쉽게 이해할 수 있다. 체험주의 철학은 그것에 대해 단순히 중복해서 논의하는 것이 아니라 그림9-10과 9-11에서의 기본적인 사고방식을 바탕으로 하고 이를 철저히 개조하여 도상성에 완전히 새로운 함의와 내용을 부여한 것이다. 이점에 관해 본서에서는 이미 이전의 논문과 저서에서 분명히 논의한 바 있으므로 여기에서는 더 이상 언급하지 않겠다.

우리가 말하는 도상성(즉 동기화)은 기표(시니피앙)와 기의(시니피에)를 두뇌 속의 두 가지 심리적 실체에 국한했던 Saussure의 생각과는 다르다. 언어는 결국 객관적 외부 세계를 표현하는 것이다. 그럼 심리적 실체와 현실 세계를 접목시키는 문제는 어떻게 해결해야 할까?

그럼 아래에서는 도상성 이론에 관해 중요한 언급을 했었던 Lakoff&Johnson(1980:126, 1999:464-465)의 말을 인용하고자 한다.

이러한 연결은 형식과 내용 사이의 관계를 결코 자의적이지 않게 만든다.[33]

확실히 일부 자의성이 존재한다. 그러나 그렇다 할지라도 우리가 발견하는 것은 대부분 완전히 자의적이지는 않으며 동기화를 가지고 있다.[34]

언어에서는 자의적인 것보다 동기화된 것이 더 많다.[35]

Lakoff(1987:346, 487)는 또한 다음과 같이 지적했다.

자연언어에서 동기화는 예외 보다 훨씬 더 일반적인 것으로 보인다.[36]

동기화는 인지에서 중심적인 현상이다. 그 이유는 자의적인 어떤 것보다 동기화된 어떤 것을 배우는 것이 더 쉽기 때문이다. 또한 자의적인 지식보다 동기화된 지식을 기억하고 사용

---

33) Such links make the relationship between form and content anything but arbitrary.
34) There does exist some arbitrariness. But given that, what we mostly find is not full arbitrariness, but motivation.
35) There is more motivation in a language than arbitrariness.
36) In natural language, motivation seems to be more the norm than the exception.

하기가 더 쉽기 때문이다.[37]

인지문법에서 통사 성분은 자의적인 것이 아니라 의미적 요소와 결합함으로써 동기화된 것이다.[38]

Croft(2001:236)도 다음과 같이 지적했다.

……세상 언어의 절대다수 구문은 통사구조와 의미구조 사이에 많은 도상적 관계를 가지고 있다.[39]

왜 통사구조는 대부분 도상적인가? 왜냐하면 기능과 형식 사이의 도상적 투사는 청자로 하여금 구문의 통사적 요소와 대응하는 의미적 성분을 식별하도록 하는 가장 쉬운 방법 중 하나이기 때문이다.[40]

Radden&Panther(2004)는 『Studies in Linguistic Motivation』이라는 논문집을 출판하였는데 여기에는 총 12명의 학자의 논문이 수록되어 있다. 그들은 각각 생태적(Ecological), 발생학적(Genetic), 체험적(Experiential), 인지적(Cognitive) 각도에서 언어(즉 구문)의 동기화(즉, 도상성)에 관해 논의했다. 여기에서 말하는 '생태적 동기화'란 인간과 언어단위는 독립적으로 존재하는 것이 아니라 전체 사회와 언어 체계 네트워크에 있는 어떤 빈자리(Niche/slot)라는 것이다(상세한 내용은 Lakoff, 1987:487, Radden&Panther, 2004:24, Taylor, 2004a:49, 58 참조).

---

37) Motivation is central phenomenon in cognition. The reason is this: It is easier to learn something that is motivated than something that is arbitrary. It is also easier to remember and use motivated knowledge than arbitrary knowledge.

38) In cognitive grammar, syntactic elements are not arbitrary but are motivated by corresponding semantic elements.

39) ……the great majority of constructions in the world's languages do have a substantially iconic relationship between syntactic structure and semantic structure.

40) Why is syntactic structure mostly iconic? Because an iconic mapping between function and form is one of the easiest ways to allow a hearer to identify the semantic components corresponding to the syntactic elements of a construction.

이에 근거하면 모든 언어단위는 언어 체계 내의 요소 혹은 성분으로 모두 '부분-전체' 관계를 맺고 있으며, 하나의 구문은 다른 구문들을 지향하고, 상호 관련 내용 정보와 용법 특징을 상속하므로 모든 구문은 어느 정도로는 동기화를 가진다. Taylor는 이 논문집에서 「The Ecology of Construction」이라는 논문을 발표했다. 이 논문은 인지문법의 기본 원리에 기반을 두고 더 나아가 구문의 관련 성질에 대해 논의했는데, 특히 구문의 동기화를 강조했다.

'발생학적 동기화'는 언어는 인류 행위의 산물이기 때문에 이를 통해 언어가 변화(예를 들면 문법화) 배후의 동기화를 해석할 수 있다는 것이다. '체험적 동기화'는 인간의 신체 경험의 각도에서 언어의 동기화를 해석한 것이다. '인지적 동기화'는 주로 인간의 인지능력과 방식으로부터 언어의 동기화를 논의한다.

특히 Radden&Panther(2004:2)는 서문에서 인지언어학이 논의하는 동기화(즉 도상성)와 Saussure가 말하는 '상대적 자의성'을 분명히 구분했다.

> Saussure는 동기화를 자의성의 제한된 일례로 보았지만 인지언어학자들은 동기화를 규범으로 보고 자의성을 마지막 수단으로 여기는 경향이 있다.[41]

이것이 바로 언어 기호에는 확실히 일부 자의성이 존재함에도 불구하고 대부분의 상황은 완전히 자의적인 것이 아니라 동기성이 있다는 Lakoff&Johnson(1999:464~465)의 기본 관점과 같다. 언어에서 동기화가 자의성보다 더 많다. 이러한 주장은 Saussure의 관점과는 다르다. Saussure는 자의성을 제1 원칙으로 삼고, 동기화를 자의성 중의 제한된 상황으로 인식했지만, Lakoff 등의 인지언어학자들은 동기화가 일반적인 상황이며 자의성은 어쩔 수 없을 때 하는 최후의 선택임을 일관되게 주장한다.

Heine(2004:105)는 논문집에서 도상성에 대해 논의할 때 더 무거운 어투로 언어는 반드시 도상성을 가진다고 주장했다.

> 인류의 행위는 자의적인 것이 아니라 동기에 의해 주도된다. 언어 구조는 인류 행위의 산물

---

[41] Saussure views motivation as a limiting case of arbitrariness, while cognitive linguists tend to see motivation as the norm and consider arbitrariness as the last resort.

중의 하나이기 때문에 또한 동기화되어지는 것이다. 만일 우리가 '자의적인' 언어 구조를 발견한다면 거기에는 해석이 필요하다.[42]

동시에 Heine(2004:118)는 다음과 같이 지적했다.

많은 상황에서 처음 얼핏 보면 동기를 찾을 수 없지만, 역사적 발견과 범언어적 일반화를 결합한 보다 상세한 분석 후에는 관련된 동기를 재구할 수 있다는 것이 밝혀졌다.[43]

Haiman은 2008년 『Cognitive Linguistics』 Vol.1에서 「In Defence of Iconicity」라는 논문을 발표하여 도상성과 관련한 기본 원칙을 계속 해석함으로써 Haspelmath 등이 제기한 질의에 대해 강력 반박했다.

언어 기호의 도상성 혹은 문법구문의 도상성은 체험주의 철학과 협의의 인지언어학의 기본 원칙을 나타냈으며, 현대 언어학을 상징하고 있다.

---

42) Human behavior is not arbitrary but is driven by motivations. Language structure, being one of the products of human behavior, therefore must also be motivated. If we find "arbitrary" language structures then these are in need of explanation.

43) In a number of cases, at a first glance no motivation could be found, yet after a more detailed analysis, combining historical findings with crosslinguistic generalizations, it turned out possible to reconstruct the motivation involved.

제10장

구문의 특징(하)

본장에서는 몇 가지 실례를 통해 제9장에서 귀납한 구문의 10가지 특징을 논증할 것이다. 제1절에서는 중국어 '吃' 구문과 영어의 'eat' 구문을 예로 구문의 체험성과 추상성, 기초성과 진화성, 일반성과 특이성, 중적성과 통합성, 독립성과 상호작용성, 정태성과 동태성, 원형성과 다의성, 분류성과 층위성, 상속성과 제약성의 특징을 논증한다. 제2절에서는 영어와 중국어의 소유격구문을 예로 구문의 원형성과 다의성을 중점적으로 논의하며, Taylor와 Langacker의 영어 소유격에 대한 연구 및 陆俭明 등의 중국어 소유격 연구에 관한 관점과 연구 방법을 간략하게 소개한다. 제3절에서는 10가지 예를 들어 통합성 원리의 구문 해석력을 상세히 설명한다.

제1절 '吃/eat'을 예로 구문의 특징을 설명

王寅(2007c)은 두 대응 동사인 '吃'와 'eat'으로 중국어 'V+N구문'과 영어의 'V+N구문' 간의 차이를 기술하였다. 전반적으로 보면, 영어의 'V+N구문'에 비해 중국어의 'V+N구문'의 용법이 더 광범위하고 결합이 더 유연하며, 의미가 더 다양하다. 수집된 언어 자료를 보면, 중국어의 경우 동사에 후행하는 명사가 반드시 '대상'이 아니라 다른 성분일 수도 있는 반면, 영어 경우는 대부분이 다 'Object'이다. 이러한 점은 서양문법 분석에서 쓰는 '목적어'를 중국어 문법 체계에서는 동사 후 NP 성분(Postverb Constituent)이라는 용어로 대체해야 하는 이유이기도 하다.

영어와의 대조를 통해, 중국어는 '논리편차' 용인도가 높아 언어 표현의 경제성과 유연성을 가지기 때문에 동일한 구문으로 더 많은 의미와 용법을 나타낼 수 있음을 알 수 있다. 한편, 영어는 '논리 부합성'을 더 강조하기 때문에 영어의 'V+N구문'이 중국어의 'V+N구문'보다 경제성이나 유연성이 결여되어 운용 범위가 좁다. 이러한 점으로 인해 영어의 'eat'이 중국어의 '吃'보다 의미항목이 적은 것이다.

본 절에서는 '吃+N'와 'eat+N' 두 구문을 예로 제9장에서 논의된 구문 특징을 설명하고자 한다. 좀 더 상세한 내용은 『제2권』 제11장을 참고하라.

1. 체험성과 추상성

'吃'와 'eat'에 후행하는 대부분의 명사가 '먹다'라는 사건역과 관련된 사물임은 의심할 여지가 없다. 다만, 이 두 동사와 함께 쓰이는 사물의 범위와 종류가 상이하다는 차이가 있을 뿐이다.

중국어 '吃'와 후행하는 명사 간의 의미 관계는 매우 복잡하여, '먹는 음식(吃面条, 吃牛排)', '식사하는 시간 혹은 장소(吃下午, 吃食堂)', '사용하는 도구(吃大碗, 吃小灶)', '식사하는 방식(吃自助, 吃外卖)', '삶의 근거(吃皇粮, 吃软饭)'[1] 등을 나타내므로, 사람들의 실제 생활 경험에 근거하여 후행하는 명사의 종류를 판단해야 한다. 이를 통해 중국어의 吃+N구문에 대한 이해와 운용은 사람들의 삶에 의해 결정됨을 알 수 있다. 이러한 특징으로 인해 본서에서는 '사건역 인지 모델(Event-domain Cognitive Model, ECM)'을 운용한 구문 해석을 제안한 것이다. 중국어에서 '먹다' 활동과 관련된 사물은 대부분 동사 뒤에 출현한다. 또한 '吃'는 여러 상황과 다양한 구문에 쓰이는데, 이 점이 '吃'의 다의성을 형성하였다.[2]

---

1) **[역주]** 吃面条: 국수를 먹다　　吃牛排: 스테이크를 먹다
　　　　吃下午: 오후에 먹다　　吃食堂: 식당에서 먹다
　　　　吃大碗: 곱빼기를 먹다　　吃小灶: 특별 식사를 하다
　　　　吃自助: 뷔페식으로 먹다　吃外卖: 배달 음식을 먹다
　　　　吃皇粮: 나랏밥을 먹다(공무원으로 일하다)
　　　　吃软饭: 기둥서방질을 하다
2) 1996년 출판된 『现代汉语词典(수정판)』에서는 '吃'의 구체적인 용법으로부터 11개의 의미를 개괄하였

영어와 중국어의 '吃'와 'eat' 뒤에 출현하는 명사 혹은 명사구의 차이가 비교적 크고, 이들이 출현하는 통사 환경도 다르며, 추상화 방식도 다르기 때문에 상이한 의미항목이 생겨났다. 이 두 동사 간의 차이는 이어지는 내용을 참고하라.

2. 기초성과 진화성

구문문법에서는 언어의 모든 단위는 다 '형식과 의미의 결합쌍'인 구문으로, 구문이 바로 언어의 본질이라고 본다. '吃'와 'eat'은 사람들이 생존하는 가장 기본적인 활동으로 이 활동이 없다면 사람뿐 아니라 모든 생물들이 살아갈 수 없다. 이로 인해 국내외 많은 학자들이 이 두 구문에 대한 연구를 통해 구문의 기초성과 진화성을 설명할 수 있게 되었다.

두 동사에 대한 설명을 살펴보면, 첫 번째 의미항목은 가장 직접적인 기본 의미이다. 『现代汉语词典(第5版)』에서 '吃'의 첫 번째 의미항목은 '음식물 등을 입에 넣어 씹기(저작)를 거쳐 삼킨다(흡입과 마시기 포함)'[3]이고, 1974년 출판된 『Oxford Advanced Learner's Dictionary of Current English』에서 'eat'의 (단지 두 개의 의미항목 가운데) 첫 번째 의미항목은 '(고형식과 국물 등을) 입에 넣고 삼켜버리다'[4]이다. 이 두 해석은 완전히 일치한다. 생활의 변화와 인지의 차이로, 중국어의 '吃+N구문'의 용법은 계속 확장되어 11개의 의미항목으로 진화되었다. 반면 영어의 'eat+N'은 '먹듯이 파괴하다'[5]라는 하나의 의미 항목으로만 진화하였다. 구문은 사람들이 오랫동안 운용하면서 의사소통의 필요에 의해 점진적으로 진화하는 것임을 설명해 준다. 각 민족이 언어 진화 과정에서 채택한 인식 방식은 어느 정도 차이가 있다.

언어의 체험성과 진화성은 구문문법 학자들이 주장한 사용기반 모델의 이론적인 근거이자, 언어 생득설에 대한 강력한 비판 근거이기도 하다. 아울러 이것은 우리가 언어를 연구하는 데 있어 충실한 언어 자료에 근거하여 언어 현상을 기술해야 하며, 추측에 근거하여

다. 그러나 심도 있게 조사하고 상세하게 분류하면 그 수량은 훨씬 더 많다.

3) 把食物等放到嘴里经过咀嚼咽下去(包括吸、喝)。

4) take (solid food, also soup) into the mouth and swallow it.

5) destroy as if by eating

만든 예문으로 관점을 증명해서는 안 된다는 연구 방향을 제시해 주기도 한다.

3. 일반성과 특이성

'吃'와 'eat'은 모두 '구강으로 음식을 넣어 생명을 유지한다'라는 개괄적인 의미는 동일한 것 같다. 또한 '吃'는 'eat'의 두 번째 의미항목인 '소멸'의 의미도 있다. 그러나 '吃'는 'eat'이 나타내지 못하는 다른 의미항목으로 진화하여, 'eat'이 갖지 않은 독특한 용법이 생겼다.(『제2권』 참조)

중국어의 '吃+N구문'과 영어의 'eat+N구문' 대조를 통해 중국어 '吃'와 영어 'eat'에 후행하는 성분에는 큰 차이가 있음을 알 수 있다. 예[1]에서 제시한 '吃+N'의 용례를 영어로 번역하는 경우 'eat' 뒤에 명사(Noun)나 명사구(Noun Phrase)가 대응되는 것이 아니라 특정한 전치사를 써야 한다.

만약 중국어와 영어의 구체적인 구문을 일반적인 'V+N구문'으로 확장하게 되면 이들 간의 차이는 더욱더 커진다. 이것은 언어에 따라 구문은 자신만의 특이성을 가지고 있어 보편 원리에 입각해서는 충분한 해석과 일반화된 귀납이 어렵다는 Croft(2001)의 관점을 통해서도 알 수 있다.

4. 중적성과 통합성

중국어 동사 '吃'와 명사가 결합되는 과정에서 관련 의미성분을 조정해야 전체 구문을 합리적으로 해석할 수 있으며, 후행하는 명사는 '吃'의 대상, 피동작주뿐 아니라 다양한 의미를 나타낼 수 있다. 예를 보자.

[1] 吃食堂 (식당에서 밥을 먹다, 배식 음식을 먹다)

[2] 吃馆子 (음식점에서 먹다, 외식하다)

[3] 吃大碗 (큰 그릇에 먹다, 곱빼기를 먹다)

[4] 吃筷子 (젓가락으로 먹다)

[5] 吃小灶 (작은 솥에 만든 음식을 먹다, 특별 식사를 하다)

[6] 吃救济 (원조물자에 의지하여 생활하다)

[7] 靠山吃山 (산을 낀 곳에서는 산을 이용해서 먹고 산다)

[8] 吃工资 (월급으로 먹고 살다)

[9] 吃父母 (부모에게 의지하여 살다)

[10] 吃文化 (문화를 향유하다)

[11] (这桌饭)吃八个人 (이 상에 차려진 음식은) 8명 분량이다.

중국어 '吃+N구문'이 통합되는 과정에서 동사와 명사 사이의 의미에 대해 계속해서 적절한 조정을 해 주어야 한다. 예컨대, 아래와 같다.

'吃食堂'은 '식당에서 식사하다'

'吃筷子'는 '젓가락으로 식사하다'

'吃父母'는 '부모가 준 돈에 기대어 살아가다'

'(这桌饭)吃八个人'는 '(이 상에 차려진 음식은) 8명 분량이다'

이러한 표현을 통해 중국어를 구사하는 중국인들은 논리 편차를 용인하는 능력이 더 커서 표현의 경제성과 유연성을 확보한다는 점을 충분히 논증할 수 있다. 상술한 문장을 영어로 번역하면, 'eat+N구문'을 바로 사용할 수 없으며, 구문을 변환해야 한다. 예컨대, 예[1]은 'to eat in the dinning-room'으로, 예[4]는 'to eat by chopsticks'로 번역해야 한다.

구문이 이러한 통합성의 특징을 가지고 있기 때문에 중국어의 'V+N구문'이 영어의 'V+N구문'보다 용법이 더 다양하고 유연성이 더 높아, 상이한 여러 의미를 'V+N구문'을 써서 표현해낼 수 있다. 이것은 중국어 표현의 경제성을 충분히 드러내는 것으로, 정확한 논리 관계를 엄격하게 따를 필요가 없다. 이처럼 구문의 통합성과 경제성으로 중국어에서 논리에 부합하지 않는 표현 현상을 설명할 수 있다.

앞에서 제시한 예는 '吃+N'의 단순한 결합이며, 이를 기본단위로 하여 연속적으로 중적하여 사용할 수도 있다.

[12] 吃馆子不如吃食堂合算。 (외부 식당에서 식사를 하는 것은 교내(사내) 식당에서 식사를 하는 것만큼 수지가 맞지 않는다.)

[13] 当今很多年轻人并不把吃父母或吃救济看成多大的丑事。 (요즘 많은 젊은이들은 부모에 기대어 살거나 원조에 의존해서 사는 것을 그다지 못난 일이라 여기지 않는다.)

[14] 老板们吃馆子不再是为填饱肚子, 而更在乎吃文化, 吃品位, 吃友谊。 (사장님들이 식당에서 식사를 하는 것은 더 이상 배를 채우기 위한 것만은 아니고, 문화를 향유하고, 품격을 누리고, 우정을 만끽하는 것에 더 신경을 쓰는 것이다.)

5. 독립성과 상호작용성

'吃'와 'eat'이 비록 사역동사처럼 명확한 사역력을 가지고 있지는 않지만, 이들이 사역구문에 쓰이게 되면 명확한 작용력을 갖게 된다.

[15] 苹果吃得她肚子发胀。 (사과를 먹고 그녀의 배가 더부룩하다.)

[16] 一家人吃得他山穷水尽。 (온 가족을 부양하다보니 그는 궁핍해졌다.)

[17] to eat John out of house and home. (John에게서 집과 가정을 앗아갔다.)

[18] The western thought ate its way into his mind. (서양 사상이 그의 마음속에 파고들었다.)

위의 예를 통해 볼 때, 사역구문으로 인해 원래 명확한 사역력을 가지지 않은 동사 '吃'와 'eat'이 명확한 사역력을 갖게 되었음을 알 수 있다. 예문을 보면, '吃'의 사역력으로 그녀의 배가 불러지고, 그가 궁핍해지고(궁지에 빠졌고), 'eat'의 사역력으로 John을 'house'와 'home'에서 쫓아냈고(John의 집과 가정을 앗아가다), 'the western thought'가 그의 머릿속으로 들어와 그의 사상에 영향을 주었다. 이를 통해 독립성을 가진 구문이 동사의 의미를 변화시키고, 동사와 구문 간의 상호작용성을 구현했음을 알 수 있다.

6. 정태성과 동태성

'吃+N구문'과 'eat+N구문'의 일반적인 의미는 어느 정도의 안정성을 가지고 있으며, 어느 정도의 동태성을 가지고 있기도 하다. 이들 구문이 최초 원시의미로부터 오늘날의 여러 용법으로 발전한 것은 언어를 사용하면서 끊임없이 진화되고, 시대의 발전과 의사소통의 필요로 계속해서 만들어진 것이다. 예컨대, 예[14]의 '吃文化(문화를 향유하다)', '吃品位(품격을 누리다)', '吃友谊(우정을 즐기다)'나 '吃环境(환경을 만끽하다)' 등은 모두 오늘날의 시대적 특징을 드러내주는 것이다.

앞으로 중국어 '吃'와 영어 'eat'에는 계속해서 새로운 의미항목이 생길 것이라는 것을 예측할 수 있다. 특히 중국어의 '吃'는 '만능 대동사'의 방향으로 발전할 가능성도 있다.

7. 원형성과 다의성

중국어의 '吃+N구문'과 영어의 'eat+N구문'의 기본의미와 원형용법은 '생존을 위해 음식을 섭취한다'이지만, 점차 다른 용법과 의미로 확장되었다. 우리가 구축한 코퍼스(『제2권』제11장 참조) 역시 이 점을 증명했다. '吃/eat'의 원형의미가 언어 운용 가운데 점유하는 비율이 비중심적인 의미보다 훨씬 높아 가장 높은 비율을 차지하며, 은유적인 용법이 점유하는 비율은 비교적 낮다. 또한 중국어 '吃'의 은유적 용법 비율은 또한 영어의 'eat'보다 훨씬 높다.

8. 분류성과 층위성

'吃+N'은 분류성을 띠고 있어서 '吃饭(밥을 먹다)'과 '吃惊(놀라다)'은 각기 다른 유형의 용법에 속한다. 『现代汉语词典(第5版)』에서 '吃'의 의미 항목을 11가지로 구분하고 있는 것 역시 의미의 분류성을 보여주는 것이다.

'吃'는 단순 층위에서 복잡 층위로 끊임없이 중적되어 사용됨으로써 점점 더 복잡한 구문을 형성할 수도 있다. 예컨대 다음과 같다.

[19] 使出吃奶的力气 (젖 먹던 힘까지 다 내다)

위의 예문에서 비교적 단순한 술목구문인 '吃奶'가 사용되었다. 영어의 구문을 보자.

[20] eat your heart out (상심하다)

여기에는 명사구구문이 포함되어 있다.

[21] your heart (너의 마음)

또한 다음의 예를 살펴보자.

[22] rich and poor (부자와 가난한 사람)

이 예는 명사구인데, 아래와 같이 구문에 삽입될 수 있다.

[23] the gap between rich and poor (빈부 격차)

이는 다시 계속해서 다음과 같이 중적될 수 있다.

[24] eat the gap between rich and poor [빈부의 격차를 해소하다]

9. 상속성과 제약성

제9장 8절에서 논의한 구문의 분류 층위성을 근거로 중국어의 '我吃, 我吃饭, 我吃惊'을 대상으로 내부의 상속성을 기술하고, 도식9-5에서 나타내는 층위에 따른 분석 방법과 결합 및 비교를 통해 네트워크의 국부 '분류층위관계(Taxonomic Hierarchy)'를 구축할 수 있다.

분류층위관계는 상속네트워크(Inheritance Network) 혹은 상속관계(Inheritance Relation)로 칭해 지며, Booij(2008:98)는 이를 상속수형도(Inheritance Tree)라고 칭했다.

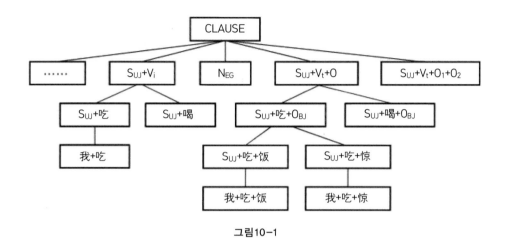

그림10-1

위의 도식을 통해 '吃'가 형성하는 도식 또한 상층 도식으로부터 관련 정보를 상속받고 있음을 알 수 있다. 그밖에 동사 '吃'와 'eat'이 호응을 이루는 표현 역시 일정한 제한이 있기 때문에 관련 규칙에 부합해야 한다.

제2절 소유격구문의 원형성과 다의성

앞서 지적한 바와 같이 구문은 원형성과 다의성의 특징을 가지고 있다. 여기서 말하는 원형성은 도식화된 원형성을 가리키는 것이지 전형적인 표본의 원형성을 가리키는 것이 아니다. 본 절에서는 소유격구문(Possessive Construction)을 대상으로 구문의 원형성과 다의 성을 논의하겠다.

1. 영어의 소유격구문

소유격(Possessive)은 보편적으로 존재하는 언어 현상으로 많은 언어학자들이 이에 대해 심도 있게 조사하고 연구했다. Langacker는 1960년대에 이 현상에 주목하였으며, 90년대 인지 참조점(Cognitive Reference Point)을 운용하여 소유격에 대해 '체험적' 해석을 했다. Durieux(1990), Nikiforidou(1991), Taylor(1989) 등도 영어 소유격구문을 상세하게 분석하고 해석했다. Taylor는 1996년 『Possessive in English: An Exploration in Cognitive Grammar』을 저술하여 영어의 소유격구문을 논의했는데, 이상의 저서들은 인지언어학을 기반으로 영어 소유격을 연구한 저작이다.

영어는 소유격 용법이 비교적 많으며, 나타내는 의미도 상당히 복잡하다. 영어 소유격의 용법이 이렇게 복잡하게 된 주요 원인은 다름 아닌 영어 모어 화자가 소유격 원형의미와 전형적인 용법을 기초로 은유와 환유 기제를 운용하여 비원형적인 파생의미와 용법을 확장시켜나갔기 때문이다.

1) Taylor의 소유격 원형에 대한 논의

Taylor(1996)는 영어의 전형적인 '-'s' 소유격구문 및 그 원형 속성을 그림10-2와 같이 귀납하였다.

전형적인 소유자는 확정성이 비교적 높고, 구정보인 경우가 대부분이며 직전 선행 맥락 중 언급되었을 가능성이 높아 쉽게 인지 참조점으로 기능하곤 한다. 소유자는 화제(Topic)로서의 기능을 갖는데, 사람을 나타내는 명사구나 인칭대명사가 주로 화제가 되며, Taylor(1996:219)의 조사에 따르면 그 비율이 약 77%에 이른다고 한다. 이렇게 사람이 화제가 되는 경향이 높은 것은 인류의 자기중심성(Egocentricity)에도 부합하는 것이다. 소유자는 담화 내 지속율이 높아, 언급된 후에도 담화에서 금방 제외되지 않는다.

		소유자's	피소유자(소유물)
1	확정성	높음	낮음
2	정보성	이미 알고 있는 정보(구정보) 선행 맥락 중 언급 가능성 높음	새로 알게 된 정보(신정보) 선행 맥락 중 언급 가능성 낮음
3	화제화 정도	높음	낮음
4	주요 대상	사람	사물
5	담화 내 지속률	높음	낮음 오래지 않아 담화에서 배제됨

그림10-2

전형적인 피소유자는 전형적인 소유자와 상반되게, 불확정성을 띠고 대부분 이전 담화에서 언급된 적이 없는 신정보로, 선행 맥락 중 언급되었을 가능성이 낮고 화제화 정도도 비교적 낮다. 피소유자는 주로 생명이 없는 사물을 나타내는 명사구가 대부분으로, Brown (1983)의 통계조사에 따르면 그 수치가 97%(Taylor, 1996:219 참조)나 된다. 피소유자는 담화 내 지속률이 낮아서 언급된 후 오래지 않아 담화에서 제외되기 때문에 화제성이 없을 뿐 아니라 후속되는 담화에서 화제의 위치도 얻지 못한다.

Taylor(1989:202, 1996:340)는 원형범주 이론을 운용하여 전형적인 소유격구문이 가지는 아래의 여덟 가지 원형적인 속성을 제시하였다.

(1) 원형적인 소유자는 특정한 인간이다.

(2) 원형적인 피소유자는 생명이 없는 실체로, 보통은 추상 사물이 아닌 구체 사물이다.

(3) 원형적인 소유관계는 독점적인(혹은 배타적인) 관계이다. 즉, 각각의 피소유물에게는 오직 하나의 소유자만이 있고, 소유자는 다수의 피소유물을 소유할 수 있다.

(4) 원형적인 소유자는 피소유물을 사용할 권리를 가지며, 다른 사람들은 소유자의 허가를 받아야만 그것을 사용할 수 있다.

(5) 원형적인 피소유자는 (상업적 혹은 정서적으로) 가치 있는 사물로, 피소유물에 대한 소유자의 여러 권리는 구매, 기부 또는 상속 등의 거래를 통해서 획득된다. 이 권리는 그가 그 다음의 거래(판매, 선물, 증여)를 통해서 다른 사람에게 넘겨줄 때까지 그에게 남아 있다.

(6) 원형적인 소유자는 피소유물에 대해 책임을 가져 그것을 잘 보관하고 유지 보수해야 한다.[6]

(7) 원형적인 소유자는 피소유물에 대해 자신의 권리와 의무를 수행할 수 있어야 하므로, 영구적으로 혹은 일상적으로 소유자와 피소유물은 인접 공간에 위치하고 있어야 한다.

(8) 원형적인 소유관계는 장기적인 관계이므로, '초'나 '분'보다 '개월'과 '년'으로 측정된다.

---

6) 이 속성은 Taylor가 1996년의 저서에서는 언급하지 않은 것으로, (5)가 두 개로 나눠진 것이다.

예를 보자.

[25] Smith's car (Smith의 차)
[26] John's cottage (John의 오두막)

예[25]와 [26]은 위에서 언급한 여덟 가지 속성을 모두 갖추고 있는 소유격 범주의 중심적 구성원이다.

[27] John's intelligence (John의 지능)

예[27]은 상술한 (2)번 속성에 위배된다.

[28] the dog's bone (개의 뼈)

예[28]은 상술한 (1)번 속성에 위배된다.

[29] the secretary's typewriter (비서의 타자기)

예[29]는 비서가 이용하는 것은 회사의 타자기일 가능성이 높기 때문에 상술한 (3)번 속성에 위배된다.

[30] Smith's train (Smith의 기차)

예[30]은 Smith가 탄 기차를 의미하므로, 위의 (3)번과 (5)번 조건에 위배된다.
원형구문의 속성을 하나 혹은 몇 개 위배하면, 비원형적인 구문실례가 만들어지며, 이들은 소유격구문의 중심구성원이 되지 못함을 알 수 있다. 여기에도 정도의 문제가 있는데, 일반적으로 원형 속성을 더 많이 위배했을수록 범주의 주변에 위치하게 된다.

Taylor(1996:232~233)는 소유격구문의 수용 정도에 따라 몇몇 예를 열거하였는데, 수용 정도가 높을수록 소유격 범주의 중심구성원이며, 수용은 가능하지만, 중심구성원으로부터 어느 정도 거리가 있는 것은 '(?)'를 부가하고, 수용 정도가 더 낮은 비중심구성원에는 '?'를 부가하고, 수용 정도가 더 낮아서 범주의 주변적인 구성원에는 '??'를 부가하며, 수용이 불가한 비합법적인 구문에는 '*'을 부가하였다.

[31] a. the error's removal from the manuscript (원고에서 오류 제거)

　　 b. (?)the errors' removal from the manuscript

　　 c. ?the ten errors' removal from the manuscript

　　 d. ??ten errors' removal from the manuscript

　　 e. *errors' removal from the manuscript

[32] a. the city's destruction (도시의 파괴)

　　 b. (?)the cities' destruction

　　 c. ?the two cities' destruction

　　 d. ??both cities' destruction

　　 e. *cities' destruction

Taylor가 원형범주이론을 운용하여 영어 소유격의 원형성에 대해 논의한 것은 받아들일 수 있지만, 8개의 속성 가운데 (2)번과 관련하여 생명이 없는 비유정적인 것만 전형적인 피소유자로 처리해야 하는가에 대해서는 논의가 필요하다. 데이터 조사에 따르면 생명력이 없는 비유정 실체는 97%로 비율이 매우 높다. 그러나 경험에 근거해 유추해보면 '나의 어머니, 나의 아버지, 우리 조상'과 같은 호칭 소유는 일상에서 자주 쓰이고 또 익숙한 관계를 나타내므로(Durieux의 데이터베이스에 따르면, 친족 소유격은 8%, Taylor에서는 11%에 불과했다. Taylor 1996:347 참고), 언어 습득 초기에 익혀 사용하는 보편적인 것이다. 데이터와 경험 어느 것도 소홀히 할 수 없으므로 함께 고려해야 더 설득력을 가질 수 있을 것이다.

그밖에 인류의 조상이 수렵활동 중에 포획한 동물(생명체)을 자기 것으로 차지하고, 인간이 생활하면서 가축을 길렀으며, 오늘날의 사회에 점점 더 많은 사람들이 반려동물을 좋아하게 됨에 따라 생명체를 피소유자로 보는 용법도 생겨났다. 이를 통해 생명체를 전형적인 비피소유자에서 배제하는 것은 다시 한 번 고려할 필요가 있다.

2) Deane의 대조연구

Deane(1987, 1992:202-204)는 영어의 '-'s'(형용사성 대명사 포함)구문과 'of-' 구문을 대조 연구하여, 두 소유격 형식의 원형적인 용법은 상호보완적 성격을 띤다고 밝혔다. 예[33]에서 출발점으로부터 화살표 방향으로 갈수록 수용도가 줄어드는 경향이 있음을 알 수 있는데, 이는 화살표 방향은 두 소유격 범주의 중심구성원에서 주변 구성원으로의 확장을 보여주는 것이다. 따라서 '-'s' 구문의 전형성 정도는 아래로 갈수록 줄어들고, 'of-' 구문은 아래로 내려갈수록 증가된다. 이러한 대조는 우리가 영어에서 운용되는 두 소유격의 공통점과 차이점을 인식하는 데 도움이 된다.

[33]

my foot	the foot of me	(나의 발)
his foot	the foot of him	(그의 발)
its foot	the foot of it	(그것의 발)
Bill's foot	the foot of Bill	(Bill의 발)
my uncle's foot	the foot of my uncle	(내 아저씨의 발)
the man's foot	the foot of the man	(그 남자의 발)
the dog's foot	the foot of the dog	(개의 발)
the bicycle's handle	the handle of the bicycle	(자전거의 핸들)
the house's roof	the roof of the house	(집의 지붕)
his honour's nature	the nature of his honour	(그의 명예의 본질)

3) Langacker의 영어 소유격에 대한 논의

Langacker의 분석 방법은 Taylor와는 다소 차이가 있는데, 그는 영어 소유격을 아래의 세 부류로 분류했다.

(1) 소유주의 점유(Ownership)

(2) 친족 관계(Kinship)

(3) 부분-전체 관계(Part-Whole Relationships)

또한 인지 참조점 원리를 운용하여 위의 세 가지 소유격에 대해 통일된 해석을 내놓았다. Langacker는 원형적인 소유격구문 가운데 소유자가 참조점(R)이 되어 영역[7](Domain, 본서에서 말하는 개념영역(Conceptual Domain)에 해당))을 활성화할 수 있다. 개념화자(Conceptualizer, C)는 범위 내에 참조점과 목표(Target, T)라는 피소유자간의 연결을 구축할 수 있다. 즉, 개념화자는 참조점과 목표를 통제하고 있는 것이다.

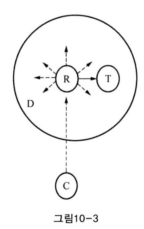

그림10-3

그림10-3에서 점선은 심리경로(Mental Path)를 나타내고, 화살표는 작용 방향을 나타낸다. 그림 가운데 큰 원 중 목표 T를 지향하는 것은 실선인데, 개념화자(C)가 개념영역(D)이 포함하고 있는 여러 항목으로부터 지금의 실제 지향 대상(T)을 선택하고 있음을 보여준다. John Lyons(1967:390)는 아래와 같이 언급한 바 있다.

많은 언어들, 그리고 어쩌면 모든 언어에서 존재구문과 소유격구문은 (공시적 혹은 통시적으로) 처소로부터 비롯되었다.[8]

---

7) 본서에서 말하는 개념영역(Conceptual Domain) 혹은 인지역(Cognitive Domain).

8) In many, and perhaps in all, languages existential and possessive constructions derive(both synchronically

Langacker(2007:326)는 비록 처소가 개념 형성과 언어 표현에 중요한 역할을 하겠지만, 이러한 처소주의 가설(Localist Hypothesis)[9]은 지나치게 극단적이라고 보았다. 그는 처소가 소유격과 관계를 형성할 수 있는 것은 참조점 기제가 작용했기 때문이라는 것이다. 본서에서는 Langacker의 이러한 비판은 이유가 충분하지 않다고 보는데, 참조점 기제야말로 공간적인 처소에 기초하여 형성되었으므로 처소주의 가설을 반박해서는 성립할 수 없기 때문이다. 만약 이 가설로 소유격 설명을 하는 데 부족하다고 본다면 이는 오히려 처소주의 가설을 지나치게 일반화했기 때문이다. 따라서 참조점의 각도에서 양자와 관련된 인지기제를 좀 더 심도 있게 고찰할 필요가 있다.

Langacker는 참조점 원리와 윤곽(Profile), 탄도체-지표(tr-lm)를 결합하여 영어 가운데 아래의 두 소유격 형식의 인지기제를 논의했다.

[34] the army's destruction of the city (군대의 도시 파괴)
[35] the city's destruction by the army (군대에 의한 도시 파괴)

그는 동사의 명사화(Nominalization) 분석에서 접근하여, 동사 'destroy'는 과정(process)을 윤곽부여하며, 하나는 탄도체이고 다른 하나는 지표인 두 개의 참여자가 전제되는 반면, 'destroy'가 명사화의 과정을 거쳐 'destruction'이 되면, 사물의 성격(Thingness)을 윤곽부여하며, 'destruction'과 참여자는 '사물-사물'의 관계가 된다고 하였다. 이때 각기 다른 사물이 참조점으로 선택되어 위와 같이 두 개의 상이한 소유격 표현을 형성하는 것이다.

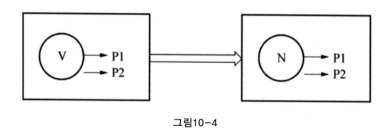

그림10-4

---

and diachronically) from locatives.

9) [역주] 언어 단위의 의미는 구체적이고 공간적인 의미가 가장 일차적이며, 그 외의 의미들은 일차적인 의미로부터 은유나 환유를 통해 도출된다.

그림10-4에서 P1은 행위주로, 예[34]와 [35]의 'the army'를 예시하고, P2는 피동작주로 'the city'를 예시하고 있다. 발화자가 '파괴하다'라는 능동적인 동작 과정을 나타내고자 할 때 P1이 탄도체인 동시에 참조점으로 문장의 주어가 되고, P2는 지표로서 문장에서 목적어로 구현되어 능동절을 형성한다. 이때 예[34]와 같은 표현 형식이 나타난다. 만약 '파괴되다'라는 피동성 동작과정을 나타내려고 하면, P2는 탄도체와 참조점으로 주어가 되며, 수동태(Passive Voice)가 형성되어 예[35]와 같은 표현이 나타난다.

Langacker는 영어 소유격의 원형 용법과 비원형 용법을 모두 참조점 원리로 귀납하고, 이를 기초로 통일된 해석을 함으로써 분석을 단순화하고, 언어의 체험성을 위한 실례를 제시하였다. 그러나 그가 소유격의 원형용법과 비원형용법 간의 차이점에 대해서는 명확하게 기술하지 않았기에 본서에서는 아래와 같이 세 가지 측면에서 보충하고자 한다.

(1) Taylor의 원형적인 소유격구문의 8가지 속성 항목에 근거하면, Langacker가 제시한 소유격구문의 세 가지 하위 부류 가운데 첫 번째 하위 부류가 원형 용법이 되고 나머지 두 개는 그 다음이 된다. 즉 아래와 같다.

[36] 소유주의 점유 > 친족, 부분-전체

(2) Langacker가 제시한 통제력(Control)에 근거하고 Taylor의 관련 관점을 결합하여 우리는 아래와 같이 논증하고자 한다. '-'s'표현에서 참조점 R이 나타내는 '-'s'의 성분이 목표 (T)를 나타내는 '-'s' 뒤의 성분에 대해 강력한 통제력이 있으면 원형용법이 되고, 참조점(R)이 목표(T)에 대해 통제력이 약하면 비원형적인 용법이 된다.

[37] my sister's age (내 여자형제의 나이)

[38] Professor Langacker's nationality (Langacker 교수의 국적)

[39] the desk's smooth surface (책상의 매끄러운 표면)

[40] this week's most exciting moment (이번 주 가장 신나는 순간)

[41] the moon's average surface temperature (달의 평균 표면 온도)

여기서 참조점(R)과 목표(T)가 서로 관련이 있어서 표면적으로 보면 소유격구문이지만, 의미적으로는 참조점(R)이 목표(T)에 대해 큰 통제력을 가지고 있지는 않다.

(3) Langacker는 예[34]와 [35]의 원형성에 대해 설명을 하지 못했다. 그러나 Taylor의 논증에 근거하여 능동성 소유 표현 즉, P1이 참조점과 탄도체인 예[34]와 같은 경우를 원형적인 용법으로 보고, [35]처럼 P2가 참조점인 경우를 비원형적인 용법으로 본다.

2. 중국어 소유격구문

중국어 소유격구문 역시 비교적 복잡하고 용법도 많아서 중국 학계의 여러 학자들이 이에 대해 심도 있는 연구를 했다.

陆俭明(2002)은 중국어의 소유 구조를 17개의 하위 부류로 나누어야 한다고 주장했지만, 각 하위 부류 내에서 원형적인 용법과 비원형적인 용법에 대해서는 상세히 설명하지 않았다. 본서에서는 Taylor의 소유격구문 원형범주 분석 방법을 일부 수정하여 17개 하위 부류를 원형용법으로부터 주변용법까지의 순서에 따라 아래와 같이 정리하고자 한다.

(1) 점유 소유: 他的房子(그의 집)

(2) 신체 기관 소유: 我的手(나의 손)

(3) 호칭 소유: 我的母亲(나의 어머니)

(4) 특징 소유: 孩子的长相(아이의 생김새)

(5) 장소 소유: 小李的背后(샤오리의 등뒤)

(6) 성과 소유: 部落的猎物(부락의 사냥물)

(7) 상황 소유: 张三的病情(장싼의 병세)

(8) 상처 소유: 父亲的刀伤(아버지의 자상)

(9) 사업 소유: 沈老的研究(션 어르신의 연구)

(10) 관념 소유: 朋友的劝告(친구의 권고)

(11) 변형 소유: 羊肉片儿(양고기 슬라이스)

(12) 구성원 소유: 美国的总统(미국의 대통령)

(13) 속성 소유: 桌子的长度(탁자의 길이)

(14) 제품 소유: 苏州茶叶(쑤저우 찻잎)

(15) 재료 소유: 画报的纸(화보에 쓰인 종이)

(16) 부품 소유: 书的封面(책의 표지)

(17) 경관 소유: 桂林山水(꾸이린의 자연)

그밖에 중국의 다른 학자들(郭継懋, 1990; 陈宗利・肖德法, 2007)은 소유격구문에 근거하여 중국어만의 독특한 구문을 분석했다.

[42] 王冕死了父亲。　(왕몐은 아버지가 돌아가셨다.)

[43] 椅子断了一根腿。(의자는 다리가 하나 부러졌다.)

[44] 教室破了一扇门。(교실은 문이 하나 부서졌다.)

[45] 电脑坏了一个键。(컴퓨터는 키보드 하나가 망가졌다.)

[46] 房屋倒了一堵墙。(가옥은 담 한 쪽이 무너졌다.)

郭継懋(1990)와 陈宗利・肖德法(2007)은 비대격동사(Unaccusative Verbs)[10] 앞뒤에 출현하는 두 개의 명사구는 소유관계가 있는데, 술어 앞에 출현하는 명사구는 소유자(Possessor), 술어 뒤에 출현하는 명사구는 피소유자가 된다. 이를 '소유자 주어 피소유자 목적어'라고 한다. 이에 대해 일부 학자들은 소유 명사를 전치하여 절의 주어 위치에 둔 것이라고 보았고, 또 다른 학자들은 결과를 나타내는 상표지 '了'가 예[42]~[46]과 같은 표현이 수용 가능하도록 해주어 자동사가 목적어를 수반할 수 있게 해준 것이라고 보았다. 만약 상표지 '了'를 삭제하면 이러한 부류의 문장은 비문이 된다.

이상을 통해 중국어의 이러한 특수한 구문 역시 원형적인 소유격구문의 주변적인 용법 가운데 하나임을 알 수 있다.

---

10) 출현, 소실, 존재, 상태변화 등 부류의 자동사.

제3절 구문 통합성의 10가지 예

언어의 조합과정에서 일부는 합성성 원리와 관련되지만, 대부분의 경우 통합성 원리를 운용해야만 원만하게 해석할 수 있다. 구문문법 학자들은 많은 관용어구문과 특수구문을 연구했지만, 그 성분 합성으로부터 확실하고 전면적인 의미를 얻어낼 수 없었다. 이하 10개의 예시를 증거로 삼고자 한다.

1. 복합어

A와 B 두 부분이 복합어 혹은 구 C를 구성하는 경우, C의 의미는 A와 B의 단순한 합이 아니라 A와 B에는 원래 없던 의미를 갖게 된다. 제5장의 예[26] pickpocket(소매치기)과 예 [27]의 scarecrow(허수아비)는 모두 원래 V+N인 형태소가 결합된 '술어+목적어' 구문이지만, 결합 후에는 하나의 명사가 되어 행위주를 나타낸다. 이 통합 결과는 그 구성요소로부터 예측하거나 판단할 수 없다. 예컨대, 다음과 같다.

[47] the white house (하얀 집: 미국 대통령 관저)
[48] the yellow book (노란 책: 전화번호부)

위의 예는 모두 세 단어가 합성되어 이루어진 구이지만, 구가 나타내는 의미는 구성성분 의미의 단순한 합이 아니라 특수한 의미를 나타내고 있음을 알 수 있다. 또 다른 예로 'printer'를 보자.

[49] [PRINT/print] and [ER/ə]

printer는 예[49]와 같이 두 개의 상징단위로 구성되어 있지만, 나타내는 의미는 [PRINT]+[ER]과 같지 않다. printer를 구성하는 두 형태소에는 없는 컴퓨터 주변기기라는 의미는 [PRINT]와 [ER]이 통합하는 과정에서 특정 담화와 백과사전적 지식이 배경이 되어 발현되었기 때문에 여기서 합성성이 부분적으로 작용하였다. 하지만, 그럼에도 불구하고 의미에 대한 이해는 통합성 원리를 벗어날 수 없다.

아래의 두 상징단위 'weel'과 'chair'를 살펴보자.

[50] [WHEEL/wiːrl]

[51] [CHAIR/tʃɛə]

이를 통합하여 만들어진 단순구문 'wheelchair'는 아래와 같이 나타낼 수 있다.

[52] [WHEELCHAIR/ wiːrl tʃɛə]

휠체어는 '장애인, 환자, 병원'과 같은 의미를 함의하고 있는데, 이것은 휠체어를 구성하는 두 상징 단위가 가지고 있지 않던 의미성분이다. 또 다른 예로 'doughface'를 들 수 있는데, 'dough'는 '밀가루 반죽', 'face'는 '얼굴'이라는 뜻이지만, 'doughface'는 '가면'이라는 뜻을 나타낸다.

중국어에서 '犹豫(망설이다), 流连(미련을 두어 떠나기 싫어하다), 踌躇(주저하다), 彷徨(방황하다), 徘徊(배회하다), 颠沛(몹시), 滂沱(세차게 쏟아지다)' 등은 모두 두 개의 음절이 합성되어 하나의 형태소를 이룬 연면어(连绵词)로, 나누어 분석이 불가능하며 그 구성 성분으로 어휘의 의미를 예측도 할 수 없다. 또한 명사 '地'와 명사 '道'는 각각 자체적인 의미가 명확하지만, 이들이 합성되어 만들어진 '地道'는 형용사로 기능하며, 그 구성 성분으로는 예측하기 어려운 '진정한, 순수한, 실재적인, 표준적인' 등의 의미를 나타낸다.

요즘 비교적 유행하는 'X门' 역시 글자만 보면 그 의미를 파악할 수 없다. 우선 여기서 '门'은 원래 의미인 '문(door)'라는 뜻이 아니라, 1972년 미국 닉슨 대통령의 '워터게이트'라는 건물에서 발생한 추문(반대당사에 도청기를 설치한)에서 유래한 것으로, 건물 이름 가운데 '-gate' 부분을 취해 접사로 사용하기 시작하면서 부정적인 영향을 끼친 정치계 혹은 언론계 추문을 가리키게 되었다. 최근 몇 년 사이 출현한 여러 가지 '门'은 아래와 같다.

[53] 安全门	暴毙门	曝光门	爆炸门	抱腿门	报价门
辩论门	抄袭门	厕所门	辞职门	拆迁门	出口门
大麻门	道德门	电池门	电话门	短信门	法语门
翻新门	腐化门	国资门	韩国门	和谐门	黑狱门
换芯门	贿赂门	交易门	集资门	奸商门	奖金门
解说门	解约门	戒指门	爵位门	拉链门	劳工门
理发门	买菜门	虐工门	女友门	陪舞门	碰撞门
情报门	情色门	欠债门	窃听门	人事门	升级门
丝袜门	税务门	视频门	食品门	台湾门	桃色门
特工门	挑衅门	偷拍门	退赛门	猥亵门	误杀门
洗手门	相机门	行贿门	学院门	艳照门	扬帆门
伊朗门	拥抱门	邮件门	游说门	召妓门	质量门
转会门	专利门	刹车门	등등		

이들 '门'이 포함된 단어 중에서 '门' 앞에 쓰인 단어가 긍정, 중성 혹은 부정인 것과 상관없이 전체 단어의 의미는 모두 부정적이므로 어휘 강요 현상이 나타나게 된다(제11장 제5절 참조). 이를 통해 복합어는 여러 상징단위의 단순한 합과 일치하지 않으며, 각 성분 간에 구체적이고 상세한 조정이 이루어져 원 성분이 가지고 있지 않은 의미가 생겨남을 알 수 있다. 이렇기 때문에 상호통합이라는 목적을 달성할 수 있으며, 의미 있고 기능을 가진 구문 전체를 형성하게 되는 것이다.

2. 관용어

언어마다 많은 수의 관용어가 있다. 예컨대 다음과 같다.

[54] kick the bucket (죽다, 골로 가다)

합성성만으로는 관용어인 예[54]의 의미를 파악할 수 없다. 중국어에도 이와 유사한 관용어가 많아서(대략 4만개), 글자와 글자 간의 의미 합성만으로는 의미를 정확하게 파악할 수가 없다.

[55] 不三不四 (이도 저도 아니다, 하찮다. 볼품없다)

위 관용어의 의미는 '3개도 아니고 4개도 아니다'라는 뜻이 아니다.

[56] neither three nor four

만약 예[55]를 글자 그대로 해석하여 예[56]과 같이 번역한다면, 중국인과 외국인 모두 그 의미를 이해할 수 없을 것이다(제4장 제3절, 제4절 참조).

3. 모순 표현

언어 가운데는 상호 모순되는 표현이 매우 많다.

[57] Your dead uncle is still alive. (너의 죽은 삼촌은 여전히 살아있다./ 삼촌은 돌아가셨지만, 여전히 (내 맘속에) 살아계시다.)

예[57] 역시 합성성으로는 해석이 불가능하다. 왜냐하면 사람은 살아있으면서 죽을 수 없기 때문이다.

[58] 他既当爹又当娘。 (그는 아버지 역할도 하고 어머니 역할도 한다.)

예[58] 역시 합성성의 각도에서만 보면 한 사람이 남자이면서 여자일 수 없다는 모순을 발견하게 된다. 이러한 현상은 형식주의 언어학자들의 골칫거리였다.

4. 은유

수많은 언어학자와 철학자들이 '언어의 ⅔는 은유 표현(Metaphorical Expression)'이라고 할 정도로 언어는 은유(Metaphor)로 가득하다. 은유 역시 합성성으로는 그 의미를 얻을 수 없다.

[59] This surgeon is a butcher. (이 외과 의사는 도살업자다. / 이 외과 의사는 실력이 형편없다.)

물론 'butcher(도살업자)' 역시 수준 높은 해부기술을 가지고 있지만, 예[59]와 같이 '외과 의사'를 'butcher'에 비유해서 이야기하게 되면 '실력이 형편없다'라는 의미를 나타내게 된다. 이러한 의미는 표현을 구성하는 성분의 합성만으로는 답을 찾을 수 없는 부분이다.

5. 다의구문

언어에는 다량의 다의구문이 있다.

[60] the ball under the table (테이블 밑의 공)

여기에는 여러 가지 상황이 있을 수 있다. 이 공이 테이블의 아래에 있을 수도 있고, 4개의 탁자 다리 밑동에 있을 수도 있다. 또 전체가 아래에 눌려 있을 수도 있고, 일부가 눌려 있을 수도 있다. 이것은 언어외 지식으로 보충해야 한다. 만약 합성성 원리를 따르면, 의미는 확실하고 유일하다. 그렇다면 표현식의 여러 의미는 어디에서 오는 것일까? 이 역시 통합성 원리를 통해서만 합리적인 해석을 할 수 있다.

6. 화용 요인

언어 표현은 반드시 화용 요소에 기대야만 정확하게 이해할 수 있다.

[61] It is hot here! (여기는 덥네요!)

예[61]의 실제적인 의미는 글자 그대로의 합성만으로는 얻어낼 수 없으며, 반드시 맥락 속에서 화용원리를 운용해야만 정확하게 얻어낼 수 있다. 만약 화자가 실내 온도가 너무 높다는 것을 불평하는 것이라면 에어컨을 켜거나 창문을 열라는 의미를 함축하게 된다.

[62] It's raining. (비가 오고 있다.)

예[62] 역시 담화맥락에 따라 각기 다른 의미를 나타낼 수 있다. 만약 엄마가 정원에서 놀고 있는 아이에게 하는 말이라면, '빨리 집으로 들어와'라는 의미일 것이고, 만약 부인이 정원에 널어놓은 옷을 가리키며 남편에게 하는 말이라면, '빨래를 걷어요'라는 의미일 것이며, 주인이 돌아가려는 손님에게 하는 말이라면, '좀 더 있다 가세요'라는 의미일 것이다.

7. 특수구문 혹은 구문실례

많은 구문문법 학자들은 특수한 구문실례에 대해 깊이 있는 분석을 통해 합성성 원리의 결함을 증명하기도 하고 언어 분석에 있어 주변적이고 일반적이지 않은 현상으로부터 접근하여 어려운 문제를 풀고 이에 기초하여 일반적인 핵심문법을 연구해야 한다는 점을 증명하기도 했다. 이는 TG학파와는 상반된 접근법이다. 예컨대,

(1) AKmajian(1984)과 Lambrecht(1990)는 "Him get first prize?!(그가 일등을 했어?!)", "What me worry?(뭐 내가 걱정한다고?)"와 같은 의혹구문(Incredulity Construction)을 연구했다. 앞의 두 예문에 사용된 목적격 'him'과 'me'는 절의 주어이며, 비정규적인 특수 표현에

속한다. 또한 그 함축된 의미 역시 자구 의미의 합 이외에 '경이로움, 반문, 의혹, 거들떠보지 않음' 등의 의미를 나타낸다.

(2) Wierzbicka(1987)는 "Boys will be boys(사내아이는 역시 사내아이다)" 부류의 잉여표현을 전문적으로 연구했는데, 이들은 구문특수성과 아울러 범언어적인 특수성도 지니고 있어 통용되는 규칙으로는 전면적이고 합리적인 해석이 불가능하다.

(3) Fillmore(1985b)는 TG이론으로는 그 변형이 어디로부터 비롯되는지 설명할 수 없는 영어의 'WH-word'가 유도하는 감탄문과 WH-word로 유도되는 "What the hell did you see?(대체 뭘 봤어?)"[11]류의 특수구문을 분석하였다. 이 구문은 두 종류의 특수한 구문으로 구성되고 영어 언어계통에서는 독립된 지위를 가지고 있으며 그 자체가 주형틀(Host)이기도 하기 때문에 많은 단어들이 그 사이에 삽입될 수 있다. Fillmore는 'WH-word'가 유도하는 감탄문과 WH-word로부터 유도되는 'What the hell~' 구문으로 구문문법의 개념을 논증하였으며, 구문은 단층 표상성(Single-level Representation)을 가지고 있다고 제안함으로써 TG학파의 변형과 파생을 부정하였다.

(4) Fillmor(1986), Michaelis(1994), Culicover&Jackendoff(1999) 등은 영어의 'the more…, the more…' 비교급 조건문(Correlative Conditional 혹은 Comparative Conditional)을 연구하였다. 이 표현은 통사적으로도 매우 특수한데, 영어의 정관사 'the' 뒤에는 명사가 와야 마땅한데 비교급과 호응하여 사용하는 것은 흔치 않은 현상이며, 병렬된 두 절의 앞 절은 뒷 절의 조건이 되어 함께 변화한다는 의미를 강조한다. 이를 통해 통사 형식과 의미 기능은 예측할 수 없음을 알 수 있다.

(5) Lakoff(1987:462-585)는 체험성의 각도에서 'there구문'과 'Here구문', 특히 'there구문'의 직시어(Deictics) 기능과 존재성(Existentials) 기능 및 각각의 용법 특징과 변이를 120페이지 분량에 걸쳐 체계적으로 분석하였다. 전통적인 변형생성문법에서는 이 구문의 변형 관계를 설명할 수 없으며, 두 구문이 왜 이렇게 복잡한지, 각기 다른 변이와 용법 간에 어떤 연관관계가 있는지 설명할 수 없다. Lakoff는 반드시 구문문법에 입각하여 은유인지 기제를 결합해야만 해당 구문의 복잡한 내부관계와 다양한 용법을 분명하게 설명할 수

---

11) 여기에 'WH-단어' 가운데 'which'는 쓸 수 없고, 'the hell' 대신에 'the devil', 'the heck', 'the deuce', 'on earth', 'in the world', 'in heaven'name' 등으로 바꿔 쓸 수 있다.

있다고 주장했다.

(6) Fillmore는 1988년 Kay, O'connor와 함께 『Language』에 'let alone'의 개별적인 분석에 기초하여 문법구문 가운데 규칙성과 불규칙성을 분석, 해당 어구는 형식과 의미상 예측이 불가능함을 발견했다. 즉, 품사를 살펴보면 하나의 동사와 하나의 부사로 구성된 동사구지만 기능적으로는 연결된 한 단어로 사용되며 두 단어의 의미로부터 전체 의미를 유추할 수도 없다. 이들은 불규칙한 관용어 표현도 생산성과 구조성이 매우 높은 점을 언급하며, 언어는 단일한 구구조 규칙(Phrase Structure Rule)만으로는 해석이 어려우며 반드시 통사, 의미, 화용을 함께 고려한 해석 모델을 운용해야 한다고 주장했다.

(7) Fillmore, Kay, O'Connor(1988), Nunberg, Sag, Wasow(1994) 등은 구문문법의 각도에서 관용어에 대해 비교적 상세한 논증을 펼쳤다. 관용어는 언어학자, 특히 TG학파가 매우 까다로워한 언어현상이다.

(8) Salkoff(1988), Levin&Rappaport(1988), Jackendoff(1990a), Goldberg(1995), Israel(1996) 등은 영어의 'Way구문'을 연구하여, 해당 구문 내 자동사가 '방향성이 있는 운동', '어떤 경로를 따라 계속하는 운동', '일정한 어려움과 굴곡이 있음' 등의 의미를 나타내는 데 쓰일 수 있음을 발견했다(예[63][64]). 여기서 주목할 점은 방향성이 있는 운동을 나타내는 동사는 Way구문에 사용할 수 없다는 점이다(예[65][66]).

[63] She chatted her way down the receiving line. (그녀는 손님 맞는 대열까지 가면서 수다를 떨었다)

[64] He slashed his way through the brush. (그는 덤불을 헤치고 앞으로 나아갔다.)

[65] *She walked/went/ran her way into the meeting.

[66] *He stepped/moved his way to NewYork.

(9) Michaelis&Lambrecht(1996)는 「Toward a Construction-based Theory of Language Function: The case of Nominal Extraposition」에서 "It's amazing the people you see here. (당신이 여기서 보는 사람들은 놀라운걸.)"이라는 특수구문을 기술하였는데, 이 구문은 감탄문 유형의 한 하위 부류로 통사 제약, 의미 제약, 화용 제약의 상호작용으로 형성된 게슈탈트,

네트워크 상속을 통해 합리적인 해석이 가능하다고 보았으며, 형식주의의 상자 도식으로 상세한 기술을 할 수 있음을 주장하였다.

(10) Jackendoff(1997a)는 'Twisting the night away(밤을 꼬박 새우다)'류의 구문에 대해 기술하였는데, 이 구문 역시 일반적이지 않은 표현으로 특수한 의미와 용법을 가지고 있다.

(11) Kay&Fillmore(1999)는 'What's X doing Y' 구문에 대해 논의하였는데, 이 구문은 여러 개의 구문의 관련 용법과 정보를 상속받아 형성된 것이며, 상속 과정에서 여러 차례 조정을 거쳐 '원망, 놀람, 부적절' 등의 화용적 의미를 나타낸다고 하였다. 따라서 이 구문은 통사와 기능만으로는 예측이 불가능하다(15장 제3절 참조).

(12) Kay(2002)는 『Language』에 「English Subjectless Tagged Sentences」 제하의 논문을 발표하여, 영어 "Fooled us, didn't they?(우릴 바보로 만들었군, 안 그래?)"라는 특수한 반문 표현형식(무주어 부가의문문)을 상세히 분석하였다. Kay는 이 예를 기초로 TG의 변형생성 원리에 의문을 제기하고, 이동과 공범주 등의 방법론을 부정함으로써 구문, 단층론, '다중 상속 분석법(Multiple-inheritance Approach)'을 주장하였다.

(13) Taylor(2002:578, 2004:64)는 'bang goes' 구문을 논했는데, 이 구문 역시 영어 가운데 특수한 어구로, "Bang goes my weekend!(내 주말이 날아갔어!)"와 같은 표현은 통사, 의미, 화용적으로 다양한 정보를 나타내고 있다.

(14) 沈家煊(2006a)은 구문문법 이론을 운용하여 중국어의 특수한 표현인 "王冕死了父亲(왕멘은 아버지가 돌아가셨다)"을 분석하고, 이에 근거하여 중국어의 '유추혼성' 현상을 제시하였다. 그는 해당 특수구문은 "王冕的父亲死了(왕멘의 아버지가 돌아가셨다)"와 "王冕丢失某物(왕멘은 어떤 사물을 잃어버렸다)"이라는 두 절이 혼성되어 형성된 것[12]이라고 하였는데, 이 점은 인지구문문법의 '여러 구문가운데 관련 정보가 상속'되는 관점과 유사하다.

(15) 陆俭明(2002, 2004)은 "吃他三个苹果(다른 사람이 아닌 그의 사과를 세 개 먹었다)"를

---

12) 沈家煊(2006a)는 또한 "我来了两个客户(손님 두 명이 왔다)"라는 구문은 "我有两个客户来了(손님 두 명이 왔다)"와 "我得了某物(나는 어떤 물건을 획득했다)"가 통합되어 형성된 결과물이라고 보았다. 또한 "合肥发生'人跪狗'事件(허페이에서 '사람이 개에게 무릎을 꿇은'사건이 발생했다)" 구문 가운데 "人跪狗(사람이 개에게 무릎을 꿇다)"라는 어구는 "人赔偿狗(사람이 개에게 배상하다)"와 "人下跪(사람이 무릎을 꿇다)"라는 두 절이 통합되어 이루어진 것이다. 이상의 두 예는 인지구문문법 가운데 상속의 관점(Inheritance View)'으로 특수한 어구가 관련 어구 가운데 부분 자질과 정보를 계승한 것을 설명하고 있다.

분석했다.

(16) 王寅(2007c)은 영어 'eat+NP'와 중국어 '吃+N구문'의 통사, 의미, 화용 상의 공통점과 차이점에 대해 상세히 조사하여 중국어 구문의 특이한 호응 용법을 중점적으로 분석하고, ECM을 운용하여 중국어 '吃'의 동사 후행성분에 대해 통일된 해석을 했다. 王寅(2007d, 2009)은 영어 'AS X AS Y' 관용어구문과 중국어에서 많이 보여지는 '부사+명사' 구문을 분석하여 그 배후의 인지기제를 밝혔다. 王寅·王天翼(2009)은 "吃他三个苹果(다른 사람이 아닌 그의 사과를 세 개 먹었다)"의 여섯 가지 해석을 방안을 제시하고, '상속 통합론(Inheritance& Integration)'을 이용하여 완전히 새로운 해석을 하였다(『제2권』 제4, 11, 14장 참조).

(17) 严辰松(2008)은 중국어 가운데 '年方八十(이제 막 80이 되었다)'과 같은 특이한 구문을 분석했다.

(18) 江蓝生(2008)은 '差点儿 VP≈差点儿没 VP', '难免VP≈难免不VP', 'VP之前≈没VP之前' 등의 정반동의구문을 분석했다.[13]

(19) 그밖에 많은 학자들이 '부사+명사' 혹은 '很+명사' 구문을 분석했는데, 이들은 모두 구문문법의 '특수한 현상으로부터의 접근'이라는 연구 방법을 운용하였다.

8. 절구문

절은 많은 소구문의 통합으로 구성되며, 소구문은 단문에 구체적인 정보를 제공한다. 즉, 하나의 절은 모교점으로, 그것은 많은 구문교점(하나의 교점은 하나의 구문)을 포함하며, 이러한 구문이 절로 통합되어 소구문의 관련 정보를 상속받는데, 일부 정보는 완전히 상호 호환되지 않을 수 있다. 이때 반드시 이들에 대해 적당한 조정을 이루어야 완벽한 절을 구성할수 있다. 이것은 굴절어에서 특히 더 명확한데, 자동구문(Intransitive Construction)의 부정 형식

---

13) 吕叔湘(1985)은 중국어 가운데 9가지 이러한 정반동의구문을 열거한 바 있다.

(1) 好容易 = 好不容易(어렵사리…하다)	(6) 小心 = 小心…不(…하지 않도록 조심하다)
(2) 好热闹 = 好不热闹(너무 소란스러운)	(7) 怀疑 = 怀疑…不(…하지 않은지 의심하다)
(3) 差点儿 = 差点儿没 / 不(하마트면~하다)	(8) 除非…才 = 除非…不(…하지 않는 경우에는)
(4) 就差 = 就差没(차이가…에 지나지 않다)	(9) …以前 = 没…以前(…하기 전에)
(5) 难免 = 难免不(불가피하게…)	

은 그림10-1과 같이 자동구문과 부정구문의 통합으로 이루어진다. 그러나 이 구문들이 영어 절로 합성될 때는 여러 조정(가령 조동사 do나 did을 선택 등)이 이루어져야 한다. 또한 단문의 주어가 3인칭 단수이고 현재 시제에 쓰이게 되면 'do not'을 쓸지 아니면 'does not' 구문을 쓸지의 문제를 고려해야 한다.

또한 아래의 예와 같은 여러 속담, 상투어 내지는 화용기능 문법화 현상(王寅, 2006:128) 등의 절 전체 의미 역시 각 구문의 단순한 합이 아니다.

[67] 你听我说。(내 말 좀 들어보세요.)

[68] 不是我说你。(당신에게 뭐라고 하는 게 아니에요.)

[69] 咱俩谁跟谁呀。(우리 사이가 어떤 사이냐!)

[70] 你好好想想, 自己看着办。(잘 생각해서 알아서 하세요.)

9. 병렬과 복합구문

절 역시 병렬구문 혹은 복합구문으로 통합할 수 있다. 통합 과정에서 이들이 공기할 수 있는 조건과 공기하는 절이 어떤 공유 요소 혹은 하나로 복합해주는 요소를 가질 수 있는지를 우선적으로 고려해야 한다. 통합 과정에서 이러한 요소는 언어 가운데 명확히 드러나기도 하고 드러나지 않기도 한다. 따라서 화자는 비교적 많은 인지 가공을 해야 하며, 여러 요소 가운데 전체 구문이 함축하고 있는 의미를 유도해내야 한다.

10. V+N 조합

언어 가운데 'V+N'의 조합관계는 상당히 복잡하다. 일반적으로 명사는 동사가 나타내는 동작의 대상이 되어야 하지만, 예외도 많다. '가목적어(Fake Object)'는 이러한 현상을 해결하기 위해 제안된 방안 가운데 하나인데, 가목적어 현상은 영어보다 중국어에서 훨씬 많이 보인다.

중국어 'V+N구문'에서 명사는 여러 의미 범주(제1절 참조)를 나타낼 수 있다. 이것은 영어의 'V+O구문'과 현격히 차이가 나는 부분이다. 따라서 통합성 원리를 운용하여 그 가운데 성분에 대해 필요한 의미적인 조정을 해야 중국어의 'V+N구문'이 나타내는 의미를 정확하게 이해하고 그것에 대응되는 영어 표현으로 번역할 수 있다. 이때 직역법(Literal Translation)은 적용이 불가능하다.

구문문법 학자들은 다른 인지언어학자들과 마찬가지로, 구문 전체의 의미는 각 단위요소의 단순한 합과 같지 않다고 확신한다. 따라서 각 성분요소에 대해 통합 혹은 혼성의 방법을 운용해야 의미 있는, 그리고 기능을 하는 구문을 형성할 수 있다. 이 과정은 필연적으로 구체적이며 섬세한 조정이 필요하다. 예컨대, 王寅(2007a)이 분석한 '吃+N구문'은 상당히 복잡하다. 또한 중국어 동사 '有' 역시 '소유, 존재, 발생 혹은 출현, 부분 혹은 일부'등의 기본의미를 나타내지만, '원형추상명사'가 후행하는 경우에는 조정이 필요하다.

[71] 有经验 (경험이 풍부하다)

[72] 有能力 (능력이 뛰어나다)

[73] 有水平 (수준이 상당하다)

[74] 有学问 (조예가 깊다)

[75] 有了年纪 (나이를 꽤 먹었다)

[76] 有人缘 (인연이 깊다)

위의 구문에서 '有'는 '많다, 크다, 좋다, 일정 수량이나 수준에 이르렀음' 등의 의미를 가지고 있다. 그밖에 '有'는 또한 '有+X+好+VP' 표현을 형성하기도 한다.

[77] 有你好玩的。 (너 잘 되나 보자!)

[78] 有他好受的。 (고생 좀 하겠다.)

[79] 有张三好瞧的。 (장싼 망신 좀 당하겠다.)

[80] 有你们好果子吃的。 (당신들 잘되나 두고 보자.)

[81] 有小春好看的。 (샤오춘은 분명 망신 당할거야.)

[82] 有那家伙好过的日子。 (그 녀석 잘 사나 두고 보자.)

이 구문은 '경고, 위협, 유머'등의 의미를 함의하며, 모두 원래 단어가 가지고 있는 의미가 아니다. 따라서 구문과 의미구조의 묘사가 간단하지 않는 것은 통합문제이기 때문이므로, 인지의 각도에서 그 통합 과정과 결과를 기술해야 한다.

통합성 원리를 강조하는 것은 합성성 원리를 전면 배제하거나 부정하는 것이 아니라 언어 분석에서 합성성 원리가 부분적으로만 발휘될 수 있다는 것을 의미하는 것이다. 그러나 더 많은 경우(앞서 열거한 10가지 상황은 언어 전반을 아우른다) 합성성 원리는 부분적인 해석력만 있으므로, 통합성 원리를 주로 운용해 하며, 언어 단위가 조합될 때 조정을 거쳐야 비로소 서로 호응하는 하나의 표현이 된다. 이처럼 언어 분석은 '합성+통합'의 원리를 준수해야 한다.

제11장

구문의 강요

구문문법은 동사중심론을 비판하면서 구문이 동사와 마찬가지로 자체적인 의미를 갖고 있다고 제기하였고, 이로써 매우 영향력 있는 '구문강요론'을 제시하였다. 이것은 '동사의 의미와 구문의 의미가 완전히 일치하지 않거나 서로 충돌될 때, 구문이 동사의 논항구조를 바꾸게 할 수 있고(동사의 논항 수량을 늘리거나 줄일 수 있음) 의미 자질도 바꾸게 할 수 있는 것'을 말한다. 본장의 제1, 2절에서는 구문문법이 구문강요를 제기했던 역사적 배경 및 그와 관련한 주요내용을 살펴보고, 제3절에서는 구문이 독립적인 의미를 갖고 있고 또 구문강요를 할 수 있는 구체적인 예증을 제시하고자 한다. 제4절에서는 영어의 '상(相)적 강요' 현상을 논의하고, 제5장에서는 기존의 구문강요를 보충하고 아울러 발전 방향을 제시하는데, 여기에는 어휘강요, 관성강요, 선택현저성강요, 다중강요, 모방강요 등이 포함된다.

제1절 개요

구문문법에 의하면, 한 어구(구나 절 포함)의 의미는 단지 그 중의 단어에 의해서만 결정되는 것이 아니고 이러한 단어들이 결합하는 방식, 즉 구조에 의해서도 결정된다고 한다. 다시 말해서, 어구의 의미는 어휘의미와 구조의미의 상호작용에 의해 결정된다. 양자가 서로 일치할 경우, '의미결속 원리'와 '조응 원리'가 작용하여 동사가 부각시킨 논항구조는 구문이 부각시킨 논항구조 속에 융합된다. 이는 제6장 그림6-3과 6-4에서 볼 수 있다.

　그러나 언어의 각종 표현에는 또 다른 상황이 존재한다. 동사가 구문이 갖고 있는 의미역 전부를 갖추지 않았거나 분명하게 내포하지 않는 경우가 있다. 또는 그 의미와 용법이 구문과 서로 용납되지 않거나(Incompatibility), 잘못 결합될 수도 있고(Mismatch), 또 서로 충돌될 수도 있다(In Conflict). 따라서 동사의 논항구조가 구문의 논항구조와 완전히 대응하지 못하는 현상이 출현하게 된다. 이때 구문과 서로 결합하여 사용될 수 있는 동사의 융통성을 고려해야 하는데, 이는 구문이 주로 주도적인 위치를 차지하기 때문이다. 이러한 과정을 거쳐 동사 결합가 이외의 의미역을 부여하거나 강요할 수 있고, 이로써 그 용법 유형 또는 의미를 변화시킬 수 있다. 이것을 일컬어 '구문강요(Construction Coercion)'라고 한다. 이것은 또 다음과 같이 불리곤 한다.

the Rule of Coercion(강요규칙)

the Process of Coercion(강요과정)

the Coercion Mechanism(강요기제)

the Process of Accommodation(조정과정)

the Accommodation Mechanism(조정기제)

the Override Principle(무효화 원칙)

'강요'란 개념은 그 유래가 오래되었다. 이것은 TG학파의 '통제(Control, 한 성분이 다른 성분에 대한 제약)'이론에서 기원한 것으로, 처음엔 'promise'와 'persuade'라는 두 유형 동사 뒤의 'VP보어'가 어떤 성분의 통제를 받고(어떤 성분이 그것의 논리주어가 되는가), 어째서 전자의 통제어는 절의 주어이고, 후자의 통제어는 절의 목적어인가를 해석하는데 이용되었다. 그리하여 다음과 같은 해석이 등장하였다.

　(1) Rosenbaum은 1967년 '최소거리 원리(the Minimal Distance Principle)'을 이용하여 VP보어 통제어의 선택사용 문제를 해석하였는데, 다만 문제는 명사보어를 고려하지 못했다는 것이다.

(2) Jackendoff(1972, 1974)는 의미역의 각도에서 동사성구문과 명사성구문의 통제 문제에 대해 논술할 수 있다고 보았다.

(3) Chomsky(1980, 1981)는 Rosenbaum의 최소거리 원리를 계승하여, 'promise' 등과 같은 유형의 동사에 대해 [+SC] 즉, '주어통제(Subject Control)'란 자질을 부여해야 한다고 주장하였다. Chomsky(1981:76)는 '통제어의 선택사용은 동사의 θ-Role 또는 기타 의미특징에 의해 결정되거나 모종의 화용조건에 의해 결정된다.'고 보았다.

(4) Bach(1979, 1980)는 그의 범주문법(Categorial Grammar)에서 통제어 분배 문제를 다루었다. 그에 따르면, 'promise'류 동사의 통사와 의미 결합 순서는 '먼저 뒤의 명사성구와 결합하고, 그러고 나서 VP보어와 결합하며, 마지막으로 주어와 결합한다.'라고 하였다. 그리고 'persuade'류 동사의 결합 순서는 '먼저 VP보어와 결합하고 나서 목적어와 결합하고 마지막에 주어와 결합한다.'라고 보았다. VP보어의 통제어(비명시적 주어)는 바로 그 통사와 의미상의 '이웃논항(the Next Argument)'이다.

(5) Bresnan(1982)은 어휘기능문법(Lexical Functional Grammar)에서 '통제이론(Control Theory)'을 제시하였고, 기능통제(Functional Control)과 조응통제(Anaphoric Control)라는 두 가지 통제를 구분하였다. 즉, 일부 보어를 갖는 동사('promise'와 같은)는 기능통제를 받고, 기타 동사('persuade'와 같은) 및 명사성분은 조응통제를 받는다. Bresnan은 또 '통제어 이동(Controller Shift)' 현상을 논술하기도 하였다.

(6) Manzini(1983)는 나중에 Chomsky의 통제이론을 수정하여 '모든 비명시적 VP보어는 그 적절한 C-통어 관계(C-Command Relation) 속에서 하나의 통제어를 갖는다.'라고 보았다.

(7) Chierchia(1983, 1984)는 '통제는 순수한 의미 현상으로, '의미공준(Meaning Postulates)'에 의해 지배되며, 이에 근거하면 속성을 가진 표현식과 명제를 가진 표현식 간의 함축관계(Entailment Relations)를 수립할 수 있다.'고 하였다. 그는 또한 의미역의 층위성을 운용하여 통제성분의 분배 현상을 예측해보려고 시도하였고, 이로써 '인접 논항 원리(Adjacent Argument Principle)'을 이용해 통제어의 분배 문제를 해석할 것을 주장하였다.

(8) Farkas(1988)는 추상개념인 '책임성(Responsibility)'에 근거하여 통제어 분배 문제를 해석할 것을 주장하였다. 그녀에 따르면, 일반적으로 통제어는 의미적으로 식별해낼 수 있는 개체성분으로 보어와 서로 대응하는 장면을 유도한다. 그녀는 또 '유표지 통제어 선

택 원리(Marked Controller Choice Principle)'를 이용하여 통제어의 이동 문제를 해석할 것을 제기하였다.

상술한 학자들의 논술에 기초하여, 구문문법 학자들은 '강요'를 가지고 구문의 어휘에 대한 통제를 연구하기 시작했다.

제2절 구문강요

1. 인지언어학자들의 '강요'에 대한 논의

인지언어학자들은 상술한 학자들의 관련 관점을 계승하고 발전시켜서 각종 논저에서 '강요론'에 대해 상세히 논술하였고, 이 가운데 일부는 '구문강요론'을 언급하기에 이르렀다.

(1) Talmy는 1978년 발표한 논문 「The Relation of Grammar to Cognition-a Synopsis」 중에서 '전환(Shift)'[1] 현상에 대해 언급하였고, 이 글은 수정을 거쳐 1988년 Rudzka-Östyn 주편의 논문집에 수록되었다. 나중에는 다시 수정하여 그가 2000년 출판한 『Toward a Cognitive Semantics』라는 저서의 제1권 제1장으로 삼았다. 그는 어떤 문법구조는 어휘항목을 통사, 의미, 화용 등 방면에서 전환시킬 수 있다고 하였는데, '경계성(有界, Boundedness)' 어휘항목이 '탈경계화(Debounding)'라는 인지 조작을 거쳐 '무경계성(无界, Unboundedness)'으로 변화할 수 있는 것이 그 예이다. 가령 'sea'라는 어휘 항목은 '바닷물'로 전환할 수 있고, 'tear'는 '흐르는 눈물'로 전환할 수 있다.[2] 또 어떤 명사 뒤에 '-ery', '-ing', '-age'[3]

---

1) 중국의 일부 학자들은 'Shift'를 '迁移(이전)'으로 번역하기도 한다. 본서는 이러한 번역이 그중의 한 함의인 '의미의 위치상의 이동'만을 반영하고 또 다른 함의인 '의미는 변화가 발생할 수 있다'는 것을 반영하지 못한다고 본다. 따라서 본서는 이것은 '移变'으로 번역하여 두 가지 함의를 모두 반영하고자 한다.

2) [역주] Talmy(2000:52)는 그의 책에서 아래와 같은 예를 들고 있다.
   예) Tears flowed through that channel in Hades.(하데스의 그 통로를 통해 눈물이 흘렀다.)
   Tamly에 따르면, 이처럼 'tear'는 원래 경계가 있는 것이었으나, 복수가 되면서 단독적이었던 것이 다중의 집합으로 변하였고, 그 과정에서 그 실체들이 공간적으로 병치되면서 경계가 사라져 일종의 무경계적 등의 접미사를 붙여 이러한 전환을 유발할 수도 있다. 반대로, 불가산 명사 앞에 부정관사 'a'(또는 'an')나 수량사 등을 부가하여 무경계성의 어휘항목을 경계성 어휘항목으로 전환할 수도 있다. 한편, 일부 문법구조는 순간(점), 경계성 지속(선분), 무경계성 지속(선) 등 어휘 항목이 나타내는 한계성(Extensionality)을 전환시키기도 한다. 예를 들어, 순간(점성, 点性)동 사 'die'가 진행상과 함께 쓰이면 지속성이 생겨 '생(生)'과 '사(死)' 사이의 상태를 묘사할 수 있는데, 이런 식으로 상(相)의 강요에 대한 연구를 할 수 있다. 이 밖에, 그는 또 글에서 정태와 동태 간의 전환, 전경과 배경 간의 전환, 논항구조의 전환[4]에 대해 언급하기도 하였다. 이러한 전환을 실현시키는 수단은 바로 '문법'이다. 따라서 논문 제목에서도 언급 했듯이, '문법구조'가 사실상 '인지'작용을 하여 어휘의 실제 사용 중의 의미를 끊임없이 조정하고 강요할 수 있는데, 이것이 바로 이 글의 핵심 내용이다.

(2) Moens&Steedman은 1988년 진행상과 완료(Perfect)의 동사 의미에 대한 강요 현상에 대해 논술하였다. 이것은 바로 Michaelis(2003, 2004)가 논술한 '상적 강요(Aspectual Coercion)' 이다. Moens&Steedman(1988:17)은 그의 논문에서 다음과 같이 언급하였다.

> 시제나 시간부사, 상적 조동사와 같은 수식어의 영향 아래에 있는 전치사의 상적 유형의 변화 현상은 현재의 문제에 있어서 매우 중요하다. 우리는 그러한 수식어를 어떤 '기능'으로 언급할 수 있는데, 이 기능이란 언어를 프로그램하는 과정에서, 유형-강요를 가지고 느슨한 유추를 함으로써 적당한 유형에 그들의 입력을 '강요'하는 기능이다.[5]

연속이 된다고 한다. 이렇게 하여 무경계적인 실체로 전환할 수 있다.

3) [역주] Talmy(2000:52)에 따르면, 'shrub(관목)'같은 경계성 명사가 '-ery'을 붙여 'shrubbery'가 되거나, 'panel(패널, 판자)'같은 경계성 명사가 '-ing'을 붙여 'paneling'이 되면 집합적인 무경계적 명사가 된다 고 한다.

4) 예를 들어, 'serve'는 원래 '주인'과 '손님'이라는 두 개의 주요 논항과 관련이 있다(예a). 그러나 이를 동일인으로 전환할 수 있다(예b).
   a. The host served me some dessert from the kitchen. (주인은 나에게 부엌에서 디저트를 좀 대접했다.)
   b. I served myself some dessert from the kitchen. (나는 부엌에서 디저트를 좀 먹었다.)

5) The phenomenon of change in the aspectual type of a proposition under the influence of modifiers like tense, temporal adverbials, and aspectual auxiliaries is of central importance to the present account. We shall talk of such modifiers as functions which 'coerce' their inputs to the appropriate type, by a loose analogy with type-coercion in programming language.

(3) Croft(1991:108, 265)는 '개념화'와 '해석'의 각도에서 강요를 논술하였다. 그는 '어휘항목의 개념화는 그것이 있는 통사 환경의 영향을 받게 된다.'고 기술하면서 그는 강요가 '해석유형(Construal Patterns)' 및 '전환(Shift)'과 동일하다고 주장하였다. Croft(1991:173)는 또 '절의 내재성 구조가 그것의 입력 성분(Input)을 강요하여 조정, 변화가 발생하는 현상이 대량으로 존재한다.'고 하면서 보다 깊이 있는 연구가 필요하다고 하였다.

(4) Sag&Pollard는 1991년 '강요규칙'을 제안하여 의미제약, 사역강요(Causative Coercion), 결속이론(Binding Theory)의 상호작용과 종합의 관점에서 '통제받는 보어(Controlled Complement)' 즉 VP보어에 대한 통제어의 강요 문제에 대해 논술하였다. 그리고 또 통제어 전환의 문제도 언급하였다. 그러나 그들이 제안한 강요규칙은 구문문법의 강요론과는 일정한 거리가 있다.

(5) Goldberg(1995:159, 2006:22)는 주로 구문이 동사에 대해 강요작용을 한다는 관점에서 이 규칙을 논술하였다. 그녀(1995:238)는 다음과 같이 말했다.

구문은 어휘항목을 강요하여 이로 하여금 체계적으로 관련된 의미를 갖게 한다.[6]

(6) Jackendoff는 자신 및 다른 학자들의 1970~80년대 '통제이론' 연구 성과를 바탕으로, 구문이 어구에 대해 어휘 이외의 의미를 추가할 수 있는 현상을 논술하였다. Jackendoff (1997b)는 통사구조로부터 출현하는 부가적 의미에 대해 '강화된 합성(Enriched Composition)' 이라고 칭하였는데, 이는 구문문법 학자들이 말한 'Coercion(강요)' 또는 'Override/Overrule (무효화)'와 유사하다. Jackendoff가 여기서 말한 '강화된 합성'은 '엄격한 합성(Strict Composition, 또는 협의의 합성(Narrow Composition))'에 대응되는 개념이다.

(7) De Swart는 Moens 등(1988)의 논문에 기초하여 1998년 「Aspect Shift and Coercion」 제하의 논문을 발표했다. 이 논문에서 그는 '상적 전환(Aspect Shift)'에 대해 한층 심화된 견해를 피력하고, 이것을 이용하여 영어와 불어에 있는 진행상과 완료를 비교 분석하였다. De Swart(1998:360)의 '강요'에 대한 아래의 정의는 이후 다른 학자들에 의해 여러 차례

---

6) ⋯ constructions coerce lexical items into having systematically related meanings.

인용되기도 하였다(예를 들어, Michaelis, 2003a/2004; Traugott, 2007; Ziegeler, 2007; Bergs& Diewald, 2008).

    (강요는) 통사적, 형태적으로 눈에 보이지 않는 것이다. 그것은 함축적인 문맥적 재해석이
    란 기제에 의해 지배된다. 이러한 문맥적 재해석은 또한 의미적 모순을 해결하기 위한 필요에
    의해 유발된 것이다.[7]

그의 정의로 보건대, '강요'란 주로 어휘의미와 구문의미 간에 '의미충돌(Semantic Conflict)'
이 발생하거나 수용 불가 현상이 발생했을 때, 잠재적인 통사환경이 하나의 '강요요소
(Coercion Operator)'를 출현시키게 되는데, 이것이 어휘의미에 강제적인 영향을 유발하는
것이다. 즉, 양자 간에 충돌이 발생할 때, 해석자는 구문의미에 근거하여 어휘의미에 대해
'다른 해석(Reinterpretation)'을 할 수 있고, 이로써 양자가 서로 적응하거나 협력하여 구나
절을 합리적으로 해석할 수 있게 된다. Bergs&Diewald(2008:12)의 아래의 언급은 이러한
관점을 보다 더 분명하게 드러내고 있다.

    '강요'의 개념은 해당 구문에 삽입되어 있는 어휘항목의 의미에 대해 힘을 발휘할 수 있는
    구문의 개념을 말한다.[8]

Bergs&Diewald(2008)는 논문집인 『Constructions and Language Change』에서 구문 또
는 구문문법의 관점으로 언어 변화현상을 논술하였다. 여기서 그들은 문법화 과정은 주로
언어의 형식, 의미와 기능 간의 관계에 관한 것이지만, 이것은 바로 구문문법의 기본 출발
점이 되기 때문에, 구문 또는 구문문법에 기반하여 문법화를 논의해야 한다고 주장한다.
그들에 따르면, 변화는 구문실례에서 시작하고(innovation starts in construct), 비상규적인 개

---

7) (Coercion is) syntactically and morphologically invisible: it is governed by implicit contextual
   reinterpretation mechanisms triggered by the need to resolve (semantic) conflict.
8) ⋯ the notion of 'coercion', i. e. the notion of a construction exerting force on the meaning of an
   item inserted in that construction.

별 조합(예컨대, 'two beers')은 새로운 해석('two units of beers')을 강요하여, 사용빈도의 증가에 따라 새로운 구문을 형성하게 되는데, 이것이 바로 언어변화('수사+불가산명사')의 주요 원인이이라고 한다.

(8) Pustejovsky는 1993년 「Type Coercion and Lexical Selection」 제하의 논문에서 '유형강요'의 관점을 논술하였다.

(9) Panther&Thornburg는 1999년 「Coercion and Metonymy」 제하의 논문에서 환유기제의 관점으로 강요의 인지적 원리를 논술하였다.

(10) Taylor는 『Cognitive Grammar』에서 강요 현상에 대해 비교적 상세히 논의하였는데, Taylor(2002:287)는 다음과 같이 언급하였다.

> '강요'에 대해 나는 한 단위가 다른 단위와 결합할 때, 그것의 이웃에게 영향력을 가하여 그로 하여금 특수성(specification)을 변화시키게 되는 현상이라고 본다.[9]

이 언급을 통해 보면, Talyor는 어휘결합의 관점에서 강요 현상을 해석한 것으로 보인다. 그는 논문에서 '음운 강요(Phonological Coercion)'의 문제에 대해 언급하였는데, 영어의 'deceive', 'receive', 'consume', 'resume' 등의 동사는 형용사로 파생되는 과정에서 발음관계가 형용사 접미사인 '-(t)ive'의 강요를 받아 부분적으로 그 어근의 형태를 변화시킨다고 한다. 구문문법은 이러한 관점을 구문과 어휘 간의 관계로까지 확장하였다.

2. Michaelis의 '구문강요' 이론

구문문법 이론 프레임과 관련하여 '강요'에 대해 가장 많이 연구한 학자는 바로 Michaelis일 것이다. Michaelis(2003a,b, 2004, 2005)는 '무효화 원리(Override Principle)', 즉 '강요 원리'에 대해 상세히 논술한 바 있는데, 이에 대해 아래와 같이 정의하였다(2004:25, 2005:50-56).

---

9) By coercion I refer to the phenomenon whereby a unit, when it combines with another unit, exerts an influence on its neighbor, causing it to change its specification.

만약 한 어휘항목이 그것의 형태통사적인 문맥과 의미론적으로 조화가 되지 않을 경우, 어휘항목의 의미는 그것이 구체화되는 구조의 의미에 일치하게 된다.[10)]

사실 구문강요는 구문의 어휘에 대한 강요 말고도 구문의 구문에 대한 강요 역시 가능하다. 이러한 내용과 관련하여 Michaelis& Lambrecht(1996:217)는 '통제받는 구문(the Dominated Construction)은 그 통제구문(the Dominating Construction)으로부터 모든 정보를 다 상속할 수는 없으며, 두 구문 중 상호간 충돌되는 정보는 차단될 수 있다.'고 언급하였다.

1) 전환 강요효과

Michaelis(2004)는 또 '유형전환(Type Shifting)'[11)]의 각도에서 이러한 통사환경에 의해 유발되는 강요 현상에 대해 논술하였다. 구문과 자질이 서로 충돌되는 그러한 어휘의 자질은 반드시 '전환(Shifting)'하게 되는데, 자질상의 부분적 전환일 수도 있고, 또 유형상의 전환일 수도 있다. Michaelis(2004:30)는 '구문이 의미유형을 나타낸다(Constructions denote semantic type).'고 하였는데, 이때 구문강요는 자연적으로 의미유형의 전환을 일으킨다. 즉, 단어의 합성방식(구문의미와 유사)은 단어의 의미 또는 의미유형을 전환시킬 수 있으며, 구문의미는 전체 표현의 의미를 매우 큰 폭으로 결정할 수 있다. Michaelis(2004:1)는 다음과 같이 언급하였다.

의미적 합성의 과정은 원래의 통사적으로는 없던 의미를 추가할 수 있다. 이것은 예컨대 '진행상'같은 어떤 조작성분이 적당한 논항을 획득할 수 있기 위해서이다.[12)]

'구문강요' 또는 '의미유형 전환'을 통해 출현하는 효과는 바로 '강요효과(Coercion Effect)'

---

10) If a lexical item is semantically incompatible with its morphosyntactic context, the meaning of the lexical item conforms to the meaning of the structure in which it is embedded.

11) 이를 또 'Semantic Type Shifting(의미유형전환)'이나 'Implicit Type Shifting(내포성 유형전환)'이라고 도 한다.

12) ⋯ the process of semantic composition may add meanings absent from the syntax in order to ensure that certain operators, e. g., the progressive, receive suitable arguments.

라고 하며, 이를 구조주의 언어학자들이 만들어낸 용어인 '내심구조와 외심구조'에 따라 다음과 같이 둘로 양분할 수 있다.

(1) 내심적 강요효과

'내심적 강요효과(Endocentric Coercion Effect)'란 전체 구의 통사기능이 그중 한 성분의 통사기능과 동일한 것으로 이때 내심적 강요효과가 발생한다. 예컨대, 동사구에서 '핵어' 작용을 하는 동사는 전체 구가 동사와 동일한 분포규칙과 통사기능을 갖도록 결정할 수 있다. 예를 들어, 술목결합이 '핵어 선택 제한조건'을 위반한다면, 그 논항의 의미 특징은 동사의미의 강요를 받을 수 있다.

[1] bend the rock (바위를 구부리다.)

여기서 'the rock'은 핵어 'bend'라는 동사의 강요를 받기에, 사람들은 이것을 '구부릴 수 있는 물체'라고 해석하게 되는데, 이렇게 함으로써 둘은 비로소 서로 간에 조화가 된다.

(2) 외심적 강요효과

'외심적 강요효과(Exocentric Coercion Effect)'란 구조주의 언어학자의 관점으로부터 온 것으로, 여기서 말한 외심구조란 전체 구의 통사기능이 그중의 어떤 성분의 통사기능과도 같지 않은 것을 말한다. 구문문법 학자들은 이러한 현상을 '외심적 강요현상'이라고 부른다. 예를 들어, 전치사구인 'in the room'은 부사어의 기능이 있지만 정작 그 가운데에는 부사성 성분은 하나도 없다. 구문문법은 강요로 '비핵어(Non-head)'가 갖고 있는 강요효과를 기술하곤 한다. 예를 들어, 한정사(Determiner)에 속한 비핵어가 어떤 경우엔 '핵어'의 작용을 할 수도 있다. 그래서 의미상으로 그와 공기하는 단어의 의미를 제약하거나 전환시킬 수가 있다.

[2] I had a tea. (나는 차를 마셨다.)

이 문장에서 부정관사 'a'는 그 뒤의 불가산명사인 'tea'를 강요하여 가산명사의 성질을 갖게 만든다.

위의 분석을 통해 내심적 강요는 단지 '어휘인가(Lexical Licensing)'의 한 구체적인 예시에 불과함을 알 수 있다. 그 가운데 핵어('bend' 등)의 의미 자질은 그와 결합하는 기타 어휘('the rock' 등)의 의미 자질을 강요한다. 이것은 또한 '어휘투사 원리(the Principle of Lexical Projection 또는 Projection-based Theories(투사기반 이론))'로도 어느 정도는 해석을 할 수가 있다. 그러나 외심적 강요는 이와 달리 상술한 방법은 통하지 않기 때문에 TG학파의 어휘투사 이론이 도전을 받고 있다.

구문문법은 이러한 이론 모델에 대한 반성을 바탕으로 외심적 강요를 이용하여 처리하는 새로운 관점을 제시하였다. 즉, '의미적 인가자(Semantic Licenser)'는 반드시 구의 핵어가 아니어도 되며, '통사틀 유형' 또는 '논항구조 구문(Argument Structure Construction, ASC)'도 의미적 인가자가 될 수 있다는 것이다. 예컨대, 명사구라도 명사 핵어 혼자서 전체 명사구의 통사/의미적 자질을 결정하는 것이 아니라 명사구 내 한정어나 수식어가 주요 작용을 할 수도 있는 것이다. 게다가 명사와 수식어 간에는 '상호간의 인가 관계(Mutual Licensing Relationship)'를 갖고 있다. 다시 말해서, '핵어(Head)'와 '보어(Complement)' 또는 양자의 결합 모두 강요효과를 발휘할 수 있다. 이처럼 구문문법에서는 통사적 합성이 단지 '핵어'에 의해서만 구동되는 것이 아니라 구문에 의해 구동되어 외심적 강요효과를 거둘 수 있으므로, '핵어 중심(Head-driven)'을 고려하는 동시에 '구문중심(Construction-driven)'을 고려해야 한다.

2) 외현성과 내포성 유형전환

Michaelis(2004:28)는 또 유형전환을 외현성 정도에 따라 두 가지로 나누었다.

(1) 외현성 유형전환

'외현성 유형전환(Explicit-Type-shifting)'이란 어휘항목(또는 그것의 투사)의 의미유형이 일반규칙, 그리고 그와 결합하는 문법구문의 영향을 받아서 출현하는 전환현상이다. 예컨대 가산명사와 복수 구문의 결합이 바로 여기에 속한다. 이것은 규칙적인 용법이지만, 단복수에 따라 그 의미가 달라지는데, 단수인 'a book'은 경계성을 나타내고, 복수 표지와 결합한 'books'는 경계성이 없음을 나타낸다.

(2) 내포성 유형전환

'내포성 유형전환(Implicit Type-shifting)'이란, 어휘항목(또는 그것의 투사)의 의미유형이 강요 원리에 따라 어휘와 구문간의 의미충돌을 조절하여 출현하는 전환현상을 말한다. 예를 들어, 위의 예에서 'a tea'가 이러한 유형에 속한다('I had a tea'). 부정관사 'a'는 대개 물질명사와 공기하지 않기 때문에 이는 규칙적인 결합에 속하지 않는다. 이때 'tea'에 'a+가산명사'라고 하는 구문의 강요가 이루어져 의미의 유형전환이 일어나 불가산명사에서 가산명사로 변화하게 된다.

위의 내용을 통해 어떤 어휘가 포개지거나(Superimpose) 한 특정한 구문에 운용되어 양자의 의미와 용법 특징이 수용되지 못하거나 상충될 때, 구문은 대개 '주도적 위치' 또는 '강세적 위치'에 놓이게 되고 강제적으로 단어(주로 동사, 명사 등)의 의미와 용법을 변화시킴을 알 수 있다. 이렇게 하여 양자가 조정(accommodation)이 이루어지게 되는데, 이것이 바로 '구문강요'이다. 이러한 현상은 많은 예를 가지고 증명해낼 수가 있다.

제3절 구문강요의 예증

'구문이 독립적인 의미를 갖고 있는 것'과 '구문강요론'을 증명할 수 있는 예는 많다. 수많은 구문문법 관련 논저에서 이에 대해 언급을 해 왔는데, 본 절에서는 아래의 몇 가지 방면에서 정리하고자 한다.

1. 특수구문 연구

제10장의 제3절에서 국내외학자들이 영어와 중국어 중 19가지 특수구문에 대해 연구한 것을 소개한 바 있다. 그러면서 확실한 증거를 통해 구문의미의 존재를 설명하였다. 이러

한 구문의미는 구문에 출현하는 동사나 기타 단어의 의미를 각기 다른 정도로 제약하거나 변화시켰다.

제2장 제3절에서는 어휘투사론의 문제점을 소개하면서 일부 학자의 논술과 예문을 언급한 바 있는데, 이를 통해서도 구문의미의 존재를 증명할 수 있다.

2. 동일한 동사가 유사한 구문에 사용되는 경우

영어에서는 유사한 구문이나 문형에 동일한 동사가 쓰이더라도 문장 전체의 의미가 완전히 달라지는 경우를 자주 볼 수 있다. 동사 자체는 변화하지 않았는데 문장 전체의 의미가 달라졌을까? 이것은 '사건 장면'과 '전체 구문의 용법'이란 각도에서 합리적인 해석을 할 수 있다. 예를 들면,

[3] Bill loaded the truck into the ship. (Bill은 그 트럭을 배에 실었다.)

[4] Bill loaded the truck with bricks. (Bill은 그 트럭에 벽돌을 실었다.)

이 두 문장은 모두 동사 'load'를 사용하고 있고, 모두 'SVO+PP' 문형을 이루고 있으며, SVO부분은 완전히 동일하다. 단지 차이가 있다면 전치사구가 다르다는 점이다. 따라서 TG학파는 대부분 '변형'의 각도에서 이 현상을 해석하고 있다. 그러나 구문문법에서는 비슷해 보이는 두 문장이 '유사해 보이지만 전혀 다른 구문'이기 때문에 결코 변형에 의해 생성된 것이 아니라고 본다. 또한 두 문장의 상이한 구문 환경으로 인해 동사 'load'의 의미가 조정되었다. 바로 이때 구문의 주도적 작용이 쉽게 드러난다. 예[3]의 의미는 '트럭을 배에 싣다'이고, 예[4]는 '트럭에 벽돌을 싣다'이다. Pinker(1989)는 이들 간의 차이에 대해 보다 깊이 있는 분석을 하였다.

[5] John loaded hay onto the wagon. (John은 건초를 마차에 실었다.)

[6] John loaded the wagon with hay. (John은 마차에 건초를 실었다(건초로 마차를 채웠다).)

Pinker의 관점에 따르면, 예[6]의 'load'는 방위동사(locative verbs)에 속한다. 그리고 그 뒤의 방위를 표시하는 목적어는 '전체 효과(Holism effect)'라는 의미 제약의 작용을 받아서 'the wagon'은 이 구문의 작용 하에 '가득 싣다'라는 함의를 갖게 된다. 반면, 예[5]의 'load'의 목적어 'hay'는 싣는 대상이지만, 'the wagon'은 'load'의 방위목적어로 쓰이지 않고 있다. 그래서 이것은 '가득 싣다'란 의미를 함축하지 않는다.

3. 동일한 동사가 다른 구문에 사용되는 경우

위의 것은 동일한 동사가 유사한 구문에 사용된 경우이고, 동일한 동사가 서로 다른 두 구문에 사용되는 경우도 있다. 이 경우에 그 의미와 용법 역시 차이가 많이 나게 된다. SVO와 SVOC라는 두 개의 구문을 예로 들어보자.

[7] Sam cleaned the soap. (Sam은 그 비누를 청소했다.)

[8] Sam cleaned the soap out of her eyes. (Sam은 그녀의 눈에서 비누를 닦아냈다.)

[9] Sam saw a piece. (Sam은 조각을 톱질했다.)

[10] Sam saw a piece off the block. (Sam은 그 블록에서 조각을 톱질해냈다.)

여기서 주목할 만한 것은, 영어의 일부 동사가 SVO구문에는 사용되지 못하지만, SVOC 구문에는 사용되기도 한다는 것이다.

[11] *She drank him.

[12] She drank him under the table. (그녀는 그 남자보다 술이 훨씬 세다.)

[13] *They laughed the poor guy.

[14] They laughed the poor guy out of the room. (그들은 그 불쌍한 사람을 방 밖으로 비웃으며 쫓아냈다.)

[15] * He sneezed the napkin.

[16] He sneezed the napkin off the table. (그녀는 재채기를 해서 그 냅킨을 테이블에서

떨어뜨렸다.)

[17] * He could think people.

[18] There was a woman who could think people into a different galaxy. (다른 은하계
　　　에 사람이 살수 있다고 생각하는 여자가 있었다.)

전체 표현의 의미는 단지 그 어휘항목의 의미 합성만으로 이루어지는 것이 아니고, 어휘
항목과 구문의미에 의해 통합적으로 처리, 가공이 된 후의 결과이며, 여기서 구문이 주도
적인 위치에 있음을 알 수 있다.

Talmy(1978:19)가 예로 든 것 또한 이러한 문제를 설명하고 있다.

[19] The cows all died in a month. (한 달 안에 소들이 다 죽었다.)

[20] When the cows all died, we sold our farm. (소들이 모두 죽었을 때, 우리는 우리
　　　농장을 팔았다.)

[21] The cows kept dying (and dying) until the serum finally arrived. (혈청이 도착할
　　　때까지 소들이 계속 죽어가고 있었다.)

이 세 개의 예문은 동사 'die' 가 각기 다른 구문에서 각기 다른 용법과 함의를 나타내고
있음을 보여주는 것이다. 예[19]는 'in a month'를 통해 소떼 전체가 죽는 경계적 범위를
확정했다. 이러한 경계성 지속은 수학의 '선분'에 비유할 수 있다. 예[20]은 'when'이 이끄
는 문두 시간절의 작용으로 순간성을 나타내는데, 이는 수학적의 '점'에 비유할 수 있다.
예[21]은 'keep V-ing'의 제약으로 마치 수학의 '연속선'처럼 무경계성 지속의 의미를 나
타내며 해당 사건을 클로즈업하고 그것을 확대하여 사건의 외부 경계가 시야에서 벗어나
게 만들고 있다.

즉, 동일한 동사가 여러 다른 구문에 사용될 때, 구문은 동사에 '순간(점), 경계성 지속(선
분), 무경계성 지속(연속선)'과 같은 여러 가지 함의를 부여하게 된다.

[22] I read the book ten years ago. (나는 10년 전에 그 책을 읽었다.) **(순간/점)**

[23] I read the book for two hours. (나는 두 시간 동안 그 책을 읽었다.) **(경계성 지속/선분)**

[24] Mary arrived as I was reading the book. (Mary는 내가 책을 읽고 있을 때 도착했다.) **(무경계성 지속/ 연속선)**

4. 구문이 동사의 논항구조와 의미를 변화시킨다

위에서 언급했듯이, 구문의 의미는 어휘의미에 대해 상대적으로 주도적인 지위를 차지하고 있다. 따라서 '구문이 동사의 논항구조(혹은 참여자역구조)와 의미를 변화시킨다. 예컨대, '작용력-운동'을 나타내는 사역구문(the Caused-Motion Construction)의 원형적 논항역은 다음과 같다.

[25] 사역구문 <사역자 목표 수동자>

이것의 원형 의미는 다음과 같다.

[26] X CAUSES Y TO MOVE Z

사역의미를 갖지 않는 동사가 이 구문에 사용되면 참여자역 구조가 변화하여 '사역'의 의미가 생기게 되고 이로써 새로운 용법을 획득하게 된다. 이에 대해 아래의 두 가지 측면에서 살펴보자.

(1) 사역구문에 사용될 수 있는 동사는 타동사이다. 작용력을 표시하는 사역동사가 타동사여야만 수반되는 물체에 운동을 일으킬 수 있기 때문이다. 자동사가 타동구문에 사용되면 원래의 자질을 바꾸어 타동성 의미가 생기게 만든다. 다시 말해서, 사역구문은 자동사에 새로운 참여자역 구조, 새로운 의미와 용법을 부여한다. 아래의 예를 보자.

[27] Harry sneezed the tissue off the table. (Harry는 재채기를 하여 그 테이블에서 티슈

를 떨어뜨렸다.)

'sneeze'는 원래 자동사이다. 그런데 이것이 '작용력-운동'을 나타내는 사역구문에 사용될 경우(그 뒤에 직접목적어와 방향성 전치사구가 온다), 사람들은 이를 단순한 단어의 조합이 아니라 '사역구문'의 의미로 해독함으로써, 두 사건 간에 인과관계를 수립하여 아래와 같은 의미를 얻게 된다.

> Harry가 'sneeze'라는 동작을 통해 티슈에 대해 힘을 작용하였고, 그 결과 그것이 이동하게 만들어 탁자에서 떨어지게 하였다.

이러한 의미는 사역구문 자체가 생산한 것이기도 하지만, 경험을 통해 이루어진 것이기도 하다. 왜냐하면 경험상으로 '재채기' 또한 일종의 사역력을 일으킬 수 있다는 것을 사람들이 알고 있기 때문이다. 이렇게 사역구조의 의미와 'sneeze'의 의미가 조율되어 구문이 통합성을 갖게 된다.

Gawron(1985, 1986) 및 기타 학자들은 '화용적 추론(Pragmatic Inference)'의 각도에서 이러한 현상을 해석할 것을 주장한다. 그들은 예[27] 자체가 아래의 두 가지 명제를 함축하고 있다고 본다.

(a) Harry가 재채기를 했다.
(b) 티슈가 탁자에서 떨어졌다.

이외에도 화용적 함의가 하나 더 추가되었는데, 'Harry의 재채기로 티슈가 땅에 떨어졌다.'라는 것이다. 다시 말해서, 이 두 명제가 나타내는 사건 간의 관계는 화용적 추론을 통해 수립되는 것이다.

Goldberg(1995)는 다른 방법으로 이를 설명한다. 그녀는 구문문법의 틀 안에서 '논항구조구문(ASC)'을 이용하여 사역구문을 해석, 그 의미구조를 아래와 같이 기술하였다.

[28] 행위주 + 사역력 + 목표 + 이동경로

만약 이 가운데 사역력을 나타내는 동사를 제거한다면 아래와 같다.

[29] 행위주 + Φ + 목표 + 이동경로

이것이 바로 사역구문의 ASC로, 동사의 논항구조와는 별개로 그 자체가 특정한 의미를 갖고 있어 이 의미구조에 사용된 동사(특히 자동사)의 논항구조를 변화시켜 원래 사역의미가 없었던 동사에 '사역' 의미를 부여해준다. 예를 들어, 'sneeze'는 원래 1가동사라 행위주 논항 하나만 수반할 수 있으므로 사역구문에 출현하여 세 개의 논항을 가질 수는 없다. 따라서 어떤 학자(Jackendoff 등)는 예[27]의 'the tissue'와 'off the table'은 동사 'sneeze'의 논항이 아니라 사역구문의 논항이라고 분석하여, 예[27]에 쓰인 자동사가 부가논항의 '인가자'가 아니라 사역구문의 ASC로 인해 세 개의 논항이 출현할 수 있다고 보았다. 또 다른 예를 보자.

[30] A gruff 'police monk' barks them back to work. (그 퉁명스러운 '경찰 수도사'가 그들에게 으르렁대서 일을 하러 돌아가게 했다.)

'bark'는 원래 1가동사인데 이 문장에서는 논항을 두 개 더 획득하였는데, 'them'은 직접 목적어이고 전치사구 'back to work'는 사격으로 운동 방향을 나타내고 있다. 이처럼 사역 구문의 ASC만이 동사의 논항을 증가시킬 수가 있다. 다른 예를 더 보자.

[31] The boy swam the log upstream. (그 소년은 그 통나무로 헤엄쳐서 상류로 올라갔다.)

이 문장에서 'swim'은 1가동사이므로 아래와 같이 쓸 수 없다.

[32] *The boy swam the log.

이 동사가 예[31]과 같은 표현형식이 가능한 것은 사역구문 중 ASC([29]와 같은)의 강요의 결과이다. 이상을 통해 문장의 의미가 단순히 단어의 의미와 통사규칙의 조합만으로 구성되는 것이 아님을 알 수 있다. 그리고 이것은 인지언어학자들이 주장하는 '통합론'의 중요한 근거이기도 하다.

(2) 사역구문에서 '작용력'을 나타내는 원형동사는 마땅히 힘과 관련된(에너지를 일으키는) 동사여야 한다. 이렇게 해야 사물이나 다른 사람의 위치를 이동시킬 수 있다. 예컨대, 위에서 서술한 동사 'sneeze'는 그래도 어느 정도의 명확한 에너지를 느낄 수 있다. 그러나 명확한 사역 의미를 갖지 않은 동사들('sit, talk' 등)이 사역구문에 사용되면, 구문이 이들 동사에 '작용력'을 부여한다. 다음의 예를 보자.

[33] They sat the guests around the table. (그들은 손님들을 테이블 주위에 앉혔다.)

'sit'은 정태동사지만, 예[33]과 같은 구문에서는 구문이 사역력을 부여하여 '다른 이로 하여금 앉게 하다'라는 의미를 갖게 한다. 다른 예를 또 보자.

[34] Bill talked Mary into going. (Bill은 Mary를 설득해서 가게 했다.)

이 역시 구문이 사역의미가 없는 동사 'talk'에 사역력을 부여하였다.

위의 예에서 볼 수 있듯이, 구문이 자동사에 부가논항을 부여해 줄 수 있는데, 이것을 '논항증가(Argument Augmentation)'라고 한다. 위의 예[27], [30], [31]이 바로 그것이다. 다른 예를 더 보자. 영어와 중국어에서 활동(운동)을 나타내는 자동사 뒤에 수반되는 전치사를 삭제할 경우, 자동사용법이 타동사용법으로 전환될 수 있다.

[35] Susan swam across the Channel. (Susan은 수로를 가로질러 수영했다.)

[36] Susan swam the Channel. (Susan은 수로에서 수영했다.)

[37] The horse jumped over the fence. (그 말은 담을 뛰어 넘었다.)

[38] The horse jumped the fence. (그 말은 담을 뛰어 넘었다.)

[39] 向城市迁居 (도시로 이사하다)

[40] 迁居城市 (도시로 이사하다)

본 소절의 제목인 '구문은 동사의 논항구조와 의미를 변화시킬 수 있다'에서 알 수 있듯 구문의 동사에 대한 강요는 아래의 두 가지 방면으로 실현된다.

(1) 논항구조

(2) 의미

물론 이 두 방면의 강요는 상호 보완적이다. 일단 동사의 논항구조가 변화하게 되면 그 의미 역시 변화한다. 역으로 동사의 의미가 변화하게 되면, 동사의 논항구조가 바뀐다. 제6장의 예[17] 'Mary baked her son a cake.'를 예로 한 아래의 도식을 통해 살펴보자.

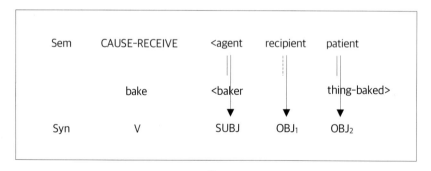

그림11-1

그림에서 볼 수 있듯이, 'bake'는 원래 2가동사로 이것이 가질 수 있는 논항성분은 'baker'와 'thing baked'이다. 그러나 이것이 이중타동구문에 사용되면, 해당 구문의 논항 구조가 'bake'를 강요하여 새로운 논항을 부여하는데, 바로 그림에서 점선으로 표시된

'OBJ₁'(간접목적어)이 그것이다. 한편, 'bake'가 새로운 논항을 획득하면 의미도 바뀐다. 즉, 구문의 의미 영역에 'recipient(접수자)'가 있으므로 동사에도 빵을 구운 후 줄 '접수자'가 생겨 제6장의 예[17]과 같이 'bake'에 '주다'의 의미가 부여된다. 이처럼 구문의 동사에 대한 강요는 논항과 의미 두 방면에서 실현될 수 있다.

때로는 사역구문이 자동사(1가 동사)의 논항구조를 변화시켜 자동사에 두 개의 추가논항을 부여하기도 한다. 이는 그림11-3을 참고하기 바란다.

5. 구문을 통해 동사의 의미를 추측하다

Goldberg(1995:35)는 알파벳을 무작위로 배열하여 'topamased'라는 이상한 동사 하나를 고안하여 아래와 같은 이중타동구문을 구성하였다.

[41] She topamased him something.

열 명의 언어학자들에게 이 동사의 의미가 무엇일지 물어보자 6명이 'give'일 것이라고 대답했다.

이 6명의 언어학자들이 실제로 존재하지 않는 의미 없는 단어를 'give'의 의미로 이해한 것은 이중타동구문이 표현하는 기본적인 의미로부터 동사의 의미를 추론해냈기 때문이다. 이 예를 통해 '부분은 전체에 의존해야 확실한 의미를 얻을 수 있다.'는 Fillmore의 틀의미론의 해석력을 확인할 수 있으며, 구문의 의미와 단어의 의미는 독립적이라는 점을 알 수 있다.

6. 문장의 논항은 동사와 구문이 함께 결정한다

위의 분석을 통해 알 수 있듯이, 구문과 동사는 각각의 의미역과 논항구조 그리고 의미를 가지며, 상호관계가 이루어지며 서로에게 영향을 주는 한편, 구문의 논항구조는 동사의 논항구조를 바꾸고 동사의 의미를 조정하기도 한다. 이것이 바로 위에서 언급한 '구문강요'로, 앞서 예를 든 'sneeze'와 'talk'의 일부 의미 항목은 동사 자신이 갖고 있었던 것이 아니라 구문이 부여한 것이다. 아래의 예들을 보자(Goldberg, 1995:17).

[42] Bill set the alarm clock onto the shelf. (Bill은 알람시계를 선반 위에 놓았다.)
[43] Bill set the alarm clock for six. (Bill은 알람시계를 6시에 맞추었다.)

위의 두 예를 보면 'set'의 기본 의미는 같으나 전체 문장의 의미가 다른데, 이는 동사 'set'이 서로 다른 구문에 사용되어 구문의 논항구조가 변화했기 때문이다. 다시 말해서, 문장의 논항구조는 동사에 의해서만 결정되는 것이 아니라 동사와 구문에 의해 공동으로 결정되는 것이다. 문장의 의미 역시 주요동사의 의미뿐 아니라 구문 논항구조가 나타내는 내재적인 의미에 의해서도 결정된다(The meaning of an expression also depends on the inherent semantics of the argument structure constructions).

이렇게 구문 자체가 의미가 있기 때문에 구문은 구문 내 동사의 의미를 변화시킬 수 있다. 또 다른 예를 보자.

[44] Tom kicked Jack a ball. (Tom은 Jack에게 공을 차서 보냈다.)

원래 'kick'은 '전달'의 의미가 없지만, 이중타동구문에 사용되면 이러한 의미를 갖게 된다.

구문이 독립된 의미를 갖는다는 관점으로 '가목적어(Fake Object)' 현상을 합리적으로 해석할 수 있다. 즉, 표면적으로 보기에 정상적인 동목결합 관계 형식이지만 그 속의 '목적어'를 동사의 목적어가 아닌 구문의 목적어로 보는 것이다. 이와 관련하여 Michaelis는 다음과 같이 말했다.

동사에 의해 인가되지 않은 논항은 그 동사가 결합하는 구문에 의해 인가된 것이다.[13]

---

13) … arguments not licensed by the verb are licensed by the construction with which the verb combines.

예컨대 다음의 예들을 보자.

[45] But most of the dogs were unhappy and would bark <u>themselves</u> hoarse. (그러나 대부분의 개들은 행복하지 않았고 목이 쉬도록 짖곤 했다.)

[46] In the small hours of the next morning, when they were back at home, after dancing <u>her feet</u> raw with Sam, …… (다음날 아침 그들이 집에 돌아왔을 때, 춤을 춘 후에 그녀의 발도 샘처럼 까진 것을 알게 되고……)

[47] George rubbed <u>the sleep</u> out of his eyes. (George는 눈을 비벼 잠을 쫓았다.)

[48] They drank <u>the pub</u> dry. (그들은 그 술집의 술을 모두 마셔버렸다.)

[49] The girls laughed <u>the actor</u> off the stage. (그 소녀들은 배우가 무대에서 내려가자 그를 비웃었다.)

중국어에도 이와 유사한 다수의 예가 있다.

[50] 笑痛了<u>肚子</u> (웃어서 배가 아플 정도이다.)

[51] 累弯了<u>腰</u> (피곤해서 허리가 다 굽었다.)

[52] 喊哑了<u>嗓子</u> (소리 질러서 목소리가 다 쉬었다.)

[53] 喝坏了<u>胃</u> (많이 마셔서 속이 아프다.)

[54] 吃坏了<u>党风</u> ((공금을 식비로 유용하여) 먹어서 당의 기풍을 훼손했다.)

위의 예문에서 밑줄 친 성분은 모두 선행하는 동사의 정상적인 목적어가 아니다. 학계에서는 이들을 '가목적어'라고 한다(『제2권』의 제6장 제6절 참조). 위의 예문[45]~[49]는 아래와 같은 결과구문으로 나타낼 수 있다.

[55] $NP_1(S)+V+NP_2(O)+RP$

위의 표현식에서 목적어 성분, 즉 NP_2를 결과구문(RP가 결과구)의 목적어로 분석하여

NP₂를 '동사목적어'로 분석할 때 생기는 문제점을 일소할 수 있다. 이로써 단지 동사 단독이 아니라 동사와 구문이 공동으로 절의 논항구조를 결정한다는 사실을 알 수 있다.

'구문강요'로 전달 의미를 나타내는 'hand'와 'mail'의 의미와 용법 차이를 합리적으로 해석할 수 있다. 전달 의미를 나타내는 동사라고 해도 제6장의 [3]이 나타내는 이중타동 '윤곽화'의 세 가지 의미역¹⁴⁾을 모두 갖지는 않는다. 예컨대, 영어의 동사 'mail'은 주로 '보내는 사람(mailer)'과 '물건(mailed)' 이 두 참여자역을 윤곽화하는 반면, 일반적인 상황에서는 '받는 사람(mailee)'을 윤곽화하지는 않는다. 이 동사의 참여자역은 아래와 같이 나타낼 수 있다(윤곽화된 참여자역은 굵은 글씨로 표시).

[56] mail <**mailer** mailee **mailed**>

아래의 예문을 비교함으로써 [56]을 검증할 수 있다.

[57] Tom mailed a letter. (Tom이 편지를 부쳤다.)

[58] *Tom mailed Mary.

[59] Tom mailed Mary a letter. (탐이 메리에게 편지를 부쳤다.)

[60] Tom handed Mary a letter. (탐은 메리에게 편지를 건넸다.)

[61] *Tom handed Mary.

[62] *Tom handed a letter.

예[57]이 가능한 이유는 동사 'mail'이 윤곽화한 'mailer'와 'mailed' 이 두 참여자역이 구문의 'agt', 'pat'와 일치하여 실현되었기 때문이다. 그러나 예[58]은 반드시 윤곽화해야 하는 'mailed' 참여자역(즉, 피동작주)이 'pat' 의미역과 융합되지 못해(오히려 'mailee'가 나옴) 비문법적인 표현이 되고 말았다. 이 예에서 참여자역 'mailee(즉, 접수자)'는 윤곽화되지 못하므로 'pat'(피동작주)가 없는 상황에서 단독으로 출현할 수 없기 때문이다. 예[58]이

---

14) [역주] CAUSE-RECEIVE <**agt**, rec, **pat**>

가능하려면, Mary라는 사람이 '우편물'이라는 전제가 있어야만 가능한데 이것은 현실적으로 불가능하다.

'mail'이 이중타동구문에 쓰이면, 예[59]처럼 구문의 논항구조가 '강요'작용을 발휘하여 '접수자' 참여자역을 'mail'의 참여자역 구조에 추가한다.[15] 이런 까닭에 그림11-2의 'rec' 아래 선을 '점선'으로 표시였다.

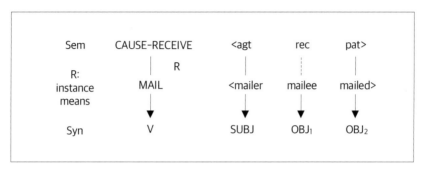

그림11-2

이와 비교할 때, 동사 'hand'의 3개 참여자역은 구문 속에서 그에 대응하는 의미역을 모두 획득하여 통사적으로 실현되었다. 따라서 예[60]이 원형적인 표현인 반면, 예[61]과 [62]는 모두 수용 불가능한 형식인데, 'hand'의 윤곽화된 참여자역(반드시 전달할 물건이 있어야 하고, 접수자 역시 반드시 현장에 있어야 한다)이 해당 표현에서 완벽하게 실현되고 있지 않기 때문이다.

'구문강요'의 운용 기제는 Goldberg가 제시한 예[27]로 가장 잘 설명할 수 있다.

---

15) 구문은 동사의 의미역을 증가시킬 수 있을 뿐 아니라, 단어의 의미가 은유적 또는 환유적으로 이해되게끔 할 수 있다. 예를 들어, 'I send the school some new books.(나는 학교에 새 책들을 보냈다)'라는 이중타동구문에서 전형적인 간접목적어는 당연히 생명체나 사람이어야 한다. 이로 인해 사람들은 'the school'을 은유적, 환유적으로 이해할 수 있게 된다. 이중 은유적 이해란 곧 비생명체를 생명체로 이해하는 것으로 'the school'을 의인화한다. 또 환유적 이해란 'the school'을 'the school'에서 일하는 사람으로 이해하는 것이다.

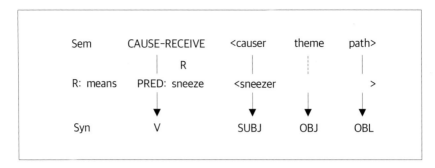

그림11-3

그림11-3에서 제1항은 사역구문의 논항구조를 나타내고 있다. 자동사 'sneeze'(1가동사)가 삽입되면 구문에서 윤곽화된 'causer'는 동사의 윤곽화된 'sneezer'의 참여자역과 조응되고 융합되기 때문에 그림에서 실선으로 나타냈다. 그런데 'sneeze'의 또 다른 두 개의 참여자역('경로' 참여자역과 '대상'참여자역)은 구문에 의해 강요되는 것이라 그림에서는 점선으로 표시되었다.

이 예문의 통사틀과 의미틀은 주로 구문의 논항구조와 의미구조에 의해 결정되는 것이라고 할 수 있다. 즉, 행위주가 대상에 작용하여 이것이 위치이동하게 만드는 것(X CAUSE Y MOVE)인데 자동사 'sneeze'는 일반적으로 사역구문에 사용되지 않기 때문에 사역구문을 '예시'한다고 말하지 못하므로 위의 표에서 '예시(instance)'는 명기하지 않았다. 'sneeze'가 문장 안에서 작용하는 것은 단지 이러한 사역관계가 실현될 수 있는 구체적인 '방식(means)'을 나타내는 것뿐이다.

이처럼 Goldberg는 실선과 점선을 활용하여 구문과 동사 간의 상호 관계를 직관적으로 나타내고 있다. 실선은 구문의 논항구조와 동사의 참여자역구조가 각각 윤곽화한 의미역이 조응 관계가 가능하고 아울러 융합이 이루어진다는 것을 나타낸다. 그리고 점선은 구문 속의 논항역이 동사의 의미역으로 강요됨을 나타낸다. 이러한 상자도식은 구문과 동사 간의 상호 관계를 잘 보여주고 있다.

7. 명령구문의 강요

주지하다시피, 명령구문은 동태적인 요구, 명령, 부탁 등의 의미를 나타내어, 상대방이 모종의 행위에 응하도록 요구하는 것이다. 따라서 명령구문에 사용되는 원형적인 동사는 당연히 동태동사여야 한다. 예컨대 다음과 같다.

[63] Put down your gun, or I shoot. (총을 내려놓아라, 아니면 내가 쏠 것이다.)

[64] Come and have a cup of coffee. (와서 커피 한잔 하시오.)

상대방은 이러한 말을 듣고 난 후, 이에 대응하여 반드시 '뭔가를 하는 행위'를 하기 마련이다. 화행(Speech act) 이론은 명령구문을 이렇게 해석한다. 그러나 정태동사나 'be'동 사가 명령구문에 쓰이는 것도 볼 수 있다.

[65] Forget it. (그것을 잊어 주세요.)

[66] Be quiet, please! (조용히 좀 해주시오!)

[67] Be concerned about our well-being. (우리의 행복에 관심을 가져 주시오.)

이 역시 '구문강요'로 합리적인 해석을 할 수가 있다. 즉, 명령구문이 갖고 있는 동태적 의미가 어휘의미를 강요하여 정태동사가 동태적 함의를 갖도록 만든 것이다. 예[65]의 정 태동사 'forget'은 동태적 함의인 '그것을 잊어라'라는 것으로 전환되었고, 예[66]은 분명 상대방에게 '떠드는 것을 그만둘 것'을 요구하거나 명령하는 것이어서 상대방이 이 말을 듣고 분명 조용해질 것이다. 그리고 예[67] 역시 행동을 요청하고 있는데, 그것은 바로 '우리의 행복에 관심을 갖는 것'이다. 여기서 'be'는 더 이상 정태적이지 않고 동태적 의미 를 갖는다.

이러한 강요의 효과는 또한 부정형식으로도 확인할 수 있는데, 'be'에 의해 유도되는 명령구문의 부정형식은 'be not'이 아니라 'don't'('never'를 써도 됨)로, 동태동사로 처리했 음을 알 수 있다. 예를 들면 다음과 같다.

[68] Don't be late again. (다시는 늦지 마시오.)

[69] Don't be so nervous! (그렇게 긴장하지 마시오!)

이 밖에 'be'에 의해 유도되는 명령구문의 강조식도 'do'를 사용한다.

[70] Do be careful of his broken leg. (그의 부러진 다리를 조심해라.)

이 역시 문장의 'be'가 동태적 함의를 갖고 있음을 보여주고 있다.

8. 상적 강요(Aspectual Coercion)

구문문법 이론에 따르면, '상(aspect)' 역시 일종의 구문으로, 이를 '상적 구문'이라고 한다. 그리고 상적 강요 역시 구문강요의 현상으로 본다. 즉, '상' 역시 동사의 의미를 변화시킬 수 있다. 이 부분과 관련한 내용은 비교적 많은데다가 '상'은 '시제'와 함께 논의되어야 하므로, 이어지는 절에서 중점적으로 다루고자 한다.

제4절 시상(時相) 강요

1. 진행상과 완료(Perfect)

최초로 시상강요 문제를 언급한 인지언어학자는 바로 Talmy로, 1978년 발표한 논문에서 아래와 같이 언급하였다(1978:19).

　　… 한 유형의 동사가 다른 유형의 문법적 요소와 함께 출현하면 그것의 동사의 분포 규칙이
　　어느 정도는 전환하게 된다.16)

이전의 문법학자들은 '동일 유형의 동사와 문법구조가 공기(共起)하면 양자의 의미가 서로 호응한다'고 생각했다. 그러나 Talmy는 1977년 자연언어에서 동사와 문법구조가 동일한 유형에 속하지 않는 많은 예가 존재하고, 이 경우 대부분 동사의 의미와 용법이 전환된다는 것을 알아냈다. 그는 논문에서 많은 예를 들어 이 현상을 설명하였으며, 문법적 상(相)이 동사의 용법을 강요하는 것을 예증하였다.

[71] He was (slowly) dying as she looked on. (그녀가 바라보고 있었을 때 그는 천천히 죽어가고 있었다.)

위의 예[71]에서 문법상 'be V-ing'로 인해 순간(점)의 성격을 가진 동사가 지속(선)의 성격으로 전환되었다.

Moens&Steedman은 1988년 영어 문법상의 동사에 대한 강요 작용에 대해 재차 논술하였다. 그들은 먼저 동사를 '사건동사(Event verbs)'와 '상태동사(State verbs)'로 나누었고, 두 가지 기준(±결과, ±연속)에 근거하여 사건동사를 4가지 유형으로 세분한 후, 동사 각 유형 간 전환 상황을 설명하였다.

De Swart(1998)은 「Aspect Shift and Coercion」 제하의 논문에서 진행상, 완료 및 'for'와 'in'에 의해 유도되는 '기간부사어(Duration Adverbial)'를 '상적요소(Aspectual Operator)'라고 통칭하였다. 그리고 이들 상적 요소는 동사 강요 기능을 갖고 있다고 주장하였다. De Swart(1998:354)는 '진행상과 완료는 모두 정태성을 갖고 있어 과정이나 사건이 처한 상태를 묘사하는데 주안점이 있다. 진행상은 동태적 사건을 과정성의 상태로 사상하고, 완료는 동사가 나타내는 동작이 완료된 후의 후속 상태에 초점을 둔다.'라고 하였다.

Michaelis(2003b,2004)는 또 이 연구방법을 구문문법 이론과 결합하여 심도있게 논의하고, 이러한 현상을 '상적 강요'라고 칭하였다. 특히 2004년 발표한 논문의 제목 「Type Shifting in Construction Grammar: An Integrated Approach to Aspectual Coercion」에서 그녀의 이론틀과 연구 방향을 잘 엿볼 수 있다. 즉, 구문문법의 이론 틀 아래에서 '유형

---

16) ⋯ a verb of one type appears with grammatical elements of another type and shifts in certain of its specifications of distribution.

전환'을 논의하며, 그중의 한 가지가 바로 '상적 강요'이고, 이에 대해 '통합적인 접근법'을 적용한다는 것이다. 여기에는 다음과 같은 내용이 포함된다.

① '상황유형(Situation Type: 단지 동사 분류만이 아니라 논항도 고려해야 한다)'으로부터 상과 관련된 내용을 논술함.
② 비교적 상세하게 강요의 종류와 작동기제를 분석함.
③ 상자도식과 결합하여 진행상과 완료의 의미와 용법을 논술함.
④ '시제구문(Tense Construction)'과 '상 구문(Aspectual Construction)' 간의 관계 논술함.
⑤ 여러 언어(영어와 불어 등)의 시상 구문을 비교함.

이와 같이 Michaelis는 언어를 관찰할 수 있는 새로운 시각과 분석 방법을 다양하게 제공하였다.

분석의 편의를 위해, 본서에서는 Moens&Steedman의 관점에 근거하여 상표지 형식 및 시상과 직접적으로 관련이 있는 '시제', '상표지 조사', '시간부사어' 등을 어구 명제로부터 분리시켜 아래와 같은 두 가지 문법구문을 도출하였다.

(1) 시상구문(Tense-Aspectual Construction): 진행상 'be -ing', 'was/were -ing', 완료 'have -en', 'had -ed' 등, 그 외에 관련된 시간부사어를 포함할 수 있다.
(2) 명제구문(Proposition Construction): 시상구문 및 시간부사어를 제거한 나머지 절의 주체부분으로, 주로 어구의 주요 어휘(동사 및 그 주요 논항인 주어, 목적어 등)로 구성되며 어구의 핵심적인 명제의미를 나타낸다. Michaelis(2004:3)는 이를 '상황기반(Situation Radical)'이라고 한다.

구문문법에서는 시상구문은 각종 상의 의미유형을 나타내고, 명제구문도 여러 가지 상의 의미유형(즉 상황유형)을 나타낼 수 있기 때문에 양자가 결합되어야 문장의 상적 의미를 만들어 낼 수 있다고 본다. 즉 양자의 상적 의미유형이 일치할 때 그 상 의미는 강화되며, 양자가 일치하지 않으면 시상구문이 명제구문을 강요하여 전환이 이루어지는 것이다. 영어의 진행상과 완료를 살펴보자.

영어에서 진행상과 완료를 나타내는 조동사(각각 진행상과 완료로 볼 수 있는 상적 요소) 'be'와 'have'의 기본 의미는 모두 상태를 나타내는 것이어서, 진행상과 완료의 상적 의미에 있어 '정태화요소(Stativizer)'로 기능한다.

(1) 진행상은 한 동작의 전체를 '부분절취(Portion Extraction)'하여, 어떤 시점(Time point) 또는 기간(Time period) 동안의 상태를 나타낸다. 이로 인해 진행상은 'HOLD'의 함의를 갖게 되기 때문에 상태동사 'be'가 진행상을 나타내는 조동사로 쓰였다.

(2) 완료는 주로 과거에 시작한 동작이 발생이후 '소유하고 있는' 일종의 상태를 나타낸다. 이것이 아마도 'have'를 '완료를 나타내는 조동사'로 사용하는 주요 원인일 수 있다. 즉 'have'는 정태성을 갖고 있어서 종점의 의미를 포함하지 않기 때문이다(王寅, 2001:267, 2006:129 참조).

두 시상구문이 동작동사(또는 사건동사)와 연용될 때 어느 정도의 '의미충돌'이 발생할 수 있다. 예를 들면 다음과 같다.

[72] *I* **am** *work***ing** *there*.

[73] *I* **have** *work***ed** *there*.

이 두 문장의 상황기반은 아래와 같다(기울여 쓰기로 나타냄).

[74] *I work-there*

'거기서 일하다'라는 동작사건이 'be-ing'와 'have-en'과 같은 상태성을 나타내는 시상구문과 결합하면 그것의 상황기반의 의미가 시상구문의 의미와 충돌한다. 이때 상황기반의 의미는 시상구문의 강요를 받아 '단일화(Unification)' 처리되어 협동성을 획득하게 된다.

주지하다시피, 동작성이 있으면서 동시에 연속성이 있는 동사여야만 진행상에 사용될 수 있다. 그러나 이러한 유형의 동사가 아닌 경우 문법상(Grammatical Aspect)은 어휘의미를 변화시킨다. 위의 기본관점에 근거하면 진행상의 특수 용법에 대해 합리적이고 일관성 있는 해석을 할 수 있다.

영어의 진행상은 주로 아래의 세 가지 특수 용법이 있다(王寅, 2001:263).

(a) 비교적 짧은 동작의 연속성을 강조

[75] The bus stops. (버스가 (신속하게 바로) 정차한다.)

[76] The bus is stopping. (버스가 (속도를 줄이며 서서히) 정차하고 있다.)

(b) 동작의 중복성을 강조

[77] He was always losing the key. (그는 항상 열쇠를 잃어버리곤 한다.)

(c) 곧 발생할 동작을 나타냄

[78] He is leaving for Beijing next week. (그는 다음 주에 베이징으로 떠날 것이다.)

위의 예는 모두 상적 강요에 속한다. 즉, 문법상이 동태연속성을 갖지 않은 동사를 연속성을 갖도록 전환하여 그 동작의 시간 과정을 '길게 늘인' 것이다. 이로써 동작에 함축되어 있는 연속의미가 전환을 통해 부각된 것이다. (a)류의 예[76]에서, 종결성(Telicity) 동사 'stop'은 진행상 구문 'be-ing'의 강요로 동작의 시간 과정이 연장되어 '서서히 정차하고 있음'이란 의미를 나타내게 되었다.

(b)류에서 종결성 동사 'lose'는 순간 사건을 나타내기 때문에 아래와 같이 말할 수 없다.

[79] *看, 那人正在掉鑰匙。 (봐! 저 사람은 열쇠를 떨어뜨리고 있어.)

동작이 이루어지는 속도가 말하는 속도보다 빨라 말이 채 끝나기도 전에 열쇠는 이미 떨어져버리기 때문이다.

'arrive, begin, come, die, go, leave, lose, return, start' 등과 같은 순간성을 나타내는

동사들은 대체로 진행상으로 '미래' 개념을 나타낸다. 조금만 생각해보면, 이러한 현상은 '주의의 창문화(the Windowing of Attention, Ungerer&Schmidt, 1996:218; 王寅, 2006:86)' 기제와 관련되어 있음을 알 수 있다. 이것은 한 어구가 표면적으로는 종결성 동작을 나타내지만, 사실은 그 동작이 종결되기 전의 상태를 부각시키는 것으로, 순간성 동사가 진행상에 사용되면, 'be-ing' 구문이 '주의 창문'을 전환하여, 순간동작이 끝나기 전의 '상태 창문'을 활성화함으로써 어구 전체가 동작 종결 이전 단계의 상태를 나타내게 되는 것이다. 이 역시 일종의 '환유기제'라고 할 수 있다. 예를 들면 아래와 같다.

[80] That old man is dying. (그 노인은 죽어가고 있다.)

예[80]은 노인이 숨을 전혀 쉬지 않는 그 순간 이전 단계의 어느 상태를 나타내므로 중국어로는 아래와 같이 번역할 수 있다.

[81] 那位老人將要死去。(그 노인은 곧 죽을 것이다.)

이 용법은 아래와 같은 그림으로 나타낼 수 있다.

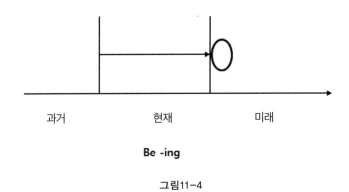

Be -ing

그림11-4

그림에서 실선 화살표는 진행상, 즉 현재를 포함한 시구간에 발생하고 있거나 진행하고 있는 사건을 나타낸다. 이것을 '주의 창문'에 넣으면, 이것과 긴밀하게 이웃한 '미래의 결과(위의 타원 부분)'가 부각된다. 여기에는 환유기제 가운데 '한 부분으로 다른 부분을 대신하기' 용법이 작용하였다. 이상과 같이 'be going to'가 미래시제 용법을 표시하는 형식으로의 문법화를 설명할 수 있다.

진행상은 '동태성 사건동사'동작 일부를 부분절취하여 초점을 부여하므로 정상적인 상황에서는 연속성 동태동사가 와야 한다. 하지만 때로는 정태동사가 오는 경우도 있는데, 이 역시 일종의 강요현상으로, 진행상 구문이 정태동사를 강요하여 동작 내부를 '(내부)동질성을 띤 활동((Internally)Homogeneous Activity)'으로 전환시키는 것이다. 바꾸어 말하면, 정태동사의 정태의미(동사상)가 진행상의 잠재적 강요를 받아(그림11-5) 동태적 특징을 갖게 되는 것이다.

예컨대, 감정을 나타내는 동사가 진행상에 사용되면 '정태상'에서 '동질 활동'으로 전환되는데, 이는 일부를 부분절취하여 현저하게 초점을 주어 묘사하기 때문이다. 예[82]~[85]가 바로 그러하다. 때로는 이들 동사가 '잠시성(Transitoriness)'을 갖기도 하는데, 잠시성 역시 동태적 특징으로, 예[86]~[89]가 여기에 해당된다.

[82] They are liking this film a great deal. (그들은 이 영화를 매우 좋아하고 있다.)

[83] She is always thinking of her work. (그녀는 항상 그녀의 작품에 대해 생각하고 있다.)

[84] He is aching. (그는 아픈 상태이다.)

[85] How are you feeling today? (당신은 오늘 어떤 느낌인가요?)

[86] He is sleeping in the next room now. (그는 지금 옆방에서 자고 있다.)

[87] Don't talk rot. I am being serious. (바보소리 하지 마라. 나는 지금 진지하다.)

[88] You are not being modest. (당신은 (지금) 좀 겸손하지가 않다.)

[89] Tom is being silly. (Tom은 (지금) 어리석은 상태이다.)

'sleep'은 일반적으로 정태동사로 분류되나, 예[86]에서는 상적 강요를 받아 '동질성 활동류 동사'로 전환되어, 지금 '잠시' 옆방에서 잠을 자는 것임을 강조하는데, 이 '잠시'가 바로 동태적 특징이다. [87]~[89]의 'be+형용사'는 원래 정태의미를 나타내지만, 진행상이

동사 상을 강요하여 동태적 의미로 전환되어 '잠시성'의 의미를 갖게 되었다. 예[87]을 중국어로 번역하면 아래와 같다.

[90] 别胡说八道, 我在说着正经话呢! (헛소리 그만해, 나는 지금 진지하게 말하고 있다고.)

중국어로 '在说着正经话'로 번역함으로써 동태적 과정성을 잘 드러냈다. 예[88]의 중국어 번역은 아래와 같다.

[91] 你这会儿可有点不太谦虚了。(당신은 이번엔 좀 그다지 겸손하지가 않다.)

여기서 매우 흥미로운 현상을 볼 수 있다. 영어의 진행상은 연속성을 띤 동태동사로만 사용이 제한된다. 그러나 예 [82]~[89]와 같이 비동태동사가 진행상에 쓰이면 '유형전환'이 이루어져, 연속성과 동태성을 나타내거나, 동작의 중복성이나 미래성을 강조하기도 한다. 한편, 진행상구문 'be-ing'자체가 '정태화요소' 기능을 갖고 있어서, 연속성의 동태사건의 부분을 절취하여 상태성 초점을 부여할 수 있는데, 이 역시 '유형전환'이다. Michaelis (2004:37)은 다음과 같이 언급하였다.

'정태상(a state phase)'과 '동질성 활동'은 다른 상황유형이다.

이를 이용해 진행상 내 비동태성의 동사가 상적 강요를 받아 동질성 활동유형의 동사로 전환되는 진행상의 역설(Progressive Paradox)을 설명할 수 있다.
진행상의 원형적 용법은 아래 그림과 같다.

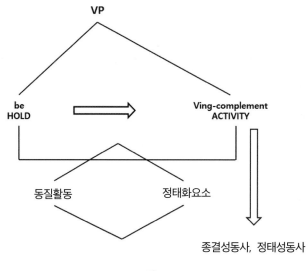

그림11-5

그림11-5로 볼 때, '진행상구문(be-ing Construction, Progressive Construction)'은 전체적으로 '동질 활동 정태요소'로 기능하여 활동동사를 강요하여 상태성 용법으로 만들게 된다. 그림의 가로의 큰 화살표가 바로 이것을 나타낸다. 다른 한 편, 그 원형적 용법은 사용되는 동사가 연속성 겸 활동성(또는 동태성)을 갖도록 요구한다. 만약 이 동사가 (종결성 동사나 정태성 동사처럼) 이러한 특징을 갖지 않는다면 이 구문은 동사가 활동성을 갖도록 강요작용을 한다. 그림에서 세로의 큰 화살표가 바로 이것을 나타낸다. 이와 같이 진행상은 통합 작용을 통해 진행상의 의미를 나타낼 수 있는데, 이러한 통합 작용방식의 인지적 기제가 '상적 강요'이다. 진행상이 보여주는 강요력(Coercion Force)은 주로 핵어인 'be'로부터 나온다.

2. 과거시제

Michaelis는 '상적 강요'를 중점적으로 논의한 반면, '시제강요(Tense Coercion)'에 대해서는 상세히 다루지 않았다. 그러나 일반적으로 '상'은 '시제'와 함께 사용되는 것이기 때문에 '상'뿐 아니라 시제에도 강요현상이 있다. 예컨대, 현재시제는 '과거, 현재, 미래'라고 하는 세 개의 구역을 부각하여 늘 발생하는 것, 규칙적인 사건이나 상태를 현재시제로 나타낼 수 있고, 과거시제는 사건이 현재 이전에 일어났음을 부각하여 현재와 상관없음을 나타낼 수 있다.

만약 화자가 과거에 이미 발생한 사건을 현재시제로 표현하면, 사건과의 거리를 좁혀 오래된 일이 마치 지금 발생하고 있는 것 같은 생동감 있는 효과를 거둘 수 있다.

현재 사실과 상반되는 가상의 사건을 과거시제로 표현하는 것은 현재의 시간 개념을 억제함으로써 현재와의 시간거리를 크게 벌려 '가상'으로 보이게 만드는 인지기제가 작용 했기 때문이다. 또한 가상의 어기를 과거시제로 표현하면, 언급한 사실과 시간적 거리를 두어 과거의 일처럼 보이게 함으로써 현재라면 어떠할지를 청자 자신이 결정하게 하는 인지작용을 통해 예의와 겸손을 나타낼 수 있다.

영어의 일부 동사는 두 가지 성질이 있다. 예컨대, 'write'는 연속성 동사가 되어 무경계 성(Unboundedness)을 나타내기도 하고, 또 종결성 동사로도 쓰여 경계성(Boundedness)을 나 타낸다. 예를 들면 다음과 같다.

[92] She writes poems. (그녀는 시를 쓴다.)

이것은 그녀가 항상 시를 쓴다는 말로, 과거, 현재, 미래 세 시간 구역을 뛰어 넘는 '항상 성(일상성)'과 '습관성'의 의미를 함축하게 된다. 한편 아래와 같이 말한다면,

[93] She wrote poems. (그녀는 시를 썼다.)

과거시제는 동사 'write'의 잠재적인 '경계성'을 부각하여 '쓰다'라는 동작이 이미 종료 되었음을 나타낸다. 다른 예를 또 보자.

[94] The road winds through the mountains. (그 길은 산을 돌아 구부진다.)
[95] The road wound through the mountains. (그 길은 산을 돌아 구부러졌다.)

예[94]에서는 일반현재시제를 통해 'wind'라는 동작이 과거, 현재, 미래 세 시간구역을

넘어 문장에 무경계성을 부여함으로써 길이 '끊임없이 구불구불'하게 계속 뻗어 있다는 의미를 함축하고 있다. 반면, 예[95]는 이러한 의미를 함축하고 있지 않고, 도로가 어느 정도 끝이 있음을 나타내는 경향이 있다. 다시 아래와 비교해보자.

[96] The road is winding through the mountains. (그 길은 산을 돌아 구부러져 있다.)

이 문장의 의미는 주로 '지금 현재 길 하나를 보고 있음'을 부각시키고 있다.

과거시제는 '상태기반(State radical)'을 강요하여 '사건성 해석(Event Construal)'의미를 부여한다. 예컨대 다음과 같다.

[97] I peered through the curtain, Sue seemed upset. (내가 커튼 사이로 보았는데, Sue는 심란해 보였다.)

예[97]에서 'seem'은 원래 상태를 나타내는 정태동사이다. 그러나 이것이 과거시제에서 동태동사('peered')와 함께 쓰여 경계성 의미가 함축되어 '기시상(Inchoative aspect)'의 의미를 갖게 되었다.

영어의 과거시제(시간부사어가 없는)를 중국어로 번역할 때, 대개 "原是, 曾经, 过去, 那时候, 有过, 完, 了" 등을 첨가해서 번역하곤 하는데, 이들 어휘를 통해 실현되는 과거시제는 과거시제가 정태동사의 상태의미를 전환시켜 종점에 이르게 한다.

[98] I was a worker. (나는 노동자였다.)

이 문장에서 'be a worker'는 상태를 나타낸다. 그러나 '과거시제'의 강요작용은 이 상태를 전환시켜 '상태종점'에 이르게 한다. 이에 이 문장의 중국어 번역은 아래와 같다.

[99] 我曾经当过工人。(나는 한때 노동자였다.)

또 다른 예를 보자.

[100] She often came to help me. (그녀는 종종 나를 돕기 위해 왔다.)

위의 예에 대한 중국어 번역은 아래와 같다.

[101] 她过去经常来帮助我。(그녀는 과거에 자주 나를 도우러 오곤 했다.)

단지 과거의 상황만 서술할 뿐 현재를 포함하지 않는 것도 있다.

[102] He ran a mile. (그는 1마일을 달렸다.)

'run a mile'의 원뜻은 '1마일 달리다'이다. 'run a mile'이란 이 동작이나 사실 자체는 결코 '달리기를 마치다'라는 의미까지 포함하지 않지만, 이것을 과거시제로 표현하면 아래와 같은 의미를 나타낸다.

[103] 他跑完了一英里。(그는 1마일을 다 달렸다.)

이것을 아래와 비교해보자.

[104] He is running a mile. (그는 1마일을 달리고 있다.)

진행상의 강요작용은 '기시점과 종결점 자르기'로 실현된다. 즉, 'run'의 기시점과 종결점을 제거하면 단지 1마일을 달리는 동작의 중간 진행 과정에 초점이 부각되어 'a mile'의 함의를 '1마일이 안 되게'로 변화시킨다.

주지하다시피, 중국어는 고립어이다(주로 어휘와 어순으로 문법관계를 나타낸다). 그러나 영어는 굴절어이기 때문에(주로 굴절 접사로 문법관계를 나타낸다) '단어첨가법'으로 영어 과거시제의 굴절변화를 처리할 수밖에 없다. 이렇게 해야 영어 문장 속에 함축된 의미를 제대로 표현해 낼 수 있다.

3. 시간부사어(Adverbial of time)

시간부사어구문은 어구의 중심부분(주술목 등)에 포함되지 않지만, 시상구문으로 작용한다.

[105] They were bored <u>in a minute</u>. (그들은 바로 지루해 했다.) (전환성 구문, 내포성)
[106] They got bored <u>in a minute</u>. (그들은 바로 지루해 졌다.) (일치성 구문)

예[105]의 계사구조 'They be- bored'는 상황유형의 기반으로 '순수상태(純狀态)'를 나타내며, '비종결성(Atelicity)'을 갖는다. 그런데 그 뒤에 '한계(Containment)'성을 나타내는 전치사구 'in a minute'이 이어져서 종결성(Telicity)'을 갖게 되었다. 원래 이 두 성분은 의미 유형상 충돌되지만, 전치사구의 종결성 자질이 기반 부분의 비종결성 의미 유형을 전환하여 '성취사건(Achievement Event)'이 되었다. 그래서 예[105]를 아래와 같이 중국어로 번역할 수 있다.

[107] 他们不一会儿就变得厌倦起来。 (그들은 바로 지루해 졌다.)

또는

[108] 他们开始感到厌倦。 (그들은 지루해 지기 시작했다.)

이 두 가지 중국어 번역은 바로 예[106]의 의미와 같다. 그러나 'got bored' 자체는 성취사건을 표시하는 것으로, 이런 각도에서 볼 때, 예[106]은 '일치성 구문(Concord Construction)'이 된다. 즉 문장에 사용된 두 가지 구문이 성분 유형상 완전히 일치한다는 것이다. 반면 예[105]는 내포성의 '전환성 구문(Shift Construction)'이다.

예[105]와 [106]은 동일한 한계성구문을 공유하고 있다고 볼 수 있다.

[109] S_{ubj} _____ in a minute.

여기에 종결성의 '동태성 동사'를 삽입하면 양자의 의미가 잘 조화되어 의미가 상호
강화된다(예[106]이 그러하다). 그런데 비종결성의 '정태성 동사'을 삽입하면(예[105]와 같은)
전체 구문은 이 정태성 동사로 인해 '~로 변하다', '~하기 시작하다'의 의미를 함축한다.
이처럼 [BECOME]의 의미가 추가되는 것은 '구문강요' 작용의 결과로, 어휘 의미 때문이
아니라 '통합성의 원리'가 작용했기 때문이다.

4. 사건구조와 시상(時相) 대응

영어는 주로 시상의 도움으로 동사가 나타내는 사건의 여러 단계를 부각시킨다. 그래서
동일한 동사가 여러 시상에 쓰이면 사건의 여러 단계 즉, '기시, 중간, 종결'을 구현하게
된다.

[110] Tom digs a hole every day. (Tom은 매일 구명을 판다.)
   [사건 전체의 반복에 초점이 있다. 즉, 습관성, 규칙성]
[111] Tom is digging a hole. (Tom은 구명을 파고 있다.)
   [앞뒤 제거, 동작 중간 과정에 초점이 있다.]
[112] Tom dug a hole. (Tom은 구명을 팠다.)
   [앞과 중간 제거, 동작의 종결점에 초점이 있다.]
[113] Tom has dug a hole. (Tom은 구명을 파 놨다.)
   [앞과 중간 제거, 동작 종결 후의 상태에 초점이 있다.]

이 예들을 통해 알 수 있듯이, 다양한 시상구문을 사용하여 동일한 동작이 나타내는
사건의 여러 단계를 부각시킬 수 있다. 이는 '환유적 상적 강요'에 의한 것이다.

사건구조를 '기시구간, 진행구간, 종결점, 종결후 구간'으로 구분할 수 있으며, 아래에 제시된 그림으로 영어의 사건구조와 시상의 대응관계를 나타낼 수 있다.

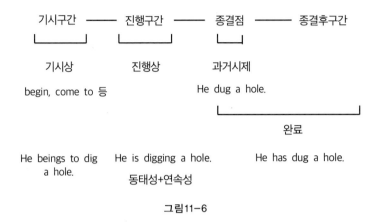

그림11-6

영어에서는 여러 가지 방법을 가지고 사건의 여러 단계를 표시할 수 있다. 예를 들어, 진행상으로 사건의 진행구간 과정을 표시할 수 있고, 과거시제로 사건의 종결점을 나타낼 수 있다. 그리고 완료로 사건의 종결 및 이후의 상태를 나타낼 수 있다. 영어는 기시상이 없기 때문에 술어동사 앞에 'begin, start, come to' 등의 어휘 수단을 부가하여 나타낸다.

많은 학자들이 구문문법의 이론틀에서 '강요' 현상을 논술하였는데, 이것은 언어 연구의 선도적인 분야라 할 수 있다. 한편, 구문강요의 기본 방법에 기초하여 어휘강요, 관성강요, 선택현저성강요, 다중강요, 모방강요 등을 제시할 수 있는데, 이에 대해 아래에서 자세히 살펴보자.

제5절 어휘강요

1. 개설

Taylor(2002:287, 589)의 관점에 근거하면, 강요현상은 한 언어단위와 그와 인접한 다른 언어단위에 대한 영향력이라고 말할 수 있다. 이것을 구문문법의 각도에서 보면, Taylor가 말한 '한 단위'를 '어휘'와 '구문' 두 가지[17]로 확장할 수 있다. 이렇게 하면 한 단위와 다른 단위 간의 결합관계를 네 가지로 포괄할 수 있다. 즉, 네 가지 강요 현상이 출현할 수 있는 것이다.

(1) 구문이 어휘를 강요함: 구문강요
(2) 구문이 구문을 강요함: 구문강요
(3) 어휘가 어휘를 강요함: 어휘강요
(4) 어휘가 구문을 강요함: 어휘강요

Goldberg 등 구문문법 학자들은 앞의 두 가지 강요 현상만을 중점적으로 논술하였고 이것과 '상속'을 결합하여 논의를 진행하였다(제6장 제4,5절 참조). 위에서 (3)의 상황은 전통적인 언어학에서도 이미 많이 언급했던 것으로, 이는 두 개의 어휘가 함께 결합하여 사용될 때 양자가 모두 적당히 조정되어야 공기할 수 있는 것을 말한다. Langacker는 'e-site(Elaboration site(정교화자리))'로 이러한 현상을 해석하고자 했다(제5장 제3절 참조). 그러나 (4)의 상황은 보편적이지는 않다.

본서는 이 네 가지 현상을 '구문강요'와 '어휘강요' 두 가지로 귀결시키고자 한다. 구문문법의 각도에서 봤을 때, 어휘와 구문 모두 독립된 의미를 갖고 있으며, 어구의 의미는 주로 이 두 가지로 형성된다(담화의 각도에서 보면, 상황 의미도 고려해야 한다). 그런데 '쌍방

---

17) 많은 구문문법 학자들(Goldberg 본인 포함)은 언어에 있는 모든 단위를 구문으로 볼 수 있다고 한다. 이것은 Goldberg가 논술한 동사와 구문의 상호작용 이론과 배치된다. 즉, 동사와 구문의 상호작용이 아니라 마땅히 구문과 구문의 상호작용이라 말해야 할 것이다. 그러나 어휘 층위 이하의 언어단위와 어휘 층위 이상의 구문은 반드시 일정한 구분이 있어야 하며 이를 불확실하게 처리하면 곤란하다. 본서에서는 우선 현재의 구문연구를 어휘 층위 이상에 집중하려고 한다. 논의가 비교적 성공적으로 이루어진 이후 보편적인 인식을 획득한 다음에 다시 어휘 층위 이하의 문제를 처리하고자 한다. 그리고 마지막으로 이러한 연구를 어떻게 하나의 이론으로 통합할 것인가에 대해 고민해보고자 한다. 이렇게 하면 구문문법의 연구는 장기간의 목표와 단기간 목표 간의 구분이 생길 것이다. 이에 대해서는 제12장 제2절에서 상세히 언급한다.
이 외에 중국의 많은 학자들도 어휘 의미가 구문 의미를 강요하는 문제를 이미 제기한 적이 있지만, 이에 대한 논술이 그다지 명확하지 못한 면이 있고 예문 역시 전형적이지 못한 면이 있다.

향 상호작용'을 구현하려면, 일부 구문문법 학자들이 하듯이 단지 구문을 주도적인 위치에 놓고 구문강요만을 과하게 강조하고 어휘의 작용을 무시하는 식으로 해서는 안 되며, '어휘강요(Lexical Coercion)'로 구문강요를 보충할 필요가 있다.

2. 어휘강요

많은 학자들이 어휘내부의 의미 자질이 문형에 결정적인 작용을 하는 것과 관련하여 깊이 있게 토론한 바 있다. 여기에는 동사결합가 이론이나 격문법 등이 있다. 이러한 분석 방법은 각각 일리가 있고, 또 모두 동사가 구문에 대해 강요성 영향이 있음을 증명하고 있다. 그러나 일부 TG학자는 '어휘투사'의 작용을 과도하게 강조하여 단지 어휘의미만 존재할 뿐이며, 구조는 어휘조직의 방식만을 제공하고 그 자체는 결코 의미가 없다고 주장한다. 그런데 이것은 언어 사실에 부합하지 않는다.

구문문법은 이와는 반대로, 구문 자체가 어휘에 대해 독립적인 의미를 갖고 있다고 본다. 예컨대, Goldberg는 1995년의 저서에서 영어의 이중타동구문, 사역구문, 결과구문, way-구문 등이 함축한 의미를 비교적 상세히 분석하였고, 이들 구문이 여기에 출현하는 동사에 대해 강한 강요작용이 있음을 언급하였다. Goldberg(1995:24)는 아래와 같이 언급했다.

> 비록 나는 구문들이 동사와는 독립적으로 의미를 갖고 있다고 주장했지만, 문법이 전적으로 위에서 아래로의 방식으로 작용하지는 않는다. 이 아래로의 방식이란 구문들이 그들의 의미를 믿을만한 동사에 단순히 부과하는 것을 말한다. 사실, 이 분석은 마땅히 '위에서 아래로' 뿐 아니라 '아래에서 위로'도 해야 할 이유가 있다.[18]

그녀가 이렇게 주장했지만 정작 1995년과 2006년의 저서에서 동사가 어떻게 구문의미

---

18) Although I have argued that constructions have meaning independently of verbs, it is clearly not the case that the grammar works entirely top-down, with constructions simply imposing their meaning on unsuspecting verbs. In point of fact, there are reasons to think that the analysis must be both top-down and bottom-up.

에 영향을 주는지에 대해선 논의하지 않았는데, 이로 인해 그녀의 구문문법 이론이 비판을 받곤 했다. 1995년 저서의 제2장 제목을 '동사와 구문 간의 상호작용'이라고 했지만 다른 구문문법 학자들과 마찬가지로 구문의 강요작용(즉, 위에서 아래로)만을 강조하고 있고, 어휘의미의 중요성(즉, 아래에서 위로)은 무시하고 있다.

따라서 본서는 구문강요와 상호작용을 한다는 것에 기초하여 '어휘강요'를 제시한다. 아울러 '강요'의 함의를 확대할 것을 주장하며, '강요'를 '어구(구나 절 포함)의 구조, 의미, 용법에 대해 주도적이거나 관건이 되는 작용을 하고, 다른 성분(요소)을 알맞게 조정하는 모든 현상'으로 정의하고자 한다. 이에 따라 어구에서 어휘 층위 이상의 문법구문이 주도적인 작용을 하는 것을 '구문강요'라고 하고 어휘가 주도적 작용을 해서 전체 구문의미나 용법을 조정, 변화시키는 것을 '어휘강요'라고 구분하고자 한다. 이렇게 처리하는 이유는 아래의 세 가지 사항을 고려했기 때문이다.

(1) 구문과 어휘 두 방면을 함께 고려하면 효과적으로 '위에서 아래로'와 '아래에서 위로'의 분석방법을 긴밀하게 결합할 수 있다.

(2) 현재의 구문문법이 구문강요만을 과도하게 강조하고, 어휘의 작용을 무시하고 '어휘투사 원리'를 전면적으로 부정하는 것에 대한 일종의 반성이다.

(3) 논술의 시각을 '강요'라는 틀로 통일시키면, 이론의 통일성과 해석력을 향상시킬 수 있다.

1) 구문의미는 전형적인 어휘의미로부터 기원하였다.

Goldberg는 1995년의 논저에서 구문의 동사에 대한 '강제성' 영향만을 강조하였고, 일부 구문의미가 전형적인 동사용법에서 기원한 현상은 무시하였다. 본서는 제9장 제5절에서 동사와 구문의 상호작용을 논할 때 이에 대해 이미 논의한 바 있다.

2) 'Always'의 진행상에 대한 강요

진행상은 시선을 동작 전체 중 일부분에만 집중한다. 즉, 동작에 대해 '부분절취'후 그 시간구역의 현재 상태만을 중점적으로 묘사한다. 이것은 바로 'be'를 선택하여 진행상의 조동사로 삼은 최초의 이유이기도 하다. 동작 전체에 대해 부분절취를 하고 그 동작에 대해 일정한 길이를 요구하기 때문에 지속의 특징을 갖게 된다. 따라서 진행상에 사용될 수 있는 동사는 동태적인 것도 있지만 연속성이 있는 동사들이 더 많다. 이와 반대되는 어구들은 대개 수용이 불가능하다.

[114] *He is losing the key.

실제 생활 속에서도 이렇게 말 할 수 있는 가능성이 거의 존재하지 않는데, 그것은 'lose' 가 종결성(완수)의 동사이기 때문이다. 극히 짧은 순간의 동작에 대해 어떻게 그 시간구역을 절취하여 현재의 상태를 집중 조명할 수 있겠는가? 한번 생각해보자. 당신이 다른 사람에게 '그가 열쇠를 잃어버리고 있어.'라고 말한다면, 말하는 시간보다 그 동작시간이 더 빠르기 때문에 말이 채 끝나기도 전에 열쇠는 땅에 떨어지고 말 것이다. 그러니 어떻게 '진행'을 논할 수 있겠는가? 그런데 만약 문장에 'always'를 첨가하면 얘기는 달라진다.

[115] He is <u>always</u> losing the key.

전체 문장은 'always'의 강요로 사람들은 진행상에 쓰인 순간동작을 하나의 '점'으로 보게 될 것이다. 이러한 순간동작이 '반복' 발생하게 되면, 마치 '점'이 중복되어 연속성의 의미를 갖는 것과 같은 효과를 얻게 되어 이 문장은 '그는 늘 열쇠를 잃어버린다.'라는 의미를 나타낸다.
이와 같은 예문은 많다.

[116] *The policeman is catching the thief by the collar.
[117] The policeman is <u>always</u> catching the thief by the collar. (그 경찰은 도둑을 잡을 때 늘 뒷덜미를 잡곤 한다.)

3) 빈도부사(Adverbs of Frequency)의 완료(Perfect)에 대한 강요

진행상과 비교할 때, 완료는 동작의 종점 및 종결 이후의 상태를 유지하는 것에 초점을 둔다. 그 의미는 어떤 동작이 발생하고 나서 현재 소유하고 있는 일종의 상태를 설명하는 것이다. 이것이 바로 완료를 표시하는 조동사 'have'가 전달하는 의미이다. 예컨대 다음과 같다.

[118] The light has gone out. (불이 나간 상태다.)

이 말의 중점은 '등이 여전히 꺼져있는 상태에 있음'을 나타낸다. 만약 등이 지금 켜졌다면 다음과 같이 표현해야 한다.

[119] The light went out. (불이 나갔다.)

이는 불이 과거 어느 시간에 나갔다(즉, 현재는 다시 켜져 있음)는 동작 자체만을 묘사할뿐 현재 상태는 무관함을 나타낸다.

이 외에도 어떤 상황 종결 이후의 관련 결과를 식별할 수 없을 때는 완료를 사용할 수 없다.

[120] *The star has twinkled.

위의 예에서 '별이 반짝거림' 이후 특별한 결과가 없다면, 이러한 상태는 계속 지속될 수가 없다. 따라서 예[120]은 틀린 문장이다. 그런데 예[120]에 빈도부사를 넣으면 이 문장은 가능하게 된다.

[121] The star has twinkled twice. (그 별은 두 번 반짝였다.)

빈도를 나타내는 'twice'가 종료된 종결성 동작을 강요하여 하나의 '점'으로 변화시켰다.

이렇게 동작이 '점'의 성격을 띠게 되면 중복이 가능해지고, 점의 반복출현으로 연속성을 부여받아 '종결 후 상태'라는 함의를 갖게 되는 것이다.

4) 부정사(否定詞)의 강요작용

일반적으로, 부정문은 긍정문의 의미와 상반된다(언어에는 이중부정으로 긍정을 나타내기도 하고 긍정문이 부정문의 의미와 동일한 상황도 존재함). 따라서 'no, not, nothing, nobody, nowhere, hardly, scarcely, rarely' 등과 같이 부정을 함의하는 단어가 구문의미에 대해 작용하는 현상도 무시할 수 없다.

하나의 어구가 수용불가능하지만, 대립되는 의미를 나타내면 합법적인 경우가 있다. 이때 부정사 'not'이 강요작용을 한다. 가령 수용불가능한 예[114], [116]과 [120]에 'not'을 삽입하면 합법적인 문장이 된다.

[122] He is not losing the key. (그는 열쇠를 잃어버리지 않고 있다.)

[123] The policeman is not catching the thief by the collar. (경찰이 도둑의 멱살을 잡고 있지 않다.

[124] The star has not twinkled. (그 별은 반짝이고 있지 않다.)

'점'의 성격을 갖는 순간동사의 부정식은 지속동사와 유사한 성격을 갖게 되는데(王寅, 2001:264), 이때 'not'의 강요작용으로 구문의 상(相) 성격이 전환되기 때문이다.

[125] *John has left London for a long time.

[126] John has not left London for a long time. (John은 오랜 동안 런던을 떠나지 않고 있다.)

예[125]와 같이 문장이 완료와 기간을 나타내는 'for' 전치사구를 포함한 경우에는 지속성 동사를 요구하기 때문에 'leave'가 온 경우에는 비합법적인 문장이 된다. 그러나 예[126] 과 같이 부정식이 되면 수용 가능해 진다. 이 외에도 아래와 같은 것을 들 수 있다.

[127] *I have gone.

[128] * You have gone.

완료에 대한 상술한 논의에 근거할 때, 현재완료는 현재의 결과를 강조한다. 즉, 예문의 의미는 '나'는 이미 떠난 것이고, '너'도 현장에 없다. 그러나 '나'와 '너'가 대화를 하기 위해서는 둘 다 현장에 있어야 하므로 문장의 의미와 상황이 서로 모순된다. 그런데 만약 이것을 부정문으로 고치면 가능하다.

[129] I have not gone. (나는 떠나지 않았다.)

[130] You have not gone. (너는 떠나지 않았다.)

5) 이중타동동사의 구문 의미에 대한 강요

Goldberg(1995) 등은 이중타동구문의 의미와 동사의미는 서로 독립되어 있다고 본다. 이중타동구문은 구문과 의미유형이 다른 동사가 오면 동사를 강요하여 유형을 전환시킨다는 것으로, 그녀가 든 'sneeze' 문장은 바로 이 관점을 잘 설명하고 있다. 그러나 이중타동구문이 '성공적인 전달' 또는 '어디에서 어디로의 전달' 등의 의미를 표시할 수 있는지의 여부는 구문의미에 의해서만 결정되는 것이 아니라, 구문에 출현하는 동사의 의미도 함께 고려해야 한다는 사실을 발견할 수 있다. 다시 말해서, 많은 상황에서 동사가 주도적인 위치에 있다는 것이다. 이에 많은 학자들이 이중타동구문의 분류 문제를 깊이 있게 연구하기 시작했다.

王寅(2008c)은 기존 연구 성과에 기초하여 영어의 이중타동동사를 네 가지로 분류하고, 이중타동구문의 원형의미는 '전달'이라고 주장하였다. 이렇게 '전달'이 주가 된다면, '방향성'의 문제가 발생하게 되는데, 전달의 방향성에 근거하여 이중타동동사를 5가지 유형으로 분류할 수 있으며, 이들은 '전달'을 핵심의미로 하는 연속체를 형성한다(『제2권』 제2장 참조).

(1) + 정 전달 (우향 전달)

(2) ↓잠재성 전달

(3) ○ 영 전달

(4) × 전달 차단

(5) ‒ 반 전달 (좌향 전달)

'정 전달'이란 절의 주어 X가 원래 직접목적어 Z을 소유하고 있다가 이중타동동사의 작용으로 Z의 소유권이 간접목적어 Y에게 전달되는 것을 말한다. 즉, Z가 좌(주어)에서 우(간접목적어)로 '우향' 이동을 하게 된다. 'give, offer, pass' 등이 여기에 속한다.

'발송, 허가, 정보교류, 통신수단'19) 등의 이중타동동사의 경우, '잠재성 전달' 의미를 갖고 있다. 그리고 '창조, 획득'류20)의 이중타동동사는 '영 전달'을 함의한다. 이 두 유형의 동사는 전달의미가 명확하지 않기 때문에 이중타동구문이 갖고 있는 '전달의미'가 이들 동사에 전달의미를 부여한다.

'전달 차단'이란, Z가 Y에게 전달되지 않는 것을 말한다. 즉, 이 이중타동동사의 작용 아래, Y와 Z 간의 관계가 차단되는 것을 말한다. 본서는 이때 이중타동구문의 기본 의미가 전달 차단류 동사의 강요를 받은 것으로 본다. 예를 들어, 이중타동동사 'banish, deny, prevent, protect, refuse' 등의 동사는 아래와 같이 쓰일 수 있다.

[131] The dictator banished his opponents from the country. (그 독재자는 그의 정적들을 그 나라로부터 추방했다.)

[132] He denied the students a chance to speak. (그는 그 학생이 말할 기회를 거부했다.)

---

19) **[역주]** 이 의미에 해당하는 영어 동사들은 아래와 같다(제2권 제2장 제8절 참조).
    (1) 발송: forward, mail, send, ship
    (2) 허가: advance, allocate, allot, allow, assign, award, bequeath, grant, guarantee, offer, promise, refer, reserve
    (3) 정보교류: ask, cite, pose, quote, read, show, spin, teach, tell, write
    (4) 통신수단: e-mail, fax, netmail, radio, telegraph, telephone, wire
20) **[역주]** 이 의미에 해당하는 영어 동사들은 아래와 같다.
    (1) 창조: bake, build, cook, fix, knit, make, pour, sew, toss
    (2) 획득: buy, earn, find, get, grab, order, steal, win

[133] There was nothing to prevent her from doing so. (그녀가 그렇게 하는 걸 막을 것은 아무것도 없다.)

[134] A line of forts was built along the border to protect the country against attack. (적의 공격으로부터 나라를 보호하기 위해 국경을 따라 일련의 요새가 세워졌다.)

[135] They refused me permission. (그들은 나를 허락하지 않았다.)

예[131]에서 'his opponents'는 원래 그 나라에 거주할 권리가 있으나, 'banish'의 작용으로 이 관계가 차단되었다. 예[132]에서 'the students'는 원래 'a chance to speak'을 갖고 있는데, 'deny'가 작용하여 이 권리가 거절되었다. 위와 같이 전체 문장이 나타내는 '전달 의미의 차단'은 주로 동사에 의해 구현되고 있다.

'반 전달'에서 Z의 소유권은 Y로부터 X로 바뀐다. 즉, Z가 우에서 좌로 '좌향' 이동한다. 이때 문장의 의미 역시 동사에 의해 실현된다. 이를 테면, 영어의 'charge, cost, fine, owe, rob' 등이 그러하다(『제2권』제2장 그림2-4 참조). 중국어에서는 '偷(훔치다), 扣(공제하다), 买 (사다)' 등의 동사가 이 부류에 해당된다.

[136] The hotel charged me $50 for a room for the night. (그 호텔은 나에게 하룻밤 방값으로 50$를 요구했다.)

[137] Compiling a dictionary costs them a lot of time and patience. (사전 편집 작업은 그들에게 많은 시간과 인내력을 요구한다.)

[138] The court fined her $1,000. (법원은 그녀에게 1000달러의 벌금을 부과했다.)

[139] He owed John a hundred pounds. (그는 존에게 100파운드를 빌렸다.)

[140] Thieves robbed the bank of thousands of dollars. (도둑들은 은행에서 수천 달러를 훔쳤다.)

[141] 张三偷了乘客一个钱包。(张三은 승객에게서 지갑 하나를 훔쳤다.)

[142] 学校扣了我两个月工资。(학교측은 나에게 두 달치 월급을 깎았다.)

예[136]에서 $50은 원래 '나'의 소유이다. 그러나 이중타동동사인 'charge'의 작용으로 간접목적어로부터 주어인 'the hotel'의 계좌에 들어가게 되었다. 예[137]의 '시간'과 '인내심'은 원래 '그들의 것'이었는데 'cost'의 작용으로 왼쪽으로 이동하여 사전 편집에 소모되었다. 예[141]에서 '지갑'은 원래 간접목적어 Y인 '승객'에게 있었으나, '偷'의 작용으로 Y로부터 왼쪽으로 이동하여 X(张三)의 수중에 들어갔다. 이처럼 Z가 간접목적어 Y에서 주어 X로 우에서 좌로 이동하는 현상을 '반 전달'이라고 하는데, 위의 예와 같이 이중타동동사의 '반 전달' 의미가 구문을 강요하여 '정 전달' 의미를 나타내는 이중타동구문에 반대의 의미를 부여할 수 있는 것이다.

따라서 이중타동구문이 '정 전달'이나 '전달 차단'에 쓰일 지, 아니면 '반 전달'에 쓰일 지는 결코 구문 자체에 의해서만 결정되는 것이 아니라 거기 출현하는 동사에 의해서도 결정되는 것이다. 이를 통해 동사 역시 일정한 강요 기능이 있음을 알 수 있다. 이와 관련하여 刘利民(2009)도 이러한 현상을 발견한 바 있다.

한편, 중국어에는 한 단어가 두 개의 반대되는 의미를 나타내는 현상(ambivalent)이 존재한다. 陈矫(2009)의 조사에 따르면, 상반된 의미를 갖는 동사가 대략 335개에 이르며, 이들 가운데 일부 동사가 이중타동구문에 사용되면, 이중타동구문이 나타내는 전달의 방향이 불분명해진다고 한다.

[143] 老张借了小李一本书。

[144] 老张租了小李一间房。

이 두 문장은 두 가지 반대되는 의미를 가진 동사 '借'와 '租'의 영향을 받아 전체 이중타동구문이 표시하는 Z의 전달 방향이 모호하다. 이 역시 동사가 구문에 대해 강요작용을 하고 있음을 보여준다. 만약 이 두 문장에 각각 '给'와 '走'를 부가하면 전달의 방향이 명확해진다.

[145] 老张借给了小李一本书。(장씨는 이씨에게 책 한 권을 빌려줬다.)

[146] 老张借走了小李一本书。(장씨는 이씨에게서 책 한 권을 빌렸다.)

[147] 老张租给了小李一间房。(장씨는 이씨에게 방 한 칸을 세 주었다.)

[148] 老张租走了小李一间房。(장씨는 이씨에게서 방 한 칸을 세냈다.)

위의 예[145]~[148]은 '给'와 '走'가 구문의미를 강요하여 이중타동구문이 '정 전달'과 '반 전달'의 의미 중 어느 것을 나타내게 될지 직접적으로 결정해주는 역할을 한다는 것을 보여준다.

이 밖에 영어의 이중타동구문이 '반 전달'의미를 표시할 때, 동사 뿐 아니라 전치사와도 관련이 있음을 발견할 수 있다.

[149] He bought some books to her. (그는 그녀에게 책을 몇 권 사줬다.)

[150] He bought some books from her. (그는 그녀로부터 책 몇 권을 샀다.)

이 두 문장의 유일한 차이 'to'와 'from'으로 인해 문장의 의미는 정확히 반대가 된다. [149]는 '정 전달'을 나타내어 'some books'가 '우향' 이동을 한다. 반면, [150]은 '반 전달'을 나타내어 'some books'가 '좌향' 이동을 한다.

[151] buy something from sb. (~로부터 물건을 사다)

[152] buy something for sb. (~에게 물건을 팔다)

[153] get something from sb. (~로부터 물건을 얻다)

[154] get something for sb. (~을 위해 물건을 얻다)

[155] steal a painting from the museum (박물관에서 그림을 훔치다)

[156] steal a painting for the museum (박물관을 위해 그림을 훔치다)

[157] take him away… (그를 데려가다)

[158] take him back… (그를 도로 데려오다)

[159] take him down… (그를 쓰러뜨리다)

[160] take him into… (그를 데리고 들어가다)

[161] take him out… (그를 데리고 나가다)

[162] take the coat off… (외투를 벗다)

[163] take somewhat from the impression. ((원래 생각했던) 이미지와 다소 다르다)

이상의 비교 예문을 통해, 전치사(또는 부사)가 전체 구문의미를 결정하는 강요작용을 하고 있음을 알 수 있다.21)

이중타동구문의 기타 어휘가 모두 동일한 상황에서, 만약 한 쪽이 'against, from, off' 등의 전치사를 사용하고, 다른 한 쪽은 'to, for, with' 등의 전치사를 사용한다면, 그들의 문장의미는 완전히 달라질 것이다. 즉, 전치사 역시 구문 의미를 강요하거나 조정하는 중요 작용을 한다고 볼 수 있다.

이 외에, 직접목적어 Z가 하나는 '실물'이고, 다른 하나는 'nothing'일 때, 그 문장의 의미 역시 많이 달라지는데, 이 역시 단어 의미의 구문의미에 대한 작용을 무시할 수 없음을 설명하고 있다.

6) 일부 동사는 후행절의 가상구문 사용을 결정

영어의 'suggest, propose, order, desire, wish' 등 소원, 건의, 명령을 나타내는 동사 뒤의 목적절은 대개 가상의 어기를 사용하게 되는데, 이 역시 어휘강요로 합리적인 해석을 할 수가 있다. 이것은 문형이 주로 주절의 술어동사에 의해 결정되기 때문이다. 예문은 생략한다.

7) 일부 부사는 동사구의 상(相)을 강요

영어의 일부 부사는 동사의 상을 부각시키거나 변화시키는 기능을 한다. 예컨대, 'always, often, sometimes' 등은 항상 일반현재시제와 결합되어 사용되어, 항상성, 습관성 동작이나 사태를 표시한다. 예컨대, 'draw a circle'은 '종점도달 사건(Culminated Event)'이나 'often, sometimes' 등의 부사와 함께 쓰이면 '사건의 항상성 상태'를 표시하는 것으로 전환된다. 예를 들면, 다음과 같다.

---

21) 『现代汉语词典』(제5판)에 따르면, 위의 [145]와 [147]의 '给'는 전치사 의미항목이 있으나, [146]과 [148]의 '走'는 아직 전치사 의미항목이 없다. 이것은 '走'의 문법화 정도가 아직 충분치 못한 이유도 있고, 사전 편찬 과정 자체에서 수정해야할 부분이기도 하다.

[164] He often draws a circle on the ground. (그는 자주 땅에 원을 그린다.)

[165] He sometimes draws a circle on the ground. (그는 가끔 땅에 원을 그린다.)

또 부사 'suddenly'를 사용하면 상태성 동사가 '사건 기시상'의 의미를 가질 수 있다.

[166] Suddenly, I understand what she means. (갑자기 나는 그녀가 무엇을 의미하는지 이해했다.)

8) 일부 동사의 상적 강요 현상

부사만이 동사의 상을 강요하는 것이 아니라 'begin, start, come' 등의 동사 역시 공기하는 동사의 상을 강요하여 기시상을 부여한다.

[167] They began to know what she means. (그들은 그녀가 무엇을 의미하는지 알기 시작했다.)

예[167]에서 'to know'는 본래 '정태성'을 갖고 있는 지속상 동사이다. 그러나 'begin'의 작용으로 기시상의 의미를 갖게 되었다.

이러한 사실을 통해, 영어에서 전체 문장의 상이 단지 진행상과 완료 등의 문법상 표지에 의해서만 결정되는 것이 아니라 어휘의 상성(相性)에 의해서도 결정되고, 또 일부 어휘의 상성이 문장의 기타 성분들의 상성을 전환할 수도 있음을 알 수 있다. 이것은 Krifka (1989)와 Verkuyl(1993)에 의해 제기된 것이다(De Swart, 1998:350 참조).

… 문장의 상적인 유형은 전체적으로 동사의 의미적 성질에 의해 결정된다. 또 그 외에 NP논항의 성격에 의해서 결정되기도 하고, 동사가 그 논항에 관련되는 방식에 의해서도 결정된다.22)

---

22) … the aspectual class of the sentences as a whole is determined by the semantic nature of the verb, by the characteristics of its NP arguments, and by the way the verb is related to its arguments.

위의 언급 가운데 '동사'를 '주요동사'로 수정하면 예[167]의 상황을 설명하는 것임을 알 수 있다. 이와 아울러 본서에서는 위의 주장에 결정적 요소로 '부사'를 추가할 필요가 있다고 본다.

9) 능격동사의 구문에 대한 강요

많은 학자들은 능격동사의 내부 자질이 관련 구문 출현을 결정짓는 주요 요소라고 여긴다. 예를 들면 다음과 같다.

[168] Tom broke the vase. (Tom은 그 꽃병을 깼다.)

[169] The vase broke. (그 꽃병이 깨졌다.)

위의 두 예문에서 'break'는 각각 타동사와 자동사로 쓰여, 'the vase'가 예[168]에서는 목적어이고, 예[169]에서는 주어임을 알 수 있다. 이처럼 타동구문의 주어가 상이한 격을 갖기도 하는데(제7장 제7절과 제2권 제5장 참조), 'break'가 갖고 있는 능격(Ergativity)으로 인해 타동문과 자동문에 모두 사용될 수 있다. 다른 예를 보자.

[170] Tom moved the table. (Tom은 그 테이블을 옮겼다.)

[171] The table moved. (테이블이 움직였다.)

[172] The queen ruled the country. (그 여왕이 그 나라를 다스렸다.)

[173] *The country ruled.

이 두 쌍의 예문 중, 'move'가 쓰인 [170]과 [171]은 모두 수용 가능한 데, 이것은 'move'가 능격동사이기 때문이다. 한편, 'rule'이 쓰인 [172]와 [173] 가운데 단지 [172]만이 수용 가능하고 [173]은 불가능한데, 이것은 'rule'이 능격동사가 아니기 때문이다.

즉, 동사 자체가 갖고 있는 능격성이 타동구문이나 자동구문에 사용될 수 있는지를 결정하는 관건이 되며, 동사의 이러한 속성이 강요작용을 하고 있음을 알 수 있다.

10) 부정관사+불가산명사

부정관사 'a' 또는 'an'의 정상적인 용법은 가산명사가 후행해야 하는 것이다. 그런데 뒤에 불가산명사가 올 경우 가산성으로 전환된다. Zwicky(1985)가 든 예를 보자.

[174] I had a tea.

'tea'는 불가산명사인데, 부정관사 'a'의 강요로 가산성 자질을 가지게 되어 '한 잔의 차' 등과 같이 계량의 의미를 나타내게 되었다.

11) 중국어 '부사+명사 구문' 속 부사의 강요성

중국어에서 최근 자주 사용되는 부명구문 역시 강요로 설명할 수 있다. 중국어에서 부사+형용사 구문, 부사+동사 구문, 부사+부사 구문은 정상적인 결합형식이지만, 부사+명사 구문은 아직 완전히 수용되지 않는 형식이다. 이 구문에서 부사와 명사의 지위는 동등하지 않고 부사의 작용이 훨씬 중요한데, 부사가 '정도 강화'라는 원래의 기능을 통해 수식하는 명사의 의미와 화용기능을 변화시키기 때문이다.

[175] 它有一个很民族的名字 - 红腰带。(그것은 매우 민족적인 '붉은 허리띠'라는 이름이 있다.)

[176] 我有一种很北京很大陆的感觉。(나는 일종의 아주 베이징스럽고 대륙스러운 느낌이 있다.)

[177] 其实我是一个很中国很北京很沈阳的女人。(사실 나는 매우 중국스럽고 매우 베이징스러우며 매우 선양스러운 여자이다.)

위의 예에서 부사 '很'은 후행하는 명사를 강요하여 명사가 다르게 해석되도록 국부적인 조정을 한다(『제2권』 제12장에서 상세히 언급함).

10)과 11)에서 소개한 현상은 어휘 결합 사용 과정의 강요현상으로도 볼 수 있다. 이러

한 현상은 어휘가 언어의 운용 과정에서 발휘하는 주도적인 작용을 무시할 수 없음을 말해주고 있다.

이로 보건대, '어휘분석법'은 결코 일부 구문문법 학자들의 주장과 달리 일정한 범위 내에서 중요한 작용을 하고 있다고 볼 수 있다. Jackendoff(1997a)가 지적했듯이, 구문분석법이 비록 강한 해석력이 있긴 하나 반드시 항상 보편적인 우선성을 지닌 것은 아니다. Goldberg&Jackendoff(2004)에서 '논항구조는 동사와 구문이 함께 작용한 결과이다.'라고 분명하게 말하고 있다(제12장 제2절 참조). 이 또한 어휘분석법과 구문분석법이 각각 장점이 있기 때문에 한쪽으로 치우치지 않아야 하고, 극단으로 가는 연구방법은 취할 수 없는 것임을 말해주는 것이다.

구문분석법이 어휘규칙법에 비해 큰 해석력을 갖고 있어서 문법분석이 훨씬 간결하고 사전 편찬의 부담을 줄여줄 수 있겠지만, 그렇다고 해서 어휘분석법을 포기할 만한 충분한 이유가 되지는 않는다. Goldberg(1995, 2006)는 형태소를 구문으로 보자고 주장했다. 그러나 본서는 Langacker의 기본관점에 더 동의하는 편이다. 즉, 구문을 '≥2개의 상징단위'라고 보고, 먼저 어휘 이상의 문법구문 연구에 집중해야 한다고 본다. 어휘 층위 이상에 문법구문강요가 있지만, '어휘강요'도 존재한다.

한 문장의 의미는 어휘의미와 구문의미 상호작용의 결과이다. 즉, 어휘강요와 구문강요 공동의 산물이다. 이렇게 해야만 Goldberg가 제시한 '동사와 구문의 상호작용'이라는 '양방향 상호작용' 연구방법을 실현할 수 있다.

제6절 기타 강요현상

1. 관성강요

현실세계에는 물리적인 관성이 존재하며, 이 현상이 인지세계에 사상되어 사유관성을 형성하여 '관성강요(Inertia Coercion)'를 촉발하게 된다. 바로 이러한 인지방식의 영향으로 생겨난 언어 표현이 '액어법구문(Zeugma Construction)'이다. 이것은 정상적으로 결합한 선

행절이 관성작용으로 정상적으로 결합하지 않은 후행절을 강요하여 수용이 가능한 표현이
되게 하는 것을 말한다. 예컨대 아래의 예와 같다.

[178] They are armed with guns, bombs and a relentless fury. (그들은 총과 폭탄 그리고
무자비한 격노로 무장했다.)

[179] The fire burned the house and the memory of her childhood. (그 불은 집과 함께
그녀의 어린 시절 기억을 다 태웠다.)

[180] At the burial, he closed coffin and heart. (장례식에서, 그는 관과 마음을 닫았다.)

[181] 如今不是简单地吃饭, 而是在吃友谊, 吃文化。 (요즘은 단순히 식사만 하는 것이 아
니라, 우정을 나누고 문화를 나눈다.)

[182] 午睡醒来愁未醒。 (낮잠은 깼으나 근심을 아직 깨지 않았다.)

이 밖에 앞에서 언급했던 중국어의 부사+명사 구문 역시 부사+형용사 구문, 부사+동사
구문, 부사+부사 구문의 정상적인 결합이 강요를 하여 이루어진 일종의 새로운 용법이라
고 볼 수 있다.

[183] 苏州博物馆又新又苏。 (쑤저우 박물관은 새롭고 쑤저우스럽다.)

관련 내용은 제2권 제12장 제2절에서 자세히 다룬다.

2. 선택현저성강요

일부 서양 학자들은 구문강요를 논술할 때, 구문의미와 어휘의미 간의 충돌을 과도하게
강조하여 구문의미가 어휘의미를 일방적으로 강조한다고 보았다. '선택현저성강요'는 바
로 이러한 관점에 대한 보충이다.

'선택현저성강요(Selection-Salience Coercion)'란, 하나의 구문이 그것의 하위 구문을 강요
하는 과정에서, 모든 정보를 다 강요하는 것이 아니라 관련 정보만 선택하여 이것을 부각

시킨 후 해당부분만 강요하는 것을 말한다.

강요의 과정에서, 강요받는 대상은 반드시 '강요 가능성'이 있어야 한다. 즉, 반드시 부각 가능한 잠재적 의미항목이 있어야 한다. 만약 조정 가능한 잠재적 의미가 없으면 강요를 수용하지 못한다. 예컨대 다음과 같다.

[184] She sneezed the tissue off the table. (그녀는 재채기해서 그 티슈를 테이블에서 떨어뜨렸다.)

이 문장에서 사역구문이 동사 'sneeze'의 논항을 바꾸게 만든 것은 바로 'sneeze'가 아래의 의미를 함축하고 있기 때문이다.

(a) 재채기하다.
(b) 재채기가 작은 물체의 이동을 유발할 수 있는 미세한 힘이 있다.

즉, 사역구문에서 잠재적으로 숨겨져 있던 (b)의미가 부각된 것이다. 이것은 예[184]에 쓰인 동사 'sneeze'가 잠재되어 있는 의미항목 (b)를 대신한다는 환유 기제로 분석할 수도 있다. 한편, 아래와 같은 표현은 불가능하다.

[185] *She minded the tissue off the table.

이것은 동사 'mind' 속에 '사역력의 발생'이란 의미가 함축되어 있지 않기 때문이다. 또 아래와 같은 구문을 보자.

[186] There is+명사 원형(무경계성)+분산의미를 나타내는 부사어

위의 구문에 'cat'을 넣어 아래와 같이 말할 수 있다.

[187] After I ran over the cat with our car, there was cat all over the driveway.

　　(내가 우리 차로 그 고양이를 친 다음, 찻길엔 온통 고양이 사체뿐이었다.)

예[187]이 수용가능한 이유는 'cat'이 아래의 두 가지 의미를 동시에 갖고 있기 때문이다.

(a) 경계성이 있는 개체(이질성이 있음)
(b) 동물의 육질(동질성이 있음)

예[186]의 구문은 환유기제를 통해 'cat'의 잠재적인 의미항목 (b)를 부각시켜 예[187]이 수용가능하게 만들었다. 또 다른 예를 보자.

[188] two coffees (커피 둘)

여기서 'coffee'는 아래의 두 가지 의미를 함축하고 있다.

(a) 한 알 한 알의 모래 모양으로 되어 있어 셀 수 없다.
(b) 어떤 용기에 담아 용기를 단위로 셀 수 있다.

수사의 수식을 받는 경우 의미항목 (b)가 부각된다.
그런데 예[189]와 같이 말할 수는 없다.

[189] *two airs

예[189]가 수용불가능한 것은 사람들이 공기를 용기에 담아 계량하는 생활경험이 거의 없기 때문이다. 이것은 수사로 구성된 구문이 강요할 수 없는 'airs'를 강요하고 있기 때문에 이 양자 간 의미 타협이 이루어지지 못하는 것이다.

이에 본서는 강요가 단지 '강요가능 요소가 있는 대상'에 대해서만 작용이 발생한다고 본다. 한편, 강요가 효과적으로 실현될 수 있는 기제는 바로 '해석'으로 사람들은 이를 통해 충돌을 일소하고 모순을 조정하고, 잠재적 의미항목을 부각시켜 구문과 어휘의 의미가 서로 '타협'할 수 있도록 한다.

金睿(2009)는 '선택현저성강요'를 이용하여 영어의 'X IS THE NEW Y' 구문을 상세하게 분석하였다(총 451개의 구문예시를 수집함). 이 구문의 기본의미는 'X가 이미 유행한 Y를 대체하다' 혹은 'Y처럼 어떤 영역에서 새롭게 유행하거나 가장 새로운 사건이나 인물의 전형이 되다'이다.

           X   Y

[190] White   is   the new black.

(의미: 흰색은 검은색을 대신하여 새로운 유행이 되다.)

[191] Small   is   the new big.

(의미: 작은 것이 큰 것을 대신하여 새로운 유행이 되다.)

[192] Water   is   the new beer.

(의미: 물이 맥주를 대신해 새로운 유행이 되다.)

[193] Knitting   is   the new yoga.

(의미: 뜨개질이 요가를 대신해 새로운 유행이 되다.)

[194] Internet   is   the new black.

(의미: 인터넷이 새로운 유행이 되다.)

[195] Chinese   is   the new black.

(의미: 중국어가 새로운 유행이 되다.)

주어부분을 X라 하고, 보어 부분을 Y라 할 때, 예[190]에서 X부분의 'white'와 Y부분의 'the new black' 두 항은 많은 CM을 함축하여 대량의 정보를 저장하고 있다. 이들은 각각 'X-ICM'과 'Y-ICM'을 구성한다. 그러나 X와 Y는 이 특수한 구문의 기본 의미에 강요를 받아서 X는 '현재 유행', Y는 '과거의 유행'이란 특수한 의미를 획득하게 된다. 즉, 단지 이 두 의미와 관련된 CM만이 선택되고 부각되는 것이다.

이 구문에서 X는 '전경'이 되고, Y는 X의 참조점으로 '배경'이 된다. 이 둘은 밀접한 상호관계가 있다. 예[190]과 [191]에서 X와 Y는 모두 하나의 의미영역에 속하는 반의 관계의 어휘이다. Y는 '원래 유행'이란 의미를 X에 강요하지만, 여전히 원래의 의미를 함축하고 있다. 그래서 예[190]에서 'black'은 여전히 '검은색'을, 예[191]의 'big'은 여전히 '크다'를 의미한다. 예[192]와 [193]의 X와 Y는 대조 관계이며 Y는 여전히 원래의 의미를 보유하고 있다. 한편 예[194]와 [195]에서 X와 Y 간의 의미 관계는 반의 관계도 대조관계도 아니며, 서로 긴밀하지도 않다. 따라서 이 두 예문의 'black'은 X의 작용으로 원래의 '검은색'의 의미를 잃고, 단지 '과거의 유행'이란 의미를 갖게 되었다. 이렇게 볼 때, 이러한 구문은 '선택현저성강요'를 통해서 합리적이고 전면적인 해석이 가능함을 알 수 있다.

3. 다중강요

C1이 C2를 강요한다면, C2는 C1으로부터 많은 정보를 상속하게 된다. '강요'와 '상속'은 관련 용어로 통일성을 갖고 있다. 이것을 이용하면 각종의 강요현상을 잘 해석할 수 있다. 만약 '선택현저성강요'가 있다면 더불어 '선택현저성상속'도 존재하고, '다중강요'가 존재하면 '다중상속'도 존재하는 것이다.

위에서 말한 '선택현저성강요'란 '동일한 구문 속의 전체 정보가 아닌 일부 정보가 강요를 통해 상속되는 것으로, 선택과 부각을 거쳐 일부 관련 정보를 하위구문에 강요하는 것'을 말한다. 여기서 '다중강요(Multiple Coercion)'란 '여러 개의 구문이 동시에 위에서 아래로 동일한 하위구문으로 강요되는 것'으로, 하위에 놓인 구문은 그 상위구문으로부터 여러 관련 정보를 '다중상속'할 수 있다. '강요'와 '상속'은 한 쌍의 관련 용어로, '다중강요'가 있으면 '다중상속'이 있는 것이다.

여기서 말하는 '다중'이란 아래의 두 가지를 함의한다.

(1) 여러 개의 상위구문이 동시에 하나의 하위구문을 강요할 수 있다. 이를 테면, 중국어의 '很+명사'와 '吃他三个苹果'는 여러 개의 상위구문으로부터 관련된 정보를 상속하였다.

다시 말하면, 이 하위 표현식은 여러 상위구문의 다중강요를 통해 형성된 결과인 것이다 ('吃他三个苹果'는 제2권 제4장 제3절 참조, '很+명사'는 제2권 제12장 제6절 참조).

(2) 정보상속 극단에 놓인 동일 하위구문은 각각 '음운강요', '통사강요', '의미강요', '화용강요' 등 몇 가지 방면에서 여러 개의 상위구문으로부터 관련된 자질을 획득할 수 있다. 刘玉梅(2010)는 이러한 관점을 운용하여 인지의 각도에서 '중국어의 12,337개 새 단어'에 대한 다중강요 작용 특징을 논술하기도 하였다.

4. 모방강요

'모방강요(Parody Coercion)'란 기존의 구문틀을 모방하는 강요 작용으로 새로운 표현형식이 생겨나는 것을 말한다. 중국어에서 최근에 빈번하게 사용되는 '변형성어'가 이것에 해당된다. 가령, 찻잔 광고에서 발음은유 등의 강요 작용 기제를 통해 '有备无患(yǒu bèi wú huàn, 유비무환)'이란 성어를 다음과 같이 바꿀 수 있다.

[196] 有'杯'无患 (yǒu 'bēi' wú huàn, 찻잔을 미리 준비하면 걱정이 없다.)

예[196]과 같이 성어 가운데 한 단어를 발음이 비슷한 어휘로 교체하여 매우 새로운 의미를 나타낼 수 있다. 이렇게 모방강요를 통해 창조된 광고언어들은 매우 많다.[23]

[197] 趁早下'斑' 화장품 (서둘러 잡티를 제거하세요)
[198] 请勿'痘'留 화장품 (여드름을 남겨두지 마세요)
[199] 九'酒'归一 술 (아홉 가지 술이 하나로 귀결됩니다)

---

23) [역주] 이들 광고언어는 각각 아래의 원래 성어에서 유래한 것이다.
: 趁早下班(일찍 퇴근하다.), 请勿逗留(머물지 마시오.), 九九归一 (돌고 돌아 원점으로 가다.), 其乐无穷 (그 즐거움이 끝이 없다.), 一鸣惊人(뜻밖에 사람을 놀라게 하다.), 默默无闻(이름이 세상에 알려지지 않다.), 贤妻良母(현모양처), 无可替代(아무도 대신할 수 없다.), 百依百顺(고분고분 순종하다), 一往情深 (정이 매우 깊어지다.)

[200] '骑'乐无穷 오토바이 (오토바이 주행의 즐거움이 끝이 없어요)

[201] 一'明'惊人 안경 (순식간에 놀랄 만큼 밝아집니다)

[202] 默默无'蚊' 모기향 (모르는 사이에 모기가 없어집니다)

[203] '闲'妻良母 세탁기 (여유있는 아내, 좋은 어머니)

[204] 无可替'带' 테이프 (이 테이프를 대체할 수 없어요)

[205] 百'衣'百顺 옷 (백가지 옷에 모든 것이 순조로워요)

[206] 一'网'情深 국제인터넷 (네트워크 하나로 애정이 깊어집니다)

(이상 王寅, 2001:247)

이들 모두 모방강요의 산물로 볼 수 있다.

沈志和(2009)는 이 관점을 운용하여 그가 수집한 404개 중국어의 변형성어를 상세히 분석하였다. 아울러 각각 '음운, 통사, 의미, 화용'의 네 가지 분야에서 이 신흥 성어의 용법 자질을 분석하기도 하였다.

5. 상상구문의 강요

수용 불가한 절 B가 상상구문 A의 강요로 수용 가능한 표현으로 변화할 수 있다. 예컨대 다음과 같다.

[207] X is pregnant.

이 구문에 들어갈 수 있는 X는 반드시 '동물, 특히 새끼를 낳는 동물'의 속성이 있어야 한다. 따라서 아래와 같이 표현할 수 없다.

[208] *My brush is pregnant.

그러나 이 절구문 앞에 'I dreamed', 'I imagined', 'He didn't believe' 등을 부가해서

상상구문을 나타낸다면, 전체 문장은 수용이 가능해진다.

[209] I dreamed that my brush is pregnant. (나는 나의 붓이 임신하는 꿈을 꿨다.)

이는 상상구문이 '비현실문'을 강요하는 기능이 있음을 의미한다. 예[208]은 'I dreamed'의 강요를 받아 'dream'이란 주관적인 상상의 의미영역에서 새롭게 해석되어 예[209]와 같이 수용 가능성을 획득하게 되었다.

이러한 유형의 강요 역시 '구문이 구문을 강요하는 현상'으로 볼 수 있는데, 절이 어휘층위 이상의 언어 구조에 속하기 때문이다. 이러한 현상을 통해 언어철학에서 논의하는 상상구문 역시 강요의 각도에서 합리적인 해석을 할 수 있음을 알 수 있다.

요컨대, 강요는 여러 가지 상황이 존재하고 많은 내용을 포함하고 있어 깊이 있고 지속적으로 연구할 필요가 있다. 위에서 제기했던 여러 유형의 강요기제, 그리고 강요 대상이 반드시 강요 가능적 요소가 있어야 한다는 점, 그리고 '부각, 부각제거, 함축적 부각' 등 부각의 세 가지 측면과 해석 기제에 대해서는 앞으로도 추가적인 연구가 이루어져야 할 것이다.

제12장

구문문법의 장점과 단점

본장에서는 구문문법 이론의 7가지 성과와 6가지 한계에 대해 논의할 것이다. 7가지 성과는 형태와 의미의 일체화, 일원론 찬성, 어휘투사론의 한계 지적, 변형분석법의 한계 지적, 문법 연구의 외연 확대, 순환논증 탈피, 사용 기반 동태적 처리 모듈 주장이다. 6가지 한계는 구문의 제약성, 구문의 특수성, 구문과 동사의 상호작용관계, 구문 간의 네트워크 관계, 논항구조, 의미와 형식 등의 문제에 있어 아직까지 분명히 다 밝히지 못한 부분이 존재한다는 점이다. 이러한 장단점을 논의하는 과정에서 필자도 본인의 이해하는 바에 근거하여 견해를 밝힐 것이다.

제1절 구문문법의 장점

20여 년 동안 구문문법은 장족의 발전을 거두어 갈수록 많은 국내외 학자들을 매료시켰다. 특히 인지언어학자들의 뜨거운 관심과 깊이 있는 연구로 인해 현대 언어학에서 점차 유명 학파로 자리매김했다. 심지어 구문문법을 '구문언어학'이라고 불러야 한다고 주장하는 학자들도 많다. 이는 이 이론 자체에 장점이 비교적 많기 때문이다. 제9장에서 논의했던 구문의 특징은 사실상 이 이론의 장점을 논의한 것이나 다름없기 때문에서 본 절에서는 주로 구문문법 이론의 각도에서 총정리를 하고자 한다.

1. 형태와 의미의 일체화

'상징단위'는 '형식과 의미의 결합쌍'으로서 구문은 두 상징단위의 형식과 의미의 결합체 보다 더 크거나 같다.

형식: 주로 음운, 문자(Langacker는 문법 형식을 포함하지 않아야 한다고 주장) 포함
의미: 주로 의미, 화용, 담화 정보 포함

Goldberg가 2006년도에 출판한 저서에서는 '의미'를 '기능'으로 수정하고 거기에 의미, 화용, 기능, 인지 등 방면의 정보를 포함시켰으며, 상징단위와 구문은 '형식'과 '기능'의 결합쌍이라고 했다. 본서에서는 이를 간단하게 '형식과 기능의 일체화'라고 할 것이다.

Chomsky는 그의 연구를 통사형식에 집중하여 통사형식 연구를 통해 언어의 본질을 파악할 수 있기 때문에 의미, 화용, 담화 등 방면의 의미 혹은 기능에 관심을 기울일 필요는 없다고 주장했다. 그러나 구문문법은 이와 완전히 상반된 관점을 가지고 형식과 기능을 긴밀히 결합하여 나눌 수 없는 하나의 실체로서 언어를 논의한다. 그들은 홀로그래피 이론의 방식으로 언어를 해석하고, 음운, 어휘, 형태, 통사, 의미, 화용, 기능 등을 하나의 덩어리와 같은 전체로 보고 처리할 것을 주장한다. 이것이 언어사실과 사람들의 심리에도 더 부합하며 아동 언어 습득의 과정에도 부합한다. 왜냐하면 언어를 실제로 사용하는 과정 중 언어 표현 형식은 늘 그것이 대응하는 의미, 기능과 긴밀히 함께 연결되어 있어서 분리할 수 없는 하나의 전체이기 때문이다. 그러므로 형식을 그 의미 혹은 기능에서 강제로 분리하여 단독으로 연구한다면 언어 사실에도 부합하지 않고 신뢰할만한 심리적 현실성도 부족할 것이다.

'형식과 의미의 일체화' 혹은 '형식과 기능의 일체화'라는 연구 방법은 현대 언어학 연구에 있어 큰 공헌을 했으며 '상징단위'와 '구문'을 언어 연구의 기본단위로 삼자고 제안한 것은 언어의 연구 단위를 간소화했을 뿐만 아니라 TG의 모듈론, 통사 자립론, 형식주의 등의 기본적인 관점을 비판하는 데 강력한 무기를 제공했다.

2. 일원론 찬성

TG학파가 견지해온 기본적인 입장과 분석방법은 서양에서 2,000여 년 동안 내려온 이원론(Dualism) 철학원칙과 불가분의 관계가 있다. 제3장에서 언급했듯이 모듈론의 핵심사상은 언어를 관련 하위모듈로 나눈 다음 그 중 하나는 선택하고 나머지는 버리는 것이다. 통사 자립론(통사 제일주의)은 통사 연구에 치중하고 의미와 화용에는 홀시하라고 주장한다 (이는 최소한 Chomsky의 초·중기 기본 출발점이다). 형식화 분석 방법은 형식과 의미를 분리한다는 사고에 기반을 두고 통사에 대한 형식화 연산을 하는 것이다. Chomsky는 나아가 어휘부와 하위모듈 중 일반성을 가진 규칙과 제약 및 연결 규칙에 의존하여 언어를 해석할 수 있다고 여겼다. 그러므로 이 이론 틀에서 '구문'의 지위는 없었다. 그러나 현재의 연구에 따르면 구문의 현실성을 부정하면 필연적으로 많은 결함이 생기게 되어 있다.

구문문법은 TG의 모듈론, 통사 자립론 및 형식화 등과 같은 분석방법에 완전히 반대하고 '구문'을 언어 분석의 기본단위로 정립하여 '형식과 의미의 합일'이라는 기본적인 책략을 주장함으로써 언어연구에서의 이분법(어휘와 통사, 형태와 통사, 형식과 의미, 의미와 화용, 언어능력과 언어사용, 사전과 백과사전, 언어지식과 비언어지식)을 취소하려는 목적을 달성했다. 그리하여 언어에 대해 훨씬 더 효과적으로 전체적인 해석을 할 수 있었다.

구문문법의 이러한 입장은 단순하면서도 합리적이다. 사람의 두뇌 속에 저장되어 있는 각종 지식은 원래 '없는 것과 있는 것을 서로 융통한다는 유무상통'의 상태에 있어서 그것에 대한 명확한 경계를 지을 수도 없고 짓는 것도 불가능하다. 구문문법의 건립은 현시대 철학의 기본적인 입장과도 일치한다. 즉, 전통적인 형이상학에서의 이원대립 논리에 반대하고 현실세계로 회귀하여 실제 사용되는 언어를 중시하는 것이다.

(1) 형태와 통사를 구분하는 이분법 취소. 구문이 있으면 효과적으로 형태와 통사를 연결할 수 있다. 이것들은 모두 '상징단위'로 구성된 것으로 양자는 하나의 연속변이(Continuum)를 형성한다. 이는 통사 자립론에 대한 강력한 비판이다. 이러한 일원론적 분석법은 특히 중국어에 적용된다. 왜냐하면 중국어에서 단어를 만드는 방법과 문장을 만드는 방법은 서로 비슷한 점이 많기 때문이다. 예를 들면 동목 구문, 주술 구문, 동보 구문 등은 조어현

상으로도 해석할 수 있고, 통사현상으로도 해석할 수 있다.

(2) 형식과 의미(혹은 형식과 기능)를 구분하는 이분법 취소. '형식과 의미 쌍' 혹은 '형식과 기능 일체화'를 실현하는 연구 방법은 통사형식의 각도에서만 언어를 연구하는 잘못된 방향을 바꿀 수 있다. 중국의 언어학계는 1955년 '주어-목적어'와 관련된 토론에서 '위치와 의미를 모두 고려하여 분석해야 한다'는 결론에 도달했는데, 이는 구문문법의 관점과도 일치한다. 즉, 문법지위의 확립은 위치를 고려해야 할 뿐만 아니라 의미까지 고려해야 하는데, 이것이 바로 형식과 의미를 분리할 수 없다는 사고방식을 증명해낸 것이라고 볼 수 있다.

(3) 의미와 화용을 구분하는 이분법 취소. '형식과 의미' 중 '의미' 혹은 '형식과 기능' 중 '기능'은 이미 동시에 '의미 정보'와 '화용 정보'를 포함하고 있다. 많은 학자들이 의미와 화용은 본래 하나이며 이것을 억지로 둘로 나누는 것은 사람들의 필요에 의해, 학파의 필요에 의한 것이므로 언어 연구에서 반드시 취할 필요는 없다.

(4) 통일된 해석을 중시하는 연구 방법. 제1장 제1절에서 필자가 협의의 인지언어학에 대해 임시로 내린 정의를 살펴보면, 인지언어학은 유한한 인지방식으로 언어의 각 층위를 통일되게 해석하고자 한다. 이것이 상술한 언어 연구 중의 이분법들을 취소하게 만들었으며, 통일된 책략으로 언어에서 나타나는 많은 언어 현상을 해석해야 한다고 주장하게 만들었다. 예를 들면 Langacker와 Taylor는 다음과 같은 4가지 기준으로 명사와 동사 상의 주요 특징과 결합 용법을 통일되게 해석하고자 했다.

	가산(경계)	불가산(비경계)	경계동사	비경계동사
경계성	○	?	○	?
분리성	?	○	?	○
복제성	?	○	?	○
동질성	?	○	?	○

그림12-1

가산명사는 '내재적 경계성(Inherent Boundedness)'를 가진 물체(Object)로, 자동차, 테이블 등이 속하며 비교적 고정적인 3차원 공간을 가지고 있다. 그러나 불가산명사는 비경계성

(Unboundedness)'을 가진 물질(Substance)이므로 물질명사(Mass Noun)라고도 하며, 물이나 공기처럼 명확한 경계성이 없다.

양자를 구분하기 위해서는 '경계성' 외에 '분리성(Divixibility)', '복제성(Replicability)', '동질성(Homogeneity)'을 사용해야만 상세하면서도 통일된 해석이 가능하다. 예를 들면 가산명사인 '자동차'는 해체된 이후의 부품은 더 이상 '자동차'라는 완정한 예시의 구성원이 될 수 없다. 이로 볼 때 '자동차'는 전체를 통째로 복제할 수 없기 때문에 이와 같은 명사가 나타내는 전체와 해체 후의 부속품 사이에는 동질성이 없다.

그러나 불가산명사 '물'과 '공기'는 분리가 가능하지만 물리적으로 분리하기 전에도 물과 공기이고 분리한 후에도 여전히 물과 공기이다. 그들의 경계는 그들을 담는 용기에 달려 있다. 고기(meat)도 이와 비슷하다. 큰 덩어리의 고기는 많은 작은 덩어리로 나눌 수 있는데, 나눈 후에도 여전히 고기이다. 이로 볼 때 이러한 종류의 사물은 복제성과 동질성이 있다.

서로 다른 '사건 유형(Event Type, 혹은 상황 유형(Situation Type)이라고도 함)'을 나타내는 동사는 서로 다른 상에 사용될 수 있다. '완료상(Perfective)'은 가산의 개별 명사와 마찬가지로 시간상 내재적 종점 경계를 가지고 있기 때문에 이 경계를 지난 후에는 이러한 동작을 계속할 수 없어서 그 동질성, 분리성, 복제성을 묘사하기 어렵다. 예를 들면, 이러한 사건 유형을 나타내는 동사 'die'는 복제성을 가지고 있지 않아서 정상적인 사람은 여러 번 죽을 수 없고, 'die'는 찰나의 짧은 현상이므로 분리성도 없다.

그러나 '미완료상(Imperfective)'은 물질명사와 마찬가지로 내부적 동질성을 가지고 있어서 여러 가지 구체적인 동류의 소동작으로 분해할 수 있다. 예를 들면 'live'는 여러 개의 짧은 단계의 'live'로 나눌 수 있고, 동작은 반복적이면서 장기간 진행할 수 있으며, 자체적으로 시간상의 명확한 경계선을 가지고 있지 않아 확장성을 가지고 있다(Langacker 1987, Taylor 2002, 沈家煊 1994).

이러한 분석은 또한 동사와 명사 호응 및 그것들과 문법요소의 호응을 정확하게 사용하는 데 이론적인 근거를 제공했다. 전통문법에서는 항상 동사를 종결동사(Terminative Verb 혹은 Punctual Verbs) 및 지속동사(Durative Verbs)로 나누었다. 종결동사는 경계동사에 속하며 그 원형 용법은 완료상과 호응하여 사용되며, 선형의 시간 길이를 나타내는 구와는 함께 사용되지 않는다. 일반적으로 과거시제 역시 동작의 완료를 나타낼 수 있으므로 경계성 종결동사 역시 일반적으로 과거시제에 사용될 수 있다.

지속동사는 '초경계동사'로 비경계동사일 수도 있고 경계동사일 수도 있는데, 여기에서 말하는 '경계'는 주로 '내재적 종결점'이기 때문이다. 지속동사는 용법이 비교적 자유롭다. 예컨대 'write'는 순간동사로도 이해될 수도, 연속동사로도 이해될 수도 있다(王寅, 2001:274).

[1] write a letter (편지 한 통을 쓰다)

[2] write ten letters (편지 열 통을 쓰다)

[3] write a letter every year for ten years (십 년 간 매년 편지 한 통을 쓰다)

[4] spend three years writing letters (삼 년 동안 편지를 쓰다)

[5] write letters (편지들을 쓰다)

[6] write a letter every year (매년 편지를 쓰다)

[7] spend every weekend writing letters (주말마다 편지를 쓰다)

예[1]~[4]는 경계성 표현식으로 완료상에 속하는 사건 유형이다. 왜냐하면 이러한 표현식이 포함하고 있는 내재적 종결점을 확실히 느낄 수 있기 때문이다. 이에 반해 [5]~[7]은 비경계성 표현식으로 미완료상에 속하는 사건 유형이다. 왜냐하면 시간상의 종결점을 찾기가 어렵기 때문이다.

초경계동사가 명사구 혹은 기타구와 결합하여 사용될 때 그것이 나타내는 사건유형은 명사 혹은 기타구에 따라 결정된다. 예를 들면, 예[1]~[4]의 'a letter', 'ten letters', 'three years'가 그것이 포함하고 있는 내재적 경계성을 나타낼 수 있다. 반면 [5]~[7]의 'letters', 'every year', 'every weekend'는 내재적 경계성을 포함하고 있지 않아서 그중의 어떤 부분을 잘라내어도 똑같이 편지를 쓰는 동작이다. 이로 볼 때 이들이 분리성과 동질성을 가지고 있어서 그 표현식이 '미완료'의 특징을 가지게 되었음을 알 수 있다.

다시 '고기'를 예로 들면, 그것이 경계를 가지고 있지 않다고 말할 수는 없지만, 그 경계성은 그것의 의미 안에 포함되어 있지 않다. 만일 철저히 따지고 든다면 'write letters'에도 경계가 있을 수 있다. 사람이 죽고 나면 그가 '편지를 쓰는' 행위 역시 자연적으로 끝날 것이지만 이 의미까지는 'write letters'라는 표현식 자체에는 포함되어 있지 않다. 이것이 바로 본서에서 말하는 '내재적 종결점'의 함의이다.

어떤 연속된 개념 중의 한 점이나 짧은 단계에 초점을 맞춘다면 '진행상(Progressive)'을 사용할 것이다. 이것은 확실히 '비경계성' 혹은 '미완료성'을 가지고 있다. 즉 사람들은 진행상을 사용하여 경계 사건을 비경계 사건으로 이해할 수 있으며, 혹은 정태적인 사건 유형을 동태적인 사건 유형으로 인식할 수도 있다. 예를 들면 예[1]은 경계성의 사건 유형인데, 만일 다음의 예[8]과 같이 말한다면 이는 비경계적 사건이 된다.

[8] He is writing a letter. (그는 편지를 한 통 쓰고 있다.)

다음의 예를 다시 살펴보자.

[9] The boy is stupid. (그 소년은 멍청하다.)
[10] The boy is being stupid. (그 소년은 바보처럼 굴고 있다.)

예[9] 중의 'be'는 정태적 용법이다. 만일 이것을 예[10]처럼 말한다면 이는 정태적 사건을 동태적 사건으로 개념화한 것이라고 볼 수 있다.

경계성과 비경계성의 구분은 대체로 영어 표현에 원형적인 용법의 인지적 근거를 제공했다고 볼 수 있다. 즉, 경계동사(특히 종결동사)는 대부분 경계성 및 순간성(점성) 자질을 가진 어휘와 결합하여 사용한다는 것이다. 이것이 바로 '순간성은 순간성끼리, 지속성은 지속성끼리 서로 연결된다'는 원칙이다(王寅, 2001:261). 예를 들면 경계성을 나타내는 종결동사는 항상 경계성을 나타내는 완료상과 결합하고, 비경계성, 지속을 나타내는 동태동사는 비경계성을 나타내는 진행상과 결합한다. 일반적으로 상에는 경계성과 비경계성이라는 이중적인 성질이 있기 때문에 이러한 동사 모두에 사용될 수 있다. 뿐만 아니라 순간성의 의미를 나타내는 단어와 지속성의 의미를 나타내는 구 역시 동일한 용법을 가진다. 예를 들면 다음과 같다.

[11] He has left Chongqing. (총칭을 떠났다.)

[12] He left Chongqing at six. (6시에 총칭을 떠났다.)

[13] He left Chongqing for ten days. (그가 총칭을 떠난 지 10일이 되었다.)

[14] *He is leaving Chongqing for 10 days. (for 10 days는 경계단어임)

[15] The balloon burst. (풍선이 터졌다.)

[16] The balloon has burst. (풍선이 터졌다.)

[17] *The balloon is bursting.

[18] *I am losing my key.

[19] Tom wrote the letter in five hours. (Tom은 5시간 만에 편지를 썼다.)

[20] *Tom was writing the letter in five hours.

[21] It took Tom five hours to write the letter. (Tom은 편지를 쓰는 데 5시간이 걸렸다.)

[22] *It took Tom five hours to write the letters. (five hours가 경계표현임)

상술한 예들 중 수용 가능한 문장은 '순간성은 순간성끼리, 지속성은 지속성끼리 연결한다'는 원칙을 지킨 것이고, 수용할 수 없는 문장인 예[14], [17], [18], [20], [22]는 이 원칙을 위배했다. 그밖에 지속성 특징을 가진 'for-구'는 예외일 것이다. 이것은 시간의 길이를 나타내기는 하지만 비경계적인 개념에 속한다.

[23] *He has left Chongqing for ten years.

위의 예문에서 'leave'는 경계동사이고, 완료 및 'for ten years'는 모두 비경계적이라 이 3가지는 영어에서 같이 사용될 수 없다.

3. 어휘투사론의 한계 지적

Fillmore, Langacker, Goldberg, Croft 등이 구문문법을 제안하고 구문문법 분석법을 창시한 이유는 전통적인 '어휘투사법(Lexical Projection Approach)'[1)에 대항하기 위해서이다.

Goldberg(1995:21~23)는 어휘 층위에서만 언어와 논항구조를 분석하면 한계도 많고, 결함도 많은데, 구문 분석법은 이러한 한계와 결함을 효율적으로 보완할 수 있다고 지적했다. Evans&Green(2006:642)은 「Constructions versus 'Words and Rules'」이라는 제목의 논문에서 이에 대해 논의한 바 있다.

소위 '어휘투사법' 혹은 '어휘 접근법'은 어휘(주로 동사) 의미에 대한 운용과 분석의 방법으로 표현식(논항 포함)의 특성(Feature), 변이(Variability), 교체(Alternation)를 해석하고, 동사가 전체 표현식에 대해 투사 기능을 한다는 연구를 통해 문장의 의미를 더 잘 해석하고 예측하고자 하는 것을 가리킨다(본서 제2장 제3절, 沈家煊 2000, 2006b:86).

Goldberg(1995:9)는 다음과 같은 예를 들어 이 분석법의 문제점을 지적했다.

[24] He sneezed the napkin off the table. (그가 재채기를 해서 테이블에서 냅킨을 떨어뜨렸다.)

[25] She baked him a cake. (그녀는 그에게 케이크를 구워 주었다.)

[26] Dan talked himself blue in the face. (댄은 얼굴이 질릴 정도로 말했다.)

만일 동사 투사의 각도로만 그들의 참여자역 구조(혹은 논항구조)를 논의했다면, 동사 규칙 하나로는 이 예문들을 개괄적으로 해석하기가 어려워서, 'sneeze, bake, talk'와 같은 각각의 동사 의미항에 특수 의미를 더하고, 그것들이 각각 대응하는 논항구조를 더할 수밖에 없었을 것이다. 예를 들면 'sneeze'는 원래 1가동사이지만 예[24]에서는 3개의 논항을 획득했고, bake는 원래 2가동사이지만 예[25]에서는 하나의 논항을 더 얻었다. 이것은 모두 구문으로 인한 것이다.

더 곤란한 문제는 이 의미들이 상술한 문형에 사용될 때 외에 다른 장소에서는 거의 발견되지 않는다는 점이다. 이러한 각도에서 보면, 이들 동사의 표제어에 상술한 의미항을 더할 필요도 없고, 그것들을 또 다른 단독 표제어로 분리하여 처리할 필요도 없다(예를 들면, 'sneeze'에 2개의 표제어를 만듦).

---

1) 어휘 규칙 모형(Words and Rules Model, Lexical and Rule Model) 혹은 어휘 분석법(Lexical Approach)라고도 한다.

그밖에 영어에서 자주 사용되는 대표적 동사, 예를 들면 'do, get, have, make, take' 등은 다른 동사를 대신하여 다양한 문형에 사용할 수 있다. 다시 말해, 그것들은 서로 다른 논항구조 구문에 출현할 수 있다. 이때 그것들이 자체적으로 가지는 단서 타당도(Cue Validity)가 매우 낮아서 이러한 동사들을 통해 그것들이 출현하는 문형과 전체 어구의 의미를 예측할 수 없다.[2] 이때 '동사중심론'의 각도에서만으로는 분명하게 해석하기 어렵다.

위의 예[24]~[26]의 동사도 다른 문형에 많이 사용될 수도 있고 의미도 달라질 수 있다. 그렇다면 각각의 예들을 하나하나 나열하면 동사의 의미항도 많아질 것이고, 이렇게 되면 사전의 간단명료성도 사라질 것이다. '구문'이라는 기본단위가 있으면 이러한 현상을 구문에 놓고 논의를 할 수 있어서 사전에 많은 불합리한 동사 의미항(Implausible Verb Senses)을 열거할 필요도 없어지고 부분 의미를 구문에 맡겨 처리할 수도 있다. 그러므로 어휘의 개별 용법 자질은 '구문'에 놓고 묘사하고 해석한다면 사전에서 동사의 의미항은 간단명료해질 것이고, '어휘의 최소 의미항 관점'이라는 목표를 실현하여 어휘부의 부하를 경감시킬 수 있을 것이다.

영어에서 동사 'kick'은 아래와 같은 8가지 용법을 가질 수 있고(Goldberg(1995:11)에서 인용. 편의상 순서를 조정했음), 8가지 서로 다른 구문 논항구조를 나타낼 수 있다.

[27] The horse kicks. (말이 발길질을 한다.)

[28] Pat kicked at the football. (Pat는 축구를 찼다.)

[29] Pat kicked the wall. (Pat는 담을 찼다.)

[30] Pat kicked Bob black and blue. (Pat는 Bob이 시퍼렇게 멍이 들도록 찼다.)

[31] Pat kicked Bob the football. (Pat는 Bob에게 축구공을 차주었다.)

[32] Pat kicked the football into the stadium. (Pat는 축구공을 경기장 안으로 찼다.)

[33] Pat kicked his foot against the chair. (Pat는 의자를 발로 찼다.)

[34] Pat kicked his way out of the operating room. (Pat는 발길질을 하며 수술실을 빠져나갔다.)

---

2) 그러나 영어 동사 put이 VOL(동사+목적어+처소격) 구문에 대응할 것이라는 단서 타당도는 90%로 비교적 높다. Goldberg(2006:109)의 통계에 따르면 100개의 VOL구문 중 put의 출현율은 90%에 달한다.

예[27]과 [28]에서 'kick'은 자동사로서 1가동사로 사용되었다. 예[29]에서 'kick'은 타동사로 2가동사이다. [30]~[34]에서 'kick'은 3개의 논항을 가지는 3가동사로 사용되었는데, 이 중 [30]의 세 번째 논항은 형용사구, [31]은 명사구, [32]~[34]는 전치사구이다.

인지언어학의 도상성 원리에 근거하면 형식에 따라 그 의미도 달라진다. 그러므로 이 문장들의 의미에도 약간씩 차이가 있다. 이때 동사의 각도로만 그들의 유형과 일반성 규칙을 간단하게 귀납하기는 어렵다. 만일 서로 다른 의미항을 모두 사전에 나열한다면 수천 개의 동사들이 사전을 과도하게 두껍게 만들 수 있다. 뿐만 아니라 이들 용법에서 'kick'의 기본적인 의미가 '차다'라는 점에 있어서는 그다지 변화가 없다. 그러므로 사고방식을 완전히 바꾸어 구문의 논항구조라는 완전히 새로운 각도로 일반적인 기술을 할 수 있다. 이렇게 하면 사전 편찬의 어려움을 경감시킬 수 있고, 언어 묘사도 더 단순화할 수 있을 것이다.

이로 볼 때 동사의 각도만으로는 'kick'이 가지는 다양한 의미와 용법을 상세하게 묘사하고 해석하기 어렵다. 또한 동사를 통해 문장의 의미를 예측하는 것에도 상당히 많은 제약 조건이 따른다. 동사의 의미가 그것이 사용된 구문의 의미와 완전히 일치하지 않을 때 동사를 통해 구문의 의미를 예측하기는 어렵다. 뿐만 아니라 동일한 동사라 할지라도 다른 구문에 사용될 수도 있다. 다시 말해 동사와 구문은 일대일 대응이라는 정지된 상태에 놓여 있지 않다. 그들 사이에는 복잡한 상호작용 관계가 존재한다(제6장 제4절 참조). 이는 동사 투사의 각도로 구문의 의미를 예측하는 데 많은 어려움을 가중시키고, 어휘투사법에 존재하는 문제점을 노출시킨다(제2장 제3절 참조).

구문문법의 등장은 이 난제를 해결하는 데 실행가능한 길을 제공해 주었다. 모든 구문 유형은 자체적인 논항구조와 특이한 함의를 가지며, 동일한 동사가 다른 구문 유형에 사용될 때 서로 다른 상황이 출현할 수 있다.

(1) 동사의 논항구조와 구문의 논항구조가 서로 일치하고, 양자의 의미가 서로 일치할 때 동사는 '구문에 구체적인 정보를 제공하는 예시 구문의 역할'을 한다.

(2) 동사의 논항구조와 구문의 논항구조가 서로 일치하지 않을 때(더 많을 수도 있고, 더 적을 수도 있음), 구문은 '강요'의 작용을 할 수 있어서 동사의 논항구조에 변이가 일어날 수 있다. 다시 말해 동사의 논항구조가 아닌 구문의 논항구조가 문장이 가지는 논항의

수량을 결정하는 주요 요소이다. 구문은 동사보다 상대적으로 주도적인 지위에 있다. 따라서 동사의 각도로만 언어의 논항구조를 분석하는 어휘중심론자가 채택하는 방법은 설득력이 떨어진다.

구문문법에서는 논항구조도 상징단위이며, 자체적으로도 의미를 가진다. 따라서 논항구조에 변화가 생기면 그것과 대응하는 의미에도 당연히 변화가 생긴다. 이때 동사의 의미는 구문 의미에 대해 예시 작용만 하는 것이 아니라 논항의 증감도 가져올 수 있고, 수단, 결과, 전제조건, 방식, 의욕 등 환유관계의 의미변화도 가져올 수 있다(제6장 제4절 참조).

4. 변형분석법의 한계 지적

Goldberg(1995)는 논항구조를 구문문법에 적용하는 분석방법을 제안했고, 변형분석법의 한계에 대한 비판을 기반으로 하여 구문문법을 발전시켰다.

알다시피 전통적인 변형 이론이 신봉하는 가장 기본적인 원칙은 바로 '변형은 의미를 변화시키지 않는다'는 것이다. 많은 TG학자들이 이를 기본적인 출발점으로 하여 동일한 심층구조에서 파생된 서로 다른 표층구조의 문장을 찾는 데 노력했고, 생성의미론도 이러한 관점을 수용하여 이를 동일한 의미의 문장 혹은 서로 '바꿔쓰기(Paraphrase)'가 가능한 문장이야말로 동일한 심층구조를 공유한다는 주장으로 발전시켰다. 그러나 TG 이론의 틀에 기반을 두고 제안된 논항구조 변형분석법은 다음과 같은 문제점이 생겨날 수밖에 없었다.

1) 문장의 의미가 어떻게 서로 같은가

TG 이론은 문장의 의미가 같아야지만 파생관계를 건립할 수 있다고 주장한다. 왜냐하면 '의미적 동의(Semantic Synonymy)'의 문장이어야만 동일한 심층 구조를 공유할 수 있기 때문이다. 그러나 여기에서의 '동의'는 도대체 어떤 의미인가? 동의인가 아니면 유의(Rough Synonymy)인가? 동의인가 아니면 동기(Motivation)인가? 용법인가 아니면 진리치(Truth)인가? TG학파는 줄곧 이 표상의 공유면(Shared Level of Representation)에 대한 정확한 설명을 하지 않았다.

TG 이론은 진리치 조건으로 자주 의미를 분석했기 때문에 '동의문'은 '진리치가 같은 의미의 문장'으로 이해되었지만 이 해석에 문제가 많다는 것을 발견되면서 진리치 조건으로 의미를 해석하는 방식은 많은 비판에 직면하게 되었다(王寅, 2001:59).

인지언어학자들은 '절대적 동의' 혹은 '동의'가 허상에 지나지 않으며 언어에는 절대적인 동의어란 없으며 동의문을 찾기도 어렵다고 주장한다. '동의 회피 원리(the Principle of Synonymy Avoidance)'에 근거하면 두 개의 동의어 혹은 동의구문은 대다수의 상황에서 서로 뒤섞이고 엇갈려 서로 다른 의미를 만들고 서로 다른 데에 사용되며 그것들은 일반적으로 사회적으로나 문체상의 차이를 만들 수 있다(Croft, 2000:175-178). 다시 말해 언어에는 절대적인 동의어란 존재하지 않는다. 설사 이러한 동의어가 있었던 적이 있더라도 점차 분업을 했을 것이다. 일부의 단어와 구문이 보기에는 동의인 것처럼 보일 수도 있지만 실제적으로는 경험에 대해 완전히 같지는 않은 개념화 과정을 진행했음을 반영한다.

Lakoff&Johnson(1980:136)이 다음과 같이 언급했다.

바꿔쓰기가 가능하기는 한가? 두 개의 서로 다른 문장이 정확하게 같은 것을 의미할 수 있을까? Dwight Bolinger는 그의 대부분의 생을 바쳐 이것이 근본적으로 불가능하며, 비록 종종 미세한 부분일지라도 문장에서 거의 모든 변화-어순, 어휘, 어조 혹은 문법 구조에서의 변화-는 종종 미묘한 방식으로 문장의 의미를 바꿀 것이라는 점을 보여주었다.[3]

Goldberg(1995:122, 125)도 다음과 같이 밝혔다.

두 개의 구문이 의미적으로나 화용적으로 완전히 동의인 경우는 없다. 두 개의 구문은 일반적으로 의미적 아니면 화용적으로 다르다.[4]

---

3) Is paraphrase possible? Can two different sentences ever mean exactly the same thing? Dwight Bolinger has spent most of his career showing that this is virtually impossible and that almost any change in a sentence—whether a change in word order, vocabulary, intonation, or grammatical construction—will alter the sentence's meaning, though often in a subtle way.

4) No two constructions are entirely synonymous both semantically and pragmatically. Two constructions generally differ either semantically or pragmatically.

만일 언어에 '절대적 동의' 혹은 '동의'의 단어와 문장이 존재하지 않는다면 Chomsky가 창시한 TG문법은 그 이론적 기반을 잃게 될 것이다.

2) 통사는 의미에 우선해서는 안 된다

TG가 줄곧 도전을 받아온 관점은 '통사가 첫 번째, 의미는 두 번째'라는 것이다. Chomsky는 의미는 통사에서 심층구조의 구성 부분 중 하나이며, 단지 해석상의 기능만 있을 뿐이고 생성성이나 결정적인 작용을 하는 것은 통사라고 인식했다. 그러나 이러한 기본적인 관점은 정상적인 언어 사용자의 어감에 결코 부합하지 않는다. 일반적으로 사람들은 늘 어떤 의미나 의도를 가진 후에야 상응하는 통사와 어휘를 선택하여 표현한다. Chomsky가 주장하는 '해석 의미론(Interpretative Semantics)'을 겨냥하여 Lakoff 등의 학자들은 '생성 의미론(Generative Semantics)'를 제안했다. 그들은 통사는 의미에서 기원하며 의미가 해석의 역할이 아닌 생성적 혹은 결정적인 역할을 한다는 '의미가 첫 번째, 통사는 두 번째'라는 관점을 주장했다. 만일 이러하다면 심층구조는 존재할 필요가 없어진다.

이러한 논쟁이 만들어낸 중대한 문제는 도대체 통사와 구문을 반드시 나누어 첫 번째와 두 번째로 구분해야 하는 것인가, 양자를 똑같이 중요시할 수는 없는 것인가이다.

인지문법과 구문문법이 주장하는 '형식과 의미 일원론' 혹은 '형식과 기능 일원론'은 바로 이러한 중대한 문제에 대답하기 위해 제안한 것이다. 아동이 언어를 습득하는 과정에서 형식과 의미 혹은 기능은 긴밀히 연결되어 있고, 문법 이론도 양자를 함께 놓고 종합적으로 연구해야만 한다.

한편, Bowerman(1982)과 Gropen 등(1989)의 연구에서 아동은 언어습득 과정에서 혹은 구문의 습득과 사용 과정에서 의미와 통사를 동시에 습득하며, 심지어 의미가 줄곧 더 중요한 역할을 해왔다고 밝혔다. 예를 들면 아동은 이중목적어구문을 습득하는 과정에서 줄곧 '간접목적어가 생명체여야 한다'는 의미 제약을 지킴으로써 비문법적인 문장의 생성을 피할 수 있다. 이는 TG의 순수 통사 변형 이론이 과연 성립할 수 있는가라는 문제와 관련된다.

3) 기본과 파생

TG 이론에서 '변형'을 논의할 때에는 먼저 하나의 기본 문형을 확정한 이후에 그것으로부터 다른 동의 혹은 유의의 문장으로 변형되거나 파생된다. 이러한 이론 모형은 발표된 이후부터 줄곧 의심과 도전을 받아왔다. 예를 들면, 이중타동구문 중의 2개의 형식인 이중목적어구문과 여격구문 중 어떤 것이 더 기본이 되는지 아직까지 결론을 내리지 못했고, 심지어 세 가지 서로 다른 견해가 나왔다.

(1) Dryer(1986), Aoun&Li(1989) 등은 이중목적어구문이 이에 대응하는 여격구문보다 더 기본이 되고 후자는 전자에서 변형되어 나온 것이라고 주장했다.

(2) Chomsky(1975), Larson(1988) 등 더 많은 학자들은 여격구문이 더 기본문형이며 변형규칙을 통해 이중목적어구문이 생성되었다고 주장했다.

(3) 그러나 다량의 증거를 통해 양자는 동일한 심층구조에서 나온 것이 아니라는 점이 증명되었다. 아동은 동시에 이 두 구문을 사용하며 이들 사이에는 선후 문제가 존재하지 않는다. 다시 말해 그것들은 각자 서로 다른 심층구조를 가진다. 왜냐하면 양자는 서로 다른 통사와 의미 자질을 가지기 때문이다(Gropen 등 1989, 何曉煒 1999, 2003, 王奇 2005).

또 다른 예로 처소동사(Locative Verbs)에는 두 가지 교체 표현이 있다.

[35] He loaded hay onto the cart. (그가 건초를 수레에 실었다.)
[36] He loaded the cart with hay. (그는 수레를 건초로 가득 채웠다.)

Channon(1980)과 Perlmutter&Postal(1983)은 예[35]가 [36]에 비해 더 기본적인 문장이라고 했지만 Rappaport Hovav&Levin(1985)은 조사를 통해 영어에서 142개의 이러한 부류의 동사 중 단 34개만이 상술한 교체 표현에 사용될 수 있고, 그 비율은 단 24%밖에 되지 않는다는 점을 발견했다. 이로 볼 때 양자 간에 변형 관계가 존재한다고 억지로 결론을 내린다면 대표성과 설득력이 떨어지게 될 것이다. 25%도 채 안 되는 단어의 용법에서 사람들은 어떤 것이 더 기본적인 것이고 어떤 것이 파생된 것인지 느끼기 힘들 뿐만 아니라 두 문장 간의 의미에도 상당히 큰 차이가 있기 때문에 여기에서도 변형 이론은 논리적 근거가 부족해 보인다.

Goldberg는 구문문법의 논항구조 분석법을 대대적으로 주장하면서 진리치 조건의 각도로 의미를 이해하는 것에 반대했다. 그녀는 어떤 표현이 더 기본적인가를 판단할 필요가 없다고 여겼다. 어구 간에는 '변형' 관계가 있을 수도 있지만, 통사 층위에서만의 변형이 아니며, 더 중요한 것은 의미 관계 혹은 논항구조상의 '변형' 혹은 형식과 의미의 결합체 간의 '변형'일 것이다. 이 두 가지 관점 사이의 차이점은 다음의 그림과 같다. Chomsky의 관점은 첫 번째 줄이고, 그림에서 화살표 '→'는 '변형 파생이 가능하다'는 의미이다. Goldberg의 관점은 두 번째 줄의 그림이고, 이 그림에서 화살표 '⇢'는 구문 간에 나올 수 있거나 인가된 관계라는 의미이다.

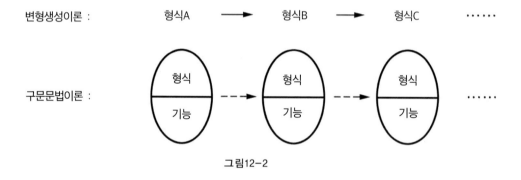

그림12-2

구문문법 학자들은 단독의 통사 모듈은 존재하지 않으며 모든 구조 형식 사이의 변형은 더욱이 존재하지 않는다고 주장하며, Chomsky의 '변형' 개념을 포기하고, 구문 사이의 통사, 의미, 화용에 존재하는 부분적 중첩 관계 및 생산 관계를 연구해야 한다고 주장했다. 또한 의미가 같다고 해서 형식상 반드시 동일한 것은 아니며 상속은 구문 사이의 형식적인 상속만은 아니며 의미 겸 형식이라고 보았다. 이것이 바로 구문문법이 '상징단위'라는 형식과 의미의 결합쌍을 활용해야 한다고 적극 주장하는 이유이다.

이러한 입장에 기초하여 그들은 '상속', '동기', '은유', '연결' 등의 관점으로 '형식-기능'에서 관련 있는 구문 가족을 묘사할 것을 제안했다. 그들은 단층적 관점(a Monostratal

View)을 강력 주장했는데, 그림12-2의 두 번째 줄에서 보듯이 형식과 의미 혹은 기능을 불가분의 관계에 있는 전체 구문으로 보고, 그들 사이에는 부분적 생성 혹은 중첩의 관계가 존재하며, 이를 통해 모듈론과 변형론을 비판한다. Kay(1995:171), Fried&Östman(2004:23)도 이에 기초하여 구문문법에 대해 다음과 같이 기술했다.

구문문법은 ……비모듈적, 생성적, 비파생적, 단층적이며, 통합에 기초한 문법 연구 방법으로, 언어 내부와 언어 간의 언어적 일반화에 대한 손실 없이 연구 중인 모든 언어의 사실을 완전히 포괄하는 것을 목표로 한다.[5]

Kay가 언급한 '파생성(Derivation)'은 Chomsky의 '변형성'에 해당한다(Holmes&Hudson, 2005:243). 일부 학자들은 '변형성'을 수용할 것인가의 여부에 근거하여 생성학파(Generative Model)를 다음과 같이 분류해야 한다고 주장한다.

(1) 변형생성학파(Transformational Generative Model)
(2) 비변형생성학파(Non-Transformational Generative Model)

전자는 변형 규칙(Transformational Rules)의 조작을 통해 두 개의 서로 다른 통사 자질을 연결해야 한다고 주장한다. 반면 후자는 상징단위를 사용하여 형식과 의미 결합쌍의 구문을 논의해야 하며 동일한 언어 형식을 통일된 통사 자질에 포함시키고 언어 각 층위의 정보를 통일되게 처리해야 하며 이렇게 하면 어떤 변형 규칙도 불필요하다고 주장한다. 본서는 후자를 두루뭉술하게 생성학파에 포함시키는 것은 타당하지 않고, 인지언어학자들이 주장하는 '형식과 의미의 결합쌍'이라는 관점이 '생성학파'에 포함될 수 없으며, '인지학파'라고 불러야 마땅하다고 생각한다. 이러한 구분은 단지 '핵어 중심 구구조문법(Head-driven Phrase Structure Grammar, HPSG)'과 'Fillmore의 구문문법(Fillmore's Construction Grammar,

---

5) Construction grammar …… is a non-modular, generative, non-derivational, monostratal, unification-based grammatical approach, which aims at full coverage of the facts of any language under study without loss of linguistic generalizations within and across languages.

FCG)'에만 적용되며, 이는 아마도 Langacker가 Fillmore를 인지언어학파 중의 구문문법 학자의 대열에 포함시키는 데 동의하지 않는 이유일 것이다.

Goldberg(2006)는 모든 표층형식마다 대응하는 기능이 있어서 형식이 단독으로 다른 구문과 관계를 가질 수 없다고 했다. 다시 말해 언어에서 어떤 형식이 반드시 다른 형식으로부터 변형되고 파생되어 나온 것이라고 할 수 없다. Goldberg(2006:25)는 '표층 일반화 가설 (Surface Generalization Hypothesis)'을 제안함으로써 Chomsky의 변형생성 이론을 부정했다. 이 가설은 다음과 같이 주장한다.

> 일반적으로 '동일한 표층 형식'과 '통사적 또는 의미적으로 파생된 형식으로 가정된 별개의 형식' 사이에 존재하는 것보다, 표층 논항구조 형식과 관련된 더 넓은 통사적, 의미론적 일반화가 있다.[6]

Goldberg가 여기에서 말한 '통사적 또는 의미적으로 파생된 형식으로 가정된 별개의 형식'이 바로 Chomsky가 가정한 심층구조(Deep Structure)이다. 그녀는 표층 논항구조 자체는 그것과 대응하는 심층구조에서 파생되거나 변형된 것이 아니라 표층구조가 심층구조의 일반성보다 훨씬 더 풍부하고 광범위하다고 말했다. 제3장 제1절에서 인용한 Taylor(1989: 239)의 말을 참고하면 인지언어학자들은 Chomsky가 생각한 것처럼 심층구조에서 표층구조가 변형되어 나온 것이 아니라, 언어의 용법 규칙 혹은 구문 특징이 구체적인 표층층위에서 직접 귀납되거나 개괄되어 나온 것이라는 점을 잘 알고 있다.

'변형'이 필요 없으므로 통사성분을 심층구조와 표층구조로 나눌 필요도 없다. 이러한 두 가지 층위를 없애면 필연적으로 '단층적 관점(a Monostratal View)'이 나올 수밖에 없다. Goldberg의 인지구문문법은 단층적 관점을 채택한다. 그녀는 통사구조를 둘로 나누어야 한다는 가설과 변형법의 취소를 강력 주장하고, '사용기반 모델'을 창시했으며, 언어지식과 용법 규칙은 모두 언어의 실제 사용에 유래하므로 '귀납법'을 채택하고 '일반화'의 길로

---

6) There are typically broader syntactic and semantic generalizations associated with a surface argument structure form than exist between the same surface form and a distinct form that it is hypothesized to be syntactically or semantically derived form.

나아가야 한다고 주장했다.

만일 '변형설, 생성설, 단층설'이라는 3가지를 기준으로 한다면 다음과 같은 몇 학파로 나눌 수 있다.

변형설+생성설: Chomsky의 TG학파

단층설+생성설, 변형설은 포기: FCG, HPSG

단층설+용법설, 변형설과 생성설은 포기: LGCG, LCG, RCG

5. 문법 연구의 외연 확대

구문문법 이론의 제안으로 인해 최근 문법 연구의 내용과 범위가 크게 확장되었다. 확대된 내용은 주로 아래와 같은 몇 가지 방면에서 나타난다.

1) '구문'이 문법 연구의 대상이 됨

전통적으로 문법 연구의 대상은 주로 형태와 통사에 국한되어 있었다. TG문법은 그것을 모듈과 규칙으로 확장시켰고, 구문문법은 그 연구의 대상을 형태소, 단어, 구, 관용어, 절, 문장, 담화로까지 확장시켜 언어의 모든 층위를 아우르게 하였다. 또한 그 내용을 구문으로 귀결하여 추상적인 도식 구문과 구체적인 특수 예시까지 포함하였으며, 그들이야말로 언어연구의 기본단위라고 주장했다.

또 일부 문법 이론에서는 동사에만 주안점을 두는 '어휘중심론'적 입장을 가지고 있는데 이는 제약이 매우 클 수밖에 없다(제2장 제3절 참조). 그런데 만일 동사를 전체 구문에 두고 연구를 한다면 다른 해결방법이 나타날 수도 있다. 예를 들면 'sneeze'와 같은 일부 동사는 자동사이지만 특수구문에 사용되면 '목적어'를 가질 수도 있다. 이때 예[24]의 'the napkin' 과 같은 목적어를 동사 자체의 목적어가 아니라 전체 구문의 목적어로 볼 수도 있다. Goldberg&Jackendoff(2004)는 예[37]의 'the night'를 'twistin'의 목적어가 아니라 전체 구문의 목적어로 분석해야 한다고 지적한 바 있다.

[37] We're twistin' the night away. (우리는 밤을 새우고 있다.)

이렇게 하면 동사 자체에만 관심을 집중하여 생긴 문제를 효과적으로 피할 수 있다. 앞서 지적한 바와 같이 구문은 문법 체계의 심리적 표상이며, 내재적 언어 지식 체계를 구현하고 있다. 구문의 각도에서 언어를 연구하면 언어 이론의 중심 현상과 주변 현상을 모두 고려하고, 문법의 인지 연구를 모두 구문으로 귀결시킬 수 있으며, 형태와 의미의 결합쌍을 중심으로 통사와 의미를 접점으로 한 연구를 심화함으로써 언어의 생득설, 자립설, 모듈설을 비판하고 인류의 일반 인지능력과 언어의 심리적 표상에 대한 이해를 확장시킬 수 있다. 이것이 바로 구문문법 학자들이 '구문'을 언어 연구의 유일한 대상으로 보아야 한다고 고집하는 주요한 이유이다.

2) 핵심과 외연을 모두 고려한 언어 연구

TG는 언어의 핵심부분만 연구했는데, 언어의 공통점을 탐구하여 보편규칙을 건립하고자 시도했다. 어떤 의미에서 보자면 일리가 없는 것은 아니나 편협한 생각으로 관용어와 같은 특수 표현을 무턱대고 경시하여 아래와 같은 폐단을 낳게 되었다.

(1) 언어의 핵심 부분에만 관심을 기울이고 언어의 비핵심적인 부분 혹은 외연을 고려하지 않았으므로 전칭명제 혹은 보편규칙이라고 하기 어렵다.

(2) Chomsky는 핵심부분에만 연구의 초점을 두었지만 사람들은 필연적으로 핵심부분과 외연부분을 나누는 근거가 무엇인지에 대해 의문을 가질 것이다. 이는 필연적으로 사람이라는 요소와 관련을 가지게 되어 객관적인 판단을 내리기가 어렵게 되는데, 이는 Chomsky가 언어 연구에서 추구하는 목표를 위배하게 된다.

(3) 연구의 대상을 언어의 핵심부분에만 집중하고 언어의 비핵심적인 부분을 소홀히 하게 된다면 Chomsky가 언어 연구에서 추구하는 또 다른 목표인 해석의 타당성을 위배하게 된다. 실제 일상 언어 소통에서는 TG학파가 비핵심적인 부분이라고 보는 어구가 대량 존재한다는 사실을 말뭉치의 데이터가 보여주고 있다.

(4) TG학파는 중심과 외연을 구분하고 외연 부분을 핵심적인 부분이 변형규칙을 통해

파생된 것으로 처리했는데, 이는 많은 부분에서 설득력이 떨어진다. 과연 피동문은 그것과 대응하는 능동문에서 변형된 것인가, 부정문은 그것과 대응하는 긍정문에서 변형된 것인가, 언어에는 변형될 수 없는 현상이 다량으로 존재하는데 이는 또 어떻게 설명해야 하는가 등의 문제가 존재한다.

구문문법에서는 핵심부분과 외연부분 모두 언어 연구에서 가치를 가진다고 본다. 사용 빈도가 다른 문장도 언어의 효율적인 구성 부분이므로 모두 관심을 가져야 하며, 외연부분을 통해 핵심부분을 돌아보고 해석을 할 수도 있다. 구문문법은 TG 이론의 변형분석법을 포기하고 연구의 범위를 중심에서 관용표현이나 특수구문으로 확장시켰다. 이는 핵심부분 뿐만 아니라 언어의 모든 현상을 해석할 수 있으므로 TG 이론에 비해 훨씬 더 설득력이 있다.

6. 순환논증 탈피

Chomsky(1981)는 GB 이론(Government and Binding Theory)[7]의 투사원리(Projection Principle)[8] 에서 한 문장의 논항구조는 문장 중 주요 동사가 가질 수 있는 논항의 수에 의해 결정된다고 지적했다. 그러나 그는 동사 논항의 수를 확정할 때 동사가 문장에서 가질 수 있는 논항의 수에 근거하였다. Bresnan(1982)의 어휘기능문법(Lexical Functional Grammar)[9] 중 쌍방원리(Bijection Principle)[10]와 다른 학자들의 관련 이론에서도 유사한 문제가 존재한다. 沈家煊(2000, 2006b:84)은 중국어 '扔'을 3가동사로 판단하는 유일한 근거가 이것이 이중 목적어구문에서 3개의 명사구와 연관된다는 것이라고 했는데, '扔'이 왜 3개의 명사구와

---

7) **[역주]** 지배결속 이론이라고도 하며, 규칙체계를 축소하고 일반원리와 계층구조상의 범주들 사이의 지배 관계와 결속관계를 가지고 통사현상을 총괄적으로 설명하는 이론이다(네이버 지식백과).

8) **[역주]** 투사원리란 통사구조는 어휘부에 있는 각 요소의 어휘 속성이 지켜져야 한다는 점에서 어휘부로 부터 투사되어야 한다는 것이다.

9) **[역주]** 생성 문법 이론의 하나로, 한 문장의 단어들 사이에 있을 수 있는 관계성은 변형 규칙에 의해서가 아니라 어휘부로 명세화될 수 있다고 보는 문법 이론이다(네이버 국어사전).

10) **[역주]** 쌍방원리는 하나의 운용자(operator)가 논항 위치에 있는 단 하나의 변항 만을 결속할 수 있다는 것이다.

연관되는지를 설명할 수 있는 유일한 근거가 이것이 3가동사이기 때문이라고 한다면 순환논증을 의심할 수밖에 없다. 이는 '단어는 정해진 결합가가 없고 문장을 떠나서는 결합가가 없다'는 결과를 초래할 것이다.

7. 사용 기반 동태적 처리 모듈 주장

구문문법 학자들은 또한 동태적인 방식으로 언어의 실제 사용 중에 나타나는 갖가지 현상을 체계적으로 귀납하여 관련 '규칙'을 개괄해 내야 한다고 주장했다. 여기에서 말하는 '규칙'은 현실 말뭉치에서 추상화한 도식(Schema)으로 보아야 한다. 이러한 도식은 어느 정도의 '변동성'을 가지고 있기 때문에 언어 운용 중의 동태적인 요소를 고려해야만 하며 그것이 어느 정도 변이를 일으키도록 인가해야 한다. 이는 보편문법에서 말하는 일반성을 가진 '규칙'과는 다르다.

이러한 동태성과 변동성에 기반을 두고 건립된 관련 모형이야말로 강력한 대응력을 가진다(자세한 내용은 제3장 제2절 참조).

제2절 구문문법의 결점

모든 사물에는 양면성이 있고 장점이 있으면 단점도 있기 마련이다. 마찬가지로 새로운 이론이 나타나면 옹호하는 사람도 있고 반대하는 사람도 생긴다. 이는 정상적인 학술 논쟁이기 때문에 잘못 되었다고 볼 수는 없다. 많은 관점과 이론들이 찬성과 반대의 상호작용 속에서 끊임없이 발전하고 또 완벽해진다. 그러나 구문문법 이론은 개별학자들이 주장하는 것처럼 그렇게 모순덩어리에다 그럴싸하게 포장하기도 어렵거나 완전히 틀리기 때문에 배척해야 하는 것이 아니다. 모든 것은 시간을 통해 검증을 할 수밖에 없으므로 이러한 과격한 언사에 대해 일일이 대응하지는 않을 것이다.

구문문법은 TG문법에 대한 반성의 산물로 완전히 새로운 각도로 언어를 연구하므로 많은 기본적인 입장이 TG문법과 근본적으로 다르다. 탄생에서부터 중국내 많은 학자들이 구문문법에 대해 긍정적인 태도를 보였고, 이를 통해 중국어와 영어의 관련 현상을 분석하고자 했다. 이와 동시에 이 이론을 소개하고 연구하는 많은 학자들 중에도 구문문법에 존재하는 문제를 지적한 사람들이 있다. 예를 들면 董燕萍·梁君英(2002), 应晨锦(2004), 严辰松(2006), 陆俭明(2007), 石毓智(2007) 등이 있다. 본서에서도 아래와 같은 몇 가지 문제점을 지적하고자 한다.

1. 구문의 제약에 대한 이해

1) 장기 계획을 통한 단계적 해결

Langacker(1987, 1991a)의 초기 관점은 구문을 2개 혹은 그 이상의 상징단위에 한정시키고, 구문을 '이중형태소어에서 문장까지'의 연속체라고 보았다.

Zwicky도 '단어'를 구문으로 보아야 한다고 주장했다. Zwicky(1994:611)는 구문을 4개의 큰 부류로 나누었다.

(1) 문형구문(Sentence-type Constructions)

(2) 성분구문(Constituency Constructions: 절, 구, 단어 포함)

(3) 결합가구문(Valency Constructions: 단어의 핵+의존성분들)

(4) 대용구문(Substitution Constructions: 대용 형식, 영대용 등)

두 번째 부류의 구문에는 단어를 포함하는데, 그는 여기에서 말하는 단어가 이중형태소어인지에 관해서는 언급한 바 없으므로 본서에서는 이를 '단어'의 총칭으로 이해하고자 한다.

Goldberg(1995:4, 2003, 2006:5)는 구문의 범위를 더 확대하여 형태소(Morpheme)와 단일형태소어(Word with One Morpheme)까지 모두 구문으로 보아야 한다고 주장했다. 왜냐하면 이것들도 예측할 수 없는 형태와 의미의 결합쌍이기 때문에 구문의 정의에 부합한다고 본 것이다. 이렇게 처리하면 형태와 통사 간의 구분을 취소할 수 있어서 '통일된 기본단위로 언어를 분석'한다는 목표를 잘 실현할 수 있다. 언어 연구를 구문으로 총결하면 구문을 언어의 심적 표상 형식으로 볼 수 있으며 언어 이론의 간결성과 타당성, 통일성을 실현할 수도 있어서 구문문법의 이론적 해석 능력을 크게 향상시킬 수 있다.

이상과 같은 장점 외에도 단점도 있기 마련이다. 만일 Goldberg의 처리 방법에 따른다면 장점도 많겠지만 언어 이론의 큰 발전 이면에는 부정적인 문제점도 있기 마련이다.

(1) 언어 층위와 구문 층위. 의심할 여지없이 언어에는 층위의 구분이 있다. 만일 그것들을 구문에 포함시킨다면 구문에 대해서도 층위의 구분을 해야 할 것이다. 다시 말해 과거의 언어 층위가 이제는 구문의 층위로 바뀐 것이다. 이렇게 처리했을 때의 문제점은 구문 내부의 층위가 너무 방대하고 복잡해진다는 것이다. 만일 단기간 내에 형태소, 단일형태소어 및 다중형태소어를 포함한 방대한 수량의 구문을 체계적으로 처리할 수 없다면 구문문법 이론 자체의 해석력과 설득력에 문제가 생길 수밖에 없다.

(2) 어휘의 방대한 수량. 언어 속의 모든 어휘를 구문으로 본다면(본서에서 사용하는 용어로 정확하게 말한다면 이들 어휘는 '구문실례'에 속한다), '형태소와 단어' 및 '단어 층위 이상의 문법구조' 간의 구분을 없애야 하지만, 이는 사람들의 직관에 부합하지 않는 것 같다. 뿐만 아니라 어휘의 수량이 이처럼 많아지면 어휘를 체계적으로 묘사하기가 어려워진다.

(3) 구문에 관한 이러한 관점에 따르면 그림3-3의 '어휘'라는 층위는 없애고 다음과 같이 수정해야 한다.

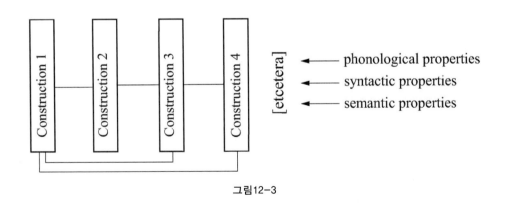

그림12-3

많은 학자들이 단어는 단어이고, 구는 구이며, 문장은 문장이므로 만일 이들을 혼동한다면 다른 새로운 문제를 야기할 것이라고 주장했다. 즉, 이렇게 하면 사전학자도 구문문법 학자라고 부르고, 어휘학자도 구문문법 학자의 대열에 포함시켜야 하며, 언어학자들도 구문문법 학자로 대체해야 할 것이라고 비난했다.

(4) 현재의 연구 상황에 비춰볼 때 대다수의 학자들은 구문 연구를 두 개의 단어 혹은 두 개 이상의 문법구조, 즉 문법구문에 집중하고 있으며(제10장 제3절 참조) 구문문법 이론의 틀에서 형태소 혹은 단일형태소어를 연구한 논문은 소수에 불과하다.

그러므로 구문문법의 포괄성이나 해석력을 보장하기 위해서는 구문의 제약성을 함께 고려하여 다음과 같은 처리방안을 채택해야 한다. 즉, '형태소는 구문이다'라는 관점을 수용할 수는 있겠지만 잠시 연구의 초점을 단어의 층위(추상적인 구문과 특수한 구문실례 포함) 이상의 구조식에 집중하여 이 체계를 명확하게 인식하고 제대로 된 분석 방법을 수립한 이후에 이를 다시 단어 및 단어 층위 이하로까지 확장하는 것이다. '장기적인 계획과 단계적 해결'이라는 방법은 시행가능성이 높고, 구문을 단어 이상의 층위로 정립하면 연구의 대상에 집중하기 쉬워진다.

Goldberg(1995:67-68) 자신도 구문의 수를 되도록 최소화할 필요가 있음을 인정했다. 이는 그녀가 형태소와 단어를 모두 구문으로 보는 관점과 상호 배치된다. 따라서 본서에서는 단일형태소어, 이중형태소어, 다중형태소어를 포함한 '단어'를 잠시 구문문법의 다음 단계의 연구목표에 넣고(현 단계에서 이에 대해 연구해야 한다는 학자들의 의견에 반대하는 것은 아님), 현재는 우선 단어 층위 이상의 문법구문을 공략하는 데에만 집중한다면 구문의 수를 크게 축소할 수 있을 것이다.

2) 추상적인 층위에서 제약성 이해

협의의 인지언어학 이론의 틀 안에서 확실하면서도 효과적으로 구문을 정의하기 위해서, 또한 이에 대해 비교적 전면적이고 통일되게 묘사하기 위해서는 그 연구 범위를 확정해야 한다. 모든 언어 현상을 다 포함할 필요가 없고 또 다 포함할 수도 없다. '구문의 제약성'은 범위 면에서 제약할 수도 있고, 추상성의 정도에서 제약을 할 수도 있다. 우선 단어 층위 이상의 구조식에 주목한다면 구문의 제약성을 보장하기 쉬워진다. 만일 다시 범위를 추상적인 층위까지 축소시킨다면 목표에 더 집중할 수 있다. 이 역시 본서가 구문 실례와 구문을 구분해야 한다고 주장하는 이유이다.

Langacker는 형태소도 음운과 의미의 결합쌍으로 상징단위이며, 구문은 두 개의 형태소보다 크거나 같은 상징구조라고 주장했다. 이는 구문의 범위를 크게 축소하여, 형태소 및 단일형태소어를 배제했다. 이렇게 하면 '구문의 제약성'에 한발 가까워진다. 상술한 구문과 구문실례의 구분에 근거하면 두 개 혹은 두 개 이상의 형태소(상징단위)를 포함한 단어(구체적 구문실례)에 대해 제한적인 결합방식(추상적 문법구문)을 개괄할 수 있으며, 그 내부 구조 관계는 단어와 단어 사이의 통사 관계와 유사하기 때문에 '결합유형' 및 '범주화원리'로써 개괄할 수 있다. 그러므로 Langacker, Taylor, Goldberg 등은 형태와 통사를 통합하여 처리했으며, 이를 '연속체'의 양극단으로 보았다. 이는 Chomsky의 통사 자립론, 이원론이 설계한 처리 방법을 비판하기 위한 것으로 보인다.

그럼에도 불구하고 우리는 아직까지 여전히 언어에서 구문을 어느 정도로 최소화해야 하는지에 대해 잘 모른다. 현재까지 외국의 구문 연구는 대부분 영어에 기반을 두고 있는데, 영어 구문의 수량에 관한 구체적인 자료를 아직까지 발견하지 못한 상황이다.

2. 구문의 특수성에 대한 견해

1) 구문의 특수성

TG 이론은 언어의 일반성을 과도하게 강조하지만 인지언어학은 언어는 부분적으로 일반성을 가지고 있다는 점을 인식하면서도 그 특이성에 대해 중점적으로 연구했다. 그러나 구문문법은 연구의 과정에서 특이성을 가진 구문에만 관심을 기울여 범언어적 대조에서도 다른 언어 간 구문의 특이성과 차이성을 과도하게 강조했다. 이로 인해 특이한 언어현상을 어떻게 분석할 것인가, 그 이후의 인지기제와 언어의 일반성을 인식한 인지기제 사이에 어떤 관계가 존재하는가, '보는 것이 얻는 것이다(What You See Is What You Get, WYSIWYG)'와 같은 언어 현상 이면의 인지방식을 어떻게 개괄할 것인가 등과 같은 문제를 수반하게 되었다.

만일 과도하게 '보는 것이 얻는 것이다'와 같은 연구 경향을 강조한다면 언어의 규칙성을 찾는 것을 망각하도록 오도할 수 있다. 모든 사람들이 '보는 것'은 천양지차이지만 '얻는 것'이 '보는 것'과 완전히 동일하지는 않다. '얻는 것'이 현상을 통해 본질을 본 결과라고 한다면 얻는 것은 규칙일 수 있다. 만일 눈으로 본 특이성을 과도하게 강조한다면 그것을 하나의 준칙으로 삼아 어떻게 언어와 구문을 연구할 수 있겠는가? 또 언어의 구체적인 표현 배후에 공통으로 존재하는 인지 기제를 어떻게 개괄할 수 있겠는가? 이는 인지문법이 창시한 '해설론'과 부합하기 어렵다. '해설론'은 천차만별의 언어 표현에서 차이를 만들어 내는 인지 규칙을 귀납해 내는 것이다.

한편, 언어의 '체험성'도 구문의 특이성을 제약하는 데 사용될 수 있다(제9장 제1절 참조).

특수성과 일반성은 대립적이면서도 통일된 모순의 두 가지 방면으로 어느 한쪽도 버려서는 안 된다. 구문의 특수성과 일반성은 상호 의존적 관계를 가지므로 만일 구문의 특수성을 과도하게 강조한다면 또 다른 극단으로 치달을 가능성이 있다.

2) 특수성에서 일반성으로의 확장에 대한 재고

구문문법은 관용어와 특수구문에 대한 분석에서 시작되었으므로 언어의 특이한 현상을 해석하는 데 중점을 두었고, 이러한 연구를 통해 얻은 성과로 일반 구문을 해석하여 언어를 전반적으로 해석하고자 하는 목적에 도달하고자 했다. 이러한 연구 방법은 일반적인 것부터 시작하여 특수한 것으로 가는 일반적인 연구 방법과는 달라 보인다. 이렇게 정반대로 해서 기존의 목표에 도달할 수 있을 것인가, 본말이 도치되는 문제점을 가지고 있지 않을까하는 등의 의문이 생길 수 있다.

많은 학자들이 정상적인 연구 방법은 언어의 일반적인 표현에서 시작하여 규칙을 개괄한 다음 특수한 문제를 해결해야 한다고 여긴다. 이는 우리가 자주 말하는 일반적인 인지 규칙 혹은 학습 규칙인 무표지에서 유표지로의 순서에 부합한다. 무표지는 유표지에 비해 구조적으로 훨씬 더 간단하고 함의도 훨씬 개괄적이며 사용빈도도 높고 분포도 넓기 때문에 보통 무표지의 언어 항목을 먼저 습득한 다음 상응하는 유표지의 항목을 습득한다. 예를 들면 먼저 단수를 배운 다음 복수를 배우고, 동사 원형을 배운 다음 동사의 과거형을 배운다. 또 먼저 진술 어기를 배운 다음 가정 어기를 배우고, 형용사와 부사의 원급을 배운 다음 비교급과 최상급을 배우고, 먼저 단문을 배운 다음 복문을 배우고, 먼저 능동문을 배운 다음 피동문을 배운다(王寅, 2001:372).

이 각도에서 말하면 핵심문법에서 시작하여 언어문제를 해결하는 TG학파의 방법은 틀린 데가 없다. 그러나 TG학파는 핵심문법에만 머물러, 그 연구 성과를 신속하게 확장시키지도 못했으며, 언어의 외연적인 현상까지 확대시키지도 못했다. 왜냐하면 TG의 기본적인 가설이 많은 특수 용법과 관용어를 연구의 범위에서 배제하도록 했고, 때로는 그것들을 어휘부에 밀어 넣거나 화용론으로 편입시켰다. 이는 이론의 충분한 해석력을 떨어뜨리는 결과를 낳았다.

원형범주 이론에 따르면 먼저 무표지의 정상적인 표현을 '원형'으로 확정하고, 이를 참조점으로 하여 덜 원형적인 구성원을 분석한다. 이러한 연구 과정이 더 합리적이라고 판단된다. 그러나 Fillmore 등의 구문문법 학자들은 관용어와 특수구문에서 시작하여 규칙을 총괄해 냄으로써 일반 표현을 해석했는데, 이는 사람들의 직감과는 배치되는 것으로 보인다.

한편, 일반과 특수를 어떻게 경계 지을 것인가 그 기준은 무엇인가, 이것은 모호한 것일 수밖에 없다. 뿐만 아니라 역사언어학의 각도로부터 고려한다면 특수한 표현은 그 역사적인 원인이 있기 때문에 문법화 이론으로 이에 대해 부분적으로 해석을 할 수 있다. 그런데 구문문법 학자들의 연구에서는 이에 대해 주목하지 않았다.

3. 동사와 구문의 상호작용에 대한 견해

1) 동사와 구문의 관계

Goldberg(1995, 2003, 2006) 등의 구문문법 학자의 관점에 따르면 구문은 형태소부터 절, 담화에 이르는 언어의 각 층위를 포함한다. 따라서 '동사'는 당연히 구문의 일종이다. 그러나 Goldberg 등이 동사와 구문의 상호작용을 논의할 때 논리적으로 말하면 여기에서의 '구문'은 더 이상 '동사'를 포함하지 않아야 한다. 그렇지 않으면 논리적인 혼란이 생긴다.

어떻게 해야만 이러한 개념을 정확하게 해석하여 관련 용어를 통일하고 논리적인 혼란을 해소할 수 있을 것인가의 문제는 구문문법 학자들이 먼저 고려해야 하는 것이다.

2) 구문의 독립적인 의미

'구문은 독립적인 의미를 가진다', '동사는 구문으로부터 의미를 상속 받는다'라는 두 가지 명제는 신뢰할만하고 일반적인가? 만일 신뢰할만하다면 구문의 독립적인 의미는 어디에서 오고, 동사보다 먼저 구문의 독립적인 의미가 존재하는가? 모든 혹은 대다수의 동사가 어떤 구문에 사용될 때 모두 구문의 영향을 받고, 적절하게 조정해야 하는가?

Goldberg 등의 학자들은 이러한 질문들에 대해 만일 동사와 구문이 가지는 공통점이 많다면 양자가 결합하여 사용될 때 동사의 조정은 적을 것이고, 만일 동사와 구문이 가지는 공통점이 적다면 구문이 동사에 대해 끼치는 영향은 비교적 커서 동사가 크게 조정을 거쳐야만 구문과 조화를 이룰 수 있다고 답했다(상세한 내용은 제6장 제4절 참조). 이처럼 이론적으로 구문이 동사에 비해 훨씬 더 중요한 위치를 차지한다. Goldberg는 구문의 역할을 과도하게 강조하고 동사를 소홀히 하는 경향이 있는 것처럼 보인다. 이는 서양 철학자들의 '보편'과 '개체'의 선후 관계 논쟁을 연상케 한다(王寅, 2007a:41). 또한 구문의 지배적 지위를 과도하게 강조하면 '사용기반 모델'에도 부합하지 않을 수 있다. 이러한 입장은 종종 '구문 결정론(Construction Determinism)'이라는 느낌을 줄 수 있는데, 이는 통사중심론과 별다른 차이가 없어 보인다.

또한 Goldberg가 이러한 명제를 증명하기 위해 들었던 예문이 극히 제한적임이 발견되었다. 이는 이 명제의 적용면에 대해 진지하게 고려할 필요성을 느끼게 해주었다. 이에 대해 Croft(2003)는 Goldberg와 반대되는 관점을 가지고 있다. 그는 선험적이고, 추상적이며 독립적인 구문 의미는 존재하지 않는다고 주장한다(제7장 제6절 참조).

사실 '구문은 독립적인 의미를 가진다'는 명제 역시 완전히 새로운 명제는 아니다. 몇 년 동안 '구문 의미의 기원'을 논의해 오면서 구조주의의 각도에서 그것을 '단어 의미와 구조 의미의 합'이라고 분석했는데(王寅, 2001:73), 여기에서의 구조 의미가 Goldberg의 구문 의미(구문문법 학자들은 통합성의 원리를 더 강조)와 유사해 보인다. 아마도 상술한 바 있는 어휘중심론자들이 어휘 의미의 역할을 과도하게 강조한 나머지 구조의 의미를 소홀히 했고 TG학파도 구문의 지위를 취소했기 때문에 오히려 이에 대한 반발로 Goldberg는 연구에서 언어구조 유형의 지위와 역할을 다시 강조한 것으로 보인다. 다만 정도가 지나치면 문제가 되기 쉽다.

3) 구문과 동사의 상호작용

Goldberg는 동사와 구문이 2개의 독립적인 실체라고 주장하는 한 편 구문은 시종일관 가장 높은 지위에 있어서 '구문강요'의 역할을 한다고 주장했다. 만일 하나가 다른 하나를 시종일관 강요한다면 구문과 동사의 상호작용을 어떻게 논의할 수 있겠는가?

Goldberg(1995:53~54)는 '동사와 구문의 상호작용론'으로 원래의 '동사중심론'을 대체했고, 양자의 관계를 논의할 때 주로 구문의 논항구조의 각도에서 구문이 동사의 참여자역에 대해 미치는 주도적인 영향을 논의했고, 의미역이 반드시 동사의 참여자역에 대응되는 것은 아니지만 동사의 참여자역은 반드시 구문의 의미역으로 융합되어야 한다는 조응 원리의 단방향적인 역할을 강조했다. 즉, 동사의 모든 참여자역은 반드시 구문에서 해석되어야 하며 구문은 동사의 참여자역을 증가시키거나 감소시킬 수 있다. 예컨대 'kick'의 참여자역에는 공을 차는 사람과 공이 포함되지만 접수자(rec)는 포함되지 않는다. 그러나 'kick'이 이중타동구문에 놓이면 구문은 동사 'kick'으로 하여금 접수자라는 새로운 참여자역을 획득하도록 만든다.

[38] John kicked Bill the ball. (John은 Bill에게 공을 차주었다.)

위의 예문에서 Bill은 이중타동구문으로부터 'kick'이 부여받은 새로운 참여자역이다.

앞서 언급한 예[24] 'sneeze' 구문을 다시 예로 들어보자. 때로는 과연 이 단어가 먼저 은유기제를 통해 단어의 의미에 파생이 일어난 뒤에 이 구문에 사용된 것인지, 아니면 이 구문에 사용되었기 때문에 단어의 의미에 변화가 생긴 것인지에 대한 의문이 생긴다. 또 동사의 참여자역이 구문의 논항구조에 영향을 미칠 수 있는 상황이 존재하지는 않는지, 단어 의미의 변화 과정 중에 혹은 동사와 구문이 상호작용하는 과정 중에 예를 들면 'sneeze'에 출현하는 '방식'의 의미처럼 또 다른 의미가 출현할 수 있는 것은 아닌지, 이것이 생활 경험 및 백과사전식 지식과 밀접한 관련이 있어서 그것을 '순수한 구문'으로 귀결시킬 필요가 없는 것은 아닌지와 같은 의문이 생길 수도 있다.

한편 어구의 논항구조와 의미가 구문에 의해 결정된다면 이것은 동사의 의미가 서로 다른 구문의 용법에서도 계속 변함없이 유지된다는 의미는 아닐까? 동사 자체는 다른 성분과 결합하여 동사구(VP)가 될 수 없고 구문과만 관계가 발생할까? 어휘 접근법은 정말로 전혀 안 맞는 것일까? Jackendoff(1990a,b)는 이러한 문제에 관해 논의한 바 있다. Jackendoff (1997a:556)는 'twisting the night away' 등과 같은 구문실례에 대한 분석을 통해 아래와 같이 밝혔다.

> ······ 이러한 현상에 대한 어휘규칙과 구문적 접근법은 정확하게 동일한 정보를 포함하고 있고, 형식적으로 어휘규칙은 구문과 다르게 보이지 않는다. 그러므로 이들 구문만을 고려한다면 어떤 접근법이든 그 증거를 적절하게 설명할 수 있다.[11]

이러한 관점에 따르면 독자가 예[24]의 'sneeze구문'을 해석할 때에는 2가지 선택지가 있다고 예상할 수 있다.

(1) 어휘 접근법에서 따르면 'sneeze'에 '재채기가 어떤 사물을 어떤 곳으로 날리다'와 같은 하나의 의미항을 증가시킬 수 있다.
(2) 구문적 접근법에 따르면 이 의미항은 '구문이 사역의 의미를 가지고 있기 때문에' 'sneeze'가 3개의 논항을 가지게 되었다.

Jackendoff는 2가지 분석방법을 긴밀히 결합할 것을 주장했는데 이는 매우 일리가 있어 보이며, 구문과 동사 간의 상호작용 관계를 잘 구현하였다고 판단된다.

4) 하향식과 상향식의 결합

Goldberg가 창시한 구문 전체의 각도로 동사 및 그것과 상호 결합한 명사 간의 논항관계를 논의해야 한다는 주장은 하향식(Top-down)의 연구 방법에 속한다. 반면 구성부분, 특히 동사의 각도로 구문 전체의 의미를 논의한다면 상향식(Bottom-up)의 연구 방법에 속한다.

---

11) ······the lexical rule and constructional approaches to these phenomena incorporate exactly the same information, and formally the lexical rules will look not unlike the constructions. Hence, considering these constructions alone, either approach can account for the evidence adequately.

상술한 분석에서 보듯이 '상향식'의 어휘 접근법과 '하향식'의 구문적 접근법은 방법은 달라도 결과는 같다는 목표를 실현할 수 있다. 2가지의 연구방법을 긴밀히 유기적으로 결합하여 하향식(구문에서 동사로)과 상향식(동사에서 구문으로)이 다 있어야지만 진정한 의미의 상호작용을 실현하여 양자 간의 결합관계를 더 확실하게 논의할 수 있다.

흥미로운 사실은 2004년 Goldberg와 Jackendoff가 함께 발표한 논문에서 Goldberg의 태도에 약간의 변화가 생겼다는 것이다.

> 우리가 보기에 논항구조는 동사와 구문의 복합 작용에 의해 결정되어진다.[12]

이 말은 동사와 구문이 모종의 동등한 기능을 가지고 있음을 인정한 것이다. 그러나 이는 '논항구조'에 대해서만 말한 것으로, 논항구조와 동사의 의미가 밀접한 관련이 있는지, 여기에 동사의 다의성을 인정한다는 의미가 포함되어 있는지의 여부에 대해서는 더 깊이 고민해 볼 필요가 있어 보인다.

그럼 양자를 서로 비교했을 때 어떤 것이 더 합리적인가? 구문적 접근법은 어휘적 접근법과 비교했을 때 장점이 더 많아 보인다. 즉, 문법 분석을 더 간결하고 명료하게 할 수 있는 동시에 사전 편찬의 부담을 경감시킬 수도 있다. 그렇다고 해서 어휘적 접근법을 완전히 부정하겠다는 의미는 아니다. 이는 Jackendoff(1997a:557)도 주장한 바 있는 관점이다.

> 구문에 대한 보편적인 필요성의 관점에서 나는 개인적으로 구문적 접근법 쪽으로 기울어 있다. 그러나 지금까지 주어진 증거로 보면 이것이 보편적으로 선호되지는 않는다는 것을 알고 있다.[13]

제11장 제5절에서 중국어 '부사+명사 구문'에서 간단히 논의한 바 있다. 이는 Goldberg

---

12) On our view, argument structure is determined by the composite effects of the verb and the construction.

13) In light of the universal need for constructions, I am personally inclined toward the constructional approach, while acknowledging that this may not be a universal preference given the evidence so far.

가 '구문강요'를 과도하게 강조한 단점을 설명하는 데 사용될 수 있다. 또한 우리가 '어휘 강요(Lexical Coercion)'를 보완하고자 하는 주요한 원인이 되기도 한다. 이에 근거하여 본서 에서는 이 두 기제가 서로 어긋남이 없이 공존하면서 언어의 여러 가지 현상을 해석하고, 각자 그 적용 범위를 가지기 때문에 어느 한쪽을 버릴 필요가 없다고 생각한다. 동시에 이러한 보완은 Goldberg가 논의한 동사와 구문의 '상호작용'을 더 완벽하게 하는 데 유리 할 것이다.

5) 2개의 독립적 실체에 대한 설정

이미 논의한 바와 같이 Goldberg는 구문이 어휘로부터 독립적으로 존재하는 실체이며, 동사도 구문으로부터 독립하여 존재하는 실체라고 주장했다. 또한 소위 양자 간의 '상호작 용'은 바로 독립적으로 존재하는 어떤 동사를 이미 독립적으로 존재하는 구문 속에 삽입하 면 양자 간에 상호작용의 현상이 출현할 수 있다고 주장했다. 이러한 상호작용의 관점은 많은 학자들의 반발을 불러 왔다.

가장 크게 반발한 학자는 Croft&Cruse(2004)일 것이다. 그들은 '구문의 의미'와 '동사의 의미' 사이에 이원적인 대립관계를 설정할 필요가 없다고 주장했다(제7장 제6절 참조). 왜냐 하면 인지언어학과 구문문법학의 근본적인 목표는 신체와 마음, 형식과 의미, 문법과 의미, 의미와 화용, 형태와 통사, 사전과 백과전서, 언어능력과 언어사용이 서로 분리할 수 없어 서 이원론을 강력하게 비판하는 데 있기 때문이다. 그럼 또다시 '구문'과 '동사'라는 이원 대립을 만들 필요가 있을까? 우리는 과거의 '이원론'에 반대했다가 새로운 '이원론'을 끌 어들이는 우를 범해서는 안 된다.

그밖에 Fillmore를 제외한 몇 가지 구문문법 이론은 모두 '사용기반 모델'을 주장했다. 이는 그들이 모두 구체적인 동사의 여러 가지 용법과 의미가 언어의 실제 사용과 서로 다른 여러 통사 환경에서 비롯되었다는 것을 인정한 것이라고 볼 수 있다. 그러므로 동사 의 의미는 그것이 출현한 구체적인 구문과 떼려야 뗄 수 없으며, 구체적인 동사의 의미를 벗어나면 구문의 의미도 논할 수 없다. 양자는 상호 독립적이거나 어떤 것이 우선하는 것이 아닌 상호 보완적이고, 상호 의존적이다.

체험주의 철학과 사용기반 모델은 동사와 구문 간의 상호작용 관계에 대해 다음과 같이 해석한다. 즉, 사람들은 아직은 완전히 구문이라고 부를 수 없는 용법의 형성 초기에 어떤 특정한 원형적인 동사를 사용하여 어떤 특정한 원형적인 사건을 표현한다. 이 동사는 이 특정 유형의 구문과 일정한 공기 관계를 형성할 수 있다. 다시 말해 이 용법의 형성 초기에는 이들 동사가 구문 의미의 형성과 용법에 주도적인 역할을 할 수 있다. 예컨대 'give'와 같은 원형적인 3가동사가 내포하는 원형 의미는 대응되는 표현 방식 속에 남아 있을 수 있다. 이 단계에서는 어휘가 비교적 큰 역할을 발휘한다.

이것이 오래되어 의사소통 상의 필요에 따라 또 이런 용법 형식이 자주 출현하면서 점차 문법화에 의해 '이중타동구문'이 되어 관습화된 의미를 획득하게 된다. 일단 이 이중타동구문이 광범위하게 허용되어 형식으로 사용된 이후에는 여기에 사용되는 3가동사가 아닌 동사에도 영향을 끼쳐 이 동사로 하여금 구문의 용법 특징과 관습화된 의미에 순응하도록 만든다. 혹은 구문이 그 의미 특징을 동사의 의미 특징에 투사함으로써 비3가동사로 하여금 3가동사와 같은 특징을 가지게 한다. 이 단계에서 구문적 접근법은 비교적 강한 해석력을 드러낸다. 구문이 강요한 동사는 일정 정도의 조정을 거쳐 새로운 구문의미를 추상화하는 데 기반이 될 수도 있다. 이것이 바로 제9장의 그림9-2와 9-3의 함의이다.

王寅(2008c)은 '영어 이중타동구문의 개념구조 분석-이중타동동사와 구문의 분류 및 3단계식 인지 해석'이라는 논문에서 이중타동구문의 개념구조를 'CAUSE……TO RECEIVE'로 재분석했다. 또한 이를 출발점으로 하여 영어 이중타동동사의 동사화(기호화, 어휘화, 문법화) 유형(이중목적어구문 및 3가지 전치사+목적어구문)에 관해 논의한 바 있다. 이는 '2개의 독립적 실체의 상호작용'에 대한 과도한 강조를 수정 보완한 것이라고 할 수 있다.

본서는 '동사'와 '구문'이 상호작용하는 과정에서는 사람들의 생활 경험과 백과지식이 기초적 요소가 되고, 인류의 '범주화 기제'와 '해석 기제'가 결정적인 역할을 한다고 주장한다. 이러한 해석이야말로 체험주의 철학과 인지언어학의 기본 원리에 더 부합한다. 다시 말해 사람들이 장면, 동사, 구문 등을 통해 범주화와 해석 처리를 진행한 후에 개괄해 내는 관련 정보는 자동적으로 동사 의미 혹은 구문 의미에 응집되어 있다. 양자의 형성과 조정은 모두 인류의 체험과 인지의 결과이며, 범주화와 인식 기제를 벗어날 수 없다. 결론적으로 언어의 모든 현상은 사람이 참여한 결과이다. 이러한 논리는 '구문 결정론'을 과도하게 강조한 Goldberg의 과격한 입장을 수정 보완할 수 있을 것이다.

4. 구문 간의 네트워크 관계 연구 부족

많은 구문문법 학자들은 분류층위(Taxonomic Hierarchy) 네트워크의 각도로 구문 간의 관계에 대해 체계적으로 묘사해야 하는데, 언어에서 동일한 자질이나 의미를 가진 구문은 '관련 구문 가족(a Family of Related Constructions)'을 형성할 수 있고, 가장 높은 층위에 있는 추상 구문은 공통적인 자질을 많이 가지고 있어 아래 층위에 있는 구문 혹은 구문실례에 자질을 상속할 수 있다고 주장한다. 그러나 Goldberg(1995)는 '상속 관계'의 각도에서 구문 간의 관계를 논의했으며, 단지 몇 개의 구문을 예로 들어 설명하고 해석했기 때문에 구문 네트워크에 대한 전면적인 연구와의 거리가 상당히 멀다.

만일 언어의 기본단위를 구문으로 본다면 구문 간의 전체 관계는 언어 내부의 관계 상황을 대체로 반영할 수 있고, 관련 문법의 관계 네트워크 상황과 언어의 심리적 표상 체계도 매우 빨리 분석해 낼 수 있는 것처럼 보인다. 그러나 실제로는 현재까지 구문문법 학자들도 언어 중 소수 구문과 그 사이의 관계에 대해 초보적인 분석만 했을 뿐 구문 전체 네트워크 체계 건립이라는 목표와는 아직 거리가 멀다.

어감에 근거하면 어떤 구문 사이에는 밀접한 관련이나 추론관계가 있는 것처럼 느껴진다. 예컨대 능동문과 피동문 사이에는 통사상의 변형 관계뿐만 아니라 의미에 있어서도 일정한 연관이 있어 보인다. 이는 언어 학습의 각도에서도 증명이 되었다. 사람들은 종종 능동태의 변형을 통해 피동태를 학습한다. 이러한 현상은 '분류층위 네트워크' 혹은 '상속 관계'를 어떻게 결합하여 해석할 것인가에 대한 고민을 필요로 한다.

그밖에 하나의 실제 어구에는 여러 개의 구문이 포함될 수 있다. 즉 하나의 실제 어구는 여러 개의 구문으로부터 관련 정보를 상속 받아 통합된 것이다.

[39] Tom has faxed Jack the letter. (Tom은 Jack에게 그 편지를 팩스로 보냈다.)

이 예문을 자세히 살펴보면 여기에는 주술구문, 이중목적어구문, 한정사 구문(the letter), 과거 시제 형태구문(fax-ed), 완료상 형태구문과 같은 5개의 구문이 포함되어 있다. 이로 볼 때 이러한 구문들이 어떻게 결합되어 있는지, 그들 사이에는 어떤 규칙들이 있는지,

이러한 분석은 또 어떻게 'Det+N', 'V+NP', 'V+NP1+NP2' 등과 같은 전통적인 방식을 벗어나 새로운 방식을 개척할 수 있는지, 이러한 현상을 어떻게 하나의 체계 안으로 포함시켜 전체적인 논의를 할 수 있는지 등에 대해 깊이 있는 분석이 필요할 것이다.

5. '논항구조론' 일변도

구문문법 학자들의 논의를 돌아보면 'Argument(논항)'에 대해 아직까지 명확한 범주를 확정하지 않았음을 알 수 있다. 대다수의 학자들은 일반적으로 동사는 배제하고, 'Argument'를 동사와 결합하는 성분(여기에는 논항과 부가어를 서로 구별하는 문제가 있음)이라고 했다. 이러한 각도에서 보면 Argument Structure(논항구조)의 각도로부터 구문을 논의하는 것은 그다지 전면적이지 않아 보인다. 예컨대 중국어의 연동구문, 결과구문, 겸어구문 등은 주로 동사를 연달아 사용했을 때의 문제와 관련된다. 구문에서 논항을 제외하고 부사 등도 어느 정도로는 구문의 의미에 영향을 끼칠 수 있다. 접속사도 담화 연결에서 매우 중요한 역할을 하므로 이 역시 고려하지 않을 수 없다. 어떻게 이 방면의 연구에서 체계기능언어학[14]의 성과를 구문문법 이론 안으로 융합시킬 것인가에 대한 지속적인 탐색이 필요하다.

만일 각도를 바꿔 예[24]에서 동사 'sneeze'와 전치사 'off'가 통사적으로 결합되어 사용되는 각도로부터 이 구문을 분석한다면 'sneeze'가 논항 'he'를 지배하고, 'off'는 두 개의 논항인 'the napkin'과 'the table'을 지배한다고 분석할 수 있을 것이다. 여기에서의 'off'는 비록 동사도 아니고, 단독으로 술어가 될 수도 없지만 여전히 논항을 지배하는 능력을 가지고 있다. 다시 말해 이 3개의 논항을 모두 동사 'sneeze'에 귀결할 필요가 없는 것이다. 이 구문이 3개의 논항을 가질 수 있는 이유는 'sneeze'와 'off'가 결합되어 사용된 결과이기

---

14) **[역주]** 체계기능언어학은 언어를 하나의 사회적 기호 체계로 생각하는 언어학의 한 접근방식이다. 체계기능언어학은 사회 환경과 언어의 기능적 조직에는 체계적 관계가 있으며, 언어는 사람들에게 주어진 상황적, 문화적 맥락에서 서로 의사소통하는 데 필요한 의미를 만드는 기능을 하며, 하나의 도구라고 생각한다. 따라서 '체계'는 같은 조건이 주어졌을 때 사용자가 선택할 수 있는 상황들의 네트워크를 말하는데, 우리가 같은 의미의 내용을 전달할 때 개인마다 다른 언어와 문법 구성을 선택할 수 있음을 말한다. 그리고 언어는 체계 구조에 따라 그 사용방법이 다르고, 목표 대상 따라 다르게 배열되는데 이것이 언어의 기능적 측면이다. 결국 체계기능언어학은 사회적 문맥 속에서 언어가 어떻게 작용하고 영향을 받는지 주목한다(네이버 지식백과).

때문이다. 이는 다른 각도로부터 논항론 일변도의 태도를 반성하게 한다. 논항론 일변도만 이 꼭 유일한 분석 방법일 필요는 없다.

6. 의미에 대한 과도한 강조

구문문법은 언어 기호가 형식과 의미의 결합쌍임을 강조한다. 다시 말해 모든 언어기호 는 어휘에서부터 통사에 이르기까지 형식과 의미라는 두 가지 방면의 정보를 모두 포함하 며 이는 이 이론의 기초가 된다. 그러나 구체적인 연구 과정에서 인지문법, 구문문법이 때로는 의미를 과도하게 강조하고, 어느 정도로는 형식적인 부분을 소홀히 하여, '사용기 반 모델'과 '보는 것이 얻는 것이다'라는 원칙만을 과도하게 강조하고, 구문의 구체적인 용법 환경을 분석하는 데 치중하였으며, '외부 언어(External Language, 간단하게 e-language라 고 함)'를 강조한 나머지 '언어 내부의 생산 기제'를 소홀히 했다는 느낌을 가진다. 만일 이러한 각도에서 말한다면 TG문법이 그 독특한 시각을 가지고 인류의 내부 언어 연구에 중점을 두고, 언어의 생성 기제를 탐색했다고 볼 수 있다.

구문문법을 포함한 인지언어학은 Chomsky의 TG언어 이론에 대한 비판을 기반으로 발 전된 것이지만, 마찬가지로 또 다른 극단으로 치닫거나 그 합리적인 요소까지 완전히 버릴 필요는 없다. 언어 형식 분석도 때로는 취할만한 부분이 있기 때문이다. 어구 성분 간의 관계는 통사 체계의 내부적 요소에만 의존해서는 전면적이면서도 합리적인 해석을 할 수 없으며, 또한 의미 분석에만 의존해서도 전체 문제를 해결할 수 없다.

제3절 장단점에 대한 반성

본장에서는 앞선 두 절에서 논의한 구문문법의 장점과 단점을 바탕으로 아래와 같은 4가지 견해를 중점적으로 논의하고자 한다.

1. 모듈론과 다원론

TG문법의 모듈론은 음운, 형태, 통사, 의미, 화용을 동일한 틀 안에 놓고 논의하는 것으로 구문문법의 주장과 근본적으로 배치된다.

서로 다른 학문적 배경에서 출발했고, 서로 다른 원칙과 입장을 고수하며, 서로 다른 분석 방법을 채택하고 있으므로 필연적으로 이 문제에 대해 다른 인식을 가질 수밖에 없다. 일부의 학자들은 연구의 범위를 제한하면 언어의 어떤 층위의 문제를 깊이 있게 해석하는 데 유리하며 형식화로 진입하는 과학주의라는 목표를 더 빨리 실현할 수 있다고 주장한다. 만일 이러한 각도로 말하면 연구의 초점은 통사 층위에 두어야 하며, 이는 어느 정도 이치에 맞을 것이다. 그러나 또 어떤 학자들은 '통사 자립론'에 근거한 연구는 출구가 없다고 말한다. 형식주의 방법은 인문학 연구에 적합하지 않는데, 풍부하고 자주 변하는 사람들의 사유 능력과 상상력을 수학적인 공식의 틀에 가두려고 하는 것은 어처구니없는 일이라고 했다.

일부 학자들은 구문문법의 실행 가능성에 의구심을 표하여, 구문문법이 의미만 강조하고 통사를 소홀히 한다거나 통사를 의미와 기능의 각도에서 분석하는 데만 집중한다고 주장한다. 王寅(2001:201)은 줄곧 언어 소통의 핵심은 의미이며 형식은 의미를 위해 일하며 의미가 형식을 결정한다고 주장해 왔다. 이러한 각도로 보면 이상과 같은 의구심은 불필요해 보인다. 현대 언어학에서는 의미를 참조하지 않는 통사 분석은 출로가 없으며, 순수하게 통사의 틀로만 형식상의 변형 관계를 연구한다면 이로 인한 문제가 심각할 것이라고 본다.

그런데 의미 내용에만 치중하고 통사 형식을 고려하지 않는 것도 바람직하지 않다. 사실 상징단위와 구문 자체에 대한 정의에서 볼 때 인지문법과 구문문법의 입장은 줄곧 양자 간 결합이었으며, 일부의 학자들이 오해하고 있는 것처럼 오로지 '단일론'의 방법만 채택해야 하는 것은 아니다. 이러한 양자 혹은 다자를 효율적으로 결합하여 문제를 고려하는 다원론적인 책략이야말로 언어 현상을 더 전면적으로 해석하게 해준다. 이 역시 인지문법과 구문문법이 더 해석력을 가지는 이유이다.

이러한 다원론적 연구 책략은 정상인의 어감에도 완전히 부합한다. 사람들은 언어를 사용할 때 늘 여러 가지 요소를 하나로 융합한다. 즉, 소리를 듣고 그 뜻을 알며, 그 뜻을 알고 그 사용법을 이해하는 것이다. 만일 이들을 인위적으로 서로 다른 모듈로 나눈다면 이론을 위한 이론일 뿐인 '전문 연구' 성과가 과연 무슨 문제를 설명할 수 있겠는가?

통사, 의미, 화용은 원래 언어의 서로 다른 측면인데 인위적으로 나누는 것은 학자들의 바람으로 그들의 연구 방향과 책략의 선택이 서로 다를 뿐이다. 많은 학자들이 이렇게 모듈로 나누어 연구하면 이론적으로나 실천적으로나 '게슈탈트' 기본 원리에도 위배되며 '전체론'에도 부합하지 않는다고 여기고 있다. 현재의 학파에 비추어 누가 옳고 누가 그른 지 단기간 내에 판단하는 것은 불가능하며, 이는 보는 시각의 차이일 뿐이다. 그러나 여러 방면을 고루 살펴보아야 분명히 알 수 있음은 자명한 사실이다.

2. 어휘강요와 구문강요

'구문'은 모듈론에 대한 비판을 기반으로 하여 언어의 각 층위에 대한 통일된 해석을 하기 위해 제시되었다. 이는 비교적 새로운 이론적 틀로 전 세계 많은 학자들의 주목을 받았다. 그러나 현재의 상황으로 보면 '구문'이 가지는 의미에 대해 학계에서는 여전히 이견이 존재한다(제1장 제3절, 본장 제2절 참조). 이는 '어휘'와 '구문', '어휘강요'와 '구문강요'을 구분해야 하는가 라는 문제와 직접적인 연관이 있다.

앞서 'sneeze' 등의 동사가 나타내는 다의적 용법을 합리적으로 해석하는 방법에는 2가지 방안이 있다고 했다. 겉으로는 달라 보이지만 결국에는 같은 문제이므로 하나의 극단에서 또 다른 극단으로 흐를 필요는 없다. 만일 '어휘강요'의 각도에서 문제를 분석하면 조작은 별로 복잡하지 않을 것이다. 'sneeze'라는 어휘 항목에 타동 용법을 증가시켜, 목적어를 가지게 하면 해석하는 데 별다른 어려움이 없을 것이고, 타동 의미와 자동 의미 간에는 자연적 은유 파생의 관계가 존재하므로 학습자와 사용자에게 별다른 어려움을 가중시키지 않을 것이다.

만일 '구문강요'의 각도에서 이 현상을 분석한다면 비록 어휘부의 의미항이 과도하게 많아진다는 부담은 경감시키겠지만 새로운 문제를 야기하게 된다. 이로 인해 구문문법의 연구량이 증가할 것이며, 각종 서로 다른 구체적인 강요의 과정을 따로따로 분석하고 해석해야 하므로 이는 상상하는 것보다 훨씬 더 복합해질 것이다.

그러나 지금 당면한 문제는 양자를 명확하게 구분할 필요가 있는가의 여부이다. 만일 어떤 구문학자의 관점에 따라 형태소와 어휘까지 구문으로 본다면 이 두 가지 강요를 왜 구분해야 하는지 그 이론적 기반을 잃어버리게 될 것이다. 이러한 역설을 만든 근원은 아마도 '구문'에 대한 이해일 것이다. Goldberg는 구문이 형태소를 포함한 언어의 각 층위라고 주장하는 한편, 동사와 구문 간의 상호작용을 강조하다가(여기서의 구문은 전통 이론에서 말하는 구조와 문형에 더 가깝다), 2004년에 Jackendoff와 공동으로 발표한 논문에서는 또 어휘와 구문을 구분했다. 이로 인해 자신의 이론적 기반에 설명하기 어려운 모순을 남기게 되었다. 이 때문에 본서에서는 제1장에서 Construction을 단어 층위 이상으로 국한시켰는데 이 방법이 관련 이론을 수립하기에 유리할 것이다.

인지문법의 관점에 따르면 언어의 각 층위는 하나의 연속체로 어휘와 통사를 이원화하여 나눌 필요가 없다. 이는 인지문법이 TG 이론에 도전하게 된 원래의 취지 중 하나이다. Langacker의 인지문법 분석법(형태와 의미의 결합쌍인 상징단위)과 Goldberg의 구문문법 분석법을 결합하면 비교적 통일된 관점으로 어휘의 다의성이 생기는 인지 기제를 논의할 수 있다. 여기에서는 'sneeze'를 예로 들어 보겠다.

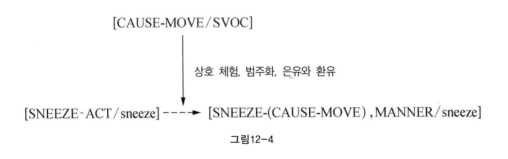

그림12-4

그림12-4의 윗줄은 상징단위의 표상 방법으로 사역구문의 형식과 의미 결합쌍의 내부 구조를 표시한다. '/' 앞의 대문자는 이 구문의 주요 의미를 나타내고, 뒤는 통사 형식을 나타낸다. 아랫줄의 좌측은 'sneeze(자동사)'의 원래 의미를 나타내는 상징단위이고, 점선 화살표는 Langacker가 주장하는 용법으로 파생(Extension) 의미를 나타내는데(제3장 그림 3-5, 제14장 그림14-3 참조), 화살표의 오른쪽은 'sneeze'가 원래는 재채기하는 동작을 나타

내지만 사역구문이라는 상징단위의 강요(아래로 향하는 실선 화살표로 표시) 때문에 새로운 상징단위를 파생시켜 사역(CAUSE-MOVE) 용법을 획득하는 동시에 방식(MANNER)의 의미를 가지게 되었음을 나타낸다.

'sneeze'에 사역 용법이 나타난 것은 매우 정상적인 일이다. 구문 자체에 이러한 의미가 있는데 그림12-5의 아래로 향하는 실선 화살표가 일으킨 상호 체험, 범주화, 은유와 환유 등의 인지방식을 통해 만들어진 것이기 때문이다. 방식의 의미가 어디에서 나왔는지는 이 3가지 인지방식을 통해 합리적인 해석을 할 수 있다. 사람들은 생활 경험의 기반 위에 재범주화 기제를 통해 환유의 방식으로 동작(ACT)으로부터 동작의 방식(MANNER OF ACT)을 도출한다. 다시 말해 그림12-5의 윗줄에 있는 사역구문의 상징단위와 아래로 향하는 실선 화살표가 일으킨 3가지 인지방식의 작용, 그리고 '동작의 의미 영역'이라는 연합 강요로 인해 예[24]의 'sneeze'는 타동성을 획득하며, 사역+방식이라는 새로운 용법을 나타내게 된다. 이렇게 하여 어휘 강요와 구문강요를 통일할 수 있다.

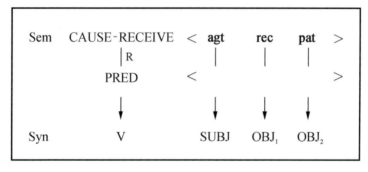

그림12-5

3. 특수성와 일반성

Croft 등과 같은 학자들은 특수성을 과도하게 강조했는데 이것이 언어의 일반성을 부정한 것은 아닐까? 언어에서 어떤 외연적인 특수 용법이 개괄하고 있는 국부적인 규칙이 얼마만큼의 일반성을 가지고 있을까? 만일 언어의 특수성을 과도하게 강조한다면 한 언어의 내부 혹은 언어 간 일반성과 개괄적 도식 등은 어떻게 논의할 것인가? 만일 개괄적 도식이 없다면 사람들은 관련 언어의 실제 용법에서 어떻게 규칙적인 구문을 추출해 낼까? 유한한 수단으로 어떻게 무한한 표현을 만들어내고, 전 세계 사람들은 또 어떻게 서로 이해할 수 있는가? 또한 특수성은 어느 정도의 세부적인 차이가 있을 때 언어 사용과 의사 소통에서 무시될 수 있는가? 이러한 문제가 만일 이론적으로 해결되지 않는다면 구문문법 의 근간은 다소간 문제를 떠안게 될 것이다.

Goldberg(2006:226)는 이 문제에 대한 답을 한 바 있다.

> 동시에 Croft는 언어의 내부 혹은 언어 간에 일반화가 있다는 점을 부인하지 않는다. 그러 나 존재하는 일반화는 각 언어의 구문이 시행하는 기능적인 목적에 의해 결정된다.[15]

이러한 해석은 기능언어학, 인지언어학의 기본 원리와 통한다. 인간은 생존 문제를 해결 할 때 필연적으로 어떤 동일한 기능적 요구를 가지게 되는데, 이것이 우리의 사유와 언어 표현에 부분적 공통점을 가지도록 결정했다.

이러한 해석은 王寅(2005d)이 창시한 '체험적 보편설(Embodied Universalism)'과 통하는 점 이 있다. 우리는 서로 같거나 기본적으로 동일한 객관 세계를 마주하고 있으며, 동일한 신체 기관을 가지고 있다. 신체 기관의 기능과 필요성도 기본적으로 동일하다. 인간의 생 존조건과 기본적인 필요성이 같기 때문에 언어는 모든 층위상의 의사소통 기능, 인지방식, 표현 수단 등에서 필연적으로 일반성을 가지게 된다. 그러므로 언어의 특수성을 강조할 때 또 다른 극단으로 치달아서는 안 되며, 일반성을 과도하게 부정하는 것도 타당하지 않음을 알 수 있다.

구문문법은 TG학파의 '핵심문법'에 반하는 책략을 취했고, 외연에서 중심에 이르는 연 구 방식을 제안했는데, 이는 언어 연구에서의 필수적인 경로라고 볼 수 있는가? 소위 '외연 에서 중심에 이른다'는 말은 먼저 특수구문을 해결하고 난 뒤에 일반 현상을 해결하고,

---

15) At the same time, Croft does not deny that there are generalizations within or across languages. But the generalizations that exist are determined by the functional purpose that each language's constructions serve.

외연 현상에 대한 연구를 통해 중심 규칙에 가까워져야 한다고 주장하는 것이다. 인식론의 각도에서 말하면 이 역시 맞는 말이다. 먼저 개별적이고 특수한 사물에서 출발해야 그 속에서 일반성을 가진 규칙을 개괄해 낼 수 있기 때문이다. 그런데 구체적인 이론 연구에서 외연에서 중심에 이르러야 하는 것과 중심에서 외연으로 향하는 것 중 어느 것이 더 합리적인가? 즉, 언어의 특수성과 일반성 중 어떤 것이 더 기본적이고 더 중요한가?

Foolen(2004:83)은 특수 표현에서 출발하는 구문문법의 연구 방법에 대해 아래와 같은 견해를 피력했다.

> 다른 문법학자들에 의해 주변적이라고 종종 인식되는 구문들은 우리에게 언어에 대한 많은 것을 가르쳐 줄 수 있다. 그러나 핵심적이고 완전히 일반적이며 무표지적인 구문들은 일반화의 연속체에서 종점일 수도 있으며, 이것들이 언어 구조를 정확하게 통찰하는 유일한 기점이 아닐 수도 있다.[16]

구문문법 학자들의 연구 방법은 주로 TG학파가 과도하게 '보편문법'과 '핵심문법'을 강조한 데 대한 반성을 기반으로 하여 제안되었다. 그들은 많은 중요한 정보를 함축하고 있는 특수 구문에서 시작하여 언어의 일반성을 반추하고 해석했다. 그러나 구문문법 중 특히 Croft의 급진적 구문문법에서 말한 바와 같이 중심에서 외연으로의 연구 방법도 취할 만한 데가 있으며, 언어습득에 있어서는 주로 일반적이고 무표지적인 언어 현상이 사람들에 의해 먼저 수용된다는 점을 간과해서는 안 된다.

그러므로 '외연에서 중심으로'와 '중심에서 외연으로'의 2가지 연구 방법에서 각자의 장점을 취해서 적용할 필요가 있다. 2가지를 어떻게 결합할 것인지, 어떻게 단점은 보완하고 장점은 살릴 것인지, 2가지 분석방법에는 어떠한 적용 범위가 있는지 등의 문제는 여전히 깊이 탐색해 볼 필요가 있다.

---

16) Constructions that are often considered marginal by other grammarians, can teach us much about language. The core, fully generalized, unmarked constructions might be the endpoint of a continuum of generalization, they are not necessarily the only point of departure for a proper insight in the structure of the language.

4. 의미와 통사

인지의미론의 기본적인 원리에서 구문은 모두 상징단위이며, 모두 형태와 의미의 결합쌍 혹은 형식과 기능의 결합쌍이다. 양자는 긴밀히 연결되어 분리할 수 없다. 우리가 일반화와 도식화를 진행할 때 형식의 각도에서 구문에 대해 귀납하고 개괄할 수 있고, 또 의미와 기능의 각도에서 구문에 대해 분류하고 도식화할 수 있다. 이 2가지 분석방법은 모두 상술 한 기본 원리와 동떨어져 있지 않다. Croft 등의 학자들이 주장하는 급진적 구문문법은 통사 관계를 취소해야 한다는 관점을 가지고 있는데 이는 약간 과격하다. 형식과 의미, 통사와 기능은 원래 상호 보완적이며 분리할 수 없다. 이 점에 있어서 현대 언어학의 아버지인 Saussure의 관점은 매우 정확하다. 그는 형식과 의미는 종이의 양면과도 같아서 자를 수도 분리할 수도 없다고 했다. 형식과 의미를 따로 분리하지 않는다는 원칙을 기반으로 하여 형식에서 의미에 이르는 방향으로 귀납하고 개괄하거나, 의미에서 형식에 이르는 방향으로 종합하고 다듬는 것은 결국은 같은 이치이다.

우리는 아동이 언어를 습득하는 초기 단계에서는 주로 의미와 기능의 각도로 개괄하는 데, 이 때 아동의 통사 범주와 통사 관계는 백지 상태이거나 아주 미미하고, 언어 습득은 주로 생존 본능을 만족시키기 위해서 필요한 것이라고 가정할 수 있다. 어린아이가 엄마라 고 부를 때 아이가 실행하는 기능은 엄마의 주의 끌기이다. '물'이라고 할 때는 '물을 마시 고 싶다'는 기능을 수행하기 위해서이다. 이때 아이의 머릿속에 생략문, 명령문, 진술물 등의 통사구조가 있음을 증명할 수 없으므로 이 역시 구문 의미의 선험성을 부정하는 것이 다. 동시에 이러한 해석은 일반인의 체험과도 완전히 부합한다. 우리는 거의 모두 학교에 입학한 뒤에야 주어, 술어, 명사, 동사와 같은 통사 개념을 가지게 된다. TG학파가 언급한 '공범주'나 'α-이동' 등의 관련 언어 현상은 일반인들이 이해하기 어렵고, 모든 언어 연구자 들이 그 뜻을 이해하는 것도 아니다. Ades&Steeman(1982), Garzdar et al.(1984), Kaplan& Zaenen(1989), Pollard&Sag(1994), Sag&Fodor(1994), Kay&Fillmore(1999) 등과 같은 학자들 은 공범주라는 이 허무맹랑한 개념을 완전히 포기해야 한다고 지적했다.

언어학자들은 공범주를 가지고 해석할 수 있는 것이 무엇이든 공범주 없이도 할 수 있다는 몇 가지 관점에 대해 논의해 왔다. ……본고에서는 더 나아가 공범주 없이, 적어도 요즘 이용할 수 있는 어떤 종류의 공범주도 없이 해석할 수 있는 것은 공범주를 가지고서도 해석할 수 없다는 점을 보여줄 것이다.[17)]　　　　　　　　　　　　　　　　　(Kay 2002:453)

Kay는 글에서 영어의 무주어 부가의문문을 예로 들어 이에 대해 예리한 해석을 내놓았다. Goldberg(2006:228)도 TG가 고수한 순수 형식화 입장을 부정했다.

　　순수하게 형식적인 일반화가 존재할 수도 있겠지만 흔히 예상하는 것보다 훨씬 덜 일반적일 것이다.[18)]

Goldberg의 이 말은 Chomsky의 생득설, 자립설, 모듈설, 형식설을 완전히 비판한 것임을 알 수 있다. Goldberg가 2006년에 쓴 책의 제9장에는 영어 '주어-조동사' 도치 현상을 예로 들어 이 입장을 설명했는데, 영어의 이 도치 현상은 순수 통사의 각도로는 합리적인 개괄과 해석이 불가능하다.

아동의 언어습득이 어느 정도에 도달하면 아동은 자신의 인지능력에 따라 점차 단어 간 추상적인 호응관계를 개괄해 내어 SVO 등의 기본 통사 틀을 점진적으로 형성하게 된다. 특히 학교의 문법 수업을 거치면서 아동은 점차 통사지식을 얻게 된다. 이 때 이성적으로 어감과 통사지식에 의존하여 언어 표현의 수용성을 판단할 수 있는 능력을 더욱 더 향상시킬 수 있다. 우리가 외국어를 학습하는 과정에서 통사 범주와 통사 관계는 어느 정도 중요한 역할을 한다. 그러므로 본서에서는 통사 범주와 통사 관계를 완전히 취소해야 한다는 Croft의 관점에 동의하지 않는다.

결론적으로 의미 혹은 기능은 통사와 불가분의 관계가 있으며 상호 보완적이기 때문에 어느 한쪽만 강조하고 다른 쪽은 무시해서는 안 된다.

---

17) Linguists have argued from several points of view that whatever can be done with empty categories can be done without them. ……In this article I take the argument one step further by showing that there are things that can be done without empty categories that cannot be done with them, at least not with any of the empty categories currently available.

18) While purely formal generalizations may exist, they are much less common than is often assumed.

제13장

'전경-배경' 관계와 구문 구조

Talmy는 1970년대에 덴마크의 심리학자 루빈(Rubin)과 게슈탈트 심리학이 건립한 '전경-배경' 개념을 인지언어학 연구에 도입하여 언어의 체험성 분석에 새로운 시각을 제공하였다. 본장의 제1절과 제2절에서는 '전경-배경(F-G)'의 10가지 특징을 고찰해보고 각 항목이 언어 구문에 어떻게 결정적인 작용을 하는지 살펴볼 것이다. 제3절에서는 전치사 구문, 단문 구문, 복문 구문, 병렬 구문, 담화 구조와 의미 파악에 있어 F-G관계의 해석력을 체계적으로 기술할 것이다.

제1절 개설

덴마크 코펜하겐 대학의 심리학자 Rubin은 사람의 얼굴과 꽃병에 대한 환각을 보여주는 '루빈의 잔'을 고안하여 '전경-배경' 현상을 고찰하고, 사람들은 심리적으로 의미 있고 형상이 규칙적인 도안이나 그림에 주의력을 집중하는 경향이 있으며, 외부세계를 느끼는 것 역시 경중의 차이가 있어 전경과 배경을 구분하는 인지능력을 가지고 있음을 설명하였다.

Rubin과 다른 심리학자들은 이 그림에 근거하여 아래와 같이 의미 있는 결론을 얻었다.

그림13-1

(1) 이 그림을 보면 꽃병이 보이거나 마주보는 두 사람의 얼굴이 보이는데, 그 가운데 하나에만 주의를 기울이며, 일반적으로는 이 둘을 모두 보기는 어렵다.

(2) 비교적 오랜 시간동안 바라보다 보면 두 전경이 번갈아 가며 보인다.

(3) 사람마다 그림에서 주목하는 부분이 달라 상이한 범주화 방법이 생겨나고, 이에 따라 상이한 범주화의 효과가 생긴다.

(4) 전경이 독특한 형상과 구조를 가지고 있는데다가 긴밀하게 연결되어 있고 하나로 묶인 일치성을 가지고 있는 반면, 배경은 이러한 특징이 부족하다.

(5) 구조적이고 연속적인 있는 전경은 쉽게 인식되고 기억된다.

(6) 전경은 마치 배경의 앞에 놓여있는 것 같다. 또한 배경은 전경의 뒤에서 뒤쪽으로 이어질 수 있을 것 같다.

게슈탈트 심리학(Gestalt Psychology, 혹은 게슈탈트 이론)은 1913년 독일에서 생겨난 것으로, 빌헬름 분트(Wilhelm Maximilian Wundt)의 구성주의(혹은 요소주의)심리학파를 비판, 전체와 관계의 각도에서 전경에 대한 인지반응을 포함한 인간의 지각현상과 심리, 행동 등을 연구하였다. 이에 따라 전경-배경 관계는 그 주요 내용 가운데 하나가 된 것이다. 게슈탈트 학파의 대표 인물로는 베르트하이머(Wertheimer, 1880~1943), 쾰러(Köhler, 1887~1967), 코프카(Koffka, 1886~1941) 등이 있다. 이들은 상술한 결론을 한층 더 종합적인 지각 구조의 틀에 포함시켜 전경구조 원리(그림13-2, 그림13-10)를 제시하고, 이에 근거하여 기본적인 인지 원리인 프래그난쯔 법칙(Prägnanz Principle, 혹은 간결성 법칙)[1]을 확정하였다.

근접성 원리(the Principle of Proximity): 다른 조건이 동일하다는 전제 하에 가까운 거리의 개체를 서로 긴밀하게 이웃한 하나(묶음)로 인지하여 하나의 전경이 되기 쉽다. 그림13-2의 경우, 사람들은 중간에 있는 네 개의 원을 두 개의 묶음으로 나누어 인식하는 경향이 강하다. 또한 그림13-3 역시 왼쪽에 있는 한 개의 직선을 제외한 나머지 직선 가운데 거리가

---

1) [역주] 심리학적 체제는 언제나 조건이 허용하는 한 가장 잘 이루려고 하는 성향이 있다. 우리가 대상을 지각하고 그것을 인지적으로 구조화할 때, 무의식중에 보다 안정된, 보다 단순하면서도 규칙적이며 대칭적인 구조화를 겨냥한다(가와가미(1997:17)).

가까운 두 개의 직선을 하나의 묶음으로 인지되기 쉽다.

유사성 원리(the Principle of Similarity): 서로 비슷한 개체는 하나의 그룹으로 지각되어 하나의 통일된 전경을 형성하는 경향이 있다. 그림13-4를 보면, 두 줄의 'Ⅹ'와 두 줄의 '●'가 세로로 배열된 것으로 인식되는 경향이 강하지, 다섯줄의 'Ⅹ●Ⅹ●'가 가로로 배열되어 있다고 인식되지 않는다. 그림13-5의 경우 역시 세 줄의 원과 두 줄의 사각형이 세로로 배열된 것으로 인식된다.

폐쇄성 원리(the Principle of Closure): 인간의 인지조직은 폐쇄된 전경을 지각하려는 경향이 강하다는 것으로, 폐쇄되어 완전한 형상을 이룬 것이 전경이 되기 쉽다는 것이다. 그림 13-6을 보면, 비록 그림에서 원이 점선으로 그려져 있고, 점선 간의 간격이 매우 크지만, 사람들은 이것을 원으로 인식한다. 그림13-7 역시 원의 호 일부가 누락되어 불연속의 상태지만, 이 역시 원이며 호의 일부가 '숨겨져 있다'고 인식한다.

연속성 원리(the Principle of Continuation): 개체 간의 거리가 가깝거나 거의 붙어 있고, 선이 비교적 매끄럽게 잘 연결되어 있는 경우 하나로 인식되기 쉽다. 그림13-8은 몇 개의 반원이 연결되어 있지만, 대체로 매끄러운 곡선으로 인식하려는 경향이 있다. 그림13-9를 두 개의 선이 교차선이라고 인식하지 두 개의 'V'를 이어 놓은 것이라고 인식하지 않는다. 그림13-10은 폐쇄성 원리로도 설명할 수 있고, 연속성 원리로도 설명할 수 있다. 즉, 사람들은 '윤곽선이 완벽한 형상'과 '자연스럽게 연결된 선'이라는 인식에 근거해야 비로소 그림에서 삼각형을 인식해 낼 수 있다.

부분-전체 원리(the Principle of Metonymy): 전체는 부분의 총화 이상이며, 비교적 작고 움직이는 사물은 전경으로 인식되고 비교적 크고 고정적인 사물은 배경으로 인식되는 경향이 있다.

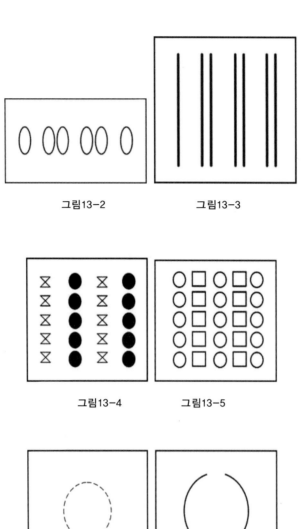

그림13-2   그림13-3

그림13-4   그림13-5

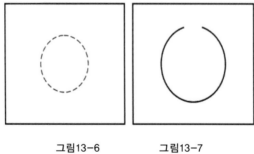

그림13-6   그림13-7

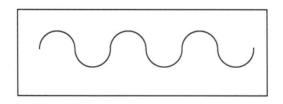

그림13-8

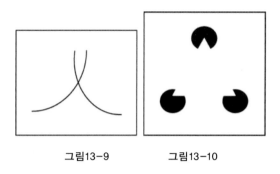

그림13-9   그림13-10

상술한 기본 원리를 통해 사람들이 주변 환경을 관찰할 때 서로 가까운 물체를 하나의 묶음으로 보고(근접성 원리, 그림13-2, 그림13-3), 유사한 물체를 하나의 묶음으로 보려는(유사성 원리, 그림13-4, 그림13-5) 경향이 강함을 알 수 있다.

사람들은 부분이 아닌 전체의 각도에서 사물을 판단하여(폐쇄성 원리), 그림13-6의 원은 점선의 형태이고, 13-7의 원은 호의 일부가 누락되어 있지만 여전히 원으로 간주하는 것이다.

그림13-8은 여러 개의 반원을 배열한 도안인데, 연속성 원리에 근거하여 그것을 연속된 물결선으로 인식하는 경향이 있다. 그림13-9는 두 개의 곡선이 교차된 것이라고 인식하지 결코 두 개의 'V'가 연결된 도형이라고 보지 않는다. 그림13-10은 일부가 누락된 검정색 원 세 개를 그린 것이지만, 사람들은 폐쇄성 원리와 연속성 원리에 근거하여 삼각형을 인식해낸다.

이상의 원리들은 모두 게슈탈트 심리학 가운데 중요한 법칙인 '간결성 법칙(프레그난쯔 법칙)'을 증명하였다. 간결성 법칙은 사람들이 지각을 통해 차이가 있는 시각 자극을 서로 연결되고 안정적이며 단순한 하나의 전체로 구성하며, 사람들에게 익숙한 사물은 더욱더 하나로 식별하려는 경향이 강해서 그 가운데 일부 혹은 개별적인 특징은 분석하지 않는다는 것이다.

'전경-배경 관계'는 상술한 몇 개의 원리와 긴밀하게 연결되어 있어서, 어떤 시각 자극에 대해 묘사할 때 특정 사물(혹은 도식)은 다른 것보다 더 부각되고, 다른 사물(혹은 도식)은 배경으로 물러나게 된다. 본 장에서 이러한 관계의 인지기제와 그것이 구문 구조에 어떠한 영향을 주는지에 대해 중점적으로 논의할 것이다.

제2절 '전경-배경 관계' 개괄

전경과 배경은 하나의 장면 혹은 동일한 인지틀 안에 있는 사물 혹은 사건으로, 대립과 통일 관계를 갖는다. 전경은 배경에 포함되어 있으며, 배경에서 부각되며, 배경은 전경에 배경과 해석을 제공하므로 이 둘은 서로 연결되어 있으면서도 구분이 된다.

여러 학자의 기술에 근거하여, 본 책에서는 전경과 배경 간의 전체적인 관계(이하 F-G관계로 약술)를 아래와 같이 정리하였다.

	전경(Figure)	배경(Ground)
1. F와 G의 분리성	한 번에 하나만 보임	
2. F와 G의 역전성	개인의 심리 요인(해석)과 관련 있음	
3. 지각적인 선호성	더 부각되고, 더 주목받고, 쉽게 기억됨	덜 부각되고, 덜 주목받고, 쉽게 기억되지 않음
4. 거리상의 근접성	앞쪽, 우선적으로 보고, 더 연관성 있음.	뒤쪽, 더 나중에 보이고, 더 멀고, 뒤쪽으로 계속 퍼짐
5. 구조상의 하나의 전체	연속되고, 간결하며, 확정적	없음
6. 위치상의 동태성	움직이는 사물, 비고정적인 위치	상대적으로 정지되어 고정적인 위치
7. 면적, 부피상의 상대성	비교적 작음(시간이 짧음)	큼(참조체로 쓰임)
8. 자질의 특수성	비교적 특수함	비교적 일반적임
9. 인지적 미지성	비확정적 시간·공간적 자질을 가짐	이미 알고 있고, 익숙하며, 이것을 참조점으로 삼아 F를 확정함
10. 관계상의 의존성	비교적 강함	독립성이 비교적 강함

그림13-11

지금부터 위에서 열거한 항목을 하나씩 설명하고, 각 항목이 언어 표현에 대해 어떻게 결정적인 작용을 하는지 소개하겠다. 이하의 설명은 인지언어학의 기본 원리와 일치하는 것으로, 언어의 체험성이라는 특징을 구현하는 것이며, 언어 표현 배후의 인지 기제를 반영하고 있기도 하다. 이와 관련하여 Radden&Panther(2004:28)는 아래와 같이 언급하였다.

…개념 실체의 전경-배경 관계는 그것들이 어떻게 언어로 부호화되는지를 결정한다.[2]

1. F와 G의 분리성

경험에 근거해 보면, 사람들의 주의력이 핵심적인 것과 부차적인 것을 구분하기 때문에 전경과 배경이 비록 같은 장면 혹은 인지틀 안에 공존하고 있더라도 서로 분리되어 있다. 이를 '전경-배경의 분리(Figure-Ground Segregation)'라고 한다. 즉, 실제로 관찰을 할 때 주의력은 시야의 한 점 혹은 특정 구역에 집중되기 때문에 동시에 전경과 배경 모두에 집중할 수 없다는 것이다.

이러한 현상은 언어 표현에서 절 안에서 부각되는 한 성분(전경)이 주어가 되고, 나머지 부각되지 않는 성분(들) 즉 배경은 목적어나 기타 성분이 되는 방식으로 구현된다. 예를 보자.

   [1] 月亮悬挂在夜空。 (달이 밤하늘에 걸려 있다.)
   [2] 夜空处处繁星璀璨。 (밤하늘에 별들이 총총히 빛나고 있다.)

예[1]에서 주의력은 '月亮'에 집중되어 전경이 되고, '夜空'은 배경으로 기술된다. 한편, 예[2]에서는 전경인 '夜空'이 출발점이 되고 '繁星璀璨'를 배경이 되어 문장을 구성하고 있다.

절 내에서 병렬 주어가 출현하는 경우가 있는데, 이 때 사람들은 이 두 개의(혹은 다수의) 주어가 나타내는 정보를 하나의 전체로 인식한다. 학자들은 둘 혹은 다수의 실체가 하나의 묶음을 구성하기 어렵고, 그들 간에 관련성이 없을 때, 이들은 병렬 성분을 이루지 못한다는 점을 발견하기도 했다. 제3절의 4를 참고하라.

전경과 배경은 서로 분리되는 특징을 갖는데, 이로 인해 전경만 있거나 배경만 있는 어구가 가능하다.

   [3] 半个月亮爬上来。 (반달이 떠오르네.)

---

2) …the figure/ground alignment of conceptual entities determines how they are coded in language.

[4] (不見月亮)漆黑的夜空。((달도 보이지 않는) 칠흑 같은 밤하늘)

또한 이 둘은 겹칠 수도 있다.

[5] 月亮遮住了星星。(달이 별을 가렸다.)

생활 속에서 전경과 배경을 구분하기 어려운 상황이 출현할 수 있는데, 이들이 하나의 연속체를 이루기에 그 사이에 어느 정도의 모호성이 있어 접합부 혹은 모호한 구역이 존재하기 때문이다. 사유의 관성 작용으로 접합부는 전경으로 처리된다. 예컨대, '秋水共長天一色(가을빛 강물은 긴 하늘과 하나의 색을 이룬다.)'[3]라는 장면에서 '水'가 '天'에 이어져 있고, '天'은 '水'와 잇닿아 있으며, 水天이 서로 연결될 때, 사람들은 가까운 '水'의 구역을 더 많이 볼지도 모른다.

2. F와 G의 역전성

만약 한참동안 그림13-1의 '루빈의 잔'을 바라보고 있으면, 전경과 배경이 서로 역전되어 꽃병이 보이다가 두 사람의 얼굴이 보이게 되는데, 이것을 '전경과 배경의 역전(Figure-Ground Reversal 혹은 Figure-Ground Switch)'이라고 한다. 이에 관해 Langacker(1991a:330)가 언급한 바가 있다.

> … 흰색 작은 점이 검정 바탕에 둘러싸여 있으면, 전경으로 인식되는 것이 정상적이다. 반면, 별 노력을 기울이지 않고 우리는 관계를 역전하여 이 장면을 구멍을 가진 검정색 넓은 표면으로 인식할 수 있는데, 이때 흰색은 배경(background)로 여겨진다…[4]

---

3) 落霞与孤鶩齐飞, 秋水共長天一色。(떨어지는 노을은 외로운 들오리와 함께 날고, 가을빛 강물은 긴 하늘과 하나의 색을 이룬다.) 출전: 王勃『滕王阁序』

4) … when a small white spot is surrounded by a field of black it is normally perceived as a figure; with little effort, however, we can reverse the alignment, so that what we perceive is a large dark suface with a hole in it, seen against a white background …

하지만, 어떻게 역전하든 한 번에 하나의 전경에만 주목할 수밖에 없기 때문에 전경을 보면서 배경을 보는 것은 불가능하다.

이러한 현상이 언어로 표현된 예 가운데 하나가 바로 절 내 주어와 목적어를 전환할 수 있다는 것이다. 언어학에서 자주 논의되는 능동태(Active Voice)와 수동태(Passive Voice)의 전환이 그것인데, 능동태의 목적어가 수동태의 주어로 전환되고, 능동태의 주어가 수동태의 사격(oblique) 혹은 목적격으로 전환된다. 陈融(2003)은 이 이론에 기초하여 '배경이 전경에 우선한다(G before F)'는 관점을 제안하고 이에 근거하여 영어의 도치 현상을 설명했다.

Langacker(1987, 1991a, 2000)는 참여자역 F와 배경 G 간의 관계 역전을 도식을 이용하여 아래와 같이 설명했다.

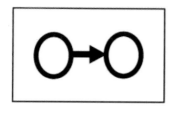 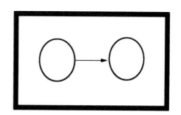

참여자역:전경/ 장면:배경   장면:전경/ 참여자역:배경

그림13-12

왼쪽 그림에서 장면의 두 참여자역은 사람들이 주목하는 주요 대상과 부차적인 대상인 절의 주어와 목적어로, 두 개의 원이 진하게 표시되어 있다. 한편 장면은 배경으로 부사어 등의 성분으로 가능하며 가는 선으로 틀이 표시된다.

오른쪽 그림은 장면이 주목하는 대상인 주어로 사각형의 틀이 진하게 표시되어 있다. 반면 참여자역은 배경이 되어 다른 성분으로 기능하며, 가는 선으로 표시된다. 이것은 吕叔湘 선생의 유명한 예로 설명할 수 있다.

[6] 主席团坐在台上。 (의장단이 단상에 앉아 있다.)
[7] 台上坐着主席团。 (단상에 의장단이 앉아 있다.)

예[6]은 왼쪽 그림에 대한 예시로, '主席团(의장단)'이 전경 혹은 탄도체가 되고, 예[7]은 오른쪽 그림에 대한 예시로 '台上(단상)'이 전경 혹은 탄도체가 된다. Langacker(2000:374)는 행위자 원리(Agentive Principle)5)와 위치 원리(Locational Principle)을 구분하였다(王寅, 2006:8 참고). 영어의 존재문인 'There-be'문형은 배경(Ground)을 주어로 하고 있는데, 여기에는 위치 원리가 작용하고 있기에 그림13-12의 오른쪽 그림에 해당한다.6)

[8] Susan resembles my sister. (Susan은 내 여자 형제를 닮았다.)
[9] My sister resembles Susan. (내 여자 형제는 Susan을 닮았다.)

객관주의 의미관(objectivist semantics)7)에 근거하면, 예[8]과 예[9]는 진리 조건이 같다. 즉, 동일한 객관 사실을 나타내고 있어 두 예는 논리적으로 대칭적이다. 따라서 논리의 각도에서 보면 예문의 술어 'resemble'은 대칭적인 특징을 띠고 있어 그것이 연결하고 있는 전항과 후항의 위치는 교체가 가능하며, 의미의 진리 조건에 영향을 주지 않는다.

그러나 인지의 각도에서 보면 상술한 두 예문은 전경과 배경에 있어 차이가 있다. 이 두 예문은 (참조)배경에 근거하여 확정한 전경이 다른데, 예[8]은 'my sister'를 참조배경으로 하여 'Susan'을 설명하고 있고, 예[9]는 'Susan'을 참조배경으로 하여 'my sister'를 설명하고 있다. 이를 통해 전경과 배경의 역할이 교체되면 이들이 기술하는 의미의 중점이 달라짐을 알 수 있다. 이것은 Langacker(1991a:311)가 언급한 것과 같이 윤곽부여(profile) 관계의 대칭성은 어떤 면에서 비대칭성을 띨 수 있는데, 주어와 목적어를 다르게 선택하면 어구가 동의 관계일 수 없는 것으로부터 알 수 있다.

---

5) [역주] 행위자로서의 이동자에 초점을 두어, 이동자가 다른 개체들에 관계지어서 공간에서 이동할 때 그것의 행동을 좇아간다(Langacker(1999), 『Grammar&Conceptualization』, Walter de Gruyter Gmbh&Co., 김종도·나익주 역(2001), 『문법과 개념화』, 박이정).

6) 董成如(2009)는 중국어 존현문에 대해 깊이 있게 연구하여 자신의 이론 모형인 '참조점에 근거한 동작 연쇄'를 제시했을 뿐 아니라 폐쇄말뭉치(Closed Corpus)를 구축하여 상세한 데이터 통계와 분석을 하였다.

7) [역주] 인지주의 의미관과 대비되는 의미관으로, '위에서 아래로(Top-down)'의 접근법을 취하며, 절대적인 규칙이 우선적으로 존재하고 그 규칙이 적용되어 실제의 현상이 생성된다고 하는 사고방식이다. 이 접근법은 예측 가능성을 중시한 경제적인 모형이지만, 언어 현실의 다양성과 포괄성을 무시해온 한계가 있다. (임지룡, '긴장'의 개념화 양상, 담화와인지 제8권 제2호, 2001:205-227)

Langacker(1987, 1991, 2008)은 이러한 심리요소를 해석(Constual) 능력이라고 칭하고, 아래와 같이 정의했다.

우리는 같은 상황을 여러 가지 다른 방법으로 상상하고 묘사할 수 있는 능력을 가지고 있다.8)

Langacker는 반잔을 나타내는 표현으로 이를 직관적이고 형상적으로 설명하고 있다.

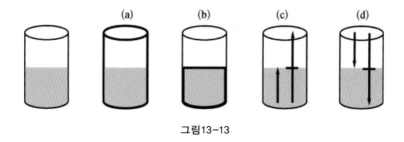

그림13-13

가장 왼쪽의 그림은 객관적인 장면으로, 컵 안에 반잔의 물이 담겨있다는 상황은 언제나 변함없다. 그러나 사람마다 이 사실을 다르게 인식하기 때문에 네 가지 상이한 언어 표현이 가능하다.

[10] a. the glass with water in it   물이 담겨진 유리잔

    b. the water in the glass   유리잔 안의 물

    c. the glass is half-full   유리잔이 반은 찼다

    d. the glass is half-empty   유리잔이 반은 비었다.

이것은 사람들이 자신의 생각을 표현하고 자신이 이해한 장면을 표현하기 위해서 동일한 장면에 대해 상이한 관점에서 상이한 초점을 선택하여 상이한 방법으로 관찰하고 해석

---

8) We have the ability to conceive and portray the same situation in many different ways.

한 것이다. 이로 인해 상이한 언어 형식과 표현을 하게 되는 것이다. F-G관계는 이 가운데 초점 및 현저성(salience)과 관련이 있다.

Taylor(2002:11)는 아래와 같이 언급했다.

전경-배경 구조는 단지 일반적인 현상 가운데 한 측면으로, 심리적으로 상황을 두 가지 중에 한 가지 방법으로 해석하는 능력이다. 우리는 상이한 전경-배경 구조로 장면을 구성할 수 있다.[9]

Taylor가 여기서 사용한 'alternative'는 Langacker의 'different'보다 확정적이다. 왜냐하면 'alternative'는 '두 가지 가운데 쓰일 수 있는(two things that may be used)' 혹은 '둘 중 택일(choice between two things)'이라는 의미인 반면, 'different'는 이런 의미가 없기 때문이다. 'construe'에 관해서는 Langacker(1987, 1991a/b, 2008)와 Taylor(2002:189), Cruse&Croft (2004), 王寅(3006)을 참조하라.

영어의 동원파생어로 해석의 해석력을 설명할 수 있다. 동원파생어는 핵심내용(핵심어근)이 같지만, 상이한 접사를 운용하여 다른 품사로 쓰인다. 이러한 방법으로 전경과 배경의 관계를 처리하고 각기 다른 성분을 윤곽부여할 수 있다. 우리는 '사건역 인지모델 (Event-domain Cognitive Model, ECM)'(王寅, 2005a 참고)과 '전경-배경 현저성 원리'로 아래와 같이 분석할 수 있다. 사건역은 A(Action, 그림 가운데 직선으로 표시)와 B(Being, 그림 가운데 원으로 표시) 두 개의 핵심 요소를 포함하고 있다. 단순타동성 사건은 두 개의 Being(두개의 원)과 하나의 Action(하나의 직선)으로 이루어지며, 'B$_1$-A-B$_2$'의 단순사건을 구성한다. 사건에 포함된 세 요소에 대한 상이한 윤곽부여 양상을 통해 영어 동원파생어의 형성기제를 설명할 수 있다.

---

9) Figure-ground organization is but one aspect of a broader phenomenon, namely, our ability to mentally "construe" a situation in alternative ways. We can structure a scene in terms of different figure-ground organizations.

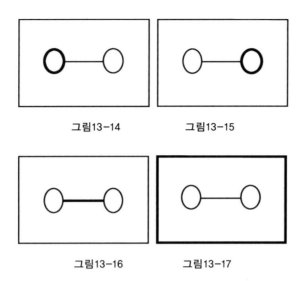

그림13-14   그림13-15

그림13-16   그림13-17

그림13-16은 사건 가운데 두 개의 참여자의 Action(진하게 표시된 선)을 윤곽부여한 것이다. 13-14와 13-15는 사건의 각기 다른 참여자(상이한 두 개의 진한 원)를 윤곽부여한 것이고, 13-17은 전체 사건(진하게 표시된 사건틀)을 윤곽부여한 것이다. 가령, 영어의 동사 'employ'와 관련된 파생어에는 'employer, employee, employment'가 있는데, 이들 단어는 의미관계가 매우 밀접하다. 이 단어들은 같은 핵심 내용을 공유하지만 각기 다른 접사를 부가하여 사건의 각기 다른 요소를 '윤곽부여'하고 있다. 가령, 'employer'는 '고용 사건' 가운데 '고용인 B_1'이라는 참여자 성분을 윤곽부여하여(그림13-14 참고) 나머지 내용은 배경이 된다.

'employee'는 사건의 '피고용인 B_2'를 윤곽부여하여(그림13-14 참고), 다른 의미성분은 배경이 된다. 동사 employ는 두 참여자간의 '고용관계 A'를 윤곽부여하여(그림13-16 참조) 나머지 의미성분은 배경이 된다. 이 동사의 파생 명사인 'employment'는 전체 개념을 윤곽부여하여 명사로 처리된다(그림13-17 참고).

그림13-18은 영어의 employ와 유사한 일련의 단어들을 나열한 것으로, 이 역시 '전경-배경 원리'를 설명하거나 조어 층위상의 해석력을 '해석'하는 데 사용될 수 있다. 다시 말하면, 전경-배경 원리는 영어에서 동원파생어가 형성되는 인지기제가 된다.

그림13-16	그림13-14	그림13-15	그림13-17
admire(감탄하다)	admirer	admiree	admiration
bribe(뇌물을 쓰다)	briber	bribee	bribery
cause(원인이 되다)	causer	causee	causation
choose(선택하다)	chooser	choice	choice
donate(기부하다)	donator	donee	donation
examine(시험보다)	examiner	examinee	examination
expel(방출하다)	expeller	expellee	expelling
grant(교부하다)	grantor	grantee	grant
interview(면담하다)	interviewer	interviewee	interview
lease(빌리다)	lessor	lessee	lease
narrate(말하다)	narrator	narratee	narratation
nominate(추천하다)	nominator	nominee	nomination
pay(지불하다)	payer	payee	payment
possess(소유하다)	possessor	possessee/possessum	possession

그림13-18

루빈의 잔이 보여주는 그림은 객관적인 장면으로, 진리조건 의미론의 관점에서 보면 관찰된 대상은 변함이 없다. 다만 어떤 성분을 전경으로 선택하는지가 사람마다 달라서, 어떤 사람은 화병이 보이고, 어떤 사람은 마주보고 있는 두 사람의 얼굴이 보인다. 이러한 차이는 개인의 기호, 감정, 미적 감각 등과 관련이 있다. 이 원리로도 영어의 동원파생어 현상을 설명할 수 있다

이 분석방법은 동일한 의미를 나타내는 문장 간 관계를 해석할 수도 있다(Evans&Tyler, 2004:164에서 발췌).

[11] She is in the prison. (그녀는 감옥에 있다.)

[12] She is a prisoner. (그녀는 죄수이다.)

[13] She is in prison. (그녀는 수감 중이다)

예[11]은 탄도체 'She'와 지표 'the prison'간의 관계를 윤곽부여한 것으로 그림13-16에 해당된다. 예[12]는 탄도체 'She' 자신의 신분을 윤곽부여한 것으로 그림13-14에 해당되

며, 예[13]은 추상적인 전체 개념으로서의 '감옥'을 윤곽부여한 것으로 그림13-17에 해당된다. 예문을 더 살펴보자.

[14] He is in the hospital. (그는 병원에 있다. ☞ 그림13-16으로 해석, 양자의 관계를 나타냄)

[15] He is a patient. (그는 환자다. ☞ 그림13-14로 해석, 탄도체의 신분을 나타냄)

[16] He is in hospital. (그는 입원 중이다. ☞ 그림13-17로 해석, 추상적인 전체 개념을 나타냄)

[17] He is at the table. (그는 식탁에 있다. ☞ 그림13-16으로 해석, 양자의 관계를 나타냄)

[18] He is an eater. (그는 식객이다. ☞ 그림13-14로 해석, 탄도체의 신분을 나타냄)

[19] He is at table. (그는 식사중이다. ☞ 그림13-17로 해석, 추상적인 전체 개념을 나타냄)

영어에서 정관사의 유무 역시 이러한 구분이 가능한데, 정관사가 부가된 경우는 비교적 구체적인 장소나 상황을 나타내는 것으로 그림13-16으로 설명할 수 있는 반면, 정관사를 부가하지 않은 경우는 상대적으로 추상적인 하나의 묶음 개념으로 그림13-17로 설명할 수 있다. 예를 보자(王寅·李弘, 1983:763-771).

[20]	a. go to the school	(학교에 가다, 학생으로서 수업을 하러가는 게 아니라 학교에 가는 과정을 가리킴)
	b. go to school	(수업하러 등교하다. 추상적인 개념을 가리킴)
[21]	a. go to the church	(교회에 가는데, 꼭 예배를 보는 것은 아님)
	b. go to church	(예배보러 가다)
[22]	a. go to the prison	(감옥에 가서, 죄수를 면회하다)
	b. go to prison	(징역을 살다)
[23]	a. go to the sea	(해변에 가다)

b. go to sea　　　　　　　(선원이 되다)

[24] a. go to the market　　　(식료품 시장에 가는데, 꼭 장을 보러가는 것은 아님)

　　　b. go to market　　　　　(장보러 가다)

[25] a. in the store　　　　　　(상점에 있거나 창고에 있다)

　　　b. in store　　　　　　　(저장된, 재고의, 곧 닥치려고 하는)

[26] a. in the open　　　　　　(노천에서, 야외에서)

　　　b. in open　　　　　　　(공공연한, 공개된)

[27] a. take the air　　　　　　(야외에서 산책하며, 신선한 공기를 호흡하다)

　　　b. take air　　　　　　　(널리 퍼지다)

3. 지각적인 선호성

지각적으로 선호되는(Perceptual Preference) 사물 혹은 사건은 사람들이 가장 주목하는 대상이기도 하므로 우선적으로 전경으로 개념화되며, 인지적 현저성도 갖게 된다(13.2.2 참조). 한편, 지각적으로 덜 선호되는 사물과 사건은 배경으로 개념화되며, 인지적으로 덜 현저하거나 현저성을 갖지 못한다. 예를 보자.

[28] He exploded the dam after he touched the button. (그는 버튼을 누른 후 댐을 폭파했다.)

위의 예에서 전반부인 주절이 전경이다. 즉, 어구 내용에서 부각되는 내용으로, '댐 폭파 사건'을 강조하고 있다. 후반부(부사어절)는 배경으로 주절이 발생한 시간 혹은 원인을 제시하고 있다. 이 예는 아래와 같이 수정할 수 있다.

[29] He touched the button before he exploded the dam. (그는 댐을 폭파하기 전에 버튼을 눌렀다.)

위처럼 수정하면, 예[28]과는 전혀 다른 의미를 나타내게 되는데, 주절인 'He touched the button'이 전경이 되고, 부사어절인 'he exploded the dam'이 배경이 되어 문장 전체가 부각하는 의미는 댐 폭파의 원인을 추궁하는 것이다.

앞서 논의한 예[6]과 [7]도 이러한 현상을 설명할 수 있다.

[30] Line A parallels Line B. 직선 A는 직선 B와 평행하다.
[31] Line B parallels Line A. 직선 B는 직선 A와 평행하다.

예[30]이 말하는 것은 직선 A는 직선 B와 평행하다는 것으로, 직선 A가 출발점이 되어 A를 지각적으로 선호하며, A에 관심이 있으므로 전경이 된다. 반면 [31]은 B를 지각적으로 선호한다. 따라서 이 두 문장은 진리 조건은 같지만 의미의 중점이 다르다. 송(宋)대 시인 崔護의 명시 「題都城南庄」를 보자.

[32] 去年今日此门中, 人面桃花相映红。 (작년 오늘 이 문에서, 사람의 얼굴과 복숭아꽃이 서로 붉게 빛났다.)
　　人面不知何处去, 桃花依旧笑春风。 (사람의 얼굴은 어디로 갔는지 모르지만, 복숭아꽃은 여전히 봄바람에 웃고 있다.)

앞의 두 절에서 배경인 '此门'에서 두 개의 전경인 '人面'과 '桃花'가 유도되어 오고, 뒤의 두 절에서는 원래 전경인 '人面'은 장면에서 없어졌으므로 배경이 되면서 전경인 '桃花'를 부각한다. 그러나 일각에서는 '桃花依旧笑春风'를 배경으로 이해해야 작가의 당시 감정, 즉 작년에 본 사람의 모습을 깊이 그리워하는 것을 더 잘 반영하고 있다고 주장한다. 이는 전경과 배경간의 관계가 천편일률적인 것이 아니라 사람에 따라 달라질 가능성이 있다는 점을 설명해주는 것이다

일반적으로 비교적 작으면서 구조를 갖추고 있고 연결되어 있으며 하나의 묶음으로 일체를 이루고 있으며, 눈앞에 있고 최근에 발생한 사물이나 사건(이어지는 문장 참고)은 더 쉽게 식별되고 인지가공을 하는 데 필요한 노력이 비교적 적게 들어 쉽게 기억되므로 전경으로

개념화된다. 한편, 구조성, 연결성, 일체성이 없으며, 비교적 멀리 있고 먼 곳에서 발생한 사물 혹은 사건은 식별하기 어렵고 쉽게 기억되기 어려워 배경으로 개념화된다.

4. 거리상의 근접성

거리가 가까운 사물이나 사건이면서 우선적으로 봤거나 최근에 발생한 사물이나 사건은 지각적으로 선호되어 전경으로 개념화된다. 위치적으로 비교적 먼 사물이나 사건은 좀 더 나중에 보거나 시간적으로 거리가 있어 배경으로 개념화된다.

일반적으로 위치가 앞쪽이거나 더 가까운 사물은 빛을 받고 빛의 산란이 적어 그 모습이 더 명확하며, 눈에 더 잘 들어와 더 많이 주목을 받아 지각적으로 선호된다. 위치가 뒤쪽에 있고 비교적 멀리 있는 사물은 빛의 산란이 많아 가까이에 있는 사물보다 이미지 형성이 명확하지 않아 좀 더 나중에 인식되어 지각적으로 덜 선호되거나 전혀 선호되지 않는다. 이것은 매우 자연스러운 현상이다.

배경은 뒤에 있고 비교적 멀리 있는 사물로, 뒤로 확장될 수 있는 특징을 갖는다.

[33] The river is flowing at the foot of the mountain. (강이 산기슭에서 흐르고 있다.)

위치를 보면, 예[33]의 강은 발화자에게서 더 가깝고 산은 그 뒤에 있다. 또한 뒤로 확장될 수 있는(이어질 수 있는) 특징을 갖고 있기도 한다.

[34] 孤帆远影碧空尽, 唯见长江天际流。 (외로운 돛단배 먼 그림자 푸른 하늘로 사라지고, 장강만 하늘 끝으로 흘러가네.)

[35] 白日依山尽, 黄河入海流。 (해는 산을 넘더니 저물어 사라지고, 황하는 멀리 바다로 흘러든다.)

예[34]의 앞 절에서 '孤帆'은 전경이고, '碧空'은 배경이다. '孤帆'은 작가에게서 비교적 가깝고, '碧空'은 비교적 멀고 그 뒤로 확장이 가능하다. 뒷 절의 '长江'은 전경이고 '天际'

는 배경으로, '天际'는 '长江'의 배경이며 뒤로 확장되는 특징이 있다. 이 두 절이 만들어낸 대구 관계는 F-G대칭의 각도에서 합리적으로 해석할 수 있다. 예[35]의 '白日'과 '山', '黄河'와 '海' 사이에도 동일한 대구의 F-G관계가 있다.

F-G사이의 차이는 사건이 최근 혹은 그 이전에 발생했는지의 차이와도 관련이 있다. 장면 혹은 의식에서 최근의 눈앞에 있는 사건은 전경으로 개념화되고 비교적 멀리 떨어진 역사적인 사건이나 사물은 배경으로 개념화된다.

[36] Susan resembles Mona Lisa. (수잔은 모나리자를 닮았다.)

[37] *Mona Lisa resembles Susan.

사람들은 다빈치가 그린 모나리자와 그녀의 미소에 대해 잘 알고 있다. 그녀는 역사적인 인물로 우리와 비교적 멀리 떨어져있다. 사람들은 모나리자를 참조점으로 해서 지금 사람의 특징을 묘사할 수 있으므로 예[36]이 일반적인 표현이다. 한편 예[37]은 전경을 잘못 선택한 것이다. 물론 희화하기 위해서 이러한 표현을 쓸 수도 있지만, 이는 마치 '아버지가 아들을 닮았다.'는 표현처럼 자연스럽지 않다.

5. 구조상의 연계성

사물 혹은 사건이 구조적으로 프래그난쯔 원리에 부합하면, 구조 혹은 외형이 비교적 완벽하고 확정하기 쉬우며 규칙성과 연계성이 비교적 높으며 구조가 비교적 단순하고 긴밀하며 비율도 비교적 균형적이다.

이를 통해 하나의 묶음을 이루는 통합성은 확정성, 규칙성, 연계성, 단순성 등의 특징을 포함한다는 것을 알 수 있다. 게슈탈트 심리학에서는 구조적으로 통합성을 띤 사물이 더 쉽게 전경으로 선택되며, 통합성은 연계성과도 밀접한 관련이 있다고 본다. 이것은 선이 끊어지지 않고 매끄럽게 연결된 하나의 묶음을 가리키거나 하나의 묶음인 전경이 보이지 않을 때 경험에 근거하여 숨겨진 부분 혹은 생략된 부분에서 규칙적인 상황을 상상해낼 수 있다는 것을 가리킨다.

반면, 구조적으로 통합성을 가지지 못한 사물, 즉 외형적으로 그다지 확정적이지 않고, 명확한 규칙이 없으며, 외형의 선이 연계성이 없는데다가 구조도 복잡하며 그것들의 면적과 체적이 비교적 큰데다 뒤쪽으로 확장이 가능한 특징까지 가지고 있는 경우, 이 사물은 배경으로 선택되기 쉽다. 이 역시 예[33], [38]과 같이 언어 표현을 통해 증명되었다.

6. 위치상의 동태성

운동하는(Moving) 혹은 운동할 수 있는(Movable) 사물은 전경으로 개념화되며, 이때 이 사물의 위치는 매우 유동적이다. 한편, 정지되어 있거나 움직일 수 없거나 움직이기 어려운 사물은 배경으로 개념화되며, 이 사물의 위치는 비교적 고정적이다

'운동'의 생물학적 정의는 다른 물체에 대한 상대적 위치가 변화한 것이다. 이러한 정의에 근거하면 '운동'은 두 개의 사물 A와 B가 있어야 하며, B가 정지한 것이고 A가 이에 상대하여 위치이동이 일어났다면, A는 운동하고 있는 것이다. 이러한 물리현상을 심리학 용어로 개념화한 것이 바로 A는 전경이 되고 B는 배경이 된다는 것이다. 예를 보자.

[38] The plane is flying over the city. (비행기가 도시 위를 날고 있다.)

위의 예에서 비행기는 운동하는 물체로 전경이 되고, 도시는 상대적으로 정지된 것으로 배경이 된다.

전경이 운동하고 있기 때문에 F-G관계는 전경이 배경에 진입하거나, 전경이 배경을 벗어나거나 전경이 배경에 접촉하거나 전경과 배경이 겹치는 것과 같이 다양한 상황이 출현할 수 있다.

'운동이 가능하다'는 것은 이 사물이 지금은 정지 상태이더라도 필요에 따라 외부의 힘이 가해져 위치가 이동될 수 있다는 것이다. 예를 보자.

[39] The picture is on the wall. (그 그림은 벽에 걸려있다.)

위의 예에서 '그림'은 '벽'에 비해 작은 사물(13.2.7 참고)인데다 이동이 가능하므로 우선적으로 전경으로 식별된다. 또 다른 예를 보자

[40] 明月松间照, 清泉石上流。
　　　F G　　　F G
　　(밝은 달은 소나무 사이로 비추고, 맑은 샘물은 돌 위로 흐르네.)

[41] 千山鸟飞绝, 万径人踪灭
　　　G F　　　G F
　　(온 산에 새 한 마리 날지 않고, 모든 길에는 인적이 끊겼구나.)

예[40]에서 '明月'는 배경이 되는 '松'과 비교해 보면 움직일 수 있는 것이므로 전경이 되고, '清泉'은 배경이 되는 '石'와 비교해보면 움직일 수 있는 것이므로 전경이 된다. 이 두 절의 F-G관계는 대응 관계가 있다. 예[41] 역시 동일하게 해석할 수 있다.

때로는 아래와 같은 상황도 맞닥뜨릴 수 있다.

[42] A wolf　is chasing　a sheep　in the field. (늑대가 들판에서 양을 쫓고 있다.)
　　주요 전경　　　　　　부차 전경　배경
　　　F　　　　　　　　　G/F　　　G

위의 예를 Langacker의 무대모형(Stage Model)으로 해석할 수 있다. '늑대'와 '양'은 모두 무대의 전경으로 간주할 수 있는데(제3절 참조), '늑대'가 '양'을 쫓을 때 이 둘은 움직이고 있으므로 당연히 둘 다 전경으로 볼 수 있다. 하지만 늑대가 주동적으로 양을 쫓아 공격성을 띠고 있는데다가 늑대가 양보다 빨리 달리므로 늑대의 운동성이 더 강하므로 늑대가 주요 전경으로, 양은 부차 전경으로 분석된다.

그렇지만, 전경과 배경은 상대성과 역전성을 띠고 있기 때문에 'a sheep'은 F-G역전이 될 수 있다. 즉, '늑대가 양을 추격'하는 이 사건에서는 '양'이 배경이지만, [42]의 마지막

부분에서 제시한 바와 같이 '양이 들판에 있다'에서 '양'은 전경으로 역전된다.

이와 같이 F-G간의 연속적인 역전을 운용하여 F-G연쇄를 형성하여 정보와 어구를 구성할 수 있다(예[62] 참조).

7. 면적, 부피상의 대비성

넓이 혹은 부피의 대비는 넓이 혹은 부피가 비교적 작은 사물이 전경으로 개념화되기 쉽고, 비교적 큰 사물이 배경으로 개념화되기 쉽다는 것이다. 이것은 13.2.3과 13.2.6과도 일맥상통하는데, 부피가 작은 사물은 부피가 큰 사물에 비해 움직임이 더 쉽고 움직이는 사물은 정지된 사물보다 사람들에게 더 쉽게 지각되기 쉬우므로 사람들은 이것을 전경으로 여기기 때문이다. 이것은 인간이 공간관계를 개념화할 때 가장 자주 보이는 현상이다.

대다수 사람들이 그림13-1을 보면 배경 앞에 있는 흰색 화병을 먼저 지각하는데, 이것이 배경보다 부피가 작고 대칭적인 구조를 이루고 있기 때문이다. 마찬가지로 넓은 녹색 들판에 빨간색 옷을 입은 여자아이가 서있는 경우, 이 여자아이는 현저하게 인식되어 전경으로 개념화된다. 따라서 아래의 표현 역시 매우 자연스럽다.

[43] The girl in red is standing in the green field. (빨간 옷을 입은 소녀가 녹색 들판에 서있다.)

아래의 예[44]와 [46]은 자연스러운 표현이다.[10] 그러나 인지방식을 뒤집어 각 항목을 도치하면 인간의 자연스러운 지각경험에 위배되기 때문에, 이에 대응하는 언어 표현인 예[45]와 [47]은 수용성이 떨어진다.

[44] The bike is near the house. (자전거가 집 옆에 있다.)

---

10) 심리학의 연구에 따르면, 주의(注意, attention)는 '의식적인 주의'와 '무의식적인 주의'로 구분되는데, 여기서 말하는 자연스러운 지각 경험이라는 것은 무의식적인 주의에 속한다. 의식적인 주의인 경우에는 모든 사물이 다 주의 집중의 대상이 될 수 있다.

[45] *The house is near the bike.

[46] The bike is in front of the house. (자전거가 집 앞에 있다.)

[47] *The house is behind the bike.

발생 시간이 짧은 사건[Talmy(2000:322)에서는 이것을 'Point Event'(순간 사건)이라고 지칭]은 부피가 작은 사물에 해당되고, 발생 시간이 긴 사건[Talmy는 이것을 'Extent Event(범위 사건) 이라고 지칭]은 부피나 넓이가 비교적 큰 사물에 해당된다. 따라서 전자가 나타내는 사건은 전경으로 개념화되고 후자가 나타내는 사건은 배경으로 개념화되어 전자가 후자에 포함되 곤 한다. 이것이 바로 Talmy(2000:328)에서 언급한 내포원리(Inclusion Principle)이다.

[48] He died at his post. (그는 재직 중 사망했다(순직했다).)

[49] He died while he was still the head of the district. (그는 구청장을 하던 중에 사망했다.)

[50] He had two physical examinations during the last three years. (그는 지난 3년간 두 번의 신체검사를 받았다.)

예[48]에서 '사망'은 '재직 중'에 비해 시간이 짧은 반면, '재직 중'은 시간이 비교적 길기 때문에 배경으로 선택된다. 예[49]와 [50] 역시 같은 이치이다. 예[49]에서 전경의 성격을 띤 주요 정보는 주절로 부호화되고, 배경의 성격을 띤 부차 정보는 종속절로 부호 화된다. 한편, 영어에서 부사어의 위치는 상대적으로 자유로워 상황에 따라 (술어를 기준으 로) 전치되거나 후치될 수 있지만, 중국어의 부사어는 일반적으로 전치된다.

[51] 十年离乱后, 长大一相逢。 (10년간의 난리 후, 자란 후 만났다.)

'十年离乱'은 '一相逢'에 비해 시간이 길기 때문에 배경으로 해석되어 후속되는 절의 시 간부사어가 되고, 후속절은 전경이 된다. 중국어의 부사어가 (술어를 기준으로) 전치되기 때문에 중국어의 절은 G-F의 순서로 표현된다(예[62] 참조).

상술한 13.2.2에서 논리적으로 대칭인 두 사물은 그 위치가 서로 전환되어도 의미의 진리값에는 영향을 주지 않는다고 언급하였다. 그러나 이러한 대칭 관계가 반드시 두 개의 대응되는 표현으로 구현되는 것은 아니고, 어떤 것을 주어로 선택하고 어떤 것을 목적어로 선택하는 문제는 그림13-11의 좌우에 열거된 특징을 고려해야 한다. 'resemble'을 예로 하여 살펴보자.

[52] Susan resembles her mother. (Susan은 그녀의 엄마를 닮았다.)

[53] *Her mother resembles Susan.

예[52]는 자연스러운 표현인 반면, [53]은 수용성이 떨어지는데, 부모의 특징이 자녀에게 유전되지만 그 반대의 상황은 없다는 상식에 위배되기 때문이다. 부모는 연장자로, '부피가 큰'것으로 이해되어 배경의 은유적인 표현이 되며, 앞서 논의한 거리의 원근으로 전경과 배경을 구분한 이치와 일맥상통한다. 이것은 ICM으로도 합리적인 설명이 가능하다 (王寅, 2007a의 제6장과 제3장, 제4장을 참고하라).

이상의 특징에 근거하여 13.2.2에서 언급한 예[8]과 [9]를 분석할 수 있다. 이 두 예문이 논리적으로 서로 바꿔 써도 문제가 없는 것은 'Susan'과 'her sister'는 또래라서 나이 면에서 크기 차이가 없기 때문이다.

8. 자질의 특수성

특수한 사물 혹은 사건은 주목을 받아 사람들의 마음속에서 중요한 위치를 차치한다. 따라서 지각적으로 선호되어 전경으로 개념화된다. 특수한 사물에 비해 일반적인 사물은 전경을 두드러지게 하는 배경이 된다.

이것은 13.2.7에서 논의한 내용과도 맥을 같이 하는데, 특수성은 일반성에 비해 그 수가 적은 반면, 일반성은 보편적으로 존재하는 상황이다. '万绿丛中(수많은 푸르른 잎사귀)'에서 '一点红(한 송이 붉은 꽃)'이 훨씬 더 주목을 받는 것은 바로 이러한 이치 때문이다. 중국어의 많은 숙어는 이러한 심리 특징을 잘 반영하고 있다.

[54] 鹤立鸡群 (군계일학)

[55] 枪打出头鸟 (모난 돌이 정 맞는다)

[56] 木秀于林, 风必摧之; 堤出于岸, 水必湍之; 才出于众, 人必毁之。(나무가 숲의 다른 나무보다 높이 자라면 바람이 어김없이 부러뜨리고, 제방이 높이 쌓이면 물살이 그것을 어김없이 쓸어버리고, 인재가 출중하면 사람들이 어김없이 그를 모함한다.)

사람들이 보편적으로 받아들일 수 있는 관례와 통상적인 규정이 일반적인 것으로, 사람들은 이것을 참조점으로 하여 다른 사물을 평가하고 인지한다. 앞서 논의한 예[36] 역시 항목에 근거하여 합리적으로 설명할 수 있는데, 모나리자는 사람들이 다 아는 인물이고 그녀의 미소 역시 사람들이 보편적으로 알고 있는 모습이므로 이것을 참조점으로 하여 어떤 사람의 특징을 설명하는 것이 일반적이다.

따라서 논리적으로 대칭적인 관계인 사물의 앞뒤 항목을 도치한 언어 표현의 수용성은 F-G관계의 특수성과 보편성에 의해 결정된다.

9. 인지적 미지성

일반적으로 사람들의 인지역에서 미지의(unknown), 비확정적(to be determined) 공간 혹은 시간 자질을 갖는 사물이 더 쉽게 전경으로 선택된다. 이것은 13.2.3과 13.2.6의 특성에도 부합하는데, 움직이는 사물은 공간적으로 확정적이지 않으며, 미지의 요인이 증가하여 사람들이 관심을 기울이고 싶은 대상이 되는 것이다.

미지의 사물은 이미 알고 있는 사물을 참조점으로 해서 이해해야 하며, 배경에는 전경의 미지 특징을 확정할 수 있는 정보를 포함한다. 이것은 정지하거나 혹은 상대적으로 정지된 사물의 위치는 비교적 확정적이어서 더 많은 기정보를 포함하고 있기 때문이다.

이러한 특징은 13.2.8에서 언급한 '일반적인 개념은 배경이 된다'는 것과도 매우 밀접한 관계가 있다. 사람들은 외부 세계로부터 많은 자극을 받는데, 그 가운데 사람과 밀접한 관계가 있는 자극은 생활의 일상 경험 혹은 기본역(Basic Domain)이 된다. 공간, 온도, 맛, 압력, 통증, 색깔 등과 같은 이러한 기본역은 이미 알고 있는 정보로 간주되어 배경이 됨으로써 알지 못하는 사물과 전경을 확정해준다.

Talmy(2000:315-316)은 이를 '본질적인 특징(Defining Characteristics)'으로 간주, 이 특징이 전경과 배경을 확정하고 주어 등을 선택하는 데 있어서 중요한 작용을 한다고 설명하였다.

10. 관계상 의존성

전경과 배경은 대립적 통일성(Opposite Unity)을 띠고 있다. 앞에서 양자 간의 대립된 상황을 많이 기술했지만, 이 둘 사이에는 상호의존적인 관계가 있다. 즉, 전경 없이 배경을 이야기할 수 없고, 배경 없이 전경을 논할 수 없다. 그러나 실제 상황에서는 양자 간 의존성에 큰 차이가 있다.

전경이 나타내는 정보는 지각적으로 선호되어 사람들이 더 관심을 갖는 사물로서 대부분은 기술하려고하는 사물 혹은 사건이다. 이들은 독립적이지 못하고, 배경에 의존해야 존재하거나 확정된다. 반면, 배경의 정보는 독립적이며, 전경 정보에 의존하지는 않는다. 이 둘의 관계는 흡사 자전거가 건물의 벽에 기대어져 있는 것과 같아서 벽이 없이는 자전거를 기대둘 수 없는 것과 같다. 따라서 우리는 아래와 같이 말할 수 있다.

[57] The bike leaned against the wall. (자전거가 벽에 기대어져 있다.)

하지만, 이 문장을 거꾸로 말하면 우스꽝스러워진다.

[58] He dreamt while he slept. (그는 잠자는 동안 꿈을 꾸었다.)

잠든 이후에야 꿈을 꿀 수 있으므로 꿈은 잠에 의존하므로 예[58]은 자연스러운 표현이다. 하지만, 성분 간 자리를 바꾸게 되면 수용성이 떨어진다.

[59] *He slept while he dreamt.

13.2.9와 13.2.10의 특징은 앞서 논의한 13.2.2와 13.2.4의 특징과 결합되며, 순서도상성과 화용 원리에도 부합한다.

어구의 배열순서가 다양한 것은 여러 도상성 원리를 준수한 결과이다. 영어에서는 중요하고 주목을 받고 긴급한 정보를 문두에 배치하는데, 이러한 어구의 배열순서는 현저한 정보를 현저한 위치에 배치한다는 현저성 원리와 유사하다. 따라서 화용적인 각도에서 단어 조합으로 문장을 만드는 순서를 분석하려면 정보의 현저성, 긴급성과 예측가능성을 고려해야 한다. Givón(1990, 1994:55)은 순서도상성의 두 가지 화용 원리를 기술한 바 있다.

(1) 중요하고 그리고 긴급한 정보일수록 언어부호 배열의 앞쪽에 오는 경향이 있다.[11]

(2) 접근가능성이 떨어지고 예측이 어려운 정보일수록 언어부호 배열의 앞쪽에 오는 경향이 있다.[12]

Givón의 논의를 본서에서 언급한 F-G관계와 연결시켜보면, (1)에서 언급한 '중요한 것일수록'을 '현저한 것일수록'으로 수정하고, (2)에서 기술한 '접근가능성이 떨어질수록'은 '생소할수록'으로 수정하면, 순서도상성에 부합하는 두 개의 화용 원리는 F-G관계와 완전히 부합한다.

한편, 13.2.9 원리는 접근가능성(Accessiblity) 원리와 완전히 일치하지 않으며, '주어는 대체로 기정보(Given Information)를 나타낸다'는 전통적인 관점과도 완전히 일치하지 않는다. 또한 익숙한 사물은 더 쉽게 식별되고 기억되거나 이미 기억하고 있다는 점은 13.2.3에서 논의한 것과 완전히 일치하지 않는다. 이를 통해 상술한 13.2.10 원리는 기본적인 일치성을 논의하는 것이기는 하지만, 여러 상황에 근거한 개괄적인 결론 도출로 전경과 배경을 정하는 기본 원리를 해석하는 데 쓰이고, 이것으로 구문형성의 인지기제를 설명한다. 그것의 불일치성은 다름 아닌 인간 인지의 다양성과 변화성을 설명하는 것이다.

---

11) More important and more urgent information tends to be placed first in the string.

12) Less accessible or less predictable information tends to be placed first in the string.

제3절 '전경-배경 관계'의 언어 표현에 대한 설명력

제2절에서는 심리학의 각도에서 전경과 배경 각각의 특징 및 F-G관계를 정리하고, 예문을 들어 설명했다. 본 절에서는 구문의 각도에서 F-G특징과 F-G관계가 언어 표현에 주는 영향을 기술함으로써 언어 사실 배후의 인지기제를 탐색할 것이다.

인지언어학은 언어 표현은 인간의 지각체험이 만들어낸 기본인지 방식에 제약을 받는다고 본다. F-G관계 역시 주요 인지방식으로, 王寅(2007a:서문 xiii)은 이것을 해석 가운데 현저성 원리라고 분류하고 이 원리를 의미 해석에 운용한 바 이다.

경험 인지에서 현저[13]한 것은 언어 표현에서의 현저함을 결정한다. 이런 현저한 성분은 통사 전경(Syntactic Figure)으로 대응 투사되며, 이것을 절 탄도체(Clausal Trajector)라고도 하여 대부분 절 안의 목적어, 보어 혹은 기타성분으로 대응 투사된다(Ungere&Schmid, 1996: 173; 王寅, 2006:96 참고). 이것은 아래와 같은 대응관계를 형성하였다.

지각특징	그림13-11의 왼쪽 항목	그림13-11의 오른쪽 항목
개념화	전경(Figure)	배경(Graound)
	탄도체 (Trajector)	지표(Landmark)
	인지 목표(Target)	참조점(Reference Point)
문법화	통사적 전경(Syntactic Figure)	통사적 배경(Syntactic Ground)
	절 탄도체(Clausal Trajector)	절 지표(Clausal Landmark)
	주어(Subject)	목적어(Object), 보어(Complement) 등
	주절(Main Clause)	종속절(Subordinate Clause)

그림13-19

F-G인지방식을 무대모형(Stage Model)과 결합하면, 무대 위(Onstage)에 등장하는 것은 모두 전경이 되고, 무대에 설치된 장면배경 및 무대 아래의 사물(Offstage)은 배경이 된다. 이때 전경은 주요 전경(Primary Fugure)과 부차 전경(Secondary Figure)으로 구분할 수 있으며, 이는 '주 현저'와 '부 현저', 혹은 '주 선호'와 '부 선호'로 구분된다. 전자는 행동주로 절

---

13) (높이뛰기 운동선수와 같은)시각적인 현저성, (교향곡을 듣는)청각적인 현저성, 촉각, 후각 등의 현저성과 같은 다른 지각적 현저성 및 (개인의 선호 취향과 같은) 개인의 심리적 현저성이 포함된다.

내 통사주어로 문법화될 수 있으며, 후자는 피동작주로서 통사목적어로 문법화될 수 있다. 배경은 문장 내 부사어와 같은 기타성분으로 문법화되는데, 이때 '주요 전경'은 앞에서 논의한 전경이며, '부차 전경'은 앞서 논의한 배경에 해당한다. [24]를 참조하라. Talmy (2000:312-313)는 아래와 같이 구분하였다.

(1) 심리의 각도에서 전경과 배경으로 양분되며, 각각 소문자 'f'와 'g'로 표기한다.

(2) 언어학의 각도에서 '전경, 배경, 환경의 참조틀(Reference Frame as Background)'로 삼분되며, 전경과 배경은 각각 대문자 'F'와 'G'로 표기한다.

언어 표현이 양자 간의 관계와만 관련된 것이라면, 위 두 세트의 용어는 겹치므로, 전경과 배경만 사용하면 된다. 그러나 언어 표현은 전경-배경 관계에 또 다른 전경-배경 관계를 삽입하여 환경 정보를 종종 포함하기도 한다.

[60] Tom hit a dog. (Tom은 개 한 마리를 때렸다.)

[61] Tom hit a dog in the street. (Tom은 길에서 개 한 마리를 때렸다)

예[60]은 두 개의 사물과 관련되어 하나는 전경이, 다른 하나는 배경이 된다. 그러나 예[61]은 두 개의 사물뿐 아니라 사물이 발생한 장소도 관련되어, 'Tom'과 'dog'가 주요 전경과 부차 전경이 되고, 'in the street'는 배경이 된다.

[62] 清明时节雨纷纷, 路上行人欲断魂。 (청명 시절에 비가 흩날리니 길 가는 나그네 넋이 끊기려 하네.)

위의 예문은 두 개의 절로 구성되어 있는데, 앞 절은 뒷 절의 시간부사어절이다. 이 시간부사어절은 자체적으로 F-G쌍을 포함하고 있는데, '清明时节'는 배경이고, '雨'는 전경이다. 뒷 절 역시 배경인 '路上'과 전경인 '行人'으로 이루어진 한 쌍의 F-G를 포함하고 있다. 앞쪽의 시간부사어절은 뒷 절의 배경이 되고 뒷 절은 앞 절에 대한 전경이 된다.

F-G관계는 인간이 외부 세계 혹은 구체적인 사건을 직접적으로 경험하고 지각하여 인식한 결과로, 세계를 인식하는 기본 방식 가운데 하나를 이루는데, 여기에는 심리적인 주의(Attention)와 현저성(Salience) 등의 문제가 관련되어 있을 뿐 아니라 더 나아가 '체험성(Embodiment)'이라는 체험철학과 인지언어학의 가장 기본적인 원리와도 관련된다.

이처럼 지각체험 가운데 형성된 F-G인지방식[14]은 해석에 핵심적으로 작용하며, 동시에 구문의 형성에 결정적인 영향을 준다. 이제 구문 표현을 출발점으로 하여 F-G인지방식의 구체적인 응용 상황을 살펴보자.

1. 전치사 구문

인지언어학은 체험철학에 근거하여, 인간의 범주, 개념, 언어 등은 인간과 공간 환경의 상호작용 과정에서의 지각체험과 밀접한 관련이 있다고 본다. 따라서 언어에서 공간관계를 나타내는 전치사는 깊이 있고, 체계적인 연구가 이루어졌다.

인지언어학자 Talmy(1975, 1978)는 1970년대에 심리학의 F-G관계를 체계적으로 인지언어학의 연구에 선도적으로 도입하였다. 그 후 Langacker(1987, 1991a/b, 2000)는 이에 근거하여 윤곽-바탕(Profile-Base)과 탄도체-지표(Trajector-Landmark)라는 용어로 단어 의미와 구문을 분석했다(王寅, 2006:33-36 참조). 인지언어학자들의 전치사에 대한 기술 역시 주로 F-G관계분석에서 시작되었으며, 영상도식(Image Schema) 분석법을 운용하였다. Brugman(1987), Lakoff(1987), Taylor(1989) Ungere&Schmid(1996), 王寅(2001, 2007a) 등은 F-G관계로 영어 전치사 'OVER'의 영상도식을 완성하고(王寅, 2007a:182-186), 이에 기초하여 의미를 설명했다. 예컨대, 전치사 'out'과 'into'의 영상도식은 아래와 같이 간단히 그릴 수 있다.

---

14) 'Figure-Ground'와 'Foreground-Background'이 때로는 중첩되지만, 완전히 대응되는 용어는 아니다. 영어 문장이 문미 강세의 원리(end-weight Principle)와 문미 초점의 원리(end-focus Principle)를 사용하는 것처럼, 전경(Figure)이 나타내는 정보가 반드시 절 내 주요정보 혹은 주의초점은 아니다. 'Figure- Ground'는 인간이 외부세계와 상호작용을 통해 경험하는 과정에서 자연적으로 얻어지는 지각 원리로, 중요성이 인간의 주의 초점에 제한을 받아 사람마다 또는 지역마다 달라질 수 있다. 그렇기 때문에 우리의 설명이 더 합리적이다.

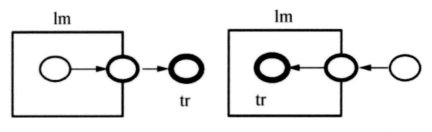

그림13-20 'out'의 영상도식   그림13-21 'into'의 영상도식

인지언어학자들은 전치사 'OVER'의 다의성은 은유 기제에서 생겨난 것이라고 보았다. 즉, 전치사 'OVER'의 의미는 공간 관계의 지각에서 생겨나 은유 기제에 근거하여 시간 영역과 기타 추상 영역으로 확장되었으며, 세 개의 기본요소인 탄도체(Tr), 지표(Lm), 경로 (Path)의 구체적인 조정(Accommodation)으로 의미와 용법이 계속 확장된 것이라고 보았다.

여러 인지언어학자들은 다른 전치사 및 전치사 구문에 대해 다수의 연구를 진행했으며, 중국학자들도 이러한 방법론을 운용하여 중국어 전치사 및 관련 구문을 연구하여 의미 있는 성과를 거두었다(Zelinsky-Wibbelt Cornilia, 1993; 蓝纯, 2003 참조).

2. 단문 구문

여기에서는 단문 구문의 주어와 목적어 문제를 중점적으로 논의할 것이다.

언어학자와 심리학자를 포함한 많은 학자들은 절의 문법주어 선택에 대해 확정론, 밀접론, 공감론, 기정보론, 역전 등의 상이한 관점을 제시했다(王寅, 2006:90-92).

인지언어학자들은 F-G관계, 현저성 원리, 원형범주론을 운용하여 단문의 주어 확정 문제를 논의했다. 일반적으로 심리적으로 전경이 되는 성분은 현저성이 높아 우선적으로 단문의 문법주어가 되는데, 특히 생명이 있는 사물은 더욱더 그렇다(그림13-19 참고).

Lakoff(1977)는 주-술-목(SVO) 구문의 원형적인 용법을 아래의 11가지로 열거했다.

(1) 두 개의 참여자만 포함하고 있으면, 주어와 목적어로 나타낸다.
(2) 주어와 목적어는 독립적이며 구체적인 실체로 특정적인 지시대상이 있다.

(3) 사건이 해당 구문의 주어에서 유발되면 주어는 행위주로 단문이 기술하는 대상이 된다.

(4) 전형적인 행위주는 '사람'으로 의식적인 바람을 가진 동작을 일으켜 이 사건을 통제한다.

(5) 목적어는 피동작주를 나타내며, 주로 생명력이 없는 것으로 의식이 있는 행위주의 동작에 영향을 받는다.

(6) 행위주가 행위동작을 한 후에 피동작주는 상태가 바뀌며 명확한 변화를 발견할 수 있다.

(7) 사건은 주로 단시간적인 것이다. 비록 동작 시간이 연장될 수 있더라도 사건의 내부 구조나 사건의 중간 상태는 초점이 아니다.

(8) 행위주의 피동작주에 대한 동작은 직접적인 물리적 접촉을 포함하며, 만들어진 효과 역시 직접적이다.

(9) 사건은 인과관계를 갖는다. 행위주의 동작은 피동작주에게 변화를 유발한다.

(10) 행위주와 피동작주는 명확한 두 개의 실체로 구분될 뿐 아니라 대립 관계이기도 하다.

(11) 해당 구문이 나타내는 사건은 가상, 허구, 혹은 사실에 위반되는 것이 아니라 실제적인 것이다.

따라서 원형적인 단문의 주어는 원형적인 타동문의 행위주가 되고, 원형적인 목적어는 피동작주가 된다. 다른 유형의 주어나 목적어는 이 원형적인 용법을 바탕으로 은유 기제를 통해 파생된 것이다. 상술한 11가지로 주어와 목적어의 원형성을 분석할 수 있다. 상술한 조건에 완전히 부합하면 원형적인 단문의 주어 혹은 목적어로 여겨지지만, 위배되는 항목이 있으면 비전형적인 주어와 목적어가 되고, 많이 위배되면 주변적인 현상이 된다.

전경-배경 관계에 근거하여 원형적인 단문의 주어와 목적어를 아래와 같이 분석할 수 있다.

주어(Subject)	목적어(Object)
탄도체(Tr)	지표(Lm)
제1참여자	제2참여자
제1전경	제2전경 (이중 전경)
제1참조점	제2참조점
시간상 시작	시간상 그 다음
예시(작음)	도식(종류, 큼)
사실(눈앞)	상상(비교적 멈)
쉽게 확정할 수 있음	매우 불확정적임

그림13-22

전통적으로 전경-배경은 하나의 전경에 하나의 배경으로 한정되는 것이 일반적이었다. Langacker도 초기에는 이렇게 여겼으나, 후에 그는 이를 바탕으로 '이중 전경(Two figures)'의 관점을 제안하여, 주어와 목적어를 두 개의 전경이라고 보았다. 특히 문장에 부사어 등 다른 성분이 출현하는 경우에는 전통적인 전경-배경 이론이 발전한 것이라고 보았다.

Langacker는 무대 위에 두 명의 권투선수를 예로 이 관점을 설명했는데, 관중이 A선수를 좋아하면 그에게 주의가 집중되어 그가 어떻게 주먹을 뻗는지, 어떻게 피하는지 어떻게 스텝을 옮기는지 등을 관찰하여 A가 제1전경이 되고 B가 제2전경이 된다. 잠시 후 관중이 주의를 B에게 집중하면 B가 제1전경이 되고 A가 제2전경이 된다. 이것은 앞서 논의한 전경과 배경이 서로 역전될 수 있다는 설명(13.2.3)에도 부합한다. 이러한 인지 기제를 바탕으로 제1전경은 단문의 주어로 문법화되고 제2전경은 단문의 목적어로 문법화된다.

전경-배경 관계를 인지 참조점(Cognitive Reference Point) 원리와 결합하면 '전경은 참조점'이라는 결론을 도출할 수 있다. 이중 전경과 마찬가지로 이중 참조점(Two Reference Point) 원리도 가능하다. 즉, 제1전경은 제1참조점을 형성하고, 제2전경은 제2참조점을 형성한다.

사람들의 마음은 연속적으로 움직이므로 여러 전경 혹은 참조점과 관련될 수 있으며, 여러 사건이 연속적으로 발생하면 여러 전경 혹은 참조점이 출현할 수 있다. 이때 하나의 '참조점 연쇄(Reference Point Chain)'현상이 이루어지는데, 언어 표현에서 소유격, 장소, 시간, 사건 등을 겹쳐 사용하는 현상이 출현하는 것이다. 예컨대,

[63] my father's brother's friend's teacher (나의 아버지의 남자형제의 친구의 선생님)

[64] in the office, on the shelf, next to the pile of papers (사무실 선반 서류 더미 옆)

위의 두 예에서 주요 어휘는 각각 전자를 후자의 참조점으로 하는 연쇄를 형성하고 있다.

이 현상은 여러 단문 가운데 주어와 목적어에서 볼 수 있는데, 첫 번째 단문의 주어가 제1참조점이 되어 유도된 제2참조점인 목적어가 다음 단문 주어의 참조점이 되어 계속 이어짐으로써 '단문 연쇄 담화'라는 인지기제를 형성하게 된다.

단문의 주어(Tr)는 예시가, 술부 내 명사구(Lm)는 도식의 성격을 띤 성분이 온다. 이것은 전경이 비교적 작고 배경이 비교적 크기 때문이다.

[65] my teacher is a professor. (나의 선생님은 교수이다.)

위와 같이 사용빈도가 높은 단문에 사용되는 주어와 술부 내 명사구를 살펴보면, 전경의 성격을 띤 주어에는 대부분 'my teacher'와 같이 실제적이고 비교적 확정적인 단어가 쓰이고, 술부 내 명사구에는 'a professor'와 같이 추상적이고 불확정적인 단어가 온다. 이것은 전경은 가깝고 확정적인 반면, 배경은 비교적 멀기 때문이다.

Langacker(1987, 19991a/b, 2000)는 F-G관계를 바탕으로 해석 원리의 주요 내용을 정리했으며, 동작연쇄(Action Chain)와 당구공모형(Billiard-ball Model), 무대모형(Stage Model) 등으로 단문 구문과 단문의 주어와 목적어 형성 원인을 설명했다(王寅, 2006:66-77 참조). 王寅(2005a)는 사건역 인지모형을 운용하여 단문 구문 및 그 주어와 목적어의 형성 원인을 제시했다.

3. 복문 구문

일반적으로 전경-배경 관계가 있는 복문 구문(Figure-Ground Complex Constructions), 특히 시간과 원인 부사어절을 포함한 구문에서 주절 구문은 어구의 초점이 되어 언어소통에서 부각되고, 종속절 구문은 인지참조점이 되어 배경적인 정보를 전달한다.

Talmy(2000:327-329)는 F-G관계에 근거하여 구문 보편성의 각도에서 복문의 5대 원리를 상세히 기술하였다. 본서에서는 인지언어학의 '현실-인지-언어'라는 기본 원리의 순서에 따라 이에 대해 기술할 것이다. 즉, 먼저 현실 세계와 관련이 있는 실제 상황과 사건 순서를 우선적으로 묘사하고 그 다음에 이 현실 사건에 대한 사람들의 인지방식이나 개념화된 규칙을 분석한 후, 마지막으로 인지 혹은 개념화의 결과가 어떻게 언어 표현으로 개념화되는지를 기술할 것이다.

1) 순차 원리(Sequence Principle)

두 사건을 무표지의 언어로 부호화하는 경우, 먼저 발생한 사건은 배경(인지 참조점)으로 개념화되고, 나중에 발생한 사건은 전경으로 개념화되어 인지 참조점을 통해 식별해야 한다. 만약 이것이 주절과 종속절로 구성된 복문으로 문법화 되면, 종속절을 먼저 발생한 배경 사건으로, 주절은 나중에 발생한 전경 사건으로 부호화해야한다. 예를 보자.

[66] He left after she arrived/after her arrival. (그는 그녀가 도착한 후에 떠났다.)

[67] Now (that) you have grown up, you must stop this childish behavior. (이제 어른이 되었으니 이런 유치한 행동은 그만두어야 한다.)

설령 시간적으로 매우 긴밀한 사건이더라도 선후를 구분해낼 수 있다.

[68] The cars started just as the lights changed to red. (신호등이 빨간색으로 바뀌자마자 차들이 출발했다.)

[69] I jumped with joy as soon as I heard the news. (나는 그 소식을 듣자마자 기뻐서 펄쩍 뛰었다.)

[70] She called back immediately she received the letter. (그녀는 편지를 받자마자 다시 전화를 걸었다.)

[71] Instantly the button was pressed, there went the explosion. (버튼을 누르자 곧 폭발이 일어났다.)

사건의 순서에 있어 연속성은 '인과관계(Causality)'를 함축하곤 하는데, 이것은 자연스럽게 아래의 원리를 유도해낸다.

2) 인과 원리(Cause-result Principle)

원인과 결과는 시간 순서에서 보면 '원인 먼저, 결과 나중'이다. 따라서 원인과 결과라는 이 두 사건을 무표지 언어로 부호화하게 되면 원인을 나타내는 사건은 배경으로 부호화되고 결과를 나타내는 사건은 전경으로 개념화된다. 만약 이것을 주절과 종속절로 구성된 복문으로 문법화하게 되면 종속절은 원인 사건으로, 주절은 결과 사건으로 부호화된다. 예를 보자.

[72] He left because she arrived/because of her arrival. (그녀가 도착했기 때문에 그는 떠났다.)

조건-결과 관계는 원인-결과 관계와 마찬가지로 시간 순서 면에서 보면 '조건 먼저, 조건하에서 발생하는 결과 나중'이다. 따라서 실제 생활에서 조건절(Protasis)[15]이 나타내는 사건은 먼저 발생하여 배경으로 개념화되고 결과절(Apodosis)이 나타내는 사건은 전경을 개념화되어 각각 종속절과 주절로 문법화된다.

[73] If you come, I will tell you a story. (네가 오면 내가 이야기를 해줄게.)

주의할 점은 중국어에서 조건을 나타내는 접속사인 '假如', '倘若', '要是' 등은 실제 표현에서 생략이 가능하다는 점이다.

[74] (如果)你死了, 我去当和尚。((만약에) 네가 죽으면 나는 중이 될 거야.)

---

15) 이 단어의 원래 의미는 '연극이나 시의 도입부'이다.

예[74]에서 '如果'가 생략이 가능하기 때문에 중국어 표현에서는 병렬구조(parataxis)를 이룬다. 하지만 영어에서는 일반적으로 이와 같은 생략이 불가능해서(때로는 생략할 수도 있지만) 종속구조(hypotaxis)를 운용해야 한다(王寅, 1996:53 참조).

3) 내포 원리(Inclusion Principle, Temporal Inclusion Principle이라고도 함)

자연계의 객관사실은 비교적 큰 물체가 작은 물체를 포함할 수 있다. 마찬가지로 시간적 지속이 긴 사건은 시간이 짧은 사건을 포함할 수 있다. 이러한 기본 원리를 바탕으로 전자는 배경으로 개념화되고 후자는 전경으로 개념화된다.

이러한 인지 결과가 언어 사실로 표현하게 되면, 작은 사건은 주절로 부호화되고 큰 사건은 기타 성분이나 종속절로 부호화된다(앞의 예[48]~[50]참조).

[75] When Tom was chair of the college, everything was all right. (톰이 그 대학의 학장이었을 때, 모든 것이 다 괜찮았다.)

[76] *When everything was all right. Tom was chair of the college.

[77] After Jack resigned, all hell broke loose. (잭이 사임한 후, 모든 것이 엉망이 되었다.)

[78] Jack resigned before all hell broke loose. (잭은 모든 것이 엉망이 되기 전에 사임했다.)

더 흥미로운 것은 이러한 복문이 때로는 오직 한 가지 표현방법만 가능할 뿐, '전경-배경' 관계가 도치된 언어 표현, 즉 주절과 종속절 관계가 도치된 어구표현은 불가능하다는 것이다. 예를 보자(Talmy, 1978:637, 3000:326; Tomlin, 1985).

[79] Mom stopped sleeping until I arrived. (내가 도착할 때까지 엄마는 자지 않았다.)

이러한 복문에서 사람들은 주절이 전경 정보를 나타내고, 종속절이 배경 정보를 나타내는데 더 익숙하다. 특히 시간적으로 먼저이거나 원인이 되는 사건인 경우 더욱 그렇다.

4) 의존 원리(Contingency Principle)

결정적인 첫 번째 사건은 배경으로 개념화되고, 의존적인 두 번째 사건은 전경으로 개념화된다. 만약 주절-종속절 복문으로 문법화되는 경우 결정적인 첫 번째 사건은 종속절로 부호화되고, 의존적인 두 번째 사건은 주절로 부호화된다. 예[51]이 이에 해당된다. 다른 예를 보자.

[81] Make hay while the sun shines. (태양이 비치는 동안 건초를 만들어라. / 기회를 놓치지 마라)

[82] His fingers trembled while he was doing this experiment. (그는 이 실험을 하는 동안 손가락이 떨렸다.)

'태양이 뜨지 않으면 건초를 만들 수 없다'는 이치를 다 알기 때문에 'the sun shines'은 결정적인 사건이다. 따라서 예[80]에서 그것을 종속절에 두고 배경으로 삼아 'make hay'라는 의존성 사건을 설명한다. 예[81] 역시 마찬가지이다. '실험을 하고 있는'이 결정적인 사건이 있기에 '손가락이 떨리는'이 의존적인 사건이 있는 것이다. 따라서 전자는 배경이 되고 후자는 전경이 된다.

5) 대체 원리(Substitution Principle)

실제 생활에서 아직 발생하지 않은(예상되는 것 포함) 사건은 비교적 멀어 배경으로 개념화된다. 반면, 지금 발생하고 있는(예상할 수 없는 것 포함) 대체적인 성격을 띤 사건은 비교적 가까워 전경으로 개념화된다. 만약 주절-종속절 복문으로 문법화되는 경우 전자는 종속절로 부호화되고, 후자는 주절로 부호화된다. 예를 보자.

[82] He is reading rather than watching TV. (그는 TV를 보지 않고 책을 읽고 있다.)

'watching TV'가 미래에 발생하는 사건이라면 배경으로 해석되어 종속절로 부호화된다.

Talmy가 제시한 이 5대 원리는 그림13-11의 F-G관계에도 부합한다. 첫 번째인 시간순서의 원리는 그림13-11의 3번과 4번 특징과도 일치하는데, 먼저 발생한 사건은 지금과 거리가 있으므로 그 감각적 선호는 최근에 발생한 사건에 못 미친다.

인과 원리는 순차 원리와 서로 상통하는데, '원인 먼저, 결과 나중'의 순서를 따르므로 10번의 특징에 부합하며, 결과는 원인에 의존해야 나타날 수 있다.

내포 원리는 7번 특징과 상통한다. 즉, 포용성이 큰 사건은 '부피가 큰' 것과 같다. 의존 원리 역시 10번 특징과 상통한다.

대체 원리 역시 9번 특징에 부합하는데, 예측 가능한 사건은 기지성을 가지므로 배경이 되고, 예측할 수 없는 사건은 미지성을 가지므로 전경이 된다.

이상의 다섯 가지 인지 원리와 주종 복문의 대응 관계를 그림13-19의 문법화 가운데 가장 마지막 사항과 연결하여 상세화하면 아래와 같다.

	주절	종속절
문법화	나중 발생한 사건	먼저 발생한 사건
	결과	원인
	비교적 작은 사건	비교적 큰 사건
	의존적 사건	결정적 사건
	지금 발생하고 있는 대체적(예측할 수 없는) 사건	아직 발생하지 않은(예측 가능한)사건

그림13-24

관계절(Relative Clause) 혹은 관형절(Attributive Clause) 역시 종속절로, 위의 규칙을 준수하고 배경 정보로 문법화되어 주절의 핵어(Head)를 지지해주는 정보를 제공한다. 예를 보자.

[83] The car that overtook us a few minutes ago has now been stopped by the policeman.
(몇 분 전에 우리를 추월했던 차가 지금 경찰관에 의해 멈춰 섰다.)

관계절이 부사어절과 다른 점은 관계절은 주절과 논항을 공유하지만(예[83]의 the car), 부사어절은 이러한 요구조건이 없다는 것이다.

목적어 종속절, 목적부사어 종속절, 연동구문(Serial Verb Construction)은 일반적으로 전경
-배경 관계가 없으므로 그 배후의 인지규칙은 추가적인 연구가 필요하다.

4. 병렬 구문

병렬 구문(Coordination, 혹은 Conjoined Construction)의 구조 역시 게슈탈트 원리 특히 연계
원리의 영향을 받는다. 화자가 두 통사 성분 혹은 두 절을 'and' 혹은 'but'으로 연결하는
경우 그의 심리는 높은 연계 원리 혹은 시간상의 접속 원리에 따라 이 두 사건 혹은
사물을 단일한 하나의 묶음으로 간주하여 통일된 전경(Unified Figure)으로 개념화한다.
통일된 전경은 참여자에게서 구현된다. 즉 두 사건이 동일하게 윤곽부여되는 참여자역
을 공유한다. 예를 보자.

[84] Dick was apparently indignant, and he left the room at once. (Dick은 화가 난
     것 같았고, 즉시 방을 나갔다.)

통일된 전경은 시간 범주에도 구현되어 동일한 시간에 발생한 두 사건이 언어로 표현될
때는 동일한 시상을 공유한다.

[85] The vase fell and broke. (꽃병이 떨어져서 깨졌다.)

위의 예문을 아래와 같이 표현하면 이해하기 어렵다.

[86] *The vase fell and breaks.

통일된 전경은 장소로 구현되기도 한다. 만약 상이한 사건이 동일한 장소에서 발생한
경우 동일지점 개념을 공유하게 된다.

[87] On the playground, children are playing balls, and parents are sitting on the bench chatting. (운동장에서 아이들은 공놀이를 하고 있고, 부모들은 벤치에 앉아 수다를 떨고 있다.)

현실 생활 가운데에는 통일된 전경을 형성하는 상황이 많으며, 대부분은 상술한 규칙에 따라 개념화되고 문법화된다. 이를 상세히 열거하지는 않겠다.

그밖에 순차 원리에 근거하여 형성된 통일된 전경은 순서도상성의 원리에 따라 병렬구문을 구성하곤 한다. 예를 보자.

[88] They married and had a child. (그들은 결혼해서 아이를 낳았다.)
[89] They had a child and married. (그들은 아이를 낳고 결혼했다.)

예[88], [89]는 동일한 진리조건이지만, 기술된 사건은 전혀 다르다. 예[88]은 먼저 결혼한 후에 아이를 낳았고, 예[89]는 아이를 낳은 후 결혼을 했다. 이에 따르면 아래의 예문도 자연스러운 표현이다.

[90] He was ill and sent to the hospital. (그는 병이 나서 병원으로 후송되었다.)

만약 두 사건의 순서가 역전되면, 문장이 자연스럽지 않다.

[91] *He was sent to the hospital and he was ill.

주의해야 할 점은 모든 두 사건 혹은 두 사물이 다 연결되어 하나의 묶음으로 해석되는 것은 아니라는 것이다. 양자 간에 '공통분모(Common Denomination)'를 찾을 수 있는 능력이 있고, 쌍을 이루는 성분에서 공유 요소를 찾을 수 있어야 하나의 묶음으로 개념화된다 (Wiezbicka, 1980:230 참조). 예를 보자.

[92] The sun was shining and birds were singing. (태양이 빛나고 새들이 지저귀고
있었다.)

[93] *John kissed Mary on the nose and Kangaroos are mammals.

예[92]에서 사람들은 'the sun was shining'과 'the birds were singing'이라는 이 두 사건을 통일된 하나의 묶음 장면(일체)이라고 간주한다. 하지만 예[93]에서 'John kissed Mary on the nose'와 'kangaroos are mammals'를 하나의 묶음이라고 생각하지는 않는 것 같다. 즉 이 두 사건에서 공통분모를 찾기 어려우며 이 두 구문이 함께 쓰일 수 있는 심리적 기초도 없기 때문에 하나의 묶음인 통합체로 해석되기 어렵다.

주절-종속절 복문(종속복문)의 전경 정보와 배경 정보에 반드시 공통분모가 있는 것은 아니지만, 주종관계로 해석되며 하나의 연결체를 이루어 종속절은 주절을 확정하는 기초를 제공하고, 주절은 종속절과의 연결 관계를 통해 담화 가운데에서 위상을 정립한다.

공통분모가 있고 하나의 연결체를 이루는 것은 게슈탈트 심리학에 있어 중요한 의미를 지닌다. 사람들이 두 사건 혹은 사물에서 공통분모를 찾거나 연결체를 구성할 수 있으면 전체 문장은 세 번째 정보(추가적인 정보)를 가지게 된다. 이는 '전체는 부분의 합보다 크다'는 게슈탈트 심리학의 부분-전체 원리를 증명하는 것이기도 하다. 가령, 우리가 예[92]에서 공통분모를 세울 수 있으면, 두 절 간의 내재적 연결인 '날이 맑으면 새들이 지저귄다.'를 상정할 수 있어, 이 문장은 원래 자구가 부여하는 의미 이상의 의미를 갖게 된다. 이에 대해 Wierzbicka(1980:249)가 아래와 같이 이야기 했다.

이 문장들 각각은 주제와 다른 두 가지 상이하고 관련성 없는 술어들을 설명하는 것 이상의 역할을 한다. 각 문장은 명백하게 언급된 두 술어들이 공통점을 가지고 있음을 보여준다. 사실상 두 술어의 정보와 더불어 세 번째 것이 주어를 묘사하는 것이다.[16]

---

16) Each of these sentences does more than ascribe two different and unrelated predicates to the subject. Each sentence suggests that the two predicates which are explicitly mentioned have something in common, and in fact ascribes this third something to the subject, in addition to those two other predicates.

이를 통해 어떤 구문이 병렬되거나 하나의 연결체를 이루는 것은 그 배후에 하나의 인지 기초 혹은 심리기제, 즉 Wierzbicka가 말한 공통분모가 있기 때문임을 알 수 있다. 이 공통분모는 구문에서 명확하게 표현되지 않아서 청자의 인지해석이 필요하다. 공통분모를 해석하거나 연결체를 형성하는 과정은 바로 '부분-전체 원리'를 실천하는 과정으로 사람들이 이러한 해석 능력이 있기 때문에 비로소 언어 의사소통이 자연스럽게 이루어진다. 인간의 이러한 기본적인 의사소통 원리는 진리조건 의미론으로는 해석될 수 없다.

5. 도치 구문

F-G인지방식과 관련하여, 언어에 도치 구문이 보이는 것은 사람들이 심리적으로 전경과 배경 간의 관계를 바꿀 수 있기 때문이다. 陈融은 2003년 『English Inversion: A Ground-before-Figure Construction』을 출간하여 인지언어학의 이론 틀에서 전경-배경 이론을 운용하여 영어 도치문의 인지 기제와 형성 원인 및 유형을 분석하였다.

그는 F-G인지방식을 바탕으로 배경이 전경에 우선함(Ground-before-Figure, GbF) 이라는 인지방식을 수립하여 도치구문은 이러한 인지방식이 문법화된 결과라고 보았다. 도치 후 동사 전 NP성분(Preverbal Constituent)'은 배경이 되고, '동사 후 NP성분(Postverbal Constituent)' 은 주어로 전경이 된다. 陈融(2003:1)은 또한 도치구문의 인지 기제는 청자의 주의력이 먼저 배경을 지향하여 그 가운데 지표(Landmark)를 세운 후, 이것을 참조점 혹은 이정표(signpost) 로 삼아 전경을 식별하고 이해하는 것이라고 하였다.

陈融은 Lakoff(1987)의 방사범주 이론(Radial Category)으로도 언어의 도치 현상을 설명했는데, 그는 원형적인 도치구문(Prototypical Inversive Construction)은 아래와 같다고 보았다.

공간을 나타내는 동사 전 성분 + 정태성 동사 be

[94] On my left　　　　was　　　　Tom Lopez. (내 왼쪽이 Tom Lopez였다.)
[95] On my left　　　　has been　　　Tom Lopez. (내 왼쪽에 Tom Lopez가 있었다.)

이 원형도식을 바탕으로 더 많은 다른 도치형식이 파생될 수 있다.

[96] In the park   comes   a big dog. (공원에 큰 개가 온다.)

[97] In the room   stands   my father. (그 방에는 아버지가 서 있다.)

[98] On my left   has been placed   a unicorn-like doll.

(내 왼쪽에는 유니콘 같은 인형이 놓여 있었다.)

[99] Out of nowhere   appeared   a mysterious object there.

(난데없이 신비한 물체가 그곳에 나타났다)

陈融(2003:6)은 'GbF 인지방식'으로 도치문을 전면적이고 통일되게 해석할 수 있다고 보았다.

GbF 인지모델은 본 연구에서 제안되었으며, … 이 모든 질문에 답할 수 있다.[17]

관련 내용은 陈融(2003)을 참고하라.

6. 담화 조직

담화, 특히 서사성 담화의 정보 구성 방식도 전경과 배경의 차이가 있다. 일반적으로 '시간변화의 과정에 있는(Timeline)' 사건이면서 서사성 담화의 순서나열 선상에 있는 사건은 전경 정보로 처리되고, 부사어 종속절 혹은 관형어 종속절이 나타내는 내용은 배경 정보가 된다(Reinhart, 1984).

이러한 결론은 앞서 논의한 게슈탈트 원리 가운데 연속성 원리에 부합하며, 시간변화의 과정에 있는 사건은 서사 문체에서 관심을 갖는 주요 대상으로 이것이 전경으로 개념화된 뒤 다시 전경 주어로 문법화되어 연속성을 띤 전경이 되어 담화 전체의 연속성을 높여준다.

부분-전체 원리 역시 담화를 구성하는 데 자주 쓰이는 방법으로, 짧은 시간의 사건을 나타내거나 종결 동사가 나타내는 동작은 전경 주어로 처리되고, 비교적 크고 연속적인

---

17) The GbF cognitive model offered in this study, … has answers to all these questions.

사건은 통사 배경으로 처리되는 경향이 있다(예[48]~[50] 참고).

심리적 폐쇄성 원리 역시 담화 구성의 원리가 될 수 있다. 완성 사건(Completed Event)이 전경으로 개념화되는 심리 근거는 '폐쇄성 원리'이다. 이미 완성된 사건은 경계화된(Bounded) 개념을 나타낸다. 경계화된 것은 폐쇄적인 전경과 유사하므로 상대적으로 완벽한 구조를 갖추고 있다. 따라서 더 쉽게 식별되어 전경으로 개념화될 수 있으며, 절의 주어로 문법화되는 것이다.

[100] At about six o'clock in the afternoon, I sat down in the park, … and while I was sitting there, a young lady came up to me, … (오후 6시쯤에 나는 공원에 앉았고… 내가 거기에 앉아 있는 동안 젊은 아가씨가 나에게 다가왔고, …)

후속 절의 'while'이 유도한 시간부사어 종속절은 배경 정보를 나타내는데, 종속절에는 연속성 개념인 'was sitting'을 사용하고 있다. 주절은 전경 정보를 나타내며, 주절에는 경계성을 띤 완성 동사 'came up'을 사용하고 있다. 이것은 상술한 분석에 부합한다.

하지만 시간변화 과정에 있는 사건이 다 전경 주어로 개념화하는 것은 아니다. Tomlin(1985)은 시간변화 과정에 있는 사건이 배경으로 개념화되면 평가 혹은 설명을 유도한다고 밝힌 바 있다. 예를 보자.

[101] this brings about a   since the fish gets caught in one
     complication,   of the portals.
     평가성 설명   전경 사건

게슈탈트 원리에 따라 형성된 담화 구성 기제를 아래와 같이 개괄할 수 있다.

게슈탈트 원리	전경 사건
연속성 원리	시간변화 과정의 사건
부분-전체 원리	시간이 짧은 사건
폐쇄성 원리	경계 사건

그림13-24

담화의 초점 구문(Focus Construction) 역시 전경-배경에 의한 것이라고 볼 수 있다. 성분 이동(예[102], [103]), 비정상적인 용법(예[104]), 강세음, 장음, 괴상한 음, 어조(예[105]), 강조문, 그 가운데에서도 특히 it이 유도하는 분열구문(Cleft Construction)(예[106]~[108]) 등과 같은 여러 가지 방법으로 담화 혹은 문단의 특정 정보를 부각할 수 있다. 초점 구문은 논항구조구문(ASC)과 마찬가지로 어구의 한 성분을 강요하여 현저성의 효과를 거둔다.

[102] A very simple explanation it is. (매우 간단한 설명입니다. ☞ 전치된 술부내명사구의 정보를 부각)

[103] We always are ready to help others. (우리는 항상 다른 사람들을 도울 준비가 되어 있습니다. ☞ 빈도부사 'always'를 부각)

[104] Him get first prize?! (그가 일등상을 받나요?! ☞ 목적격 'him'이 주어 위치에 쓰인 비정상적인 용법)

[105] He can speak many DIALECTS. (그는 많은 방언(DIALECTS)을 말할 수 있다. ☞ 서면어에서 대문자를 써서 강세음을 나타내며, 이것으로 장음이나 괴상한 음 혹은 특수한 음조를 나타낼 수도 있음)

[106] It is Kim who cleaned the classroom yesterday. (어제 교실을 청소한 사람은 KIM 이다.)

[107] It is the classroom that Kim cleaned yesterday. (KIM이 어제 청소한 교실이다.)

[108] It is yesterday that Kim cleaned the classroom. (KIM이 교실을 청소한 것은 어제 이다.)

7. 의미해석

F-G관계(현저성 원리를 함축)를 운용하고, Lakoff가 제시한 이상화된 인지모형(Idealized Cognitive Model, ICM)과 Langacker가 제시한 윤곽-바탕, 인지 참조점 등의 원리를 운용하여 단어의 의미를 합리적으로 해석하였다(王寅, 2007a:171-233 참조).

제4절 결론

본 장에서는 심리학의 F-G관계를 F-G인지방식으로 간주하고, 이에 근거하여 일부 구문의 형성 원인을 기술하였다. 이것은 개념화 혹은 해석에 심리적 근거를 제공한 것이다.

Langacker는 해석(Construe)은 '구체성(specificity), 범위(scope), 배경(background), 원근법(perspective), 현저성(prominence)'의 다섯 가지 항목을 포함한다고 했다. 해석이라는 인지방식으로 인해 동일한 사건을 다르게 인식하고 각기 다른 구문 표현 형식이 생기는 것에 대한 효과적인 설명이 가능해졌다.

언어에서 전경과 배경을 표현하는 방식은 다양하다. Atsugewi어는 동사의 어근이 전경, 동사의 접미어가 배경을 나타낸다. 영어의 'shave' 등과 같은 일부 동사는 동사 자체가 전경을 함축하고 있으며, 'box' 등과 같은 일부 동사는 배경을 함축하고 있다. 언어에서는 다양한 수단으로 배경 혹은 장면을 나타내는데, 이를 단상화(Grounding)라고 한다(제14장 제3절 참조).

그림13-19에서 논의한 대응 관계는 일반적인 용법이며, 대응되지 않는 상황도 출현할 수 있다. Talmy(2000:335)는 단문의 문법주어가 배경이고 기타 성분이 전경이라고 주장했는데, 이것은 Langacker의 분석과는 일치하지 않는다.

[109] Perfume(F) slowly suffused through the room(G) (향수(F)가 천천히 실내(G)에 스며들었다.)

[110] The room(G) slowly suffused with perfume(F). (방(G)에 향수(F)가 서서히 가득 찼다.)

완벽한 관점이나 이론은 없기에 한 가지 이론으로 모든 현상을 다 설명하는 것은 불가능하다. 따라서 한 관점으로 이론의 어느 한 측면을 운용해야 '장님 코끼리 만지기'의 오류를 피할 수 있다. '전경-배경' 이론 역시 전경과 배경의 경계가 모호한 것과 같은 해결하기 어려운 문제가 있어서 일부 학자들은 굳이 이원론적 대립으로 처리할 필요가 없다고 주장한다(刘国辉, 2006). Talmy가 제안한 복문의 순차 원리는 그가 언급한 'till'과 'still' 외에 또 다른 예외가 있는 것 같다.

[111] Look before you leap. (돌다리도 두들겨 보고 건너라.)

예[111]은 먼저 발생한 사건이 종속절이 아니다.
또한 특수 문형 가운데 나타내는 사건의 선후 역시 일반적인 규칙에 부합하지 않는다.

[112] Barely had she arrived when he left. (그가 떠날 때 그녀는 거의 도착하지 않았다.)

[113] No sooner had the old woman read the newspaper than she fainted. (노파가 신문을 읽자마자 그녀는 기절했다.)

[114] Hardly had they started the experiment when the trouble began. (문제가 시작되었을 때 그들은 거의 실험을 시작하지 않았다.)

'when'이 유도하는 종속절은 먼저 발생한 사건을 표현하는 데 쓰이는데, 위의 구문에서는 나중에 발생한 사건을 나타내고 있다. 어떤 것이 먼저이고 어떤 것이 나중이며, 어떤 것이 주절이고 어떤 것이 종속절인지 일반적인 순차 원리와는 부합하지 않는 것처럼 보인다.
　일부 사건의 선후와 포용 문제를 논의하기 어려운 경우 어떻게 해석해야 할까? 아래의 예를 보자.

[115] All living things respire while they live. (모든 생물은 사는 동안 호흡한다.)

　그럼에도 불구하고 게슈탈트 심리학이 제시한 이러한 분석 방법은 언어를 분석하는 데 새로운 방법을 제공하였고 언어의 체험성에 확실한 증거를 제공하였다. 이 이론은 참조점, 해석 이론과 결합해야지만 더 많은 언어현상을 설명할 수 있으며 이를 인지언어학이 분석하는 여러 인지방식에 녹아들게 해야지만 비로소 생명력을 가질 것이다.

제14장

도식범주 이론과 구문네트워크

본장에서는 '원형표본범주 이론'과 '도식범주 이론' 간의 차이를 간략히 비교분석한 후, 중국어에서 자주 보이는 '유개념+종차' 조어법을 중심으로 후자의 관점을 지지하고자 한다. 제6절에서는 도식범주 이론을 출발점으로 하여 상징단위 간의 5가지 관계에 대해 논의할 것이다. 여기에는 다음과 같은 것이 있다.

(1) 종적인 '도식-예시' 관계

(2) 횡적인 '부분-전체' 관계

(3) 서로 유사한 '원형-변이' 관계

(4) 조정된 '조합-혼성' 관계

(5) 조합된 '자립-의존' 관계

또한 제6절에서는 아래와 같이 구문 간의 관계를 제시할 것이다.

(1) 분류분층관계

(2) 통합관계

(3) 상속관계

이 가운데 상속관계는 Goldberg의 관점에 근거하여 다시 네 가지 하위 유형으로 분류할 것이다.

(1) 다의성 연결

(2) 은유적 확장 연결

(3) 부분-전체 연결

(4) 예시 연결

이상의 논의는 구문네트워크의 해석을 위해 매우 중요한 역할을 한다.

제1절 개설

협의의 인지언어학이란 '체험주의 철학관에 입각하여 신체적 경험과 인지를 바탕으로 개념구조와 의미를 중점적으로 연구하여 언어사실 배후의 인지적 방식을 탐색하고, 아울러 인지적 방식과 지식구조 등을 통해 언어에 대해 통일적인 해석을 하는, 여러 영역에 걸쳐 관련되어 있는 새로운 학문'이라고 할 수 있다. 이러한 목표를 실현하고 언어와 인지적 방식, 개념구조, 의미 체계, 인류의 지식, 문화와 관습 간의 밀접한 관계를 깊이 있게 해석하려면, 우선적으로 '범주'를 연구해야 한다. 개념은 범주에 대응하며, 의미는 범주화, 개념화의 결과이기 때문이다. 따라서 범주와 개념은 인지언어학의 기본 내용이고, 범주화와 개념화 역시 인지언어학 연구의 주요 방법론이다. 이에 대해 Labov(1973:343)은 다음과 같이 언급하였다.

만약 언어학을 어떤 것이라 말할 수 있다면, 그것은 범주의 연구라 할 수 있다. 이는 다시 말하면, 실체를 단위나 단위 집합으로 범주화시키는 것을 통해, 언어가 어떻게 의미를 소리로 변화시키게 되는지를 연구하는 것이다.[1]

---

1) If linguistics can be said to be any one thing, it is the study of categories: that is, the study of how language translates meaning into sound through the categorization of reality into units and sets of units.

Geerearts et al.(1994:13)은 심지어 다음과 같이 본다.

인지언어학이란 언어에 있는 범주화에 관한, 그리고 언어를 통한 범주화에 관한 이론이다.[2]

범주와 범주화는 인지언어학 연구 초기 단계의 주요 내용이었다. 그러나 이것은 다른 많은 내용들을 포괄하고 있어 위와 같은 식의 언급으로는 그 범위 전체를 아우를 수 없을 것 같다.

Taylor(1989)는 『Linguistic Categorization: Prototypes in Linguistic Theory』이란 책에서 이러한 내용을 논술한 바 있다. Aristoteles로부터 Wittgenstein에 이르는 2000년 동안, '고전범주 이론'은 줄곧 주류의 지위를 차지해 왔다. Wittgenstein 이후, 많은 학자들, 예컨대, Zadeh, Lounsbury, Berlin&Kay, Heider, McDaniel, Brown, Ekman 등, 특히 Rosch, Labov 등은 범주 이론 연구에 새로운 공헌을 하여 '원형범주 이론(the Prototype Category Theory)'을 주장하였으며, 최근에 일부 학자들은 '탈범주화론(the Decategorization Theory)'을 제안하기도 하였다(Hopper&Thompson, 1984; Taylor, 1989).

원형범주 이론의 '원형'에 대해서 학자들마다 여러 다른 인식이 존재하는데, 어떤 이는 이를 '전형적 사물'로, 어떤 이는 이를 '개괄적 도식'으로 해석한다. 본장에서는 주로 '도식범주 이론(the Schematic Category Theory)'을 논의할 것이고, 중국어에 보편적으로 존재하는 '유개념+종차(Genus plus differentia)'의 조어법을 이용하여 도식범주 이론의 해석력을 증명할 것이며, 아울러 이를 구문네트워크 분석에 운용할 것이다.

제2절 고전범주 이론과 원형범주 이론

1. 고전범주 이론

Aristoteles가 수립한 고전범주 이론은 다음과 같다.

---

2) Cognitive linguistics is a theory about categorization in and through language.

범주는 공동 자질로 구성된 한 세트로, 자질묶음 또는 한 세트의 필요충분조건으로 정의될 수 있는 것이다. 그 자질은 이분적이며, 범주의 경계가 명확하여 범주 구성원이 집합에 예속된 정도의 차이가 동일하고 핵심/주변의 구분이 없다.

고전범주 이론은 객관주의 철학의 근간이 된다.

고전범주 이론은 현실세계의 각종 범주를 '예'와 '아니오'로 이분하여 분석하며, 특히 수학, 논리학, 물리학, 화학 등 자연과학의 개념은 고전범주 이론으로 잘 설명할 수 있다. 예를 들어, 수학에서 '소수(Prime)'를 단지 '1'과 자신에 의해서만 나누어지는 것으로 정의 하는데, 이러한 자질을 갖춘 정수는 모두 이 범주에 속하지만 이 자질을 갖추지 못하면 여기에 속하지 못한다.

고전범주 이론은 20세기 언어학 이론에서 주도적인 작용을 하였다. 음운론, 통사론, 의 미론에서의 형식주의, 의미성분분석법(CA) 등의 방법은 모두 상술한 Aristoteles의 가설에 기초하여 건립된 것들이다. 이들을 각각 살펴보면 아래와 같다.

(1) 음운론에서 각종 음소는 고전범주 이론을 이용하여 이분할 수 있다. 예컨대, 하나의 음운을 모음과 자음으로 나눌 수 있고 모음은 다시 고모음, 저모음으로, 자음은 무성음과 유성음으로 나눌 수 있다. 이러한 분석에 따르면, 음운의 범주는 이분성, 원소성, 보편성, 추상성, 생득성 등의 자질을 갖고 있다.

(2) 통사론도 Aristoteles의 고전범주 이론으로 기술할 수 있다. 즉, 통사 범주 역시 음운 의 경우처럼 이분할 수 있는데, 문장을 먼저 NP와 VP로 나누고, NP는 Det와 N으로, VP는 V와 NP로 나눌 수 있다.

(3) 의미론에서도 상술한 원리를 바탕으로 '의미성분분석법(Componential Analysis, CA로 간칭)'이 출현하였다. 이것은 '+'와 '−'를 가지고 어떤 단어가 해당 자질을 갖고 있는지를 표시하게 된다. 특히 구조주의 의미론에서는 이러한 이분법을 운용하여 언어항목의 각종 의미구조관계(이것은 단어와 문장의 의미 모두 포함)와 통사 공기제약을 기술할 수 있게 되었 다(Taylor, 1989:30-31).

Chomsky&Halle(1968:297)은 심지어 한 언어항목이 어떤 범주에 속하는지를 표명할 수 있는 자연스러운 방법이 바로 이분법이라고까지 주장했다.

그러나 고전범주 이론으로 사회현상, 자연범주 등과 같은 보다 많은 현상들을 해석하는 과정에서 적용상의 문제가 발생하기도 하였는데, 이는 대부분의 범주가 결코 이분성을 갖지 않기 때문이다.

2. 원형범주 이론

Wittgenstein이 '가족닮음 이론'과 '범주의 모호성'을 제기한 이후, Rosch, Labov 등의 학자들은 고전범주 이론을 날카롭게 비판하고 '전형적 표본(Typical Exemplar)'을 인지참조점으로 하는 원형범주 이론을 수립했다. 이것은 바로 이진논리(binary logic)의 고전범주 이론에 대한 첫 번째 혁명인 셈이다(원형범주 이론과 고전범주 이론 간의 차이에 대해서는 Taylor (1989), 王寅(2003b)을 참고할 것).

원형범주 이론은 가족닮음 이론을 바탕으로 이루어진 중대한 발전이다. '원형범주'란 주로 '가족닮음'을 갖춘 범주를 가리킨다. 여기에는 바로 원형적인 구성원도 포함되고 비원형적인 구성원도 포함된다. 이중 전자는 범주를 형성하고 이해하는데 있어 '인지참조점'으로 작용하고, 후자는 전자의 기초 위에 유사성 관계나 은유기제를 통해 형성된 것이다. 인지언어학계에는 '원형'이라는 용어를 '구체적이고 전형적인 표본', 혹은 '추상적인 도식적 특성(속성의 집합)'으로 해석하는 두 가지 견해가 있다. 이 두 가지는 아래와 같이 간략히 설명할 수 있다.

(1) 원형은 범주 내의 구체적이고 전형적인 표본 또는 구체적이고 대표적인 예시를 가리키며, '원형표본(Prototypical Exemplar), 초점표본(Focal Exemplar), 현저성 예시(Salient Example), 전형적인 구성원(Typical Member), 핵심 구성원(Central Member), 최적 예시(Best Example)' 등으로도 불린다. 즉, 이는 한 범주의 전형적인 대표이자 무표지성을 갖고 있는 것이다.

Wittgenstein에 따르면, 사람들은 원형표본에 대한 이해를 출발점으로 하고 가족닮음에 근거하여 기타 예시를 유추해나가서 하나의 범주를 세우게 되며, 범주의 총체적인 상황을 이해하게 된다고 한다. 따라서 하나의 범주는 원형이라는 인지참조점을 중심으로 건립된 집합이다. 사람들이 범주 속의 원형표본을 식별할 때, 정신적 처리가 가장 쉬우며 시간도 가장 짧게 걸린다. 그리고 사람들이 한 범주를 언급할 때는 아마도 우선적으로 그 원형표본을 떠올리게 된다. Rosch(1973, 1975, 1976) 등이 바로 이러한 관점을 주장하였다.

한편, 어떤 학자들은 원형이 '여러 대표적 예시의 평균값'이라고 주장하기도 한다(Rice, 1996:144 참조). 이것은 아래의 두 번째 관점과 약간 비슷한 면이 있다.

(2) 원형은 범주 구성원의 일반성을 갖춘 '도식표상(Schematic Representation)'이지 구체적인 표본에 기초하여 건립된 것이 아니다. Reed(1972)에 따르면, 원형은 범주의 평균적 속성이거나 집결 경향으로, 범주를 추상화한 도식표상이라고 한다. Ungerer&Schmid(1996:39)은 원형을 일종의 '심적 표상'이라고 보고 이를 인지참조점으로 삼을 수 있다고 하였으며, 이것이야 말로 진정으로 인지적 관점에서 한 해석이라고 보았다. 그 외에 Langacker, Taylor 등의 학자들도 이 관점을 지지한다.

제3절 도식범주 이론

1. 도식범주 이론의 제시

'원형'이란 용어에 대한 두 가지 다른 이해를 바탕으로, '원형표본범주 이론(Typical Exemplar Category Theory)'과 '도식범주 이론(Schema Category Theory)'이 제시되었다. 이중 후자는 전자에 대한 깊이있는 고찰의 결과여서 일반성과 추상성이 훨씬 더 높다.

Taylor(1989:59)는 '원형이란, 범주의 개념 핵심을 도식으로 표상화한 것이다. 실례적 표본은 단지 원형을 예시(Instantiate)한 것일 뿐, 이것을 원형이라고 지칭할 수 없다.'라고 하였다.

'원형'을 추상개념으로 보는 데에는 '속성 리스트 모형(Attribute-list Model)'[3]이 있다. 이 것에 근거하면, 한 구성원이 그 범주의 속성을 많이 갖고 있을수록 그 범주의 핵심 구성원

---

3) 필자는 Taylor가 'feature'(고전범주 이론에서 사용하는 용어로 '자질'이다)와 'attribute'를 구분하는 것을 취하고자 한다. 이렇게 하면 용어의 규범화에 유리하나, Croft&Cruse(2004:81)는 이것을 구분하지 않았다. 이에 필자는 그들이 말한 'the feature-list model'을 'the attribute-list model'로 바꾸어 본서의 용어 체계와 일치시키고자 한다.

에 보다 더 근접하게 된다. Lakoff(1987)는 '원형'을 ICM(이상화된 인지모형)으로 보았는데, 이는 ICM이 추상적인 인지도식을 표상화하였기 때문이다. 특히 도식범주 이론은 원형표본을 찾기 어려운 범주를 해석하는데 가장 적합한데, 그 이유는 이러한 '원형'이 단지 사람들이 이상화한 추상적 사유 속에만 존재하기 때문이다. 한편, Rosch(1978)는 실험 효과에 근거해 보면, 원형은 '원형적 속성묘사(a characterization of prototypicality)'로 볼 수 있다고 하였다.

Langacker(1987:371)는 '원형'과 '도식' 두 용어를 구분하여, 원형은 범주 내 전형적인 실례 또는 예시이고, 도식은 추상적인 특성이라고 보았다. 그는 다음과 같이 말했다.

원형은 한 범주의 전형적인 예이다. 그리고 다른 요소들은 원형에 대해 그들이 지각한 유사성을 근거로 하여 그 범주에 동화되며, 유사도에 따라 구성원의 원형성 정도에 차이가 있다. 반면, 도식은 그것이 정의하는 범주의 모든 구성원들과 완벽히 조화될 수 있는 추상적인 특징이라 할 수 있다.[4]

Langacker(2000:93)는 또 다음과 같이 지적한다.

어떤 이가 정확성과 특수성이 좀 떨어지게 그들을 묘사함으로써 그들의 차이점을 제거하여 추상화화해 낼 때, 하나의 도식은 변별적인 구조들로부터 생성되는 공통성이다.[5]

Langacker의 관점은 아래와 같이 그릴 수 있다.

---

4) A prototype is a typical instance of a category, and other elements are assimilated to the category on the basis of their perceived resemblance to the prototype; there are degrees of membership based on degrees of similarity. A schema, by contrast, is an abstract characterization that is fully compatible with all the members of the category it defines⋯

5) A schema is the commonality that emerges from distinct structures when one abstracts away from their points of difference by portraying them with lesser precision and specificity.

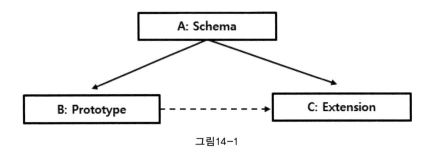

그림14-1

　　그림14-1로부터 볼 수 있듯이, 이 세 항목은 모두 동일한 범주의 요소이고, 화살표는 항목 간의 관계를 나타낸다. A에서 B와 C 방향으로 확장된 실선 화살표는 원형표본 B와 확장된 구성원 C 모두 추상도식 A에서 직접적으로 만들어진 것임을 나타낸다. B와 C사이의 점선 화살표는 C 역시 원형표본의 영향을 받았으나 그 정도가 약하고 관계가 간접적이며 영향의 방향은 B로부터 C임을 나타낸다. 다시 말하면, C가 어느 정도까지는 B를 부분적으로 조정·가공한 결과물이지만, 여전히 도식 A의 범위를 벗어나지 않는다는 뜻이다.

　　그 외에 또 다음과 같은 내용을 볼 수 있다. 원형표본 B는 단지 추상도식 A의 영향을 받은 구체적인 예시이므로 인지가공이 비교적 간단하여 구성원을 쉽게 확정할 수 있다. 한편, 확장된 구성원 C는 추상도식 A와 원형표본 B의 요소로부터 모두 영향을 받았기 때문에, 구성원을 확정하기 위해서 상대적으로 복잡한 인지가공이 필요하다. 특히, '주변(가장자리)'에 있는 확장된 구성원일수록 그 인지적 가공이 복잡해진다.

　　Langacker와 Taylor의 범주론은 용어상의 차이가 있을 뿐, 기본적으로 큰 차이가 없다(그림14-2 참조). '도식-예시'를 층위성의 각도에서 보면, 하나의 예시는 그것의 하위 층위 범주의 도식일 수도 있고, 그것의 상위 층위 범주의 예시일 수도 있다. 이렇게 설명하면 Langacker와 Taylor의 범주론이 매우 비슷함을 알 수 있다.

2. Taylor의 도식범주 이론에 대한 완성

1) 개설

Taylor(2002:123-185)는 『Cognitive Grammar』에서 그의 기본 입장을 견지하면서 Langacker

의 관련 견해를 수용하여 '도식-예시' 범주화 분석법을 제안하였는데, 이것을 언어의 각 층위 분석에 적용할 수 있는 보편적이고 기본적인 인지의 방식이라고 보았다. Taylor는 그의 저서에서 이러한 인지방식을 운용하여 단어, 구, 절, 음운, 의미, 상징단위 등을 분석 하였으며, 이것이 인지문법 이론에서 매우 중요한 기초 개념이라고 주장하였다(2002:326).

도식이란 '예시의 집합이 가지고 있는 공통성을 개괄하고 추상화한 결과물'로, 범주 형 성에 있어 원형이 된다. 이러한 까닭에 인지언어학자들은 '도식'이라는 용어로 '규칙(Rule)' 이라는 용어를 대체하자고 주장한다. 규칙은 강제성과 무예외성을 과도하게 강조하여 마 치 경기 규칙처럼 반드시 준수해야 하고 예외가 있을 수 없다. 그런데 언어의 '규칙'은 경기 규칙과는 달리 모든 규칙에 다 예외가 있을 뿐 아니라 어떤 규칙은 예외가 지나치게 많은 경우도 있다. '도식'으로 이를 대체하면 이러한 문제를 피할 수 있다. '도식'은 예시의 사용을 개괄함으로써 얻어낸 결과이면서 개괄적인 틀이기 때문에 일정한 변화를 허락하고 융통성을 갖추고 있다.

'예시'는 도식 형성의 기본으로, '사용기반 모델'에 근거하여 예시의 도식적 자질을 개괄 해 낸다. 예시는 도식의 세부 정보를 더해주므로, 서로 다른 예시는 서로 다른 유추의 방식 으로 도식을 반영할 수 있다.

'도식-예시' 범주화 관계는 상하 방향의 수직적인 계층 구조로 확장된다. '도식-예시'층 위마다 현저한 기본 층위가 있으며, 이 층위의 예시는 심적 이미지를 가장 쉽게 형성하여 아동들에게 가장 쉽게 습득되고 가장 일찍 명명된다. 이것은 Rosch(1975, 1978)가 논술한 '기본층위 범주'와 유사하다.

Langacker와 Taylor가 사용한 이 '도식-예시'는 '상의-하의어(superordinate-hyponym, hy-pernym-hyponym)'[6]와 유사하다. 그러나 상의-하의어는 의미 층위나 어휘 층위에 주로 사용 되고, 구조주의 의미론을 연상하게 하기 때문에, Taylor는 '도식-예시'를 사용하는 것이 더 적절하다고 주장한다. '도식-예시'는 적용 범위도 훨씬 넓어서 단어 의미를 해석하고 범주화 관계를 설명할 수 있을 뿐 아니라, 음운, 형태, 통사, 의미 등 언어의 모든 층위에 적용할 수 있다(Langacker, 1987, 1991a; Taylor, 2002 및 본서의 제5장 참조).

---

6) **[역주]** 상의어와 하의어: 상의어는 사물에 대한 일반적이고 추상적인 설명이고, 하의어는 사물의 구체적 인 표현 형식 또는 구체적인 설명이다.

Taylor의 '도식범주 이론'의 핵심적인 내용을 아래의 그림으로 나타낼 수 있다.

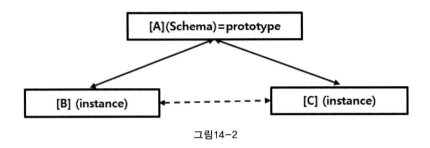

그림14-2

Taylor(2002:43-44, 74)에 따르면, 하나의 음성이미지(Sound Image)를 파악하면 몇 개의 유사 속성을 가진 음성 예시로부터 음소도식 범주를 개괄해 낼 수 있거나, 하나의 음소도식 범주로부터 하나의 음성 예시를 식별해 낼 수 있다. 어떤 개념(또는 의미) 하나를 파악하면 몇 개의 유사 속성을 가진 예시로부터 하나의 도식범주를 개괄해 낼 수 있거나, 하나의 도식범주로부터 그것의 예시를 식별해낼 수 있다.

형태와 통사 역시 이러한 분석방법을 통해 묘사해 낼 수 있다. 예를 들어, 사람들은 여러 개의 '복수' 예시로부터 복수 도식을 추상화해 낼 수 있고, 여러 시태 변화 예시로부터 시태 도식을 추상화해 낼 수 있다. 그리고 여러 어기 변화의 예시로부터 어기 도식을 추상화해 낼 수도 있다.

그림14-2와 14-1를 비교해보면, Taylor와 Langacker의 분석 방법은 기본적으로 동일하지만 일정한 차이가 있음을 알 수 있다. 일단 용어가 다르기도 하지만, 가장 주요한 것은 그 내부를 해석하는 기제가 다르다. Langacker의 그림14-1에서는 세 가지 요소 간의 관계가 단방향적이다. 그러나 Taylor의 그림14-2에서 세 요소 간의 관계는 쌍방향적으로, 도식과 예시 간의 상호작용 관계가 더 강조된다. 이것은 사람들이 몇 가지 예시로부터 도식을 추상화해 낼 수 있고, 또 도식으로부터 구체적인 표본을 예시할 수 있다는 것을 의미한다. 그러나 Taylor는 각각의 예시들이 중요도나 원형성에 있어서 서로 구분이 될 수 있고, 각각의 예시들이 도식을 반영하는 정도에도 차이가 있다는 사실을 간과하였다. 반면 Langacker는 바로 이 점을 강조하여, B는 A를 예시한 범주의 원형표본이고, C는 A와 B의 틀 내에서 일부 조정을 거친 원형표본의 확장 혹은 주변적인 예시라고 기술하였다.

이것은 Langacker가 범주화 관계를 설명하며 제시한 '예시', '확장'과도 일맥상통한다.

(1) 예시(Instantiation): '순수예시(Pure Instantiation)', '구체예시(Specific Instantiation)', 또는 '정교화(Elaboration)'라고도 불린다. 'X→Y'로 도식화할 수 있다.[7] 이 범주화 관계는 Langacker (2007:4, 36)가 서술한 것과 같이 X는 도식이고, Y는 구체예시이다.

Y는 X를 정교화한다. Y는 X의 예시이다. Y는 X에 의해 수용이 가능하나, 좀 더 구체적으로 특수한 성격이 있다.[8]

(2) 확장(Extension): Y가 일정 정도 조정이 이루어진 것으로, Langacker는 이를 'X⇢Y'로 도식화했다. Y는 X에서 확장되었지만, X와 완전히 동일하지 않고, 양자 간에는 유사성(Similarity)과 관련성(Association)이 있다. 그가 여기서 말한 유사성은 은유 인지기제에 기반한 것이고, 관련성(어떤 대상이 한 ICM 속에서 서로 관련이 되어 있는 것을 말함)은 환유 인지기제에 기반한 것이다. 이에 대해 Langacker(2007:4,36)의 언급을 보자.

X는 보다 핵심적이거나 원형적인 개념이고, Y는 주변적이다. 이런 의미에서 의미상 약간의 충돌이 있다. Y는 X와 완벽하게 일치하지 않는다. Y에는 X의 어떤 자질이 결여되어 있어, X가 어떤 면에서 변화된 것이다.[9]

이상의 논의를 통해 Langacker와 Taylor의 주장은 각각 장단점이 있음을 알 수 있다. Taylor가 강조한 쌍방향적 관계를 Langacker의 설명과 결합하면 아래와 같은 도식을 도출

---

7) 원래 Langacker 책의 원문에는 X→Y가 아니라 A→B로 표기되어 있다. 다만 그림14-1과 14-2에서 이미 A, B를 사용한 바, 혼동을 막기 위해 A→B 대신 X→Y로 표기한 것이다. Langacker가 언급한 '예시성' 범주화 관계에서 X와 Y는 그림14-1의 A와 B에 해당되고, '확장성'범주화 관계에서 X는 원형 표본 B, Y는 확장된 구성원 C에 대응한다.

8) Y elaborates X. Y is an instance of X. Y is compatible with X but is specified in more detail.

9) X is a more central or prototypical sense; Y is more peripheral. In this case, there is some conflict in meaning. Y does not completely match X. It suspends certain features of X. It changes X in some way.

할 수 있다.

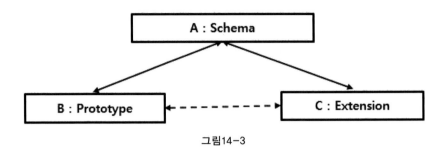

그림14-3

그림14-3에서 도식 A는 원형표본 B와 주변적 구성원인 C를 통제하며, A를 기초로 구체적인 예시를 식별할 수 있다. 한편, 도식 A는 몇 가지 자주 발견되는 예시를 추상 개괄해 낸 것으로, 그림14-3에서 AB와 AC를 연결한 쌍방향 실선 화살표가 이것을 의미한다.

원형표본 B는 참조점으로서 확장된 구성원 C의 범주속성을 식별할 수 있다. 이와 동시에 C는 그 차이가 크지는 않지만, A로부터도 영향을 받아 적절한 조정이 이루어진다. 한편, 탈범주화의 예시인 C가 반대로 원형표본 B에 영향을 주어 B의 조정을 유발할 수도 있다.

이러한 인지방식은 언어의 각 방면을 통일적으로 분석하는데 운용될 수 있기 때문에 인지언어학에서 추구하는 '통일적 해석'이란 목적과도 부합한다.

2) 도식과 예시의 특징

(1) 도식의 주요 특징

(A) 추상성과 일반성: 이는 도식의 가장 중요한 특징이다. 왜냐하면 도식이란 다수의 구체적 예시로부터 추상화하거나 일반화해낸 것이기 때문이다.

(B) 경쟁성: 이 또한 언어에 보편적으로 존재하는 현상으로, Taylor(2002:298-322)는 이 개념에 대해 한 장(Chapter)에 걸쳐 상세히 논술하였다.[10] 그에 따르면, 두 개 또는 그 이상의 양립하지 않는 도식이 언어 단위를 범주화하면 도식의 경쟁 현상이 발생할 수 있다고

---

10) [역주] 제16장에서 '도식경쟁'이란 이름으로 이것에 대해 소개하고 있다.

한다. 예컨대, 영어의 명사 복수에는 여러 가지 도식이 있으며, 각각의 구체적인 명사들이 복수를 구성할 때 도식경쟁이 발생한다.

예시가 도식을 선택할 때는 일반적으로 도식과 예시 간의 거리가 가장 짧은 것을 선택하는 경향이 있다. 도식과 예시 간의 거리는 예시에 대한 도식의 일반성 정도를 나타낸다. 즉, 도식은 층위성을 갖고 있으므로, 거리가 짧을수록 도식과 예시의 층위가 가깝다는 것을 의미한다. Pinker&Prince는 규칙적 용법과 불규칙적 용법에 대해 논하면서, 규칙적 용법은 기호에 기초한 작용(의미를 고려할 필요 없음)이고, 불규칙적 용법은 기억에 기초한 작용이라고 구분한 바 있다. 반면 Taylor는 규칙적 용법과 불규칙적 용법 모두 도식에 기초하고 있으며 단지 그들의 생산성이 다를 뿐이라고 했다. 예를 들어, 영어의 불규칙 동사 가운데 일부는 과거형과 현재형의 형태가 동일한데, 이것은 이들 대다수의 어미가 /t/, /d/로 끝나 영어 과거형 도식에 부합하기 때문이다.

(C) 층위성: 일반화 과정은 일회적으로 이루어지는 것이 아니라 층위적으로 이루어진다. 따라서 층위가 높은 도식은 일반성 정도도 높기 때문에 더 넓은 범위의 예시로부터 공통점을 개괄해 낸다. 즉, 일반성 정도가 높을수록 구체적인 응용과는 거리가 멀어지며, 예시가 적용되는 범위도 넓어진다.

(2) 예시의 주요특징

(A) 개방성: 하나의 도식에는 최소한 두 개의 예시가 있으며, 예시의 수에는 제한이 없다. 일반성이 높은 도식일수록 그것이 포괄하는 예시도 많고, 확장을 통해 새로운 구성원을 끊임없이 추가한다. 이처럼 예시는 개방성을 갖는다.

(B) 상속성: 예시는 도식으로부터 관련 정보를 상속받는다. 동시에 세부적인 차별적 정보가 추가되기도 한다(제6절 참조).

(C) 유사성과 차별성: 한 범주의 여러 예시는 모두 동일한 도식으로부터 관련 정보를 상속받기 때문에 유사성을 갖는다. 다만 상속 과정에서 추가된 구체적인 정보는 차별성을 갖기 때문에, 각각의 예시들은 '차별적 관계'를 갖게 된다. 만약 두 예시 사이에 유사성과 동시에 차별성이 있다면, 이들은 동일한 도식을 공유할 수 있다(Taylor, 2002:126 참조).

(D) 쌍방향성: 도식은 예시를 일반화한 것이며, 예시는 도식에 대한 실례적 표현이다.

이처럼 양자는 상호보완적이며 쌍방향적 관계를 갖는다. 그림14-3에서 보듯이, 실선은 도식-예시의 관계를 나타내고, 쌍방향 화살표는 '일반-구체'의 관계를 나타낸다. 각 예시 간의 유사성 역시 쌍방향성을 갖는다. 그림14-3에서 점선은 예시들 간의 유사성과 함께 C가 B로 인해 조정의 과정이 있음을 나타낸다. 이 그림에서 쌍방향 점선 화살표는 Langacker의 단일방향성(그림14-1 참조)에 비해 보다 보편적이고 포괄적이다.

3) 범주 이론과 단상화

Langacker(1991a:33, 53)는 '유형-예시(Type-Instance)'에 대해 언급한 적이 있다. 여기서 말하는 유형이란 단순한 유형을 의미하고, 예시는 이 유형의 구체적인 구성원을 말한다. 유형과 예시의 차이는 단순 명사(Simple Noun, 그림14-5의 'house')와 명사구(Noun Phrase 또는 Nominal, 그림14-5에서 'my house'), 단순 동사(그림14-6의 'eat')와 동사구(Verb Phrase, 그림14-6의 'be eating') 간의 차이와 유사하다.

유형 또는 도식	예시
단순 명사(명사 원형)	명사구
단순 동사(동사 원형)	동사구

그림14-4

일반적인 의미를 갖는 명사나 동사는 모두 '유형' 또는 '도식'이다. 명사 원형을 복수 형식을 포함한 명사구로 만들거나, 동사 원형에 적절한 성분을 부가하여 동사구를 만들어 한정성분의 성격을 갖도록 하는 것을 '단상화(Grounding)'과정을 실현했다라고 한다.

'단상화'는 '추상적인 언어 체계가 구체적인 화행상의 어구로 실현되는 과정', 또는 그림 14-4와 같이 '도식적 표현'을 '예시적 표현'으로 구체화하는 과정이라고도 말할 수 있다. 단상화는 명사식별(한정 표현이나 복수접미사 등을 사용하여 명사 원형을 명사구로 만드는 것)과 동사실현(시제, 상, 어조 등을 이용하여 동사 원형을 동사구나 한정절로 만드는 것) 등의 방법을 통해 화행이 구체적인 화행사건이 되도록 한다.

이를 위해서 도식적인 어휘는 화행사건 속에서 '자리매김(유형이 예시의 영역에 자리를 잡는 것임)'을 해야 한다. 다시 말해서 '유형적 표현'이 구체성을 띤 '예시적 표현식'으로 단상화되어 확정적인 어구성분이 되어야 실제 세계를 나타낼 수 있는 것이다. 예컨대, 명사 원형 'house'를 'my house'로 표현한 것은 단상화 과정을 통해 현실세계에서 유형이 나타내는 어휘의 구체적인 사물을 지칭하는 것으로, 이를 '단상화된 표현(the Grounded Expression)'이라고 한다. 동사의 경우, 'be eating'은 동사 원형 'eat'의 단상화된 표현이라 할 수 있다.

하나의 '유형'은 여러 단상화 과정을 통해 다수의 구체적인 예시로 구현될 수 있다. '유형-예시' 간의 구분은 '도식-예시'의 구분과 유사하며, '유형-예시'를 '도식-예시'의 하위 부류로 볼 수도 있다. 이때 '도식'은 곧 보다 넓은 의미의 용어가 된다.

Taylor(2002:341-412)는 '도식-예시'와 '단상화-단상화됨(Grounding-The Grounded)'의 각도에서 그 관계를 논하고 있기 때문에 도식범주 이론을 보다 일반화시키고 보다 해석력이 있게 만들었다. 다음의 그림과 같이 해석할 수 있다.

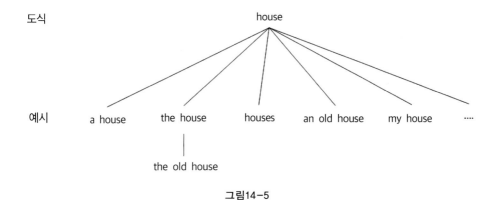

그림14-5

그림14-4와 14-5에서의 '예시'는 '단상화된 구체적인 예시용법'이다. 그림14-5에서 볼 수 있듯이, 유형 명사 혹은 도식 명사는 각종 관사나 대명사, 수사 등의 한정어(Determiner)를 첨가하거나, 형용사의 수식을 받거나, 복수표현식을 쓰는 등 다양한 방식으로 단상화된다. 이밖에 소유격 표현을 써서 명사 원형 'house'를 'my house'나 'John's house' 등으로 나타내는 것 역시 단상화의 방법이다.

동사 원형 혹은 도식 동사는 그림14-6과 같이 동사의 시제, 상의 굴절변화, 동사구 등의 방식을 통해 단상화된다.

도식

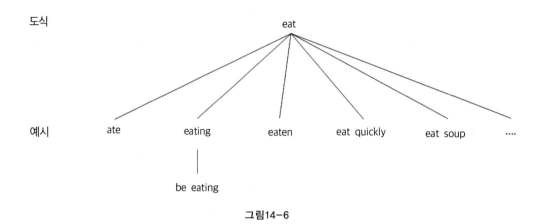

그림14-6

도식은 추상성과 일반성을 갖지만, 반드시 '경계성(또는 종결성, Telicity)'을 갖는 것은 아니기 때문에 '경계화(Boundariztaion)' 과정이 필요하다. 그림14-5와 14-6에서 도식인 'house'와 'eat'은 모두 무경계적 개념이지만, 각각의 예시들은 대부분 경계적 표현식이다. 이처럼 '도식'이 '예시'로 전환되는 과정은 경계화 과정이기도 하다.

이러한 분석방법은 절의 층위에도 동일하게 적용될 수 있다. 하나의 절은 하나의 과정을 나타내며, 단상화된 절은 유형을 구체화한 예시의 과정 가운데 하나라고 할 수 있다. 따라서 아래와 같이 구분한다.

(a) 단상화되지 않은 절(Ungrounded Clauses)

(b) 단상화된 절(Grounded Clauses)

이중 전자는 용법이 광범위한 유형을 표시하는 절을 가리키고 후자는 단상화되어 구체적인 사건을 나타내는 절을 의미한다. 예컨대 다음과 같다.

[1] Louise is walking to the store. (Louise는 가게로 걸어가고 있다.)

[2] Louise walks. (Louise는 걷는다.)

[1]은 [2]보다 더 확실하게 단상화되었다. Taylor는 [1]의 복합술어인 'be walking'에서 핵심성분은 'be'이지 'walk'가 아니라고 하였다. 왜냐하면 [1]에서의 단상화는 'be'를 통해서 실현된 것이지 'walk'에 의한 것이 아니기 때문이다. 마찬가지로 'books'에서는 '-s'가 어구의 핵심성분이다. 이처럼 구문문법 학자들은 영어의 시제, 상 표시의 '굴절 형식'을 술어를 제한하는 핵심으로 본다.

영어 동사의 시제와 상은 긴밀히 관련되어 있다. 이중 '시제'는 실제 단상의 '시간'에 대응하고, '상'은 주로 어떤 시구간 내 동작의 분포상황을 나타낸다(Saeed, 1997:116). 중국학자 戴耀晶(1997:5)은 '상'에 대해 '시간의 흐름 속에서 사건구성을 관찰하는 방식'이라고 정의한 바 있다. 이렇게 '시제'와 '상'이라는 두 통사 범주가 매우 밀접하기 때문에 영어(대부분의 언어도 마찬가지임)에서는 '시제'를 이야기하면서 완료상이나 미완료상을 언급하곤 한다. 동사의 '시제'와 '상'은 모두 동사의 단상화를 실현하는 수단이다.

인지언어학자들은 '완료상'을 '경계성(Telic, Bounded)'으로, '미완료상'을 '무경계성(Atelic, Unbouded)'으로 분석한다. 왜냐하면 완료상은 시간적으로 종결점(End-point)을 포함하나 미완료상은 그렇지 않기 때문이다. 인지언어학은 경계성과 무경계성으로 가산명사와 불가산명사를 분석한다. 이렇게 동사와 명사 모두 '동질성(Homogeneity)', '분해성(Divisibility)', '복제성(Replicability)', '경계성(Boundedness)'으로 그 내부의 개념구조를 분석해 낼 수 있다(제12장 제1절 참조).

이상과 같이 인지언어학에서는 '경계성' 여부와 도식-예시의 이론틀을 적용한 단상화로 명사와 동사 두 품사의 언어 사실 설명함으로써, 도식으로 언어이론을 간략화하고 언어현상을 통일되게 분석한다는 목표를 실현할 수 있었다.

제4절 도식범주 이론과 원형표본범주 이론의 비교

Langacker와 Taylor는 원형표본범주 이론을 바탕으로 도식범주 이론을 제시하였다. 특히 Taylor(2002)는 도식범주 이론을 상세하게 논의하고 언어현상에 적용함으로써 인지언어학의 핵심이론으로 끌어올렸다. 도식범주 이론은 원형표본범주 이론과 여러 면에서 공통점을 갖고 있으나 차이점도 많이 있다.

상술한 바와 같이 도식범주 이론은 기본적으로 원형표본범주 이론의 주요 관점을 수용하여, 범주는 핵심 참조점에 기초하여 '가족닮음'을 통해 건립된다고 보았다. 이에 따르면, 범주와 속성은 이분적이지 않으며, 범주의 경계는 불분명하고 범주 내부 성원의 지위는 평등하지 않다. 범주와 속성 간의 차이는 범주의 원형 참조점을 구체적인 표본 예시에 근거하여 이해할 것인가, 아니면 일반적인 추상도식에 근거하여 이해할 것인가에 따라 결정된다.

원형표본은 집단에 따라, 문화배경에 따라, 그리고 시대에 따라 다를 수 있다. 예를 들어, '새'라고 하는 경우 영국인은 보통 'robin'[11])을 떠올릴 것이나, 중국인은 '참새'를 떠올릴 것이다.[12]) 또 19세기 표본적인 자동차는 지금의 것과 많이 달라서 지금의 관점에서는 주변적인 구성원이 되었을 수도 있다. 이렇게 원형표본은 끊임없이 변화하지만, '도식'으로 범주를 묘사하면 이러한 문제를 어느 정도 피할 수 있다. 한편, 하나의 원형표본을 찾기 어렵거나 원형표본을 확정하기 어려운 범주도 있다. 예컨대, 다의어의 경우, 원형표본을 확정하기는 어렵지만, 추상적 도식을 개괄해 낼 수는 있다. 이 경우 도식범주 이론은 원형표본범주 이론보다 이론적 우세를 보여준다.

이러한 차이점에 근거한다면, 사람들이 전형적인 실례를 통해 범주화하는지, 아니면 추상 도식을 통해 범주화 하는지, 그것도 아니면 두 가지 방식을 함께 운용하여 범주화하는지에 대해 심도있게 설명할 필요가 있다. 각각의 범주화 방식은 나름의 기능이 있다.

Langacker(1987:373)에 따르면, 아동이 범주를 구축할 때는 먼저 대표성을 띤 원형을 통해 범주를 식별한다고 한다. 예를 들어, 'oaks', 'maples', 'elms' 등을 통해 'tree'를 식별해 낸 후, 차이점들을 제거하고 공통점을 찾아내어 '나무는 나무줄기가 있고, 가지와 잎이 있는 것'이라고 하는 하위 층위의 도식표상을 수립한다. 그런 다음 'pine(나뭇잎이 없음)', 'palm(가지가 없음)' 등을 통해 상위 층위의 도식표상을 수립하게 된다(이를 통해 도식은 층위

---

11) **[역주]** (유럽산의) 지빠귓과 울새속의 총칭; (특히) (영국의 국조인) 유럽울새
12) Lakoff(1987)과 Taylor(1989)는 그들의 논저에서 영국인들이 'robin'을 새의 원형표본으로 인식한다고 언급하고 있다. 필자 및 필자의 학생들이 상용되는 10개의 범주(가구, 새, 의복, 차량, 과일, 채소, 도구, 무기, 운동, 완구)에 대해, 중국의 각 성 각 고교의 여러 부류 사람들(성별, 연령, 학력, 고향 등) 약 500명을 대상으로 조사를 한 결과 이들 범주의 전형적인 표본을 획득한 바 있다.

성이 있음을 알 수 있다). 이러한 과정을 통해 도식표상이 '원형'으로 기능하고 있음을 알수 있다.

Taylor(1989:66)에 의하면, 원형표본을 통한 범주화와 도식표상을 통한 범주화는 각기다른 측면에서 동일한 현상을 바라본 것이다. 다만 차이가 있다면, 원형표본을 통한 범주화는 범주의 각 구성원이 원형표본에 부합하거나 부분적으로 부합하지만, 도식표상을 통한 범주화는 각 구성원이 도식표상에 완전히 부합하며 세부 항목에 있어서 다소 차이가있다는 점이다.

본서는 이 두 인지언어학자의 논술에 기초하고 각자의 장점을 결합시켜 깊이 연구한끝에 그림14-3과 같은 결론을 얻어냈다. 이 그림은 두 가지 범주화의 방식 및 내부 기제를모두 포함하고 있다. 이 그림에 기초하여 두 가지 범주화 방식에 대해 아래와 같은 견해혹은 가설을 제기할 수 있다.

(1) 두 범주화 방식은 인류의 인지 과정에 모두 존재한다. 다만 언제, 무엇에 대해, 어디서 어떤 방식을 사용하는지에 따라 차이가 많이 나기 때문에 두 방식은 서로 다른 시기,다른 대상에 대해, 다른 작용을 발휘하고, 또 사람마다 다를 수 있다.

(2) 추상적인 사유능력이 아직 형성되지 않은 아동은 주로 구체적인 예시 또는 동작에의지하여 사유하므로 성인들이 그들에게 말을 가르칠 때(사실상 사유능력을 키우는 것임) 실제 사물이나 동작을 보조적으로 이용할 수 있다. 이처럼 아동은 초기에 단지 원형표본을통해 범주적 지식을 습득하지만, 추상적인 사유를 할 수 있는 능력이 생긴 이후에는 추상도식을 보다 더 많이 운용하여 범주화를 진행하게 된다.

(3) 원형표본 범주화 방식은 인류가 최초 단계에서 세계를 인식하는 필수적인 기본 출발점이라는 기초적인 기능이 있다. 이에 비해, 도식 범주화 방식은 원형표본 범주화에 기초하여 발전한 것으로 보다 높은 단계의, 보다 복잡한 사유능력이다. 원형표본 범주화는 보다 기초적이고 쉽고, 도식 범주화는 보다 중요하고 보다 창조적이다.

(4) 이상의 관점은 감성지식과 이성지식의 차원에서도 비교할 수 있다. 감성지식은 주로원형표본 범주화 방식을 통해 획득되고, 이성지식은 도식 범주화 방식을 통해 획득된다.따라서 구체적인 개념은 주로 원형표본 범주화 방식으로 획득되지만, 추상적 개념은 도식

범주화 방식을 운용하는 동시에, 은유나 환유와 같은 인지기제가 작용하는 원형표본 범주화 방식을 함께 운용하여 획득된다.

(5) 어떤 범주는 형성 초기엔 주로 원형표본에 의존하지만, 숙련되어 익숙해진 이후에는 추상적인 도식표상에 더 많이 의존하기도 한다.

(6) 원형표본 범주화와 도식 범주화는 상보적이라서 도식 범주화 방식으로 설명할 수 없을 때 원형표본 범주화로 구체적인 설명을 할 수 있다. 사전에서의 의미 해석이 바로 그러하다. 한편, 원형표본 범주화 방식으로 설명할 수 없는 것을 도식 범주화 방식으로 설명하기도 한다. 예컨대, 원형표본 범주화 혹은 도식 범주화로 다의어의 하위의미(subsense, 혹은 미시의미(micro-sense))를 설명할 수 있다. 다의어를 의미연쇄로 분석할 수 있다는 것은 이 다의어가 핵심의미로부터 점진적으로 확장되었음을 의미하지만, 언어가 사물을 추상적으로 일반화한 것이라는 각도에서 살펴보면 핵심의미를 나타내는 구체적인 표본이 무엇인지 명시하기 어려운 경우도 있다. 따라서 하위의미와 관련된 언어 현상은 도식 범주화 방식으로 설명하는 것이 더 합리적이다. 이어지는 절에서는 이러한 관점으로 논의를 진행하겠다.

제5절 도식범주로 중국어의 '유개념+종차(種差)'13)의 조어법 설명

중국어에서 단어를 만드는 주요 방법 중 하나는 '수식어+핵심개념어' 형식으로, 보통 '관형어+피수식어'로 구성된다. 여기서 '핵심개념어'는 주로 기본 층위의 어휘이거나 상위 층위의 범주어휘이다. 핵심개념어로 단어를 구성하는 것은 중국어에서 상용되는 매우 경제적인 방법일 뿐 아니라, 핵심개념어로 사물의 범주를 직접적으로 나타낼 수도 있다. 이것은 편방 부수가 의미범주를 나타내는 형성자의 조자 방법과도 비슷하다.

가령 {나무}라는 개념은 사람들이 일상생활을 하는 과정에서 끊임없이 일반화하여 형성

---

13) [역주] 종차(種差)는 논리학에서 상위개념에 같이 속하고 있는 하위개념들 중 어떤 하위개념이 다른 하위개념과 구별되는 요소이다. 이를테면 동물에 속하는 사람이 다른 동물과 비교할 때 이성적이며 언어를 가졌다는 차이 따위이다. 일반적으로 개념 또는 명사를 정의하는데 사용된다.

된 하나의 추상도식이다. 이것은 감성지식의 기초 위에 형성된 이성지식으로, 구체적인 나무는 이 {나무}라는 도식을 통해 식별되고 예시된다.

그럼 중국 민족은 {나무}라는 범주를 어떻게 식별할까? 주로 '종차+{나무}도식'의 방법으로 이러한 부류의 식물을 나타내는데, 어떤 식물이 머릿속에 있는 {나무}라는 도식과 유사해 보이면, 이 도식을 '유개념'으로 선택하여 인지(또는 조어)의 출발점을 삼을 것이다. 그런 다음 '종차'를 찾아 구별표지로 삼는 동시에 그 식물을 {나무}라고 하는 범주에 귀납시킬 것이다.

영어 역시 어떤 경우엔 이러한 '유개념+종차' 조어법을 사용하기도 하지만, 중국어만큼 보편적이지는 않고, 주로 구체적인 어휘로 여러 부류의 나무를 표현한다. 어떤 면에서 영어는 '기본 층위에서 하위 층위', 또는 '생명 층위에서 종별 층위'와 같은 층위 범주화나 어휘화 방식이 중국어만큼 보편적이지 않다고 할 수 있다. 예컨대 다음과 같다.

[3] 松　樹 pine　　　　　柏　樹 cypress

　　橡　樹 oak　　　　　桦　樹 birch

　　棕榈樹 palm　　　　榆　樹 elm

　　丁香樹 clove　　　　杉　樹 spruce

　　冬青樹 evergreen　　樱花樹 cherry

　　白杨樹 poplar　　　　银杏樹 ginkgo

　　泡桐樹 paulownia　　榕　樹 banyan

　　柳　樹 willow　　　　桃　樹 peach

　　梨　樹 pear　　　　　栗　樹 chestnut

상술한 예와 같이 중국어의 범주화와 어휘화의 방식은 사물의 범주 유형을 그대로 구현해내고 있어서 어떤 단어의 끝에 있는 도식적 범주 표지만 알면 명칭을 통해 사물의 소속 범주를 식별할 수 있다. 반면, 영어의 경우 '유개념+종차' 형식으로 범주화와 어휘화를 구현한 경우도 있지만, 중국어만큼 통일된 '유개념'어휘가 형성되지는 못했다. 아래의 예 역시 이러한 양상을 보여준다.

[4] 鲤　鱼 carp 　　　　带　鱼 hairtail

　　黑　鱼 snakehead 　　卿　鱼 roach

　　鳟　鱼 trout 　　　　鲱　鱼 herring

　　鲨　鱼 shark 　　　　鳗　鱼 eel

　　河　豚 puffer 　　　　章　鱼 octopus

　　比目鱼 flounder 　　　黄姑鱼 spotted maigre

[5] 博物馆 museum 　　　饭　馆 restaurant

　　旅　馆 hotel, inn 　　体操馆 gymnasium

　　天文馆 planetarium 　照相馆 photo studio

　　水族馆 aquarium 　　美术馆 gallery

　　殡仪馆 mortuary 　　档案馆 archives

　　图书馆 library 　　　咖啡馆 cafe

　　大使馆 embassy 　　科技馆 science and technology center

　　领事馆 consulate

[6] 实验室 laboratory 　　会客室 saloon

　　盥洗室 toilet, lavatory 办公室 office

　　教研室 teaching section 档案室 archives

　　地下室 basement, cellar 驾驶室 cab

　　休息室 lounge 　　　停尸室 mortuary

　　气门室 vestibule

[7] 市　场 market 　　　露天市场 bazaar

　　赛车场 cycling track 　娱乐场 casino

　　竞技场 arena 　　　　剧　场 theatre

　　斗牛场 bullring 　　　道　场 Taoist rites

　　采石场 quarry 　　　飞机场　airport

　　盐　场 saltern

[8] 医务所 clinic 　　　托儿所 mursery

場　所 place　　　　　　　　　　厠　所 toilet, lavatory

散步場所　promenade

이상 王寅, 李弘(1996) 참고

이상의 예를 통해 중국어에서 기본층위나 생명층위(나무, 물고기, 집, 방, 장소 등)를 나타내는 용어의 경우 매우 중요한 인지기능이 있음을 알 수 있다. 이들은 인지적 측면에서 인간이 사물의 범주를 식별하는 것에 도움이 된다. 뿐만 아니라 이러한 단어 구성 방식은 중국 민족이 세계(객관세계와 주관세계 모두)를 범주화하는 보편적인 방식을 반영하고 있다.

　기본층위의 용어들은 추상적인 도식성을 갖고 있으며, 중국 민족이 범주를 형성하고 식별하는데 있어 중요한 근거가 된다. 아울러 기본층위 어휘는 수량도 많고 사용빈도도 높다. 중국어의 '유개념+종차'를 통한 범주화와 어휘화 방식은 도식 범주화 이론의 설명력을 증명하는 중요한 예시이다.

제6절 도식범주 이론과 상징단위 및 구문의 관계

구문문법에서는 언어란 상징단위와 구문으로 구성된 대창고이며 이것은 매우 복잡한 네트워크 시스템을 구성한다고 여긴다. 문법이론이라면 이러한 네트워크의 구체적인 구조와 내부 관계를 상세히 묘사할 수 있어야 한다. 본절은 도식범주 이론을 기초로 상징단위와 구문 간의 관계를 논술하고자 한다.

1. 상징단위 간의 관계

실제 언어의 운용은 대부분 몇 개의 상징단위의 조합을 통해 이루어진다. 다시 말하면, 모든 어구는 여러 상징단위를 동시에 활성화시킬 수 있고, 상징단위는 모두 구문에 모종의 정보를 제공할 수 있다. 이렇기 때문에 상징단위의 결합유형을 연구해야 할 필요성이 제기된다. Langacker(1987:73)와 Taylor(2002:22-25)는 모두 상징단위 간의 관계를 상세히 언급한 바 있다. 본절에서는 앞의 논의를 토대로 상징단위 간의 관계를 5가지 유형으로 정리하고자 한다. 이들 유형은 언어의 모든 단위와 각 층위를 분석하는데 적용될 것이다.

1) 종적인 '도식-예시' 관계

제9장 제8절에서 언급했듯이 상징단위와 구문은 층위성이 있다. 이러한 층위성 관계는 일종의 '종적인 관계'라고 볼 수 있으며, '도식-예시'로 묘사될 수 있다. 예컨대 다음과 같다.

(1) 이음 C는 하나의 원형적 음소 도식 A의 예시이고, C는 또 D의 도식이 될 수 있다.
(2) 한 언어에서 하위 의미 단위 C는 상위 의미 도식 A의 예시이고, C는 또 D의 도식이 될 수 있다.
(3) 'tree'같은 구체적인 상징단위는 추상적 도식단위 '명사'의 예시이다. '명사'는 보다 더 추상적이고 보다 상위 층위인 '단어' 도식의 예시가 된다.
        ......

이상의 예를 통해 도식 A는 예시 C에 대해 상위 층위성과 일반성을 갖고, 예시 C는 도식 A에 대해 구체성과 파생성을 가지고 있음을 알 수 있다. 양자는 '도식-예시'관계를 구성하며 다중의 층위를 구성할 수도 있다.

2) 횡적인 '부분-전체' 관계

작은 상징단위를 일정한 규칙에 따라 배열하면 비교적 큰 상징단위로 통합해낼 수 있다. Langacker의 초기 관점에 따르면, 둘 또는 그 이상의 상징단위는 하나의 구문으로 통합할 수 있고, 이 구문은 다시 더 큰 구문으로 통합할 수 있다. 이것은 언어 구문 내부에 층위성과 복잡성이 존재함을 의미한다. 개별 언어마다 상징단위를 통합하고 구문을 통합하는 방법과 규칙이 존재하지만, 통용되는 하나의 규칙으로 언어 전체 상황을 일반화하기는 어렵다.

인지언어학에서 말하는 횡적인 측면의 '부분-전체' 관계는 Saussure가 말한 '통합적 조합(Syntagmatic Compositionality)'과 유사해 보이지만, 단지 '부분조합(Partial Compositionality)'

만을 승인하고 '통합(Integration)'을 특히 강조한다는 점에서 근본적인 차이가 있다. 이처럼 '부분-전체' 관계와 '통합적 조합'은 완전히 다른 학파의 전혀 다른 개념이다. 게다가 Saussure는 단어의 통합적 조합 기제에 대해서는 언급한 적이 없다. 이에 비해 Langacker는 이 문제를 비교적 심도있게 분석하여 두 성분 A와 B가 결합하여 운용될 수 있고 더 큰 구문으로 통합될 수 있는 것은 바로 A가 하나의 현저한 도식성분(즉, e-site)을 포함하고 있어 여기에 B가 삽입되어 정교화 해석이 이루어질 수 있기 때문이라고 보았다(제5장 제3절 참조).

3) 서로 유사한 '원형-변이' 관계

추상도식 범주화 인지방식이 원형표본 범주화 인지방식과 가장 큰 차이점은 범주의 핵심 대표가 구체적인 표본이 아니라 '도식'이라고 본 점이다. 따라서 범주의 구체적인 구성원이 전형적인 표본이건 비전형적인 주변 구성원이건 모두 도식의 예시라고 보았다(그림 14-1과 14-3 참조).

범주의 전형적 예시 구성원은 추상도식에 기초하기 때문에 상세한 묘사가 상대적으로 적고, 비전형적 주변 예시 구성원은 추상도식에 추가된 상세한 묘사가 상대적으로 많다. 상세한 묘사 요소가 많을수록 주변적 예시 구성원의 경향성이 높으며, 또 전형적 예시의 변이로 볼 수도 있다.

원형적 구성원으로부터 주변적 구성원으로의 확장과 조정의 과정에는 두 가지 경로가 있다.

(1) 은유: 끊임없는 비유를 통해 그 사이에 있는 유사성을 모색하고 수립하여 개별 예시 (심지어 상이하나 수용이 어려운 예시까지 포함) 사이의 은유적 확장관계를 수립한다.

(2) 환유: 부분과 전체의 관계를 통해 그들 간의 관계성을 수립하고 이를 기초로 각 예시 간의 환유적 확대 관계를 수립한다.

4) 조정된 '조합-혼성' 관계

상징단위가 작은 것에서 큰 것으로 통합되어 가는 과정에서 '신흥성분(Emergent Element)'

이 발생할 수 있다. Fauconnier 등의 인지언어학자가 제시한 '개념혼성 이론(Conceptual Integration 또는 Conceptual Blending)'은 이에 대해 상세한 논의를 하고 있다. 단지 전통적인 '조합원칙'에만 의존해서는 의미 이해가 불가능할 수 있기에 '혼성원리'를 운용해야 하며, 이점에 대해서는 충분한 근거가 있다. 이와 관련하여 아래와 특히 제9장 제4절을 참조하기 바란다.

5) 조합된 '자립-의존' 관계

둘 또는 둘 이상의 상징단위가 결합할 때 이들의 지위는 항상 불평등해서 '주'와 '부' 또는 경중의 차이가 존재한다. 위의 네 가지 관계는 모두 '자립-의존'관계와 밀접한 관련 이 있다(제5장 제3절 참조).

2. 구문 간의 관계

구문은 모두 상징단위로 구성된다. 따라서 위에서 언급한 상징단위 간의 관계는 구문 간의 관계를 묘사할 때에도 적용할 수 있다. 많은 학자들은 그들의 논저에서 구문 사이에 분류성, 층위성, 상속성 등의 특징이 존재한다고 한다. 특히 Goldberg는 구문 간의 네 가지 상속관계를 언급하기도 하였다(제6장 제5절 참조).

이 외에, 대다수의 구문문법 학자들은 구문 간의 관계를 '네트워크(Network)' 개념으로 분석하였다. 언어는 상징단위와 구문으로 이루어진 대창고이자 대형 마트이다. 창고와 마트 안에 있는 각종 물품을 아무런 순서 없이 놓아두면 필요시에 그들을 신속하게 찾아낼 수 없을 것이다. 주지하다시피, 분류를 하고 단계를 나누어 물건을 정리하는 것처럼 상징 단위와 구문으로 구성된 문법 네트워크 역시 모종의 공인된 규칙에 따라 저장해야 필요시 에 관련된 정보를 찾아낼 수 있다. 구문문법 학자들은 구문 간의 관계를 마치 창고나 마트 에서 규칙에 맞춰 물품을 분류정리하는 것처럼 처리한다. 이런 측면에서 문법지식은 규칙 에 따라 이루어진 구문네트워크의 대창고라고 할 수 있다.

제15장

구문문법에서의 상자도식

본장에서는 구문문법 학자들이 자주 사용하는 '상자도식 분석법'에 관해 논의할 것이다. 직관적으로 볼 때 상자도식은 TG학파들이 주로 사용하는 수형도와는 다르다. 상자도식의 형태가 더 복잡하고, 주석도 더 번잡하지만 조금만 더 생각해 본다면 상자도식이 많은 장점을 가지고 있다는 것을 알 수 있다. 예컨대 더 직관적인 이미지이고 통사, 의미, 화용을 모두 고려하며, 더 많은 정보량을 포함하고 있다. 상자도식에는 상자 중적도, 특징 구조도, 공변 지수도, 상자도식 수형도와 같은 4가지 유형이 있다. 제2절에서는 WXDY구문을 예로 들어 상자도식의 구조와 기능을 해석하고, 제3절에서는 상자도식의 장단점에 관해 분석할 것이다.

제1절 개설

협의의 인지언어학은 Chomsky(최소한 초·중기)의 의미를 포기한 순수 형식주의의 연구 방법에 철저히 반대한다. 그러나 그렇다고 해서 인지언어학자들이 각종 도해 포함한 형식화와 유사한 묘사 방법을 완전히 포기한 것은 아니다. Langacker가 선도한 인지문법 역시 많은 상자도식으로 의미와 통사 현상을 해석하고자 했지만, 이것들은 합성성의 원리를 기제로 하는 Chomsky의 형식주의적 방법과는 본질적으로 다르며, 형식상으로도 많은 차이가 있다. 어떤 사람들은 Chomsky가 수형도로 통사구조를 나타내고, Langacker가 사용한 도형은 건축도면과 유사한 것(본서는 이를 '주택 모형도'라고 부를 것이다)을 비유하여 Chomsky가 '나무를 심고' Langacker가 '집을 지었다'고 농담을 하기도 한다.

Langacker(1987, 1991a/b, 2000, 2002 등)는 간단한 그림으로 자신의 이론과 관점을 자주 설명했다. 또 많은 구문문법 학자들이 어휘기능문법학파 및 다른 학파의 도표 묘사 방법을 차용하고 이를 기초로 하여 수정을 가하는 작업을 했다. 예를 들면 Leino(2005:98-100)는 인지문법의 '주택 모형도'와 어휘기능학파의 도해법을 결합하여 전자로써 의미를 설명하고, 후자로써 구조를 설명했지만 여전히 부족한 부분은 많다. 뒤에 많은 학자들의 반복적인 실천을 통해 간단한 그림에서 비교적 체계적인 구문문법의 형식 표현인 상자도식(Box Diagram)으로 점차 발전시킴으로써 최대한 직관적이고 명료하게 구문의 통사 · 의미 · 화용적 특징을 그림으로 나타내어 추상적인 이론을 더 정확하게 설명하고자 했다. 이렇게 상자도식이 점차 퍼져 자체적인 체계를 마련함으로써 상자도식은 구문문법 연구에 있어 없어서는 안 될 수단이 되었다.

제2절 구문의 상자도식 표현법

본절에서는 구문문법에서 자주 사용하는 그림을 통한 해석 방법에 대해 중점적으로 살펴볼 것이다. 즉, '상자 중적도'를 위주로 하고 '속성 구조도', '공변 지수도', '상자도식 수형도'에 대해서도 함께 살펴볼 것이다.

1. 상자 중적도

상자 중적도(Boxes-within-boxes Diagrams, Box Nesting Diagrams)는 상자도식을 중첩하는 방법으로 구문 내부의 구조와 그 속성을 표시하는 것이다. 즉 큰 상자 안의 작은 상자는 모교점 아래의 딸교점에 해당한다.

그림으로 구문의 내부구조를 나타내는 방법은 많다. 예를 들면 Langacker도 구조주의가 통사성분을 분석할 때 사용한 '괄호법'을 차용하여 'dog'의 복수 구문을 분석한 바 있다.

[1] [[[DOG]/[dɔg]]-[[PL]/[z]]]

이 표현식으로 볼 때 Langacker의 괄호법은 언어의 구조형식을 분석했을 뿐 아니라 주로 상징단위를 기반으로 하면서도 동시에 의미(전부 대문자로 씀)와 형식(음성기호와 적는 방식)을 모두 고려했음을 알 수 있다.

복수구문은 간단한 편이므로 괄호법으로 정확하게 묘사할 수 있지만, 언어에는 이보다 훨씬 더 복잡한 구문이 많다. 구문이 포함하고 있는 정보가 풍부하고 다양할 때에는 괄호 법만으로는 부족한 면이 있기 때문에 '상자도식' 혹은 '상자 중적도'를 사용해야만 그 세부 적인 정보를 정확하게 표시할 수 있다.

구문은 주로 두 가지 방면의 정보를 포함한다.

(1) 내부 구조(Internal Make-up): 구문 자체가 포함하고 있는 정보
(2) 외부 특징(External Characteristics): 구문이 훨씬 더 큰 구문에 어떻게 적용되는지에 관한 정보

그림5-9가 이 현상을 잘 설명하고 있다. 'SING' 상자도식은 이 동사의 내부정보 구조를 표시하는데, 자체적으로 논항의 하위 구조를 채워야 하는 e-site를 가지고 있다. 이것이 TOM과 공기할 때 TOM이 SING의 내부구조 중 행위주 논항의 하위 구조를 채울 수 있는 기능을 가지고 있기 때문에 SING의 e-site 요구를 만족시켜 양자는 제일 간단한 주술구문 을 만들게 된다.

본서에서 그림6-3에서 6-4까지, 그림6-6에서 그림6-9까지 많은 상자도식을 그렸다. 이것들은 확실히 이러한 구문의 내부 구조와 외부 특징을 비교적 정확하게 보여줄 수 있 다. 일반적으로 외부 상자는 수형도에서의 모교점을 가리키는 데 사용되고, 내부 상자는 딸교점을 가리키는 데 사용된다. 동시에 내부 상자도 구문 구성성분의 내부 정보구조를 표시하는 데 사용될 수 있고, 외부 상자도 공기 후 활용 정보를 나타내는 데 사용될 수 있다. Fillmore(1988:37)는 구문의 외부 특징과 내부 구조에 근거하여 통용되는 상자도식을 그린 바 있다.

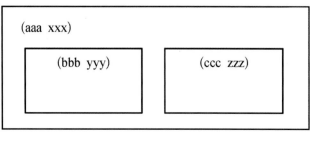

그림15-1

Fillmore는 또 '속성치 결합쌍(Attribute Value Pairs)'의 방법을 동원하여 구문이 가진 풍부한 정보 특징을 나타내야 한다고 주장한다. 즉, 그림에서 aaa와 xxx가 쌍으로 사용된다. 이 역시 Fillmore가 주장하여 실행에 옮긴 '통합기반 모형(a Unification-based Model)'이라는 전체적인 구상에 부합한다. 예컨대, 그림15-2에서 (cat det)가 바로 이 쌍으로, 속성은 'cat'이고, 그 값은 'det'이며, 이 성분의 '범주가 한정사이다'라는 것을 나타내는 데 사용된다.

그림 중 바깥 상자도식은 구문 전체의 통사 · 의미 · 화용 조건을 나타내며, 이 구문의 속성 aaa는 xxx값을 가지고 있다. 또 그 안의 작은 상자 두 개는 전체 구문의 내부구조를 나타내며, 여기에는 두 개의 성분이 있는데, 그중 한 성분의 속성 bbb는 yyy값을 가지고 있고, 다른 성분의 속성 ccc는 zzz값을 가진다.

2. 속성 구조도

속성 구조도(Feature Structure Diagram)는 주로 상세한 통사와 의미 정보를 나타내는 데 사용된다. 관련된 정보는 '속성치 매트릭스(Attribute-value Matrices AVMs로 간칭)'로 나타낼 수 있고, 매트릭스 중의 한 가지 속성이 바로 이 구문이 가진 어떤 특징, 예를 들면 품사, 문장성분, 의미, 화용, 운율 등을 대표하고 있다. 통사와 의미 특징 외에 어떤 단어, 특히 동사는 '논항'을 가질 수도 있다. 이때 그림에서 'val'로 단어의 결합가 속성을 나타내는데, 여기에는 문법 기능(Grammatical Function, GRFN 혹은 grfn이라 약칭)과 의미역(Thematic Role)을 포함한다.

인지언어학자는 비록 원형범주 이론을 적극 주장하지만 그렇다고 해서 기존의 범주 이론을 완전히 배제하지는 않는다. 이분법과 원형범주 이론은 각자 적용되는 데가 있다(王寅, 2006, 2007a). 이분법적 특징에 대해 구조도에서는 여전히 +와 −를 빌려 나타낼 수 있다. 예컨대 영어의 부정관사 'a'는 통사 범주(category)로는 한정사(determiner)에 속하고, 기능 (function)상으로는 세부묘사(spec)를 제공하는 역할을 가지며, 비최대화 어휘항목에 속한다. 이는 다음과 같이 나타낼 수 있다.

$$\text{syn frame} \begin{bmatrix} \text{cat} & \text{det} \\ \text{function} & \text{spec} \\ \text{max} & - \end{bmatrix}$$

(syn = syntax, cat = category, det = determiner,
spec = specific, max = maximality)

그림15-2

'Maximality(최대화원리, max라 간칭)'는 어휘항목 범주의 최대투사로, 위의 그림에서 나타내는 max−는 이 어휘항목 범주가 최대투사가 아님을 의미한다. 왜냐하면 부정관사는 단독으로 사용할 수 없고, 이것은 여전히 다른 단어와 결합해야만 비로소 어구에 출현할 수 있기 때문이다.

부정관사의 의미틀(semantic frame)은 경계, 가산, 단수와 같은 세 가지 요소를 포함하며 이는 다음과 같이 나타낼 수 있다.

$$\text{sem frame} \begin{bmatrix} \text{bounded} & + \\ \text{cnfg} & \text{count} \\ \text{num} & \text{sg} \end{bmatrix}$$

(sem = semantics, cnfg = configuration, num = number, sg = singular)

그림15-3

부정관사는 그 뒤에 오는 명사의 3가지 요소가 서로 부합하면, 비한정적 한정사 구문(the Indefinite Determination Construction)을 구성할 수 있다. 만일 양자가 서로 부합하지 않는다면 이 구문이 바로 그 뒤에 오는 명사에 적절한 변화를 일으켜 전체 구문의 속성과 의미에 적합하도록 만든다. 예컨대 'a pudding'이라는 말을 받아들일 수 있는 것은 불가산 물질명사 'pudding'이 부정관사 'a'와 결합되어 사용됨으로써 구문강요에 의해 [count +]라는 의미치를 획득했기 때문이다.

3. 공변 지수도

공변 지수도(Co-indexation)는 구문이 선형 결합에서 갖추어야 하는 협조적 관계를 묘사하는 데 사용됨으로써 서로 모순되는 속성치가 함께 나타날 수 없도록 만드는 것이다.

다음에서는 'much snow'를 예로 들어 상자 중적도, 속성 구조도 및 공변 지수도와 같은 세 가지 도형의 구체적인 함의와 용법을 설명할 것이다.

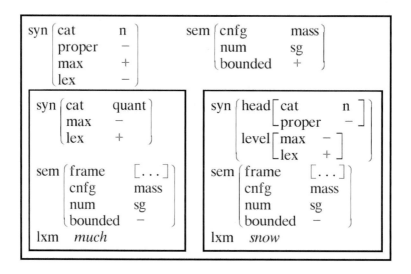

그림15-4[1]

'much'와 'snow'의 통사 속성치와 의미 속성치는 서로 부합하기 때문에 이것은 정상적으로 호응하여 사용될 수 있고, 두 개의 내부 상자에 표시된 속성치는 이 구문 'much snow'

---

1) [역주] proper=proper(고유의), max=maximality(최대화 원리: 만일 +로 표시되면 최대투사를 나타냄), lex=lexeme(어휘소), num=number(수), sg=singular(단수), bounded(경계의), cat=category(범주), quant=quantifier(양화사), cnfg=configuration(형태), lxm=specific lexeme(구체적인 어휘소)

의 정보를 나타내며, 다른 구문과 계속 함께 사용될 수 있는 상황을 나타낸다. 그러나 'much book'의 공기는 받아들일 수 없다. 다음과 같이 그들 간의 내부 속성이 서로 부합하지 않기 때문이다.

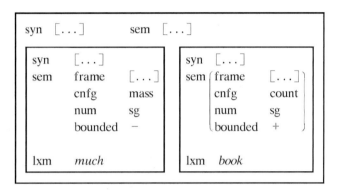

그림15-5

상술한 분석에 기초하여 모든 어구의 형성을 특별히 인가할 수 있는 '한정사+명사' 구문을 설계할 수 있다(Fried&Östman, 2004:37).

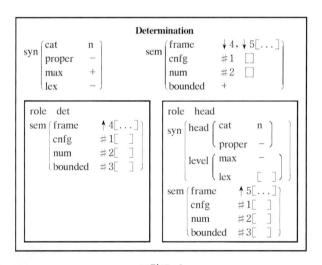

그림15-6

이 그림은 구문의 각 성분이 선형적으로 공기했을 때의 협동성을 확보하도록 충분히 고려하여 다음과 같은 조치를 취하고 있다.

(1) 그림에서 아래를 향하는 화살표(↓)를 사용하여 구문의 속성치가 위를 향하는 화살표(↑)의 성분에 대하여 일정한 영향력을 행사함으로써 성분을 적당히 조정을 할 수 있음을 나타낼 수 있다. Pustejevky가 사용한 용어인 '의미강요(Semantic Coercion)'처럼 구문에서 강세인 성분이 비교적 큰 영향을 끼칠 수 있다.

(2) #을 사용하여 어휘항목 간 공변 특징을 나타낼 수 있다. 이는 속성의 '통합 지수(Unification Indice)'라고도 한다. 어휘 항목을 채워 넣을 때 특별히 #이 표시된 곳은 상호 적합성을 가져야 함에 주의해야 한다. 다시 말해 그림에서 #1, #2, #3이라고 표시된 것은 모두 상호 적합성을 가져야 하는데, 이것이 바로 공변이라는 용어의 함의이다.

(3) max는 maximality의 축약어로 '최대화 원리'로 번역될 수 있는데, 어휘항목 범주의 최대투사를 가리킨다. 그림15-6에서 보듯이 '한정사+명사' 구문에서 핵어 역할을 하는 명사는 반드시 max-의 속성을 가져야만 한다. 이에 근거하여 이 자리(Slot)에는 고유명사(Proper Noun) 혹은 대명사(Pronoun)를 채워 넣을 수 없다. 왜냐하면 그들의 속성치는 모두 '+'로 이미 최대화 특징(max+)을 가지고 있기 때문이다.

이 자리에는 개체명사를 채워 넣을 수 있는데, 왜냐하면 이것이 단독으로는 출현할 수 없고, 앞에 한정사를 넣거나 뒤에 복수 형식을 사용해야만 비로소 최대화 특징을 가질 수 있기 때문이다. 물질명사도 그 안에 들어갈 수 있는데, 이는 그것의 최대화에 어떠한 규정을 할 필요가 없기 때문이다. 즉 max 뒤에 + 혹은 -를 표시할 필요가 없다. 다음의 예를 살펴보자.

[2] She drank water. (그녀는 물을 마셨다.)

위의 문장에서 water는 물질명사로 동사 뒤에 직접 올 수 있다. 그러나 경계성 명사(혹은 개체명사, 가산명사)의 최대화는 최소한 [Det+N]이어야 한다. 일반적으로 문장에서 논항의 빈자리를 채워 넣는 것은 최대화구(Maximal Phrase)이어야 하기 때문이다. 그러나 예외도 있다.

영어에서 명사는 유형에 따라 '속성치 결합쌍'을 사용하여 다음과 같이 나타낼 수 있다.

고유명사:　　　(cat n)(max +)

물질명사:　　　(cat n)(max)

단수가산명사: (cat n)(max -)

(4) 한 어휘항목의 속성치를 분명하게 나타낼 수 있고 다른 것은 분명하게 나타낼 수 없는 경우, 어휘항목을 채워 넣을 때 적절한 조정을 할 수 있다.

(5) 전체 구문 안에 '속성 변화 어휘항목 구문(Attribute-changing Lexical Construction, Fillmore et al. 참고)'을 둘 수도 있다. 특수한 상황에서는 그것을 다른 새로운 어휘항목으로 변화시킬 수 있다. 예컨대 'three coffees'는 '수사+명사'의 구문에 사용됨으로써 'coffees'는 불가산명사에서 가산명사라는 새로운 명사로 변할 수 있다. 이점은 매우 중요하다. Zwicky (1995)는 '엄격한 범주 결정(Strictly Categorial Determination) 원칙'을 위반해도 된다고 주장했는데, 그의 주장을 충분히 고려하여 구문문법의 동태성과 유연성 있는 분석 방법을 잘 보여주었다(Michaelis&Lamnrecht, 1996:225-226).

구문문법 학자들은 비록 의미가 구문의 동사에 의해서만 결정되는 것은 아니라고 여기지만 동사가 구문의 통사와 의미를 결정하는 데에 있어 중요한 역할을 한다는 점에 대해서는 부인하지 않는다. 그러므로 이 역시 구문문법 연구에서 핵심적인 내용이 된다. Goldberg (1995)를 포함한 많은 학자들은 영어에서 동사 핵 구문(Verb-headed Construction)과 영어 동사구 구문에 대해 연구했다. 그들은 '장면기반 접근법(Scene-based Approach)'을 틀의미론(어구의 의미는 그것이 출현한 장면에 상대된다)과 결합해야 한다고 주장했다. 이에 근거하여 하나의 동작사건은 필연적으로 참여자와 관련된 여러 틀 요소들(Frame Elements)을 포함해야 한다. 서로 다른 각도에서 사건을 살펴보면 서로 다른 틀 요소가 부각되고 서로 다른 문형이 형성될 수 있다. 그러므로 술어의 구문 특징은 최소한 두 가지 요소, 즉 틀과 결합가를 포함해야 한다.

동사의 참여자역을 논할 때 일부 참여자역은 기본적이지만 또 일부는 부차적이므로 참여자역에도 층위의 구분이 있다. 다음의 예를 살펴보자.

[3] Peter carried the bags for me to the car. (Peter는 나를 위해 가방을 차로 옮겼다.)

[4] Peter carried the bags. (Peter는 가방을 옮겼다.)

위와 같이 말할 수는 있지만 다음과 같이 말할 수는 없다.

[5] ??Peter carried.

[6] ??Peter carried for me.

그러므로 Fried&Östman(2004:45)은 'carry'의 구문 상자도식을 다음과 같이 그렸다.

```
┌─────────────────────────────────────────────┐
│              CARRY                           │
│              inherit Subject                 │
│      ⎧ ⎡cat   v⎤              ⎫              │
│  syn ⎨ ⎢       ⎥              ⎬              │
│      ⎩ ⎣max− , lex+⎦          ⎭              │
│                                              │
│  sem ⎛frame    CARRY          ⎞              │
│      ⎜   FE ♯1  ⎡Carrier⎤     ⎟              │
│      ⎜   FE ♯2  ⎡Load⎤        ⎟              │
│      ⎜   FE ♯3  ⎡Destination⎤ ⎟              │
│      ⎜   FE ♯4  ⎡Container⎤   ⎟              │
│      ⎝   ...                  ⎠              │
│                                              │
│  val ⟨rel ♯1  θ agt,   rel ♯2  θ pat ⟩       │
│            DA+              DA−               │
│                                              │
│  lxm carry    (     )      (      )          │
└─────────────────────────────────────────────┘
```

그림15-7

[FE=frame element(틀 요소, role에 해당)
DA=distinguished argument(구별되는 논항)
rel=relationship(관계속성, 논항과 동사 간의 관계
유형을 가리킴)]

4. 상자도식 수형도

일부 학자들은 상자도식과 수형도를 결합하여 통사 구문의 내부구조를 나타내야 한다고 주장했다. 이 역시 추천할만한 선택이다.

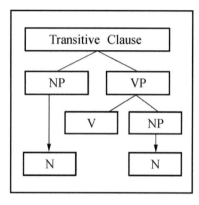

그림15-8

그밖에 Fried&Östman(2004)은 주어, 동사구, 주술, 피동태, 목적어, 대격 등 구문의 상자도식을 그렸다. Leino(2005:98)는 또한 'Tom gives an apple to Mary'라는 절로써 절의 상자도식을 그렸다.

재미있는 점은 상자도식은 은유를 나타낼 수 있다는 점이다. 상자도식은 은유 사상 과정 중의 중요한 정보를 반영해 내는데, 예를 들면 '도관 은유'는 다음과 같이 분석할 수 있다 (Fried&Östman, 2005:184).

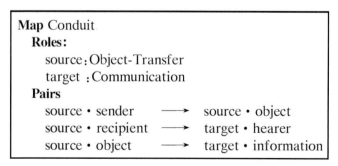

그림15-9

소위 도관은유는 근원 영역의 '전달 물체'에 근거하여 목표영역의 '언어 소통'을 설명하는 것이다. 발화자가 청자에게 언어 정보를 전달하는 과정은 행위주가 피동작주에게 물체를 전달하는 것으로 이해될 수 있다. 위의 그림은 이 은유의 투사 과정 중의 관련 참여자역을 나타내고 있다.

제3절 상자도식을 활용한 WXDY 구문 해석

1. 개설

Pullum(1973)은 'What's X doing Y(WXDY라고 간칭) 구문'에 대해 언급하고 그것의 특수 용법에 대해 논의한 바 있다. Ivan Sag와 Susanne Riehemann은 뒤에 핵어 중심 구구조문법(HPSG, Head-driven Phrase Structure Grammar) 분석틀에서 이 구문을 언급한 바 있다. 이에 자극을 받은 Kay&Fillmore(1999)는 구문문법 이론 틀에서 '수프 속의 파리 농담(Fly in the soup joke)' 구문을 상세하게 분석했다. 그들은 'WXDY 구문'이 내포하고 있는 각종 용법 특징과 상자도식을 사용한 심도 있는 연구를 진행하여, 그 통사, 의미, 화용, 결합가 등의 속성에 대해 상세하게 묘사했다.

[7] Diner: Waiter, what's this fly doing in the soup?
(손님: 웨이터, 이 파리는 수프에서 뭐하고 있는 거죠?)
Waiter: Madam, I believe that's the backstroke.
(웨이터: 손님, 배영을 하고 있는 것 같습니다.)

손님의 질문은 글자 그대로는 두 가지로 해석될 수 있다.

(1) 이것은 직접식(Straightforward) 혹은 일치식(Congruity)의 질문이다.
(2) 이것은 비직접식 혹은 비일치식의 질문이다.

그러나 이러한 특정 장면, 즉 손님이 막 입에 넣으려고 하는 수프에서 파리를 보았다면 당연히 '원망'을 하고 있으므로 손님이 말하려고 하는 의도는 다음과 같을 것이다.

[8] How come there's a fly in my soup? (왜 내 수프에 파리가 들어갔죠?)

그런데 웨이터는 손님이 불평하고 있는 함의를 고의로 회피하고 첫 번째의 글자 그대로의 함의에 기초하여 직접식 답변을 했으며, 이렇게 동문서답식의 효과를 나타냄으로써 이것이 재미있는 농담이 되도록 만들었다.

Kay&Fillmore는 이를 통해 'WXDY 구문'의 여러 가지 특징을 상세히 논의했다. 그들은 비일치식 함의와 용법이 '어떤 장면이 어떤 일과 맞지 않음'을 나타낼 수 있다는 점을 처음으로 발견했다. 이것은 그 표현 속 각 성분을 간단하게 더한 구조가 아니며, TG 이론 중의 '어휘와 규칙' 이론을 운용하여서는 합리적으로 해석할 수 없다. 그러므로 그것을 독특한 '통사-의미-화용'을 가진 하나의 전체 단위로 보아야 한다. 즉 '여러 가지가 하나로 합쳐진' 구문 전체로 보고 연구를 해야 하며 이러한 관점은 Langacker가 1987년에 제안한 상징단위와 매우 비슷하다.

'WXDY 구문'이라는 하나의 특수한 구문에는 여러 개의 구문이 포함되어 있고, 이것은 보편성을 가진 여러 개의 일반 구문으로부터 여러 가지 정보와 용법을 상속받는다. 여러 개의 일반 구문을 통합하는 과정에서 상속의 정도가 완전히 동일한 것은 아니다. 전부가 상속될 수도 있고 일부만 선택적으로 상속될 수도, 국부적인 조정을 거친 후에 상속될 수도 있다. 후자의 과정에서는 형식과 의미 사이의 상징관계에 일정한 변화가 발생할 것이다.

'WXDY 구문'은 다음과 같은 여러 가지 일반 구문으로부터 관련 정보와 용법 특징을 상속 받는다.

(1) 특수의문문구문. 이 구문의 주체는 특수의문문이므로 이것이 단독으로 주절에 사용될 때 어떻게 변화더라도 이 표현식은 항상 'What'으로 시작한다. 이 역시 영어의 특수의문문의 보편적 규칙에 완전히 부합한다. 그러나 이것은 또한 일반적인 특수의문문과는 달리 지칭기능을 가지고 있지 않다. 즉, 상속과정 중에 국부적인 변화를 거치는 것이다.

(2) 주술일치구문. 이 구문에서 'be'는 반드시 주어 X와 인칭과 수에서 문법 일치 관계를 유지해야 한다. 이러한 특징은 전체 상속된다.

(3) 주술부분 도치구문. 이 구문이 독립절에 사용될 때 이것이 특수의문사(즉 Wh-어휘)로 시작하기 때문에 그 뒤에 오는 주술 두 부분은 '부분도치' 규칙을 준수해야 한다. 이 구문이 목적어 종속절이 될 때는 진술문의 어순을 채택해야 한다. 이 두 가지 특징 역시 'WXDY 구문'에 의해 전체 상속된 것이다.

(4) 진행형구문. 그 보편성으로 말하자면, 이 구문은 정상적인 'be+doing' 진행형 형식을 운용한다고 할 수 있고, 특수성으로 말하자면 결코 진행형의 의미를 나타내지 않는다고 할 수 있다. 여기에서 doing은 실재적인 함의를 가지지 않는다. 그러므로 일반적인 용법이 상속과정 중에 변화가 일어나 형식과 의미에 비일반성이 나타난다.

이밖에도 'WXDY 구문'은 다음과 같은 의미와 화용 방면의 중요한 특징을 가진다.

(1) 이 구문은 주로 다음과 같은 화용적 함의를 나타낸다. 화자가 문장 중에 포함된 명제를 '부적합', '부적당', '불합리'하다고 본다면 그 비정상적인 화용적 함의는 바로 'what'과 진행상이 상속되는 과정에서 '형식과 의미의 결합쌍'이 나타내는 특이성에서 비롯된 것이다. 이것은 언어 기호의 표지 도상성 원리를 보여준다. 즉, 특이한 함의는 특이한 용법과 유사하며, 유표지 기호는 추가 의미와 유사하다(王寅, 2001:369).

(2) X는 이 구문의 주어이지만 동시에 Y의 논리 주어를 겸한다. 즉 Y의 논리주어와 전체 구문의 주어 X가 일치한다.

(3) 이 구문은 하나의 'X be Y'의 명제를 함의한다. Kay&Fillmore(1999:21)는 이를 사태 (State of Affairs)라고 불렀고, 또한 술어 연산공식에 따라 Y(x)라고 표시했다(아래 그림 15.11. 에서는 #1[ ]로 표시). 이 사태 혹은 명제는 전체 의문문의 도착점이 되어 이에 대해 '놀람', '불합리', '원망' 등의 감탄 혹은 비난을 나타낸다. 이것이 바로 그림15-11의 {prag, #[ ]}의 함의이다.

(4) 이 구문은 일정한 생산성(Productivity)을 가지고 있어서 다양한 단어를 많이 넣을 수 있으며, 용법에도 일정한 변화가 있다.

이상의 분석에서 볼 때 'WXDY 구문'은 일반적인 것도 있고 특수한 것도 있으며, 동시에 모순되는 두 가지 방면을 모두 가지고 있다. Fillmore, Kay, O'Connor, Goldberg 등은 일반적인 것은 특수한 것에 존재하므로 특수한 것으로 일반적인 것을 거슬러 올라갈 수 있으며, 특수와 일반, 귀납과 연역을 결합해야지만 특수한 것과 일반적인 것을 모두 고려할 수 있다고 주장했다(牛保义, 2007).

2. 순서성 분석

필자의 다년간 문법 교육 경험에 따르면, 만일 문형의 순서에 따라 점진적으로 각 부분의 용법적 특징을 기술하면 많은 문법 현상을 연관지어 체계적인 설명을 할 수 있어 가르치기 쉽고, 배우기 쉬우며 기억하기에도 좋은 효과를 거둘 수 있다(王寅·李弘, 1989). 이러한 분석법은 구문 연구에도 적용할 수 있다. 즉, 구문의 순서에 따라 각 부분의 특징을 점진적으로 해석하면 하나의 구문을 통사, 의미, 화용 등의 각도에서 정확하게 기술할 수 있다. 'WXDY 구문'에 대해 순서성 분석을 하면 표현 순서에 따라 다음과 같이 정리할 수 있다.

What	be	X	doing	Y?
[9]　What	is	Tom	doing	in my office?
[10]　What	is	Tom	doing	eating fish and chips?
1) 고정항목	4) 핵	7) 주어 겸　Y의	10) 고정항목	14) 요지
2) 목적어	5) 형태 변화	논리주어	11) be의 보어	15) doing의 보어
3) 'else'를	6) 부정 없음	8) 지시성	12) 실제 의미 없음	16) 전치사구/부사구
사용 못함		9) 도치/정치	13) 부정 없음	17) V-ing/ed
				18) 긍정/부정

그림15-10

1) What은 고정항목임

'WXDY 구문'은 '반고정 도식성' 구문이다. 이 중 'What'과 'doing'은 고정항목이지만,

X와 Y는 변항이고, 'be'는 X에 따라 변한다.

2) What은 목적어가 됨

구문에서 'What'은 'doing'의 논항 중 하나이다. Kay&Fillmore(1999:19)는 'What'을 'doing'의 보어 혹은 직접목적어로 분석할 수 있지만, 일반적 특수의문문과는 다르다고 했다. 다음의 예를 살펴보자.

[11] What is Tom doing at home? (Tom은 집에서 무엇을 하고 있어?)

[12] Tom is doing some washing at home. (Tom은 집에서 좀 씻고 있어.)

예[11]에서 What은 고정적인 지시값(Referential Value)을 가지고 있어서 그 의문 정보는 예[12] 중 'some washing'과 같은 것으로 채워져야 한다. 그러나 'WXDY 구문'에서 'What' 은 특정한 지시값을 가지고 있지 않다. 따라서 뒤에 else가 올 수 없다. 그것은 구문 상자도 식(그림15-11 참조)에서 {[ref ø]}으로 표시되고, 지칭성의 대답을 할 필요는 없다. 그러나 예[7]에서 웨이터는 지칭성의 대답을 해서 오히려 농담이 되도록 만들었다.

3) else를 사용할 수 없음

전체적으로 말해서 이 구문은 'What'이 이끄는 특수의문문에 속하지만 의미적으로는 지시값도 없고 지칭 제약도 받지 않는 조작 연산자(operator)이다. 이는 'else'에 의해 수식을 받을 수 없다는 점으로부터 검증될 수 있다. 예[7]은 다음과 같이 말할 수 없다.

[13] *What else is this fly doing in my soup?

또한 예[9]도 다음과 같이 말할 수 없다.

[14] *What else is Tom doing in my office?

4) 'be'가 핵임

Kay&Fillmore(1999:29)는 이 구문의 핵심은 'be'이며, 전체 구문은 동사 'be'를 핵심으로 구성된 것이라고 주장했다. 그들은 'WXDY 구문'이 진행상이 아니며(본서는 Y에 전치사구나 부사구가 올 때 어느 정도로는 진행상의 의미가 있다고 봄), 여기에서의 'be'는 진행상을 나타낼 때 사용되는 조동사가 아니라 계사(copula)라고 했다. 예[9]는 다음과 같은 명제를 포함한다.

[15] Tom is in my office. (Tom은 내 사무실에 있다.)

5) be는 형태 변화가 있음

구문에서 'be'에는 여러 변화 형식이 있는데 주로 다음과 같은 3가지가 있다.

(1) What과 함께 축약형인 What's가 될 수 있음
(2) 자체적으로 am, are와 같은 인칭과 수에 따른 변화가 있는데, X와 일치해야 함
(3) was, were와 같은 시제 변화가 있음

6) be에 부정형이 없음

특수의문문은 긍정과 부정의 용법이 있다.

[16] What is he doing? (그는 무엇을 하고 있습니까?)
[17] What isn't he doing? (그는 무엇을 하고 있지 않습니까?)

그러나 이 구문이 원망이나 부적합의 의미를 나타낼 때는 부정형식이 없으므로 예[10]은 다음과 같이 말할 수 없다.

[18] *What isn't Tom doing eating fish and chips?
[19] *What is Tom not doing eating fish and chips?

그러나 Y에 부정을 사용할 수는 있다(예[44]~[46]을 참고하기 바람).

7) X가 be의 주어가 됨

이 구문 중의 X는 변항으로 각종 명사구가 들어갈 수 있고, be의 주어로 분석할 수 있다. 또한 이는 Y의 논리 주어와 부합한다. 예컨대 예[9]와 [10]에서 Y에 있는 'in my office'와 'eating fish and chips'의 논리 주어와 X에 있는 'Tom'이 완전히 부합하며, 이것이 바로 Kay&Fillmore(1999:23)가 말한 '공동 예시 구문(Coinstantiation Construction)'이다.

8) 지시성

이 구문에서 X는 Y의 지칭성 논항이기 때문에 허지 성분(Expletive Element), 암시적 관용어, 지시대명사, 부정 명사 등이 올 수 없다.

[20] *What was <u>there</u> doing being a blizzard in August?

[21] *What is <u>that</u> doing being the teacher?

[22] *What is <u>no milk</u> doing in the fridge?

예[20]에서 'there'는 허지 성분이고, [21]의 주어 'that'은 지시대명사이며, [22]의 주어 부분은 'no milk'로 부정적 함의를 가지기 때문에 수용 불가하다. 따라서 다음과 같이 수정해야 한다.

[23] How come we had a blizzard in August? (왜 8월에 눈보라가 치니?)

[24] I bet that's the teacher. (저 사람이 선생님일 거야.)

[25] How come there is no milk in the fridge? (어떻게 냉장고에 우유가 없어?)

9) 도치와 정치

X와 'be' 사이에는 도치를 할 수도 있고 정치를 할 수도 있는 두 가지 상대적인 위치가 있다. 만일 'WXDY 구문'이 단독 절을 구성하면 영어 특수의문문의 부분적인 자질을 상속

받아 be와 주어 X가 부분적으로 도치해야 한다. 만일 종속절에 들어가 사용된다면(주로 목적어 종속절에서 보임) 이 의문문의 문법적 자질을 상속받아 진술문의 어순을 가지게 된다. 예[7]은 다음과 같이 수정할 수 있다.

[26] I wonder what the fly is doing in my soup. (나는 파리가 내 수프에서 무엇을 하고 있는지 궁금합니다.)

다음은 또 다른 예이다.

[27] I wonder what the salesman will say this house is doing without a kitchen. (이 집에 부엌도 없다는 걸 세일즈맨이 어떻게 말할지 궁금합니다.)

10) doing이 고정항목

이 구문은 'do'의 현재 분사형인 'doing'을 필요로 하며 이것은 고정항목으로, 다른 실제적인 의미의 동사와는 다르다. 예[10]은 다음과 같이 바꿀 수는 없다.

[28] *What did Tom do eating fish and chips?

Kay&Fillmore(1999:21-22)는 'doing'을 순수 계사로 보고, '경유지(a Way-station)'처럼 앞뒤 문맥 즉, X와 Y를 연결하는 역할만 하지 시제, 상, 양태 등과 같은 어떠한 신정보를 전달하지는 않는다고 주장했다.

11) 'doing Y'는 be의 보어임

Kay&Fillmore(1999:20)는 'doing'을 구문의 두 번째 핵으로 분석했다. 그는 이것이 뒤의 Y와 하나의 성분으로 분석되어, 동사구(VP)를 구성할 수 있다고 보았으며, 'doing'과 Y를 각각 'be'의 보어로 분석해야 한다고 주장하지는 않았다. 예컨대 예[10]의 'doing eating fish and chips'는 하나의 VP로서 'is'의 보어가 된다고 분석했다.

12) doing은 실제적 의미가 없음

'doing'이 전체 구문에서 매우 중요한 통사적 역할을 하고 있기는 하지만 '일을 하고 있다'와 같은 어떠한 실제적인 의미를 나타내지는 않는다. 이는 또한 'doing'의 주어 X로 'this scratch, the key, your name, a house' 등을 사용할 수 있다는 점에서 알 수 있다. 이것들은 자체적으로는 주체성을 가지고 있지 않다.

[29] What is this scratch doing on the table? (테이블이 왜 긁혔어?)

[30] What was the key doing under the mat? (매트 아래 왜 열쇠가 있지?)

[31] What do you think your name is doing in my book? (내 책에 왜 네 이름이 있지?)

'doing'은 자체적으로는 실재적인 의미가 없고, 그 주요 의미는 Y가 나타내거나 'doing'의 의미가 사실상 Y의 의미와 하나로 융합되었다고 볼 수 있다. 이 역시 Kay&Fillmore가 'doing Y'를 하나의 구조라고 주장하는 주요 이유가 된다.

13) doing은 부정에 사용되지 않음

이 구문의 'doing'이 부정형식에 사용된 경우는 본 적이 없다. 이는 앞서 6)의 설명을 참고할 수 있다.

[32] *What aren't my brushes doing soaking in water?

[33] *What are my brushes not doing soaking in water?

[34] What are my brushes doing not soaking in water?

    (왜 브러시를 물에 안 적셔?)

예[32]와 [33]은 문장 중 'be'와 'doing'에 대해 부정을 했기 때문에 비문이다. 만일 부정의 의미를 나타내고자 하면 Y 부분에 부정 표지를 넣어야 한다. 따라서 예[34]는 수용 가능한 표현이다.

14) Y가 요지임

Y 부분은 통사상 사격(Oblique, 혹은 부가성분으로 번역하기도 함)으로 분석할 수 있지만 오히려 종종 이 구문에 주요 정보를 제공하기도 한다. 또한 이 부분은 전체 구문에서 가장 불확정적인 부분이기도 하지만, 구체적인 문맥에 근거하여 구체적인 어휘와 표현을 채워 넣으면 전체 구문이 말하는 주요 명제가 될 수도 있다.

15) Y는 doing의 보어가 됨

Kay&Fillmore의 분석 방법은 Y가 'doing'의 보어가 되고, 'doing Y'는 하나의 덩어리가 되어 be의 보어가 되는 것이다.

Kay&Fillmore(1999:19)는 전체 Y 부분이 'doing'의 보어이고, 주어가 통제하는 두 번째 술어(Subject-controlled Secondary Predicate)의 역할을 한다고 지적했다. Lakoff(1987)는 이것을 문말구(Final Phrase)라고 칭했다. 뿐만 아니라 Y에는 전체 구문의 주어 X와 호응하는 하나의 논항이 포함되어야 한다. 예컨대 예[9]와 [10]의 'in my office'와 'eating fish and chips'가 함축적 주어 논항인 Tom과 호응한다.

16) Y에는 전치사구와 부사구가 올 수 있음

언어 자료에 근거하면 Y에는 전치사구, 부사구, V-ing, V-ed 등 4가지가 올 수 있는데, 앞의 두 가지와 뒤의 두 가지를 하위 부류로 나눌 수 있다.

[35] What are they doing in the hotel? (그들은 호텔에서 무엇을 하고 있니?)

앞선 분석에 근거하면 이 구문의 술어동사 'doing'은 두 개의 논항(what와 they)과 하나의 부가어(in the hotel)를 가진다. 일부 학자들은 부가어를 논항의 하나로 보아야 한다고 주장하지만, 부가어를 논항으로 보면 다른 주장과 일치하지 않기 때문에 본서에서는 부가 구문 성분으로 분석하고자 한다. 그러나 부가어이기는 하지만 주요 정보를 전달하기 때문에 전체 구문에 사건이 발생한 장면을 제공한다.

Y에는 처소를 나타내는 전치사구 외에도 다른 유형의 전치사구가 올 수 있다.

[36] What is Tom doing <u>with those silver candlesticks</u>? (Tom은 저 은촛대를 가지고 무엇을 하고 있니?)

[37] What is Tom doing <u>without a solicitor</u>? (Tom은 변호사 없이 무엇을 하고 있니?)

Y에는 부사가 올 수도 있다.

[38] What is the horse doing <u>here</u>? (말은 여기서 무엇을 하고 있니?)

위의 12)에서 논의했듯이 Kay&Fillmore는 이 구문의 'be doing'이 진행형 형식을 취하고 있지만 진행형의 의미를 나타낼 수 없다고 주장했다. 그러나 이 부분이 여전히 진행형의 의미를 나타낼 수 있다고 판단된다. 예를 들면 예[38] 'What is the horse doing here?'에서 'the horse is here right now(말이 지금 여기에 있음)'의 의미를 쉽게 추론해 낼 수 있다. 중국어에는 유사한 구문 용법이 있다.

[39] 他到办公室来做什么? (그는 사무실에 와서 무엇을 합니까?)

이 구문은 그가 지금 사무실에 있음을 나타낸다.

17) Y에 V-ing/-ed가 올 수 있음

이 구문의 또 다른 특수한 점은 Y에 V-ing 혹은 -ed의 형식이 올 수 있다는 것이다. 만일 이것을 동명사가 'doing'의 목적어가 되는 것이라고 분석한다면 설득력이 떨어진다. 왜냐하면 'doing'에는 이미 'what'이라는 목적어가 있기 때문이다(doing이 이중목적어를 가질 수는 있지만 이 문형에는 적용할 수 없다). 뿐만 아니라 이 부분에는 V-ed의 형식이 올 수도 있다.

[40] What is Lily doing <u>covered in spaghetti</u>? (Lily는 스파게티를 뒤집어쓴 채 무엇을 하고 있니?)

[41] What is Lily doing <u>naked</u>? (Lily는 벌거벗고 뭐 하고 있는 거야?)

이에 근거하여 V-ing을 동명사 형식으로 보는 것은 적합하지 않다. Kay&Fillmore(1999)는 이것을 분사(현재 분사와 과거 분사 포함)가 'doing'의 보어가 된 것이라고 분석했는데, 이는 어느 정도 일리가 있어 보인다.

앞선 2)에서 논의했듯이 이 구문의 정상적인 용법에서 'what'은 지시대상이 없다. 즉 특정한, 외재적인 지시 정보를 제공할 필요가 없다. 아마도 바로 이러한 이유 때문에 그 뒤의 Y에 부가적인 단어가 올 수 있는 것 같다. 여기에는 현재 분사 혹은 과거 분사를 사용하여 'what'의 내용을 채워 넣거나 'what'을 통해 Y 부분의 정보를 물어봄으로써 Y 부분의 정보에 대해 부적합, 원망 등의 탄식을 파생시킨다.

[42] What is it doing raining now? (지금 왜 비가 오는 거야?)
[43] What's your car doing in my parking space? (네 차가 내 주차공간에서 뭐 하는 거야?)

예[42]는 'what'을 통해 'raining now'에 대해 질문하는 것으로 이해할 수 있고, 다시 원망의 의미까지로 파생될 수 있다. 마찬가지로 예[43]은 "네 차가 내 주차공간에서 뭐 하는 거야?"라는 질문에서 "네 차가 왜 내 주차공간에 있는 거야?"라는 부적합 혹은 원망이라는 화용적인 함의를 추론해 낼 수 있다.

18) Y에 부정이 올 수 있음
Y에는 긍정과 부정의 두 가지 용법이 있는데, 긍정 용법은 위의 여러 예에서 살펴볼 수 있고, 부정 용법은 예[34]에서 살펴볼 수 있다.

[44] What am I doing <u>not reading this book</u>? (나는 이 책을 안 보고 뭐 했지?)

이 구문은 "나는 왜 이 책을 안 봤지"라는 의미로 문장 중의 부정사 'not'은 다른 위치에서는 출현할 수 없다.

[45] What is your homework doing <u>not on my desk</u>? (네 숙제가 내 책상 위에 없고 뭐 하는 거야?)

이 문장은 "네 숙제가 내 책상 위에 없는데, 이는 도대체 왜 그런 거야?"라는 의미이다. 또 예[10]은 다음과 같이 말할 수도 있다.

[46] What's Tom doing <u>not eating fish and chips</u>? (왜 Tom은 피시 앤 칩스를 안 먹고 뭐하는 거야?)

'WXDY 구문'에는 규칙적인 통사 자질이 많이 있는데, 이는 다른 비교적 추상적인 구문 으로부터 상속받은 것이다. 예를 들면 핵-보어 구문, 주술 구문, 특수의문사의 좌향이전 구문 등이다. 동시에 불규칙적인 특수 용법도 많이 가지고 있다. 예를 들면 상술한 고정항 목인 'doing'이 진행형을 나타내지 않고, 이것과 'be' 두 단어에는 부정 형식이 없으며, Y에는 V-ing/V-ed가 올 수 있고, 전체 구문에 원망 등의 화용적 의미가 있는 것은 모두 예측할 수 없는 것이다.

그러므로 구문을 기본 출발점으로 하여 건립된 구문문법 이론은 규칙적 특징에 적용할 수 있을 뿐만 아니라 불규칙적인 특징에도 적용할 수 있다.

3. WXDY 상자도식 분석

이상의 분석을 바탕으로 하면 'WXDY 상자도식'이 어떻게 이 구문의 통사 · 의미 · 화용 등의 정보를 하나의 그림으로 개괄하여 비교적 상세하게 묘사할 수 있는지를 더 잘 이해할 수 있다.

그림15-11은 Kay&Fillmore(1999:20)에서 인용한 것으로, 이것은 통사(syn), 의미(sem), 결합가(val)라는 세 가지 층위로부터 WXDY구문의 주요 속성을 표시하고 있다.

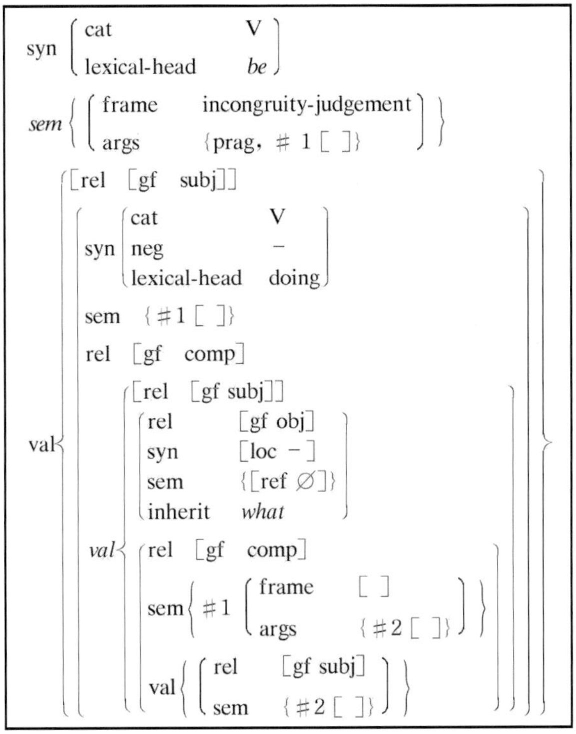

$$
\begin{bmatrix}
\text{syn} & \begin{bmatrix} \text{cat} & \text{V} \\ \text{lexical-head} & be \end{bmatrix} \\[2ex]
\text{sem} & \left\{ \begin{bmatrix} \text{frame} & \text{incongruity-judgement} \\ \text{args} & \{\text{prag}, \#1[\ ]\} \end{bmatrix} \right\} \\[3ex]
\text{val} & \left\{ \begin{array}{l}
[\text{rel}\ [\text{gf}\ \text{subj}]] \\
\begin{bmatrix}
\text{syn} & \begin{bmatrix} \text{cat} & \text{V} \\ \text{neg} & - \\ \text{lexical-head} & doing \end{bmatrix} \\
\text{sem} & \{\#1[\ ]\} \\
\text{rel} & [\text{gf}\ \text{comp}] \\
\text{val} & \left\{ \begin{array}{l}
[\text{rel}\ [\text{gf}\ \text{subj}]] \\
\begin{bmatrix} \text{rel} & [\text{gf}\ \text{obj}] \\ \text{syn} & [\text{loc}\ -] \\ \text{sem} & \{[\text{ref}\ \varnothing]\} \\ \text{inherit} & what \end{bmatrix} \\
\text{val} \left\{ \begin{bmatrix} \text{rel} & [\text{gf}\ \text{comp}] \\ \text{sem} \left\{ \#1 \begin{bmatrix} \text{frame} & [\ ] \\ \text{args} & \{\#2[\ ]\} \end{bmatrix} \right\} \\ \text{val} \left\{ \begin{bmatrix} \text{rel} & [\text{gf}\ \text{subj}] \\ \text{sem} & \{\#2[\ ]\} \end{bmatrix} \right\} \end{bmatrix} \right\}
\end{array} \right\}
\end{bmatrix}
\end{array} \right\}
\end{bmatrix}
$$

그림15-11

Kay&Fillmore도 핵어 중심 구구조문법(HPSG)의 관점을 받아들여 이 구문이 동사 'be'를 핵으로 하는 구문이기 때문에 상자도식의 통사 층위에서 그 범주(cat)가 V이고, 주요 어휘핵이 'be'임을 표시한다고 주장했다. 이는 이 구문이 진행형이 아니며, 'be'는 진행형을 나타내는 조동사가 아니라 계사임을 보여준다.

의미 층위는 이 구문의 의미와 화용적 속성을 제공한다. 'frame'은 이 구문이 사용될 때의 기본적인 장면 틀을 나타낸다. 그 뒤에 표시된 'incongruity-judgement(부적합 판단)'와 그 아래 있는 'prag(Pragmatic Resolution(화용 분석)을 줄여 씀)'는 이 구문의 화용 가치가 '부적합하다는 판단'이며, 반드시 화용적 각도로 해야 그 의미를 잘 이해할 수 있고, 구체적인 문맥 혹은 구체적인 상황(#1[ ])에 의해 다르게 판단할 수 있음을 의미한다. 만일 [9]를 예로 들면, 구체적인 문맥 혹은 구체적인 상황은 "Tom being in my office(Tom이 내 사무실에 있다)"이고, 이는 앞에서 말한 바 있는 'X be Y'의 명제에 해당한다.

결합가 층위는 구문의 구조 정보를 제공하는데, 이것이 전체 구문을 통제하고 있다. 첫 번째 줄의 식인 [rel [gf subj]][2]는 구문 중 어떤 성분(여기서는 X임, 즉 예[9] 중의 Tom)의 문법 기능(Grammatical Function, gf라고 축약)이 동사 be의 주어(subj)임을 표시한다.

Kay&Fillmore는 이 구문 중의 'doing Y'가 전체 문장에 장면 정보를 제공하고, 뒤에 오는 괄호 속의 몇 개의 정보가 두 번째 핵인 'doing'의 관련 정보를 나타낸다고 했다. 즉, 예[9] 중의 'doing in my office'는 어휘 'doing'을 핵으로 하기 때문에 이 부분의 통사 범주가 동사류에 속할 수 있다. 자료에 근거하면 이 부분은 부정식을 사용하지 않으므로 'neg −'로 표시함을 알 수 있다.

이 부분은 주로 전체 문장에 장면 정보 혹은 구체적인 상황을 제공하기 때문에 이 부분의 의미 층위가 {#1[ ]}로 표시되며, 이렇게 하면 이것이 앞선 화용 장면 {prag, #1[ ]}의 표시와 서로 대응한다(꺾쇠괄호 속의 빈 부분에는 구체적인 장면 정보 혹은 상황을 채워 넣을 수 있음. 즉 'X be Y'와 같은 명제 역시 이 구문이 개괄적 특징을 가지고 있음을 보여줌). 아래의 rel은 'doing Y'와 'be' 사이에 보어(comp)라는 문법 기능이 있음을 가리킨다.

구문의 전체 결합가 층위의 대괄호 안에 val이라는 또 다른 대괄호가 있는데, 이는 'doing Y'와 관련한 결합가 정보를 제공하고 있다. 우선 구문의 주어 X와 Y 사이에는 주술관계가 있다. 즉, Y의 논리 주어와 대괄호의 첫 번째 줄에 표시된 정보가 대응한다. 이에 근거하면 예[9]는 Tom이 'is'의 주어가 될 뿐만 아니라 Y(in my office)의 논리 주어가 되므로 상자도식에서 대괄호의 첫 번째 줄에 표시된 [rel [gf subj]]이 여기에서 한 번 더 중복되었다고 이해할 수 있다.

다음으로 꺾쇠괄호 안의 네 번째 정보는 'what'과 관련된 속성으로, 이는 문두에만 위치할 수 있으며 다른 곳으로 이동할 수 없다([loc−]). 의미에 근거하면 'what'의 통사 관계는 'doing'의 목적어(obj)라고 볼 수 있다, 그러나 'what'은 'doing'이 핵이 되는 동사구(VP)에 출현할 수 없고, '좌고립 위치(Left-Isolation Position)'에만 출현할 수 있다. 이러한 문법 현상은 '좌고립 구문(Left-Isolation Construction)'이라고 부를 수도 있다. 이 성분이 이론적으로는 오른쪽의 어떤 곳에서 이동해 나간 성분(Extracted Constituent)이기 때문에 이러한 문법 현상

---

2) [역주] rel = relationship(관계속성), gf = Grammatical Function(문법 기능), subj = subject(주어)

을 '좌향 이동 구문(Left-Moved Construction)'으로 부르는 것이 더 적합해 보인다.

만일 의미의 각도에서 말한다면 'what'은 원래 'doing'의 뒤에 위치해야 하지만 통사의 각도에서 말하자면 'what'이 특수의문사의 용법을 상속받아 문두에 위치하는 것이라고 볼 수 있다. 그러나 'WXDY 구문'에서 what은 명확한 지칭 대상이 없기 때문에 {[ref Ø]}으로 표시된다(예[11]과 [12] 참조).

가장 아래의 중괄호에도 각각 통사, 의미, 결합가라는 세 가지 층위에서 Y와 관련한 정보를 제공하고 있다. 즉 예[9]에서 'in my office'를 예로 들면, 먼저 그것의 문법 기능은 'doing'의 보어(comp)이며, 그 의미 정보는 #1로 표기되고, 이는 앞서 말했듯이 판단되는 구체적인 장면 혹은 구체적인 상황을 나타낸다. 그 중 'frame'은 Y(부적합 판단)의 장면 틀을 구체적으로 나타내며 이 불확정적인 Y에는 최소한 그 주어에 대응하는 논항을 가지고 있다. 이것이 바로 args {#2[ ]}의 함의이며, 논항 Y의 정보와 그 주어는 #2로 연결된다.

그림15-11에서 마지막 두 줄에서 나타내는 바는 X와 Y 사이의 결합가 관계이며, 전자는 문법상 후자의 주어이고, 의미상 Y에 포함된 하나의 논항{[#2[ ]]과 서로 융합한다.

이 그림은 상자도식이 가지고 있는 단일 층위의 기능을 보여주며, 통사·의미·화용의 정보를 하나로 모아 상세하게 기술하고 있다. 그들이 가진 관련 용어와 분석 방법에 익숙해지기만 한다면 이러한 상자도식에 어려움을 느끼지 않을 것이며 많이 보면 오히려 일목요연하고 직관적이라고까지 느낄 것이다.

제4절 상자도식 분석법의 장단점

상자도식으로 구문의 내부구조와 외부특징을 나타내면 직관적으로 이해할 수 있기 때문에 이러한 방법이 많은 학자들로부터 환영을 받고 있다. John Benjamin이 2004-2005년 사이에 출판한 『언어의 구문 연구 총서』 1권에서 3권까지 수록된 논문에는 이에 대해 설명하고 응용한 경우가 많다. 그러나 모든 언어 이론이나 분석 방법에는 장단점이 모두 있게 마련인데 상자도식도 예외는 아니다.

1. 상자도식 분석법의 장점

1) 과학화

과학화는 많은 학문에서 추구하는 목표이다. 형식화가 언어 연구의 과학화를 실천하는 중요하면서도 유일한 방법이라고 주장하는 학자들도 있기는 하다. 그러나 대부분의 학자들은 이와 상반된 관점을 가진다. 특히 최근 인지언어학들은 거의 이분법과 합성성의 원리를 기반으로 하는 형식주의적 연구 방법에 대해 반대한다(Lakoff&Johnson, 1987, 1999; 王寅, 2001, 2007a). 본서에서도 이러한 관점을 가지고 있다. 고정된 기호와 수학 공식으로는 상상력과 창의력을 가진 인간의 사유와 언어를 묘사하기 어렵다. 설사 가능하다 하더라도 그 범위는 제한적일 수밖에 없다. 언어 형식화의 대체품으로서 상자도식은 어느 정도로는 언어 분석의 과학화를 돕는 데 일조할 수 있다.

2) 직관성

각각의 상징단위와 구문은 연계성과 제약성을 가지고 있기 때문에 네트워크를 비교적 직관적인 그림으로 나타낼 수 있고, 각종 선분(실선, 점선, 화살표를 가진 선 등)을 사용하여 그들을 연결할 수도 있다. 본서에서는 다른 장절에서 이러한 상자도식을 인용하기도 했다. 어떤 것들은 그림15-11처럼 비교적 복잡해 보이기도 하지만 사실상 인내심을 가지고 자세

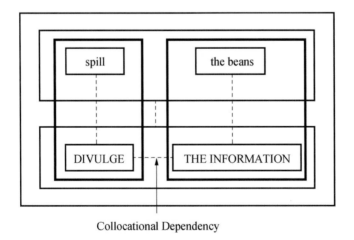

Collocational Dependency

그림15-12

히 곱씹어 보면 관련 용어의 뜻을 이해할 수 있고, 그림의 기본적인 규칙을 알기만 하면 어느 정도 언어학 기초를 가지고 있는 학자는 누구나 이해할 수 있다. 또한 관용어 구문의 내부 상징 관계도 상자도식 중적도를 활용하여 설명할 수 있다.

문자를 서술하는 데 도움을 주기 위한 부속품에 불과하지만, 이미지가 직관적인 상자도 식을 사용하면 관련 생각과 내용을 명확하게 이해하는 데 크게 유리하다. 그림 밖의 틀은 전체적인 구문으로, 이는 구문의 형식과 의미의 양 극(가로로 긴 직사각형 상자도식 2개 사이 에는 비교적 짧은 세로로 된 점선이 연결되어 있다)을 포함하고 있으며 구문문법 이론이 일관되 게 주장해온 형식과 의미의 결합쌍이라는 기본적인 구상을 충분히 나타내고 있다.

그림15-12에서 두 개의 짙은 색 상자는 각각 'spill(쏟다)'과 'DIVULGE((비밀을) 누설하다)' 사이의 형식과 의미 상징관계(혹은 spill을 DIVULGE에 투사하는 것으로 이해할 수도 있다), 'the beans'와 'THE INFORMATION' 사이의 상징관계(혹은 'the beans'를 'THE INFORMATION'에 투사한 것으로 이해할 수도 있다)를 나타낸다. 'spill the beans' 전체와 'DIVULGE THE INFORMATION' 전체 사이에도 상징관계가 존재한다. 이는 그림에서 짧은 세로 점선으 로 나타낸다.

이 상자도식에서 상징관계가 '다중 중적성(Multiple Nesting)'을 가지고 있음을 알 수 있다. 이 관용어에서 동사 'spill'만을 사용할 수 있고 그 뒤에는 'the beans'만 올 수 있기 때문에 Nunberg 등(1995:505), Croft(2001:183) 등과 같은 많은 학자들은 양자 간의 통사 관계는 동목 통사 관계가 아니라 주로 의미상의 공기 의존 관계로 나타난다고 여긴다. 이 역시 '순수 통사 관계 분석법'을 취소하는 데 근거를 제공하며(제7장 제3절 참조), 이러한 관점을 그림에서 잘 보여주고 있다.

이로 볼 때 상자도식은 우리가 언어 구문의 내부구조와 상징관계를 이해하고, 어구의 용법을 정확하게 이해하는 데 크게 도움이 된다.

3) 정확성

만일 특정한 구문과 특정한 상자도식 사이에 상대적으로 안정적인 관계를 건립하거나 상자도식의 오른쪽 윗부분에 구문의 명칭을 명확하게 나타내고, 상자도식 내의 특정한 위치에 특정한 구문 특징과 제약 조건을 표시한다면 구문의 의미와 용법을 정확하게 식별하는 데 크게 유리할 것이다. 예컨대 더 상세한 상자도식을 설계함으로써 각 구문 사이의 미세한 차이를 표현할 수 있고, 중의를 없애고자 하는 목표를 이룰 수 있으며 이러한 상자도식을 통해 통사 혹은 의미상의 부조화 부분을 쉽게 발견할 수 있다. 이는 자연 언어 표현이 엄밀하지 못한 문제를 해결할 수 있을 뿐만 아니라 Chomsky가 언어를 과도하게 엄격하고 보수적으로 형식화한 단점을 극복할 수 있을 것이다.

4) 자동화

언어학 연구가 컴퓨터와 긴밀하게 결합하는 것은 최근 언어 연구의 큰 특징 중의 하나이다. 만일 언어의 구문에 대해 다차원적인 해부를 하여 모델을 정하고 상대적으로 안정적인 상자도식 체계를 설계하여 컴퓨터도 식별할 수 있게 한다면 인간과 기계의 대화 및 기계 번역에도 새로운 아이디어를 제공할 수 있을 것이다.

인간은 논리 기호와 수학 공식을 통해 각종 언어의 구문을 표현하고 언어 번역의 자동화를 실현하고 싶어 하지만 이는 희망사항에 불과하다. 구문의 상자도식을 통해 틀 의미학, 사건역 인지모델 등을 결합하면 어느 정도 진전이 있을 수 있다.

그러나 지금까지 구문의 상자도식은 막 걸음마 단계이며, 이에 대해 연구한 구문문법 학자들도 아직은 제한적이므로 완벽하게 되기까지는 아직 요원하다.

2. 상자도식 분석법의 한계

1) 체계성의 부족

현재 상자도식으로 구문을 분석하는 데는 한계가 있고 체계를 만들기 어렵다. 주로 다음과 같은 두 가지 이론 문제가 있다.

(1) 언어에는 도대체 몇 개의 구문이 있는가에 대해서도 분명하게 말하기 어렵다. 만일 Goldberg 등 학자의 관점을 따른다면 형태소와 단어 역시 구문이므로 언어의 구문은 헤아리기 어려울 것이다. 상자도식은 매우 구체적으로 묘사하기 어렵기 때문에 성분분석법 (Componential Analysis, CA로 약칭)과 마찬가지로 'bachelor'와 'spinster'[3] 같은 개별적인 분석에만 머물러 있다.

(2) 만일 급진적 구문문법(RCG)의 관점에 따른다면 구문은 언어에 따라 다를 것이다. 다시 말해 언어 간 대조에서 완전히 대응되는 구문을 찾기 어려울 것이다. 설사 동일한 언어에서의 통사 범주일지라도 보편성(예를 들면 NP)을 가지지 못하기 때문에 이는 상자도식 분석법에 근본적인 도전이 된다. 일단 구문의 보편성을 부정하면 구문의 수가 무한대로 늘어나므로 이에 해당하는 상자도식도 무한대로 필요한데 도대체 일반성과 대표성을 가지는 것이 몇 개인지 알기 어렵다.

구문의 상자도식 분석법이 오늘에 이르러서도 여전히 시험 단계에 있으며 아직까지 명확한 연구 목표와 연구 체계를 형성하지 못했다.

2) 통일성의 부족

인지언어학자들은 구문이 언어의 각 층위에 대해 통일된 해석을 내놓을 수는 있지만, 구문의 상자도식 연구는 아직 통일된 목표와는 거리가 멀다고 생각한다.

학자들이 각자 그린 상자도식을 심도 있게 해석해보면 그들이 사용하는 방법이 제각각임을 알 수 있다. 비록 상자도식 중적의 방법을 채택하고는 있지만 구체적인 중적의 형식이 완전히 다르고 상자도식에서의 표시 방법도 다르다. 만일 이러한 연구 방법을 보급하고자 한다면 학자들이 빨리 상의해서 통일된 방법과 표기방안을 제정해야 할 것이다. 규범화된 방법을 써야 상자도식의 보급에 유리할 것이다.

3) 불명확한 정보 표기

상자도식의 구문에 대한 일부 정보가 불명확하기 때문에 일부 학자는 다른 방법을 통해 구문문법을 형식화하여 표기해야 한다고 제안했다. 예컨대 Holmes&Hudson(2005)은 어휘문법에서의 구문(Construction in Word Grammar)이라는 논문에서 어휘문법(Word Grammar) 도표로 상자도식을 대체함으로써 구문의 내부구조를 나타내고자 했다. 예를 들면 'What's X doing Y' 구문에 해당하는 'What is it doing raining'은 다음과 같이 나타낼 수 있다

---

3) CA가 가장 많이 한 것이 영어의 'bachelor'와 'spinster' 같은 단어에 대한 구성요소 분석이었다. 그러나 아직까지 대규모 단어의 의미까지는 묘사하지 못하기 때문에 실제적인 의미는 별반 없으며 단지 이론 분석법의 하나로만 인식될 뿐이다.

(Holmes&Hudson, 2005:256).

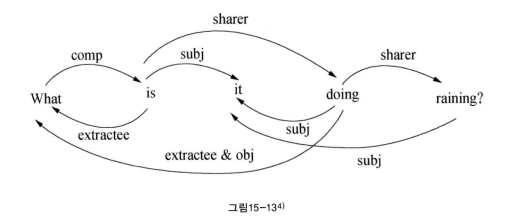

그림15-13⁴⁾

이 그림의 특징은 상자도식에 비해 훨씬 더 직접적이고 관계 표시도 훨씬 더 직관적이고 명확하다는 것이다. Holmes&Hudson이 어휘 문법 도표법(구체적인 어휘를 가지고 있으면서도 단어 간 구체적인 통사 관계를 나타냄)으로 상자도식을 대체함으로써 구문 구조를 나타내겠다는 생각에서도 상자도식에 한계가 있음이 드러났다고 말할 수도 있다.

4) 시간과 정력 낭비

상자도식은 구문 내부의 관련 정보 구조와 속성을 직관적으로 나타낼 수는 있으나 초학자들은 어느 정도의 배경 지식이 없으면 이 그림을 이해하기 어렵다. 뿐만 아니라 이 분석법은 저자가 그림을 그리는 데 많은 시간과 힘을 낭비하게 만들고, 독자들도 보는 데 시간과 정력을 낭비하게 만든다.

만일 컴퓨터가 이러한 구문의 상자도식을 식별할 수 있게 만든다면 우리가 많은 시간과 정력을 투자하여 소프트웨어를 설계할 필요가 있겠지만 상술한 문제를 극복할 수 있을지의 여부는 아직까지 미지수이다. 아마도 장기적으로 볼 때는 통일된 도표와 시스템 설계의 문제를 해결하는 데 어느 정도의 시간적인 실천과 노력을 투자해야지만 초보적인 효과를

---

4) comp=complement(보어), subj=subject(주어), obj=object(목적어), extractee: 이동항(what처럼 이동되는 단어를 나타냄) 및 원래 대응되는 단어의 위치, sharer: 공유항(주어보어, 목적어보어 등과 유사)

볼 수 있을 것이다.

제5절 결론

그럼에도 불구하고 구문문법에서 상자도식 분석법은 새로운 방법으로, 그 장점이 많다. 순수 수리 연산 형식화의 대체품의 하나로서 이는 언어를 연구하는 데 완전히 새로운 지평을 열었다. 본서에는 이러한 연구 방법이 여전히 발전 잠재력이 크기 때문에 잘 지켜볼 필요가 있다고 보며, 이 부분에 뜻이 있는 학자가 깊이 있는 연구를 하기를 기대한다.

陈嘉映, 2003, 《语言哲学》, 北京: 北京大学出版社。

陈娇, 2009, 英汉语义对立词的认知对比研究—对立性图式的理论和应用, 四川外语学院, 2009年硕士论文。

陈宗利、肖德法, 2007, "领主属宾句"的生成句法分析, 《外语与外语教学》第8期。

戴耀晶, 1997, 《现代汉语体系统研究》, 杭州: 浙江教育出版社。

董成如, 2009, 《存现句的认知研究—基于参照点的行为链模式》, 苏州: 苏州大学出版社。

董燕萍、梁君英, 2002, 走进构式语法, 《现代外语》第2期。

方 华, 1986, 副词能否修饰体词刍议, 《南京大学学报(哲学社会科学版)》第3期。

郭继懋, 1990, 领主属宾句, 《中国语文》第1期。

桂诗春, 2004, 以概率为基础的语言研究, 《外语教学与研究》第1期。

何晓炜, 1999, 双宾语结构的句法研究, 《现代外语》第4期。

何晓炜, 2003, 双宾语结构与与格结构的关系分析, 《外国语》第2期。

纪云霞、林书武, 2002, 一种新的语言理论: 构块式语法, 《外国语》第5期。

江蓝生, 2008, 概念叠加与语式整合—肯定否定不对称的解释, 《中国语文》第6期。

金睿, 2009, 选显模型下X IS THE NEW Y构式研究—对构式压制观的补充, 四川外语学院, 2009年硕士论文。

蓝 纯, 2003, 《从认知角度看汉语和英语的空间隐喻》, 北京: 外语教学与研究出版社。

刘国辉, 2006, 图形—背景空间概念及其在语言中的隐喻性表征, 《外语研究》第2期。

刘国辉, 2007, 构式句法的"构式"之辩, 《外语与外语教学》第8期。

刘利民, 2009, 双及物构式的"零给予"和"负给予"问题分析, 《外语教学与研究》第1期。

刘玉梅, 2010, 基于多重压传观的现代汉语新词语构式研究, 四川大学2010年博士论文。

陆俭明, 2002, 再谈"吃了他三个苹果"一类结构的性质, 《中国语文》第4期。

陆俭明, 2004, 词语句法、语义的多功能性: 对"语式语法"理论的解释, 《外国语》第2期。

陆俭明, 2007, 《构式: 论元结构的构式语法研究》(Goldberg 著, 吴海波译) 中文版序2, 北京: 北京大学出版社。

吕叔湘, 1985, 疑问·否定·肯定, 《中国语文》第4期。

马克思, 1979, 1844年经济学哲学手稿, 《马克思恩格斯全集》(第42卷), 北京: 人民出版社。

毛泽东, 1991, 《毛泽东选集(第一卷)》, 北京: 人民出版社(山东人民出版社重印)。

牛保义, 2007, 异中见同、同异互动、求同存异—Fillmore&Kay的构块语法理论研究的哲学思考, 《重庆大学学报(社会科学版)》第2期。

庞学铨, 2005, 《哲学导论》, 杭州: 浙江大学出版社。

钱冠连, 2002, 《语言全息论》, 北京: 商务印书馆。

沈家煊, 1994, R. W. Langacker的"认知语法", 《国外语言学》第1期。

沈家煊, 2002, 如何处置"处置式"?—论把字句的主观性, 《中国语文》第5期。

沈家煊, 2000, 句式和配价, 《中国语文》第4期。收录于《认知与汉语语法研究》, 2006, 北京: 商务印书馆。

沈家煊, 2006a, "王冕死了父亲"的生成方式—兼说汉语"糅合"造句, 《中国语文》第4期。

沈家煊, 2006b, 《认知与汉语语法研究》, 北京: 商务印书馆。

沈家煊、吴福祥、李宗江, 2007, 《语法化与语法研究(三)》, 北京: 商务印书馆。

沈志和, 2009, 汉语仿拟成语的突显—压制阐释, 四川外语学院, 2009年硕士论文。

石定栩，2007a，向心结构与离心结构新探，《外语教学与研究》第4期。

石定栩，2007b，生成转换语法的理论基础，《外国语》第4期。

石毓智，2007，构式语法理论关于 construction 定义问题研究，《重庆大学学报》第1期。

陶明忠、马玉蕾，2008，框架语义学—格语法的第三阶段，《当代语言学》第1期。

王初明，1994，《可学得性与认知：论元结构的习得》评介，《国外语言学》第2期。

王　力，1980，《汉语史稿》，北京：中华书局。

王　力，1984，《王力文集》第一卷，济南：山东教育出版社。

王　力，1985，《王力文集》第二卷，济南：山东教育出版社。

王　奇，2005，领属关系与英汉双宾构式的句法结构，《现代外语》第2期。

王　寅、李　弘，1983，《英语词形词义辨析》，济南：山东科技出版社。

王　寅、李　弘，1989，《英语语法系统纲要及练习—英语各类应试语法指南》，北京：学术书刊出版社。

王　寅、李　弘，1996，《英汉语言区别特征研究》，北京：新华出版社。

王　寅，2001，Lakoff&johnson 笔下的认知语言学，《外国语》第4期。

王　寅，2001，《语义理论与语言教学》，上海：上海外语教育出版社。

王　寅，2002，语义外在论与语义内在论—认知语言学与TG语法在内在论上的分歧，《外国语》第5期。

王　寅，2003a，体验哲学：一种新的哲学理论，《哲学动态》第7期。

王　寅，2003b，原型范畴理论与英汉构词对比，《四川外语学院学报》第3期。

王　寅，2004，认知语言学之我见，《解放军外国语学院学报》第5期。

王　寅，2005a，事件域模型的认知分析与解释力，《现代外语》第1期。

王　寅，2005b，狭义与广义语法化研究，《四川外语学院学报》第5期。

王　寅，2005c，认知参照点原则与语篇连贯，《中国外语》第5期。

王　寅，2005d，认知语言学的翻译观，《中国翻译》第5期。

王　寅，2006，《认知语法概论》，上海：上海外语教育出版社。

王　寅，2007a，《认知语言学》，上海：上海外语教育出版社。

王　寅，2007b，《中西语义理论对比研究初探—基于体验哲学和认知语言学的思考》，北京：高等教育出版社。

王　寅，2007c，汉语"动名构造"与英语"VN构造"的对比——项基于语料库"吃/eat构造"的对比研究，《外语教学》第2期。

王　寅，2007d，"As X As Y构造"的认知研究—十论语言的体验性，《解放军外国语学院学报》第4期。

王　寅，2008a，既超越又不超越的回归—兼论体验哲学的超越性和语言学研究的新增长点，《外语学刊》第1期。

王　寅，2008b，认知语言学的'体验性概念化'对翻译中主客观性的解释力(十二论语言的体验性)——项基于古诗《枫桥夜泊》40篇英语译文的研究，《外语教学与研究》第3期。

王　寅，2008c，英语双宾构式的概念结构分析—双宾动词与构式的分类及"三段式"认知解读，《外语与外语教学》第8期。

王　寅、王天翼，2009，"吃他三个苹果"构式新解：传承整合法，《中国外语》第4期。

王　寅，2009，汉语"副名构造"的认知构造语法分析法—基于"压制、突显、传承、整合"的角度，《外国语文》第4期。

王　勇，2008，行走在语法和词汇之间—型式语法述评，《当代语言学》第3期。

许国璋，1988，语言符号的任意性问题，《外语教学与研究》第3期。

徐盛桓，2007，相邻关系视角下的双及物句再研究，《外语教学与研究》第4期。

严辰松，2006，构式语法论要，《解放军外国语学院学报》第4期。

严辰松，2008，从"年方八十"说起再谈构式，《解放军外国语学院学报》第6期。

杨成凯, 1986, 菲尔墨的格语法理论, 《国外语言学》第1-3期。

应晨锦, 2004, 构式语法评介, 《中文自学指导》第3期。

张　韧, 2007, 认知语法视野下的构式研究, 《外语研究》第3期。

张　翼, 2009, "语言能力"论辩述评, 《当代语言学》第4期。

张志伟, 2004, 《西方哲学十五讲》, 北京: 北京大学出版社。

Aarts, Bas. 2008. Approaches to the English Gerund. In Trousdale, G. & N. Gisborne(eds.). *Constructional Approaches to English Grammar*. Berlin: Mouton de Gruyter.

Ades, A. & Mark Steedman. 1982. On the Order of Words. *Linguistic and Philosophy 4*.

Akmajian, Adrian. 1984. Sentence Types and the Form-Function Fit. *Natural Language and Linguistic Theory 2*.

Aoun, J. & Y-H. A. Li. 1989. Scope and Constituency. *Linguistic Inquiry*. 1989 (20).

Arnauld, Antoine & Lancelot, Claude. 1660. *La Grammaire Générale et Raisonnée*. 张学斌译, 2001, 《普遍唯理语法》, 长沙: 湖南教育出版社.

Aronoff, M. 1993. *Morphology by Itself: Items and Inflectional Classes*. Cambridge, Mass: MIT Press.

Bach, Emmon. 1979. Control in Montague Grammar. *Linguistic Inquiry 10*.

Bach, Emmon. 1980. In Defense of Passive. *Linguistics and Philosophy 3*.

Barlow, M. & S. Kemmer. 2000. *Usage-based Models of Language*. Stanford, CA.: CSLI Publications, 2000.

Bencini, G. & A. E. Goldberg. 2000. The Contribution of Argument Structure Constructions to Sentence Meaning. *Journal of Memory and Language 43*.

Bergen, B. K. & Nancy Chang. 2005. Embodied Construction Grammar in Simulation-based Language Understanding. In Östman, Jan-Ola & Mirjam. Fried (eds.). *Constructional Approaches to Language. Vol. 3: Construction Grammars: Cognitive Grounding and Theoretical Extensions*. Amsterdam: John Benjamins.

Bergs, Alexander. & Gabriele Diewald. 2008. *Constructions and Language Change (Trends in Linguistics: Studies and Monographs 194)*. Berlin: Mouton de Gruyter.

Bloomfield,L. 1933. *Language*. London: Allen & Unwin Ltd.

Bolinger, D. L. 1976. Meaning and Memory. Forum Linuisticum, 1(1).

Booij, Geert. 2008. Constructional Idioms as Products of Linguistic Change: the aan het + INFINITVE Construction in Dutch. In Bergs, A. & G. Diewald (eds.). 2008. *Constructions and Language Change*. Berlin: Mouton de Gruyter.

Bowerman, M. 1982. Reorganizational Process in Lexical and Syntactic Development. In Wanner E. & L. R. Gleitman (eds.). *Language Acquisition: The State of the Art*. CUP.

Bresnan, Joan. 1982. Control and Complementation. *Linguistic Inquiry 13*. Reprinted in Bresnan, Joan (ed.). *The Mental Representation of Grammatical Relations*. Cambridge, MA. : MIT Press.

Bresnan, Joan. 1994. Locative Inversion and the Architecture of Universal Grammar. *Language 70*.

Bresnan, Joan. 2001. *Lexical-Functional Syntax*. Oxford: Blackwell.

Brown, C. 1983. Topic Continuity in Written English Narrative. In Givón,T. *Topic Continuity in Discourse: A Quantitative Cross-Language Study*. Amsterdam: John Benjamins.

Brown, Keith. 2006. *Encyclopedia of Language & Linguistics. Second Edition*. Oxford: Elsevier. 上海:

上海外语教育出版社.

Brugman, C. 1981. *Story of OVER*. MA Thesis. University of California, Berkeley.

Bybee, Joan L. &Dan I. Slobin. 1982. Rules and Schemas in the Development and Use of the English Past Tense. *Language* 58(2).

Bybee, Joan L. 1985. *Morphology: a Study into the Relation between Meaning and Form*. Amsterdam: John Benjamins.

Bybee, Joan L. & Sandra A. Thompson. 1997. Three Frequency Effects in Syntax. In Juge L. Mattew & Jeri O. Moxley (eds.). *Proceedings of the 23rd Annual Meeting of the Berkeley Linguistics Society*. Berkeley: Berkeley Linguistics Society.

Bybee, Joan L. & Paul Hopper. 2001. *Frequency and the Emergence of Linguistic Structure (Typological Studies in Language 45)*. Amsterdam: John Benjamins.

Bybee, Joan L. 2006. From Usage to Grammar: the Mind's Response to Repetition. *Language* 82(4).

Cappelle, Bert. 2006. Particle Placement and the Case for "Allostructions". In Schönefeld, Doris (ed.). *Constructions All Over: Case Studies and Theoretical Implications* (*Constructions* Special Volume 1 — 7/2006). (http://www. constructions-online. de/articles/specvoll/ 683 [21. 04. 2008]).

Carter, Richard. 1988. Some Linking Regularities. In Levin, B. & C. Tenny (eds.). *On Linking: Papers by Richard Carter*. Center for Cognitive Science Lexicon Project. Cambridge, MA. : MIT Press.

Chafe, W. 1970. *Meaning and the Structure of Language*. Chicago: University of Chicago Press.

Chafe, W. 1994. *Discourse, Consciousness, and Time: The Flow and Displacement of Conscious Experience in Speaking and Writing*. Chicago: University of Chicago Press.

Channon, Robert. 1980. On Place Advancements in Russia and English. In Chvany, C. V. & R. D. Brecht (eds.). *Morphosyntax in Slavic*. Columbus, Ohio: Slavica Publishers.

Chen Rong (陈融). 2003. *English Inversion: A Ground-before-Figure Construction*. Berlin: Mouton de Gruyter.

Chierchia, Gennaro. 1983. Outline of a Semantic Theory of (Obligatory) Control. *West Coast Conference on Formal Linguistics 2*. Stanford, CA. : Stanford Linguistics Association.

Chierchia, Gennaro. 1984. *Topics in the Syntax and Semantics of Infinitives and Gerunds*. Amherst: University of Massachusetts Dissertation.

Chomsky, N. 1965. *Aspects of the Theory of Syntax*. Cambridge, MA. : MIT Press.

Chomsky, N. 1966. *Cartesian Linguistics. A Chapter in the History of Rationalist Thought*. New York: Harper & Row.

Chomsky, N. & M. Halle. 1968. *The Sound Pattern of English*. New York: Harper and Row.

Chomsky, N. 1975. *Reflections on Language*. New York: Pantheon.

Chomsky, N. 1980. On Binding. *Linguistic Inquiry 11*.

Chomsky, N. 1981. *Lectures on Government and Binding*. Dordrecht: Foris.

Chomsky, N. 1991. Some Notes on Economy of Derivation and Representation. In Freidin R. (ed.). *Principles and Parameters in Comparative Grammar. Current Studies in Linguistics No. 20*. Cambridge, MA. : MIT Press.

Chomsky, N. 1993. A Minimalist Program for Linguistic Theory. *The View from Building 20*, Kenneth Hale and Samuel Jay Keyser (eds.). Cambridge, MA. : MIT Press.

Croft, William. 1990. *Typology and Universals*. CUP.

Croft, William. 1991. *Syntactic Categories and Grammatical Relations*. Chicago: University of Chicago Press.

Croft, William. 2000. *Explaining Language Change: An Evolutionary Approach*. Harlow, Essex: Longman.

Croft, William. 2001. *Radical Construction Grammar: Syntactic Theory in Typological Perspective*. OUP.

Croft, William. 2003. Lexical Rules vs. Constructions: A False Dichotomy. In Cuyckens H. et al. (eds.). *Motivation in Language: Studies in Honor of Günter Radden*. Amsterdam: John Benjamins.

Croft, William. &D. Alan. Cruse. 2004. *Cognitive Linguistics*. CUP.

Croft, William. 2005. Logical and Typological Arguments for Radical Construction Grammar. In Östman, Jan-Ola & Mirjam Fried (eds.). *Construction Grammars ― Cognitive Grounding and Theoretical Extensions*. Amsterdam: John Benjamins.

Croft, William. 2008. On Iconicity of Distance. *Cognitive Linguistics* 19(1).

Culicover, P. & R. Jackendoff. 1999. The View from the Periphery: the English Comparative Correlative. *Linguistic Inquiry 30*.

Cuyckens, H., Th. Berg, R. Dirven, and K. -U. Panther. 2003. *Motivation in Language: Studies in Honour of Günter Radden*. Amsterdam: John Benjamins.

De Cuypere, Ludovic. 2008. *Limiting the Iconic: From the Metatheoretical Foundations to the Creative Possibilities of Iconicity in Language. Iconicity in Language and Literature Volume 6*. Amsterdam: John Benjamins.

Cuyckens, H., R. Dirven, and J. Taylor. 2003. *Cognitive Approaches to Lexical Semantics*. Berlin: Mouton de Gruyter.

De Swart, Henriëtte. 1998. Aspect Shift and Coercion. *Natural Language and Linguistic Theory 16*.

Deane, P. 1987. English Possessives,Topicality,and the Silverstein Hierarchy. BLS 13.

Deane, P. 1992. *Grammar in Mind and Brain: Explorations in Cognitive Syntax*. Berlin: Mouton de Gruyter.

Dik, S. C. 1997. *The Theory of Functional Grammar, Part 1: The Structure of the Clause*. Berlin: Mouton de Gruyter.

Dryer, Matthew. 1986. Primary Objects, Secondary Objects, and Antidative. *Language 62*.

Dryer, Matthew. 1997. Are Grammatical Relations Universal? In Bybee Joan, John Haiman, and Sandra A. Thompson (eds.). *Essays on Language Function and Language Type*. Amsterdam: John Benjamins.

Durieux, F. 1990. The Meanings of the Specifying Genitive in English: A Cognitive Analysis. *Antwerp Papers in Linguistics 66*.

Evans, Vyvyan and Andrea Tyler, 2004. Spatial Experience, Lexical Structure and Motivation. In Radden G. and Klaus-Uwe Panther (eds.). 2004. *Studies in Linguistic Motivation (Cognitive Linguistics Research 28)*. Berlin: Mouton de Gruyter.

Evans, Vyvyan and Melanie Green. 2006. *Cognitive Linguistics: An Introduction*. Edinburgh: Edinburgh University Press.

Farkas, Donka. 1988. On Obligatory Control. *Linguistics and Philosophy 11*.

Fillmore, Charles J. 1966. Toward a Modern Theory of Case. In Raibel D. A. & S. A. Schane (eds.).

Modem Studies in English: Readings in Transformational Grammer. Englewood Cliffs, NJ. : Pretnice-Hall.

Fillmore, Charles J. 1968. The Case for Case. In Bach, E. & R. T. Harms (eds.). *Universals in Linguistic Theory*. New York: Holt, Rinehart & Winston.

Fillmore, Charles J. 1971a. Verbs of Judging: An Exercise in Semantic Description. In Fillmore, C. J. & T. D. Langendoen (eds.). 1971. *Studies in Linguistic Semantics*. New York: Holt, Rinehart and Winston.

Fillmore, Charles J. 1971b. Some Problems for Case Grammar. In O'Brien R. J. (ed.). *22nd Annual Round Table. Linguistics: Developments of the Sixties- Viewpoints of the Seventies, Volume 24 of Monograph Series on Language and Linguistics*. Washington, D. C. : Georgetown University Press.

Fillmore, Charles J. 1975. An Alternative to Checklist Theories of Meaning. In Cogen C. et al. (eds.). *Proceedings of the Berkeley Linguistic Society*. Berkeley: Berkeley Linguistics Society.

Fillmore, Charles J. 1976. Frame Semantics and the Nature of Language. In Stevan R. Harnad, H. D. Steklis, and J. Lancaster (eds.). *Origins and Evolution of Language and Speech*. New York: New York Academy of Sciences.

Fillmore, Charles J. 1977a. The Case for Case Reopened. In Cole P. and J. M. Sadock (eds.). *Syntax and Semantics. Vol. 8. Grammatical Relations*. New York: Academic Press.

Fillmore, Charles J. 1977b. Topics in Lexical Semantics. In Cole, R. W. (ed.). *Current Issues in Linguistic Theory*. Bloomington, IN. : Indiana University Press.

Fillmore, Charles J. 1982. Frames Semantics. In Anon(ed.). *Linguistics in the Morning Calm*. Seoul: Hanshin ; Linguistic Society of Korea.

Fillmore, Charles J. 1985a. Frames and the Semantics of Understanding. In *Quaderni di Semantica 6*, No. 2.

Fillmore, Charles J. 1985b. Syntactic Intrusions and the Notion of Grammatical Construction. In *Proceedings of the 11th Annual Meeting of the Berkeley Linguistics Society*, 73-86. University of California, Berkeley.

Fillmore, Charles J. 1986. Varieties of Conditional Sentences. In Marshall, F., Miller, A. & Zhang Z-S. (eds.). *Proceedings of the Third Eastern States Conference on Linguistics*. Columbus, Ohio: Ohio State University Department of Linguistics.

Fillmore, Charles J. & Paul Kay. 1987. The Goals of Construction Grammar. *Berkeley Cognitive Science Report No. 50*. University of California at Berkeley.

Fillmore, Charles J. 1988. The Mechanisms of "Construction Grammar". *Proceedings of the Annual Meeting of the Berkeley Linguistics Society*.

Fillmore, Charles J., Paul Kay, and Mary Catherine O'Connor. 1988. Regularity and Idiomaticity in Grammatical Constructions: The Case of *Let Alone. Language 64* (3).

Fillmore, Charles J. & Paul Kay. 1993/1995. *Construction Grammar Coursebook*. Manuscript, University of California at Berkeley Department of Linguistics.

Fillmore, Charles J. 1999. Inversion and Constructional Inheritance. In Webelhuth, G., J. -P. Koenig, and A. Kathol (eds.). *Lexical and Constructional Aspects of Linguistic Explanation*. Stanford, CA. : CSLI Publications.

Fillmore, Charles J., Paul Kay, Ivan Sag and Laura A. Micharlis. (to appear). *Construction Grammar*.

Stanford, CA. : CSLI Publications.

Fischer, Olga & Max Nänny. 2001. *The Motivated Sign: The Iconicity in Language & Literature II*. Amsterdam: John Benjamins.

Foley, W. A. & R. D. van Valin Jr. 1984. *Functional Syntax and Universal Grammar*. CUP.

Foolen, Ad. 2004. Expressive Binominal NPs in Germanic and Romance Languages. In Radden, Günter & Klause-Uwe Panther (eds.). *Studies in Linguistic Motivation (Cognitive Linguistics Research 28)*. Berlin: Mouton de Gruyter.

Francis, G., S. Hunston, and E. Manning. 1996. *Collins COBUILD Grammar Patterns 1: Verbs*. London: HaperCollins.

Francis, G., S. Hunston, and E. Manning. 1998. *Collins COBUILD Grammar Patterns 2: Nouns and Adjectives*. London: HaperCollins.

Fraser, Bruce. 1988. Motor oil is motor oil. *Journal of Pragmatics 12*.

Frege, Gottlob. 1892. On Sense and Nominatum. In Peter Greach & Max Black (eds.). *Translations from the Philosophical Writings of Gottlob Frege*. Oxford: Basil Blackwell. 1980.

Fried, Mirjam. & Jan-Ola Östman. 2004. *Constructional Approaches to Language. Vol. 2: Construction Grammar in a Cross-Language Perspective*. Amsterdam: John Benjamins.

Fried, Mirjam. & Jan-Ola Östman. 2004. Construction Grammar: A Thumbnail Sketch. In Fried, Mirjam. & Jan-Ola Östman (eds.). *Constructional Approaches to Language. Vol. 2: Construction Grammar in a Cross-Language Perspective*. Amsterdam: John Benjamins.

Fried, Mirjam. & H. C. Boas. 2005. *Constructional Approaches to Language. Vol. 4: Grammatical Constructions: Back to the Roots*. Amsterdam: John Benjamins.

Fried, Mirjam. 2008. Constructions and Constructs: Mapping a Shift between Predication and Attribution. In Bergs, A & G. Diewald (eds.). 2008. *Constructions and Language Change*. Berlin: Mouton de Gruyter.

Gawron, Jean Mark. 1985. A Parsimonious Semantics for Prepositions and CAUSE. *The Proceedings of the Twenty-First Meeting of the Chicago Linguistics Society, Part 2: Papers from the Parasession on Causatives and Agentivity*.

Gawron, Jean Mark. 1986. Situations and Prepositions. *Linguistics and Philosophy 9*.

Gazdar, Gerald, Ewan Klein, Geoffrey Pullum, and Ivan A. Sag. 1984. Foot Features and Parasitic Gaps. In De Geest, W. & Y. Putseys (eds.). *Sentential Complementation*. Dordrecht: Foris.

Geeraerts, Dirk, et al. 1994. *Structure of Lexical Variation: Meaning, Naming and Context*. Berlin: Mouton de Gruyter.

Geeraerts, Dirk. 1999. Idealist and Empiricist Tendencies in Cognitive Semantics. In Janssen, Theo & Gisela Dedeker (eds.). *Cognitive Linguistics: Foundations, Scope, and Methodology (Cognitive Linguistics Research 15)*. Berlin: Mouton de Gruyter.

Gisborne, N. 2008. Dependencies Are Constructions: A Case Study in Predicative Complementation. In Trousdale, G. & N. Gisborne. *Constructional Approaches to English Grammar (Topics in English Linguistics 57)*. Berlin: Mouton de Gruyter.

Givón, T. 1985. Iconicity, Isomorphism and Non-Arbitrary Coding in Syntax. In Haiman, John (ed.). *Iconicity in Syntax*. Amsterdam: John Benjamins.

Givón, T. 1990. *Syntax: A Functional-Typological Introduction, Vol. 2*. Amsterdam: John Benjamins.

Givón, T. 1994. Isomorphism in the Grammatical Code. In Raffaele Simone (ed.). *Iconicity in Language*. Amsterdam: John Benjamins.

Goldberg, Adele. E. 1991. It Can't Go Up the Chimney Down: Paths and the English Resultative. *BLS 17*.

Goldberg, Adele. E. 1992. The Inherent Semantics of Argument Structure: The Case of the English Ditransitive Construction. *Cognitive Linguistics* 1992(3).

Goldberg, Adele. E. 1995. *Constructions: A Construction Grammar Approach to Argument Structure*. Chicago and London: The University of Chicago Press.

Goldberg, Adele. E. 1996. Making One's Way Through the Data. In Shibatani, M. & S. A. Thompson (eds.). *Grammatical Constructions: Their Form and Meaning*. OUP.

Goldberg, Adele. E. 1997. Relationships Between Verbs and Constructions. In Verspoor, M. & E. Sweetser (eds.). *Lexicon and Grammar*. Amsterdam: John Benjamins.

Goldberg, Adele. E. 2003. Constructions: A New Theoretical Approach to Language. 《外国语》, 2003(3).

Goldberg, Adele. E. 2004. Pragmatics and Argument Structure. In Horn Laurence R. & Gregory L. Ward (eds.). *The Handbook of Pragmatics*. Oxford, UK: Blackwell Publishing Ltd.

Goldberg, Adele. E. & Ray Jackendoff. 2004. The English Resultative as a Family of Constructions. *Language* 2004(3), Vol. 80.

Goldberg, Adele. E. 2005. Argument Realization: The Role of Construction, Lexical Semantics and Discourse Factors. In Östman, Jan-Ola & M. Fried (eds.). *Construction Grammars: Cognitive Grounding and Theoretical Extensions*. Amsterdam: John Benjamins.

Goldberg, Adele. E. & Devin. Casenhiser. 2006. English Constructions. In Aarts Bas & April McMahon (eds.). *The Handbook of English Linguistics*. Malden, Mass. : Blackwell.

Goldberg, Adele. E. 2006. *Constructions at Work: the Nature of Generalization in Language*. OUP.

Grice, H. P. 1975. Logic and Conversation. In Cole, P. & J. L. Morgan (eds.), *Speech Acts [Syntax and Semantics, Vol. 3.]*. London: Academic Press.

Gropen, Jess, Steven Pinker, Michelle Hollander, Richard Goldberg, and Ronald Wilson. 1989. The Learnability and Acquisition of the Dative Alternation in English. *Language 65*.

Haiman, John. 1980a. Dictionaries and Encyclopedias. *Lingua*.

Haiman, John. 1980b. The Iconicity of Grammar: Isomorphism and Motivation. *Language* 56(3).

Haiman, John. 1983. Iconic and Economic Motivation. *Language* 59(4).

Haiman, John. 1985a. *Natural Syntax: Iconicity and Erosion*. CUP.

Haiman, John. 1985b. *Iconicity in Syntax* TSL6, Amsterdam: John Benjamins.

Haiman, John. 1998. *Talk Is Cheap —— Sarcasm, Alienation, and the Evolution of Language*. OUP.

Haiman, John. 2008. In Defence of Iconicity. *Cognitive Linguistics* 19-1.

Hale, K. & Keyser, S. L. 1998. On Argument Structure and Lexical Expression of Syntactic Relations. In Hale, K. & Keyser, S. L. (eds.). *The View from Building 20: Essays in Linguistics in Honor of Sylvain Bromberger*. Cambridge, MA. : MIT Press.

Halliday, M. A. K. & R. Hasan. 1976. *Cohesion in English*. London: Longman Group Limited.

Harris, R. & Taylor, T. J. 1997. *Landmarks in Linguistic Thought 1: The Western Tradition from Socrates to Saussure*. London: Routledge.

Haspelmath, Matin. 2008. Frequency vs. Iconicity in Explaining Grammatical Asymmetries. *Cognitive Linguistics* 19(1).

Hegel, G. W. F. 1928. *Vorlesungen Über Die Ceschichte Der Philosophie.* 贺麟、王太庆译, 1997,《哲学史讲演彔》. 北京: 商务印书馆.

Hegel, G. W. F. 1806. *Phenomenologie des Geistes.* 贺麟、王玖兴译, 1981,《精神现象学》. 北京: 商务印书馆.

Heine, Bernd, Ulrike Claudi, & Friederike Hünnemeyer. 1991.

Grammaticalization: A Conceptual Framework. Chicago: University of Chicago Press.

Heine, Bernd. 1997. *Cognitive Foundations of Grammar.* OUP.

Heine, Bernd. 2004. On Genetic Motivation in Grammar. In Radden, G. & Klaus-Uwe Panther (eds.). *Studies in Linguistic Motivation. Cognitive Linguistics Research 28.* Berlin: Mouton de Gruyter.

Hockett, C. F. 1958. *A Course in Modem Linguistics.* 索振羽、叶斐声译, 1987,《普通语言学》, 北京: 北京大学出版社.

Holmes, Jasper, W. & Richard Hudson. 2005. Constructions in Word Grammar. In Östman & Fried (eds.). 2005. *Construction Grammars ─ Cognitive Grounding and Theoretical Extensions.* Amsterdam: John Benjamins.

Hopper, Paul J. & S. A. Thompson, 1984. The Discourse Basis for Lexical Categories in Universal Grammar. *Language.*

Hopper, Paul J. 1998. Emergent Grammar. In Tomasello, Michael (ed.). *The New Psychology of Language: Cognitive and Functional Approaches to Language Structure.* Mahwah, NJ. : Lawrence Erlbaum.

Hornby, A. S., E. V. Gatenby, H. Wakefield. 1970. *The Advanced Leaner's Dictionary of Current English with Chinese Translation* 《现代高级英汉双解辞典》). OUP.

Hudson, R. A. 1984. *Word Grammar.* Oxford: Basil Blackwell.

Hudson, R. A. 1990. *English Word Grammar.* Oxford: Blackwell.

Hudson, R. A. 2007. *Language Networks: the New Word Grammar.* OUP.

Hudson, R. A. 2008. Word Grammar and Construction Grammar. In Trousdale, G. & N. Gisborne (eds.). *Constructional Approaches to English Grammar (Topics in English Linguistics 57).* Berlin: Mouton de Gruyter.

Israel, M. 1996. The Way Constructions Grow. In Goldberg, A. E. (ed.). *Conceptual Structure, Discourse and Language.* Stanford, CA. CSLI Publications.

Jackendoff, Ray S. 1972. *Semantic Interpretation in Generative Grammar.* Cambridge, MA. : MIT Press.

Jackendoff, Ray S. 1974. A Deep Structure Projection Rule. *Linguistic Inquiry* 5.

Jackendoff, Ray. S. 1985. *Semantics and Cognition.* Cambridge, MA. : MIT Press.

Jackendoff, Ray. S. 1990a. *Semantic Structures.* Cambridge, MA. : MIT Press.

Jackendoff, Ray. S. 1990b. On Larson's Treatment of the Double Object Construction. *Linguistic Inquiry 21.*

Jackendoff, Ray. S. 1997a. Twistin' the Night Away. *Language* 73(3).

Jackendoff, Ray. S. 1997b. *The Architecture of the Language Faculty.* Cambridge, MA. : MIT Press.

Jackendoff, Ray. S. 2002. *Foundations of Language: Brain, Meaning, Grammar, Evolution.* OUP.

Jameson,Frederic. 1972. 钱佼汝译, 1995.《语言的牢笼》. 南昌: 百花洲文艺出版社.

Johnson, Christopher R., Charles J. Fillmore, Esther J. Wood, Josef Ruppenhofer, Margaret Urban, Miriam R. L. Petruck, & Collin F. Baker, 2001. *The FrameNet Project: Tools for Lexicon Building*. [Version 0. 7, January 2001]. Berkeley, CA. : International Computer Science Institute.

Kaplan, Ronald M. & Annie Zaenen. 1989. Long-distance Dependencies, Constituent Structure, and Functional Uncertainty. In Baltin, Mark & Anthony S. Kroch (eds.). *Alternative Conceptions of Phrase Structure*. Chicago: University of Chicago Press.

Kay, Paul. 1995. Construction Grammar. In Verschueren, J. , J-O. Östman, and J. Blommaert (eds.). *Handbook of Pragmatics Mannual*. Amsterdam: John Benjamins.

Kay, Paul. 1996. *Argument Structure: Causative ABC Constructions*. Unpublished Manuscript, University of California, Berkeley.

Kay, Paul. 1997. *Notes on Argument Structure Constructions*. Unpublished Manuscript, University of California, Berkeley.

Kay, Paul. & Fillmore, C. 1999. Grammatical Constructions and Linguistic Generalizations: the *What's X Doing Y?* Construction. *Language* 75 (1).

Kay, Paul. 2002. English Subjectless Tagged Sentences. *Language* 78 (3).

Keenan, E. L. & Comrie, B. 1977. *Noun Phrase Accessibility and Universal Grammar. Linguistic Inquiry 8.*

Koffka, Kurt. 1935. *Principles of Gestalt Psychology*. New York: Harcourt, Brace & World.

Köhler, Wolfgang. 1947. *Gestalt Psychology* (Revised Edition). New York: Liveright.

Krifka, Manfred. 1989. Nominal Reference, Temporal Constitution, and Quantification in Event Semantics. In Bartsch, R. , J. van Benthem, and P. van Emde Boas (eds.). *Semantics and Contextual Expressions*. Foris, Dordrecht.

Kuno Susumu & Ken-ichi Takami. 2004. *Constructional Approaches to Language. Vol. 1: Functional Constraints in Grammar. On the Unergative-Unaccusative Distinction*. Amsterdam: John Benjamins.

Labov, W. 1973. The Boundaries of Words and Their Meanings. In Bailey, C. & R. Shuy. *New Ways of Analysing Variation in English*. Georgetown University Oress.

Lakoff, G. & Ross, J. R. 1976. Is Deep Structure Necessary? In McCawley, J. (ed.). *Syntax and Semantics 7: Notes from the Linguistic Underground*. New York: Academic Press.

Lakoff, G. 1977. Linguistic Gestalts. *Papers from the Regional Meeting of the Chicago Linguistics Society (CLS)*, 13.

Lakoff, G. & M. Johnson. 1980. *Metaphors We Live By*. Chicago: University of Chicago Press.

Lakoff, G. 1987. *Women, Fire, and Dangerous Things: What Categories Reveal About the Mind*. Chicago and London: University of Chicago Press.

Lakoff, G. 1990. Invariance Hypothesis: Is Abstract Reason Based on Image Schema? *Cognitive Linguistics* 1990(1).

Lakoff G. 1993. The Contemporary Theory of Metaphor. In Ortony A. (ed.). *Metaphor and Thought, 2nd Edition*. CUP.

Lakoff, G. & M. Johnson. 1999. *Philosophy in the Flesh - The Embodied Mind and its Challenge to Western Thought*. New York: Basic Books.

Lakoff, G. 2005. *Ten Lectures in Cognitive Linguistics by George Lakoff*. 高远、李福印主编. 北京航空

Lambrecht, Knud. 1990. What, me, worry? Mad Magazine Sentences Revisited. *BLS 16*.

Lambrecht, Knud. 1994. *Information Structure and Sentence Form*. CUP.

Langacker, R. W. 1982. Space Grammar, Analysability, and the English Passive. *Language 58*.

Langacker, R. W. 1987. *Foundations of Cognitive Grammar, Vol. 1: Theoretical Prerequisites*. Stanford: Stanford University Press.

Langacker, R. W. 1991a. *Foundations of Cognitive Grammar, Vol. 2: Descriptive Application*. Stanford: Stanford University Press.

Langacker, R. W. 1991b/2002. *Concept, Image and Symbol: The Cognitive Basis of Grammar*. Berlin: Mouton de Gruyter.

Langacker, R. W. 1999. Assessing the Cognitive Linguistic Enterprise. In Janssen, T. & G. Redeker (eds.). *Cognitive Linguistics: Foundations, Scope, and Methodology*. Berlin: Mouton de Gruyter.

Langacker,R. W. 2000. *Grammar and Conceptualization*. Berlin: Mouton de Gruyter.

Langacker, R. W. (to appear) Constructions and Constructional Meaning. (Acquired Through Personal Contact).

Langacker, R. W. 2003. Construction Grammars: Cognitive, Radical, and Less So. Paper presented at the International Cognitive Linguistics Conference, Logrono. (Acquired through personal contact).

Langacker, R. W. 2005. Integration, Grammaticization, and Constructional Meaning. In Fried, M. &H. Boas (eds.). *Construction Grammar: Back to the Roots*. Amsterdam: John Benjamins. This was the paper presented at the 1st International Conference on Construction Grammar, UC Berkeley.

Langacker, R. W. 2007. *Ten Lectures on Cognitive Grammar by Ronald Langacker*. 高远、李福印主编. 北京: 外语教学与研究出版社.

Langacker, R. W. 2008. *Cognitive Grammar: A Basic Introduction*. OUP.

Larson, R. 1988. On the Double Object Construction. *Linguistic Inquiry 19*.

Leech, G. 1974. *Semantics: the Study of Meaning*. London: Penguin Books.

Leino, Jaakko. 2005. Frames, profiles and constructions — Two Collaborating CGs Meet the Finnish Permissive Construction. In Östman & Fried (eds.). *Construction Grammars — Cognitive Grounding and Theoretical Extensions*. Amsterdam: John Benjamins.

Leino, Jaakko (ed.). 2008. *Constructional Approaches to Language. Vol. 5. : Constructional Reorganization*. Amsterdam: John Benjamins.

Levin, Beth & Malka Rapoport Hovav. 1988. Lexical Subordination. *CLS 24*. Part 1.

Levin Beth & Malka Rappaport Hovav. 1996. Lexical Semantics and Syntactic Structure. In Lappin Shalon (ed.). *The Handbook of Contemporary Semantic Theory*. Oxford: Blackwell.

Levinson, S. C. 1983. *Pragmatics*. CUP.

Lieven, E. V. M., Pine, J. M., and Baldwin, G. 1997. Lexically-based Learning and Early Grammatical Development. *Journal of Child Language 24*.

Lyons,John. 1967. A Note on Possessive, Existential and Locative Sentences. *Foundations of Language 3*.

Makkai, Adam. 1972. *Idiom Structure in English*. The Hague: Mouton.

Manzini, M. Ritz. 1983. On Control and Control Theory. *Linguistic Inquiry 14*.

Martinich, A. P. 1985. *The Philosophy of Language*. OUP. 牟博、杨音莱、韩林合等译, 1998. 《语言哲学》. 北京: 商务印书馆.

Matsumoto, Yo. 1991. *Some Constraints on the Semantic Structures of Verbs: Evidence from Japanese Motion Predicate*. Unpublished manuscript. Stanford University.

Meader, Constantino, Olga Fischer & Herlofsky William J. *Outside-In ― Inside-Out: Iconicity in Language and Literature IV*. Amsterdam: John Benjamins.

Michaelis, Laura A. 1994. A Case of Constructional Polysemy in Latin. *Studies in Language 14*.

Michaelis, Laura A. & Knud Lambrecht. 1996. Toward a Construction-Based Model of Language Function: The Case of Nominal Extraposition. *Language* 72(2).

Michaelis, Laura A. 2003a. Headless Constructions and Coercion by Construction. In Francis, Elaine J. & Laura A. Michaelis (eds.). *Mismatch: Form-Function Incongruity and the Architecture of Grammar*. Stanford: CSLI Publications.

Michaelis, Laura A. 2003b. Word Meaning, Sentence Meaning, and Syntactic Meaning. In Cuyckens, Hubert, René Dirven, and John Taylor (eds.). *Cognitive Approaches to Lexical Semantics. CLR 23*. Berlin: Mouton de Gruyter.

Michaelis, Laura A. 2004. Type Shifting in Construction Grammar: An Integrated Approach to Aspectual Coercion. *Cognitive Linguistics* 15(1).

Michaelis, Laura A. 2005. Entity and Event Coercion in a Symbolic Theory of Syntax. In Östman, Jan-Ola & M. Fried (eds.). *Constructional Approaches to Language. Vol. 3: Construction Grammars: Cognitive Grounding and Theoretical Extensions*. Amsterdam: John Benjamins.

Michaelis, Laura A. 2006. Construction Grammar. In Brown, Keith (ed.). *The Encyclopedia of Language and Linguistics, Second Edition, Volume 3*. Oxford: Elsevier.

Michaelis, Laura A. (to appear). Construction Grammar: The Facts on the Ground. In Heine B. & H. Narrog (eds.). *The Oxford Handbook of Linguistic Analysis*. OUP.

Minsky, M. 1975. A Framework for Representing Knowledge. In Winston P. H. (ed.). *The Psychology of Computer Vision*. New York: McGraw-Hill.

Moens, Marc & Mark Steedman. 1988. Temporal Ontology and Temporal Reference. *Computational Linguistics* 14(2).

Müller, Wolfgang G. & Fischer Olga. 2003. *From Sign to Signing: Iconicity in Language and Literatur III*. Amsterdam: John Benjamins.

Muysken, P. 1982. Parametrizing the Notion "Head". *Journal of Linguistic Research 2. 3*.

Nänny, Max & Olga Fischer. 1999. *Form Miming Meaning - Iconicity in Language & Literature I*. Amsterdam: John Benjamins.

Nikiforidou, K. 1991. The Meanings of the Genitive: A Case Study in Semantic Structure and Semantic Change. *Cognitive Linguistics* 2.

Nunberg, Geoffrey. Ivan A. Sag, Thomas Wasow. 1994. Idioms. *Language 70*.

Ogden, C. & I. A. Richards. 1923. *The Meaning of Meaning*. London: Routledge & Kegan Paul.

Östman, Jan-Ola & Mirjam. Fried. 2004. Historical and Intellectual Background of Construction Grammar. In Fried Mirjam & Jan-Ola Östman (eds.). *Constructional Approaches to Language. Vol. 2: Construction Grammar in a Cross-Language Perspective*. Amsterdam: John Benjamins.

Östman, Jan-Ola & Mirjam. Fried. 2005. *Constructional Approaches to Language. Vol. 3:*

Construction Grammars: Cognitive Grounding and Theoretical Extensions. Amsterdam: John Benjamins.

Panther, Klaus-Uwe & Linda, Thornburg. 1999. Coercion and Metonymy: The Interaction of Constructional and Lexical Meaning. In Lewandowska-Tomaszczyk, B. (ed.). *Cognitive Perspectives on Language*. Frankfurt am Main: Peter Lang.

Pawley, A. & Syder, F. H. 1983. Two Puzzles for Linguistic Theory: Nativelike Selection and Nativelike Fluency. In Richards, J. C. &R. W. Schmidt (eds.). *Language and Communication*. London: Longman.

Pawley, A. 1987. Encoding Events in Kalam and English: Different Logics for Reporting Experience. In Tomlin, R. S. (ed.). *Coherence and Grounding in Discourse*. Amsterdam: John Benjamins.

Perlmutter, David M. & Paul M. Postal. 1977. Towards a Universal Characterization of Passivization. *BLS 3*.

Perlmutter, David M. 1983. *Studies in Relational Grammar 1*. Chicago: University of Chicago Press.

Perlmutter David M. & Paul M. Postal. 1983. Some Proposed Laws of Basic Clause Structure. In Perlmutter, David. M. (eds.). *Studies in Relational Grammar, Vol. 1*. Chicago: University of Chicago Press.

Pinker, S. 1989. *Learnability and Cognition: The Acquisition of Argument Structure*. Cambridge, MA. : MIT Press.

Pollard, Carl and Ivan A. Sag. 1987. *Information-based Syntax and Semantics, Vol. 1: Fundamentals*. Stanford, CA. : Center for the Study of Language and Information Publications.

Pollard, Carl and Ivan A. Sag. 1988. *An Information-based Theory of Agreement*. Stanford, CA. : Center for the Study of Language and Information Publications.

Pollard, Carl and Ivan A. Sag. 1994. *Head Driven Phrase Structure Grammar*. Chicago: University of Chicago Press.

Pullum, Geoffrey K. 1973. What's a Sentence Like This Doing Showing up in English? *York Papers in Linguistics 3*.

Pustejovsky, James. 1993. Type Coercion and Lexical Selection. In Pustejovsky, J. (ed.). *Semantics and the Lexicon*. Dordrecht: Kluwer Academic Publishers.

Radden, Günter & Klaus-Uwe Panther. 2004. *Studies in Linguistic Motivation*. Berlin: Mouton de Gruyter.

Rappaport Hovav, Malka, & Beth Levin. 1985. A Study in Lexical Analysis: The Locative Alternation. Unpublished manuscript. Bar Ilan University and Northwestern University.

Reed, S. K. 1972. *Psychological Processes in Pattern Recognition*. New York: Academic Press.

Reinhart, Tanya. 1984. Principles of Gestalt Perception in the Temporal Organization of Narrative Texts. *Linguistics 22*.

Rice, Sally. 1996. Propositional Prototypes. In *The Construal of Space in Language and Thought*. Pütz, M. &R. Dirven (eds.). Berlin: Mouton de Gruyter.

Ritter,Elizabeth & Sara Rosen. 1998. Delimiting Events in Syntax. In Butt, Mariam & Wilhelm Geuder (eds.). *The Projection of Arguments: Lexical and Compositional Factors*. Stanford: CSLI Publications.

Rosch, E. 1973. On the Internal Structure of Perceptual and Semantic Categories. In *Cognitive Development and the Acquisition of Language*. In Moore, T. E. (ed.). New York: Academic Press.

Rosch, E. 1975. Cognitive Representations of Semantic Categories. *Journal of Experimental Psychology: General, 104.*

Rosch, E. & C. B. Mervis. 1975. Family Resemblances: Studies in the Internal Structure of Categories. *Cognitive Psychology 7.*

Rosch, E., C. B. Mervis, W. Gray, D. Johnson and P. Rudzka-Ostyn (eds.). 1976. Basic Objects in Natural Categories. *Cognitive Psychology 8.*

Rosch, E. 1978. Principles of Categorization. In *Cognition and Categorization.* Rosch, E. &B. Lloyd (eds.). Hillsdale, N J: Erlbaum.

Rosenbaum, Peter S. 1967. The Grammar of English Predicate Complement Constructions. Cambridge, MA. : MIT Press.

Ruiz de Mendoza, Francisco & Ricardo Mairal. 2006. Levels of Semantic Representation: Where Lexicon and Grammar Meet. *Interlingüística 17.*

Ruiz de Mendoza, Francisco & Ricardo Mairal. 2007. Challenging Systems of Lexical Representation. *Journal of English Studies 4.*

Saeed, J. I. 1997. *Semantics.* Oxford: Blackwell.

Sag, Ivan A. & Carl Pollard. 1991. An Integrated Theory of Complement Control. *Language 67(1).*

Sag, Ivan A. & Janet Dean Fodor. 1994. Extraction without Traces. *West Coast Conference on Formal Linguistics 13.*

Sag, Ivan A. 1997. English Relative Clause Constructions. *Journal of Linguistics 33.*

Sag, Ivan A., Thomas. Wasow & Emily Bender. 2003. *Syntax: A Formal Introduction.* Stanford: CSLI Publications.

Sag, Ivan A. 2007. *Sign-based. Construction Grammar: An Informal Synopsis.* Unpublished manuscript, Stanford University.

Sag, Ivan A. 2008. *English Filler-gap Constructions.* Unpublished Manuscript, Stanford University.

Salkoff, Morris 1988. Analysis by Fusion. *Lingvisticae Investigationes* 12(1). Amsterdam: John Benjamins.

Sapir, Edward. 1921. *Language.* New York: Harcourt, Brace & World.

Saussure, E. de. 1916. *Course in General Linguistics.* 北京: 外语教学与研究出版社, 2001. 高名凯译, 1996,《普通语言学教程》, 北京: 商务印书馆.

Searle, J. 1969. *Speech Acts: An Essay in the Philosophy of Language.* CUP.

Shibatani, M. & S. Thompson. 1996. *Grammatical Constructions: Their Form and Meaning.* OUP.

Simone, Raffaele. 1994. *Iconicity in Language.* Amsterdam: John Benjamins.

Sinclair, J. M. 1987. *Collins COBUILD English Language Dictionary.* 1st Edition. London: HaperCollins.

Sinclair, J. M. 1990. *Collins COBUILD English Grammar.* London: HaperCollins.

Sinclair, J. M. 1995. *Collins COBUILD English Language Dictionary.* 2nd Edition. London: HaperCollins.

Slobin, D. 1985. The Child as Linguistic Icon-maker. In Haiman, John (ed.). *Iconicity in Syntax.* TSL6. Amsterdam: John Benjamins.

Steels, Luc & Joachim De Beule. 2006. A (Very) Brief Introduction to Fluid Construction Grammar. The Third International Workshop on Scalable Natural Language Understanding (ScaNaLU 2006)

June 8, 2006.

Tabakowska, Elzbieta, Christina Ljungberg & Olga Fischer. 2007. *Insistent Images: Iconicity in Language and Literature V*. Amsterdam: John Benjamins.

Talmy, Leonard. 1975. Figure and Ground in Complex Sentences. In *Proceedings of the First Annual Meeting of the Berkeley Linguistics Society*. Berkeley. Calif. : Berkeley Linguistics Society. Revised Edition (1978) in Greenberg, J. H. et al. (eds.). *Universals of Human Language*, Vol. 4: Syntax. Stanford University Press.

Talmy, Leonard. 1978. The Relation of Grammar to Cognition — a Synopsis. In Waltz, David (ed.). *Proceedings of TINLAP - 2*. New York: Association for Computing Machinery.

Talmy, Leonard. 1988. The Relation of Grammar to Cognition. In Rudzka-Östyn (ed.). *Topics in Cognitive Linguistics*. Amsterdam: John Benjamins.

Talmy, Leonard. 2000. *Toward a Cognitive Semantics (Volume 1: Concept Structuring Systems; Volume 2: Typology and Process in Concept Structuring)*. Cambridge, Mass.: MIT Press.

Taylor,John R. 1989. *Linguistic Categorization — Prototypes in Linguistic Theory*. OUP. (1995 年第二版, 2003年第三版)

Taylor, John R. 1996. *Possessives in English: An Exploration in Cognitive Grammar*. Oxford: Clarendon Press.

Taylor, John R. 2002. *Cognitive Grammar*. OUP.

Taylor, John R. 2004a. The Ecology of Constructions. In Günter & Klause-Uwe Panther (eds.). *Studies in Linguistic Motivation (Cognitive Linguistics Research 28)*. Berlin: Mouton de Gruyter.

Taylor, John. R. 2004b. Why Construction Grammar is Radical. *Annual Review of Cognitive Linguistics 2*. Amsterdam: John Benjamins.

Taylor, J. R. 2007. *Ten Lectures on Applied Cognitive Linguistics by John Taylor*. 高远、李福印主编, 北京: 外语教学与研究出版社.

Tomasello, M. 2000. Do Young Children Have Adult Syntactic Competence? *Cognition 74*.

Tomasello, M. 2003. *Constructing a Language: A Usage-based Theory of Language Acquisition*. Cambridge, MA. : Harvard University Press.

Tomlin, Russell. 1985. Foreground-Background Information and the Syntax of Subordination. *Text 5*.

Traugott, Elizabeth Closs. 2007. The Concepts of Constructional Mismatch and Typeshifting from the Perspective of Grammaticalization. *Cognitive Linguistics* 18(4).

Traugott, Elizabeth Closs. 2008. The Grammaticalization of *NP of NP* Patterns. In Bergs, A. & G. Diewald (eds.). 2008. *Constructions and Language Change*. Berlin: Mouton de Gruyter.

Trousdale, G. & N. Gisborne. 2008. *Constructional Approaches to English Grammar (Topics in English Linguistics 57)*. Berlin: Mouton de Gruyter.

Ungerer, F. &Schmid, H. J. 1996. *An Introduction to Cognitive Linguistics*. London: Longman.

Vallduví, E. 1992. *The Informational Component*. New York: Garland.

Van Hoek, Karen. 1995. Conceptual Reference Points: A Cognitive Grammar Account of Pronominal Anaphora Constraints. *Language 71*.

Van Valin, Robert D. Jr. 1987. Recent Developments in Role and Reference Grammar: The Layered Structure of the Clause and Juncture. *Davis Working Papers in Linguistics 2*.

Van Valin, Robert D. Jr. & Randy J. LaPolla. 1997. *Syntax: Structure, Meaning and Function*. CUP.

Van Valin, Robett. D. Jr. 1993. *Advances in Role and Reference Grammar*. Amsterdam: John Benjamin.

Verkuyl, Henk. 1993. *A Theory of Aspectuality: The Interaction between Temporal and Attemporal Structure*. CUP.

Ward, G. & Hirschberg, J. 1991. A Pragmatic Analysis of Tautological Utterances. *Journal of Pragmatics* 15: 507-20.

Wasow, Tom. 1985. Postscript. In Sells, P. (ed.). *Lectures on Contemporary Semantics Theories*. Center for the Study of Language and Information. Stanford University.

Wertheimer, Max. 1950. Laws of Organization in Perceptual Forms, In Ellis, W. D. (ed.). *A Source Book of Gestalt Psychology*. New York: Humanities.

Wierzbicka, Anna. 1980. *Lingua Mentalis: The Semantics of Natural Language*. New York: Academic Press.

Wierzbicka, Anna. 1987. Boys Will Be Boys: "Radical Semantics" vs. "Radical Pragmatics" *Language* 63.

Wierzbicka, Anna. 1988. *The Semantics of Grammar*. Amsterdam: John Benjamins.

Wittgenstein, Ludwig. 1922. *Tractatus Logico-Philosophicus*. 张申府译, 1988.《逻辑哲学论》. 北京: 北京大学出版社.

Wittgenstein, Ludwig. 1953. *Philosophical Investigations*. 李步楼译,《哲学研究》. 北京: 商务印书馆, 1996.

Yagihashi, Hirotoshi. 2004. Idiom Passivization: Where do Syntax and Semantics Meet? *Colloquia* (by Dept. of English and American Literature at Keio University) 25.

Zelinsky-Wibbelt Cornelia. 1993. *The Semantics of Preposition*. Berlin: Mouton de Gruyter.

Ziegeler, Debra. 2007. A Word of Caution on Coercion. *Journal of Pragmatics 39*.

Zwicky, Arnold M. 1985. Heads. *Journal of Linguistics* 21(1).

Zwicky, Arnold M. 1986. WH Constructions in English. Ohio State University WPL 32.

Zwicky, Arnold M. 1994. Dealing out Meaning: Fundamentals of Syntactic Constructions. *BLS 20*.

Zwicky, Arnold M. 1995. Exceptional Degree Markers: A Puzzle in Internal and External Syntax. *Ohio Working Papers in Linguistics 47*.

저자 소개

왕인(王寅)

현재 四川外国语大学 外国语文研究中心의 교수로 재직 중이며, 认知科学研究所 소장을 맡고 있다. 그리고 四川大学과 苏州大学의 영문과에서 박사지도교수로 재직하고 있다. 인지언어학 및 언어철학, 의미론, 영중비교언어학 분야에 종사하고 있으며 현재까지 20여 권의 저서와 130여 편의 논문을 발표한 바 있다. 미국의 Lakoff, Langacker, 뉴질랜드의 Taylor 등의 인지 언어학계 학자들과 교류를 하며 관련 분야의 저서 및 논문을 지속적으로 발표하고 있다. 주요 저서로 본서 외에 『认知语法概论』 등이 있다.

역자 소개

박원기

현 원광대학교 중국학과 교수. 중국 上海 復旦大學에서 박사학위를 취득한 후, 현재 漢語史 방면에서 근대한어어법, 중국어의 문법화, 중국어 구문문법, 상고한어형태 등의 분야를 연구 하고 있다. 저역서로는 『중국어와 문법화』, 『백유격의 언어: 중고중국어의 세계』, 『상고한어 의 비대격동사와 형태현상』, 『구문화와 구문문법』 등이 있고, 그 외 관련 분야 논문 수십 편이 있다.

전기정

현 선문대학교 외국어자율전공학부 교수. 고려대학교에서 박사학위를 취득한 후, 현재 인지 언어학, 구문문법 등에 관심을 가지고 현대중국어 문법과 중국어교육 분야를 연구하고 있다. 저역서로는 『55문장으로 끝내는 중국어 문법노트』, 『대조분석과 중국어교육』, 『업그레이드 중국어문법』, 『실용한어어법』, 『알기 쉬운 중국어 문법』 등이 있고, 그 외 관련 분야 논문 수십 편이 있다.

김영민

현 고려대학교 중어중문학과 강사. 고려대학교에서 박사학위를 취득한 후, 현재 인지언어학, 구문문법 등에 관심을 가지고 현대중국어의 각종 문법 현상과 중국어 교육, 한중 언어대조 분야를 연구하고 있다. 저역서로는 『통역교육연구: 이론과 실천』, 『중국어 교수법 연구』, 『업 그레이드 중국어문법』 등이 있고, 그 외 관련 분야 논문 수십 편이 있다.